KB027893

일제강점기, 저항과 계몽의
교육사상가들

한국교육철학학회 편

고원석 김기승 김윤경 김정인 박의수 박재순 송순재
우정길 유재봉 이우진 정경화 정혜정 한현정 황금중

박영story

머 리 말

2019년 봄은 대한민국은 3·1운동 및 대한민국임시정부 수립 100주년을 기념하는 행사들로 수놓아졌다. 지금부터 100년 전, 한반도 방방곡곡에 울려 퍼졌던 독립선언은 왕국·제국의 시대의 마감과 민국(民國)의 시작을 알리는 역사적 사건이었다. 정의와 인도(人道)의 정신에 기초한 이 선언은 우리 민족의 독립의 정당성 그리고 인류 평등과 동양 평화의 가치를 세계만방에 알린 사건이었으며, 이로써 인간의 교육이 응당 나아가야 할 지향점을 확인하여 준 중요한 계기이다. 독립선언문이 명시적으로 제시하였던 역사와 문화와 교육의 가치들, 즉 "힘으로 억누르는 시대가 가고 도의가 이루어지는 시대"가 도래하였다는 시대정신의 천명, "원래부터 풍부한 독창성을 발휘하여 봄기운 가득한 세계에 민족의 우수한 문화를 꽃피울 것"이라는 문화적 자의식의 고취, 그리고 "남녀노소 구별 없이 어둡고 낡은 옛집에서 뛰쳐나와, 세상 모두와 함께 즐겁고 새롭게 되살아날 것"이라는 평등과 평화의 미래상은 그로부터 100년이 지난 현재에도 여전히 교육을 위한 유의미한 나침반을 제공하여 준다.

일제강점기 민족교육은 지금껏 항일독립을 위한 구국계몽 '운동'의 일환으로 간주되어 왔으며, 이들 '운동'의 원동력이라 할 수 있는 '교육사상'의 측면에서의 탐구는 미진하였던 것이 사실이다. 그러나 이 책에서 소개하게 될 당대의 인물들은 나라를 되찾기 위한 구국계몽운동을 적극적으로 실천한 것은 물론이거니와, 나아가 인간과 문명에 대한 통찰을 바탕으로 한반도의 지정학적 의미 그리고 대한민국인의 정체성과 역할을 교육의 관점에서 규명하고자 매진하였던 교육사상가들이기도 하다. 그러므로 압제와 차별에 저항하며 민족과 자주, 자유와 평등의 의미를 일깨우고자 노력한 선각자들의 교육적 사유는 곧 한국 근현대의 자생적 교육철학의 맥을 잇는 보고로 재음미될 필요가 있다.

이러한 인식을 바탕으로 한국교육철학학회는 2019년 11월 16일 연세대학교에서 '일제강점기, 저항과 계몽의 교육사상가들'이라는 주제로 연차학술대회를 개최하였다. 이를 통해 우리는 일제강점기라는 엄혹한 시기에 민족의 미래를 위해 교육적 사유와 실천을 이어 갔던 사상가들을 다시 기억하고, 이를 보완하여 기록하는 역사적 계기를 가졌다. 그 결과 우리는 그 시대 교육사상가들이 품었던 교육의 이상을 새롭게 정리하고, 20세기 전반 대한민국의 자생적 교육사상의 다차원적 지형도를 확보할 수 있게 되었다. 문명전환기의 유교교육사상, 동학·천도교를 기반으로 배태된 아동교육사상, 기독교계와 사회주의계를 중심으로 형성된 여성교육사상, 민족주의적 기독교교육사상, 애국과 세계시민성을 결합한 평화교육사상 등의 사상적 갈래들은 때로 경쟁하고 또 때로는 한데로 어우러지며 새로운 시대를 향하여 흐르는 큰 강물을 형성하고 있었다. 이렇게 흘러온 저항과 계몽의 교육사상들은 이제 21세기 대한민국의 교육을 위한 자양분이 되고 있으며, 미래의 교육을 위해서도 유용한 길라잡이가 될 것으로 확신한다. 아울러 이를 바탕으로 20세기 전반 대한민국의 교육사상가들에 대한 연구의 폭과 깊이가 더하여 가기를 소망한다. 그리하여 3·1운동 및 대한민국임시정부 수립을 기념하는 미래의 희년들이 다시 도래할 때, 대한민국 근현대 교육사상가들에 대한 더욱 완성도 있는 지형도가 마련되기를 기대한다.

뜻깊은 주제로 한국교육철학학회의 연차학술대회를 기획하여, 역사적 기억과 기록의 계기를 마련하는 데 기여한 학회 임원들께 감사드린다. 아울러 발표와 토론으로 동참해 주신 학자들께도 감사드린다. 마지막으로 이 책의 출판을 위해 노고를 아끼지 않으신 모든 분들께 사의를 표한다.

2020년 5월
편저자 우정길

차 례

일제강점기, 저항과 계몽의 교육사상가들

주권상실기 안창호의
교육운동과 교육사상

박의수

Ⅰ. 머리말

주권상실기[1]는 일반적으로 일제에 의해 강제 합병된 1910년 8월 29일부터 1945년 8월 15일까지 35년의 기간을 말한다. 그러나 1905년 11월 17일 을사늑약에 의하여 외교권을 박탈당함으로써 우리는 사실상 주권을 빼앗긴 셈이다.

우리 민족의 패망은 이미 1876년 강화도조약을 계기로 서구의 제국주의 세력들이 몰려오면서 시작되었다. 더 거슬러 올라가면 조선 말부터 민족의 패망은 잉태되고 있었다. 지배층이 세계사의 흐름을 깨닫지 못하고 우물 안 개구리처럼 문을 굳게 잠그고 권력다툼에만 눈이 멀어 있던 '은둔의 왕국'이 조선이었다.

[그림1] 상해임시정부 내무총장
시절의 도산 안창호
(출처: 필자 소장)

---

1) 과거 '식민지시대'라는 명칭을 주로 사용할 때, 이 명칭이 식민지 지배자가 주체가 된 표현이므로 적절치 않다고 비판하며 학계에서 대안을 모색해왔다. 그러다가 언제부턴가 '일제강점기'라는 표현을 쓰기 시작하여 오늘날 보편화되었다. 그러나 이 표현 역시 일제의 불법성과 강제성을 강조한 표현일 뿐 침략자가 주체가 되는 표현이라는 점에서는 다를 바가 없다. 그래서 필자는 1993년 이후 우리 민족이 주권을 잃어버린 시기라는 의미로 '주권상실'이라는 표현을 선호해왔다(박의수 외, 1993). 한편, 광복 이후 대한민국의 역사를 '미제강점기'라고 하고 그에 대응하여 '일제강점기'라는 표현을 북한 사학자들이 먼저 사용했음을 알게 된 것은 그 후의 일이다.

뒤늦게 눈을 뜬 선각자들이 기울어져 가는 나라를 일으켜 보려고 다각도로 자강운동을 벌여보았지만, 이미 기울어져 가는 나라를 자력으로 바로잡기에는 역부족이었다. 그래서 서구의 선진 문물을 받아들이고 강국의 힘을 빌려야 한다고 생각했다. 그런데 그 방법에 대해서는 지도층 사이에도 견해가 달랐다. 아시아의 새로운 강자로 부상한 일본, 예부터 섬겨 오던 청나라, 새롭게 접근해 오는 러시아와 미국, 누구와 손을 잡고 나라를 지키고 국력을 키울 것인가? 주장이 갈리는 것은 당연한 일이었다.

그 주장이 순수하게 국가와 민족의 안위를 먼저 생각했다면 대화와 토론을 거쳐 통합된 길을 찾아 힘을 모을 수 있었을 것이다. 그러나 국가의 안위보다 자신과 자신이 속한 당파 혹은 집단의 이해가 앞설 경우에는 타협이 불가능하다. 숱한 사색당쟁은 물론 임진왜란 직전에 파견된 통신사들의 상반된 보고에서도 드러난 바와 같이 국가의 운명이 걸린 상황에서도 자기 당파와 자신의 안위를 먼저 생각하여 국난을 초래한 구태와 악습을 여전히 버리지 못하고 있었다. 그리하여 개화파와 수구파, 친일, 친청, 친러, 친미파의 대립과 왕실 내부의 분열과 갈등은 국론을 분열시키고 나라를 혼란에 빠뜨려 조선은 외세의 각축장이 되었다.

그런 와중에서도 권력의 핵심에서 벗어나 자신과 가문의 안위보다 나라와 민족을 생각하는 참된 선각자들이 적지 않았다. 안창호, 김교신, 남궁억, 방정환, 손병희, 신채호, 안중근, 이회영, 한용운 등을 비롯하여 헤아릴 수 없이 많은 인물들이 다양한 방법으로 민족의 주권을 지키고 국권을 회복하기 위하여 헌신했다. 이들은 대개 이미 나라가 기울기 시작한 19세기 후반에 태어나 주권상실기에 국민계몽과 국권회복을 위한 활동에 일생을 바친 분들이다. 이들은 각자의 신념과 여건에 따라 다양한 방법으로 일제에 저항하며 민족 계몽운동과 구국운동을 전개했다.

여기서는 먼저 시대적 배경으로 일제의 침략정책과 민족선각자들의 대응방식을 개괄적으로 살펴보고, 도산 안창호의 대응방식의 특징과 구국운동의 일환으로서의 도산의 교육운동과 교육사상에 대하여 고찰해 보기로 한다.

Ⅱ. 주권상실과 구국운동

1. 시대적 상황과 일제의 침략정책

섬나라 일본이 한반도를 침략하는 것은 그들 입장에서는 지정학적 필연이라고
할 수 있다. 오늘날처럼 항공은 물론 수상교통수단도 발달되지 않았던 시대에 섬
에서 대륙으로 진출할 수 있는 방법은 한반도를 통과하는 길밖에 없었다. 내란으
로 혼란하던 전국(戰國)을 통일하고 대륙 진출을 노린 것이 임진왜란이며,2) 메이
지유신으로 강력한 중앙집권적 근대국가체제를 형성하고 서구의 근대문명을 받아
들여 부국강명을 이룩한 일본이 포함(砲艦)을 앞세워 체결한 강제 조약이 강화도
조약이다. 이는 일본 내의 정한론(征韓論)에 근거한 한국침략 작전의 첫 단계 수순
이었다.

조선은 건국 초기부터 사대교린정책에 따라 여진과 일본에 대해서는 좋은 관
계를 유지하려 했다. 일본에 대해서는 바다를 사이에 두고 있기도 하려니와 '왜
(倭)'라고 얕잡아보며 그다지 경계를 하지 않았다.3) 임진왜란 후에도 에도막부의 요
청으로 통신사를 파견했으나 조선은 우월감에 빠져 상대를 제대로 살피지 못했다.

한편 일본에서는 에도시대의 쇄국정책하에서도 예외적으로 나가사키를 거점으
로 17세기 초부터 네덜란드와의 교류를 통하여 이른바 난학(蘭學)이 발전하였다.
이런 바탕 위에 메이지유신으로 강력한 중앙집권적 왕권국가를 형성하고 서구의
근대기술문명을 수입하여 부국강병을 이룩한 일본이 때마침 불어오는 제국주의의
조류를 타고 대륙 침략을 감행한 것이다.

외세의 침입에 자극받은 한국 정부는 광무개혁을 실시하여 대한제국을 선포하
는 등 나름대로 내정을 개혁하고 새로운 문물을 받아들이고, 서구적 근대 교육제
도를 도입했다. 뜻있는 민족선각자들은 다양한 방법으로 구국계몽운동과 실력양
성운동을 전개하고, 의병운동을 일으켜 무력 항쟁을 시도하기도 했다.

---

2) 임진왜란의 원인에 대해서는 도요토미 히데요시(豊臣秀吉) 개인의 정치적 입지와 야심이 크게
   작용했다고 볼 수도 있지만, 거시적으로 보면 일본이 지닌 지정학적 필연이라고 볼 수 있다.
3) 왜는 원래 일본국 서남 해안에 있는 고대 부족국가의 이름이었으나 조선시대에도 '왜국'이라고
   불렀다. 또한 고려 말부터 조선 초에는 대마도를 거점으로 하는 왜구의 침입이 빈번하여 세종
   1년(1419)까지 3차에 걸친 정벌이 있었으나, 대마도주의 항복을 받는 것으로 마무리했다.

그러나 일제는 당초의 전략대로 침략의 수순을 밟아 갔다. 갑오개혁으로 왕권을 약화시키고,4) 명성황후를 시해하여 반일 세력을 제거하고, 청일전쟁과 러일전쟁을 치르고, 영·일동맹을 체결하여 경쟁 세력을 차례로 제거하고 한국에 대한 독점적 지배권을 확보했다. 일제는 외교권을 박탈하고(1905), 행정권을 박탈(1907)하고 군대를 해산하고, 사법권을 박탈하고(1909), 이듬해에는 경찰권까지 박탈하고 마침내 1910년 8월 29일 한국을 불법·강제로 병탄하여 침략의 수순을 마무리했다. 그리하여 한민족은 주권을 상실하고 35년 동안 일제의 노예상태로 전락하고 말았다.

그 후 일제의 식민지정책은 서구 어느 나라의 식민지정책에서도 유례를 찾아볼 수 없을 정도로 강압적이며 잔인하고 교활했다(박의수 외, 2011: 133-142). 일제는 우리의 언어와 문자와 풍습과 역사까지도 말살하여 궁극적으로 한민족을 지구상에서 영원히 말살하려고 했다. 나아가서 일제는 대륙침략과 세계제패를 위한 전쟁 수행에 우리의 자원을 수탈하고 우리민족을 전쟁의 도구로 삼았다. 이른바 '황민화 교육'이라고 하는 식민지교육은 이와 같은 식민정책을 수행하는 데 가장 효율적인 수단으로 활용되기도 했다.5)

2. 민족선각자들의 대응방식

우리의 민족선각자들은 1890년대부터 기울어져 가는 나라를 구하기 위하여 다양한 방법으로 계몽운동과 구국운동을 전개했다. 이러한 계몽운동과 항일투쟁은 국내에서 혹은 해외에서 광복을 맞는 그날까지 지속적으로 이어졌다. 이와 같은 항일 독립운동 방식은 문화운동, 정치·외교운동, 무력항쟁운동, 경제·산업운동, 교육운동 등 다섯 가지 유형으로 나누어 볼 수 있다.

문화운동: 독립신문, 황성신문, 대한매일신보, 제국신문 같은 언론활동, 국어 및 역사와 고전을 연구하고 보급하는 국학운동, 새로운 형식의 문학작품을 통한

---

4) 갑오개혁으로 왕권을 약화시키고 내각에 실권을 주어 일제가 간섭할 수 있는 공간을 넓혔다.
5) 그런 점에서 '교육'은 양날의 칼과도 같다. 교사의 가치관 혹은 특정 이념이나 도그마(敎條)를 일방적으로 주입시키는 것은 엄밀한 의미에서 교육이 아니다(박의수 외 공역(1996) 참조). 그런 점에서 그 당시 학교교육이 보편적으로 널리 보급되지 않았던 것이 다행일 수도 있다.

신문학운동이 이 영역에 속한다고 볼 수 있다. 또한 서재필이 중심이 되어 1896
년에 설립한 독립협회는 만민공동회를 개최하고, 독립문을 세우고, 독립신문을 발
행하여 민족계몽운동을 실시했다. 문화운동은 경술국치 이후에도 국내와 국외에
서 다양한 방식으로 꾸준히 전개되었다.

정치 · 외교운동: 1900년대에 전개되었던 보안회, 헌정연구회, 대한자강회, 대
한협회와 같은 정치 · 사회단체의 활동, 3 · 1운동 이후의 임시정부 활동 등이 이에
속한다. 초기의 정치 · 사회단체 활동은 일제의 탄압으로 곧 해산되었으나, 안창호
의 노력으로 통합된 대한민국임시정부는 민주공화국체제의 정부조직을 갖추고 독
립신문을 발행하고, 연통제를 실시하고, 워싱턴 · 파리 · 북경 등에 외교관을 파견
하고, 파리강화회의에 '독립청원서'를 제출하기도 했다.

무력항쟁운동: 을미사변 전후에 시작된 의병운동은 경술국치 이후 만주와 연
해주를 중심으로 무장독립투쟁으로 이어갔다. 이회영 · 이시영 · 이상룡이 서간도에
세운 신흥강습소(신흥무관학교), 서 · 북간도 지역을 근거로 한 서로군정서, 북로군
정서, 대한독립군, 대한의용군 등이 유명하다. 특히 홍범도의 봉오동전투, 김좌진 ·
이범석의 청산리전투는 일본군에 치명상을 안겨 주는 전과를 올리기도 했다.
1940년에는 임시정부가 광복군을 창설하여 독립군 세력을 통합하여, 중국 국민당
과 영국, 미국의 지원과 협력을 얻어 국내 진공을 준비하기도 했다. 안중근, 윤봉
길, 이봉창 같은 이들은 일본정부의 요인이나 민족반역자를 처단하거나, 주요 시
설을 폭파하는 방식으로 민족의 저항의식과 사기를 높이기도 했다.

경제 · 산업운동: 일제는 한국의 주권을 강탈하고 이와 병행하여 농업, 광업,
공업, 금융은 물론 교통 · 통신 등 모든 방면에서 수단 방법을 가리지 않고 경제적
수탈을 감행했다. 이에 저항하여 국채보상운동을 일으키고, 산업을 일으켜 민족자
본을 형성하기 위해 노력했다. 당시 한국인이 건설한 회사로 경성방직주식회사,
대구와 평양의 메리야스공장, 부산의 고무신공장 등이 있었으나 일제의 수탈 정책
에 대항하기에는 역부족이었다.

교육운동: 1880년대 후반부터 서양 선교사들이 세운 학교와 정부의 근대식 학
제에 의해 설립된 국공립학교와 별도로 대다수의 민족선각자들은 학교를 세워 교
육을 통한 국민계몽과 민족의식 고취에 힘썼다. 개인이 사재를 내어 학교를 설립
하기도 하고, 학회를 조직하여 학교를 세우기도 했다. '사립학교령' 및 4차에 걸친

'조선교육령'을 통한 일제의 통제에도 불구하고 우리 선각자들은 직접 학교를 경영하거나 관공립학교 혹은 종교계의 학교에서 일제의 감시를 슬기롭게 피해 가며 민족의식과 독립정신을 고취하며, 우리의 언어와 역사를 지키기 위해 노력했다.[6]

이상에서 민족선각자들의 대응방식을 편의상 다섯 가지로 분류해 보았으나 실제 운동의 내용을 보면 명확한 구분이 쉽지 않다. 어떤 인물도 어느 한 영역의 운동만을 한 경우는 드물기 때문이다. 무장독립운동가로 더 알려진 안중근의 경우도 국내에서 학교를 세워 교육운동을 했으며, 신채호는 성균관 박사 출신의 전통적 유학자로 역사학자, 언론인, 교육자이면서 정치운동에도 참여했고, 44세에 쓴 「조선혁명선언」에서는 폭력혁명을 주장하기도 했다. 그리고 생애의 대부분을 평교사로 보낸 김교신의 경우도 단독으로 『성서조선』을 통한 민족계몽을 위해 일제의 검열과 재정적 어려움과 과중한 업무라는 3중고와 싸워야 했으며, 일제가 패망하기 직전 8개월 동안 흥남질소비료공장에서 5,000여 명의 한국인 노무자들의 생활 개선과 의식개혁을 위하여 헌신하다가 발진티푸스에 감염되어 45년의 생을 마감했다. 어린이 운동의 선구자로 알려진 방정환 역시 동화, 아동소설, 동시, 동극 등 다양한 장르의 글을 발표하고, 『어린이』, 『신청년』, 『신여성』, 『학생』 등의 잡지를 창간했으며, '은파리'라는 제목의 연재를 통하여 사회비평을 통한 민족계몽운동을 펼쳤다(민윤식, 2014).

대체로 국내에서의 활동은 일제의 감시와 제약 때문에 교육과 문화운동에 집중할 수밖에 없었고, 그나마도 어느 정도 일제와의 타협이 불가피했을 것이며, 언론과 경제·산업운동의 경우는 더욱 제약이 심했을 것이다. 그로 인해 후세에 친일파라는 오해와 비난을 받는 경우도 적지 않다.[7]

3. 안창호의 총체적 대응

한편 도산(島山) 안창호(安昌浩, 1878-1938)는 위의 모든 유형을 포괄한 총체적

---

6) 민족선각자들의 대응방식에 관해서는 한영우(1999: 450-538)의 책을 주로 참고하였다.
7) 친일파의 문제는 현재의 사회분위기에서 쉽게 재단하고 비난할 수 있는 것은 아니며, 다만 객관적인 사실만을 정확하게 기록하여 후세의 역사가 공정하게 판단할 수 있게 하여야 할 것이다.

접근 방식을 택했다. 자주독립이라는 당면한 목표뿐만 아니라 독립 후의 일류국가 건설에 대한 원대한 설계도를 가지고 체계적이고 단계적으로 일을 추진했다. 교육 운동은 그와 같은 종합적 설계 안에서 가장 기초가 되는 매우 중요한 의미를 갖는 운동이다. 도산의 총체적 대응 방식은 그가 구상한 '단계별 독립운동 방략도'와 '독립운동 6대 방략' 그리고 '3대자본 축적론' 등에 잘 나타나 있다.

단계별 독립운동 방략도

도산이 얼마나 원대하고 종합적인 설계를 하고 민족운동을 추진했는가를 보여주는 한 장의 친필 메모가 그의 수첩에서 발견되었다(도산안창호선생기념사업회, 1999: 101). 이는 도산이 1912년 무렵에 흥사단 창립을 앞두고 작성한 것으로 추정되는 '독립운동 단계별 방략도'이다. 그 그림은 기초부터 시작하여 완전결과에 이르는 5단계로 이루어져 있다. 즉, 기초(1단계) ⇒ 진행준비(2단계) ⇒ 완전준비(3단계) ⇒ 진행결과(4단계) ⇒ 완전결과(5단계)로 나누고, 각 단계마다 구체적 목표와 사업을 설정하고 있다.

제1단계인 기초단계에서는 자질 있는 청년들을 모아 조직적으로 인격훈련과 단결훈련을 시켜 민족운동의 핵심 간부로 양성한다. 제2단계는 기초단계에서 배출된 간부들이 조직적으로 학업단과 실업단을 만들어 실력을 양성하는 단계이다. 제3단계는 학업단과 실업단의 활동에 의해 각 부문의 전문인재가 배출되고, 필요한 재정을 비축하는 단계이다. 제4단계는 확보된 인력과 재정을 바탕으로 독립전쟁을 결행하며, 동시에 새로운 정치체제를 수립하는 단계이다. 마지막 제5단계는 일제를 몰아내고 조국광복을 실현하여 번영된 민족국가를 건설하는 것이다(흥사단, 2013; 서장, 113-114).

이와 같은 원대하고 종합적인 설계 아래 궁극적 목표인 조국의 광복과 번영을 위한 기초단계의 훈련 조직으로 1913년 흥사단을 창립했다. 흥사단의 목적(약법 제2조)은 "덕·체·지 3육을 동맹수련하여 건전한 인격을 작성하며 신성한 단체를 이루어 우리민족 전도대업의 기초를 준비함"이라고 되어 있다.

그러나 도산은 이와 같은 각 단계의 사업을 전단계가 완성되기를 기다려서 다음단계를 진행하자는 것은 아니다. 각 단계의 각각의 사업에 필요한 다양한 조직을 구성하여 동시다발적으로 사업을 추진했다. 그는 문화운동, 정치·외교운동, 무력항쟁운동, 경제·산업운동 그 어느 것도 소홀히 하지 않았다.

독립운동 6대 방략

도산은 통합 상해임시정부 출범 이듬해인 1920년 1월 3일 시국대강연회에서 '독립운동 6대 방략'(주요한, 1999: 664-669)으로 군사, 외교, 교육, 사법, 재정, 통일의 여섯 가지를 제시했다.

도산은 6대 사업 중 '군사'를 첫 번째로 들고 독립전쟁을 위한 철저한 준비를 강조했다. '준비 없이 개전하면 적에게 죽기 전에 기아(飢餓)에 죽을 것'이라고 했다. 외교 또한 독립전쟁을 위하여 반드시 필요함을 역설했다. 우리의 독립전쟁이 세계평화를 위해 정당함을 세계에 설득하여 한 나라라도 우리 편으로 끌어들이는 것이 전시일수록 더욱 필요함을 제1차 세계대전 당시 강대국들의 외교전을 예를 들어 설명했다.

도산은 '죽고 살고 노예되고 독립됨을 결정하는 것은 지력(知力)과 금력(金力)이니, 독립운동 기간일수록 교육에 더욱 힘써야 한다고 했다. 또한 독립운동 기간일수록 사법제도를 엄격하게 하고 논공행상을 공정하게 해야 한다고 했다.

도산은 특히 독립운동 시작 이래 재정에 대한 대책이 없음을 지적하고, 국민개병과 더불어 국민개납과 국민개업을 주장했다. 부자로부터 거금을 기부 받는 것보다 모든 국민이 매일 2, 3전씩이라도 납부하는 것이 더 중요하다고 보았다. 그러기 위해서 모든 국민이 일을 해야 한다고 강조했다. 도산은 "여러분은 다 일하시오. … 독립운동 하노라 하면서 노는 자는 다 독립의 적이오. 특히 상해에 있는 이는 개병(皆兵) 개납(皆納) 개업(皆業)의 모범이 되어야 하오."라고 했다(주요한, 1999: 664-665).

3대자본 축적론

도산은 1894년(16세)에 청일전쟁으로 폐허가 된 평양 시가지를 바라보면서 분노와 함께 깊은 고민에 빠졌다. 청과 일본이 왜 우리 땅에서 싸우며, 우리는 어찌하여 속수무책으로 피해를 입어야 하는가? 선배 필대은과 많은 대화를 하며 고민한 끝에 얻은 결론은 '힘이 없기 때문'이라는 것이다. 그래서 '나'부터 힘을 길러야 한다고 생각하고 서울로 올라갔다. 구세학당(언더우드학당: 밀러학당)에 들어가 약

3년 동안 신학문을 공부하고 서재필이 결성한 독립협회에 가입하여 계몽운동에 참여했다.

그러면서 힘이란 무엇인가를 생각했다. 강한 나라의 조건은 무엇인가? 힘을 구성하는 세 가지 요소는 새로운 지식과 경제력과 도덕력(신용)이라는 결론을 얻었다. 이것을 '3대자본'이라고 했다. 그 시대에 '지식'과 '신용'까지도 '자본'이라고 파악했다는 점은 참으로 놀라운 깨달음이었다. 한걸음 더 나아가 도산은 세 힘의 요소 중에서 신용(인격)이 가장 기초가 된다고 생각했다. 결국 인격혁명이 교육운동의 목적인 동시에 민족운동의 출발점이 된다는 것이다.

도산은 3대자본을 축적하는 일이 곧 민족의 자주 독립을 회복하는 길이라고 믿고, 평생의 삶을 민족의 3대자본 축적에 바치게 된다. 도산은 1921년 미주(美洲) 동포들에게 3대자본을 저축할 것을 다음과 같이 호소했다.

> "속이거나 거짓말하지 아니하고 진실하여 '신용의 자본'을 동맹저축 합시다. 한 가지 이상의 학술이나 기능을 학수하여 전문 직업을 감당할 만한 '지식의 자본'을 동맹저축합시다. 각기 수입의 10분지 2 이상을 저금하여 적어도 10원 이상의 '금전의 자본'을 동맹저축합시다. 이 주의와 방침이 곧 우리의 힘을 예비하는 정경이요 순서입니다." (주요한, 1999: 1018)

이와 같은 3대자본 축적운동은 각종 산업을 일으키고 교육에 더욱 힘써야 한다는 것을 의미한다. 도산은 민족의 당면 과제인 독립운동은 물론 독립 후에 부강한 자주 독립 국가를 건설하기 위해서 어느 한 분야도 소홀히 할 수 없다고 보고 총체적으로 민족운동을 추진했다. 이와 같은 시대상황과 종합적인 구도 속에서 도산의 교육운동과 교육사상을 살펴보아야 한다.

Ⅲ. 안창호의 교육운동

도산의 교육운동은 앞에서 언급한 바와 같이 다양한 방식으로 이루어졌지만, 크게 보면 주로 학교, 사회단체, 언론 그리고 생활공동체를 통하여 전개되었다. 여기서는 먼저 도산의 교육관의 특징을 간단히 살펴본 후에 각각의 교육활동을 고찰해 보기로 한다.

1. 도산의 교육관

기초로서의 교육: 도산은 모든 구국운동의 주체는 인간이며, 독립운동을 추진하는 힘은 건전한 인격과 근대적 지식을 지닌 인간에서 나온다고 보았다. 따라서 그와 같은 인간을 기르는 교육은 곧 구국운동의 기초가 되는 것이다. 도산은 "내가 말하는 교육이나 식산 운동은 독립운동의 일부분 보조되는 것이외다. 다시 말하면 운동을 길게 하여 감에는 교육이 있어 지식을 돕고 식산이 있어 경제를 도와야 할 것입니다."(주요한, 1999: 756)라고 했다. 도산은 빼앗긴 나라를 되찾는 일은 장기간에 걸친 조직적이고 총체적인 접근이 필요하며, 그와 같은 대업을 이루기 위해서는 민족의 역량을 최대한으로 결집시켜야 한다고 생각했다. 그래서 인격훈련과 단결훈련을 강조했다. 비록 국권회복이 시급한 과제이지만 건전한 인격을 갖춘 인재의 양성은 모든 운동의 기초가 된다고 보았다.

인격 우선의 교육: 도산은 청일전쟁을 계기로 민족의 현실과 자신의 사명을 자각하고 다양한 방식의 민족계몽과 구구운동에 참여했다. 크고 작은 여러 가지 일을 도모하는 과정에서 수많은 배신과 좌절을 맛보기도 했다. 그러면서 우리 민족의 가장 큰 결함은 거짓과 허위와 분열임을 깨달았다. 우리 민족이 정직하지 못하고 빈말만 하고 단결하지 못한다는 것이다.

그 결함을 치유할 처방이 '인격혁명'이다. 인격개조가 선행되지 않으면 아무 일도 할 수 없다는 것을 절감했다. 따라서 도산이 추진한 다양한 교육활동의 일차적 목표는 인격수련에 집중되었다. 도산은 학교교육은 물론, 청년학우회, 흥사단과 같은 단체를 통해서도 지속적으로 인격수련 운동을 했다. 많은 사람들이 어느 세월에 인격수련이나 하고 있느냐고 비판하기도 했다. 그러나 아무리 급해도 '바늘허리에 실을 매어서는 쓸 수 없는' 것처럼 인격이 뒷받침되지 않으면 아무 일도 도모할 수 없다. 도산이 말하는 인격이란 성인군자와 같은 고매한 인격을 의미하는 것이 아니다. 거짓말하지 않고 맡은 일에 성실하여 서로에게 믿음을 주어 무슨 일이든 함께 할 수 있는 그런 인격을 의미한다.

형식을 초월한 교육: 도산은 교육을 특정 장소나 시설 혹은 한정된 시간에 국한하지 않았다. 물론 정규 학교를 통한 체계적이고 조직적인 교육을 매우 중요시했으며 평생 여러 곳에서 많은 학교를 세웠고, 학교교육에 많은 정성을 쏟았다.

그러나 학교교육의 기회가 제한적이었던 당시로서 학교만으로 국민교육을 감당할
수는 없었다. 그래서 도산은 형식을 초월한 다양한 종류의 비형식교육도 적극 활
용했다. 교육의 본질적 목적인 인격수련과 국민적 훈련을 위한 단체를 조직하거나
언론과 출판을 적극 활용했다. 청년학우회와 흥사단 같은 사회단체를 통한 국민교
육도 중요시했다. 공립협회 시절에는 공립신보, 대한인국민회에서는 신한민보, 흥
사단에서는 『동광』이라는 잡지를, 상해임시정부에서는 독립신문을 발행했다. 언론
매체가 갖는 교육적 기능을 중요시했기 때문이다.

도산은 태극서관을 창립할 때, "책사(冊肆)도 학교다. 책은 교사다. 책사는 더
무서운 학교요, 책은 더 무서운 교사다."(안병욱, 1986: 24)라고 했다. 도산은 졸업
장이나 학위증 같은 형식을 중요하게 여기지 않았다. 형식보다는 실질을 중시했기
에 도산의 교육활동은 다양한 방법으로 전개되었고, 도산 자신도 책과 삶의 현장
을 스승으로 삼아 지혜와 덕을 쌓았다.

삶과 합일되는 교육: 도산에게 있어서 삶과 유리된 교육은 생각할 수 없다. 삶
의 과정이 교육이며, 교육이 곧 삶의 과정이다. 도산의 경우, 교육은 현재의 삶의
과정이며 미래를 위한 준비이기도 하다. 도산이 강조하는 인격교육 역시 삶과 분
리된 높은 수준의 윤리 이론을 가르치자는 것이 아니다. "사회생활에 효과적으로
참여하는 힘을 기르는 교육은 모두 도덕교육"(이홍우 역, 1988: 538)이라고 한 듀이
의 교육관과 크게 다르지 않다.

도산은 리버사이드(Riverside)와 멕시코에서 교포들을 지도하며 이런 원리를
실증적으로 보여주었다. 그는 캘리포니아 농장에서 일하는 동포들에게 입버릇처
럼 말하기를, "미국의 과수원에서 귤 한 개를 정성껏 따는 것이 나라를 위하는 것
이라."고 했다(주요한, 1999: 73). 실제로 정직하고 근면한 근로 태도는 곧 수입 증
대로 나타나고 윤택한 삶으로 이어졌다. 1917-1918년 멕시코 애니깽(어저귀)농장
에서 일하던 근로자들이 속임수를 쓰다가 집단으로 일자리를 잃었을 때, 도산이
방문하여 동포들을 지도하고 농장주를 설득하여 모범적인 공동체를 만들었다. 당
연히 동포들의 생활도 향상되었다.

2. 학교를 통한 교육운동

점진학교: 독립협회 해산 후 도산이 고향으로 돌아와 1899년 강서군 동진면 암화리에 세운 학교로 우리나라 사람이 세운 최초의 남녀공학 사립학교이다(주요한, 1963: 32). 점진학교는 도산이 미국으로 떠난 후에 기독교 장로교에서 인수하여 주권상실기에도 계속되다가, 해방 후 공산 정권에 의하여 폐쇄되었다 한다.[8]

평양대성학교: 도산이 1908년 9월 평양에 설립하여 가장 정성을 쏟은 사업 중의 하나다.

도산은 이종호에게 재정적인 지원을 받고, 윤치호로부터 학교 경영에 대한 자문을 얻어 중등학교인 대성학교를 설립하고, 윤치호를 초대 교장에 앉히고 자신은 '대변교장'이란 명목으로 학교에 상주하며 직접 학교를 경영했다. 도산은 모든 면에서 가장 모범적인 학교를 만들어 대성학교를 본받은 학교가 전국으로 확산되기를 바랐다.

[그림2] 평양대성학교 학생과 교사
(출처: 필자 소장)

이 학교는 도산이 망명길에 오르고, 일제의 탄압에 의하여 1913년에 폐교되었으므로, 실제로 존속한 기간은 4-5년에 불과하다.

그러나 훌륭한 시설과 알찬 교육과정 그리고 우수한 교사를 초빙하여 당시 민족교육 기관의 모범이 되었다. 대성학교에 대한 관서지방 주민들의 호응과 전국적인 관심은 대단했으며, 이를 본받은 학교들이 여러 지방에 생겨났다(박의수, 2010: 179-210).

동명학원: 1924년 중국 남경에 설립한 학교로, 미국으로 유학하려는 청년들에게 특히 어학교육과 민족교육을 제공할 목적으로 세웠다. 학생 수는 수십 명 정도에

---

8) 도산의 질녀인 안성결의 회고록에 의하면, 점진학교는 4년의 초등 과정과 2년의 중등 과정이 설치되어 있었으며, 해방 후에는 물론, 김일성 정권 수립 후에도 「김일성 부속 점진학교」로 존속되었다고 한다(안성결, 1996: 22-25).

불과하였으나 해외 민족교육의 장으로 중요한 역할을 하였다(주요한, 1963: 379).

3. 사회단체를 통한 교육운동

신민회: 1906년 미국 리버사이드 공립협회에서 도산은 이강, 임준기 등 회원들과 함께 대한신민회 창립을 발의하고, 도산이 작성한 '대한신민회취지서'와 '대한신민회 통용장정'을 가지고 공립협회의 대표 자격으로 한국에 파견되었다(장태한, 2019: 76).

1907년 2월 동경에 들러 태극학회 학생들 모임에서 시국강연을 하여 청년지사들의 지지를 얻고, 귀국하여 각계의 지도급 인사들을 규합하여 4월 초에 신민회를 창립했다. 양기탁, 유근, 박은식, 장지연 등 당시 영향력 있는 애국지사들이 모두 참여한 전국적 조직으로 1910년 기준으로 약 400명이 참여했다.[9]

신민회의 목적은 국권을 회복하여 공화정체제의 자유 독립국을 세우는 것임을 분명히 했다. 그리고 ① 애국적 선구자들의 자기수양, ② 동지들의 공고한 단결, ③ 교육과 산업 진흥에 진력하여 전 민족적 역량을 준비할 것, ④ 다가올 독립의 기회를 놓치지 말고 자주적 역량으로 민족 재생의 대업을 이룩할 것 등을 운동 원칙으로 했다(주요한, 1963: 71).

이와 같은 원칙하에 신민회는 ① 교육구국운동, ② 계몽강연·학회운동, ③ 잡지·서적 출판운동, ④ 민족산업진흥운동, ⑤ 청년운동, ⑥ 무관학교 설립과 독립군기지 창건운동 등을 전개했다. 교육구국운동은 특히 각 도에 모범적인 중학교를 세우고 그 중학교에서 사범교육도 실시하여 교사를 양성하여 전국에 보급하고자 했다.

신민회 운동은 비록 기간은 짧았으나 민족의 가슴에 새로운 활력소가 되어, 10년 후에 3·1운동으로 피어나게 되었고, 한국민족의 근대화 운동이 대중 속으로 불붙게 한 최초의 불씨가 되기도 했다(주요한, 1963: 55).

청년학우회: 청년학우회는 1909년 8월 15일경 도산의 창안으로 시작한 우리

---

9) 신민회는 비밀결사였으므로 1911년 일제가 조작한 105인 사건 조사과정에서 회원들의 명단이 밝혀졌으나 회원의 규모 역시 400명, 많게는 700명 혹은 800명으로 추정되지만 정확하게 파악할 수는 없다.

나라 최초의 현대적 청년운동단체이다. 윤치호를 중앙 위원장, 최남선을 중앙 총무로 하고, 지방 조직은 한성 분회를 위시하여 개성·안악·평양·안주·선천·곽산·용천·의주 등으로 확대해 나갔다.

청년학우회의 목적은 무실·역행·충의·용감의 4대정신으로 인격을 수양하고 단체생활의 훈련에 힘쓰며, 한 가지 이상의 전문 학술이나 기예를 반드시 학습하여 직업인으로서의 자격을 구비하여, 매일 덕·체·지육에 관한 수련활동을 한 가지씩 실천하여 인격수련에 힘쓴다는 것이다. 평양지회의 경우를 통하여 청년학우회의 구체적인 활동 모습을 엿볼 수 있다.

대성학교 교사였던 차리석(車利錫)의 증언에 의하면, 청년학우회 평양지회는 대성학교 내에 설치했으며, 덕·체·지의 인격 훈련을 위하여 토론회, 연설회를 개최하고, 음악부와 체육부를 두었으며, 도서관을 설치하여 학생과 일반인들에게 근대적 의식을 함양하도록 했다(윤경로, 1990: 237).

청년학우회는 창립된 이듬해, 1910년에 조국의 패망과 함께 일본에 의하여 해체되고 말았다. 그러나 그 취지와 정신은 3년 후 미국 샌프란시스코에서 '흥사단'이라는 이름으로 계승되었다.

흥사단: 도산은 1909년 10월 안중근 의거를 계기로 이갑·이동휘·이종호 등 많은 애국지사들과 함께 수감되었다가 이듬해 2월에 석방되었다. 더 이상 국내에서의 활동이 어렵게 된 애국지사들은 각자 망명길에 올라 1910년 7월 청도에서 회합을 갖고(청도회담) 독립운동의 방향을 논의했으나 회담은 결렬되었다.

도산은 거듭되는 실의와 좌절을 겪으면서, 무엇보다도 민족성 개조가 우선되어야 함을 다시금 뼈저리게 느꼈다. 그리하여 로스앤젤레스에 도착 즉시 송종익, 하상옥, 정원도 등의 협조를 얻어 조선 8도 대표를 발기인으로 하여 흥사단을 창립하였다. 흥사단의 목적은 "덕·체·지 삼육을 동맹수련하여 건전한 인격을 작성하고 신성한 단결을 조성하여 우리 민족 전도 대업의 기초를 준비함"(흥사단 약법 제2조)에 있다(흥사단, 2013: 1026).

흥사단은 빠른 속도로 조직이 확산되어 나갔다. 샌프란시스코에서 시작된 흥사단의 조직은 로스앤젤레스, 다뉴버, 로간, 하와이, 멕시코 등지로 퍼져나갔다. 단원은 1920년까지 미주(美洲)에서만 약 150명으로 늘어났다.

3·1운동 후 중국으로 건너간 도산이 상해를 중심으로 독립운동을 전개하면

서, 1920년 상해에 흥사단 '원동임시위원부'가 설치되고, 1922년에는 수양단체의
형식으로 국내에까지 조직이 확산되었다. 1936년 7월 이른바 '동우회 사건'으로
70명의 회원들이 옥고를 치르고 1937년에 국내조직은 강제로 해산되었다(흥사단,
1986). 1945년까지 미국, 멕시코, 중국, 국내에서 입단한 단원의 수는 모두 590여
명으로 추산된다.

　　이 시기에 흥사단의 모든 활동은 독립운동에 초점이 맞추어져 있었다. 개개인
의 인격수련을 위한 동맹독서, 동맹운동, 동맹저축 등을 지속하는 한편 북미실업
주식회사 설립, 상해임시정부 자금지원, 남경에 동명학원 설립, 이상촌건설 추진,
황무지 개간, 문자보급 운동, 민족 대변지 『동광』 발행 등을 통하여 독립운동에
힘썼다(흥사단, 1986: 60-207). 흥사단이 100년 이상 지속될 수 있었던 것은 입단
문답을 통한 공고한 단결과 동맹수련이라는 독특한 훈련방법이 있기 때문이다(흥
사단, 2013: 124).

4. 언론 · 출판을 통한 교육운동

　　도산은 모든 운동에서 언론과 출판을 매우 중요시했다. 그래서 조직이 결성되
면 곧이어 신문이나 잡지를 발행했다. 그것이 안 될 경우 간단한 소식지(News
Letter)를 발간했다. 이와 같은 신문과 잡지는 일차적으로 회원 간의 정보교환 및
지식과 교양 향상을 위한 매체의 역할을 하고 대외 선전 · 홍보 기능과 일반 국민
을 대상으로 한 국민교육의 기능도 했다.

　　도산은 공립협회에서는 「공립신문」, 대한인국민회에서는 「신한민보」, 흥사단
에서는 「공함」과 『동광』, 상해임시정부에서는 「독립신문」을 발행했고, 신민회에
서는 「대한매일신보」를 청년학우회에서는 『소년』을 발행했다[10].

　　지금처럼 정보매체가 발달하지 못했던 당시로서는 언론과 출판이 더욱 중요한
정보교환의 수단이었다. 특히 민주적 소통과 의사결정을 위해서, 상호 신뢰를 통
한 공고한 단결을 위해서 정보의 교환이 무엇보다 중요한 역할을 한다는 것을 도

---

10) 대한매일신보는 신민회의 핵심 회원인 양기탁이 총무를 주관하고, 대부분의 사원들이 신민회
　　회원으로 가입함으로써 실질적으로 신민회의 기관지 역할을 했다. 『소년』은 원래 최남선이 개
　　인잡지로 창간했으나 청년학우회가 활발해지면서 청년학우회의 기관지로 활용되었다.

산은 알고 있었고, 그것을 잘 활용했다.

5. 생활공동체를 통한 교육운동

공립협회와 파차파 캠프: 도산은 1902
년 처음 도미하여 이듬해에 샌프란시스코
에서 9명의 교포들로 한인친목회를 조직했
다. 당시 샌프란시스코에는 아시아인을 기
피하는 정서[11]와 동양인에 대한 인종차별
이 심하여 일자리를 구하기가 어려웠다.

[그림3] 리버사이드 오렌지농장에서
(출처: 필자 소장)

미국인 의사의 집에서 가사노동을 하며
동포들의 생활을 지도하던 도산은 1904년
리버사이드로 이주했다. 리버사이드에는 당
시 오렌지 농장이 번창하고 있어 상대적으
로 일거리가 많았다. 그러나 일본인과 중국
인들이 권리를 선점하여 한국인 근로자는
일자리 얻기가 어려웠다. 그런 사정을 파악
한 도산은 농장주를 설득하여 한인노동알선
소(Korean Labor Bureau)를 세워 일자리를 알선하는 한편, 파차파 거리(Pachappa
Avenue)에 캠프(Pachappa Camp)를 설립했다.

동포 노동자들에게 직접 귤 따는 시범을 보여주며, "미국 농장에서 귤 하나를
정성껏 따는 것이 곧 나라 일"(주요한, 1999: 73)이라고 가르쳤다. 그 결과 농장주
의 신임을 얻어 일자리가 늘어나고 동포들의 생활도 크게 향상되었다. 점차 생활
이 안정되자 결혼도 하고 아이도 낳아 기르게 되면서 자연스럽게 한인 타운을 형
성하게 되었다.

---

11) 1860년 시작된 미국의 대륙횡단철도 건설 사업에 중국인들이 투입되면서 중국인 이민이 급격
   히 늘어나 차이나타운을 형성했다. 그 후 철도공사가 끝나고 경기가 침체하자 급격하게 중국
   인에 대한 반감이 늘어나 1877년 7월 차이나타운에서 폭동이 일어나기도 했다. 결국 1882년
   미국의회는 중국인 배척법(Chinese Exclusion Act)을 제정하기에 이르렀다.

한인친목회는 1905년 4월 5일 49명의 회원으로 공립협회를 조직했다. 이어서 학교를 세우고 교회도 세우고 「공립신문」을 발행하고, 경찰을 두어 치안을 유지하고, 규칙을 만들어 자율적 자치공동체로 발전시켰다. 1905년 11월 22일자『공립신보』에는 '노동 호황'이라는 제목으로 한인 근로자들을 유인하는 광고까지 게재하였다. 그리하여 한국인 근로자는 급격하게 늘어나 1907년 무렵에만 회원이 150명, 가족까지 합하면 200명 이상, 계절노동자까지 합하면 300명 이상이 될 것으로 추산했다. 이는 미국 최초의 그리고 최대 규모의 '한인 타운'이며 '안도산 공화국'이라고 불리게 되었다(장태한, 2018: 14-108).

도산이 리버사이드에서 공립협회와 함께 설립한 파차파 캠프는 도산이 평생 구상하고 추구한 해외동포의 생활근거지이며 동시에 종합적인 독립운동의 근거지가 될 이상촌 운동의 첫 실험장이며 민주적 리더십의 실천 사례라고 할 수 있다. 또한 정직하고 근면한 삶이 곧바로 현실적 이익을 가져다준다는 것을 동포들에게 실증적으로 보여준 사례이기도 하다.

이상촌 구상: 도산의 이상촌 혹은 모범촌[12])에 관한 구상은 곧 민족의 자주 독립과 번영을 추구하는 그의 사상 체계와 활동의 가장 종합적이고 구체화된 모습이라고 볼 수 있다. 도산이 구상한 '이상촌'은 ① 이상적 농촌으로서의 지역공동체, ② 재외 동포의 항구적 생활 근거지, ③ 독립운동을 위한 실력양성기지 등의 성격을 포함하고 있다(이순형, 1986: 188). 이는 공동체적 삶의 터전일 뿐만 아니라 이상적 교육공동체이기도 하다.

도산이 생각한 이상촌의 구조와 기능은 첫째, 마을 행정을 위하여 마을회관을 갖추고, 그 안에 사무실과 상임직원을 두어 대외 행정 및 지방행정과 긴밀한 관계를 유지한다. 둘째, 체육관·운동장·도서실·오락실·담화실 등을 설치하여 주민들의 보건 후생과 친교를 돕는다. 셋째, 금융기관을 설치하여 주민들의 경제생활을 근대화하며, 협동조합을 설치하여 생산·판매·소비 생활에 필요한 것을 지원하여 주민의 경제생활을 향상시킨다. 넷째, 교육기관은 일반교육을 위한 학교와 직업

---

12) 도산 자신도 이상촌 혹은 모범촌이라는 표현을 병용한 것 같다. 혹자는 '이상촌'이라는 표현이 실현 불가능한 유토피아를 연상시킨다는 점에서 '모범촌'이라고 할 것을 주장하지만, 실제로 도산과 동시대의 제자들은 '이상촌'이라는 표현을 더 많이 사용한 것 같다. 도산은 철저히 현실주의자이며 실용주의자로 현실도피적인 피안의 세계를 꿈꾼 것은 아니다.

학교로 나누어 설립하되, 직업학교에서는 농업·임업·잠업·원예·목축·공업·건축·토목·식료품가공·철공·요업 등 공동체의 생활에 필요한 모든 분야의 직업교육이 이루어질 수 있게 해야 한다(류태영, 1991: 87-89).

이런 구상을 실현하기 위하여 도산은 기회 있을 때마다 적당한 장소를 물색하고 토지를 구입하기도 하였다. 그가 후보지로 선정하여 추진했던 곳이 황해도 봉산군 일대, 북만주 길림성 밀산현, 양자강 연안의 진강과 만주의 경박호 연안, 북미 캘리포니아에서의 북미실업주식회사, 평양 근교 대보산 송태산장, 평남선 강선역 부근의 달마산 기슭 등이다(류태영, 1991; 이순형, 1986).

Ⅳ. 안창호의 교육사상

일반적으로 '주의(主義)'라는 말은 '전일적(專一的)'이고 배타적이다. 어느 하나를 강조하면 자연히 다른 것에 대해서는 배타적일 수밖에 없다. 따라서 도산은 '-주의'라는 표현을 쓰기를 좋아하지 않았으며, 더욱이 그의 사상에 대해서 '-주의'라는 표현을 쓰는 것은 적절하지 않을지도 모른다. 그러나 여기서는 편의상 도산이 평생 강조한 가치들을 몇 가지 추려서 성실주의, 자력주의, 민족주의, 인본주의, 점진주의로 나누어 고찰해 보기로 한다.

1. 성실주의

여기서 성실주의(誠實主義)란 거짓 없고 참되고 진실한 것을 목숨처럼 소중히 여기는 삶의 자세를 의미한다. 도산의 경우, 성실주의는 모든 사람을 대하는 근본 원리이며 일을 처리하는 기본 원칙이다. 이것을 무실·역행·충의·용감, 즉 4대정신이라고 한다. 도산이 망국의 설움을 안고 1913년 망명지 샌프란시스코에서 '흥사단'을 조직한 것도 성실주의 운동을 위해서다.

"거짓이여! 너는 내 나라를 죽인 원수로구나. 군부(君父)의 원수는 불공대천이라 했으니, 내 평생에 죽어도 다시는 거짓말을 아니 하리라."(이광수, 2013: 139) 도산은 스스로 다짐하고 평생 그렇게 살았다. 그리고 대성학교 학생들에게 늘 "죽더라도 거짓이 없어라.", "농담으로라도 거짓말을 말아라. 꿈에라도 성실을 잃었거든 통회하라.”고 가르쳤다. 학생을 대함에 평소에는 온화한 도산이지만 거짓에 대해서는 추호도 용서하지 않았다. “대한 민족을 참으로 건질 뜻이 있으면 그 건지는 법을 멀리서 구하지 말고 먼저 우리의 가장 큰 원수되는 속임을 버리고 각 개인의 가슴 가운데 진실과 정직을 모시어야 하겠습니다.”(주요한, 1963: 478) 도산의 처절한 절규다. 도산만큼 뼛속 깊이 거짓을 미워하고 진실을 추구하고 정직하게 산 사람은 흔치 않을 것이다.

『중용』에서 “성(誠)은 사물의 처음과 끝이니 참이 없으면 사물이 없다.”고 했다. 참되지 않으면 아무것도 이룰 수 없다는 뜻이다. 도산은 사람을 대할 때나 일을 대할 때나 온 정성을 다했다. 아무리 급박한 처지에 있더라도 거짓말을 하는 일이 없었다. 우리는 흔히 대의를 명분으로 하여 작은 거짓말은 예사로 행하고 자기 합리화를 하는 경우를 본다. 그러나 도산에게 있어서 정직은 절대적이며 ‘정언 명령’이다. 도산은 ‘합동과 분리’라는 글에서 다음과 같이 말했다.

> “거짓말하고 속이는 것이 가죽과 뼈에 젖어서 양심에 아무 거리낌 없이 사람을 대하고 일에 임하매 속일 궁리부터 먼저 하게 되었습니다. 대한민국을 참으로 건질 뜻이 있으면 그 건지는 법을 멀리서 구하지 말고 먼저 우리의 가장 큰 원수되는 속임을 버리고 각 개인의 가슴 가운데 진실과 정직을 모시 어야 하겠습니다. (중략) 대한 사람이 대한 사람의 말을 믿고, 대한 사람이 대한 사람의 글을 믿는 날에야 대한 사람은 대한 사람의 얼굴을 반가워하고 대한 사람은 대한 사람으로 더불어 합동하기를 즐거워할 것입니다. 만일 대한 사람을 건질 뜻이 없으면 모르거니와 진실로 있다고 하면 네 가죽 속과 내 가죽 속에 있는 거짓을 버리고 참으로 채우자고 거듭 거듭 맹세합시다.” (안 병욱, 1986: 35)

혹자는 나라를 왜적의 손으로부터 되찾아야 하는 절박한 순간에 인격운동 도덕운동이 무엇이냐고 비난하기도 했다. 그러나 도산은 결코 도덕운동이나 하자고 ‘인격혁명’을 주장한 것이 아니다. 다만 건전한 인격이 선행되어야 어떤 유형의 독립운동이든 더불어 추진할 수 있기에 인격혁명을 강조한 것이다.

인과율(因果律)을 무시한 사고방식, 감당할 힘이 없으면서도 큰일을 할 수 있다고 믿는 허황된 생각, 아무런 준비와 계획도 없이 일을 시작하는 무원칙 무계획의 태도를 버려야 한다. 실력을 준비하지 않고 빈말만 요란한 공리공담과 허장성세의 폐풍, 자기가 한 말에 책임질 줄 모르는 무책임, 협동과 단결을 이루지 못하고 대립과 파쟁만 일삼는 망국적 태도를 개조해야 한다. 이와 같은 우리 민족의 정신적 성격적 질환과 악습을 고치지 않고서는 우리 민족은 절대로 자주독립과 번영을 이룰 수 없다고 도산은 생각했다. 민족의 독립과 번영이 우리의 궁극 목적이요, 이 목적을 달성하기 위한 방법은 국민 각자의 인격 개조에서부터 시작해야 한다고 그는 굳게 믿었다(주요한, 1963: 90-91).

2. 자력주의

자력주의(自力主義)란 우리가 믿고 바랄 것은 우리 자신의 힘밖에 없다는 것, 모든 일의 성패는 다 힘의 결과라는 것, 그러니 우리 자신의 힘을 길러야 한다는 주장이다. 도산은 소년시절 평양에서 청·일전쟁으로 만신창이가 된 조국의 강토를 보고 자력주의의 원리를 깨달았다. 이것은 도산의 일생을 지배한 사상이요 행동 원리였다.

1921년 도산은 상해에서 미국·멕시코·캐나다 등지에 있는 동지들에게 보낸 공개서한에서 이렇게 말하고 있다.

"내가 이에 간절히 원하는 바는 이것이외다. '여러 분은 힘을 기르소서 힘을 기르소서' … 참배 나무에는 참배가 열리고 돌배나무에는 돌배가 열리는 것처럼 독립할 자격이 있는 민족에게는 독립국의 열매가 있고 노예될 만한 자격이 있는 민족에게는 망국의 열매가 있습니다. 독립할 만한 자격이라는 것은 곧 독립할 만한 힘이 있음을 이름이외다. 세상만사에 작고 큰 것을 막론하고 일의 성공이라는 것은 곧 힘의 열매입니다. 힘이 작으면 성공이 작고, 힘이 크면 성공이 크고, 힘이 없으면 죽고 힘이 있으면 사는 것이 하늘이 정한 원리요 원칙이외다. … 그런고로 천사만려(千思萬慮)하여 보아도 우리의 독립을 위하여 믿고 바랄 바는 오직 우리의 힘뿐이외다." (주요한, 1963: 790-791)

우리가 믿고 바랄 것은 미국의 힘도 아니고 영국의 힘도 아니고 오직 우리 민족의 힘뿐이다. 내가 믿고 의지할 것은 부모의 힘도 아니고 친구의 힘도 아니고 오직 나 자신의 힘이어야 한다. 이것이 도산이 강조하는 자력주의의 원리이다.

도산은 힘의 세 가지 요소를 신용, 지식, 금전, 즉 인격의 힘, 지식의 힘, 경제의 힘으로 보았다. 이것을 '삼대자본'이라고 표현했다. 그중에서도 인격의 힘이 가장 중요하고 기초가 되는 힘이라고 보았다. 나 하나를 건전 인격으로 만드는 것이 애국의 첩경이라고 했다. "그대는 나라를 사랑하는가? 그러면 그대가 먼저 건전인격이 되라"고 했다.

또한 힘이란 저절로 생기는 것이 아니다. 부단히 갈고 닦고 노력함으로써 생기는 것이다. 그런 노력은 혼자 하는 것보다 공동으로 하는 것이 더 효과적이므로 조직이 필요했다. 돈을 모으는 것도, 몸을 단련하는 것도, 지식을 쌓는 것도, 인격을 닦는 것도 모두 동맹으로 하라고 권했다.

3. 민족주의

"밥을 먹어도 잠을 자도 대한의 독립을 위하여"라고 했던 도산에게 있어서 민족과 국가는 곧 삶의 목적이며 의미 바로 그것이었다. 도산의 민족주의는 민족이 스스로 자립 자존할 수 있는 힘을 기르자는 것이다.

흔히 민족주의는 편협한 국수주의나 배타적 쇼비니즘과 동일시하기도 한다. 이러한 오해를 없애기 위하여 밴텀(J. Bentham)은 국제주의(internationalism)라는 개념을 도입하여 세계주의(cosmopolitanism)와 엄격히 구분하고 있다. 그것은 국가와 국가 사이, 민족과 민족 사이의 관계를 표현한 것으로서, 세계주의와 구분하고 또한 국수주의적 민족주의를 완화할 수 있다는 것이다. 과거의 세계주의자는 민족을 배척하고 애국심을 비난함으로써 '세계의 시민'이 되려고 하였다. 새로운 국제주의자는 더 좋은 세계질서를 만들기 위하여 좋은 민족주의자가 아니면 안 된다. 그런데 좋은 민족주의자란 자기 이외의 여러 민족에 대해 자기가 다른 민족에게 바라는 바와 같이 하는 것을 의미한다(정운용, 1950: 132-134). 밴텀은 세계주의와 달리 국제주의는 민족주의와 잘 조화될 뿐 아니라, 오히려 좋은 민족주의자라야 진정한 세계 평화를 이룰 수 있다고 했다.

그런 의미에서 도산의 민족주의는 국제주의적이며 참된 세계 평화의 길로 통한다. 도산은 동우회 사건으로 검거되어 심문을 받을 때 다음과 같이 말했다.

"나는 일본이 무력만한 도덕력을 겸하여 가지기를 동양인의 명예를 위하여 원한다. 나는 진정으로 일본이 망하기를 원하지 않고 좋은 나라가 되기를 원한다. 이웃인 대한을 유린하는 것은 결코 일본의 이익이 아니 될 것이다. 원한 품은 2천만을 억지로 국민 중에 포함하는 것보다 우정 있는 이웃 국민으로 두는 것이 일본의 득일 것이다. 대한의 독립을 주장하는 것은 동양의 평화와 일본의 복리까지도 위하는 것이다." (정운용, 1950: 132-134)

도산은 세계와 인류를 위하여 힘쓰는 길은 제 나라를 좋은 나라로 만드는 데 있다고 보고, 국제사회의 일원이라는 의식 위에 선 민족주의만이 옳은 민족주의라고 했다. "각 민족으로 하여금 외세의 간섭 없이 자유롭게 문화를 창조하고 발달하게 하면 형형색색의 다른 꽃들이 한 폭의 화단에 조화된 미를 구성하는 모양으로 인류의 진정한 조화와 통일을 가져올 것이다. 따라서 민족 상호 간의 간섭과 무력 투쟁은 이유 여하를 막론하고 반인류적"(이광수, 2013: 252)이라고 했다. 이처럼 도산의 민족주의는 순수한 인도주의를 바탕으로 하여 국제주의와 조화를 이루는 것이다.

또한 도산에게 있어서 민족의 자주독립은 그 어떤 과업보다도 우선하는 최상의 과제이며 신성한 목표다. 따라서 민족의 자주와 독립을 위해서는 분파와 이념을 초월한 대동단결을 통하여 통일된 힘을 발휘할 수 있어야 한다. 그런데 1920년대 상해의 독립운동 지도자들 사이에는 파벌과 노선과 이념의 대립이 극심했다. 도산은 창조파와 개조파의 대립을 무마하기 위하여 국민대표회의를 추진했으나 결렬되었고, 다시 불거진 노선과 이념의 대립을 극복하기 위하여 유일 독립당으로 '대혁명당' 결성을 추진하면서 대공주의(大公主義)[13]를 주창했다(박의수, 2010: 232-233). 이 경우 대공주의란 소아(小我)를 버리고 대공(大公)을 위하여 대동단결하자는 것이다. 민족의 독립이 당면한 지상(至上)의 과제이기 때문이다. 1920년대 이후 도산이 통일을 빈번하게 역설한 것도 독립운동 세력의 대동단결이 절실하게 필요했기 때문이다.

---

13) 혹자는 대공주의를 사회주의와 연결지으려는 경향이 있으나 그것은 당시의 정황과 도산사상의 전반적 흐름으로 미루어 볼 때 지나친 확대해석이다. 당시의 분열된 독립운동 세력을 통합하기 위하여 대동단결을 강조한 것으로 보아야 한다. 더 큰 목적(大公)을 위하여 노선과 이념을 초월하여 단결하여야 함을 강조한 것이다.

4. 인본주의

도산의 경우 인본주의(人本主義)는 두 가지 측면에서 생각할 수 있다. 하나는 인간에 대한 지극한 사랑으로서의 인도주의(humanism)를 뜻하며, 또 하나는 모든 사회 개조의 출발이 인간에서 비롯된다는 인간 본위의 사상을 의미한다.

도산은 지극한 사랑의 인물이었다. 그는 인간뿐만 아니라 모든 생명에 대하여 깊은 연민과 애정을 가졌었다. 동지에 대해서는 말할 것도 없고, 방안에 둔 화초 한 포기조차도 무한한 애정과 정성을 가지고 돌보았다.

동오 안태국이 병으로 죽을 때 헌신적 간호와 후한 장례를 치르며 비통해 하는 모습은 주위 사람들을 감동시켰다. 동지 윤현진(尹顯振)이 병으로 죽을 때도 자기 주머니를 털어서 치료에 전력을 다했고, 여운형(呂運亨)이 러시아 여행 중 그 처자(妻子)의 생계가 곤란하다는 말을 전해 듣고 여러 달 동안 생활비를 보냈다고 한다. 그때 도산은 여운형과 전혀 만난 적도 없을 때였다.

도산은 늘 정의돈수(情誼敦修)를 강조했다. 사랑이야말로 국가의 흥망과 인류의 성쇠를 좌우하는 열쇠라고 생각했다. "사회에 정의가 있으면 화기가 있고, 화기가 있으면 흥미가 있고, 흥미가 있으면 활동과 용기가 있다."(주요한, 1963: 8)고 했다. 그는 철저히 비폭력 무저항주의를 신봉했다. 그래서 신일철(1963: 828-838)은 그를 간디에 비유하기도 했다.

그는 사람을 대함에 있어서 노소, 귀천, 지위의 고하를 가리지 않고 한결같이 겸손하고 진지함을 보였다. 조지훈(1973: 334-337)은 「한국 문화사 서설」에서 한국 휴머니즘의 전개 과정을 셋으로 분류하고, 그중 하나의 흐름을 '행화적(行化的) 인간상'이라 하고, 멀리는 원효에서 가까이는 안도산(安島山)에 이르기까지 "민중 속으로의 교화, 지성 궁행의 국민운동 사상의 계보"라고 한 바 있다. 이것은 도산의 보편적 인류애의 측면을 파악한 것이라 생각된다.

도산은 모든 사회개조는 인간에서 시작된다고 보았다. "그대는 나라를 사랑하는가? 그러면 그대가 먼저 건전인격이 되라. 백성의 질고(疾苦)를 어여삐 여기거든 그대가 먼저 의사가 되라. 의사까지는 못 되더라도 그대의 병부터 고쳐 건전한 사람이 되라."(주요한, 1963: 5) 도산은 말하기를 인간은 스스로 개조하는 동물이라 했다. 나부터 스스로를 개조함으로써 민족이 개조되고, 궁극적으로 인간에 의해서 환경이 개조되고, 사회가 개조되고, 산업도 개조되고, 국가가 융성하게 된다는 것이다. 이와 같이 모든 일의 성패의 제일 원인이 인간이라는 점이 도산의 인본주의의 또 하나의 측면이다.

5. 점진주의

도산에게 있어서 '점진(漸進)'은 결코 천천히 나가라는 뜻이 아니다. 치밀한 계획을 세워서, 철저한 준비를 하고 나가자는 것이다. 서두르지 말고 기초부터 다져가면서 단계를 밟아서 꾸준히 나가자는 것이다. 그런 점에서 점진주의는 곧 기초주의의 원리요, 인과의 원리(因果)요, 합리성의 원리요, 계획성의 원리요, 준비성의 원리요 또한 인본주의의 원리로도 통한다.

당시의 일부 급진론자들은 도산의 점진주의를 비판하여 인격수양이니 국력배양이니 하면서 어느 세월에 독립을 하느냐고 비판했다. 후세의 역사가들조차 도산의 점진주의를 '민족개량주의' 혹은 '준비론'이라고 폄하하기도 한다. 물론 준비론과 민족개조를 주장한 일부 지식인들이 일제의 '문화정치'에 동조하며 친일 행위를 한 사람들이 있었던 것도 사실이다.

그러나 도산은 우리가 나라를 잃은 원인은 힘이 없기 때문이니 힘을 길러야 독립을 쟁취할 수 있다고 판단했다. 도산은 결코 독립전쟁을 회피하거나 반대한 적이 없다. 전쟁을 하더라도 제대로 하자는 것이다. 최소한 몇 달이라도 싸울 수 있는 식량과 군비를 준비하고 싸우자는 것이다. 준비 없는 싸움은 적에게 죽임을 당하기 전에 굶어서 죽을 것이라고 했다. 도산이 말하는 준비가 결코 적과 대등한 수준의 완벽한 준비를 하자는 것이 아니고, 적어도 전쟁다운 전쟁을 할 수 있는 정도의 준비는 하자는 것이다.

그래서 전방위적이고 총체적인 준비가 필요한 것이다. 군량도 준비하고, 무기도 준비하고, 군사훈련도 해야 하고, 국제외교도 해야 하고, 재정도 준비해야 하고, 인격훈련도 하고, 단결훈련도 하고, 상벌제도도 엄격하게 해야 한다. 이것이 상해에서 도산이 제시한 6대 방략이다.

그런데 민족 상호 간에 불신이 팽배하고, 국론은 분열되고, 훈련된 군대도 없고, 군량미도 없고, 선진화된 무기도 없고, 외교력도 모자라고, 재정도 고갈된 것이 당시의 현실이었다. 이처럼 패망의 원인이 한두 가지가 아니며, 그런 원인들이 수십 년에 걸쳐 누적된 상황에서 서두른다고 될 것인가? 설령 '맨주먹으로 나가 싸우다가 장열하게 죽자.'고 하면 실제로 나설 사람이 몇이나 될 것인가?

일제 말기에 변절자와 친일 지식인들이 많이 나온 것도 절망 때문이다. 일제는 날로 강성해지는데 우리에게는 희망이 보이지 않았기 때문이었다. 보이지 않았다기보다 국제정세의 흐름을 읽을 수 있는 지혜가 없고 민족의 장래에 대한 희망과 신념이 부족했기 때문이다.

저들이 절망을 보았을 때, 도산은 희망을 보았다. 도산은 "일본이 힘에 부치는 큰 전쟁을 일으켰으니 머지않아 망할 것"이라고 예언했다. 또한 한국이 독립될 것 같으냐는 일본 검사의 질문에 "대한 민족 전체가 대한의 독립을 믿으니 대한이 독립될 것이요, 세계의 공의가 대한의 독립을 원하니 대한의 독립이 될 것이요, 하늘이 대한의 독립을 명하니 대한은 반드시 독립할 것이다."(주요한, 1999: 479)라고 대답했다. 도산의 이와 같은 대답은 독립에 대한 확고한 신념과 의지의 소산이다.

실패에는 실패한 원인이 있고, 성공에는 그에 상응하는 원인이 있다. 도산은 인과의 법칙을 굳게 믿었다. 문제의 원인을 철저하게 분석하고 그 원인을 제거함으로써 문제를 해결할 수 있다는 합리적인 태도가 곧 점진주의의 원리다. 노력 없이 좋은 결과를 바라는 것은 요행을 기대하는 것이고, 요행을 바라는 것은 거짓이다(박의수, 2010: 148-149).

참된 점진주의는 궁극의 목표에 대한 확고한 신념과 용기를 가지고 장기간의 고난을 인내하면서 오늘의 할 일을 다 하는 사람만이 지닐 수 있는 사상이며 삶의 자세다. 백번 떠드는 것보다 작은 일이라도 당장 할 수 있는 것부터 실천하는 것이 점진의 자세다. 총 들고 싸우는 것만이 독립전쟁이 아니고, 뒤에서 무기를 만들고 군량을 장만하는 일도 전쟁이다. 도산은 공부하는 것, 장사하는 것, 농사 짓는 것도 다 독립운동이라고 했다(주요한, 1999: 546-548). 이것이 도산이 의미하는 점진주의의 참 뜻이다.

V. 맺는 말

국권을 상실하고 나라도 없이 떠돌던 도산이 어느 날 다음과 같은 미래의 대한민국을 그려보았을 것이다.

　　"세계 어느 큰 도시에나 태극기를 휘날리는 우리 민족의 큰 상관(商館)이 있을 것이요, 태극기는 그 상품의 우수함과 절대의 신용의 표상이 될 것이요, 태평양 대서양의 각 항만에는 태극기를 휘날리는 여객선과 화물선이 정박할 것이요, 그 배들은 가장 안전하고 쾌락한 여행을 원하는 각 나라 사람이 다투어 탈 것이요, 지금은 내가 한국인이라고 하기를 부끄러워하는 형편이지만 그날에 코리언이란 말은 덕과 지혜와 명예를 표상하는 말이 될 것이요, 우리 민족은 이러한 민족이 되기 위하여 반만년의 역사를 끌어온 것이니 이 위대한 영광을 만드는 것은 오직 우리 자신의 수양과 노력이오." (이광수, 2013: 226)

　　적어도 외모로만 보면 오늘날 한국의 모습과 비슷하다. 도산이 강조한 힘의 세 요소 경제력, 지식력, 도덕력(신용) 중에서 두 가지는 어느 정도 이루어진 셈이다. 그러나 도산이 가장 강조했던 인격의 힘은 오히려 후퇴한 것이 아닌지 의심스럽다.

　　여전히 우리사회에는 '정직'은 도덕교과서에만 존재하는 덕목이고, 정직하면 손해 본다는 생각이 팽배하다. 거짓과 협잡과 사기가 횡행하고 법망을 피해 부당이득을 취하는 것을 능력으로 생각한다. 거짓과 불의에 분노할 줄도 모른다. 거짓된 삶은 치명적 손해를 가져오고, 정직한 삶이 이익을 가져다준다는 것을 삶 속에서 체험할 수 없다. '거짓'이라는 민족의 원수를 물리치지 못하면 언제 또다시 패망의 길로 들어설지 알 수 없는 일이다.

참고문헌

김정환(1986). 도산 교육사상의 발전적 계승책. 『도산사상연구』 제1집, 113–161.

도산사상연구회 편(1993). 『안도산전서(하)』. 서울: 범양사 출판부.

도산안창호선생기념사업회(1999). 『수난의 민족을 위하여: 도산 안창호의 생애』.

류태영(1991). 도산 안창호의 이상촌운동과 새 국민운동. 『새질서·새생활 국민운동에 관한 研究』 (pp.75–96).

민윤식(2014). 『소파 방정환 평전』. 서울: 스타북스.

박의수(2010). 『도산 안창호의 생애와 교육사상』. 서울: 학지사.

박의수 외(1993). 『교육의 역사와 철학』. 서울: 동문사.

박의수 외(2011). 『2차 개정증보 교육의 역사와 철학』. 서울: 동문사.

신용하(1993). 도산 안창호와 신민회 창립. 도산사상연구회 편. 『안도산전서(하)』 (pp. 47–71). 서울: 범양사 출판부.

신일철(1963). 민족성 개혁의 선구자. 『安島山全書』 (pp.828–838).

안병욱(1986). 『도산사상』. 서울: 삼육출판사.

안성결(1996). 『죽더라도 거짓이 없어라』. 서울: 도산기념사업회.

윤경로(1990). 『105인 사건과 신민회 연구』. 서울: 일지사.

이광린(1987). 구한말 평양의 대성학교. 『기러기』(1987년 2~5호). 서울: 흥사단.

이광수(2013). 『도산안창호』. 서울: 흥사단.

이명화(2013). 일본강점기 미주에서의 흥사단운동. 『흥사단운동 100년의 민족사적 의의와 나아갈 방향』. 흥사단창립 100주년기념 심포지엄 자료집 (pp.39–59). 서울: 흥사단.

이순형(1986). 도산 안창호의 이상촌 건설운동. 도산사상연구회. 『島山思想研究』 제1집.

장태한(2018). 『파차파 캠프 미국최초의 한인타운』. 서울: 성인당.

조지훈(1973). 『조지훈전집 Ⅵ』. 서울: 一志社.

주요한(1963). 『안도산전서』. 서울: 삼중당.

주요한(1999), 『증보판 안도산전서』, 서울: 흥사단출판부.

한국학중앙연구원(1991). 『한국민족문화대백과사전』.

한영우(1999). 『다시 찾는 우리역사』. 서울: 경세원.

흥사단(1964). 『흥사단50년사』. 서울: 대성문화사.

흥사단(1986). 『흥사단운동 70년사』. 서울: 흥사단출판부.

흥사단(2013). 『흥사단100년사』. 서울: 흥사단.

Dewey, J.(1897). My Pedagogic Creed. *The School Journal*, Volume LIV (3) (January 16, 1897), (pp.77–80).

Dewey, J.(1916). *Democracy and Education*. 이홍우 역(1988). 『민주주의와 교육』. 서울: 교육과학사.

Hayes, Carlton J. H.(1972). *Essays on Nationalism*. 정운용 역(1950). 『근대 민족주의

발달사』 (pp.132-134). 고시학회.

Nyberg, D. & Egan, K.(1981). *The Erosion of Education*. 박의수 외 공역(1996). 『교육의 잠식』. 서울: 양서원.

일제강점기, 저항과 계몽의 교육사상가들

조소앙의
삼균주의와
교육사상

김기승

Ⅰ. 머리말

조소앙(趙素昂, 1887-1958)은 삼균주의를 독립운동의 지도이념으로 체계화했던 대한민국임시정부의 대표적 이론가였다. 삼균주의는 정치, 경제, 교육의 균등이 실현된 균등사회를 건설하여, 이를 사람과 사람에서 민족과 민족, 그리고 국가와 국가 사이로 확대함으로써 한국의 독립과 세계평화를 달성하고자 하는 이론이었다.

삼균주의에서 교육은 정치, 경제와 함께 3대 핵심 요소 중의 하나로 중시되었다. 따라서 균등주의 교육사상은 조소앙의 삼균주의를 이해하는 데 불가결한 요소이다. 이에 주목하여 홍호선은 일찍이 "조소앙의 교육균등론 연구"라는 방대한 연구에서 삼균주의 교육론의 내용을 구체적으로 소개하였다(홍호선, 1988). 이를 통해 조소앙의 교육정책론이 학계에 소개된 지는 오래되었다고 할 수 있다. 그러나 이 연구는 교육을 현행 교육기관과 관련된 의미로 제한하여 인식하는 경향이 있다. 따라서 교육에서 중시되는 가치관이나 사상의 형성과정에 대한 관심은 소홀한 편이다.

본고는 조소앙의 삼균주의와 교육사상의 관련성에 대한 연구이다. 이를 위해 그가 삼균주의를 정립하고 교육관을 발전시켜 가는 과정을 규명한다. 그리고 삼균주의의 이론 체계 내에서 교육사상이 어떤 위상을 차지하고 있는지를 규명한다.

존 듀이는 "교육은 문화를 전달하기 위해 사회적으로 편이하게 만드는 과정이다."라고 정의하였다. 그리고 그는 교육은 "진리의 추구", "옳고 그름", "선과 악"과 같은 도덕과도 관련된 "가치 있는 유산"이 무엇인지에 대한 관심을 기울여야 한다고 보았다(Jackson, 2011). 이렇게 광의로 교육 개념을 이해할 때, 우리는 조소앙이 1910년대에 수행했던 종교와 철학에 대한 탐구뿐만 아니라 독립운동을 통해 그가 당대인과 후세에게 물려주고자 했던 '가치 있는 유산'에 대한 관심 또한 그의 교육사상을 이해하는 하나의 방법이 될 수 있을 것이다.

Ⅱ. 교육사상의 형성 배경

1. 청년기 수학 과정

조소앙은 태어나면서부터 경기도의 노론 기호학파인 함안 조씨 명문 양반가문의 유교적 가학의 전통 속에서 성장하였다. 6세부터 16세까지 10여 년간 할아버지로부터 한학을 배우면서 사서오경과 제자백가서를 두루 섭렵하였다. 16세인 1902년 7월에는 성균관 경학과에 입학하여 사서삼경과 역사서를 중심으로 배웠는데, 본국사와 본국지지, 만국사와 만국지지, 작문, 산술 등도 배웠다. 당시 대한제국에서는 구본신참 정책을 내세우고 있었으므로 성균관에서도 국제정세에 대한 지식이나 새로운 문물도 부분적으로 배울 수 있었다. 그러나 그는 1904년 러일전쟁이 일어나자 성균관을 중도에 퇴학하였다. 조국이 전쟁의 소용돌이에 휩싸이면서 유교라는 전통적 학문의 유용성에 의문을 갖게 되었던 것이다(김기승, 2003; 김기승, 2015).

그런데 마침 황실에서 일본에 유학할 학생들을 선발한다는 공고가 나자 조소앙은 이에 응모하여 합격하였다. 1904년 10월 그는 50명의 황실특파유학생단에 선발되어 일본으로 유학하였다. 그는 도쿄부립제일중학교에 입학하여 1907년 3월에 졸업하였다. 중학교에서는 기숙사에 머물면서, 일본어, 영어, 역사, 지리, 수신, 박물, 이화학, 도화, 산술, 체조 등 대학 진학에 필요한 기본적인 소양 교육을 받았다. 그는 1908년 3월 메이지대학 법과에 입학하였다. 메이지대학 법학부는 프랑스 법학의 영향으로 도쿄제국대학의 국학파와는 달리 자유와 인권을 중시하는 자유주의적 교육 분위기가 강하였다. 대학에서는 일본법을 중심으로 영국법, 국제공법, 국제사법, 경제학, 재정학, 법리학, 법의학 등을 수학했으며, 중국어를 수강하고 개인적으로는 영어와 독일어를 학습하였다(김기승, 2003; 김기승, 2015).

조소앙은 법학을 배운 뒤 대한제국의 개혁 관료가 되기를 희망하였으나, 일본 제국은 대한제국의 외교권과 사법권을 강탈한 뒤 1910년에는 한국을 강점하여 식민지로 삼았다. 그는 일본의 국권 침탈에 저항하여 재일 한국인 유학생들을 조직화하여 유학생들의 국권회복운동을 지도하였으며, 국내의 지도자와 협력하여 '합방' 반대운동을 전개하는 계획을 추진하기도 하였다. 이제 일본은 그가 배워야 할 모범적인 문명국에서 조국의 국권을 강탈한 야만적인 제국주의적 침략자가 되었다. 그는 침략국 일본에서 계속해서 일본 법학을 배워야만 하는 비극적 운명을 겪어야 했다(김기승, 2003; 김기승, 2015).

적국 일본에서 일본법을 배워야만 하는 모순을 극복하기 위해 그가 선택한 길은 개인적으로는 종교와 철학에 대한 탐구와 재일 유학생 단체 활동이었다. 그는 재일본 동포 학생들과의 친목회를 결성하고 독립의지를 다지면서 안재홍 등과 함께 중국 망명을 계획하기도 하였다. 황실과 탁지부의 지원을 받으면서 생활을 하였던 그는 국가의 은혜에 보답하기 위한 삶을 사는 것이 자신의 도리라고 생각하였다. 뿐만 아니라 외국에 와서 선진 학문을 익히고 있었기 때문에 국내 동포들을 계몽해야 한다는 사명감도 갖고 있었다. 이러한 그의 계몽주의적 사명감은 그가 종교와 철학에 대한 폭넓고 깊이 있는 독서를 통해 강화되었다. 그의 독서는 기독교, 불교, 유교, 서양철학, 동양철학 등 광범위하였으며, 당시 일본 철학계에서 유행하였던 동서양 철학의 통일이라는 시대적 과제를 자신의 사명으로 받아들였다. 이러한 종교와 철학에 대한 탐구 끝에 그는 궁핍한 민중을 구제하는 것이 자신의 사명이라는 사실을 신의 계시로 받아들였다(김기승, 2003; 김기승, 2015).

당시 한국인으로서는 최고 교육을 받은 경험과 종교와 철학 탐구를 통해 획득한 세계 성현들의 가르침에 대한 배움은 그로 하여금 '선각자로서의 사명 의식'을 갖도록 하였다. 그는 학생 신분이었지만, 민족과 인류에 대한 교육자로서의 꿈을 키웠다.

조소앙은 1909년 집필한 "학생론"에서 학생을 '무지몰각(無知沒覺)'하다고 무시하는 당시 사람들의 일반적 생각을 비판하였다. 그는 상제가 학생에게 미래 신한국을 이끌어 갈 책임을 져야 한다고 명령을 내렸다면서, 학생은 상제의 명령을 받들 권리와 의무를 가진 '국가의 원동력'이며, '국민의 중심점'이라고 하였다(조소앙, 1909a).

특히 일본유학생들은 '재외 동포의 중심', '국가사회의 표준', '장래의 신국민', '전도의 개혁당'이라고 하면서 국가와 민족을 이끄는 지도자로서의 책임과 의무를 다할 것을 촉구하였다. 그는 특히 재미 한국 동포사회와 재일 중국 학생들의 활발한 정치 활동을 본받으라고 하면서, 재일 한국 유학생들의 학생 활동 참여와 국가 문제에 대한 관심을 촉구하였다(조소앙, 1909b). 그는 일본 유학 시기 재일 한인 유학생 단체 활동을 지도하면서 이를 국권회복운동의 수준으로 발전시키려고 노력했던 것이다.

이에 그는 1910년 8월 대한흥학회 총무로서 재일본 유학생 중심으로 합방 반대 운동을 전개하고자 하였다. 국내의 김규식과 윤치호 등과 연락하여 유학생들의 합방 반대의 뜻을 국내에 알리려는 운동을 전개하였던 것이다(김기승, 2015).

조소앙은 가학, 성균관 수학, 일본 유학과 메이지대학 졸업 등을 통해 당대 최고의 교육을 받았다는 자긍심을 갖게 되었다. 그리고 종교와 철학에 대한 깊이 있는 탐구는 그로 하여금 세계의 성현들과 어깨를 나란히 하는 선각자적 의식을 갖도록 하였다. 이러한 선각자로서의 사명감이 그를 해외 독립운동의 길로 이끌었다.

2. 독립운동과 교육

1912년 일본 유학을 마치고 귀국한 이후 조소앙은 중국 망명을 계획하였다. 그는 일제의 감시를 따돌리기 위해 경신학교, 양정의숙, 대동법률전문학교 교사가 되어 충실한 생활인의 모습을 보이고자 했다. 1913년 중국 상해로 밀항한 조소앙은 상해에서 활동하고 있던 신규식, 박은식, 신채호 등과 함께 동제사에 가입하여 활동하였다. 동제사에서는 중국의 혁명당 인사들과 함께 신아동제사를 조직하였는데, 조소앙도 여기에 참가함으로써 국제적 운동에도 관여하게 되었다. 조소앙은 동제사에서 운영하고 있던 박달학원에서 박은식, 신채호, 문일평 등과 함께 교사로 활동하였다. 이광수에 의하면, 이 시기 그는 대신여관에 머물러 있었다고 하는데, 이슬람 경전인 코란을 열심히 배우고 있었다고 한다(김기승, 2015). 중국 망명 이후에도 그는 종교와 철학에 대한 개인적 탐구를 계속하고 있었던 것이다.

1914년 1월 15일 조소앙은 "일신교령(一神敎令)"을 만들어 "육성일체(六聖一體), 사해동포(四海同胞)의 영각성(靈覺性)을 부르짖어 조국동포의 심리개혁과 각계

의 단결"을 강조하였다. 그의 일신교의 교리는 1915년 2월 재일본 조선유학생학
우회 기관지인 『학지광』에 공표되었다. 육성이란 단군, 석가, 공자, 소크라테스,
예수, 마호메트 등 세계의 6대 성현을 말하는데, 이들은 모두 유일신의 여섯 아들
로 본다. 사해동포란 세계의 모든 인류를 유일신의 자손으로 보는 관념이다. 그는
한국의 독립은 사해동포 사상에 근거하여 세계 6대 성현의 가르침을 믿고 따라
세계평화가 달성될 때 가능하다고 주장했던 것이다. 일신교를 조소앙은 한국 동포
들이 깨닫고 실천해야 할 인류의 보편적 진리로 제시했던 것이다(김기승, 2003).

조소앙은 상해에서 1917년 7월 신규식, 박용만 등과 함께 "대동단결의 선언"
에 참여하여 선언문을 기초하였다. 이 선언에서 그는 '이민족에게 주권을 양도한
적이 없다는 민족사의 불문율'에 의거하여 '한일합방' 무효임을 선언하고, 1910년
8월 29일을 황제 주권이 소멸하고 국민 주권이 시작된 날이라고 선언하였다. 그
런데 국내 동포가 일제의 탄압으로 주권을 행사할 수 없는 상황이므로 해외의 독
립운동자들이 주권을 행사할 임시정부를 수립해야 한다고 촉구하였다. 또한 8월
에는 신규식 등의 동제사 인사들과 함께 사회당을 결성하고 사회당 명의로 스웨
덴의 스톡홀름에서 개최예정이던 국제사회당대회에 한국의 대표의 참여와 한국
독립에 대한 지원을 요청하는 전문을 발송하였다. 그러나 이러한 그의 노력은 소
기의 성과를 거두지 못하였다(김기승, 2003; 김기승, 2015).

1918년 제1차 세계대전이 종결되어 파리강화회의가 개최된다는 소식이 전해
졌다. 이에 길림 지역의 도교 사원에서 은거하고 있던 조소앙은 1919년 2월 여준,
김좌진 등과 함께 대한독립의군부를 조직하고 "대한독립선언서"를 기초하여 발표
하였다. 여기서는 한민족이 단군의 명령에 따라 독립운동과 세계평화를 위해 헌신
적으로 투쟁해야 한다고 역설하였다. 독립운동의 지도이념으로 '평등'과 '평화'가
제시되었다. 특히 남녀, 빈부, 지우(智愚), 노유(老幼)의 평등과 동권동부(同權同富),
등현등수(等賢等壽)가 목표로 제시됨으로써 교육의 평등이 정치, 경제, 수명(건강)
등과 함께 4대 평등 요소의 하나로 중시되고 있다(김기승, 2003; 김기승, 2015).

조소앙은 "대한독립선언서" 발표 직후 상해로 가서 대한민국임시정부 수립 작
업에 참여하였다. 그는 1919년 4월 10일과 11일 이틀에 걸쳐 열린 대한민국임시
정부 의정원회의에 참석하여 "대한민국임시헌장"을 기초하고 초대 비서장으로 선
출되었다. "대한민국임시헌장" 제1조에 '민주공화제'임을 명시했고, 제6조에 '교육'

을 '납세' 및 '병역' 의무와 함께 국민의 3대 의무 중의 하나로 규정하였다(김기승, 2015). 이것은 대한민국의 의무교육제를 헌법상에 최초로 명문화한 것이다.

조소앙은 1919년 5월 파리강화회의에 참석하기 위해 상해를 출발하여 6월말 파리에 도착하였다. 그가 도착했을 때는 이미 파리강화회의가 종료되었다. 따라서 그는 파리에 머물면서 유럽의 사회주의 세력들을 대상으로 독립외교를 전개하였다. 그는 1919년 8월 스위스 루체른에서 개최된 만국사회당대회에 참석하여 한국 독립에 대한 승인안을 통과시키는 성과를 거두었다. 뒤이어 네덜란드 암스테르담으로 가서 만국사회당대회 집행위원회에 출석하여 한국독립 실행 요구안을 통과시켰다. 즉 스위스에서 통과된 한국독립결의안을 회원국 국회에서도 통과시키도록 하고 한국의 독립 문제를 국제인민연맹회에 제출할 것을 결의하였다(김기승, 2015).

이렇게 유럽의 사회주의 진영에서 한국의 독립을 지원하자, 그는 1919년 12월 파리에서 사회당 명의로 『적자보』라는 기관지를 간행하여 각지의 사회당과 노동단체 결성을 촉구하였다. 『적자보』에서 그는 한국의 독립운동이 사회주의를 지향해야 한다고 주장하면서, 평등주의는 기독교, 불교, 유교, 서양철학 등의 인류애적 전통에 바탕을 둔 진리라는 점을 강조하였다(조소앙, 1919b). 이후 사회주의와 평등주의가 조소앙의 중심 사상으로 자리잡게 되었다.

1920년 그는 소련으로 가서 러시아의 공산주의 혁명 현장을 견학하였다. 이때 그는 '한살림당' 명의로 코민테른에 가입하였다(엄순천 역, 2015). 1921년 5월 중국으로 돌아온 후, 그는 한살림당의 운동 노선을 보다 구체화한 "한살임요령"을 집필하였다. 무정부 공산주의 실현을 추구하는 독립운동정당으로서 당의 '본의', '강목', '당규'를 명시한 "한살임요령"은 1925년 『김상옥전』을 출간하면서 세상에 알려지게 되었다(조소앙, 1925; 한국정신문화연구원, 1995; 김기승, 2003; 김기승, 2015). 여기에서는 교육에 관한 특별한 언급이 없다.

3. 삼균주의 형성과 교육

1922년 이후 대한민국임시정부에 복귀한 조소앙은 외무총장 등의 직을 역임하였다. 1920년대 중반 중국 관내 독립운동 진영이 좌우파로 대립할 때, 그는 '계급당'과 '민족당'은 독립이라는 동일한 목표를 갖고 있으므로 서로 협력해야 한다는 입장을 견지하였다. 따라서 좌우익 진영을 통일한 민족유일당을 결성하자는 운동이 전개되었을 때, 이에 적극적으로 참여하였다. 동시에 민족유일당을 이끌어 갈 통일적인 지도이념을 수립하려는 노력을 계속하였다. 중국에서 전개된 민족유일당운동은 끝내 결실을 보지 못하였다. 이에 좌우익 세력들은 각자의 독립운동 정당을 결성하는 방향으로 나아갔다(김기승, 2015).

조소앙은 안창호, 이동녕, 김구 등 우익 민족주의 세력이 중심이 되어 1929년 비밀리에 조직한 한국독립당에 참여하였다. 그는 한국독립당의 정강과 정책을 기초하는 역할을 담당하면서, 삼균주의를 지도이념으로 제시하였다. 1930년 한국독립당은 '당의'에서 "본당은 혁명적 수단으로써 원수 일본의 모든 침략세력을 박멸하여 정치, 경제, 교육의 균등을 기초로 한 신민주국을 건설하여서 내로는 국민 각개의 균등생활을 확보하며 외로는 족여족(族與族), 국여국(國與國)의 평등을 실현하고 나아가 세계일가의 진로로 향함."이라고 함으로써 삼균주의를 지도이념으로 채택하였다. 이어 '당강'에서는 8개의 '당강' 중 여섯 번째로 "생활상 기본 지식과 필요기능을 보급함에 충분한 의무교육을 공비(公費)로써 실시하고 국민의 수학권을 평등하게 할 것"을 규정함으로써 '국비 의무교육을 통한 국민의 수학권 평등'을 삼균주의의 3대 핵심 요소의 하나로 채택하였다(노경채, 1996; 김기승, 2015).

이후 한국독립당의 '당의'는 해방 이후까지 변하지 않았다. '당강'은 부분적인 변화가 있었지만, 기본적인 골격은 변하지 않았다. 이로써 '국비의무교육을 통한 수학권의 평등'이라는 삼균주의적 교육사상의 기본 방향이 확립되었던 것이다.

1930년 4월 조소앙은 광주학생혁명에 대해 분석하면서 한국혁명의 방향을 제시하는 "한국지현상급기혁명추세"라는 글을 집필하였다. 이 글은 정치, 경제, 교육 등 세 분야의 균등을 추구하는 삼균주의 이론에 의거하여 한국의 현상을 분석하고 한국의 혁명 과제와 방향을 제시한 글이다. 이 글은 1장 '이족 전제하의 정치적 유린', 2장 '이족 전제하의 교육적 압박', 3장 '이족 전제 하의 경제적 압박', 4장 '한국혁명의 역사적 기초', 5장 '한국혁명의 체계', 6장 '광주혁명의 진상'으로 구성되어 있다(조소앙, 1930).

이 글에서 조소앙은 한국 혁명이 발생된 원인으로 일제 치하의 정치, 교육, 경제적 압박과 함께 한국의 역사 속에서 정치, 교육, 경제적 불평등을 거론하고 있다. 그리고 한국혁명의 역사를 체계적으로 정리하면서 광주학생혁명이 한국혁명의 미래 방향을 제시하는 것으로 보고 있다. 여기서 교육과 관련된 부분은 2장 '이족(異族) 전제(專制)하의 교육적 압박', 4장 '한국 혁명의 역사적 기초' 3절의 '인민 수학권(受學權)의 불평등', 6장의 '광주혁명의 진상'이다. 불평등의 원인으로는 교육이 정치 다음으로 언급되고 있지만, 한국혁명의 현재와 미래를 제시하는 데 있어서는 광주학생혁명이 중심을 차지하고 있다. 따라서 이 글은 교육을 한국의 독립과 신국가 건설에서 핵심적 요소로 삼게 된 직접적인 요인이 광주학생혁명에 있음을 보여주는 문건이라고 할 수 있다.

1919년 조소앙은 "대한독립선언서"에서 동권동부를 통해 남녀빈부의 균등을 실현하고, 등현등수를 통해 지우노유의 균등을 추구하는 것이 입국의 기치라고 하였다. 이처럼 그는 4개의 균등을 말하였는데, 1930년대에 오면서 정치, 경제, 교육의 균등으로 압축되었다. 동권동부는 정치와 경제에 해당된다고 볼 수 있다. 그렇다고 한다면, '등현등수'는 교육으로 압축되었다고 볼 수 있다. 지우노유의 균등 즉 유식계급과 무식계급, 어른과 아이의 균등을 실현할 수 있는 분야를 교육이라고 보았던 것이다. 지우노유의 평등 실현 방법으로 그가 주목한 것은 교육과 학생 문제이다. 따라서 그는 광주학생혁명에 주목하였고, 여기서 정치, 경제적 평등 이외에 교육의 평등을 추구하는 민족혁명에서의 학생의 역할을 강조하게 된 것으로 보인다.

1930년대 이후 조소앙은 대한민국임시정부의 외무부장 등을 역임하면서 독립 외교를 맡았다. 또한 그는 한국독립당과 대한민국임시정부의 독립운동 이념과 정책을 기획하거나 해설하는 주요한 문건을 기초하는 작업을 주도하였다. 그중 대표적인 문건이 "대한민국건국강령"이다(김기승, 2003).

1941년 4월 대한민국임시정부에서는 보통선거제, 국유제, 공비교육의 실시를 통한 정치, 경제, 교육의 균등이 실현된 균등사회를 건설한다는 '삼균제도의 건국원칙'을 대외 선언을 발표하였다(조소앙, 1941). 이어 11월에는 대한민국임시정부에서 조소앙의 삼균주의를 기반으로 한 "대한민국건국강령"을 제정하고 발표하였다(조소앙, 1941). "대한민국건국강령"에 따르면, 복국 단계에서는 일제에 의해 "말살된 교육과 문화를 완전히 탈환"하는 것을, 건국 단계에서는 "전국 학령 아동의 전수가 고급교육의 면비수학(免費受學)이 완성"되는 것을 목표로 제시하였다. 이어서 교육의 균등화를 위한 제반 정책을 구체적으로 제시하였다. 이로써 삼균주의에 기초한 교육균등화 정책의 기본적 골격이 완성되었다. 해방 이후에는 건국 작업이 추진되면서 삼균주의 교육 정책이 보다 구체화되었다.

Ⅲ. 교육사상

1. 진리에 대한 탐구

조소앙은 일본에 유학하고 있던 1910년을 전후하여 종교와 철학에 대한 탐구를 통해 자신의 세계관이나 인생관을 정립하기 위해 치열한 노력을 하였다. 이것은 시대적 문제의 해결을 위한 시도이기도 하였다. 한국은 일본 제국주의 침략으로 식민 지배를 당하고 있고, 자신은 적국 일본에서 일본법을 공부하면서 조국의 독립을 위한 험난한 길을 모색해야 하는 처지였다. 조국의 독립 문제에 대한 국제적 성격을 이해하고 있던 그는 국가와 민족 사이의 대립의 근본 원인을 해결하는 방법을 선택하였다. 그는 인류 사회의 대립과 갈등을 해결할 수 있는 근원적 가치를 찾고자 노력하였고, 그 방법으로 동서양의 대표적인 종교와 철학을 통합하고자 하였다(김기승, 2015).

조소앙은 중국 망명 이후에도 자신의 종교 철학적 탐구를 지속했고, 그 결과 1914년에 '일신교령(一神敎令)'을 저술하였으며, 1915년에는 일신교의 내용을 세상에 공표하였다. 일신교에서는 모든 인간을 일신의 자손으로 본다. 그리고 동서양의 대표적인 6명의 종교가와 철학가의 가르침은 다르지만, 일신의 여섯 아들로 파악한다. 따라서 세계의 모든 인간들이 6명의 성현의 가르침을 따르고 실천한다면 완전한 인간, 즉 신과 합일되는 경지에 이를 수 있다고 본다. 이를 위해 그가 선정한 6명의 성현은 단군, 석가모니, 공자, 소크라테스, 예수, 마호메트이다. 이들의 가르침은 입, 눈, 발, 다리, 귀, 손 등 인간의 6개의 감각기관과 관련되며, 월요일부터 토요일까지의 6일과 관련된다. 이를 위해 그는 6성현의 가르침을 요일별로 암송하면서 실천하는 일신교라는 새로운 세계 통합적인 종교를 제창했던 것이다. 그 내용을 요약하면 다음과 같다(김기승, 2003).

<표1> 일신교의 교리 체계도

요일	성현	종교	핵심 교리	신체기관	지켜야 할 계율
월	단군	대종교	독립자강(獨立自强)	입	예가 아니면 말하지 말라
화	석가모니	불교	자비제중(慈悲濟衆)	눈	예가 아니면 보지 말라
수	공자	유교	충서일관(忠恕一貫)	발	예가 아니면 가지 말라
목	소크라테스	서양철학	지덕합치(知德合致)	다리	예가 아니면 움직이지 말라
금	예수	기독교	애인여기(愛人如己)	귀	예가 아니면 듣지 말라
토	마호메트	이슬람교	신행필용(信行必勇)	손	예가 아니면 취하지 말라

위에서 보듯이 조소앙은 세계의 모든 인류가 매일 믿고 실천해야 하는 가르침으로서 단군, 석가모니, 공자, 소크라테스, 예수, 마호메트의 교리를 선정하였다. 말하자면 그는 종교와 철학의 대립으로 인간의 모순과 대립이나 인류사회의 분쟁이 끊이지 않고 있다고 보았다. 그래서 그는 동서양의 대립, 제국주의적 침략과 식민 지배 등 인류사회의 갈등과 대립으로 인해 고통을 당하고 있는 민중을 구제하기 위해 종교와 철학의 통합을 모색하였다. 그의 종교와 철학에 대한 탐구는 세계 인류와 민족에게 전수해야 할 문화의 핵심적 가치가 무엇인지, 즉 교육의 종지가 무엇인지에 대한 지속적인 탐구의 과정이었다.

조소앙은 종교 탐구를 통해 획득한 '진리'를 제창했음에도 불구하고, 교단의 조직화나 포교를 시도하지 않았다. 왜냐하면, '진리'는 인간이면 누구나가 깨달을 수 있고 믿고 실천할 수 있는 너무나도 당연한 가치이기 때문이다.[1] 따라서 그는 기존의 종교와 같이 교단을 만들거나 교리에 대한 교육의 실천 등의 문제에 대해 구체화하는 작업을 진행하지 않았다.

그는 핵심적인 교리를 제시하고 그에 대한 개인의 자발적 각성을 촉구하기만 하면, 그 교리가 진리성이 있는 가르침이었기 때문에 모든 개인들이 스스로 깨달을 수 있다고 보았다. 이 점에서 일신교는 기성 종교의 내용을 수용하고 통합한

---

1) 조소앙은 1919년 "독립경"을 『적자보』에 발표하면서, 전도와 포교를 하지 않는 이유를 설명하였다. 신자(神子), 즉 신의 아들이 스스로 실행하고 열성으로 고무하고 조용히 영향을 미치면 인간은 목석이 아니므로 감발하는 사람이 있을 것이라고 했다. 또한 신(神)은 어느 곳에나 존재하기 때문에 홀로 방 안에 앉아 있다고 하더라도 밖의 세계에서 만나는 사람은 감화를 받을 것이라고 하였다.

형식을 취하고 있지만, 교단을 조직화하고 교리를 체계화하여 다른 종교와의 차별성이나 우월성을 강조하는 기성 종교와는 근본적으로 다르다고 할 수 있다. 오히려 그는 기성 종교와 문화가 갖고 있는 타종교와 타문화에 대한 배타성을 부정하고 여러 종교의 동일성에 주목하면서 다양한 종교의 통합을 통한 인류의 보편성을 강조하고 있다. 또한 종교와 교리에 대한 믿음만을 강조하기보다는 진리성에 대한 개인의 자유로운 판단을 중시하고 있다. 이런 점에서 그가 제창한 일신교는 'religion'의 번역어로서의 종교라기보다는 한자어가 갖는 본래적 의미, 즉 '으뜸이 되는 가르침'이라는 성격이 강하다고 볼 수 있다. 이 점에서 일신교는 그 자신의 정신과 인격을 수련하기 위한 가르침이었으며, 한국과 세계의 미래를 이끌어 갈 청년 학생들이 정신과 인격 수련을 위한 교육의 종지(宗旨)를 제시한 것과 같다고 할 수 있다.

1919년 12월 조소앙은 파리에서 사회당 명의로 『적자보』를 간행하였는데, 여기에 "독립경"을 발표하였다. "독립경"은 평등주의를 기치로 내세운 사회주의가 한국 독립운동의 지도이념이 될 수밖에 없다는 점을 유교, 불교, 기독교의 교리를 제시하고 그 내용을 유교 경전의 형식을 빌려 기술한 글이다. 여기에서는 유교의 균산주의 이념이 강조되어 있다. 『적자보』에 수록된 또 다른 글에서는 대종교, 기독교, 불교, 이슬람교 등의 종교인과 철학자라고 하면 평등주의에 기초한 사회주의를 수용할 수밖에 없다고도 하였다. 또한 기존의 모든 종교 지도자와 철학자들은 유일신 '한얼님'의 '통변'이고 '대리인'이라고 하였다. 그런데 여기에서는 기성 종교와 철학의 다양한 가르침을 말하기보다는 오히려 그 공통점을 강조하였다. 그들의 핵심적인 공통의 가르침은 '사랑', 즉 인류애라고 보고 있는 것이다. 그러므로 모든 종교인과 철학자는 사회주의를 진리로 받아들일 가능성이 높다고 하였다. 그는 다음과 같이 주장하였다.

"우리는 사회주의가 진리의 일 파동으로 믿는다. 신의 본지, 즉 애(愛)의 실현은 사회주의를 경유하고야 완전하게 된다는 신념으로서 우리 독립의 제일의(第一義)는, 즉 사회주의의 선전 실행이라는 신념으로서 만인이 혐의(嫌疑)하고 만국이 반대할지라도 우리는 시간 공간이 허락하는 데까지 붉은 깃대를 둘러메고 나설 뿐이다."(조소앙, 1919b)

이처럼 조소앙은 1919년 유럽에서 사회주의를 경험하면서 사회주의를 인류애라는 신의 뜻을 받들고 실천하는 이론으로 받아들였다. 그는 사회주의의 수용을 통해 '평등' 혹은 '균등'의 가치를 세계 인류가 보편적으로 지켜야 할 신의 뜻을 반영하는 진리라고 주장하였다.

일신교 단계에서는 핵심적 교리가 6명의 성현의 가르침 6가지였다. 그런데 1919년 사회당 기관지로 간행된 『적자보』에서는 전 세계의 다양한 종교와 철학의 가르침은 유일신 '한얼님'의 본지인 '사랑'으로 귀일되며, 그러한 보편적 인류애는 평등주의를 기치로 내세운 사회주의를 통해 실천된다는 인식으로 발전하였다. 그의 경우 사회주의는 독립운동의 이념이기 이전에 인류애를 실천하라는 신의 가르침에 부합하는 '평등' 혹은 '균등'이라는 보편적 진리로서 받아들여졌다.

조소앙이 독립운동의 지도이념을 경전의 형태로 제시하는 방식은 1925년에도 계속되었다. 그는 1925년에 '한살임'의 이름으로 간행한 『김상옥전』에 "발해경"과 "한살임요령"을 동시에 수록하였다. "한살임요령"은 '한살임'이라는 독립운동 정당의 정강과 정책을 제시한 글이고, "발해경"은 독립운동가가 수양지침서로 삼아야 할 독립운동의 경전이었다. '한살임'은 1920년 코민테른에 가입한 조소앙이 이끄는 공산당 조직이었는데, '공산당'의 순수한 우리말 번역어였다. 『김상옥전』에서 조소앙은 '한살임요령'을 '본의', '강목', '당규' 세 부분으로 나누어 기술하여 현대적 정당의 지도이념을 제시하면서 정강과 정책을 구체화하는 형식을 취하였다. 그러면서도 그는 "발해경"을 저술함으로써 기존 종교의 경전과 같은 고전 형식을 활용하여 독립운동가가 지켜야 할 도덕적 덕목을 제시하였다. 김상옥과 같은 '한살임당' 당원이 지키고 실천해야 할 도덕적 덕목은 '용기'였다. '한살임'은 의열투쟁 노선을 견지하고 있었기 때문에 당원에게 가장 필요한 덕목은 '용기'였던 것이다. 말하자면, '한살임'에서는 교육의 종지 즉 교육의 중심 가치로서 '용기'를 제시하였다고 하겠다(김기승, 2003).

조소앙은 1920년대 이후 독립운동을 추진하면서 독립운동가들의 정신 수련을 위한 교육적 지침을 마련하려는 노력을 계속하였다. 독립운동 정당의 정강과 정책이라는 형식을 빌어서 자신의 사상을 마련하기 시작한 것은 1925년 이후의 일이다. 1925년 이전에 그는 독립운동가를 위한 정신 교육의 지침을 정리하여 공표할 때 성현의 말씀을 기록한 경전의 형식을 취하였다.

1930년대 조소앙은 독립운동의 지도이념으로서 삼균주의를 체계화하였다. 삼균주의 단계에서는 신 또는 성현의 말씀이나 가르침을 모아 놓은 '…경'이라는 형식으로 교육의 핵심 가치를 표현하지 않았다. 다만 '균등'이 한국독립당 당의의 중심 사상이라고 설명하면서 '균등'은 과거의 모든 종교가와 철학자들이 '인류애'에 기초하여 인간의 모순을 해결하고 인류 평화를 실현하기 위해 고민했던 노력의 최종적 결론이라는 점을 밝혔다. 말하자면 삼균주의는 과거 성현들이 고민했던 문제를 해결하기 위해 제시했던 가르침을 관통하는 '균등'이라는 진리에 토대를 두고 있다고 주장했던 것이다.

2. 삼균주의에서의 교육에 대한 인식

조소앙이 독립운동을 수행하면서 교육 문제, 특히 교육의 균등 문제를 최초로 본격적으로 제시한 문건은 "대한독립선언서"이다. 그는 1919년 2월 중국의 길림 지역에서 대한독립의군부를 조직하고 "대한독립선언서"를 발표하였다. 여기서 그는 공유재산제와 평등주의를 독립운동의 중요한 방향으로 인식함으로써 그 자신의 표현대로 '삼균주의를 배태'하게 되었다(김기승, 2003). 그는 독립운동의 궁극적 지향점을 다음과 같이 제시하였다.

> "… 동권동부(同權同富)로 일체 동포에 시하야 남녀빈부를 제(齊)하며 등현등수(等賢等壽)로 지우노유(智愚老幼)에 균(均)하여 사해인류를 도(度)할 지니, 차는 아 입국(立國)의 기치오, 진(進)하여 국제불의를 감시하고 우주의 진선미를 체현할지니 차는 아 대한민족의 응시부활의 구경의(究境意)니라." (조소앙, 1919)

위에서 보듯이 "대한독립선언서"에서는 '동등', '평등', '균등'이 한국의 독립운동이 지향해야 할 궁극적 목표로 제시되고 있다. 그리고 '동권동부'와 '등현등수' 또는 '남녀빈부', '지우노유'라는 표현에서 알 수 있듯이, 평등의 구체적 내용 혹은 분야는 정치, 경제, 교육, 수명 등 4개로 나누어 파악하고 있다. '삼균'에 대비하여 표현하자면 '사균(四均)' 개념에 대한 인식에 도달하고 있음을 확인할 수 있다. 여기서 교육에 해당되는 개념은 '등현'과 '지우'라고 할 수 있다. 이것은 조소앙이 현

명함을 균등하게 하고, 배운 자와 배우지 못한 자를 균등하게 하는 것이 사해의
인류를 제도하는 4대 과제 중의 하나임을 제시한 것이라고 할 수 있다.

　"대한독립선언서"에서는 일제 침략의 부당성을 비판하면서 일제의 문화적 침
략으로 한국의 종교와 교육의 말살에 대해 언급하고 있다. 그렇지만, 교육은 문화
의 한 요소로만 인식되고 있었으며, 그 중요성에 있어서도 종교 다음으로 언급되
고 있다. 그렇지만, 독립한 이후 달성해야 할 목표로서는 4대 목표의 하나로서 중
시되고 있는 것이다. 특히 교육이 4대 과제의 하나로서 중시되는 것은 평등의 실
현을 통한 세계평화를 달성하기 위한 목표를 설명하는 데서 나타난다. 이를 통해
우리는 조소앙이 '평등' 관념에 도달하면서 교육 평등의 가치를 4대 핵심 가치 중
의 하나로 중시하게 되었음을 알 수 있다.

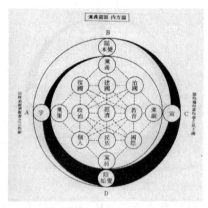

[그림1] 삼균주의 도해
출처: 『소앙선생문집』(상) (1979: 198)

조소앙은 1929년 광주학생혁명이 일어나
자, 이를 한국의 독립운동의 방향을 새롭게
제시하는 계기로 보았다. 그는 광주학생혁명
을 삼균주의 관점에서 분석을 하였다. 즉, 혁
명의 원인을 정치, 경제, 교육의 세 부분으로
나누고, 민족혁명의 근본적 목표를 차별과 불
평등을 없애고 균등사회를 실현하기 위한 것
으로 파악하였다. 그는 일제 식민치하에서의
한국인에 대한 교육적 압박을 설명하면서 이
에 대해 한국의 학생들은 동맹파업을 맞섰다

고 하였다. 국내의 경우 혁명의 주력군이 점차 민중적이고 전국적으로 확대되었다
고 하는데, 청년 학생의 경우에는 가장 민중적이고 전국적이었다고 하였다. 따라서
한국의 경우 학생이 '혁명의 주력군'이 되고 있는데, 이는 혁명의 역사에서 특이한
일이라고 하였다(조소앙, 1930). 독립운동의 주력군을 학생으로 파악하면서, 교육은
당연히 민족혁명의 중심적 과제로 부각되었다.

　조소앙은 1930년대 초 한국독립당 당의를 설명하면서 정치, 경제, 교육은 '당
의 핵심 문제'라고 함으로써 '교육'을 3대 핵심 문제 중의 하나로 파악하였다. 한
국독립당이 교육을 핵심문제로 파악한 근거로서 그는 "권(權), 부(富), 지(智)는 인
류의 중심문제"이기 때문이라고 보았다. 그는 한국독립당 당의를 그림을 그려 각

개념의 관련성을 일목요연하게 설명하고 있다. 그는 우선 지름이 다른 두 개의 중첩된 원을 그렸다. 바깥 쪽 원의 왼편에는 "정치, 경제 교육의 균등제도로써"라고 쓰고, 오른편에는 "균권, 균부, 균학의 민주국을 건설한다."라는 삼균주의 원칙을 제시하였다.

그리고 바깥쪽 원과 안쪽 원을 태극 문양으로 연결지으면서 안쪽 원에 당의, 당강, 당책, 당원을 마름모꼴로 위치시키고 가로축은 3단으로 나눈 뒤, 1단에 복국, 건국, 치국을, 2단에 정치, 경제, 교육을, 3단에 개인, 민족, 국제를 그려 넣은 후 각 요소를 점선으로 서로 연결하였다(조소앙, 1932: 198).

그는 이러한 도해를 제시하면서 교육 문제가 정치, 경제와 수평적으로 연결되며, 복국, 건국, 치국 단계 모두와 관련되며, 개인, 민족, 국가와 관련되는 중요한 요소임을 강조하였다. 그러면서 교육과 개인의 관련성에 대해 다음과 같이 설명하였다.

"교육의 성질로 보아, 개인의 완인(完人) 작성 문제로 개인에 연결되고, 민족의 건전한 자격 품성 및 재능을 양성할 필요로 민족에 치(置)할 필요가 있고, 지식은 국경이 없으니 국제적 성질이 농후하며, 과학의 수입 및 수출은 일종 국제적 문화생활 중 불가면(不可免)의 임무인 때문에 국제 방면에 지정한 지위를 가지게 된 것이다." (조소앙, 1932: 201)

위에서 보듯이 조소앙은 교육은 인간 혹은 인격의 완성을 추구한다는 점에서 개인과 관련되고, 민족의 건전한 자력 품성 및 재능의 양성을 추구한다는 점에서 민족과 관련되고, 지식에는 국경이 없으므로 국제적 성격을 띠고 있다고 하였다. 이어서 그는 교육이 민족과 국가와의 관련성에 대해 지향해야 할 바를 다음과 같이 제시하였다.

"그러나 교육의 내용이 개인 천재주의가 아니며 민족 본위의 고대식 결점에 함몰되지 말아야 할 것이며, 국가 만능의 국가주의로 구치(驅馳)하지 않아야 할 것이다. 요컨대 교육상으로 보아 지식수준을 일반적으로 제고함에 제1보를 두고, 제2보로 일반 대중의 두뇌 과학화주의를 실행하며 동시에 인(人), 족(族), 국(國)의 실제 평등 세계 일가의 구경 목표로 훈도함양하는 대본령을 발휘하지 않으면 안 된다." (조소앙, 1932: 201-202)

이처럼 조소앙은 삼균주의적 균등 교육을 인간의 기본적이며 보편적 문제로 보았고, 균등 교육의 진정한 근본적 목표, 즉 대본령은 세계적 규모로 균등사회가 실현된 세계일가에 있다고 보았다. 따라서 그는 '개인 천재주의', '배타적 민족주의', '국가 만능주의'를 배격해야 한다는 점을 강조하였다.

끝으로 그는 삼균주의적 교육의 균등화를 요약하여 '지의 정도 제고', '지의 횡적 보급'과 '균학주의 또는 지의 내용으로 하여금 신인(新人), 신민족(신민족), 신세계의 창조에 적합하도록 용왕매진하자'는 뜻이라고 설명하였다(조소앙, 1932: 202).

삼균주의적 교육론에 대한 이러한 설명은 해방 이후인 1946년에 발표한 "삼균의 대로"에서도 동일하였다(조소앙, 1946b). 왜 교육 문제가 민족해방과 국가건설의 핵심적 문제로 대두하게 되었는가? 그는 일본이 한국을 강점하면서 정치경제적 지배보다는 역사화 문화를 말살하는 것을 우선했다고 하였다. 왜냐하면 "한 민족의 역사 문화는 그 민족의 영혼 정신이 되기 때문"이라는 것이다. 그래서 일본은 한국의 정신적 '만리장성'을 파괴하기 위해 한국 학교 강탈, 일본인 교사 충용, 교과서 왜곡, 한국 학생에 대한 차별적 교육, 학생 수 축소, 일본어의 국어 사용과 한글 소멸 정책 등 민족교육을 말살하는 정책을 실시했다는 것이다(조소앙, 1946e).

1936년 조소앙은 "한망26주년통언"을 발표하여 식민지 한국의 교육 참상에 대해 자세하게 기술하였다. 전국 학령아동 중 80%가 미취학자이며, 함경도의 경우 인구 157만 명 중 완전 무식자가 120만 명에 달한다고 하였다. 도로에서 방황하는 불량소년과 소녀가 1만 8천 명에 달하는데, 이들에 대한 감화기관이 없다고 하였다. 또한 종교단체를 박멸하여 도덕을 파괴하고 있고, 한국의 언어와 역사를 말살하는 등 우민화 정책을 추진하고 있음을 지적하였다(조소앙, 1936).

여기에서는 교육이 종교와 언어와 문화 등을 총괄하는 관념으로 파악되고 있다. 말하자면 정치와 종교 이외의 제반 문화적 요소들은 교육 개념에 통합되어 파악되고 있는 것이다. 요컨대 일제의 문화정책의 기조가 '우민화 정책'이므로 이에 대한 반대로서 교육이 문화의 중심 개념으로 파악되었던 것이다.

조소앙은 1942년 3·1절 선언에서는 한국인과 일본인에 대한 교육적 차별을 지적하고 예산 대비 교육비의 부족을 지적하였다. 그에 의하면, 한국 내 일본인 소학교는 1,000명당 1개교인 데 한국인 소학교는 12,000명당 1개교이며, 일본인 중학교는 14,000명 중 1개교인 데 비해, 한국인 중학교는 609,000명 중 1개교이며, 한국 내 대학생 수는 29,238명에 1개 대학인 데 비해, 일본인은 331명에 1개 대학 꼴이라고 하였다. 이처럼 그는 한국 내 한국인과 일본인의 교육적 차별과 불평등을 지적하였다. 또한 교육 경비가 총예산의 3%에 불과하여 경찰비의 31%, 관영비의 50%에 불과하다는 점을 지적하였다. 이를 근거로 그는 일제의 교육 문화 정책은 한국인의 '우민화', '노예화'를 통한 민족말살정책이라고 비판하였다(조소앙, 1942a).

이처럼 그는 일본 제국주의의 침략 정책이 민족의 존재와 민족교육 말살에 중점을 두었다고 보았다. 따라서 종교와 문화를 포함한 일제의 문화적 침략의 기본적 목표가 한국인의 '우민화'와 '노예화'에 귀결된다고 보았다. 따라서 민족교육의 회복은 독립운동의 핵심적 과제로 설정되었던 것이다.

다음으로 건국 단계에서도 교육 문제가 중시되어야 하는 이유는 무엇인가? 이에 대해 그는 다음과 같이 말하였다.

"일국가의 문화는 그 국민의 정신영혼이다. 그런데 국가의 교육은 그 국민의 정신을 강고히 하는 동시에 그 국민의 생활기능을 제고하며 그 국민 자신으로 하여금 생활능력을 소유케 할 수 있는 동시에 그 국가의 일체 능력을 과학화시킬 수 있는 것이다. 이와 같이 국가의 전반적 문화수준의 고저가 오로지 국민의 교육 정도에 관계하게 되므로 국가정책 중에서 국민 교육 정책이 가장 중요한 지위를 점하지 아니할 수 없는 것이다. 따라서 현하 세계 각국에서는 국민교육의 수준을 제고하기 위하여 전력을 경주하고 있는 것이다."
(조소앙, 1946e: 217)

위에서 보듯이 조소앙은 국민의 문화수준은 교육에 의해 좌우되므로, 교육은 문화의 대표성을 지니고 있다고 보았다. 그는 교육이 국민정신의 형성과 생활능력의 향상에서 가장 중요한 지위를 차지하고 있다고 보았다. 따라서 건국 단계에서 교육은 국가정책에서 가장 중시되어야 한다고 하였다.

3. 교육 균등의 철학적 의미

삼균주의적 교육사상의 중심 가치는 '균등' 혹은 '평등'이다. 조소앙은 1940년대 작성한 것으로 보이는 "한국독립당 당의 해석"에서 한국독립당의 중심 사상을 평등으로 삼은 이유를 다음과 같이 설명하였다.

> "당의의 중심 사상은 평등이다. … 전쟁은 인류의 재앙이오, 평화는 인류의 행복이다. 그런데 전쟁은 균형을 상실함으로 폭발되는 것이오. 평화는 균등을 유지함에서 존재할 수 있는 것이다. 그러므로 우리가 주장하는 정치, 경제, 교육의 삼균 원칙을 실현함에서만 인여인(人與人), 족여족(族與族), 국여국(國與國) 내지 세계 전 인류의 행복이 있을 수 있다는 것을 확실히 인식할 수 있는 것이다. 다시 말하면 인류사회의 균등을 실현함으로써 행복이 올 것이오, 균등을 실현하지 못함으로써 재앙이 올 것을 확실히 인식할 수 있다는 것이다. 이에 근거하여 우리는 우리 민족의 행복 내지 전인류의 행복을 실현함에 유일 차 절대적 기초가 되는 '균등'을 중심사상으로 한 것이다." (조소앙, 1946e: 206-207)

이처럼 그는 '균등'을 핵심 가치로 삼게 된 이유는 인류사회의 행복과 평화를 실현하기 위해서라고 하였다. 그는 인류의 전쟁이 민족과 국가 사이의 불평등에서 발생했다고 보고, 전쟁을 종식하고 평화를 달성하기 위해서는 평등사회의 실현이 절대적이라고 하였다. 따라서 한국독립당은 인류의 행복과 평화를 위해 '균등'을 중심사상으로 삼게 되었다고 하였다.

특히 그는 정치적 권리, 경제적 부, 교육적 지의 발전 단계를 초보-상당-최고-최균최평(最均最平)한 수준의 4단계로 나누면서 상당 수준에 만족할 것이 아니라 최균최평한 수준을 목표로 해야 한다는 점을 강조하였다(조소앙, 1932).

교육에서의 최고를 넘어선 균평을 궁극적 단계로 제시한 점은 삼균주의가 균등을 중심 가치로 설정하고 있음을 말해 준다. 그는 균등주의가 세계 인류의 평화와 행복을 실현하기 위한 원칙임을 다음과 같이 말하였다.

> "본당 당의의 최고 이상은 무엇이냐. 명백히 쓰여 있는 바와 같이 '세계일가'이다. 세계일가는 왜 실현하려는가. 인간의 모순을 제거하고 영구한 평화와 행복을 실현하려 함이다. 이것을 실현하는 원칙과 보추는 어떠한가. 그는 곧 우리 당의 중심사상이 균등을 실현함을 원칙으로 하고 …." (조소앙, 1946e: 220)

이와 같이 그는 균등주의가 인간의 모순을 제거하고 인류사회의 평화와 행복을 실현하기 위한 방법이라고 보았다.

조소앙이 말하는 인간의 모순이란 무엇인가? 그는 "인간은 가장 총명하면서도 또한 가장 미련한 모순적 행동을 하고 있다."고 하였다. 한 국가가 활인(活人)에 힘쓰면서 한편으로는 살인에 힘쓰는 모순된 정책을 취하고 있다고 했다. 의학 연구, 병원 설립, 제약공장 설립 등은 사람을 살리기 위한 일이지만, 군사 양성, 무기공장 설립 등은 사람을 죽이는 일이라고 했다. 과학 기술은 인간의 행복을 증진시키기도 하지만, 도리어 인간의 살상에 사용되어 인류의 재앙을 조장하는 일이 많다. 과학 기술을 활용하여 군함, 살인 광선, 독가스, 전폭기 등 사람을 많이 죽이는 무기를 만들며, 사람을 많이 죽인 장수에게 훈장을 준다. 그는 이러한 행위들이 인간의 모순임을 다음과 같이 지적하였다.

"이 얼마나 모순된 행동인가? 이것이 곧 인간의 모순이요, 우(愚)요, 불의(不義)인 것이다. 이 모순의 원인이 어디 있으며 이 원인을 어떻게 청산할 것이냐? 과연 어떻게 하여야 인간이 평화롭게 안락스럽게 행복스럽게 살 수 있겠느냐? 이 문제가 가장 중요한 인간의 최종문제이었기에 자고로 종교가 철학가 그리고 기외에도 다수의 총명한 학자들이 이 문제를 해결하고자 부심초사한 것이다." (조소앙, 1946e: 220)

이어서 그는 인간의 모순을 해결하고자 노력했던 종교가와 철학가의 사례를 제시하였다. 석가모니는 속세에서의 해결이 불가능하다고 생각하여 해탈을 통한 극락세계를 추구했고, 예수는 원죄에 대한 회개와 박애로 지상천국을 건설하고자 하였으며, 공자와 맹자는 인의(仁義)의 실현을 통한 사해동포의 이상을 제시하였으며, 굴원과 도연명은 무릉도원을 찾았고, 서양의 어느 철학자는 국가와 민족의 장벽이 없는 무정부사회를 주장하였고, 어느 학자는 생산의 불합리와 분배의 불균등을 없애고자 계급투쟁을 통한 사회주의 사회 건설을 추구하였다는 것이다. 그는 이러한 제반 이론의 시비와 실현성 유무를 논하지 않았다. 오히려 그는 "인류애에 기인(基因)한 노력에 대해 경의를 표하지 않을 수 없다."고 하였다(조소앙, 1946e: 220).

이러한 언급을 통해 그는 한국독립당에서 세계일가를 지향하는 삼균주의를 지도이념으로 채택하게 된 것은 '인류애'에 기초한 선현들의 노력을 계승하는 것임을 강조하였던 것이다. 이것은 그가 보편적 인륜도덕에 의거한 세계평화를 지향하고 있었음을 말해 준다.

이러한 그의 세계평화 구상은 1910년대 이래의 세계 통합적 종교를 제창했던 경험에 토대를 두고 있다. 그런데 1910년대 일신교에서는 세계 6대 성현의 6개의 가르침이 병렬적으로 나열되고 있다. 1930년대 삼균주의에서는 '균등'으로 일원화되고 있으며, '균등'은 세계의 성현들이 추구했던 '인류애'에 기초한 세계평화를 달성하는 구체적이고 현실적인 해결책으로서의 가치를 지니고 있다. 세계평화를 위해 균등의 가치를 제시했던 세계의 성현에는 공자, 석가모니, 예수 등 고전적 인물 외에도 무정부주의자와 사회주의자도 포함된다. 이를 근거로 그는 평등주의가 세계의 종교가와 철학가라면 모두가 동의할 수 있는 진리라고 하였다(조소앙, 1919b).

요컨대 조소앙은 종교와 철학에 대한 지속적인 탐구를 진행하였다. 이것은 그가 믿고 실천하려는 근원적 진리 또는 가치를 찾기 위한 노력이었다. 1910년대 그는 일신교를 통해 세계 6대 성현의 6개의 가르침을 제시하였다. 1919년에는 유럽에서 사회주의를 수용하면서 집필한 "독립경"에 나타나듯이 '평등'을 핵심적 가치로 제시하였다. 1920년대 중반에는 "발해경"에 나타나듯이 '용기'를 제시하였다. 일신교는 주로 정신과 도덕 교육에 중점을 둔 것이었고, "독립경"은 독립운동에, "발해경"은 의열투쟁에 핵심적인 가치를 찾는 작업이었다.

1930년대 삼균주의를 정립하는 단계에 이르면서 조소앙은 개인, 민족, 국가, 세계에 모두 적용이 되며, 정치, 경제, 교육 등 인간 활동의 전 분야에 공통적으로 적용될 수 있는 인류의 보편적 가치를 제시하고자 하였다. 그 결과 '인류애'에 기초한 '균등'이라는 가치에 주목하고, 균등을 중심으로 한 삼균주의 이론을 체계화하였다. 여기에서 균등주의 교육 정책이 구체적으로 제시되기에 이르렀다.

4. 균등주의 교육정책

조소앙은 1929년에 수립된 한국독립당의 지도이념으로 삼균주의를 제시하였다. 여기서 교육의 균등을 실현하는 것을 '당의'에 반영하였으며, '당강' 6항에서 "생활상 기본 지식과 필요기능을 보급함에 충분한 의무교육을 공비(公費)로써 실시하고 국민의 수학권(修學權)을 평등하게 할 것"이라고 명시하였다. 이후 1940년 5월에 '당강'이 개정되었으나 교육 관련 조항은 내용은 바뀌지 않고 문장만 다듬었다. 1945년 8월에 개정된 '당강'은 4항에서 "국비교육시설을 완비하여서 기본지식과 필수기능을 보급할 것"이라고 간략히 표현되었다(노경채, 1996: 288).

1940년대 초반 조소앙이 구상했던 교육정책의 구체적 내용은 1941년 11월 대한민국임시정부에서 채택한 "대한민국건국강령"에서 확인할 수 있다. "대한민국건국강령"에서는 '전국 학령 아동 전수가 고급교육의 면비 수학'을 달성하기 위해 우선 '면비수학권'을 인민의 기본권으로서 헌법상으로 보장하며, 정부 국무회의 한 부서로 '교육부'를 설치한다고 하면서 7번 항목을 별도로 설정하여 다음과 같은 구체적인 정책을 제시하였다.

> "7. 건국시기의 헌법상 교육의 기본 원칙은 국민 각개의 과학적 지식을 보편적으로 균화(均化)하기 위하여 하열한 원칙에 의거하여 교육정책을 추진함.
>
> 가. 교육종지는 삼균제도로 원칙을 삼아 혁명 공리의 민족정기를 배합발양하며, 국민도덕과 생활 기능과 자치 능력을 양성하여 완전한 국민을 조성함에 둠.
>
> 나. 6세부터 12세까지의 초등 교육과 12세 이상의 고등기본교육에 관한 일체 비용은 국가가 부담하고 의무로 시행함.
>
> 다. 학령이 초과되고 초등 혹 고등의 기본교육을 받지 못한 인민에게 일률로 면비 보습교육을 시행하고 빈한한 자제로 의식을 자비하지 못하는 자는 국가에서 대공(代供)함.
>
> 라. 지방의 인구, 교통, 문화, 경제 등 정형을 따라 일정한 균형비례로 교육기관을 시설하되, 최소한도 매 1읍 1면에 5개 소학과 2개 중학, 매 1군 1도에 2개 전문학교, 매 1도에 대학을 설치함.
>
> 마. 교과서의 편집과 인쇄. 발행을 국영으로 하고, 학생에게 무료로 분급함.
>
> 바. 국민병과 상비병의 기본 지식에 관한 교육은 전문훈련으로 하는 이외에 매 중학교나 전문학교는 필수과목으로 함.
>
> 사. 공사(公私)학교는 일률로 국가의 감독을 받고, 국가의 규정한 교육정책을 준수케 하며 한교(韓僑)의 교육에 대하여 국가로써 교육정책을 추행함." (조소앙, 1941: 151-153)

조소앙은 대한민국이 "독립할 경우, 정치, 경제, 교육상에서 신민주주의를 실시하여 모든 국민이 하루 세 끼 밥을 먹을 수 있고, 모든 청춘남녀가 중등학교 졸업장을 가질 수 있는 … 천하위공(天下爲公)의 민주세계를 실현"하고자 한다고 하였다(조소앙, 1942b: 174-178).

조소앙은 1945년 5월 일제의 패망과 복국의 기대가 높아지자, 교육 정책을 좀 더 구체화하였다. 한국독립당 제5차 임시대표대회에서는 선언을 발표하여 당강과 당책을 수정 보완하였는데, 교육 관련 내용은 다음과 같다.

"당강(기본강령)
4. 국비 교육시설을 완비하여서 기본지식과 필수 기능을 보급할 것
당책(행동강령)
4. 노동, 교육, 선거, 파면, 입법, 보험, 구제 등 각종 기본 권리를 향유할 것
11. 국민의 각종 교육의 경비는 일률적으로 국가에서 부담할 것
12. 교육종지의 내용을 독립, 민주, 단결로 확정하고 신교과서를 편찬할 것
21. 전국청년을 교양 단결하여 국가 건설과 민족 부흥의 초석이 되게 할 것"(조소앙, 1945: 335-339)

이것은 "대한민국건국강령"에 나타난 국비의무교육을 통한 국민 수학권의 균등을 실현한다는 교육정책을 기본적으로 계승하면서 부분적으로 보완한 내용이다.

우선 기본적 인권 중 교육이 노동 다음으로 중시되어 표시되었다. 그리고 교육의 종지가 '삼균제도'에서 '독립', '민주', '단결'이라는 가치로 바뀌면서 신교과서의 편찬의 방향이 구체화되었다. 더욱 중요한 점은 교육을 학령아동에게만 국한하지 않고 전국 '청년'으로 확대하였으며, 전국 청년의 조직화와 그들에 대한 교육을 건국 작업의 핵심적 초석으로 삼고자 한 것이다. 이를 통해 우리는 복국 이후 건국 단계에서 일제의 우민화 정책으로 교육의 기회를 박탈당한 국내의 청년들에 대한 교육을 핵심적 과제로 인식하고 있었음을 알 수 있다.

조소앙은 1945년 12월 귀국한 이후 중국에서 계획했던 청년 조직을 한국독립당 산하에 결성하고 삼균주의청년동맹이라고 이름을 지었다. 삼균주의청년동맹의 결성 취지는 다음과 같다.

"우리 청년들은 가장 국제적 이해를 받고 있다. 정치적 기아와 지식적 빈곤이 우리로 하여금 경제적 고통보다 교대한 압력으로 누르고 있다. … 훈련의 중심적 지도 원리로써 신청년의 동력을 보급하며 조달하자. 일정한 원리는 '골고루 알고, 골고루 벌고, 골고루 하자.'는 것이다. 지력(智力)의 발전으로써 우(愚)의 세계를 전복하자. 부력(富力)의 증진으로써 빈(貧)의 사회를 전복하자. 권력의 확립으로써 약(弱)의 민족을 해방하자." (조소앙, 1946c: 80)

이처럼 삼균주의청년동맹은 당시의 청년이 당면하고 있는 가장 큰 문제가 교육에 있다고 보고 '지력의 발전'을 통한 어리석음의 퇴치를 최우선의 과제로 설정하였다. 이어서 삼균주의청년동맹은 첫째로 "과학적 노농문화의 신건설에 분투할 것"과 "'균학(均學)', '균교(均敎)'의 국비의무적 균지(均智) 교육제 건설에 분투하면서 빈민학회 조직을 통하여 무식한 노농청년을 유식하게 혁명하겠다."는 선언을 발표하였다(조소앙, 1946d: 81-82). 말하자면 삼균주의청년동맹은 교육을 받지 못한 빈민 청년들을 조직하고 교육하는 전위대 역할을 맡고자 하였다.

조소앙은 1948년 3월에는 삼균주의 실천의 '선봉대'로 삼균주의학생동맹도 결성하였다. 삼균주의학생동맹의 강령은 다음과 같다.

"1. 정신과 생명과 육체의 균등 발전에 필요한 지력과 권력과 부력을 획득하기 위하여 공부하며 단결하여 노동하는 인생관을 확립할 것.
 2. 연대적 경쟁에 의한 학습과 훈련과 체육으로서 소수보다는 다수 학생의 두뇌를 과학화하며 수족을 기능화하며 육체를 노동화하는 신민주학원을 건설할 것.
 3. 복국, 건국, 치국을 통하여 정치, 경제, 교육의 균등을 기초로 한 노농계급과 학술층이 배합된 국가체제를 완성할 것.
 4. 남성, 여성의 차별 없는 균학, 균교, 균지의 국비의무적 초등, 중등, 고등 교육제를 건설함으로써 종래의 불균등한 교육제를 혁신할 것.
 5. 개인과 가정과 민족과 국가와 인류의 무식과 무력과 무산이 혁명된 화평하고 안전하고 자유스러운 삼균주의사회를 실현할 것." (조소앙, 1948 :103)

이 강령은 삼균주의학생동맹이 추구하는 교육관을 잘 설명해 주고 있다. 우선 공부하며 단결하여 노동하는 인생관을 확립해야 한다고 했다. 그리고 학습과 훈련은 '연대적 경쟁'의 원리를 따르며 '두뇌의 과학화', '수족의 기능화', '육체의 노동화'를 추구하는 신민주학원을 건설해야 한다고 했다. 또한 '노농계급과 학술층이 배합된 국가체제를 완성할 것'이라고 함으로써 지식층의 정치 참여를 중시하고 있다. 국비 의무 교육제도를 초, 중, 고 교육에 적용하고 교육의 남녀 평등을 실천해야 한다고 했다.

조소앙은 해방 이후 남녀 평등과 교육 균등의 실현이 밀접한 연관성을 지니고 있다고 파악하였다. 그는 남녀 평등을 실현을 위해서는 첫째로 중요한 것은 부녀에 대한 교육이라고 다음과 같이 주장하였다. "부녀의 문맹을 타파하고 위생사상을 제고하며 신학술을 보급하여 자기 가정과 자기 동리의 건물과 식수와 도로와 채전을 고도로 기술화하며 자녀를 과학적으로 육아 계몽하도록 합니다."(조소앙, 1946a: 388-391) 1948년 8월 15일 대한민국정부가 수립되자, 조소앙의 교육정책에 대한 구상도 보다 구체화되었다. 조소앙은 자신의 주장을 정치, 경제, 교육 3개 분야로 나누어 설명하였는데, 교육 분야에서는 다음과 같은 정책들을 제시하였다.

> "가. 국민교육의 의무화와 국비제도를 철저히 실시하자.
> 나. 장학제도를 확립하여 우수한 무산 자녀에게 고등교육을 받게 하자.
> 다. 교육비 예산을 증대하고 학부형의 부담을 경감케 하자.
> 라. 성인 교육기관을 확충하여 국비로써 문맹을 완전 퇴치하자.
> 마. 대학의 자유와 권위를 확보하자.
> 바. 과학과 기술의 연구기관을 확충하여 과학 진흥을 촉진하자." (조소앙, 1948:117-118).

이 중에서 교육비 예산 증대를 통한 학부형 부담 경감, 성인 교육기관의 확충과 국비 부담, 대학의 자유와 권위 확보, 과학과 기술 연구기관의 확충과 과학 진흥 등은 새롭게 추가된 정책들이다.

1950년 그는 사회당 대표로 제2대 국회의원 선거에 출마하였는데, 이때 그는 교육이 "정치, 경제와 대등하는 중대한 문제이니 종래의 관념으로 교육을 사회문제의 1부문이라고만 보아서는 안 된다."고 하였다. 그러면서 그는 교육의 '기회균등'과 '민주주의화' 실현을 목표로 제시하였다. 그는 학령인구의 38% 이상이 초등학교에 미취학하였고, 초등학교 졸업자 중 대학이나 전문학교 졸업 및 중퇴자가

20%도 못 되는 현상과 각급 학교가 절대적으로 부족한 현실을 타개하기 위해서는 교육 민주주의화와 균등화를 위한 법령 제정이 필수적이며, 국가예산의 11%에 불과한 교육비를 인상해야 한다고 주장하였다. 그는 국비 의무 교육의 중학교 연장, 정규대학의 무월사 제도, 우수학생에 대한 국비 교육, 대학 졸업자 중 우수 공업인재에 대한 국비 외국 유학 교육 등의 정책을 추진할 수 있도록 교육비 예산을 증액시킬 것을 요구하였다(조소앙, 1950).

Ⅳ. 맺음말

조소앙의 사상적 발전 과정을 교육적 관점에서 요약하면 다음과 같다.

1910년대 종교와 철학에 대한 탐구 끝에 일신교를 제창한 것은 세계적 6대 성현의 도덕적 가르침을 배우고 실천하여 세계평화와 한국의 독립을 성취하려는 시도였다. 이것은 세계 인류의 보편적 도덕을 수립하고자 하는 시도로서 도덕 또는 정신 교육에 집중했던 시기였다고 할 수 있다. 그 결과 1919년 "대한민국임시헌장"에서 교육을 국민의 3대 의무의 하나로 규정하게 되었다.

그런데 1919년 3·1운동을 계기로 세계의 사회주의운동과 민중의 각성에 주목하여 사회주의를 표방한 독립운동을 전개하였다. 무정부공산사회 건설을 지향한 1920년대의 '한살임' 운동은 사회주의적 평등주의 운동이었다. 이 운동 단계에서는 교육에 대한 관심과 고려가 나타나지 않았다.

조소앙은 1930년대 한국독립당과 대한민국임시정부의 지도이념으로 삼균주의를 제시하였다. 삼균주의의 중심사상은 균등이며, 균등을 정치, 경제, 교육 3개 부문에서 실현하고자 한다. 여기서 교육의 균등이 독립과 건국운동의 핵심적 과제의 하나로 등장하게 되었다. 여기에는 1929년 광주학생혁명에 나타난 청년학생층의 혁명역량의 발전에 대한 전망이 중요한 역할을 담당하였다. 이에 교육의 균등이 정치, 경제의 균등과 함께 3대 핵심 요소의 하나로 부각되었다. 삼균주의적 교육 균등 사상은 일신교와 사회주의가 결합되면서 형성되었다고 하겠다.

조소앙은 1910년을 전후하여 인류의 보편적 진리 또는 가치에 대한 탐구를 계속하였다. 1920년대 중반까지는 고전적인 경전의 형식으로 진리를 발표하였는데, 일신교에서는 6명 성현의 6개의 가르침, 1919년 "독립경"에서는 '평등', 1920

년대 "발해경"에서는 '용기' 등이 제시되었다. 그런데 1930년대 삼균주의를 체계화하면서 '균등'이 다른 가치들을 포괄하는 핵심적 가치로 중시되었다.

국비의무교육제 시행을 통한 수학권의 균등이라는 삼균주의적 교육정책의 골격은 1929년 한국독립당 조직과 함께 확립되었다. 이후 1941년 11월 "대한민국건국강령"에 이르러서는 삼균주의적 교육 종지, 초등과 고등의 국비 의무교육, 국비 성년 교육, 지역별 교육기관의 수요, 교과서 편집, 국방교육, 교육의 국가 관리 등 교육정책이 구체화되었다. 해방 이후에는 삼균주의청년동맹과 삼균주의학생동맹을 결성하여 청년학생을 중심으로 한 교육균등화 정책을 직접 실천하고자 하였다.

조소앙은 1948년 제헌국회의원 선거는 반대했으나, 1950년 5월 제2대 국회의원 선거에는 사회당 대표로 출마하여 국회의원으로 당선되었다. 이때 그는 원내 진출을 통해 교육 예산을 대폭 증액하여 국비의무교육제를 기본으로 한 교육균등화 방안들을 정부 정책에 반영하고자 하였다. 그러나 6·25전쟁 중 납북되어 1958년 평양에서 사망함으로써 그의 노력은 결실을 맺지 못했다. 그러나 대한민국임시정부의 기본 방침으로 채택된 국비의무교육제는 현재 대한민국 교육의 기본 틀로 자리 잡고 있다.

참고문헌

김기승(2003). 『조소앙이 꿈꾼 세계: 육성교에서 삼균주의까지』. 서울: 지영사.

김기승(2006). 일본 유학을 통한 조소앙의 근대 체험 - 제국주의적 근대 배우기에서 근대 극복으로. 『한국민족운동사연구』 47, 39-79.

김기승(2015). 『대한민국임시정부 이론가, 조소앙』. 독립기념관 한국독립운동사연구소. 서울: 역사공간.

노경채(1996). 『한국독립당연구』. 서울: 신서원.

엄순천 역(2015). 한살림당의 코민테른 가입 조건에 대한 코민테른 집행위원회의 결정 (1920.11.28). 『러시아문서 번역집』 20. 러시아국립사회정치사문서보관소』, 도서출판 선인.

조소앙(1909a). 학생론. 삼균학회 편(1979). 『소앙선생문집』 하 (pp.212-213). 햇불사.

조소앙(1909b). 회원제군. 삼균학회 편(1979). 『소앙선생문집』 하 (pp.220-226). 햇불사.

조소앙(1919a). 대한독립선언서. 삼균학회 편(1979). 『소앙선생문집』 상 (pp.230-232). 햇불사.

조소앙(1919b). 『적자보』 2(1919.12.20.). 사회당. 파리.

조소앙(1930). 한국지현상급기혁명추세. 삼균학회 편(1979). 『소앙선생문집』 상 (pp.39-88). 햇불사.

조소앙(1932). 한국독립당 당의 연구방법. 삼균학회 편(1979). 『소앙선생문집』 상 (pp.198-202). 햇불사.

조소앙(1936). 한망26주년통언. 삼균학회 편(1979). 『소앙선생문집』 상 (pp.249-253). 햇불사.

조소앙(1941). 대한민국건국강령. 삼균학회 편(1979). 『소앙선생문집』 상 (pp.148-153). 햇불사.

조소앙(1942a). 제23주년 3·1절 선언. 삼균학회 편(1979). 『소앙선생문집』 상 (pp.287-298). 햇불사.

조소앙(1942b). 한국재미래세계중적지위. 삼균학회 편(1979). 『소앙선생문집』 상 (pp.174-178). 햇불사.

조소앙(1945). 한국독립당 제5차 임시대표대회 선언. 삼균학회 편(1979). 『소앙선생문집』 상 (pp.335-339). 햇불사.

조소앙(1946a). 남녀평등. 삼균학회 편(1979). 『소앙선생문집』 상 (pp.388-391). 햇불사.

조소앙(1946b). 삼균의 대로. 삼균학회 편(1979). 『소앙선생문집』 하 (pp.71-75). 햇불사.

조소앙(1946c). 삼균주의청년동맹 결성 취지서. 삼균학회 편(1979). 『소앙선생문집』 하 (p.80). 햇불사.

조소앙(1946d). 삼균주의청년동맹 선언. 삼균학회 편(1979). 『소앙선생문집』 하 (pp.81-82). 햇불사.

조소앙(1946e). 한국독립당 당의해석. 삼균학회 편(1979). 『소앙선생문집』 상 (p.210). 햇불사.

조소앙(1948). 삼균주의학생동맹 선언. 삼균학회 편(1979). 『소앙선생문집』 하 (p.103).
    햇불사.

조소앙(1948). 나의 주장. 삼균학회 편(1979). 『소앙선생문집』 하 (pp.117-118). 햇불사.

조소앙(1950). 차기 총선거와 여의 정국관. 삼균학회 편(1979). 『소앙선생문집』 하
    (pp.121-141). 햇불사.

한국정신문화연구원(1995). 『한국독립운동사자료집-조소앙편 1』. 성남: 한국정신문화연구원.

조소앙(1925). 『김상옥전』 ("한살임"이라는 이름으로 조소앙이 씀). 삼일인쇄관.

한시준 편(1999). 『대한민국임시정부 법령집』. 국가보훈처.

홍호선(1988). 조소앙의 교육균등론 연구. 『삼균주의연구논집』 10, 10-86.

Jackson, Philip W.(2011). *What is education?* University of Chicago Press. 홍한별 옮
    김(2013). 『교육이란 무엇인가』. 아산: 순천향대학교 출판부.

일제강점기, 저항과 계몽의 교육사상가들

한국근대기
박은식의 교육문명
전환의 철학과 실천

황금중

I. 서언: 교육문명의 근대적 전환을 준비한 사상가, 박은식

　백암 박은식(白巖 朴殷植, 1859~1925)을 한국의 근대개혁기에 요청되었던 새로
운 사상적 기반 구축을 주도한 인물이라고 보는 데는 이견이 없을 것이다. 그간
박은식은 때로는 유교개혁사상가로, 때로는 주자학에 대해서 양명학의 실용적 강
점을 부각한 사상가로, 때로는 대동사상(大同思想)을 펼친 사상가로, 때로는 종교
인 혹은 대종교인(大倧敎人)으로, 때로는 근대적인 교육과 실업 체계의 구안 및 실
천에 애쓴 애국계몽사상가로, 때로는 국혼(國魂)으로서의 한국 역사의 조명과 전
수에 애쓴 역사가로, 때로는 임시정부까지 이끈 독립운동가요 열린 시야를 지닌
민족주의자로 평가되고 연구되었다. 그간의 연구 성과들은 이 각각의 측면에서 사
상가, 실천가로서의 박은식을 다채로운 각도에서 조명했다는 의미를 지닌다.[1] 그
런데 박은식은 단순히 유교개혁자나 양명학자, 대동사상가, 대종교인, 애국계몽운
동가, 역사가, 독립운동가, 민족주의자로만 귀속시킬 수 없는, 이 모든 것을 그 요
소로 포괄하면서도 이를 넘어선 하나의 큰 사상체계를 갖춘 인물이었다. 이 각각
의 것에만 갇혀서 보면 자칫 한 시대를 새롭게 설계하고 움직인 큰 사상가로서의
박은식의 본래 면목을 놓치게 된다. 박은식에 대해, 문명전환을 요구받는 시대에

---

1) 각 주제별로 주요 연구들을 꼽아 보면 금장태(2005), 정병련(1998), 박정심(1999), 김동환
　(2016), 김현우(2013), 김순석(2004), 임부연(2018), 김기승(2010), 조준희(2013), 이인화(2014)
　등의 논문이 있고, 특히 박은식의 교육사상에 대한 논의가 포함된 연구로서 신용하(1982), 이
　만열(1976, 2002), 우남숙(1996), 김태웅(2015), 장재천(2017) 등의 논저가 있다.

이에 부응하는 사상 및 학문 체계를 종합적으로 사유하고 실천한 인물로 보면서, 위의 각각의 측면을 이해해 갈 필요가 있다.

박은식은 당시의 거대한 역사적 전환, 즉 유교 문명에서 근대적 문명으로의 전환이라는 과제에 당면한 시대의 중심에 서서, 이 과제의 엄중함을 누구보다 절박하게 의식하며 실제로 문명 전환의 사상적 기틀을 다지는 일에 매진했다. 박은식이 활동했던 구한말과 일제강점기는 크게는 전래의 유교적 문명 패러다임이 그 운을 다하고 서양 근대와의 만남을 매개로 한 새로운 문명 패러다임으로 나아가야 하는 역사적 과업이 주어진 시대였고 박은식은 이를 누구보다 각별하게 자각하고 있었다. 박은식은, 누구나 인정하듯이, 우선 당시의 격동하는 국내외적 정세 속에서 생존의 위기에 처한 나라와 민족을 구하려는 애국심에 이런 저런 문화적, 사상적, 제도적 개선책을 제기한 성실한 논객이며 실천가 중의 한 사람이었다. 그런데 그에게 나라와 민족의 생존 방법을 강구하는 과정은 곧 문명 전환의 사상적 기틀을 형성하는 과정으로 이어졌다. 나라와 민족이 처한 당시의 생존적 위기가 다름 아닌, 이미 기능을 다한 기존의 문명 패러다임을 대체할 새로운 문명 패러다임이 아직 구성되지 못하고 혼란에 빠진 상황과 맞물려 있다는 인식이 자리했기 때문이다. 따라서, 나라와 민족의 생존의 길을 모색하는 그의 노력은 자연히 거시적이고 근본적인 문명사적 관점에서 이루어지게 되었다.

아마도 당시의 지식인들이라면 누구나, 크게건 작게건 문명 전환과 국가 생존의 길에 대한 탐색이라는 숙제를 가슴에 품고 살았을 것이다. 그런데 숙제를 가슴에 품고 있다는 것과 실제로 푼다는 것은 다른 문제이다. 또한 푼다고 해도 대충 푸는 것과 제대로 푸는 것은 또 다른 문제다. 박은식은 이 숙제에 대해 지식인(사대부)으로서의 자신이 마땅히 감당해야 할 책무로 여기며 온 생을 바쳐 깊이 풀어내고자 했다. 동서양의 역사를 돌아보면 시대의 전환기 혹은 변혁기에는 늘 남다른 책무감을 가지고 그 전환 및 변혁을 이끄는 사상적 축을 마련하는 인물이 등장하곤 하는데, 한국 근대개혁기에 이 역할을 열정적이고 내실 있게 감당한 인물로 박은식을 꼽을 수 있지 않을까 한다. 그는 자신이 교류하는 지식인(사대부)들에게도 종종, 길을 잃은 혼돈의 시대를 맞아 어느 때보다 지식인(사대부)들의 적극적인 참여, 특히 저술 활동이 긴요하다고 강조하며 독려하곤 했다. 그는 자신의 이 말을 스스로 지키고 실천하며 새로운 문명으로 나아가는 물꼬를 트고 나라의 자

강을 이끌어 내는 데 필요한 많은 저술들을 펴냈다. 그에게 저술활동은 교육활동
이나 정치활동과 함께 자신의 뜻을 펼치는 핵심적 삶의 방식이었다.

　박은식의 저술 상황을 전체적으로 검토해 보면 교육 및 국민의식계몽 분야에
관한 것이 상당부분을 차지함을 알 수 있다. 문명 전환이라는 과제를 그는 특히
교육이라는 실천 영역을 중심으로 풀고 있음을 보여주는 대목이다. 박은식은 교육
을 무엇보다 신국민의 정신, 의식, 문화를 형성하거나 계몽하는 일로 보았고, 교
육에 대한 관점을 체계화하는 일이 문명 전환의 요체가 된다고 이해하며 관련 저
술에 집중했다. 교육 외에 역사, 사상에 대한 저술도 큰 비중을 차지하는데 찬찬
히 들여다보면 그것 역시 교육적 관심의 결실임을 확인할 수 있다. 즉, 그에게 역
사와 사상에 대한 정리는 결국 새로운 교육 패러다임에서의 핵심 교육과정적 요
소로서의 의미를 지니는 것이었다. 그러니 그에게 문명 전환이란 곧 교육문명 전
환의 의미를 지닌다고 해도 좋다. 뒤에서 살피겠지만 한국 역사, 역사 속 위인들,
양명학, 대동사상, 대종교(大倧敎), 종교(宗敎), 동서양의 다양한 학문 및 문물, 실
업 영역에 대한 박은식의 관심 및 풀이는 궁극적으로 신국민 의식 형성의 교육적,
실천적 관심과 직결되어 있다. 이 말은 박은식이 전개한 바의 위의 여러 주제 영
역들은, 그의 교육적 관심과 연결해서 보아야 그 실체가 잘 드러난다는 뜻이기도
하다.

　흔히 박은식의 생애는 주자학 수학기 혹은 도학 수호기(-1898년; -39세), 언론
활동 및 애국계몽운동기(1899-1910년; 40-52세), 망명·독립운동기(1911-1925년; 53-
67세)로 전개된 것으로 이해된다(이만열 편, 1980: 337-342; 금장태, 2005: 3-8). 교육
문제를 직접 다룬 많은 저술들은 주로 언론 및 교육 활동에 투신했던 애국계몽활
동기에 이루어졌다. 그렇다고 해서 그 전후의 삶이 그의 교육사상 형성 및 전개와
무관하다고 보는 것은 적절치 않다. 주자학 수학기는 교육에 대한 원초적 생각이
싹튼 시기다. 이때 형성된 원초적 교육관념은, 이후 실용적, 자강적 가치를 넓게
담아내는 새로운 교육 패러다임으로 그의 시각이 전환된 이후에도 중요한 뿌리로
작용한다. 가령 교육은 본질적으로 영원하고 보편적인 가치를 담아내고 구현하는
일이라고 보는 박은식의 인식은 주자학 수학기에 이미 굳게 자리잡으며 이후의
사상에 영향을 미친 것으로 볼 수 있다. 애국계몽운동기에 박은식은 신지식을 경
험하며, 그리고 크게 요동치는 국제 정세에 대해 서구의 진화론적 시각도 겸비해

서 바라보면서, 새로운 교육관을 본격적으로 구축해 간다. 특히 교육을 유교적 패러다임에서만 바라볼 수 없는 시대로 진입했음을 각성하며 세계적인 학술을 두루 포괄해 내는, 그러면서도 전통적인 교육적 자산 중 여전히 전승 가치가 있는 것을 현대적으로 재해석하고 실용화하여 계승하는 방식으로 새로운 패러다임의 교육관을 만들어 간다. 교육에 관한 유교적 패러다임을 벗어나되, 유교를 통째로 버리는 것이 아니라 유교를 객관화해서 다른 사상들과 함께 그 보편적 의미를 간취하여 활용하는 방향으로 나아간다. 양명학의 부각이나 대동사상의 제기는 이런 맥락에서 이해될 수 있다. 다음으로 독립운동기는 1910년 일제의 강제병합 이후 국권의 영구적인 상실을 막기 위해 국혼(國魂) 및 대한정신(大韓精神)의 형성이 중요하다는 인식 아래 그 핵심으로서의 한국 역사를 재조명하는 데 집중한다. 그에게 역사 서술은 그 앞선 시기의 교육 및 계몽활동의 연장선상에서 이루어진 것이었고, 이 때문에 그의 역사 서술에 대해서는 교육적 관점에서 보아야 그 의미가 보다 분명하게 살아난다. 이 시기에는 유교적 패러다임에 대한 탈피가 더욱 뚜렷해지고, 주체적 역사관이 분명하게 부각되어 한국 역사 및 역사 속 고유의 사상 전통도 교육적 자산의 중요한 축으로 자리잡게 된다. 예를 들어 이 시기의 출발을 알리는 1911년 저술인 <몽배금태조(夢拜金太祖)>는 유교 패러다임에서 완전히 벗어나, 그리고 주체적 역사관과 동서양의 다양한 사상과 문물에 대한 객관화된 관점을 투영한 새로운 교육문명 패러다임의 기본 형식을 잘 보여준다.

박은식은 새로운 교육사상의 틀을 개척하려는 이답게, 그 자신 유교 전통에서 포착해서 강조한 바의 '신(新)'의 철학을 자신의 삶에 철저하게 적용하여, 평생 끊임없는 사상적 변화를 이어갔다. 그리고 그 변화는 과감하면서도 균형이 있었고, 크면서도 세세한 것에 대한 고려를 놓치지 않았다. 전통으로부터 다듬어지고 이어져 온, 교육이 견지해야 할 근본에 대한 관념을 정확하게 짚고 담아내면서도 서구로부터 기원한 새로움을 폭넓게 수용하여 조화하는 교육론을 만들어 갔다. 이렇게 만들어진 그의 교육사상은 전통에 치우친 사상도 아니고 그렇다고 서양에 경도된 사상도 아닌, 바로 한국 근대사의 조건에 부합하면서 한국 근대의 교육문명의 전환을 이끄는 틀이 되는 사상의 모습을 지녔다. 이제 그 궤적을 따라가 보기로 한다.

Ⅱ. 유교적 문명 패러다임에서의 탈피, 그리고 객관화된 유교와의 새로운 만남

꼭 박은식의 관점을 거론하지 않더라도 근대개혁기의 가장 두드러진 특징은 이전 조선시대를 전반적으로 지배한 유교적 패러다임의 삶과 제도의 틀에서 벗어난다는 점이다. 유교적 패러다임의 틀 속에 있다는 것은, 구성원들이 자신의 삶과 세계를 주로 유교의 시선에서 보고 유교가 안내하는 삶과 제도의 양식에 따라서 일상을 꾸려간다는 것을 의미한다. 근대개혁기에는 사람마다 정도의 차이는 있지만, 오랫동안 당연시하던 유교적 사유방식이나 실천양식을 둘러싼 그 현재적 가치와 유용성에 대해 질문을 던지고 객관화하는 경험이 축적되어 간다. 당시의 많은 지식인들의 생애도 그러했지만, 특히 박은식의 생애는 40세가 가깝도록 이 유교적 패러다임에 굳게 갇혀 있다가 그로부터 극적으로 벗어나서 새로운 패러다임으로 옮겨가는 생생한 역사를 담고 있다. 박은식은 처음에는 위정척사의 시각을 지녔는데 이후 유교에 대한 객관화 과정을 거쳐 변화하기 시작한다.[2] <몽배금태조>가 쓰여지는 1911년 이후에는 새 시대에서 유교적 패러다임에의 종속이 초래하는 문제점과 대안에 대한 뚜렷한 견해를 형성한다.

박은식에 의하면 지나가는 시대를 지배한 유교적 패러다임의 특징은 존화양이(尊華攘夷) 및 소중화(小中華) 의식과 경전 강송 중심의 공부와 삶이다.[3] 그에게

---

2) "본 기자도 일찍이 여러 선생 문하에서 무릎을 맞대고 예관을 쓴 후에 돌아다니며 인성(人性)과 천명(天命)을 토론하고 술마시고 활쏘기를 강론할 때에는 수구로써 의리를 삼고 개화를 사설(邪說)이라 꾸짖었으며 스스로 다스림(靖)을 법문(法門)으로 여기고 통달함을 망상이라 하여 아이들 6, 7인을 데리고 산수 사이에서 뛰놀고 책상 위에 경전을 놓고 삼간초가에 비스듬이 누워 유유자적하며 내 생을 마치는 것이 분수에 족하고 의에도 맞다 하였고, 서울에 와서 머물던 초기에도 오히려 오래된 뜻을 변치 않고 신학문 듣기 싫어하던 주의(主義)였더니, 우연히 동서 각국의 신서적이 눈에 띄니 천하의 대세와 시국의 상황을 관측하게 되어 금일의 시대는 변통하여 다시 새롭게 하여야 우리를 보전할 수 있고 우리 국민이 살 수 있는 것을 깨달았다. 이에 이제야 혹 학론(學論)을 저술하며 혹 주장하고 보필하여 큰 소리로 꾸짖고 부드럽게 풍자하여 거듭 거듭 반복하지 않는 날이 없이 우리 일반 동포의 이목을 각성시켜 심지(心志)를 개발코저 하는데 최고의 깊은 주의(主意)를 기울이는 것은 우리 유림에게 있더라." (<賀吾同門諸友, 1908>, 『白巖朴殷植全集』 제5권. 동방미디어. 2002. 393쪽) (* 이하 『白巖朴殷植全集』 제5권은 『全集』 5의 방식으로 표기함. 한편 <賀吾同門諸友, 1908>은 '賀吾同門諸友'라는 글이 1908년에 쓰여졌음을 의미하며 이하 동일함.)

이는 비단 과거의 모습이 아니라 박은식이 살았던 당대 유림들에게 여실히 관찰되는 바였다. 이에 대해 박은식은 <몽배금태조, 1911>(『全集』 4: 179-181)에서 금태조의 말을 빌어, 스스로의 주체(자기 나라와 역사, 정신)가 부정되고 노예정신이 뿌리박히는 문제, 외국에 대해 이적(夷狄)이나 만맥(蠻貊)으로 칭하며 천시하고 모욕하면서 그 주체성을 부정하고 현실을 외면하는 문제, 유교 경전의 공부에 강송만 있고 유교의 덕목(격물치지, 인, 의 등)을 깊이 이해하고 실천하는 실상은 없이 말로만 떠들고 겉치레에 치중하며 허위를 숭상하는 문제, 눈으로만 성리학을 배운 자들이 겉으로는 애국주의와 공익을 설교하면서 결국에는 나라를 팔아먹는 일에 선구가 되는 문제 등을 지적한다. 이어진 진단은 이렇다.

> "조선은 선비의 주장으로 이끌어지는 나라인지라 사림(士林)의 영수로 국민의 태두가 된 자가 존화의 의리를 주창하는 힘으로 애국의 의리를 주창하였다면 어찌 오늘과 같은 지경에 이르렀겠는가? 다만 중국인의 문자에 심취하여 실제를 강구치 못하였을 따름이다. 대저 도덕의 범위로 말하면 타고난 천부의 성(性)은 세계가 모두 일반이고 그 정치 교화의 뜻도 대략 서로 같으나 지리와 풍속의 관계에 따라 이곳에 적합한 것이 저곳에서는 적합하지 않은 것이 있으며 저곳에 적합한 것이 이곳에는 적합하지 않은 것이 있는 법이다. 따라서 정치계와 교화계(敎化界)에서 다른 나라의 문물을 수입하여 자기

---

3) <夢拜金太祖, 1911>(『全集』 4: 178-179)에서의 구체적 묘사는 이러하다: "조선은 4천년 예의의 나라라 의관과 문물이 모두 중국의 것을 따르며 시서와 예악이 모두 중국풍을 숭상하여 신라와 고려시대에 우리 나라의 인사(人士)가 중국에 들어가 진사에 급제한 사람도 많고, 중국의 명사와 더불어 학문의 이치를 강구하여 문인(文人) 학사(學士)의 이름을 얻은 자도 많았습니다. 그런 이유로 조선을 군자국(君子國)이라 하고 또는 소중화(小中華)라 하였고 본조(本朝)에 이르러 더욱 유교를 숭상하여 문화를 발전시켜 풍속은 온아(溫雅)하고 명유(名儒)가 배출하니 임금의 덕을 계도하는 자는 반드시 요순을 일컫고 세상의 교육을 주장하는 자는 중국의 한나라와 당나라의 법이 부족하다고 하고 학설을 논하는 자는 저 송나라의 4대가의 가르침을 서로 전하며 문장을 드날리는 자는 당송 8대가를 모범으로 삼았으니 이는 세계의 특색인 것입니다. 황천이 이러한 것을 버리지 아니하실진대 조선의 문물이 종내 땅에 떨어질 리가 없을 것입니다. 하물며 세계 만국이 모두 이교(異敎)를 내세워 괴이한 것을 숭상함으로써 선왕대의 모든 관습과 풍물이 이 땅 위에서 사라지는 때에 유독 조선만이 그 명맥을 이어 옛것을 잃지 않았습니다. 금일에 이르러 비록 시세의 영향으로 형식상의 변천이 많이 있기는 하지만 아직 대학의 장구를 쉼 없이 강송하고 있고 또 명나라의 연호인 숭정(崇禎)을 사용하는 자가 많으니 이와 같은 충의 민족이 어찌 멸망할 수 있겠습니까? 필경은 이 소중화의 정신으로 오랑캐를 물리치고 선왕의 제도를 회복할 날이 있을 줄로 생각합니다."

나라의 정치계와 교화계에 보탬이 되게 하는 것이 이로운 일이지만 적합하지
않은 것은 취하지 않을 것이고 또 좋은 것과 앞선 것을 취하고 그 좋지 못한
것과 뒤진 것은 버려야 할 것이다. 그런데 오늘날 조선 사람들은 다른 나라의
문화가 자기 나라에 적합한지 적합하지 않은지에 대해서 전혀 따지지 않을
뿐 아니라 그 문화의 좋은 것과 나쁜 것, 앞선 것과 뒤진 것을 가려내지도 못
한 채 중국의 땅에서 난 것이라 하면 모두를 선망하고 부러워만 할 뿐이니
이는 노예근성의 표본인 것이다.”(＜夢拜金太祖, 1911＞, 『全集』 4: 183-
184)

박은식은 이렇듯 자기 나라에 좋은 것과 나쁜 것을 따지는 식견과 절차 없이
맹목적으로 중국의 것을 선망하고 따르던 관행이 기존 병폐의 핵심으로서, 이는
작은 문제가 아니라 나라와 민족의 생존을 위태롭게 하는 핵심 원인이 되었다고
보고 있다. 그는 조선 민족의 장래를 망치는 민족의 태만과 문약과 허위의 습성은
바로 이 존화주의와 깊이 연결되어 있다고 진단한다(＜夢拜金太祖, 1911＞, 『全集』
4: 184-186). 존화주의가 낳은 태만과 문약과 허위의 병은 또한 극도의 무책임과
자기보신주의, 이기주의와 연결되며 이런 정신은 국가의 안위를 위태롭게 하는 주
범이 된다.

“또 국민의 정신에 대해 말해 보면 귀족들은 오로지 정권에만 눈이 어두
워 백성의 생활은 염두에도 두지 않고 백성의 피로써 자신의 집안만 살찌고
기름지게 하려는 정신만 있다. 소위 유학파들은 제각기 예설(禮說)과 학설(學
說)의 같고 다름에 따라 다투거나 또는 저마다 문호를 세워 명예만을 쟁취할
정신뿐이니 일반 평민은 그 같은 관리의 학정 속에서 감당할 수가 없을 것이
다. 그리고 혹 자제 중에 총명하고 영준한 사람이 있으면 시(詩), 부(賦), 기
(技)로 관리가 될 것을 도모하고 권세가와 귀족들에 기대어 자신의 가문을
보존하려는 정신뿐이니 어찌 국가를 위하여 그 의무를 이행하는 정신이 싹틀
수 있겠는가? 이로써 보건대 2천만 인구 중에 국민 정신을 가진 자가 진실로
몇이나 되겠는가? 이는 조선의 2천만 민중이 서양의 작은 나라의 수백만 명
에 미치지 못하는 바이다. (중략) 그런즉 조선의 2천만 민중이 모두 그 국민
의 의무와 국민의 정신으로 기능과 직업을 닦아 나가야 독립의 자격과 자유
의 능력이 생겨 이 인종경쟁의 시대에 도태되는 화를 면하고 생존의 복을 누
릴 수 있을 것이다.”(＜夢拜金太祖, 1911＞, 『全集』 4: 187)

박은식은 맹목적 존화주의와 허상의 유교 공부를 배격하는 것을 내용으로 해서 유교 문명 패러다임과의 단절을 선언한다. 그런데 혹자는 의문을 가질 것이다. 그는 양명학의 현대적 유용성을 새롭게 부각하고 또한 공자의 정신을 이은 대동사상의 전파를 주창한다. 이것만 보면 그가 양명학자나 현대유학자처럼 여겨질 정도다. 한편으로는 유교 패러다임과의 단절 및 그 극복을 주장하면서 다른 한편으로는 양명학, 대동사상 같은 유교적 활용에 주안점을 두는 박은식의 행보를 어떻게 이해할 수 있을까?

혹자는 유교 패러다임과의 단절을 주장한 것은 1910년대 이후이고, 양명학, 대동사상을 말한 것은 그 이전이므로 1910년경을 기점으로 사상이 변화된 것이라고 이해하기도 한다.4) 그런데 박은식은 이 기점 이후에도 유교의 사상적 가치를 높이 평가하며 그 활용방도에 대해 고민하고 있으니, 먼저 당장 우리가 지금 살펴보고 있는 <몽배금태조>에서 유교를 종교 및 철학의 핵심 교과로 거론하고 있다. 또한 1925년, 그는 생의 마지막 해에도 유교의 격물치지의 문제를 둘러싸고 새롭게 깨달은 바에 대해 숙고한 흔적도 엿볼 수 있다(<學의 眞理는 疑를 쫓차 求하라, 1925>, 『全集』 5: 572-573). 이를 보면 박은식에게 한 문명을 규정하는 유교 패러다임과의 단절을 꾀하는 일과 유교 자체를 부정하고 버리는 일은 전혀 다른 문제임을 알게 된다. 박은식에게 유교 패러다임과의 단절은 세계관의 기본 배경으로서의 유교의 역할을 마감하는 일이었다. 세계관의 기본 배경으로서의 유교적 프레임을 치우고 나면 이제 한없이 열린 시각이 생기게 되고 그 열린 시각으로부터 유교의 가치는 다른 사상의 가치와 함께 새롭게 인식된다. 전에는 유교 속에서 삶과 세계를 꾸리는 방식, 즉 유교라는 바다에서 사물을 이해하고 실천하는 방식이었다면, 이제는 유교 밖으로 나와 일정한 거리를 두며 다른 사상들과 같은 위치에 놓고 그 의미 및 효용성을 음미하는 방식이 된다.

박은식은 유교적 패러다임이 저문 새 시대에도 유교적 지혜는 여전히 밝게 빛난다고 보면서 자신의 방식으로 그 중요한 요소들을 꼽아서 교육적으로 활용하고

---

4) 예를 들어 김동환(2016)은 박은식의 사상이 유교에서 대종교로 완전히 이동했다고 주장하나, 이 관점으로는 박은식이 대종교를 종교로 받아들인 이후에도 유교도 함께 견지해 갔다는 점을 설명하기 어렵다. 박은식에게 대종교와 유교는 대립의 관계가 아닌 조화의 관계였으며 다른 종교 및 사상도 마찬가지였다고 보는 것이 적절할 것이다.

자 했다. 그가 유교폐기론이 아니라 유교구신론을 주장한 것은, 유교적 구습에 많은 폐단이 있기는 하지만 그렇다고 다 버릴 것이 아니라 시대를 초월하여 보편적 가치가 있는 점들을 잘 간취해서 활용하는 것이 현명하다고 보기 때문이다(<儒敎求新論, 1909>, 『全集』 5: 432-438).

박은식의 <儒敎求新論, 1909>은 유교의 구습적 폐단이 무엇이며 어떤 방향으로 쇄신해야 할 것인가에 대해 체계적으로 서술한 글이다. 그런데 이 글을 쓴 더 근본적인 목적은 유교의 확산적 발전에 있다. 즉 불교나 기독교의 사례처럼 전 세계적으로 영향을 미치는 종교 및 사상들과 비교할 때 유교는 근세에 크게 침체되었다는 문제의식이 근저에 자리하며 타 종교 및 사상과 함께 교화계에 널리 힘을 발휘하기를 희망한다. 특히 한국의 경우 전통적으로 유교가 강세였는데 근세에 이르러 침체일로를 겪고 회복의 기미가 보이지 않는다는 점을 안타깝게 여긴다. 유교의 새로운 부흥을 꾀하는 셈인데, 그러나 이 역시, 앞서도 밝혔지만, 유교적 문명 패러다임을 고수하는 것과는 차원이 다르다. 그는 불교와 기독교의 세를 이기고 유교가 대세를 형성해야 한다는 생각이 아니라, 국민의 교화를 위해 한국의 유력한 사상 전통으로서의 유교가 불교나 기독교의 예와 같이 의미 있는 역할을 해야 하고 그것을 감당할만한 본연의 지적 자산을 갖추고 있다는 생각인 것이다. <유교구신론>에서는 유교계의 문제로 크게 세 가지를 꼽고 대안을 논한다.

"이른바 세 가지 큰 문제란 무엇인가? 하나는 유교파(儒敎派)의 정신이 오로지 제왕 편에 있고 인민사회에 보급할 정신이 부족함이요, 하나는 여러 나라를 두루 돌아다니며 천하를 바꿀 것을 생각하는 주의를 강론하지 않고 내가 동몽을 구하는 것이 아니라 동몽이 나를 구하는 주의를 고수함이요, 하나는 우리 대한의 유가에서 간이직절(簡易直切)한 법문을 요구치 않고 지리한만(支離汗漫)한 공부를 오로지 숭상함이다."(<儒敎求新論, 1909>, 『全集』 5: 433)

<유교구신론>의 이하 내용은 이 세 가지를 구체적으로 풀이하는 것으로 채워진다. 첫 번째 문제와 관련해서는 공맹 사상에 대동의 의리나 민을 소중히 여기는 정신이 있으나 진한대(秦漢代) 이래 암암리에 이어져 온 순경(荀卿; 荀子)의 제왕 중심 유교의 풍토를 극복하지 못해서 인민에게 보급하는 노력이 약했다는 점

을 지적한다. 두 번째 문제와 관련해서는 공자의 사이천하(思易天下) 정신이 석가의 보도중생(普度衆生)과 기독교의 사신위민(捨身爲民)과 함께 구세주의(救世主義)라는 점에서 같으나, 예를 들어 불교가 소승법만이 아니라 대승법을 겸용해서 뛰어난 자들만이 아니라 어리석은 자들에게도 가르침을 베풀며, 기독교가 오대양육대주의 모든 곳의 모든 사람에게 희생을 무릅쓰고 복음을 전하는 선교(宣敎)의 정신과 비교할 때, 유교의 무리는 마냥 앉아서 동몽(童蒙)이 오기를 기다릴 뿐 동몽을 먼저 찾아 나서서 가르치려 하는 정신과 노력이 없다는 점을 지적한다. 세 번째 문제와 관련해서는 배움에 있어서 근본과 요점을 알도록 하는 게 중요한데 이를 위해 간이직절한 양명학적 방법이 주자학에 비해 유용하다는 점을 주장한다. 그에 따르면 종래의 주자학 근간의 학문 방법이 처음부터 표리정조(表裏精粗)를 아우르는 넓은 범위의 앎을 요구해서 청년들이 어렵고 번거롭게 여기며 다가서지 못하는 경향이 있고, 이 상태로는 유교의 생명력을 지속하기가 어렵다. 따라서 쉽고 간단하게 활용할 수 있는 방법이 절실하게 요청되는데 양명학의 치양지(致良知), 지행합일(知行合一)의 방법이 이런 취지에 적절하게 부응한다는 것이다. 결국 새 시대에도 유교의 도가 그 전승을 이어가기 위해서는 마치 불교나 기독교의 모델처럼, 민에게 먼저 널리 그리고 적극적으로 다가가야 하고, 또한 인민이 쉽고 편하게 다가가서 쓸 수 있는 방법을 제시할 수 있어야 한다는 점을 주장한다.

여기서 우리는 박은식이 왜 주자학 전통이 강한 나라의, 그리고 스스로 주자학을 공부하고 자란 지식인으로서 군이 양명학을 새롭게 드높이게 되었는가를 알수 있게 된다. 그에게 주자학과 양명학을 둘러싼 이론적 분석이나 논쟁을 거쳐 양자의 우열을 가리려는 생각은 전혀 없다. 그가 새 시대에 맞는 유교로서 주자학보다 양명학을 선호했다고 해서 이것이 곧 양명학이 주자학에 비해 이론적 완결성및 우수성을 지닌다고 보았다는 의미는 아니다. 그는 오직 실천적이고 교육적인관점에서 민과 아동, 청년들이 보다 가깝게 여기고 쉽게 접근할 수 있는 방법적진입로[法門]을 마련하고자 했던 것이다. 박은식의 관심은 유교 보급 자체가 아니라 유교의 주요 가치들(大同이나 仁, 義)을 통해 민지(民智)가 계발되는 일에 있었고, 이를 위한 교육적 전략상 양명학의 공부법이라는 문로(門路)가 선택되었던 것이다. 그래서 이렇게 말한다: "오호라 후생의 얕은 견해로 어찌 감히 주학(朱學)과왕학(王學)의 변을 지어서 학계상에 하나의 큰 공안을 간사하게 일으키겠는가마는 장래 후진의 학계를 관찰하건대 간단직절(簡單直切)한 법문이 없게 되면 공맹의 학문에 종사할 사람이 거의 없을 것이다. 대저 주학과 왕학이 공맹의 문도임은 한 가지라, 어찌 버리고 어찌 택하리오. 우리 공맹의 도로 하여금 그 전(傳)함을 잃지 않고자 하면 부득불 간단직절한 법문(法門)으로 후진을 지시(指示)함이 좋을 것이다."(<儒敎求新論, 1909>, 『全集』 5: 438)

박은식은 유교 문명 패러다임의 시대가 저물었으나 민족과 인류에 유익을 줄 사상으로서 유교의 존재 의미는 지속될 것으로 확신한다. 그는 "대개 과거 19세기와 현재 20세기는 서양문명이 크게 발달한 시기요, 장래 21, 22세기는 동양문명이 크게 발달할 시기니 우리 공자의 도(道)가 어찌 종래 땅으로 떨어지겠는가? 장차 전 세계에 그 광휘를 크게 발현할 시기가 있을 것이다."는 확신을 표명한다. 그런데 이게 가능하기 위해서는 유교의 '온고이지신(溫故而知新)'과 같은 정신 자체에도 내재한 바의 '신(新)'의 정신을 철저히 구현해야 한다고 본다. 그는 서양의 종교사에서 마르틴 루터가 구교가 지배한 유럽의 암흑시대에서 새로운 것을 구해 종교를 부흥시킨 사례를 주목하며 '신'이 문명의 운명을 결정짓는 요소가 된다는 점을 역설한다(<儒敎求新論, 1909>, 『全集』 5: 438). 박은식은 유교계의 마르틴 루터 역할을 자임한 듯 보인다. 그는 서양의 역사 발전의 동력을 마르틴 루터를 비롯해서 베이컨, 데카르트, 스펜서, 칸트 등으로 이어지는, 기존의 것에 대한 회의와 새로운 것을 구하는 데 철저한 학술의 발전으로 이해한다. 나아가 그는 유교의 역사에서도 그 고착된 면모 이면에 신의 정신이 발현된 곳이 있으니, 예로 맹자와 순자, 정주학과 육왕학, 명유와 불교가 함께 출현하거나 조화를 이룬 사례, 또 성호, 다산, 연암의 혁신사상의 사례 등을 거론한다(<雲人先生(鑒), 1924>, 『全集』 5: 160-162).

새로움의 정신으로 유교의 본연의 지혜에 대한 전승을 추구했던 박은식은 양명학의 방법적 활용 외에도 대동교(大同敎)라는 이름으로 세상 사람들이 스스로 갖춘 마음을 통해 성인의 심법을 익히며 천지만물과 일체되는 인으로 돌아가도록 이끌고자 했고(<孔夫子誕辰紀念講演會, 1909>, 『全集』 5: 458-462), 태학(太學)이라는 전통 학교체제를 통해 유교를 나라를 대표하는 종교로서 유지하려는 시도도 했다(「謙谷文庫, 1901」 내 <宗敎說>, 『全集』 3: 370-371; <學規新論, 1904>, 『全集』 3: 480-482⁵)). 이런 시도는 결국 현실화되지는 못하지만, 그가 얼마나 유교의 지혜를 전승해서 활용하는 장치를 마련하기 위해 노력했는가를 알 수 있다.

40세가 되도록 주자학자로 살아왔던 그이기에, 새로운 사상사적 변화 이후에
도 유교에 대한 애착은 자연스러운 것일 수 있다. 그런데, 앞서 보았듯이, 그의
유교는 일반적인 주자학도가 가질 수 있는 유교가 아니었고 그 틀을 훨씬 넘어서
새로운 시대에 맞게 역동적으로 재구성되며 새로운 생명력을 얻어 간 그런 유교
였다.

Ⅲ. 새로운 교육 개념과 학교 부흥의 길

박은식은 유교적 교육문명 패러다임을 대체하기 위한 새로운 교육 개념의 정
립을 꾀했고, 이에 따라 등장한 그의 교육관에는 크게 세 가지 요소가 스며있다.
첫째는 유교적 요소이고, 둘째는 서양교육문물의 요소이고, 셋째는 진화론적 생존
의 요소이다. 그의 교육 개념 이해는 많은 논설에서 등장하는데 특히 <興學說,
1901>, <學規新論, 1904>, <敎育이 不興이면 生存을 不得, 1906>, 그리고
<務望興學, 1906> 같은 글이 주목된다. 먼저 <흥학설>에서는 배움의 의미를
다음과 같이 논한다.

> "나라는 사람으로 말미암아 서고, 사람은 배움(學)으로 말미암아 이룩된
> 다. 나라가 나라됨을 논하자면 마땅히 사람의 사람됨을 논해야 하고, 사람의
> 사람됨을 논하자면 마땅히 배움의 배움됨을 논해야 한다. 배움이라는 것은 대
> 개 천하의 이치로 천하의 책무를 다하는 것이니 만약 글과 배움[文學]을 일
> 으키는 것을 정치의 한 가지 일로 여긴다면 (이는) 그것을 천박하게 만드는
> 인식 아니겠는가? 대개 문명(文明)의 효과는 지혜가 날로 열리고 사업이 날
> 로 나아가며 인민이 마땅히 부강해져 나라도 그에 따르는 것이다. 비야(鄙野)
> 한 습관이라면 지혜는 열리지 않고 사업은 나아가지 않으며 인민은 빈약하고
> 나라는 그에 따르게 된다. 중국 사천 년간의 세도의 융성하고 침체함, 국조

---

5) 박은식은 <학규신론>에서 유교를 가르치는 태학이 학부에 예속되어 있는 것은 종교를 존중
하는 의리가 아니라고 하면서 종교를 일반 교육의 우위에 두는 생각을 표명하기도 한다. 종교
로서의 유교의 새로운 역할에 대한 그의 관점은 특히 덕육과 연관해서 의미를 지니는데 이는
Ⅳ장에서 고찰할 것이다.

(國祚)의 길고 짧은 것이 글과 배움의 성쇠로부터 나왔으니, (이는) 근래의
동서 각국을 관찰해 볼 때 더욱 크게 징험할 수 있다."(「謙谷文庫, 1901」
내 <興學說>,『全集』3: 348-349)

박은식은 배움의 의미를, 사람됨, 나라됨의 문제와 직결시키면서, 천하의 이치
를 이해해서 천하의 책무를 다하는 일로 설명한다. 무엇보다 이치를 탐구하는 격
물궁리(格物窮理)와 수기치인(修己治人)과 같은 유교적 개념과 연계해서 배움의 의
미를 이해하고 있다는 인상을 받는다. 그 흐름 위에 배움에 대해 지혜와 사업을
융성하게 해서 문명을 새롭게 만드는 길로 설명하는 특징도 보여준다. 박은식에게
이러한 의미의 배움은 국가의 성쇠를 좌우하는 관건이기도 하니, 그 사례로 세계
의 여러 국가를 들어 입증해 보고자 한다. 즉 인도, 페르시아, 아라비아, 로마, 터
키, 스페인, 포르투갈의 쇠퇴 및 예속, 프랑스, 그리스, 독일, 미국의 부강은 결국
국민들의 배움의 여부에서 갈렸음을 설파한다. 특히 미국, 그리고 일본의 사례에
주목해서 모든 국민들을 대상으로 한 전국적인 학교체제의 정비, 교사의 충실한
공급, 모든 실업 및 학문 분야를 아우르는 교육과정의 필요성에 대해 주장한다(「
謙谷文庫, 1901」 내 <興學說>,『全集』3: 349-354).

내용상 <학규신론>은 <흥학설>을 확대 개편한 저술이라고도 할 수 있겠
는데, <흥학론>에서는 학(學)의 의미 규정이 시도되었다면, <학규신론>에서는
교육(敎育) 개념에 대한 나름의 의미 규정을 볼 수 있다. 역시 유교적 풀이를 기초
로 하되 서양의 교육사상이나 문물과 폭넓게 연결하는 시도를 한다.

"천지의 기운이 활동해서 만물이 생겨나는데 사람이 가장 영명하니, 그
활동의 밝음을 얻어서 마음이 되고 그 활동의 힘을 얻어서[6] 몸이 된다. 그러
므로 사람의 활동은 천지의 기운과 함께 틈없이 흐르니 이를 따르면 그 밝음
을 계발하고 그 힘을 배양하는 것이 교육이다. 그르므로 몸은 나날이 단련해
서 강해지고 심지는 나날이 써서 밝아진다. 대개 나날이 단련하면 지칠 것 같
고, 나날이 쓰면 피폐해질 것 같지만 오히려 힘이 된다. 대저 나날이 단련해
서 강해지고 나날이 사용해서 밝아지는 것은 어째서인가? 그 몸과 마음에 원
래 활물이기에 단련하면 더욱 강해지고 사용하면 더욱 밝아지니 이것이 그

---

6) 『全集』 원문에는 '知'로 되어 있으나 '得'의 오기로 보인다.

본성을 따르고 본성을 거스르는 것이 아니기 때문이다.”(「謙谷文庫, 1901」
내 <興學說>, 『全集』 3: 360)

천지(天地)에 기원하고 천지와 함께 하는 밝은 마음과 강한 신체를 계발하는
것이 교육이라는 이해, 그리고 그런 교육은 본성을 따르는 것이라는 규정은 우선
유교적 논법의 양상을 띤다. 성리학의 담론에서 교육은 늘 하늘로부터 부여받은
본성 및 덕, 혹은 본심을 밝히는 일로 표현되곤 한다. 그런데 박은식은 전통 유교
적 맥락과 비교할 때 마음과 함께 신체의 단련을 특별히 부각했는데 이는 새로워
진 측면으로서 주목할 만하다.

박은식은 위의 인용문에 이어진 내용에서 페스탈로치를 서양의 교육명가로 소
개하면서, 그가 교화의 극진히 선미한 지점을 아동을 기르는 방법에 두고, 나아가
아동을 기르는 방법은 그 본성을 따르는 것보다 좋은 것이 없다고 이해한 점을
특기한다(<學規新論, 1904>, 『全集』 3: 460-461). 유교의 본성, 본심의 교육관과
페스탈로치의 천성에 따른 교육관을 잘 조화시켜 자신의 교육 개념을 드러내고
있는 셈이다. 그는 아동을 양육하는 방법을 소홀히 하는 당대의 현실에 내해, 미
국의 모범적 사례와도 대비하며 비판을 가한다. 당시 아동 양육 방법에 대해 소홀
히 여기는 관행은 유교 전통도 일정한 영향을 미친 것이겠는데 박은식은 모든 책
임을 유교에 돌리지는 않는다. 그는 유교에서도 육예(六藝)와 같이 활동 속에서
마음과 몸을 기르는 방법이 있었음을 주목하며, 이런 유산과 서양의 사상 및 사례
들이 조화롭게 만나서 작용하는 미래를 꿈꾼다.

앞의 두 논설에서는 배움과 교육에 대한 의미론적 정리가 있었다면, 1906년에
쓰여진 <敎育이 不興이면 生存이 不得>에서는 당시 국가의 생존 위기와 연계하
여 교육의 필요성을 논한다. 지혜와 지식을 획득하는 일로서의 교육은 국가 생존
경쟁력의 핵심 열쇠로 풀이된다. 이런 의미 설명은 전통 유교적 맥락에서는 보이
지 않던 것인데, 박은식은 그 의미적 충돌도 고려하면서 논의를 풀어 간다.

“상하고금의 천만년과 종횡동서의 수만리의 역사상, 지구상에 민족성쇠의
연유와 국가존망의 이유를 들어 증명해 보면 어떻게 성하고 어떻게 쇠하며
어뚱게 존하고 어떻게 망하는가? 말하건대 지식(智識)의 밝고 어두움과 세력
(勢力)의 강하고 약함 때문이라고 언급할 것이다. 서양학자[西儒]의 말에 생

존경쟁(生存競爭)은 천연(天演)의 이치요 우승열패(優勝劣敗)는 공례(公例)의 일이라 하니 이는 그 말뜻이 어찌 인의도덕(仁義道德)의 설에 위배되는 것이 아니겠는가? 아 비록 그러하나 인의도덕이라는 것도 총명지혜(聰明智慧)와 강의용매(剛毅勇邁)한 자가 온전히 가지고 있는 바요 우매나약(愚昧懦弱)한 자는 가질 수 없는 것이거든 하물며 경쟁의 권력(權力)에서 어찌 우수한 자는 이기고 열등한 자는 패하는 것이 아니겠는가? 아 천지가 생긴 이래로 생물류와 혈기를 지닌 족속은 경쟁하지 않을 때가 없으니, 승자는 주인이 되고 패자는 노예가 되며, 승자는 영광되고 패자는 욕되며, 승자는 즐겁고 패자는 고통스러우며, 승자는 보존되고 패자는 멸망하니 그 경쟁의 국면을 두고 무릇 지각운동의 성질이 있는 자로서 누가 다른 이에게 이기기를 추구하지 않겠는가? 비록 평범한 담론과 한만한 유희에서도 또한 이기는 것을 좋아하고 지는 것을 싫어하거든 하물며 민족 성쇠와 국가 존망의 큰 관계는 어떻겠는가? 그런즉 누가 이기고 누가 패하는가 하면 지혜가 우수한 자는 이기고 지혜가 열등한 자는 패할 것이다. (중략) 대개 세력은 지혜에서 생겨나고 지혜는 학문으로부터 나오므로 현 세계의 문명하고 부강한 국민은 각각 그 학업을 면려(勉勵)하여 그 지식(智識)을 기른 효과이니 어찌 다른 데서 구하겠는가? 지금 우리 대한 동포는 이 시대를 따져 볼 때 처한 지위가 과연 어느 등급인가? 지식과 세력 같은 것을 볼 때 이미 그 우등한 지위를 잃고 남의 노예가 되고 남의 희생이 되는 것이 눈앞에 도래했으니 진실로 영명한 자각의 본성이 있는 자라면 어찌 두려워하며 경계하고 분연히 일어나리오마는 오히려 의연히 깊이 취해서 긴 꿈을 깨지 못하니 장차 어찌하리오. (중략) 한마디로 이 시대를 맞아 교육이 흥하지 않으면 생존을 얻을 수 없으니 오직 우리 동포형제는 서로 분발하고 서로 권면하여 한 마음으로 뜻을 모아 자제 교육을 떨쳐 일으켜서 소재 학교가 서로 이어 흥하면 그 설비의 규모와 교도(敎導)의 방법은 본 학회가 책임질 것이다." (<學規新論, 1904>, 『全集』 3: 460-461)

당시의 많은 지식인들과 마찬가지로 박은식은 서구의 사회진화론을 접했고 그 관점을 한국사회의 현실을 보는 데 적용한다. 박은식은 생존경쟁과 우승열패로 요약되는 진화론의 세계관을 기본적으로 수용한다. 위의 인용문의 중략(中略)된 부분에서 박은식은 인류의 역사를 돌아보며 인류가 금수를 이기고 인류의 영장이 되어간 과정, 금수의 환난을 극복한 이후 인류끼리 경쟁해서 우열이 가리게 된 과정을 담담하게 서술하는데 이런 생존경쟁, 우승열패는 거부할 수 없는 천연의 이치, 보편적인 일로 받아들인다. 그러면서도 그는 이것이 인의도덕의 설에 위배될 수 있다는 우려도 한다. 결국 박은식은 진화론과 유교 인의도덕 관점 간의 절묘한 결합을 시도한다. 생존경쟁, 우승열패의 관건이 되는 요소는 다름 아닌 지혜와 지식이며 이것이 있어야 인의도덕도 지킬 수 있다는 논리를 제기한 것이다. 즉, 박은식의 머리 속에 인류의 승자와 우월한자는 인의도덕과 무관한 자가 아니라, 그리고 수단 방법을 가리지 않고 이기는 자가 아니라, 인의도덕을 가장 잘 실현할 수 있는 자이기도 한데 이를 위해서도 지혜와 지식을 통한 생존이 가능해야 한다는 논리다. 박은식의 이와 같은 진화론 이해에는 동물적 생존관념을 넘어 가치관념이 분명하게 투영되어 있으며, 이에 권세를 얻어 생존하고 이긴다는 것은 무엇보다 삶의 지혜와 지식에서 뛰어나며 이를 기반으로 유교에서 제시된 바의 인의의 이상을 실현할 수 있음을 의미한다. 그렇다면 이 지혜와 지식을 얻는 일이 중요한데 그것을 가능케 하는 게 교육이다. 그래서 "교육이 불흥이면 생존이 부득"이라 한다. 그런데 당시 한국 사회는 이 경쟁의 동력을 상실하고 있었다. 무엇보다 교육의 필요성에 대한 부모 등 관계자들의 통찰도 의지도 약했다. 박은식은 이 점을 지적하며 교육의 절박함에 대한 각성과 자제교육과 학교교육 등 실천적 참여를 힘써 독려하고 있다. 박은식에게 교육은 국운을 결정짓는 관건이기에 국민의 힘을 결집해야 할 곳으로 여겨졌고 그래서 이렇게 외친다: "크도다 교육의 힘이여, 땅에 떨어져 끊어진 국운을 만회(挽回)하고 물에 빠져 죽은 인민을 소생하는 것이로다."(<務望興學, 1906>, 『全集』 5: 313)

    "대저 생각하건대 교육이라는 것은 바로 천지에 참여하고 화육을 돕는 일입니다. 하늘이 지극히 높지만 배움으로 하늘을 알게 되고 땅이 지극히 넓지만 배움으로 땅을 알며, 만국이 지극히 많지만 배움으로 만국에 통하고, 만고(萬古)가 지극히 멀지만 배움으로 만고를 꿰뚫으며, 만물이 지극히 많다 하지만 배움으로써 만물을 연구할 수 있습니다. 심성(心性)은 은미하지만 배움으로 그것을 밝히고 인륜은 무겁지만 배움으로 극진히 하며, 농(農), 공(工), 상(商), 의(疑), 병(兵), 융(戎), 법률(法律), 산술(算術), 기계(器械), 종수(種樹), 축목(畜牧)의 종류에 이루기까지 배움을 통해서 다하지 못하는 것이 없습니다. 그러므로 학교가 왕성하면 그 나라가 문명이 되고 학교가 왕성하지 못하면 그 나라가 미개하게 됩니다. 대저 민지(民智)를 열어주고 우미(愚迷)함을 벗겨주는 것은 학정(學政)이 아닙니까. 사기를 진작시켜서 공업을 일으키는 것은 학정이 아닙니까. 나쁜 풍속을 씻어버리고 풍화(風化)를 일신(一新)하는 것은 학정이요, 민의 뜻[民志]을 단결시켜 국맥을 영원히 이어가는 것은 학정이요, 한 사람으로부터 천만사람에게 미치고 한 때에 만들어져 천년 만년에 혜택을 입히는 것은 학교의 교화이니, 학부에 있는 책임의 중함이 과연 어느 정도이겠습니까. 진정한 앎이 있으며 여기에 실천이 뒤따르게 됩니다만 만일 자기의 견해가 그 이면을 밝게 연구하지 못하면 그 교도(敎導)하는 바가 때로 나태해질까 염려됩니다. (중략) 그런데 요즈음의 위정자들은 학부를 생각하기를 한만한 관사처럼 여기니 어찌된 일입니까?" (「謙谷文庫, 1901」 내 <與孫間山貞鉉書>, 『全集』 3: 329-331)

교육이 천지에 참여하고 화육을 돕는 일이라는 이해는 『중용』의 수장에 등장하는 교육관이다. 박은식은 『중용』의 유교적 교육관을 근간으로 하되 새 시대에 맞게 배움의 내용 폭이 크게 확장된 교육 이해를 선보이며 그런 배움을 감당할 학교의 융성, 그리고 이를 위한 학정의 책임 및 과제에 대해 논하고 있다. 이 글은 정부의 교육행정 책임을 맡은 이에게 주는 것인데, 박은식은 이렇듯 학부를 향해 목소리를 냄과 동시에 일반 사대부를 향해서도 교육의 중흥을 위한 노력을 촉구한다. 박은식은 사대부야말로 위기의 시대, 위기의 교육 문제를 풀어 갈 유일한 집단이라고 강조한다.

"아, 오늘 국세(國勢)가 떨쳐 일어나지 못함은 누구의 죄입니까? 바로 사류(士類)의 죄입니다. 저 공, 경, 대부들의 녹이나 탐내는 자들이야 말을 하지 않는 것이 하등 이상할 것이 없고, 농(農), 공(工), 상(商), 고(賈) 등의 학문이 있지 않은 사람들이야 또 어찌 책망하겠습니까? 다만 소위 사류라고 하는 자들은 평생에 배운 바가 무엇이기에 천하를 염려하지 않는 것입니까? 그렇다면 세도(世道)의 책임은 진실로 사류한테 있는 것인데 한마디 말도 내놓지 않고 한 가지 계책도 드러내지 않는다면 이는 삼천 리 안에 하나의 선비도 없다는 것이니 나라의 부끄러움이 이보다 더한 것이 있겠습니까? (혹자가) "나는 지위가 없는데 어떻게 말할 수 있겠느냐?"라고 한다면 그것은 치우친 마음이지 충후(忠厚)한 군자의 마음이 아니며 강개(慷慨)한 의사(義士)의 마음이 아닙니다. (또 혹자가) "말을 해보아야 이익도 없을 테니 말하지 않는다."고 한다면 이 역시 계교(計較)하는 사심(私心)입니다." (「謙谷文庫, 1901」 내 <與孫間山貞鉉書>, 『全集』 3: 327-328)

여기에는 중요한 역할을 감당해야 할 사대부들이 전혀 문제의식을 느끼지 못하고 아무것도 하지 않는 것에 대한 안타까움이 스며 있다. 대부분 잠자는 상태에서 홀로 깨어 울부짖는 자로서의 고독도 느껴진다.

"대저 한 나라의 글과 배움[文學]을 흥기시키고자 한다면 마땅히 사대부로부터 떨쳐 일어나야 합니다. 맹자는 "거실(巨室)의 사모하는 바를 일국(一國)이 사모한다."고 했습니다. 사대부로 배움을 좋아하는 이가 있다면 국인들이 그것을 따르기가 어찌 쉽고도 쉽지 않겠습니까? 대저 글과 배움이 국가의 흥쇠(興衰)와 관계가 된다는 것은 이미 드러난 것이니 사대부가 어찌 몸소 그 책임을 짊어지고 일으키지 않을 수 있겠습니까?"(「謙谷文庫, 1901」 내 <上毅齋閔尙書>, 『全集』 3: 322)

"다만 우리들이 마땅히 해야 할 바로 오직 한 가지가 있습니다. 문자(文字; 저술하는 일-필자주), 이것일 뿐입니다. 우리가 지난날에 태어났다면 창작을 하지 않는 게 가능합니다만 변화하는 시국[變局]을 만나서는 문자 역시 새롭게 되니, 인심(人心)을 개도(開導)하고 사기(士氣)를 격려하는 방법 또한 여기에 있습니다."(「謙谷文庫, 1901」 내 <與孫問山貞鉉書>, 『全集』 3: 331)

박은식에 의하면, 글과 배움이 살아 있는 시대로 가기 위해 사대부의 솔선수범의 지도력이 필요하고 또 시대를 이끄는 저술이 필요하다. 박은식은 자신이 밝힌 이 뜻이 부응해서 시대를 읽고 깨우는 수많은 저술을 했다. 그의 저술은 문명이 전환하는 대변혁의 시국을 타개해 가기 위해 지식인의 무거운 책무감으로 이루어진 것이었다.

박은식은 당대 절요한 교육의 개혁적 발전을 이루어 가지 못하는, 그리하여 국세의 피폐를 가져온 근본적인 원인으로 사대부를 비롯한 국인(國人)들 전반의 의식 상의 폐단을 꼽는다. 그가 지적하는 바의 대표적으로 나쁜 습관은 이렇다.

"지금 대한(大韓)의 인사가 국가를 유지하고 종족을 보존할 방침으로는 교육 이외에 다시 다른 계책이 없다. 그러나 다만 쌓인 병폐로 인하여 교육이 용이하게 진흥되지 못한 점이 있으니, 먼저 쌓여 온 병폐를 맹렬히 살피고 통렬히 혁신하여 국인(國人)의 심지(心志)가 일신한 후에라야 될 것이다. 그 폐습의 유형을 대략 말하면 협잡(挾雜)의 습관이요, 고루(固陋)의 습관이요, (사사로이 아끼는[吝私] 습관이요,) 빨리 하려는[欲速]의 마음이요, 원대함이 없는[무원대]의 식견이오, 분발이 없는(無奮發) 기운이요, 견인성이 없는[無堅忍性]이 없음이 이것이다."7)

이어지는 글에는 이 습관들의 의미가 상술되어 있다.8) 협잡의 습관은 조그만 이익을 다투어 쫓으며 사사로운 일만 꾸미는 경향이고, 고루한 습관이란 새로운 의견을 연구하거나 격물궁리하지 않고 국한된 소견만을 지키며 시의에 어두운 경향을 말한다. 그리고 사사로이 인색한 습관이란 학교 설립이나 농상공의 실업 장려 같은 공익을 위한 일에 지극히 인색한 습관을 말하고, 속히 하려는 마음이란, 교육은 본래 오랜 시간을 요하는 것인데도 하루아침에 효력을 보려는 욕심이 앞서 장기적 계획을 세우지 못하는 마음을 말한다. 또한 원대한 식견이 없다는 것은 생존경쟁에서 국가가 있어야 인민이 있음에도 불구하고 국가의 존망이 자신의 일과 무관한 것처럼 생각하는 경향을 말하고, 분발하는 기운이 없다는 것은 나라와 인민의 삶이 멸망할 위기에 처했는데도 여전히 졸음 속 몽롱한 상태에 머물러 있는 경향을 말하며, 견인하는 성품이 없다는 것은 학교 설립 등 당면한 많은 사업을 이루어 내기 위해서는 강인한 내구성이 있어야 하는데 쉽게 꺾이고 변하며 안정되지 않아 실지의 효험 없이 웃음거리만 되는 경향을 말한다.

끊임없이 사대부를 비롯한 국인들의 의식 변화를 외쳐 온 박은식은 <몽배금태조>(『全集』 4: 196, 207)에서는 '신국민(新國民)'이라는 용어를 써 가며, 특히 청년교육을 통해 신국민을 형성하자는 주장에 이른다. 신국민은 공덕심(公德心)과

---

7) <務望興學, 1906>, 『朴殷植全書』 下. (단국대 동양학연구소. 1975). 84쪽. 본고에서 주로 활용하는 자료인 『白巖朴殷植全集』에서의 <무망흥학>(5권, 313쪽)은 이 부분 이하의 내용은 빠지고 그 앞의 서두 부분만 실려 있다. <무망흥학>은 본래 皇城新聞 1906년 1월 16일, 17일자에 실은 것인데 동방미디어 간행 『白巖朴殷植全集』은 16일자 것만 포함한 셈이다. 따라서 이 부분에 관해서는 특별히 양일자 것을 모두 포괄하는 단국대 동양학연구소가 펴낸 『朴殷植全書』를 활용함을 밝힌다. 또한 인용문에서 '사사로이 아끼는[吝私]의 습관'을 괄호 속에 넣은 것은 이 표현이 『朴殷植全書』에 빠져 있으나 뒤의 상세 풀이와 연결해서 마땅히 들어가야 할 부분으로 보았고, 마침 황성신문 게재에 앞서 大韓每日申報 1906년 1월 6일, 7일자에 실렸던 <무망흥학>에는 이 내용이 포함된 것을 확인했기에, 이와 같이 처리했다. 이는 한국역사정보시스템 (www.koreanhistory.or.kr)의 연속간행물의 신문자료 항목을 통해 찾아볼 수 있다.
8) <務望興學, 1906>, 『朴殷植全書』 下. (단국대 동양학연구소. 1975). 84-85쪽.

공익심(公益心)이 있고, 인애심, 의협심, 난관을 돌파하는 과감성과 자신력이 있다. 공덕과 공익을 위해 탄압을 이겨낸 이들의 예로 서양의 예, 루소, 크롬웰, 마르틴 루터 등을 꼽기도 한다. 이에 대립되는 극복해야 할 의식으로 공덕심과 공익심의 결여, 사익 중심, 비열, 편협, 자기비하, 사의와 사견에 의한 쟁투, 나태, 나약, 비루의 내면 상태가 거론된다(<夢拜金太祖, 1911>, 『全集』 4: 194-207).

새로운 시대에, 새로워진 국민 의식을 만드는 책무를 지닌 이로서 학교 제도의 정비는 <학규신론>에서 보통교육과 전문교육의 발상이 보이더니, <몽배금태조>(『全集』 4: 208-212)에는 소학교와 중학교, 대학교에 이르는 학교체제 구성에 대한 발상으로 이어진다. 소학교와 중학교에서 국인으로서 일반적으로 알아야 할 교과를 넓게 공부한다면 대학교 단계에서는 전문적인 분야로 나간다는 발상이다. 우선 소학교 및 중학교의 보통교육 단계를 잘 갖추어 가는 게 중요할 텐데 이를 위해 교사를 기르는 사범교육이 급선무로 인식된다.

> "오늘날 교육방침에 대하여 가장 우선적인 급무는 사범양성이다. 대개 학생은 국가의 기초요, 몽학(蒙學)은 학생의 기초라 몽학이 없으면 완전한 학생이 없을 것이요. 완전한 학생이 없으면 어찌 완전한 국가가 있겠는가? 오직 완전한 몽학을 건립하고자 한다면 반드시 먼저 완전한 사범을 배양해야 할 것이다." (<師範養成의 急務, 1907>, 『全集』 5: 353)

박은식은 일본의 예도 참조하며 소학교, 중학교, 대학교 체제를 형성하는 지향성을 지니는데, 순서상 가장 먼저 이루어야 할 것이 사범교육의 양성이라는 입장을 지닌다. 즉, 사범학교를 통해 양성된 교사가 있어야 소학교가 가능하고 소학교가 있어서 그 졸업생을 기반으로 한 중학교, 또 대학교가 가능하다는 것이다. 따라서 "사범학교는 뭇 학교의 기본이 되는 것"이라는 인식을 지니며 사범 양성에 힘써야 함을 강조한다. 그는 당시 뜻있는 인사들에 의해 학교 설립이 이루어지더라도 가르칠 교사가 없어 어려움을 겪는 현상을 우려한다. 즉, "우리 한국의 현황은 비록 전국의 인사가 일제히 흥기하여 학교를 세우지 않은 곳이 없고 배우기를 원하지 않는 사람이 없다고 하더라도 사범의 결핍으로 인재의 작성(作成)과 문화를 발달시키는 실효는 결코 바랄 수 없다. 그러니 오늘날 교육의 급무가 어느 것이 이보다 급하겠는가?"라며 사범교육의 진흥을 촉구한다(<師範養成의 急務, 1907>,

『全集』 5: 354). 그래서 박은식에게 교육학이 중요하다. 교육학은 사범의 학문이기 때문이다.

> "교육학이란 사범의 학문이다. 어찌하여 사범의 학이라 하는가? 교육자에게 도움을 주기 때문이니, 진실로 사범의 학이 교육에 도움을 주지 못하면 비록 공사립학교가 늘어서서 나라의 자제들이 전부 취학한다고 하더라도 마침내 인재를 파괴하고 인민의 지혜를 막을 뿐이니 어찌 그것이 교육의 실효라 하겠는가? 이런 까닭에 세상사람들이 시대를 인식함에 시대의 의무는 교육이라 아니할 수 없으니 교육하여 사범을 양상함이 최대의 급선무다. (중략) 오호라 세계문화가 크게 약진하고 우리 대한의 인사는 시국을 크게 관찰하여 급선무를 강구하고 모두 급히 학교를 설립하여 교육을 진흥하나 사범이 될만한 인재가 크게 부족하니 어쩌랴." (<敎育學序, 1907>, 『全集』 5: 109)

박은식에게 교육학은 특히 교육방법학으로서의 의미가 컸던 것 같다. 서양의 교육학에서 특히 교육방법적인 측면에 주목하며, 이를 통해 그 의미도 모른 채 암기만 해 대는 전래의 교육방법을 비판하는 모습을 본다. 앞서 교육의 개념에 대한 박은식의 인식에서도 보았듯이 아동의 내면의 본성에 근거해 즐겁고 활발한 배움이 일어나도록 이끄는 교육방법을 모색하고 있으며, 그런 교육방법을 연구하고 가르치는 것을 교육학으로 이해한다. 학교를 이끌 교사는 교육방법의 전문가여야 하는데, 박은식의 사상을 볼 때 교사는 다만 방법적 전문가에 그치지 않고 인간과 세계에 대한 깊은 식견을 지닌 자이다. 교육의 부흥을 위해 학교 설립보다 더 중요한 것이 사범을 양성하는 문제였고 이를 위해 현대 학문으로서의 교육학이 중요하다는 점을 자각하고 있다.

새로운 교육 정착을 위해 결정적인 역할을 하는 주체로 또 꼽는 것이 부형(父兄)이다. 교사와 부형이 서로 보완을 이루지 않으면 새로운 교육의 정착은 어렵다는 입장이다.

> "무릇 부형이 된 자가 누가 그 자제를 사랑하지 않으며 그 자제를 귀중하게 여기지 않으며, 배움에 종사함에 누가 그 박물명리(博物明理)의 학사(學士)가 되기를 원치 않으며, 사회에서 입신(立身)함에 누가 그 공(功)을 세우고 업(業)을 이루는 영웅(英雄), 호걸(豪傑), 현준(賢俊), 준걸(俊傑)이 되어

작게는 문호를 빛내고 크게 하며 크게는 국가에 기둥이 되어 저명한 인물이
되기를 바라지 않겠는가? 비록 그러하나 부형된 자가 뜻이 비열(卑劣)하고
식견이 고루(固陋)하면 비록 사랑하면서도 가르침을 알지 못하고 가르치면서
도 방법을 알지 못하니, 사랑하면서도 가르침을 알지 못하는 것은 그 자제로
하여금 교만하고 방일함의 잘못과 악덕에 빠지도록 하고, 가르치면서도 그 방
법을 알지 못하는 자는 그 자제로 하여금 용렬하고 나약하며 무능한 재목이
되게 한다. 그러므로 사람들은 현명한 부형이 있는 것을 좋아한다고 하며 또
안으로 현명한 부모가 없고 밖으로 엄한 스승과 벗이 없으면 이루기가 어렵
다고 하는 것이 이것이다."(<告爲人父兄者, 1908>, 『全集』 5: 398)

교육의 의미에 밝은 현명한 스승과 부모의 존재, 그리고 시대를 책임고자 하
는 지식인들의 의지와 적절한 역할에 넓게 조화를 이룰 학교교육을 비롯한 교육
제도 및 문화 전반이 갖추어질 수 있다는 인식이다.

Ⅳ. 교육내용 구성의 원리: 덕육 - 지육 - 체육을 중심으로

앞서 우리는 박은식이 교육 및 배움에 대해 천지의 밝음과 힘을 얻어 생겨난
사람의 마음과 몸을 기르고 단련하는 일이고, 천지에 참여하고 화육을 돕는 일이
며, 국가의 존망을 결정하는 일 등으로 설명함을 살폈다. 그리고 이런 교육을 부
흥시킬 학교와 사범 양성 체제의 정비 및 융성의 중요성에 대한 강조를 살폈다.
이제는 한 걸음 더 나아가 그런 교육이 어떤 내용을 담아내야 하는가에 대해 검
토해보자.

천(天) 혹은 천지(天地)라는 신성한 원천에 뿌리를 둔 마음을 기르는 일이나,
천지에 참여하고 화육을 돕는 일로 교육을 풀이하는 논법은 다분히 유교적인 것
이다. 새 시대에 걸맞는 새로운 교육을 지향하는 박은식이지만 교육의 본질 및 목
적에 대한 기본 이해에 있어 여전히 유교적 사유를 짙게 반영하고 있는 셈이다.
그런데 앞서도 살폈지만, 이 시대는 전통 유교시대와 비교할 때 교육을 통해 구현
하고자 하는 인간상이나 풀고자 하는 시대적 문제, 그리고 교육을 둘러싼 세계 환
경이 달랐고 이에 따라 교육내용 및 교육과정은 크게 다른 양상을 지니지 않을
수 없었다. 단적으로 박은식이 지향하는 교육은, 경전에 몰입된 교육은 아니라,

세상의 문물에 두루 관심을 가지고 그 변화를 민감하게 수용하며 적응하는 교육
이며, 정적 분위기의 교육이 아니라 활동적 성격이 강한 교육이다. 이렇게 이전과
달라진 부분들을 주목하고 보면, 교육 개념에 관한 진술에서 유교와 유사한 논법
이 나오는 것이 오히려 낯설어 보인다. 어쩌면 박은식 자신도 중요하게 참조했던
서양 교육론의 틀로 박은식이 꿈꾼 교육을 설명하는 것이 더 적절할 듯도 하다.
그런데 교육내용 및 교육과정의 구성에 대한 박은식의 사유는 이렇게 간단히 처
리될 수 없는 복합성을 지닌다. 거기에는 유교적 요소, 그러나 상당히 변형된 유
교적 요소, 그래서 어쩌면 반드시 유교적 요소라고 보기 어려운 동양사상 전반의
요소라고 보여지는 측면이 스며 있다. 유교적 전통이 깊었던 한국의 교육문명 전
환기에 나온 사상으로서의 특수성을 드러내는 부분이다.

  이 특수성의 정체를 밝히는 길은 여러 가지가 있겠으나 본고에서는 서양 교육
학에서 종종 교육내용 구성의 분류 범주로 꼽아 온 지, 덕, 체 개념을 실마리로
해서 따져 보면 좋겠다. 박은식은 서양 교육학계의 지, 덕, 체 논의를 알고 있었
고, 사범 양성에 있어 이에 관한 이해를 심어 줄 필요가 있다고도 보았다.

> "저 태서(泰西)의 교육방법을 관찰해 보면 극히 간편하고 절실하며 완전하
> 고 두루 갖추어 가정교육(家庭敎育), 학교교육(學校敎育), 사회교육(社會敎
> 育)으로 열심히 공부하고 놀고 쉰다. 체육(體育)은 신체의 건강함을 요점으로
> 하고, 지육(智育)은 지식의 발달을 요점으로 하고, 덕육(德育)은 덕성의 순수
> 함을 요점으로 하여 그 학문됨이 저같이 편이하고 그 효과가 저같이 다대(多
> 大)하니, 이는 개인이 발달함으로써 사회가 발달하고 국가가 발달하며 나아가
> 서 문명의 부강함을 이루는 것이다."(＜敎育學序, 1907＞, 『全集』 5: 109)

> "더구나 덕육(德育), 지육(智育), 체육(體育) 등의 교과는 그 스승된 자
> 가 처음부터 들어 알지도 못하고 있으니, 어찌 수업하는 아동에게 책임을 물
> 을 수 있겠는가. 이것은 그 구습을 개량하지 않을 수 없을 것이다."(＜舊習
> 改良論, 1907＞, 『全集』 5: 340-341)

지금이야 지, 덕, 체의 구분이 당연시되고 서로의 경계에 의문의 여지가 없지
만 박은식의 시대는 달랐다. 유교적 전통에서는 덕과 지의 구분이 애매했고 체를
별도로 두지도 않았던 경향이 있었다. 유교의 덕이라는 말에 이미 지가 포함되는

형태였고, 몸과 마음을 이원화하지 않으며 마음의 공부 속에 이미 몸의 공부가 포함되는 구조였다. 그러니 지, 덕, 체가 충분히 분화되지 않고 하나로 연결되어 있었다고 보는 것이 적절할 것이다. 다만 주자학은 지행병진(知行竝進)의 구호 아래 지와 행은 서로 의존관계에 있으면서도 서로 다른 영역이라는 발상을 내놓기는 했다. 그러나 유교적 맥락에서 행은 덕과는 동일한 것이 아니어서 지와 행의 구분이 곧 지와 덕의 구분이라고 보기는 어렵다. 이런 사유 전통에 익숙했던 박은식이 지, 덕, 체의 구분 관념을 적극적으로 수용해서 교육과정 및 교육방법 구성의 틀로 활용하고자 한 것은 혁신적 사유에 해당하는 것이었다.

먼저 체육과 관련하여, 앞서 Ⅲ장에서 살핀 바와 같이, 교육 개념을 존재 원천인 천지를 기원으로 하는 마음과 몸을 기르는 것으로 보는 시각에서 이미 체에 대한 고려를 볼 수 있다. 몸을 기르는 것은 체육에, 마음을 기르는 것은 지, 덕에 배당시켜 볼 수 있으니, 박은식은 체육을 별도의 교육적 과제로 설정하고 있는 것이다. 박은식의 저술 전반을 기초로 할 때 그가 말하는 체육은 단지 몸을 단련하는 것을 넘어 의지, 기개, 무(武)의 역량을 기르는 것과도 연결되어 있다. 그는 자신의 많은 저술에서 당대의 국권 상실의 고난을 이겨 나가기 위한 국민들의 기개, 의지, 상무적 기상을 강조하는데 건강한 신체를 단련하는 것은 이런 의지와 기상을 굳건히 하는 방편으로서도 의미가 크다. 박은식은 유교에 기반을 둔 기존의 교육이 문(文)과 무(武) 중, 문의 측면에 편협하게 치우침으로써 사람의 심성과 신체를 나약하게 했다는 인식을 가진다(<文弱之弊廢는 必喪其國, 1907>, 『全集』 5: 372-377). 그는 한국 고유의 역사 속에서는 이 무의 측면이 중시되었다는 사실을 언급하며 무의 측면을 다시 강화하면서 문약(文弱)의 폐해를 넘어야 한다는 주장을 하는데, 이는 교육에서의 체의 측면에 대한 강조와 연결된다.[9] 그는 강건한 몸의 기초 위에 마음 활동으로서의 지육, 덕육이 촉진될 것으로 보고 있다.

다음으로 지육과 덕육의 경우 박은식은 양자의 구분을 분명히 하면서 각각 별도로 접근해야 할 교과의 분류 범주로 이해했다. 여기서 지육은 박은식이 새 시대

---

9) <몽배금태조>(『全集』 4: 208)에는 체조 교과를 무의 훈련과 직결하는 이야기가 보인다: "체조 교사로는 고구려의 천개소문(泉蓋蘇文: 연개소문)씨가 3척이나 되는 긴 수염을 휘날리는 늠름한 풍채로 몸에 수십개의 긴 칼을 차고 운동장에서 우렁찬 구령을 발하며 칼쓰는 법을 가르치고 있었다."

의 국민들이 익혀야 한다고 보는, 실생활에 도움이 되는 세계의 모든 학문 및 실업 영역을 그 내용으로 담고 있다. 가령 <학규신론>(『全集』 3: 467)에서는 천문, 지지(地誌), 물리, 화학, 정치, 법률, 사감(史鑑), 산술, 광학(光學), 전기, 성음(聲音), 병(兵), 농, 공, 상, 의학, 광물, 기학, 철학 등의 학과의 예를, 그리고 <몽배금태조>(『全集』 4: 210-211)에서는 중학교 단위의 교과로 천문(天文), 지문학(地文), 윤리, 체조, 국어, 역사, 화학, 음악, 도화(圖畵), 산술, 물리, 수신 등을, 대학교 단위의 전문과로 정학(政學), 법학, 병학(兵學), 농학, 공학, 의학, 철학, 문학, 군사, 공사(工事) 등의 예를 든다. 또 한 서신에서는 농, 공, 상, 의(醫), 병융(兵) 융(戎: 무기), 법률, 산술, 기계, 종수(種樹), 축목(畜牧) 등의 학문의 필요에 대해 말한다(「謙谷文庫, 1901」 내 <與孫間山貞鉉書>, 『全集』 3: 330). 박은식이 꼽은 이 교과 및 학문들은 서양의 문물을 참조한 것이며 이는 그 용어에서도 드러난다. 그는 자신이 직간접적으로 접한 서양의 모든 학문들을 모두 열거하며 교육에서 다루어야 교과들로 연결하고 있다. 여기서 미처 담지 못한 모든 것들에 대해서도 교육은 중요한 지식으로 취급해야 한다는 것이 박은식의 생각임은 짐작 가능하다. 새 시대의 교육에서 담아내야 할 지식은 넓고 넓으며 또한 교육은 새로운 지식에 언제나 무한히 열려 있어야 한다고 보고 있다.

<학규신론>에는 교육 및 배움의 자세 및 내용, 과제에 대한 여러 종류의 논의가 펼쳐지는데, 지육과 관련해서는 배움에 대한 겸손한 뜻의 견지, 배움 의지의 발분, 서적의 풍부한 간행과 구비, 지식 세계를 향한 쉽고 넓은 접근을 위한 국문(國文)의 사용 등이 눈에 띈다. 끊임없이 새로워지고자 하는 그에게 지육은 늘 새롭게 변화하는 지식 영역에 부응하는 역동성을 지니는 것이어야 했다. 박은식의 사유 본질에 충실해 본다면 그가 예를 든 지식 영역은 그야말로 당시 확인된 당대의 것이었을 뿐 시간이 지나면서 얼마든지 새롭게 재구성될 수 있는, 살아 있는 생물 같은 것이었다.

그런데 한 가지 주목할 점은 박은식이 지육 분야의 내용을 제안함에 있어, 비록 서양의 학문 및 교과 분류를 기준으로 제시하지만, 이것이 한국 및 동양 전통에서도 존재했다고 인식한다는 점이다. 그는 <몽배금태조>에서의 중학교 교과 및 대학의 전문학 분류에서, 가상적이며 문학적 표현 방식으로 예시하면서, 그 담당 교사로서 한국 역사에서의 위인들로 채우고 있다. 예를 들면 천문학 교사로는

(첨성대와 연관이 있는) 신라의 선덕여왕이나 백제의 왕보손(王保孫), 지문학 교사로
는 단군 시대의 팽오(彭吳), 윤리학교사로는 후조선의 소연대연(小連大連)과 신라의
박제상(朴堤上), 체조교사로는 고구려의 천개소문(泉蓋蘇文: 연개소문), 국어교사로
는 신라의 설총, 역사교사로는 신라의 김거칠부(金居柒夫)와 고구려의 이문진(李文
眞), 조선의 안정복, 물리 교사는 조선의 서경덕 하는 식이다. 제안된 인물들보다
는 그 인물들이 담당하는 교과 영역을 주목해 보면, 현대의 교육체제에 담아야 할
교과의 내용적 뿌리가 단지 서양에서만 유입된 것이 아니라 전통 역사 속에 존재
해 왔다는 인식을 드러내고 있다.

지육이 단지 서양의 것만이 아니라 동양 전통 속에 있었다는 생각의 흐름 속
에는 현대 과학 등 지적 탐구의 영역이 전통 주자학의 격물치지의 영역에 다름
아니라는 인식도 자리하고 있다.

> "일대의 충신과 용장을 배양하여 전쟁할 때 공을 세우게 하고, 의정하고
> 행정하는 인재를 만들어서 경제에 쓰이도록 바라는 것은 모두 학문의 효용
> 아니겠는가? 물에는 배가 있고 육지에는 철로가 있으며 전기를 밝히고 전신
> 을 제조하는 것은 모두 격물치지의 학문[格致學]의 공효인 것이다." (「謙谷
> 文庫, 1901」 내 <興學說>, 『全集』 3: 353-354)

서양 학문 및 그 탐구가 조선 주자학의 격물치지의 일에 해당한다는 인식을
가지고 그것을 '격치학(格致學)'이라는 이름으로 부른 것은 비단 박은식만이 아니
라 당시 조선 지성들도 일반적으로 따랐던 경향이었다. 이렇게 보면 박은식은 새
시대에 적합한 간이직절한 종교적 접근으로 양명학의 방법을 선호하면서도 필요
에 따라 주자학적 사유도 융통성 있게 활용하고 있다. 특히 새로운 교육에서 요청
하는 서양의 실용적, 과학적 학문들을 익히는 지육을 주자학의 격물치지 방법으로
이해하고 있다는 것은, 그가 양명학적 방법을 선호한다는 점을 염두에 둘 때 특이
한 일이기도 하다. 사실 양명학은 주자학의 격물치지 개념을 비판하면서 등장한
것이고 결국 격물치지를 치양지(致良知)로 규정하기에 이른다. 양명학의 치양지로
서의 격물치지는 주자학의 격물치지와는 크게 다르다. 이 모순을 어떻게 이해해
볼 수 있을까?

"또한 현 시대의 학문은 각종 과학이 곧 격물궁리(格物窮理)의 공부니 지육(智育)의 일이고, 심리학(心理學)에 이르러서는 덕육(德育)의 일이니 혼돈하여 한 가지 공부로 삼아서는 안 된다. 지금에 주자의 언어문자를 가지고 후진 청년에게 전수하고자 하면 그 넓기가 깊은 바다[淵海]와 같은 것을 보고 책을 열기를 기다리지 않고 어려움을 고통스러워하고 번거로움을 싫어하는 뜻이 생길 것이요, 하물며 천하의 사업이 나날이 일어나기가 끊임없이 없는 시대를 맞아 허다한 세월을 허비하는 공부에는 착수하기가 실로 어렵도다. 그런즉 지금의 유자가 각종 과학 외에 본령학문(本領學問)에 구하고자 한다면 양명학에 종사하는 것이 실로 간단절요(簡單切要)한 법문이다. 대개 치양지(致良知)의 학은 본심을 직접 가리켜서 범인을 넘어 성인에 들어가는 문로(門路)이고 지행합일은 심술(心術)의 기미에서 성찰법이 긴절(緊切)하고 사물응용에 있어 과감한 힘이 활발하니 이는 양명학파의 기절(氣節)과 사업(事業)의 특별히 드러난 공효가 실로 많은 까닭이다." (<儒敎求新論, 1909>, 『全集』 5: 437)

여기 박은식의 특수한 발상이 드러난다. 그는 주자학의 격물치지를 지육에, 양명학의 격물치지인 치양지를 덕육에 배당하고 있다. 주자학과 양명학은 격물치지 개념 이해를 둘러싸고 갈라졌는데, 박은식은 양명학의 치양지를 현대에 유교를 활성화하는 간이직절한 방법으로 선호하면서도 서양 학문의 탐구 영역을 이해함에 있어서는 주자학의 격물치지 개념과 연결한 것이다. 모순적이지만 어쨌든 박은식은 주자학의 격물치지와 양명학의 격물치지 개념을 각각 지육과 덕육으로 동시에 활용하는 셈이다. 모순적인 듯하지만, 융통성 있고 실용을 중시하는 학문 자세의 단면으로 이해된다.

이제 자연스럽게 덕육의 문제로 넘어가 보자. 박은식은 위에서 덕육을 과학과 구분되는 본령학문이라고 이름짓고 본령학문에 관해서는 양명학이 간단절요한 방법이라 설명하고 있음을 보았다. 박은식이 현대에도 여전히 유교의 유용한 측면이 있다고 보며 활성화하고자 하는데, 다만 그것이 어렵고 복잡하지 않게 활용될 수 있어야 한다는 인식이 강했고 이에 양명학의 방법, 즉 치양지를 부각했다. 양명학의 치양지 방법은 곧 본령을 세우는 일이었고 본령을 세우는 일이 박은식에게서 덕육의 핵심적 의미가 된다. 물론 양명학의 방법은 덕육 방법의 핵심적인 하나이지 그 전체는 아니다.

　　박은식에게 지육이 끊임없이 변화하는 세계를 읽고 적응하고 창조할 수 있는 지적인 힘을 기르는 데 주안점을 두는 것이라면 덕육은 그 변화하는 세계 속에서 변치 않으면서 중심을 잡는 주체의 힘을 기르는 일과 연관된다. 지육과 체육을 포함한 삶 전체를 관장하는 지혜와 사랑과 의지와 용기를 갖춘 내면을 형성하는 일이다. 박은식에게 덕육은 일상의 도덕적 가치 및 덕목을 알고 실천하는 힘을 기르는 일도 포함하지만 궁극적으로는 존재 자체의 각성 및 실현과도 연계된다. 즉, 철학적, 종교적 통찰 및 체험과도 연결되어 있다.

　　덕육에 관한 박은식의 이해와 관련하여 주의 깊게 볼 부분은 덕육을 위한 주요 활동 영역으로 종교를 중시한다는 점이다. <종교설>은 물론이고, <흥학설>에서 <학규신론>, <몽배금태조>에 이르는 박은식의 교육 관련 저술들에서는 종종 종교 분야가 한 꼭지 및 주제로 다루어짐을 볼 수 있는데, 이는 교육의 일에서 종교가 중요한 내용으로 자리잡아야 한다는 입장을 분명히 보여주는 것이다. 박은식에게 종교는 체육, 지육, 덕육 중에서 덕육에 해당되며 그것도 덕육의 핵심요소로 자리하고 있다. 종교를 교육의 한 가지 내용으로 삼는 것을 넘어서 덕을 형성하는 중심으로 삼는다는 발상은, 흔히 종교 영역을 일반 교육 영역 및 학문 영역과 구분해서 접근하는 현대적 추세와는 거리가 있어 보인다.

　　그런데 박은식의 시각에 충실해서 보면 충분히 이해된다. 그에게 종교는 다름 아닌 도덕의 학문으로서(「謙谷文庫, 1901」 내 <宗敎說>, 『全集』 3: 370), 일반 학문과 질적으로 다른 무엇이 아니다. 그에게 종교는 특별한 신앙체계나 교리체계, 의례를 전제로 한 무엇이기보다, '으뜸가는 가르침'의 개념에 가까운 것이었다. 그에 의하면 으뜸가는 가르침으로서의 종교가 새 시대에 사람들을 온전하게 이끌기 위해 긴요하다. 사람들로 하여금 궁극적 차원의 존재의미를 자각케 하고 심성을 밝히는 장치가 요구되며 이 역할을 종교가 담당할 수 있다는 것이다. 박은식에게 종교는 단지 지적 교과의 의미를 넘어 통찰과 깨달음과 실천을 이끌어 내는 수행의 요소를 지니는 영역이었다. 박은식에게 이런 종교는 특별한 의미를 지니는 것이어서 <학규신론>(『全集』 3: 481)에서는 국가에서 종교의 업무를 다루는 기관(태학)은 일반 교육을 다루는 학부의 소속이 되는 것이 적절치 않다는, 즉 더욱 특별한 위상으로 정립해야 한다는 견해를 펼친다. 그리고 <종교설>(『全集』 3: 370)에서는 "그런즉 종교는 도덕의 학문[道德之學]이요, 모든 전공의 학교[諸科學校]는 경제의 방법[經濟之術]인 것이다. 이 두 가지는 진실로 마땅히 병행해야 할 것인데 국가는 도덕의 가르침에 대해 더욱 경을 지극히 하고 힘을 다해야 할 것이다."라고 하고 있다.

박은식은 대중에서 넓게 전파되어 긍정적 역할을 한 종교의 사례로서 기독교, 불교 등에 주목하면서, 후반으로 갈수록 이들을 한국 사회가 활용할 의미 있는 종교 자산으로 여긴다. 그는 분명 한국의 경우 강한 유교 전통을 가진 나라로서 무엇보다 유교를 핵심 종교로 삼는 것이 문화적으로 타당하고 자연스럽다는 견해를 보였다. 특히 초창기에 그런 경향이 강하며 이는 1900년대 초반 저술인 <종교설>, <학규신론> 등에서 확인할 수 있다. 유교의 범위 내에서도 점차 간이직절한 방법을 지닌 양명학을 중심으로 삼는 경향이 등장하며 양명학의 치양지 실천법은 박은식이 보기에 덕육과 관련해서 현실적으로 활용할 수 있는 가장 유력한 사상적 자산이었을 것이다. 박은식은 중국 사상계(강유위, 양계초 등)의 영향도 받으며 한때 공자의 대동과 인의의 이상을 담은 종교인 대동교(大同敎)를 만들어 내세우기도 했다.

그런데 유교를 중심으로 한 박은식의 종교 이해는 1910년을 지나며 유교 문명 패러다임으로부터의 탈피에 대한 생각이 더욱 짙어짐과 동시에 변하게 된다. 1911년의 <몽배금태조>에서 교과 중의 하나로 종교를 논하되, 순서상 앞에 한국 고유 종교인 신교(神敎), 선교(仙敎)를 놓고 뒤에 유교, 불교를 놓는다.[10] 작지 않은 변화다. 유교 외의 불교, 더욱이 한국의 고유 종교에 대해서도 새롭게 눈을

---

10) 구체적으로 "종교학은 대황조의 신교(神敎)와 동명성왕의 선교(仙敎)와 중국의 유교(儒敎)와 인도의 불교(佛敎)가 차례로 흥왕하여 학당이 굉장하고 수려하며 교리가 명쾌한데 유교와 불교는 일본국에 파급되었다."(<夢拜金太祖, 1911>, 『全集』 4: 210)고 묘사되어 있다.
여기서 한 가지 더 주목할 점은 박은식은 여기에서 단군의 신교(神敎)와 고구려의 선교(仙敎)를 구분해서 보는 시각이 있다는 것이다. 다른 곳에서도 이런 인식이 엿보이는데 가령 <大東古代史論, 1913, 4년경>(『全集』 4: 387)의 묘사는 이렇다: "단군의 시대에는 신도(神道)로 백성을 교화하였기에 그 종교를 신교(神敎), 또는 배천교(拜天敎)라 한다. 대개 고대 사람들의 사상은 모두 신군(神君)에게 복종하였다. 그러므로 역(易)에 이르기를 '성인(聖人)은 신도(神道)로 교를 베푸니 천하가 복종하였다.' 하는 것이 그것이다. 우리 동방의 역대 왕조에 고구려의 시조는 선교(仙敎)로 세상을 다스렸고 신라의 시조는 신덕(神德)으로 나라를 세운 것은 모두 단군으로부터 온 것이고 단군이 신인(神人)으로 세상에 내려온 것으로 동방 교화의 시조로 삼았기 때문에 오늘날 조선의 교계(敎界)에 대종교(大倧敎)가 있다. 종(倧)은 신인의 칭호이니 이는 단군의 신교를 받드는 것으로 곧 역사적 종교이다."

돌리며 그것이 지닌 심성 이해 및 수행의 사상적 힘을 경험하면서 보다 열린 시각으로 종교의 문제를 풀고 있다. 교육과정 속의 유교의 객관화 정황은 또 나타나는데 교과의 하나로 등장시킨 철학에서도 인도의 불교철학과 서양 여러 철학과 함께 유교를 중국철학으로 표현한 부분이 그것이다.[11]

유교든 불교든, 신교든 선교든, 아니면 기독교든, 이들은 박은식의 교육론에서 심성의 근간을 형성하는 데 특히 의미 있는 종교 및 사상이 된다. 종교를 덕육의 중심 축으로 삼았다고 했을 때 이를 통해 기르고자 한 것은 '심(心), 곧 마음이다. 말하자면 심학이야말로 종교적 덕육의 가장 중요한 내용이라는 것이다.

> "천하의 일은 느린 듯하면서 실지로는 급하고 소활한 듯하면서도 실지로는 절실한 것이었으니, 지금의 종교가 바로 이것이다. 대개 가르침[教]이란 것은 성인(聖人)이 하늘을 대신해서 말을 세워 만민을 깨우치는 것이다. 천지만물은 한 가지 근원에서 나왔으니 동해와 북해는 마음도 같고 이치도 같다. 성인(聖人)은 먼저 우리 마음의 깊은 곳을 알기 때문에 서로 같은 것을 미루어서 가르침[教]를 만들었다. 그것이 사람의 마음에 들어감에 있어서는 마치 해와 달의 넓은 빛이 널리 비치는 것과 같고 그 깊이 파고드는 것은 마치 강하(江河)의 흐름과 같아서 어떤 물건이나 적시지 않는 것이 없다. 그 뿌리와 근본에 맺혀지는 것은 마치 나무 뿌리가 땅으로 들어가서 여러 해가 되면 뽑을 수 없는 형세를 확실히 이루는 것과 같다. 그것은 사람마다에 같은 이치가 있을 뿐이기 때문이다."(「謙谷文庫, 1901」 내 <宗敎說>, 『全集』 3: 366)

심(마음)에 대해 삶의 근간으로서의 특별한 의미를 부여하고 교육의 과정을 통해서 기르려는 발상은 특히 유교, 불교, 신교(선교)를 비롯한 중국과 한국 교육사상 전통의 핵심이다. 박은식의 마음 중심의 종교 이해는 일차적으로는 주자학과 양명학 속에서 갖추어졌겠지만, 그가 자연스럽게 접촉했던 불교, 그리고 1910년대 이후 크게 주목하기 시작한 한국 고유의 신교, 선교, 기독교와의 만남도 마음에 대한 그의 인식 지평을 확장하고 다지는 데 기여한다. 박은식은, 유교를 가장 큰 사상적 배경으로 성장한 이답게, 마음을 논하는 논법에 있어 유교적인 색깔이

---

11) "철학전문과는 중국철학과 인도철학의 양과를 두고 중국철학의 교사는 고려의 정몽주씨와 조선조이 이황씨와 이이씨이고, 인도철학의 교수는 고구려의 순도(順道)와 신라의 원효와 고려의 대각선사였다."(<夢拜金太祖, 1911>, 『全集』 4: 210)

짙게 풍긴다. 모든 사람이 공유하는 마음과 이치가, 또 그것을 먼저 깊이 통찰하고 하늘을 대신해 가르침을 편 성인이 내세운 말이 종교의 근거가 된다는 설명은 다분히 유교적이다. 그런데 이는 박은식이 유교를 유일한 종교라고 보는 증거가 아니라, 자신에게 익숙한 유교적 논법을 써서 모든 종교에 관통하는 마음, 이치, 성인, 가르침의 이야기를 펴는 상황으로 이해하는 것이 적절하다. 유교적 전통이 강한 한국 사회에서 그 어떤 종교보다 유교의 역할이 중요하다고 여기며, 또 스스로 종교 및 심학을 설명하는 방식이 다분히 유교적 특징을 보이지만, 그리고 양명학의 간이직절한 방법 등을 활용한 유교의 대중적 확산에 심혈을 기울이지만, 그의 마음 구현의 종교 이해는, 특히 1910년을 기점으로 한 후반기에 이르면, 이미 보편을 향해 있다. 종교의 경계를 넘어서 모든 종교의 교육적 기능을 통해 구현해 갈 마음의 실체를 박은식은 이렇게 묘사한다.

"천지간에 일대 영험한 것이 있어 세계를 둘러싸고 고금을 한데 두루하고 또 바다와 육지를 늘리고 줄이며 바람과 구름을 부르며 귀신을 부리면서 만물을 만드는 능력이 있으니 이런 까닭에 성인(聖人)도 이로써 성인이 되며 영웅도 이로써 영웅이 되고 국가도 이로써 성립되며 사회도 이로써 조직되며 모든 사업도 이로써 성취하는 것이다. 따라서 이 영물(靈物)의 도움을 얻으면 천하에 가히 이룩하지 못할 것이 없다. 그러나 이를 수련하여 활용하는 자가 별로 없다. 만약 그 수련하는 자세가 충족되면 과감성과 자신력이 생겨 활용할 것들이 마치 비가 쏟아지는 것처럼 막힐 것이 없으니 이를 가리켜 심(心)이라고 한다. 이것의 본래는 영험하고 미묘한 것이라 우매하지 않고 청명하여 허물이 없는 것이다. 그리고 이것의 본능은 진실하여 허위가 없고 스스로 독립하여 의지하지 않는 것이다. 또한 이것의 진정(眞情)은 정직하여 굽지 아니하고 강직, 강건하여 굴하지 않는 것이다. 이것의 본체는 공평정대하여 두루 널리 걸치고 있으며 이것의 능력은 시비를 가리어 내고 감응이 귀신처럼 빠를 것이다. 이처럼 더없는 보배 같은 품격과 끝이 없는 영험한 능력을 사람마다 모두 갖고 있지마는 단지 사람이 이를 이용하지 못하고 물질적인 것만 추구하는 습속과 육체의 정욕으로 인하여 추악한 사회에서 살게 된 것이다. (중략) 무릇 이 물(物)은 우리의 신령한 주인옹(主人翁)이요 공정한 감찰관이 이 생각하는 것의 옳고 그름과 행하는 것의 시비를 대하게 될 때, 이 주인공과 감찰관을 속이지 말아라. 이 주인옹과 감찰관이 허용하지 않고 명령하지 않는 일은 즉시 그만두고, 허용하고 명령하는 일이거든 남이 헐뜯는지 칭찬할지는 관계치 말고 또 일이 어려운가 쉬운가를 헤아리지 말고 자신의 화복도 돌보지 말고, 설령 칼끝이라도 밟을 것이며 뜨겁게 끓는 물속이라도 들어가 반드시 행하게 되면 이것이 바로 과감성과 자신력인 것이다. 이러한 자신력과 과감성이 풍부하게 되면 장자방의 커다란 철퇴와 같은 빛도 번쩍일 것이고 워싱턴의 자유종과 같은 소리도 울리게 될 것이다."(<夢拜金太祖, 1911>, 『全集』4: 196-197)

박은식은 마음을 영험하고 미묘한 것, 청명한 것이고, 공간과 시간을 두루 아우르며 만물을 만들어 내는 힘이며, 신령한 주인옹이며 공정한 감찰관으로 묘사하고 있다. 어떤 지혜와 의지, 용기도 나올 수 있는 원천이 되는 무엇이다. 새 시대의 교육에서도 이 마음을 주목하고 기르는 일이 교육의 중심에 있어야 한다는 것이 박은식의 생각이다.

"대저 우리가 학문을 추구하는 것은 전도(前塗)의 목적지가 있으니 도덕은 성현되는 것이 목적이고 사업은 영웅되는 것이 목적이다. 만일 학도의 자격으로 입지가 높지 않아 나는 평범한 사람이라 어찌 성현을 감히 희망하며 나는 범재라 어찌 영웅을 기대할 수 있으리 하면 이는 자포자기하는 나쁜 사상이니 학문하지 않는 자와 무엇이 다를 것인가. 대개 성현의 도덕심과 영웅의 사업심은 다르지 않다. 오직 그 지성(至誠)과 슬픔[惻怛]으로 세상 사람의 병통(疾痛)을 자기의 병통으로 인식하여 그 생명을 구제할 목적이다. 오늘날 우리 동포의 침윤(沉淪)된 정황은 단지 병통에 그치지 아니하다. 이를 구제할 자가 누구요 하면 다른 곳에 있지 않고 오직 우리 뇌수(腦髓) 중에 있는 신성(神聖)한 주인이 이것이라. 이 신성한 주인은 내가 처음 태어났을 때에 하늘의 밝은 명(命)으로 나에게 부여되어 지극히 존중(尊重)하고 지극히 영명(靈明)하니 일반 사람들이 가지고 있지 않음이 없건마는 그러나 자기의 차별 없는 보물이 있는 것을 스스로 버리고 다른 곳으로 향하여 하찮은 쇠붙이나 습득하고자 하니, 어찌 슬프지 않을 수 있으며 어찌 탄식하지 않을 수 있으리오. 오직 우리 제군은 자기 두뇌 중에 이 신성한 주인이 있는 것을 아는지 알지 못하는지 질언(質言)하기 어려우나 나의 경험으로 추측하면 제군이 알지 못할 듯하다. 내가 2, 30세 즈음에 과거의 공부와 문장의 공부에 종사할 때는 이 주인이 있는 것을 전혀 알지 못했고 그 후 심성학(心性學)을 대강 연구할 때에도 문자상에 영혼(靈臺)상의 주인이 존재한다는 소식은 들었으나 확실히 인득(認得)하지 못함으로 안정된 힘이 결핍하여 중간 수십 년에 허다한 죄과

가 있었다. 근일에 이르러야 비로소 이 주인이 있는 것을 어렴풋이 견득(見
得)하였으니 제군의 학문과 경험의 정도로 말하면 아직 알지 못할 듯하다. 대
개 이 신성한 주인은 순임금이 말한 도심(道心)이요, 탕왕이 말한 상제가 내
린 마음[上帝降衷]이며 공자가 말한 인(仁)이고 맹자가 말한 양지(良知)요,
석가가 말한 화두(話頭)요, 예수가 말한 영혼(靈魂)이다. 이 주인의 정신이
청명(淸明)하고 근기가 공고(鞏固)하면 천하의 시비선악(是非善惡)과 공사사
정(公私邪正)을 명료하게 판별할 수 있고 이해화복(利害禍福)과 사생영욕(死
生榮辱)이 일어날 수 없어 열풍뇌우(烈風雷雨)에도 미혹하지 않고 천만인 가
운데로 반드시 가서 천하의 막대한 사업을 이루는 것이 어렵지 않거니와, 만
일 이 주인의 정신이 혼탁(昏濁)하고 근기가 경천(輕淺)하면 일체 마장(魔
障)의 몽폐(蒙蔽)와 환경(幻境)의 현탈(眩奪)을 입어 진실한 사람이 되지 못
하고 꼭두각시 나무인형이 되어 취생몽사(醉生夢死)하는 것이다. (중략) 아
제군은 모쪼록 두뇌 중에 있는 신성한 주인의 안정된 힘을 얻어서 장체 세계
에 충만한 마장과 환경을 타파하고 진실한 인격으로 진실한 사업을 이루어
가기로 정성을 다하기를 그치지 말라." (<告我學生諸君, 1909>, 『全集』
5: 428-430)

박은식이 스스로 마음을 터득하게 된 맥락을 이와 같이 보여주고 있다. 그리
고 이 마음에 대해 모든 종교에서 일관되게 얘기하고 있다는 점도 보여준다. 더욱
이 이 글은 학생들을 독려하는 교육적 목적의 글이어서 주목된다. 박은식 자신이
그러했듯, 언어상으로만이 아니라 체험적으로 신성한 주인으로서의 마음을 자각
하는 것이 학생들이 장차 꼭두각시처럼 취해서 살다가 죽지 않고 삶의 주인으로
사는 길임을 역설하며 그렇게 나아가도록 당부하고 있다. 앞의 지육 부분에서 논
했듯이 박은식은 학생들이 세상의 온갖 지식을 역동적으로 익혀 가야 한다는 생
각을 지닌다. 그런데 그런 지적 공부는 신성한 주인을 일깨우는 기초 위에 이루어
져야 하는 것이다.

"도학(道學)이라는 것은 천인합일(天人合一)의 도라, 세간의 각종 학문에
모두 인사상(人事上)과 물질상(物質上)에 나아가 그 이치를 연구하고 그 작
용을 발달하는 바이거니와 도학은 인위(人爲)와 형질(形質)에 그치지 않고
뿌리가 되고 줄기가 되는 공부로 본성을 알고 하늘을 알면서 온갖 학문[萬
學]의 두뇌를 세우는 바이다. 이런 까닭에 사람이 이 세상에 태어남에 도학의

본령(本領)이 없으면 비록 과학 상의 정심(精深)한 공부가 있을지라도 종래 속학에 빠진 생활을 면치 못할지니 어찌 헛되이 일생을 보내는 탄식이 없으리오.”(<東洋의 道學原流, 1909>, 『全集』 5: 456-457)

요컨대 신학문을 둘러싼 변화하는 세계에 대한 공부는 필수불가결하나 만일 몸과 마음을 다스리는 공부, 본성을 알고 하늘(존재의 뿌리)을 아는 본령의 공부가 없으면 그저 속학에 빠져 헛된 일생을 보낼 수 있다고 경고한다. 만학(萬學)에 대한 박은식의 강조는 이런 전제 위에 이루어지는 것이다. 그의 이런 통찰은 일종의 '영원한 생명으로서의 영혼'의 존재에 대한 이해로도 이어진다.

“네가 평일에 성현의 교훈을 새기며 천하의 의리를 강구하는 자로서 천리(天理)와 인욕(人欲)에 대하여 크고 작음을 분별치 못하고 육체와 영혼에 대하여 가볍고 무거움을 깨닫지 못하는가? 천리와 인욕의 대소로 말하면 천리는 사람의 생명 위에 있는 고상하고 청결한 것이고 인욕은 사람의 육신 위에 있는 저급하고 불결한 것이다. 사람의 바라는 바는 무릇 고상한 지위와 청결한 것이다. 사람이 능히 나라를 위해 충성을 다하고 동족을 사랑하면 이는 천리의 고상 청결한 것을 얻어 신성한 자격으로 만세의 숭배를 받을 것이니 얼마나 행복한 것인가? 만약 나라를 팔고 동족을 화(禍)되게 하면 이는 인욕의 저급, 불결한 것을 취하여 만세의 지탄을 받을 것이니 얼마나 불행한 것인가? 육체와 영혼의 경중으로 말하면 사람이 부모의 피를 받아 육체가 되고 조화의 불가사의함을 받아 영혼이 된 것이라 육체의 생활은 잠시이고 영혼의 존재는 영구한 것이다. 따라서 사람이 능히 나라에 충성하고 동족으로 사랑하면 그 육체의 고초는 잠시요, 그 영혼의 쾌락은 무궁할 것이고, 만약 그 나라를 팔고 동족에게 화를 끼치면 그 육체의 쾌락은 잠시요, 영혼의 고초는 무궁할지니 어찌 천도의 보시로써 차이가 있다고 하겠는가?”(<夢拜金太祖, 1911>, 『全集』 4: 173-175)

이런 설득은, 사람이 일반적으로 현혹되는 눈앞의 욕망이나 이해관계에 쫓겨서 더 크고 영구적인 가치나 궁극의 존재 지평을 망각하는 삶을 각성시키기 위함이다. 국권 상실이라는 위기의 시대에 자기 욕심만 채우는, 그래서 겉으로는 안락하고 성공한 듯한 삶을 이어가는 그런 사람들에 대해, 목숨을 걸고 독립운동에 뛰어든 자신을 비롯한 지사들의 선택이 옳은 것임을 스스로 일깨우고 위로하는 일이기도 했다.

그 형태가 어떤 것이 될지는 모르나 일시적인 고통을 넘어 영원한 복됨을 얻으리라는 존재론적 믿음이 자리하고 있다. 그러나 미리 그 복됨을 계산하고 처신하는 것은 복됨을 받을 가치를 스스로 부정하는 위선이라는 사실도 박은식은 세심하게 점검하고 있다.[12] 이렇듯 일시적으로 왔다 가는 육신의 차원을 넘어선 크고 높고 영원한 가치 및 존재 지평에 대한 가르침은 유교만이 아니라 모든 종교에 보인다고 박은식은 설명한다.

"내가 우리 일반 형제들을 위하여 각 교문의 종지를 대략 설명하건대 '나의 몸은 죽을지라도 나의 인(仁)은 갖추어지리라'한 것은 공교(孔敎)의 종지요, '나의 사대(四大)는 열반하여도 나의 법신(法身)은 충만하다.'함은 불교의 종지요, '나의 범태(凡胎)는 땅에 떨어져도 나의 곡신(谷神)은 하늘에 올라간다.'함은 선교(仙敎)의 종지요, '나의 육신(六身)은 침윤할지라도 나의 영혼(靈魂)은 영생한다.'함은 기독교의 종지 아닌가. 오호라 우리 단군대황조 자손의 4천년 신성한 역사는 즉 공자의 인이요, 석가모니의 법신이요, 노자의 곡신이요, 예수의 영혼인 것이니 비록 산하가 변천되고 천지가 번복될지라도 우리 역사의 인과 우리 역사의 법신과 우리 역사의 곡신과 우리 역사의 영혼이야 어찌 변천하고 번복할 리가 있으리오. (중략) 우리가 금일에 이르러 아무쪼록 고구려의 역사를 숭배하고 기념하여 우리의 인(仁)과 우리의 법신(法身)과 우리의 곡신(谷神)과 우리의 영혼(靈魂)이 이 세상에 부활하여야 인류 자격에 참여할 것이다. 만일 이 인과 이 법신과 이 곡신과 이 영혼이 전몰하고 다만 사대육신(四大六身)이나 세상에 기대로 있어 배고프면 먹을 줄 알고 목마르면 마실 줄이나 알 뿐이면 우리 민족이 설사 비상히 증식되어 2억만이 될지라도 다만 2억만의 금수 종자를 증가하는 것이니 타민족의 식료품이나 더욱 공궤(供饋)할 뿐인 것이다." (<明臨笤夫傳: 緒論>, 『全集』 4: 267-268)

12) "천도(天道)와 신리(神理)는 오로지 진성(眞誠)뿐이기 때문에 사람의 마음가짐과 행동이 진성에서 나와야 하늘의 도움과 신의 도움이 있는 것이다. 진성으로 선을 행하는 자는 영욕(榮辱)·화복(禍福)의 관념이 없는 것이므로 만약 영욕과 화복의 관념으로 선을 행하면 이는 위선(僞善)인지라 하늘이 신(神)이 이를 싫어하게 되니 어찌 영(榮)과 복(福)을 주겠는가?" (<夢拜金太祖, 1911>, 『全集』 4: 174)

박은식은 영원한 가치 및 존재로서 유교의 인, 불교의 법신, 선교의 곡신, 기독교의 영혼, 그리고 단군조선 이래의 역사를 거론한다. 이는 일시적으로 존재하는 사대육신의 허망한 욕망을 넘어선 것으로서, 잘 살피고 보존하며 삶의 중심으로 삼을 수 있어야 한다고 설한다.

여기서 특기할 점은 박은식이 역사를 함께 언급하는 대목이다. 1910년대 이후 박은식에게 역사는 그의 교육사상과 실천에서 특별한 위치를 점하게 되었고, 이에 많은 한국역사에 대한 저술을 쏟아낸다. 그의 역사 서술은 철저하게 그가 구상하는 교육의 실현과 맞물려 있었다. 그에게 한국의 역사는 국혼(國魂) 자체이기도 했고,13) 국혼은 그가 중시하는 사대육신을 넘어서 헌신할 만한 영원한 가치에 해당하는 것이었다. 다분히 민족주의적인 발상으로 이에 대한 현대적 평가는 여러 갈래로 가능할 것이다. 분명한 사실은 1910년대 이래 박은식은 한국 역사의 조명에 거의 모든 힘을 쏟았고 거기에는 국혼을 조명해서 전하려는 교육적 목적이 있었다는 사실이다. 단군조선을 비롯해서, 근대에 이르러 일제에게 국권을 상실한 통시, 그리고 그로부터 벗어나기 위한 독립운동의 치열한 역사가 담겨 있다. 박은식에게 역사 과목은 지육의 교과임과 동시에 영원에 대한 가치 감각을 지니는 덕육의 교과이기도 했다. 한국 역사에 대한 저술에는 위인전도 많이 포함되는데 위인전은 당대 청년들을 위한 정신교육에 긴요한 것이었다(<夢拜金太祖, 1911> 『全集』 4: 200, 212).

그런데 이렇게 다분히 민족주의로 해석될 수 있는 그의 역사학적, 역사교육적 관점은 결코 패쇄적으로 흐르지 않았다. 그의 사유 속에는 늘 유교, 불교, 기독교, 선교 등의 인과 자비와 하나됨과 평화와 평등의 높은 가치가 자리하고 있었고 이것이 그의 민족주의를 폐쇄적이거나 배타적으로 흐르지 않도록 했다. 그의 민족주의 역사학에는 세계평화주의, 세계공존주의, 세계평등주의의 가치와 조화를 이루고 있었다.14) 그리고 대동민족은 그것을 이루어 갈 주체일 수 있고 주체여야 한

---

13) "대개 국교, 국학, 국어, 국문, 국사는 혼(魂)에 속하는 것이요, 전곡, 군대, 성지, 함선, 기계 등은 백(魄)에 속하는 것으로 혼의 됨됨은 백에 따라 죽고 사는 것이 아니다. 그리므로 국사와 국교가 망하지 아니하면 그 나라도 망하지 않는 것이다. 오호라 한국의 백은 이미 죽었으나 혼이란 것은 남아 있는 것인가 없어진 것인가?"(「韓國痛史: 結論」, 『全集』 1: 1080)

14) 박은식의 민족주의의 성격에 대해 김기승(2010: 218)은 다음과 같이 정리한 바 있다: "박은식의 경우 민족주의가 갖고 있다고 지적되는 배외주의, 전체주의, 반인권의 요소를 찾기 어렵다.

다고 박은식은 생각한다. "오늘날은 강권주의가 평등주의로 바뀌는 시기다. 이때를 맞이하여 그것이 극도로 된 상황에서 극심한 압력을 받는 것이 우리 대동민족이며 또 압력에 대한 감정이 가장 극렬한 것도 우리 대동민족이다. 그러한 일로 장래에 평화주의의 기치를 높이 들고 세계를 호령할 자가 바로 우리 대동민족이 아니고 그 누구겠는가?"(<夢拜金太祖, 1911> 『全集』 4: 213)라는 박은식의 외침은 그가 교육을 통해 이루려고 하는 민족의 이상적 진로가 무엇인지를 잘 보여준다. <몽배금태조>의 서문을 쓴 윤세복은 그에 대해 "현재 20세기에 (우승열패를 자연의 섭리로 받아들이고 약육강식을 그의 법칙으로 삼아 남의 나라를 멸망시키고 종족을 멸하는 것을 정치가의 본보기로 삼으며) 크게 날뛰는 제국주의에 대하여 인권, 평등의 이상을 내세우니 어찌 특별하지 않겠는가?", 그리고 "(그가) 주장하는 바는 평등주의로써 현 세계의 패권을 독점한 강권주의자와 도전하고자 하니 그 정신의 집중하는 바가 어느 곳이든지 이르지 않겠는가?"라고 평하면서(<夢拜金太祖, 1911> 『全集』 4: 167-168), 모두들 불가능하다고 여기는 싸움을 비웃음을 받으며 묵묵히 이어가는 박은식의 사상과 실천을 기리고 있다.

V. 결언: 박은식의 교육철학적 사유의 특징과 의미

한국 근대기, 한 시대를 보내고 다른 시대를 맞이하는 거대한 역사적 변혁의 길목에 서서, 교육문명의 전환을 자각하고 설계하는 철학적 정리가 시도되지 않았겠는가 하는 궁금증을 필자는 오래전부터 가지고 있었다. 게으르고 불민한 탓이겠지만 쉽게 찾아지지는 않았다. 이에 당시 지식인들이, 워낙 격동과 고난의 시기를 살아내는 터라, 설령 뜻이 있다 해도 이 과제는 돌아볼 여유가 없었을 것이라고 스스로를 위로하며 아쉬움을 달래기도 했다. 그러던 차에 만난 것이 박은식이다. 박은식은 필자의 의문과 아쉬움을 거의 풀어줄 만큼, 한국근대기 교육문명 전환의 철학적 기틀을 매우 알찬 형태로 보여주었다. 그는 문명의 전환을 준비하고 이끄

오히려 그의 사상에서는 민족의 독립이라는 특수적 가치와 함께 유교적 도덕, '인권', '평등', '평화'라는 보편주의적 가치들이 동시에 확인되고 있다. 그리고 민족의 독립은 보다 상위의 세계 인권의 평등주의에 의거한 인류의 평화를 대동사회의 이상과 긴밀한 연관 속에서 사유되고 있다."

는 데 필요한 사상 체계를 구축하는 과제를 스스로의 평생의 책무로 부여하고 있었으며 특히 이를 교육 영역을 중심으로 풀고자 했다. 그의 교육에 대한 사유는 단지 계몽운동, 독립운동의 차원에서 교육 실천의 방침을 논하는 수준을 넘어 새 시대에 필요한 교육철학적 패러다임을 새롭게 선보이는 단계에 이르렀다. 박은식은 이렇게 거대하고 무거운 학문적 과제를 수행하는 데 필요한 조건을 잘 갖추고 있었다. 그는 동서고금의 지식 및 지혜에 대한 식견이 출중했고, 필요한 사상을 언제나 탐색하고 소화하고 재구성할 수 있는 넓게 열린 태도를 체화하고 있었다. 평생의 그의 삶은 늘 새롭게 거듭나는 과정이었으며 그의 교육사상 역시 혁신을 거듭하며 체계화되어 갔다. 동서양의 역사 속의 시대적 전환기에는 늘 새로운 교육의 길을 안내하며 등장했던 큰 지성들이 있었으니 박은식은 그들의 발자취를 잇고 있다. 중국의 당송 변혁기의 주희, 명대 격동기의 왕수인, 조선 성리학적 변혁기의 이황과 이이가 했던 역할처럼, 박은식은 한국의 근대기에, 바로 이들이 했던 것과 같은 역할을 나름의 방식으로 하고자 했고, 그 간절함만큼이나 깊은 통찰과 알찬 내용의 사상적 결실을 내놓았다. 그러나 적어도 필자에게는 그 가치가 감추어져 있었고 이제라고 어렴풋이 열어 보게 되어 다행이라는 생각이다.

근대기 교육문명 전환의 사상적 기틀이 되기를 꿈꾸었던 그의 교육철학은, 크게 보면, 전통과 서양, 민족(주의)과 세계(주의), 지성과 덕성, 학술과 실천을 서로 연결하고 조화시키는 방향으로 전개되었다. 이 연결과 조화는 단순한 합이나 대충의 손짓이 오가는 만남이 아니라, 서로 깊이 스며들고 우려져서 전혀 새로운 모습으로 재탄생한, 그래서 지금까지 전혀 맛보지 못한 진국 같은 모습을 하고 있다. 파격적인 쇄신을 거듭했던 만큼 그가 내어놓은 교육철학의 결실은 향기가 짙다. 이 향기는 한국근대기에 교육철학적 공백이 없었음을, 교육문명 전환을 이끈 내실 있는 철학이 분명히 존재했음을 확인시켜 준다. 박은식은 자신이 처한 조건에서 최선을 다해 전환의 교육철학 체계를 만들었고 후세에 넘겨주었다. 그것을 어떻게 활용할 것인가는 우리의 몫이다.

박은식의 교육철학적 사유 및 실천 중, 특히 전통과 현대를 잇는 전환의 철학으로서의 특징 및 조명의 가치가 있는 측면을 중심으로 몇 가지 짚어 보는 것으로 글을 마무리하고자 한다.

첫째, 교육의 개념과 관련한 사안이다. 박은식은 교육의 의미를 설명함에 있어, 천지라는 신성한 존재 원천에 뿌리를 둔 영명하고 밝은 마음과 건강한 몸을 기르는 일이라든지, 천지(天地)의 활동에 참여하고 화육(化育)을 돕는 일이라는지 하는 식으로 다분히 유교적 문법에 따른다. 박은식은 자각적이고 의도적으로 교육문명의 유교적 패러다임을 탈피하고자 하면서도 교육의 개념 이해에 있어 유교적 이해 방식을 적극적으로 활용하는 것을 볼 수 있다. 단순히 유교적 관습에 의한 것이 아니라 유교를 철저히 객관화한 이후에도 떠날 수 없는 보편 지혜로서 수용한 것이다. 박은식에게 교육은 마음을 중심으로 지성과 덕성을 기르는 수기(修己)를 거쳐 공동체(사회, 나라, 인류)를 책임지는 역할까지 이루어내는 수기치인(修己治人)의 이상을 담은 개념이다. 따지고 보면 박은식이 늘 강조했던 바의 당대의 지식인(사대부)이 해야 할 역할이라고 본 것도 이것이고, 그 스스로 평생을 걸쳐 일관되게 보여준 바의 자기혁신의 공부와 계몽적 활동들도 이것이다. 박은식 자신의 삶은 자신이 설명하고자 했던 배움과 교육의 이상을 여실히 보여준다. 박은식이 유교적 문명 패러다임을 탈피한 토대 위에 다시 유교를 위시해 불, 선 등 여러 전통 사상적 자산을 통해 새롭게 해석하고 계승하고자 했던, 그러나 현대적 관점에서는 낯설 수도 있는 이런 교육 개념은, 교육에 있어서의 마음, 심학, 보편적 가치, 수기치인의 의미를 새롭게 돌아보도록 한다.

둘째, 덕-지-체가 조화를 이루며 '넓게 열린' 사람을 만들고 '보편 가치'를 구현하는 교육의 이상에 대한 것이다. 박은식은 교육에 대해 역동적으로 변화하는 세계를 담아내는 일임과 동시에 인간으로서의 존엄성을 찾고 기르고 지키는 일로 이해하고 있다. 국가적 생존의 위기를 마주하고 진화론적 관점 등과도 접하면서 형성된 박은식의 교육관은 시야를 최대한 확장하고서 세계에서 출현하는 모든 지식 체계를 교과로 반영하는 교육체제를 지향하고 있다. 자연에서 생명체가 살아가는 방식이 끊임없이 주변적 환경에 따라 변화하고 적응하며 창조해 가는 특징을 지니듯 교육도 그러해야 한다고 본다. 즉, 교육은 역동적 세계에 부응하는 열린 지성을 형성하는 일이다. 그러면서도 박은식은 교육이 그 어떤 변화 속에서도 담아내야 할 영원하고 보편적인 가치가 있다고 본다. 대동, 인, 자비, 사랑, 평화, 평등, 자유 같은 가치가 그것이다. 이는 인간으로서의 본연의 덕성을 구현하는 문제이며 이는 시간과 공간의 벽을 넘어서 교육의 중심을 이루어야 한다고 본다.

박은식은 교육이 덕, 지, 체의 육성을 아우르는 일이라고 보면서 이 세 가지

중 어느 하나도 소홀히 해서는 안 된다고 본다. 지육은 변화하는 세계에 대해 눈을 한없이 열어 놓고 지식을 탐구하고 수용하고 창조하는 일이고, 체육은 배움과 실천이라는 엄중한 일을 실천하는 데 기초가 되는 건강한 몸을 기르는 일이다. 그리고 덕육은 천지로부터 부여받은 본연의 도덕적 감수성을 통찰하고 함양하고 구현해 내는 일이다. 유교 전통에서는 지와 덕과 체의 분화 의식이 약했으나 박은식은 이 삼자를 분명하게 나누어 접근한다. 그러면서 박은식은 삼자 중에 무엇보다 덕을 근간에, 중심에 두는 양상을 보이며, 이로써 교육이 단순히 적자생존, 양육강식의 수단이나 폐쇄적 민족주의로 흐르는 길을 차단한다.

박은식의 교육적 인간상은 눈앞의 이익만을 바라보는 관점을 넘어 영원한 생명 및 가치에 눈뜨고 이 관점에서 삶의 내용을 채우고 문제를 풀어 가는 사람이다. 인과 대동, 자비 등 큰 가치에 밝아, 작은 이해에 얽매이지 않고 큰 안목을 지니며 자신과 세계를 책임지는 인간상이다. 이런 안목에서 민족에 대한 헌신과 세계 인류 공동체에 대한 염려와 사랑 책임도 함께 얘기된다. 박은식은 일제강점체제를 극복하고자 한 지사로서 스스로 민족적인 의기가 강했고 민족의식을 갖추는 일의 중요성을 누차 강조하면서도, 그의 민족주의는 폐쇄적, 배타적으로 흐르지 않고 세계평등, 평화, 공존, 인권의 가치와 조화를 이루는 열린 형태를 지니게 된다. 이런 특성은 변화 속에서도 변화하지 않는 영원한 가치, 덕성에 중심을 두는 교육관과 연계되어 있다.

셋째, 덕육의 방법 및 종교의 교육적 역할에 관련한 사안이다. 새로운 시대의 덕육의 방법에 대해 박은식은 특히 유교를 비롯해서 불교와 선교, 신교와 같은 사상 및 종교 전통에서 발전시켜 온 자기수행(self-cultivation)의 공부로서의 심학적(心學的) 수행체제를 핵심적으로 참조해서 활용하고자 하는 경향을 보인다. 박은식에게 덕육은, 존재의 중심이며 궁극의 존재 지평의 영원성을 담은 마음을 기르는 일과 연계된다. 마음을 기르고 펼치는 방법으로 가장 많이 거론되는 부분은 양명학의 치양지(致良知)이지만, 박은식의 열린 사유방식을 보건대, 비단 이것 외에도 현대인이 보다 간이직절(簡易直截)하게 다가갈 수 있는 방법이라면 유, 불, 선, 기독교 등의 어떤 방법적 지혜라도 융통성 있게 수용하여 활용할 수 있을 것이다. 박은식에게 덕육이, 유, 불, 선 등의 사상 속의 심학적 체계를 핵심 내용으로 하는 것이라면, 이는 현대 덕육의 관점에서는 다소 낯선 것이다. 그래서 성찰해 볼 만하다. 끊임없이 변화하는 세계를 이해하는 지적 탐구의 힘과 학문 영역에 대한 폭넓은 공부를 강조하면서도 이를 이끌어가는 마음의 중심을 세우는 일을 교육의 가장 기본적인 일로 보았다는 점, 그리고 이를 위해 전통 사상의 자기수행의 심학적 방법을 간이직절한 형식으로 만들어 사용하고자 했던 점은 교육학적 검토의 가치가 있다.

박은식의 교육적 사유 중에서 특수한 면 중의 하나는, 새 시대에서의 종교의 역할을 강조한 지점인데 이는 덕육과 연관하여 그 의미를 논의해 볼 가치가 있다. 그는 종교에 대해 현대의 특별한 기준을 통한 이해가 아닌, '으뜸되는 가르침'이라는 정도의 일반적 의미를 부여하는 이해를 기반으로 접근한다. 종교를 일종의 도덕적 학문 및 실천 영역으로 보는 셈이다. 모든 문화권 및 국가에서 국민의 덕성을 아름답게 가꾸기 위한 핵심 교화 체계가 필요하며 그것이 곧 종교라는 생각이다. 그리고 각 문화권 및 나라의 전통에 따라서 다양한 종교가 나름대로 활용될 수 있다고 보았는데 한국의 경우 전통적으로 중요한 역할을 해 온 유교를 비롯해, 불교, 선교 등이 그런 역할을 할 수 있다고 본다. 박은식의 시대와 현대는 종교는 무엇인가를 둘러싼 이해 방식이 크게 달라서 박은식의 종교 활용관이 낯설고 현대적 수용이 어렵게 느껴지기도 한다. 그러나 그의 본의가 가리키고 있는 지점을 주목한다면, 즉 구성원들의 덕성을 잘 가꾸고 피워 내는 일에 특별히 국가적 차원의 노력이 있어야 한다는 것이 종교 강조를 둘러싼 그의 뜻임을 감안한다면, 그가 종교라는 틀 속에서 이루고자 한 목표를 일반 교육체제 속에서 구현할 방도를 찾아볼 수 있다. 그리고 그 방도로는 다름 아닌, 앞서 논한 것처럼, 덕육에 유, 불, 선의 심학적 자기수행의 방법론을 활용하는 것을 떠올릴 수 있다. 그에게 종교는 무엇보다 마음과 이치를 깨닫고 실현하는 일에 다름 아니었다. 이런 심학적 자기수행의 일은, 현대적 맥락에서는 군이 종교라는 이름에 의존하지 않고 일반 교육 형식에서 얼마든지 펼쳐 갈 수 있고 또 가야 할 것이다. 지, 덕, 체 중 덕의 영역에서 심학적 자기수행의 요소를 적극적으로 조명하고 활용하는 것은 박은식이 종교라는 이름으로 풀어내고자 했던 시대적 과제를 비판적으로 계승하는 일이라고 본다.

넷째, 교육에서의 역사 공부의 특별한 위상에 대한 문제다. 박은식은 역사 인식 및 의식을 중시하며 이에 대한 육성을 교육의 가장 중요한 역할 중의 하나로

보았다. 여기에는 우선 국민들이 자국의 역사를 충실히 이해하는 것이 독립에 중
요하다는 독립운동가로서의 문제의식이 작용하고 있지만, 더 나아가 역사인식이
인간 정신의 형성 자체에 필수적이라고 보는 통찰이 자리한다. 박은식에게 역사는
지육인 동시에 덕육에 해당되는 교과로서, 역사는 나는 누구인가, 영원한 가치는
무엇인가를 자각하도록 이끄는 방편으로 이해되었다. 박은식은 특히 한국의 역사
중 뿌리에 해당하는 단군조선의 역사, 위기 및 시련에 처한 근대의 통사 등을 조
명하고 교육적으로 전하는 데 심혈을 기울였다. 그의 한국사 이해의 객관적 타당
성과 의미에 대해서는, 신채호, 정인보 등을 비롯한 다른 근대 지성들의 한국사학
과 더불어 다시 진지하게 돌아볼 필요가 있다. 이들의 한국 상고사 이해는 일제강
점기의 일제사학과 크게 대비되는 것은 물론이고 해방 이후 교과서에 반영되며
국민들에게 전파되어 온 일반적인 한국상고사 이해와도 다른데, 그 입장의 갈림에
대한 면밀한 검토와 재평가가 이제는 본격적으로 시도될 필요도 있다. 이를 통해
역사와 교육을 연계하는 박은식의 입장을 보다 충실하고 균형있게 설명할 수 있
을 것이다.

다섯째, 박은식의 교육적 사유에 깔린, 새로운 시대와 좋은 삶을 위한 사회 구
성원들의 의식개혁 및 의식개조, 그리고 혁신적 삶에 대한 강조점도 특별히 주목
할 필요가 있다. 박은식은 전통 유교에서도 보이는 '일신우일신(日新又日新)'의 혁
신의 사고가 새 시대의 교육문화 속으로도 깊이 스며들어야 함을 거듭 강조한다.
이는 특히 위기와 전환의 시대를 살아가야 할 사람들, 신국민(新國民)으로 거듭나
야 할 대중들에 대한 요구이기도 하겠지만, 박은식은 이런 태도가 어느 시대건 그
리고 누구건 삶을 충실하게 살아가기 위한 기본 태도로 보고 있다. 의식과 행태가
특정한 구습에 고착되지 않고 좋은 방향으로 혁신되도록 이끄는 일이 곧 배움의
일이고 교육의 일이라고 보는 것이다. 즉, 박은식에게 배움과 교육은 '신(新)'의 사
고와 태도를 심화하고 확장하는 일이며, 누구보다 그 자신의 평생의 삶을 통해 생
생한 모범을 보였다. 따지고 보면 공자나 소크라테스를 비롯해서 동서고금의 큰
지성들은 언제나 당대 사람들이 갇힌 의식적, 행태적 습관의 굴레를 벗어나 새롭
고 큰 안목을 형성하도록 이끄는 일에 매진하고 자신의 삶을 통해 보여주었는데,
박은식 역시 이런 도도한 지성사의 흐름 속에 당당히 자리하고 있다.

참고문헌

『白巖朴殷植全集』제1권 - 제5권. (백암박은식선생전집편찬위원회 편, 동방미디어. 2002).

『朴殷植全書』上, 中, 下. (단국대 동양학연구소 편, 1975).

한국역사정보시스템(www.koreanhistory.or.kr).

금장태(2005). 박은식의 유교개혁사상.『종교학연구』24. 1-33.

김기승(2010). 박은식의 민족과 세계 인식 경쟁과 공생의 이중주.『한국사학보』39. 195-222.

김동환(2016). 근대 유교지식인의 인식 변화에 대한 연구: 박은식, 유교 가치에서 대종교 가치로의 인식 변화를 중심으로.『선도문화』20. 405-467.

김순석(2004). 박은식의 대동교 설립운동.『국학연구』4. 171-201.

김태웅(2015). 근대개혁기, 일제강점 초기 백암 박은식의 사범교육 활동과 교재편찬.『교육연구와실천』81. 57-77.

김현우(2013). 박은식 '대동사상'의 사상적 연원과 전개.『한국양명학회 학술대회 논문집』. 17-36.

박정심(1999). 박은식의 사상적 전환에 대한 고찰: 주자학에서 양명학으로.『한국사상사학』12. 261-288.

신용하(1982).『박은식의 사회사상연구』. 서울대학교출판부.

우남숙(1996). 박은식의 교육사상 연구.『역사와사회』17. 141-167.

이만열(1976). 박은식의 교육사상. 교육학논총:벽계이인기박사고희기념. 형설출판사.

이만열 편(1980).『박은식』. 한길사.

이만열(2002). 박은식: 민족을 위하여 학문과 운동에 아울러 진력한 지사.『한국사시민강좌』30. 224-237.

이인화(2014). 1910년 이후 한말 사회진화론의 변용과 극복 양상: 안중근, 박은식, 안창호, 신채호의 사상을 중심으로.『동서철학연구』74. 231-261.

임부연(2018). 박은식의 '종교' 담론.『종교와 문화』34. 67-103.

장재천(2017). 백암 박은식의 민족교육운동사 논고.『한국사상과문화』87. 107-123.

정병련(1998). 백암 박은식의 유교개혁과 공자관.『공자학』3. 327-358.

조준희(2013). 박은식의 서간도 망명기 저술 소고.『선도문화』14. 315-360.

일제강점기, 저항과 계몽의 교육사상가들

단재 신채호의
민족에 대한
상상과 영웅

이우진

Ⅰ. 상상된 공동체로서의 민족

[그림1] 단재 신채호

우리 민족 최고의 꼬장꼬장한 고집쟁이들을 뽑으라 한다면, 그 한 자리는 민족주의사학자로 알려진 '단재(丹齋) 신채호(申采浩, 1880-1936)'가 분명 차지하지 않을까. 단재는 일본 제국주의가 이 땅을 지배하는 한 절대로 허리를 굽히지 않겠다면서 고개를 빳빳이 한 채 두 손으로 물을 찍어 얼굴에 바르곤 하였다. 마룻바닥과 저고리, 바짓가랑이가 온통 물투성이가 되더라도 고개는 숙이지 못하겠다고 하였다. 이뿐만이 아니었다. 영어를 배울 때에도 마찬가지였다. 'neighbour'를 '네이그후바우어'라 발음하고 문장을 읽을 때에도 한문 식으로 토를 달고 읽었다고 한다. 누군가 보다 못해 단재에게 지적하자, '왜 영국인의 법에 따라 하는가?, 그 법을 굳이 따라야 하는 이유는 없다.'고 답하였다고 한다. 참으로 고집이 대단했던 인물이었다. 이러한 단재가 그 무엇보다도 강력하게 고집한 대상이 있었으니, 그것은 바로 '민족주의'라는 운명적 동반자였다.[1]

---

1) 단재 신채호는 해방 이후 1960년대 이전만 하더라도 거의 잊혀져 가는 인물이었으나, 박정희 정권의 한일협정을 반대하는 운동의 이론적 담론으로서 '민족주의'가 강조되면서 근대 민족주의 사학(史學)을 대표하는 인물로서 단재도 다시 주목을 받게 되었다. 이만열(1990: 12-13)이 지적하듯 비록 "말년에 무정부주의에 관심을 가졌다고 할지라도 이 역시 독립운동 방법에서 그러한 것이기에 어디까지나 '민족주의'의 범주 내에서 이해해야 할 것"이라는 점에서, 단재와 '민

하지만 여기서 질문을 해야 할 것이 있다. 너무도 익숙한 그 '민족주의'를 과연 어떻게 정의해야 할까? 결코 쉽지 않을 것이다. 『상상된 공동체』의 저자 앤더슨이 토로하고 있듯이, '민족주의'는 '민족·민족성'과 함께 끔찍하게 정의하기 어려운 용어일지 모른다. 왜냐하면 '그 용어들은 수많은 역사적·사회적 상황에 따라 다양하고도 복잡한 요소들이 결합되어 창조된 문화적 가공물(cultural artefacts)'이기 때문이다(Anderson, 2006: 3-4). 그 용어들은 문화적 가공물이기에 필요에 따라 개념화되기도 하고 이와 완전히 반대편으로 재-개념화되기도 한다.

어쩌면 앤더슨의 주장처럼, 민족은 역사적·사회적 우연과 필요에 따른 '상상된 공동체'이며(Anderson, 2006: 6), 민족성은 그 '상상된 공동체'의 속성이고, 민족주의는 그 '상상된 공동체'의 이데올로기일 수 있다. 앤더슨은 민족을 "경계와 주권을 지니며 수평적 동포애를 바탕으로 한 상상된 공동체"로 정의한다(Anderson, 2006: 6). 그는 "민족이라는 공동체는 그 공동체가 진짜인가 가짜인가를 기준으로 구분되는 것이 아니라, 어떤 방식(style)으로 상상되었는가를 기준으로 구분되어야 한다"고 주장한다(Anderson, 2006: 4).

이러한 앤더슨의 주장에 따라, 우리는 이렇게 질문할 수 있을 것이다. '우리 민족이라는 공동체는 단재에게 어떤 방식으로 상상되었을까?' 여기서 '상상'이란 용어가 지나치다면 '재구성'이라고 해도 좋을 것이다. 물론 단재는 '우리 민족이라는 공동체'를 '상상이 아닌 실체'로서 인식하였을 것이다. 하지만 그는 자신이 마주한 역사적·사회적 우연과 필요에 의해 우리민족이라는 공동체를 재구성(상상)해야만 했을 것이다. 아마도 '일제의 식민지배에 대한 저항·투쟁의 담론을 생산하고자 하는 방식에서 단재는 우리 민족이라는 공동체를 재구성(상상)하지 않았을까'라고 가정해 볼 수 있다.

[그림2]
『상상된 공동체』

이 글은 그러한 가정을 검토해 가면서, '단재의 교육적 관심'과 연결시키고자 한다. 구체적으로 말하면, '단재가 민족의 재구성(상상)을 통해 생산한 저항·투쟁의 담론을 현실에서 구현할 수 있는 인물을 어떻게 설정하였는지'에 대해 확인해

족주의'는 떼놓을 수 없는 운명적 동반자라고 해도 과언이 아니다.

보고자 한다. 이를 위해 그 중심 텍스트로서 『독사신론(讀史新論)』(1908)을 삼고자 한다. 물론 『독사신론』보다 우리 민족의 고대사를 좀 더 정밀하고 체계적으로 고증한 『조선상고문화사(朝鮮上古文化史)』(1910)와 『조선상고사(朝鮮上古史)』(1948)라는 단재의 두 거작이 있지만, 이 저술들은 모두 『독사신론』에 담긴 착상의 연장이자 확대판이라고 해도 과언이 아니다. 그 점에서 우리 민족에 대한 단재의 독창적 착상(상상)을 읽어내는 데 있어, 『독사신론』은 가장 적합한 텍스트라 할 수 있을 것이다.

II. 우리 민족에 대한 신채호의 역사적 상상(재구성)

한국의 '민족과 민족주의의 기원'을 설명하는 데 있어 '인쇄 자본주의와 대중신문의 등장을 강조하는 앤더슨의 주장'이 정확하게 들어맞는다고는 말할 수 없을 것이다(大田高子, 2003: 9). 그렇다 할지라도 민족주의 지식을 생산하는 매체로서 신문이 독보적인 역할을 한 점은 부정할 수 없는 사실이다(Schmid, 2007: 57). '민족'이라는 용어가 최초로 등장하게 된 것은 1900년 1월 12일자 「황성신문(皇城新聞)」에서였다. 하지만 그 기사에 등장한 '민족'은 '인종(人種)'과 동의어로 사용되었으며, 민족의 경계범위를 '동양 삼국'까지 확장하여 지칭하고 있었다(박찬승, 2008: 99). 러일전쟁 직후 '한일의정서 체결(1904)'로 일제의 침략성을 확인하자, 「황성신문」에서 사용되는 '민족'이라는 용어는 '한반도 주민집단이자 역사적 공동운명집단'을 지칭하는 것으로 사용되기 시작하였다(백동현, 2001: 164-165). 일본이 국민을 구성하던 시기에 '국민적 귀속 의식을 형성'하고자 '민족'이란 개념을 제시했던 것처럼(齋藤俊明, 2003: 263), 대한제국도 '민족'개념을 사용하여 일제에 대항하기 위해 국민적 통합을 이루고자 한 것이었다.

'민족'이 국민 통합을 위한 용어로서 보편화되는 데 가장 큰 역할을 한 신문은 『대한매일신보(大韓每日申報)』(1904년 8월 창간)이었다. '민족'이라는 용어의 출현빈도를 살펴보더라도, 『독립신문』의 경우 단 한 차례도 없었고 『황성신문』은 고작 몇 회에 불과했으나, 『대한매일신보』의 경우 1906년 이래로 26회에서 139회에까지 이르렀다(권보드래, 2007: 198-200). 『대한매일신보』에서 사용된 민족의 용례들은 대개 '㉮ 현존 국가체제의 구성원을 가리키는 개념'이나 '㉯ 국가체제 부재의 상황에서도 존재할 수 있는 국가의 원형적 집단을 가리키는 개념'으로 사용되었다. 주목할 만할 사실은 국권상실과 맞물려 『대한매일신보』에서 사용되는 '민족'이라는 용어는 '후자인 ㉴의 의미를 지칭하는 용어'로 그 전면에 자리하게 된다는 점이다.

이와 같은 『대한매일신보』의 '민족' 개념이 설정되고 변화하는 그 중심에 단재 신채호가 자리하였다. 『대한매일신보』의 주필로 초빙되어 민족과 관련된 많은 논설을 집필한 단재는, 민족에 대한 '국가 중심적 정의'에서 벗어나 '종족적인(ethinic) 정의'를 채택하여 '새로운 민족' 개념을 등장시켰다(Schmid, 2007: 77). 더불어 단재는 1908년 '근대민족주의 역사학을 성립시킨 저술로 평가되는 『독사신론』'을 저술하였다(신용하, 1997: 391). 단재는 그 책에서 "국가의 역사는 그 민족의 소장성쇠를 살펴서 서술한 것이기에, 민족을 버리고는 역사가 없는 것"이라 주장하였다. 사실 단재는 실증적으로 탐구할 수 있는 시간적으로 근거리에 있는 역사에 집중하지 않았다. 그는 시간적으로 대단히 먼 이른바 '상상으로만 접근가능한 상고사(上古史)'를 통해 '우리 민족이라는 공동체'를 상상을 넘어 실체로서 구성하고자 하였다.[2] 이는 '상상된 민족 공동체'를 역사적으로 재구성하는 방식을 통해 '실체로서의 민족 공동체'를 확립하고자 한 것을 볼 수 있다.

단재의 『독사신론』은 「대한매일신보」에 연재되다가,[3] 이후 최남선(崔南善, 1890-1957)이 『국사사론(國史私論)』이라 이름을 붙여 『소년(少年)』(1910.8)지에 부록으로 게재되었다. 이때 최남선은 단재의 『독사신론』에 대해 이렇게 평가하였다.

"이는 순정사학(純正史學)의 산물로 보아 주기는 너무 경솔하고 그렇다고 순연(純然)히 감정의 결정이라고만 하기도 바르지 못한지라. 다만 조국의 역사에 대하여 가장 걱정하는 마음을 가지고 그 참과 옳음을 구하여 그 오래 파묻혔던 빛과 오래 막혔던 소리를 다시 들어 내려고 온 정성을 다한 한 소년의 속마음의 부르짖음으로 이에 이를 수록하노라. 그러므로 과학적 정확에는 기다(幾多)의 미비(未備)가 있을지요. 겸하여 논리와 문맥의 정제(整齊)

---

2) 단재는 『독사신론』 이외에도 「대한제국사서언(大東帝國史敍言)」, 『조선상고문화사(朝鮮上古文化史)』, 『조선상고사(朝鮮上古史)』 등에서 볼 수 있듯이, 평생에 걸쳐 상고사 연구에 집중하였다.
3) 『독사신론』은 「대한매일신보」에서 1908년 8월 27일부터 12월 13일까지 연재되었다.

치 못한 곳이 많으니 이는 분골(奔汨)한 중 홀망(忽忙)한 붓의 어찌하지 못
함으로 용서함이 가(可)할 듯.” -『소년』-

이처럼 최남선은 『독사신론』에 대해 '과학적으로 정확하지 못하기에 순정사학
이라 볼 수 없다.'고 비판하면서도, '조국의 역사에 대하여 가장 걱정하는 단재의
마음'에 주목하라고 말하고 있다. 당시 상황은 급박했다. 『독사신론』을 작성하기
이전 해인 1907년, 일제의 식민사학이 드디어 서울로 잠입하게 되었다. 시대하라
타이라(幣原坦)의 『조선정쟁지(朝鮮政爭志)』를 시작으로, 임나일본부설(任那日本府
說), 일선동조론(日鮮同祖論), 타율성론(他律性論), 반도사관(半島史觀) 등의 식민사
학의 입장을 띠고 있는 학술적 논저들이 서울에서 간행되었던 것이다(조동걸,
1990: 766-767). 『독사신론』은 조선에 잠입한 식민사학에 대한 단재의 대항이라고
볼 수 있을 것이다. 한편으로 『독사신론』은 최남선의 표현대로 '우리나라 역사에
관한 단재의 개인적 주장 즉 국사사론(國史私論)'에 불과할 수 있다. 하지만 그 점
에서 『독사신론』은 우리 민족에 대한 단재의 '독자적인 상상(재구성) 방식'을 읽어
내는 데 최적의 텍스트라고 할 수 있을 것이다. 이제 그 텍스트를 검토해 보도록
하자.

1. 『독사신론』: 미완의 역사, 온전한 역사

『독사신론』은 '서론'과 '제1편 상세(上世)의 역사'만 기술되어 있다. 발해국의
존망 이후 시기는 미완이다. 그러한 미완은 단재가 중국으로의 망명을 준비하느라
그러한 것으로 설명되고 있지만, 어쩌면 단재 스스로가 발해국이 망한 이후의 역
사를 기술하는 것에 그리 큰 관심을 지니지 않았기 때문일지도 모른다. 단재는 그
「서론」에서 "우리나라의 고대사에 대해 오늘날 새로운 안목으로 자세히 논의할
필요가 있다."고 언급하고 있다. 그 점에서 『독사신론』의 그 중심무대는 '상고사'
였을 것이다. 그 목차는 다음과 같다.

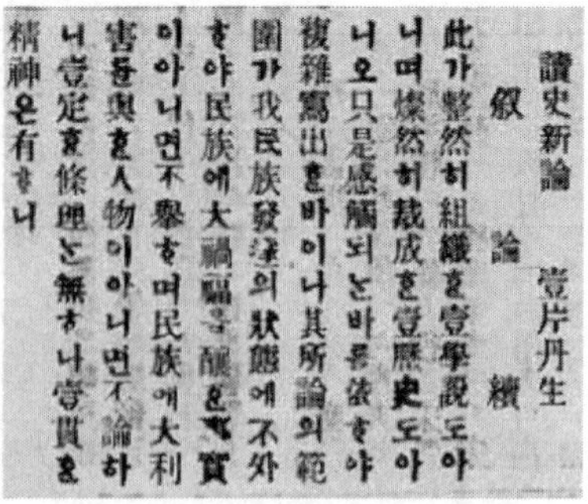
讀史新論 壹片丹生
叙 論 續
此가整然히組織ᄒᆞᆫ壹學說도아
니며燦然히裁成ᄒᆞᆫ壹歷史도아
니오只是感觸되ᄂᆞᆫ바를依ᄒᆞ야
複雜寫出ᄒᆞᆫ바이나其所論의範
圍가我民族發達의狀態에不外
ᄒᆞ야民族에大禍福을醸ᄒᆞᆫ實
이아니면不擧ᄒᆞ며民族에大利
害를與ᄒᆞᆫ人物이아니면不論하
니壹定ᄒᆞᆫ條理ᄂᆞᆫ無ᄒᆞ나壹貫ᄒᆞᆫ
精神은有ᄒᆞ니

[그림3]
『대한매일신보』에 연재된 『독사신론』

서론(敍論)

1. 인종 2.지리

제1편 상세(上世)

제1장 단군시대
제2장 부여왕조와 기자(箕子), 부론(附論)
제3장 부여족 대발해시대(大發達時代)
제4장 동명성왕지공덕(東明聖王之功德)
제5장 신라
제6장 신라 · 백제와 일본의 관계
제7장 선비족 · 지나족과 고구려
제8장 삼국 흥망의 이철(異轍)
제9장 김춘추의 공죄(功罪)
제10장 발해국의 존망(存亡)

아니 단재에게 더 중요한 이유가 있었는지 모른다. 그것은 발해국이 망한 이후 “고려와 조선의 역사는 우리나라 전체의 통일이 아닌 반쪽자리 통일”의 역사라는 단재의 인식 때문이었을 것이다. 단재가 생각한 우리 민족의 진정한 역사는 ‘한반도를 넘어서 압록강 서쪽까지 영토를 포함한 역사’이었다. 그 점에서 ‘광대한 만주의 영토를 포함한 단군이래로 발해국까지의 역사’야말로 우리 민족의 참된 역사였기에, 그의 『독사신론』은 ‘미완의 역사이지만 온전한 역사’이기도 한 것이다. 단재는 이 ‘미완이지만 온전한 우리 민족의 역사인 『독사신론』’을 통해 ‘당시 사람들의 압록강 동쪽의 땅만이 우리 민족의 땅이라는 인식’을 변화시키고자 하였다. 그러한 잘못된 인식으로 인해 우리 민족은 다음과 같이 살아왔다고 단재는 토로하였다.

“몇백 년 동안 우리나라 사람들의 마음속 · 눈 속에 자신들의 국토를 오직 이 압록강 동쪽의 땅만이 우리 땅이라 하며, 우리 민족도 오직 압록강 동쪽 민족만이 우리 민족이라 하며, 우리 역사도 오직 압록강 동쪽 역사만이 우리 역사라 하며, 사업도 오직 압록강 동쪽의 사업만을 우리 사업이라 하였다. 이에 사상이 압록강 바깥에 한 발자국이라도 넘을까 경계하였으며, 자나 깨나 압록강 바깥에 한 발자국이라도 넘어설까 두려워하였다. 우리의 선조인 단군 · 부루(夫婁) · 동명성왕 · 대무신왕(大武神王) · 부분노(扶芬奴) · 광개토왕 · 장수왕 ·

을지문덕·연개소문·대중상(大仲象)·대조영(大祚榮) 등 여러 성인·철인·영웅호걸들이 마음을 다하고 피를 흘려 만세에 서로 전할 터전으로 우리 자손들에게 준 큰 토지를 남의 것으로 보아 그 아픔과 가려움을 상관하지 않았다.” -『독사신론』-

영토만이 아니었다. 삼국시대 이후로 정치·문화·종교에 이르기까지 어느 하나 주체적으로 자기화하지 못하고 정복당할 뿐이었다. 불교가 들어오면 '한국적 불교'가 되지 못하고 '불교적 한국'이 되며, 유교가 들어오면 '한국적 유교'가 되지 못하고 '유교적 한국'이 되는 등 말이다.

그 원인은 무엇인가? 단재는 김부식(金富軾, 1075-1151)이 『삼국사기』를 편찬한 이래 '발해의 역사가 전해지지 않게 되었기' 때문이라고 판단하였다. 그리하여 “국민들의 영웅 숭배하는 마음이 사라지고, 후세인들이 조상 대대로 전해 내려왔던 강토를 망각하게 되어 대국이 소국으로 되고 대국민이 소국민으로 되어 버린” 것이었다. 김부식과 같은 “우리나라 중세 무렵에 역사가들이 중국을 숭배할 때, 중국인들의 자존과 오만한 특성으로 자기를 높이고 남을 깎아내린 역사서술을 우리나라 역사에 맹목적으로 받아들여 한 결 같이 비열한 역사를 지었던 까닭에 '민족의 정기'를 떨어뜨리고 수백 년간이나 나라의 수치를 배양”하였기 때문이라는 것이었다.

심지어 근래의 역사가들은 일본을 숭배하는 노예근성에 의해, 일본의 신공황후(神功皇后)가 신라를 쳐들어와서 굴복시켰으며 대가야를 멸하고 임나부(任那府)를 설치하였다는 이른바 '임나일본부설'과 같은 말도 안 되는 주장을 고스란히 받아들이고 있는 상황이었다. 그들은 일본의 역사가들이 운운한 것을 어리석게도 믿을 만한 기록이라고 하여 의거하고 있던 것이었다. 그런데도 불구하고 “어떤 이들은 이렇게 말도 안 되는 망령된 주장들을 교과서에 엮어 넣어서 청년들의 머리를 끝없이 어지럽고 혼란되게 하고 있는 것”이었다. 심지어 민족정신을 바로 세워야 할 학교의 역사 교과서들을 보건데, 그 속에 제시된 상고사에 대한 기술은 제대로 된 것이 거의 없는 상황이었다.

"내가 현재 각 학교의 교과용 역사책4)을 살펴보면 가치가 있는 역사책은 거의 없다. 제1장을 읽어 보면 우리 민족이 중국 민족의 일부분인 듯하며, 제2장을 읽어 보면 우리 민족이 선비족의 한 부분인 듯하며, 끝의 전편을 모두 읽어보면 때로는 말갈족의 한 부분인 듯하다가 때로는 몽고족의 한 부분인 듯하며, 때로는 여진족의 한 부분인 듯하다가 때로는 일본족의 한 부분인 듯하다. 아아, 정말 이와 같다면 우리의 사방 몇 만리 토지가 남만북적(南蠻北狄)의 수라장(修羅場)이며, 우리 사천여 년의 산업이 아침에는 양(梁)나라, 저녁에는 초(楚)나라의 경매물(競賣物)이라 할 것이니, 과연 그러한가. 어찌 그럴 수 있으리오." -『독사신론』-

단재는 이러한 시대적 인식을 바탕으로 새로운 상고사를 저술하고자 하였다. 그것은 "민족주의로 전 국민의 어리석음을 깨우치고, 국가 관념으로서 청년들의 머리를 도야하여 아직 남아 있는 나라의 명맥을 지키고자 하는 새로운 상고사"이었던 것이다.

이상의 논의를 정리해 보자면, 단재는『독사신론』을 통해 다음의 네 가지 목적을 이루고자 했다고 볼 수 있다.

㉮ 조상 대대로 전해 내려왔던 한반도에서 압록강 서쪽까지를 포함하는 강토를 재인식시키는 역사
㉯ 모화주의(慕華主義)에서 탈피하고 외부의 정신에 정복당하지 않는 주체적 역사
㉰ 당시 일본의 왜곡된 역사서술을 바로잡는 역사
㉱ 국민들에게 영웅 숭배하는 마음을 되살리는 역사

『독사신론』은 발해국이 망한 이후를 다루지 않은 미완의 역사이지만, 이 미완의 역사를 통해 단재는 위 네 가지 목적을 달성하고자 했다는 점에서 온전한 역

---

4) 여기서 단재가 말하는 학교의 교과용 역사책은『中等敎科東國史略』으로 판단된다. 이 책은 현채(玄采, 1856-1925)가 1906년 발행한『東國史略』을 1907년에 2판을 발행하면서 책 제목을『中等敎科東國史略』으로 바꾸고 편찬한 교과서이다. 이 책은 일본 사학자 하야시 다이스케(林泰輔)의『朝鮮史』를 번역·서술하는 과정에서 일본 제국주의의 실상을 제대로 파악하지 못하고, 식민사학을 무비판적으로 수용한 것으로 평가되고 있다. 이에 대한 자세한 논의는 "이신철(2013)의 논문"을 참조 바란다.

사라고 생각하였을 것이다. 단재는 이 새로운 역사의 그 중심축에 '단군(檀君)'을 시원(始原)으로 하는 부여족'과 '압록강 서쪽의 만주 영토'를 설정하였다. 곧 우리 민족에 대한 단재의 시원과 영토에 대한 상상(재구성)에는 단군과 만주가 자리하고 있었다.

2. 민족의 시원 · 영토 · 주체에 대한 상상: 단군 · 만주 · 부여족

단재는 단군을 '우리 민족의 유일한 시원'으로 설정하였다. 그는 대종교(大倧教)를 이끌었던 나철(羅喆, 1863-1916)과 달리 '단군을 신화적 존재가 아닌 역사적 존재'로서 규정하였다. 또한 그는 "이 신성한 종족인 단군의 자손, 사천 년 동안 이 땅의 주인이 되는 종족 즉 주족(主族)"을 제시하였다. 단재에게 "역사를 쓴다는 것은 그 나라의 주족을 먼저 드러내어 이것을 주제로 삼은 후에, 그 정치 · 실업 · 무공 · 습속의 변화와 외래 종족의 흡수와 타국과의 교역을 서술하는 것"이었다. 그는 "주족을 서술하지 않는 역사는 정신이 없는 역사이기에 민족정신과 국가정신을 없애는 역사"라고 경고하였다. 이처럼 단재는 왕조사의 전통을 거부하고, '단군으로부터 이어지는 민족의 계보사'를 기술하여 '민족'을 '역사발전의 주체'로서 설정하였다. 그 계보사의 으뜸가는 주인공을 단재는 부여족이라 말한다.

"우리나라 민족을 대략 여섯 종류로 나눌 수 있으니, 첫째 선비족, 둘째 부여족, 셋째 지나족, 넷째 말갈족, 다섯째 여진족, 여섯째 토족이다. … 그 여섯 종족 가운데 형질상 · 정신상으로 다른 다섯 종족을 정복하고 흡수하여 우리나라 민족의 역대 주인이 된 종족은 실로 부여족 한 종족에 불과하니, 대개 '사천 년 우리나라 역사는 부여족 흥망성쇠의 역사'인 것이다. … 과거 우리나라의 역사는 곧 우리 부여족의 역사니 이것을 모르고 역사를 이야기하는 자는 진실로 헛소리를 지껄이는 역사가이다." -『독사신론』-

단재에 따르면, 단군이 졸본부여(卒本扶餘)에 건국한지 이천여 년 이후, 왕조는 동부여와 북부여로 나뉘게 된다. 여기서 북부여가 고구려이며, 이후 동부여가 약하여 고구려에 투항하고, 고구려가 멸망한 이후에 고구려 유신(遺臣) 대조영이 건국한 발해로 연결된다. 단재는 또한 '고구려 · 백제는 물론이고 신라마저도 부여에서 나온 종족'이라고 주장한다.5) 따라서 '고구려·백제·신라 삼국'과, '발해와 통일신라, 고려, 조선'의 모든 우리 민족의 역사는 '부여족의 역사'가 된다.

단재는 우리 민족의 역사는 단군시대, 즉 고조선이라는 동일한 뿌리에서 파생한 것으로 규정한다. 그는 단군시대가 발흥한 지역을 "백두산 고원에서 일어나 압록강 줄기를 따라 내려오는 부근의 넓은 지역", 즉 '압록강 유역'으로 설정한다. 또한 단재는 '단군시대가 결코 태고시대의 반신반의하는 까마득한 불가사의한 시대'가 아니라고 강변한다. 단군시대는 건축과 공예가 발달하고 전투 장비가 정교한 문화대국이자, 그 영토가 남북으로는 문경에서 흑룡강까지 동서로 태평양에서 요동까지의 광대한 영토를 지닌 국가였다는 것이다. 또한, 무공을 떨치고 문덕이 흡족하여, 사방의 오랑캐들이 끊임없이 항복하여 오며, 우러러보면서 귀화하는 국가였다는 것이다. 심지어 농사 기법이 뛰어났을 뿐만 아니라 배와 수레와 같은 교통수단까지 만들고 인륜도덕을 가르친 '초문명 국가'였다고 단재는 주장하였다.

이와 같은 단군시대에 관한 단재의 설명을 들노라면, 어느새 고조선의 역사는 중국의 신화인 삼황오제(三皇五帝)를 떠올리게 된다. 그것은 단재가 의도한 결과라고 추정해 볼 수 있다. 그는 우리 민족의 시조인 단군시대가 삼황오제의 문명에 뒤지지 않는 '자생적인 초문명국가'였음을 보여주고자 한 것이라고 말이다. 만약 그렇다면, 단재는 '일제 식민사학이 주장하는 타율성론'에 반박한 것이라 볼 수 있다. 이는 곧 '우리 민족이 외세의 지배와 영향을 받아 발전하였을 뿐 자율적인 역사를 창조해 내지 못하였다.'는 일제 식민사학의 주장에 대해, 단재는 '우리 민족의 시원인 고조선 때부터 자율적인 초문명국'이었음을 역사적으로 선언한 것이었다.

하지만 타율성론을 극복하기 위해 넘어야 할 또 하나의 산이 있었다. 그 산은 바로 '기자조선의 시조로 알려져 있는 전설상의 인물인 기자(箕子)'였다. 기자는 상(商)나라가 망하자 유민을 이끌고 고조선으로 망명하였다고 알려져 있다. 이후 그는 고조선의 지배자가 되어 백성들에게 문명을 가르쳤으며, 그 후손이 천여 년에 걸쳐 다스렸다고 한다. 이것이 이른바 '기자동래설(箕子東來說)'이었다. 단재는 이러한 기자동래설을 부정하는 것에 그치지 않았다. 그는 『독사신론』에서 유일하게 「부론(附論)」까지 작성하여 '기자'를 우리 민족사의 범주에서 제거해 버린다.

---

5) 단재는 신라가 부여족의 후세라는 것에 대한 증거로서 '신화의 유사성', '지명의 유사성', '관제의 유사성', '성곽·가옥·음식·풍속의 동일성'으로 제시한다.

먼저 단재는 기자가 동쪽으로 왔을 때 '부여왕조의 빛나는 영광이 아직 조선의 각 지역에 비추고 있었던 때'라고 규정한다. 따라서 '부여왕은 임금이고 기자는 신하'이며, 기자가 지배한 영토는 기껏해야 '부여 왕이 수여한 평양 주변의 봉토(封土) 백리(百里)에 지나지 않는다.'고 주장한다. 더불어 단재는 「부론」을 통해 '우리의 영토를 차지했다는 그 사실만으로 기자를 민족사의 일부분으로 편입시키는 것은 심각한 문제가 있다.'고 주장한다. 민족사는 '우리나라의 땅을 차지했던 종족이면 그들이 어떤 종족이든 상관하지 않고 모두 우리의 조상으로 인정하는 토지의 역사'가 아니라는 것이었다. 단재는 한 발 더 나아가 이렇게 주장하였다.

> "나는 우리 부여족이 발달한 실제 자취만을 우리나라 역사의 주요 골자로 삼을 뿐, 기타 각 민족이 우리나라 땅을 차지하고 주권을 다툰 일이 있더라도 모두 적국이 외침을 한 것으로 보겠다." -『독사신론』-

이제 기자는 우리 민족에게 문명을 전수한 자가 아니다. 그는 단지 부여족의 신하였을 뿐이며, 또 우리 민족사에 포함될 수 없는 외국인에 불과할 뿐이다. 이제 우리 민족의 시원인 단군시대는 문명국가의 시대일 뿐만 아니라 광대한 영토를 지닌 국가의 시대가 되었다. '남북으로는 문경에서 흑룡강까지 동서로 태평양에서 요동까지의 광대한 영토'를 지닌 국가, 이른바 '만주를 중심으로 하는 영토국가'였던 것이다. 단재에게 만주는 우리 민족의 운명을 결정짓는 기준이었다.

> "한국과 만주의 관계의 밀절(密切)함이 과연 어떠한가? 한민족이 만주를 획득한다면, 한민족은 강성해질 것이지만, 다른 민족이 만주를 획득한다면 한민족은 열퇴(劣退)해질 것이다. 또 다른 민족 가운데 북방민족이 만주를 획득하면 한국은 북방민족의 세력권 안으로 들어갈 것이며, 동방민족이 만주를 획득하면 한국이 동방민족의 세력권 안으로 들어갈 것이니, 오호라! 이는 사천년 동안 절대로 변하지 않는 철칙인 것이다." -『대한매일신보』「한국과 만주」(1908.7.25)-

'단군시대를 만주를 중심으로 하는 영토 국가'로 기술하는 『독사신론』에는, 우리민족이 상실한 영토에 대한 단재의 그리움이 담겨져 있다. 단재가 생각한 우리 민족의 공간적 경계는 한반도에 그치지 않았다. 그는 우리 민족의 시원적 경계를 광활한 만주로서 설정함으로써, 그 잃어버린 본래 영토를 되찾기를 부르짖고자 하였다. 이를 통해 단재는 우리 민족의 역사를 '한반도에 국한된 역사'라는 '반도사관'을 불식시키고 있는 것이었다.

이처럼 단재는 『독사신론』에서 우리 민족의 주체·시원·영토에 대한 독자적인 상상(재구성)을 통해, '㉮ 조상 대대로 전해 내려왔던 한반도에서 압록강 서쪽까지를 포함하는 강토를 재인식시키는 역사'와 '㉯ 모화주의(慕華主義)에서 탈피하고 외부의 정신에 정복당하지 않는 주체적 역사'를 기술하였다. 하지만 아직 남아 있는 것이 있었다. '㉰ 당시 일본의 왜곡된 역사서술을 바로잡는 역사'와 '㉱ 국민들에게 영웅 숭배하는 마음을 되살리는 역사'였다. 단재는 과연 이를 어떻게 해결하고 있을까?

3. 날조의 역사, 영웅의 역사

단재는 임나일본부설을 주장하는 일본이 우리 민족사에서 그리 중요한 존재가 아니라고 생각하였다. 물론 "일본은 우리 민족 사천 년의 대외 적국 가운데서 교섭과 경쟁이 가장 치열하여 접촉하면 접촉할수록 더욱 사나워짐을 나타내고 있지만, 도요토미 히데오시(豊臣秀吉)가 일으킨 임진왜란 이외에는 단지 변경지역이나 해안가에서 불쑥 나왔다가 사라질 뿐이었으며, 내륙지역에 섞여 살면서 서로 맞붙어 싸운 일도 없었다."고 단재는 단언하였다. 이와 같이 우리 민족사에 별 볼 일 없는 족속인 일본의 역사적 날조가 오늘날 심각한 지경에 이르렀다며 단재는 탄식했다. 그들은 "단군이 스사노오 노미코토(素戔嗚尊)의 동생이라 하고, 고려는 원래 일본의 속국이라 하는 말도 안 되는 주장"을 하며, "우리의 사천 년 역사를 일본사의 부속품 밖에 되지 않는다."며 억지를 부리고 있었다. 단재가 더 두려워했던 것은, 아무리 허무맹랑한 일이라도 여러 번 되뇌면 어느새 진짜 있었던 일처럼 여긴다는 것이었다.

"한 번 읽고 두 번 읽으면 한 번 전하고 두 번 전하는 사이에 많은 어리석은 사람들이 … 매우 빨리 사실로 서로 인정하게 되거늘 하물며 저 일본인은 모든 역사책에 이러한 말들(즉, 고려가 원래 일본의 속국이었다 하는 따위)을 실어서 대대로 전하고 암송할 새, 학교 강의에도 어린 학생들이 기뻐

뛰며 한가로이 책을 읽던 장부가 기세가 솟구쳐서 옛날부터 한국이 자기들의 소유물인 것 같이 인정하여 일반 국민들의 대외 경쟁사상을 고취하니, 그러한 사실이 있었던지 없었던지 간에 국민의 정신을 진작시킴에는 이것도 혹 하나의 방법이 될는지 모르겠으나 비록 그러나 역사를 날조하는 것이 어찌 이에 이르렀는가? 저들은 날마다 속이고 우리는 날마다 어리석어지니 아아 이것도 또한 작은 일로 볼 수 없는 것이다." -『독사신론』-

역사적 날조라도 그것을 반복 학습하게 된다면, 학습자는 어느새 사실로 받아들이며 되며, 그로 인해 마음속에 잘못된 의식을 지니게 된다는 것이었다. 이에 대응하여, 단재는 『독사신론』을 통해 '㉲ 근래 일본의 왜곡된 역사서술을 바로잡는 역사'를 펼쳐나간다. 단재는 '임나일본부설이나 고려가 일본의 속국이라는 날조된 역사'를 부정하는 소극적이고 방어적인 태도만을 견지하지 않는다. 그는 적극적이고 공격적인 태도로 '우리 민족이 일본을 점령하였을 뿐 아니라 일본은 우리 민족이 선진 문화를 전수해 준 열등국가였다.'는 역사를 기술한다.

단재는 먼저 일본인들의 말을 망령되이 믿지 말고 우리의 이야기를 들어보라고 요청한다. 우리 역사에 '신공황후 신라를 정복하였던 주장' 이른바 '임나일본부설'에 대한 기록은 전혀 없었다는 것이다. 더 나아가, 강항(姜沆, 1567-1618)에 따르면, 도요토미 정권하에서의 실세 다이묘이자 임진왜란 때 부대를 파견했던 모리 데루모토(毛利輝元)가 백제의 후손이라는 것이다. 더 나아가 단재는 임나일본부설과 완전히 반대되는 우리의 기록을 내세운다. 그는 『해사록(海槎錄)』의 저자 김세렴(金世廉, 1593-1646)의 언급을 빌려, 일본의 『연대기(年代記)』에 '신라 군사들이 오사카 주변을 쳐들어간 기록이 적혀있다.'고 주장한다. 이처럼 단재는 임나일본부설을 부정하는 것은 물론이고 신라가 일본을 쳐들어가 굴복시켰다는 역사적 기록을 통해, 일본의 왜곡된 주장에 비수를 꽂는다. 심지어 단재는 '백제와 일본의 관계는 시종일관 말갈족이 고구려를 숭배하는 것과 흡사한 상하·주종의 관계'라고 주장한다. 일본은 백제의 선진문명을 전수받은 미개야인(未開野人)에 불과하다는 것이었다. 때문에 일본이 여러 부락을 통합하여 대국을 이룬 뒤에 신라를 쳐들어왔음에도, 백제를 단 한 차례도 침략할 수 없었다는 것이었다.

"일본이 대국을 이룬 뒤에도 백제를 침략하지 않은 것은 무슨 까닭인가? 그것은 일본의 온갖 것이 백제로부터 받아들여졌기 때문이다. 문자도 백제에서 수입했으며 미술도 백제에서 수입하였을 뿐더러 또한 그 인종이 백제인으로 많이 구성되어 있기 때문에 백제와 일본은 틈새가 없었던 것이다. … 옛날 임진년에 강항이 일본에 잡혀 있을 때 그곳 토착 주민들이 백제의 후예라고 스스로 말했던 사람들이 많았으니 그들이 어찌 헛되이 그들의 계보를 속였겠는가? 이 때문에 신라 태종대왕이 백제를 쳐들어가기 위해 먼저 가벼운 병사로 오사카에 바로 들어가 그들의 소굴을 뒤엎고 항복의 강화를 맺은 뒤에 남방(곧 백제)에 이르렀다." -『독사신론』-

이처럼 단재는 '백제를 일본 문명의 아버지와 같은 국가'로서 설정할 뿐만 아니라, 일본의 인종이 다수의 백제인들로 구성되었다고 주장하였다. 이처럼 백제와 일본은 긴밀한 연대를 맺고 있어, 백제가 신라를 침략하거나 고구려에 침범당했을 때에 일본이 군대를 보내어 도와주었다는 것이었다. 이를 근거하여 볼 때, 모리데루모토가 백제의 후손이라는 강항의 주장은 역사적 사실이라는 것이다. 또 신라가 오사카를 침범하였다는 김세렴의 언급도 '신라가 백제를 치기 위해 먼저 일본을 쳐들어 온 것'이기에 역사적 진실이라는 것이다. 단재는 백제와 일본의 역사적 관계를 바탕으로 '임나일본부설을 부정'할 뿐만 아니라, 일본 문명의 뿌리가 '백제'라는 것을 제시하고 있다. 백제는 우리 민족의 주족인 부여족의 후손이다. 이는 일본에 대한 '문화적 우위론'을 설정함으로써 우리 민족사에 대한 자부심을 고취시키고 더불어 '한민족은 일본인에게서 갈라진 민족이기 때문에 일본이 한국을 보호하고 도와야 한다.'는 일선동조론을 역사적으로 반박한 것이었다. 하지만 단재는 일본에 대한 백제의 문화적 우위성을 높이 사면서도, 일본에 대한 백제의 의존적인 태도에 신랄하게 비판한다. "백제는 일본을 가르친 공덕에 의지하여 언제나 일본 군사를 이용하여 이웃의 적을 방어하였기에, 국가를 위한 그들의 계책이 너무도 어리석었다."는 것이었다.

"아아, 자강(自强)의 방책을 닦지 않고 다른 나라의 원조만을 믿는 것은 반드시 패망하는 길이다. … 아, 외국을 원조하는 나라는 이익 때문에 서로 합하는 것이다. 이익이 다하게 되면 반드시 흩어지게 되며 그 이후 반드시 서로를 해치게 되는 것은 명백한 이치인 것이다. 그러므로 외국의 원조는 이용하는 것은 해도 되지만, 믿고 의지하는 것을 해서는 안 되니 의지하고 믿으면 반드시 망하게 되는 것이다." -『독사신론』-

물론 신라 또한 백제와 같이 이웃 나라의 도움을 받았다. 하지만 백제와 신라는 완전히 달랐다고 단재는 평가한다. 백제는 일본의 도움만을 오로지 믿었지만, 신라는 먼저 자강의 방책을 강구하고 난 뒤에 중국의 도움을 이용하였기에 망하지 않았다는 것이다. 그렇다 할지라도 신라 역시 "외세를 불러와 같은 종족을 없애는 것은 도적을 끌어들여 형제를 죽이는 것과 다를 바 없기 때문"에 결코 용서받을 수 없다고 단재는 비판한다. 『독사신론』에 따르면, 고구려·백제·신라는 모두 부여족의 동일한 후손들이다. 역사가들은 김춘추를 우리나라 통일의 단서를 연 임금이라 평가하지만, 단재가 보기에 그는 절대로 용서받을 수 없는 인물이었다. 민족사의 관점에서 볼 때, 김춘추는 동족을 말살시킨 인물이요, 그것도 외세를 끌어와 동족을 살육한 인물에 불과하였다. 비록 그가 여러 나라를 남김없이 통일시켰다고 할지라도 말이다. 사실 김춘추가 이룩한 통일이라는 것도, 단재가 보기에 '압록강 서쪽을 잃어버린 반쪽짜리 통일'에 불과하였다. 그에게 김춘추는 '우리 민족의 영토를 작아지게 한 동족 잔상의 원흉'과도 같은 인물이었다. 이러한 데도 김부식을 필두로 한 역사가들은 김춘추를 드높이고 있었다. 김부식의 그러한 사필(史筆)로 인해, '압록강 바깥쪽의 민족이 우리 민족과 같은 민족임을 모르게 하였으며, 그 결과 우리 민족이 압록강 동쪽만을 고수하게 만들었다'는 것이었다. 바로 단재는 김부식으로 인해 우리의 민족정기가 약화되었다고 판단하였다. 그뿐만이 아니었다. 단재는 김부식이 역사가로서 조금도 자질이 없으며, 그의 『삼국사기』도 조금도 역사라고 할 수 없는 것이라고 신랄히 비난하였다.

"김부식은 역사적 식견과 역사적 재주가 전혀 없었다. 지리가 어떠한 것인지도 몰랐고, 역사적 본보기가 어떠한 것인지도 몰랐으며, 자기 나라를 존중할 줄도 몰랐고, 영웅의 귀중함도 몰랐다. 다만 허무맹랑하며 비열하고 전혀 쓸데없는 이야기들을 끌어 모아 몇 권을 만들고서 이것을 역사라 말하며, 이것을 삼국사(三國史)라 말한 자이다. 역사여, 역사여, 이따위 역사도 역사인가." -『독사신론』-

그렇다면 김부식의 『삼국사기』와 달리 '우리의 지리와 역사적 본보기, 나라의 존중과 영웅의 귀중함을 알 수 있는 삼국사'는 어떠한 것인가? 그러한 역사는 바로 '고구려를 중심으로 하는 삼국사'이어야 한다고 단재는 주장한다. "오직 고구려만이 열강의 사이에 있으면서 뛰어난 기개로 동서를 정벌한 무력을 휘둘렀기에, 고구려를 부여족의 주인공으로 인정해야 한다"는 것이었다. 더불어 고구려에는 역사적 본보기이자 귀중한 영웅들이 존재하였다. 그 초대 영웅은 '동명성왕 고주몽'이다. 단재는 동명성왕을 "우리나라의 만세 번영의 기초를 열어 놓은 인물 중에 그 공적과 덕업이 가장 우렁차고 뛰어난 인물"로 찬미하였다. 그는 대대적인 영토 확장을 통해 '단군의 옛 영토를 다시 회복시키는 이른바 다물(多勿)'의 영광을 드러낸 자로서, 부여족의 굳건한 터전을 구축한 영웅이었다. 고구려의 역사에는 동명성왕 이후에도 영웅들의 계보가 이어졌다. 아들 유리왕, 손자 대무신왕, 고국양왕, 광개토왕, 바보 온달, 을지문덕, 연개소문 등과 같은 위대한 영웅들이 출현하였다. 단재는 이들 가운데 "연개소문이야말로 우리나라 사천 년 역사에서 첫째로 꼽을 수 있는 영웅"이라고 주장하였다. 흥미롭게도 연개소문은 『삼국사기』에서 대역죄인으로 평가되는 인물이었다. 김부식은 이렇게 기술하였다.

"연개소문은 또한 재주가 뛰어난 인물이었으나, 바른 도리로 나라를 받들지 못하였으며, 잔인하고 포악하여 제멋대로 행동하였으니, 대역죄를 짓기에 이르렀다. 『춘추(春秋)』에서는 "임금이 시해되었는데도 그 역적을 토벌하지 않는다면, 그 나라에 사람다운 사람이 없다고 할 만하다."고 하였다. 그런데도 연개소문은 몸을 보존해 집에서 죽을 수 있었으니, 운 좋게 화를 면한 자라고 할 수 있다." -『삼국사기』-

이처럼 김부식은 연개소문을 '자신이 섬기던 임금을 죽이고 권력을 잡은 불충(不忠)한 대역죄인'으로서 '고구려 멸망의 원인'으로 규정하였다. 하지만 단재에게 연개소문은 결코 대역죄인이 아니었다. 그는 진정한 '우리 만세의 후손들에게 모범'이 되는 인물이었다. 바로 표트르, 나폴레옹, 크롬웰과 같은 영웅이었던 것이다.

"(연개소문은) 소년시절에 중국을 유람하면서 이세민의 사람됨을 엿보며 영웅들과 결탁하고 수많은 고초를 겪으며 외국의 문물과 풍토를 관찰한 것은 표트르와 같다. 각 귀족들이 그 태자가 어린 것을 업신여겨 부왕이 죽은 후에 왕위에 오르는 것을 허락하지 않거늘 돌연히 번개 같은 수완으로 여러 귀족들을 평정하며 그 병권을 독차지하고 천지를 울리는 군사의 위세로 동서를 정벌할 때에 가는 곳마다 당할 자가 없는 것은 나폴레옹과 같다. '영류왕은 적국의 위세를 두려워하여 비열한 정책으로 한때 구차히 지내고자 하는 사람'이기에, 비록 연개소문이 간하고 협박하여 이를 중지케 하였으나 끝내 신뢰하지 못하였다. (이에 영류왕은) 몇몇 간신들과 같이 모의하고 비천한 말과 두터운 폐백으로 적과 내통한 후에, 공(연개소문)을 오히려 해치고자 하였다. 이에 국가가 중요하고 임금은 가벼운 것이라 곧 한때 늠름하게 분기탱천하여 눈 같이 흰 장검을 뽑아 왕의 머리를 베고서 장대에 높이 매달고 온 나라에 호령함은 크롬웰과 같다. 아아, 연개소문은 곧 우리 광개토왕을 본받은 손자이며 을지문덕의 어진 동생이요, 우리 만세의 후손들에게 모범이 된다."-『독사신론』-

단재는 '국가가 중요하고 임금은 가벼운 것'이라면서, 연개소문이 '적국의 위세를 두려워하여 비열한 정책으로 한때 구차히 지내고자 하는 영류왕'을 친 일은 당연한 것이라고 평가한다. 연개소문은 외세에 의존하지 않는 자주적 인물이요, '충(忠)·불충(不忠)의 도덕보다 구국(救國)·망국(亡國)의 현실'을 우선에 두는 인물이었다. 그는 크롬웰과 같이 구국을 위한 결단에 따라 행동하였다. 또한 표트르와 나폴레옹과 같이 이민족과의 싸움에서 승리를 거둔 위대한 영웅이었다. 을지문덕 이외에도 고구려의 역사에는 외세에 의존하지 않고 주체적으로 국가를 수호하는 위대한 영웅들이 있었다. 또한 고구려의 백성들은 그러한 백절불굴의 용기를 지닌 영웅들을 본받아 위대한 기운을 지닐 수 있었던 것이다. 단재는 고구려가 망했더라도 대조영이 발해를 일으켜 옛 강토를 수복한 것은 당연한 일이라고 판단한다. 그 "민족의 정기가 죽지 않았던 국가라면 그 남은 싹이 다시 자라나는 것은 속일 수 없는 이치"이기 때문이라는 것이었다. 단재에게 '국가의 정신은 국가의 형식보다 더 근원적이고 본질적인 것'이었다. 그는 이렇게 말하였다.

"세계 어느 나라를 물론하고 먼저 정신상 국가(추상적 국가)가 존재한 이후에 비로소 형식상 국가(구체적 국가)가 비로소 존재한다. … 정신상 국가가 망하면 형식상 국가가 망하지 않았을지라도 그 나라는 이미 망한 나라이며, 정신상 국가만 망하지 않았다면 형식상 국가는 망하였을지라도 그 나라는 망

하지 않은 나라이다." -『대한매일신보』「정신상 국가」(1909.4.29)-

이러한 논의에 비추어 볼 때, 단재는 영웅의 역사를 통해 '우리 민족이 그 정신을 제대로 유지할 수 있다면 국가체제가 부재한 상황에서도 언제든지 부활할 수 있다.'고 믿었던 것이었다. 그에게 '민족은 국가체제의 유무를 초월하여, 민족정신이 살아 있다면 언제나 유지될 수 있는 공동체'였다. 국권상실의 상황에서 무엇보다 중요한 것은 민족정신을 되살리는 일이며, 그 길은 위대한 민족의 역사를 통한 자긍심을 높이는 것을 통해 이룩될 수 있다고 단재는 생각하였던 것이다. 때문에 그는 외세에 의존치 않고 민족의 이름을 드날렸던 자주자강의 수많은 영웅들을 소개하였던 것이었다. 곧 '㉴ 국민들에게 영웅 숭배하는 마음을 되살리는 역사'를 기술한 것이었다.

따라서 역사가는 '민족의 정기를 길러 주는 교육자'이다. 하지만 민족정기의 길러내기는커녕 말살시키는 교육자들을 쳐낼 필요가 있었다. 단재는 "역사는 애국심의 원천이며, 사필(史筆)이 강하여야 민족이 강하며, 사필이 상무(尙武)적이어야 민족이 상무적일 수 있는 것이다."고 주장하였다(『대한매일신보』, 1908.8.8). 우리 민족이 '한반도에서 만주를 중심으로 한 초고도 문명국을 이끈 단군시대의 후손들'이자 '일본의 왜곡된 역사서술을 바로잡아 민족적 자긍심을 키우고자 했던 것'처럼, 단재는 『독사신론』을 통해 과거의 영웅을 드러내어 우리 민족의 부활을 이끌고자 했던 것이었다.

Ⅲ. 교육적 인간상의 전환: 성인에서 영웅으로

언론사의 논객이자 역사학자로서 활동하기 이전만 하더라도, 단재는 전형적인 유학자였다. 할아버지에게 전통 한학 교육을 받았으며, 비록 다음 날 그만두었지만 성균관 박사로 임명될 정도로 유학자로서의 성공 가두를 달리고 있었다. '단재'라는 그의 호도 사실 정몽주의 「단심가(丹心歌)」를 따른 것이었다. 이처럼 단재는 '유교적 질서'를 최고의 가치로 여긴 인물이었으나, 을사늑약이 체결되자 유교적 질서를 과감하게 탈피하였다. 「단심가」에서 내세우는 '충(忠)'도 다르게 해석하였다. 그에게 충신은 임금과 황실을 위해 죽는 자가 아니었다. 오로지 국가와 국민만 생각하고 바라보며 국토를 지키고 국사(國史)를 빛내는 자였다(『大韓每日申報』, 1909.8.13). 단재는 당시 유림들의 행태에 깊이 탄식하였다.

> "오늘날의 선비는 하늘이 무너지고 땅이 갈라져도 도무지 모른 체하고 다만 강학(講學)만 한다. … 독선주의로 눈감고 가만히 앉아 있는 도학자(道學者)의 유교, 모든 정신을 썩어 빠진 예설(禮說)에 탕진하는 유교, 허황된 시문(詩文)에만 매달려 시국의 변화에 적용하지 못하는 유교, 이로 인해 유림(儒林)의 사상이 끝나고 나라의 슬픈 운명도 더 깊어졌다." -『대한매일신보』「경고유림동포」(1908.1.16)-

단재가 보기에 조선의 유교는 대단히 '노예적인 풍토'를 만들어 왔다. 그뿐이 아니라, 『사서오경』만 되풀이하고 이기심성(理氣心性)만 논의할 뿐이니, 유교는 필연적으로 조선을 정체적인 사회로 만들 수밖에 없었다고 평가한다(『東亞日報』, 1924.10.3). 물론 단재는 당시 '나라가 쇠약하게 된 이유는 유교를 믿었기 때문은 아니다.'라고 말하였다. 그러나 "유교가 그 형식만을 중시하는 보수적 태도로 새로운 사업을 반대하고 구미의 문명을 적(敵)으로 돌린다면, 유교와 한국은 함께 망할 수밖에 없다."고 경고하였다(『대한매일신보』, 1909.2.28). 이처럼 완고하고 나태하며 비주체적인 조선의 유교에서 망국의 상황을 타개할 해법이 나오지 않을 것이라 단재는 생각하였다. 그는 '유교의 이념에 기반을 둔 성인(聖人)'이 아닌 '우열존망(優劣存亡)의 사회진화론에 기반을 둔 영웅'에서 망국의 해결책을 찾고자 하였다.

정순우(2019: 290-291)에 따르면, 사회진화론은 민족주의자들에게 '영웅주의'와 '국가주의'를 부추기는 이론이자, '신민사상(新民思想)'을 등장시킨 배경이었다. 또한 국민들의 역사의식을 고조시키는 '민족사관'을 정립하는 단서를 제기해 주었다. 단재는 이러한 사회진화론의 산물인 '영웅·국가·신민·민족'을 하나로 결합시킨다. 그 결합체가 바로 '을지문덕·연개소문·이순신·최영'과 같은 호국의 무장들이었다. 단재는 이들 호국 무장들의 전기를 작성하였다. 이러한 영웅전의 기술은 누구보다 량치차오(梁啓超, 1873-1929)의 영향이 컸다. 박은식(朴殷植)·안창호(安昌浩)·장지연(張志淵)을 비롯한 당시 애국계몽 지식인들은 다양한 매체를 통해 량치차오의 글을 소개하는 데 열을 올리고 있었다. 단재도 량치차오의 『의대리건국삼걸전(意大利建國三傑傳)』을 국한문혼용체로 편역하여 『이태리건국삼걸전(伊太利建國

三傑傳)』(1907.10.)을 발행하였다. 량치차오는 중국의 역사 속에서 사회진화론을 재해석하는 '중국화된 사회진화론'을 구상한 인물이었다(정순우, 298-299).

단재는 우승열패(優勝劣敗)의 세계에서 살아남기 위해서는 '민족주의를 교육의 종지(宗旨)로서 확보'해야 한다고 주장했다. 여기서 영웅은 중대한 가치를 지니게 된다. 영웅은 '우승(優勝)의 화신(化身)'으로서 민족정기를 세우는 데 있어 필수불가결한 존재이기 때문이었다. 우리 민족이 약하게 된 이유를 '영웅을 숭배하는 근성이 너무도 박약하기 때문'이라고 단재는 평가했다(『을지문덕전』). 그가 영웅전을 저술했던 것은 '우리 민족을 구원해 줄 영웅이 출현'하기를 기원하는 행위였다. 그의 표현을 빌리자면, 영웅전의 저술은 "과거 영웅의 진면목을, 그리고 그 공적을 찬미하여 영웅을 출현하기를 소리 높여 외치는 행위"요, "과거의 영웅을 올바로 기록하여 미래의 영웅이 다시 나오기를 기도하는 행위"인 것이었다(『을지문덕전』).

더불어 단재의 영웅전 저술은 당시 '우리나라 사람들이 지녔던 민족성에 대한 편견'을 깨고자 하는 의도에서 이루어진 것이었다. 그는 '결코 외세의 침입에 허둥지둥하고 어쩔 줄 모를 정도로 못난 천성'이 우리의 민족성이 아니라, '강하고 용감한 천성'이 우리의 민족성임을 보여주고자 하였다. 단재는 이토록 강하고 용감한 우리의 민족성이 쇄약하게 된 이유에 대해, "무공(武功)이 문치(文治)보다 못하고 인자(仁者)는 작은 것으로 큰 것을 섬긴다는 사대주의(事大主義)"의 입장에 근거하여 "강하고 씩씩했던 역사를 덮어버리고 썩어 빠진 새우 같은 유생(儒生)만을 숭상"하였기 때문이라고 주장했다(『을지문덕전』).

이에 따라, 단재는 『이태리건국삼걸전』을 편역한 이후, '주체적 민족주의에 입장에서 위대한 무공을 지닌 우리 민족의 영웅들'의 전기를 저술하게 된 것이었다. 『을지문덕전(乙支文德傳)』(1908.5.)을 시작으로, 『수군제일위인(水軍第一偉人) 이순신(李舜臣)』(1908.5.2-8.18)을 연재하고, 이후 『독사신론』(1908.8.27.-12.13)에서 연개소문을 비롯한 우리 민족의 많은 영웅들을 소개하게 된다. 그리고 이듬해 망명을 가기 전까지, 단재는 『동국거걸(東國巨傑) 최도통(崔都統)』(1909.12.9.-1910.5.27)으로 민족 영웅들의 서사시의 마지막을 장식하게 된다.

그렇다면 단재가 그린 영웅들은 어떠한 인물들이었을까? 『독사신론』이 '우리 민족에 대한 단재의 상상(재구성)'이었듯, 그의 영웅전도 '자신의 상상(재구성)'이 들어가 있을 수밖에 없을 것이다. 그는 과연 영웅들을 어떤 방식으로 상상(재구성)

하였을까? 단재는 우리 민족의 영웅들의 전기를 저술하기에 앞서, '새로운 인물을 불러일으키고자 하는 영웅론'을 주장한 바 있다(『대한매일신보』, 1908.1.4.-5). 그의 주장은 대단히 혁신적인 영웅론이었다. 단재는 이 글에서 "영웅은 위인에게 봉헌하는 휘호(徽號)"라면서, "그 지식이 만인을 넘어서고 기개가 세상을 덮어 한 나라가 저절로 복종하게 만드는 자이자, 태양이 만물을 유인하듯 수많은 이들이 그를 향해 노래하고 울며 사랑하고 사모하고 절하고 존경하는 자"와 같다고 주장한다. 곧 영웅은 '인류 문명의 창시자이자 인류를 구원해 준 인물'이었다. 단재는 영웅이 없었다면 인류는 문명 이전의 세계의 군집 생물에 불과하였을 것이며, 야수들에게 밀려 도망 다녔을 것이라고 말한다.

> "영웅이란 세계를 창조하는 성신(聖神)이며, 세계는 영웅의 활동무대이다. 만일 상제가 세계를 창조하신 이래로 영웅이 하나도 없었다면, 망망한 산야는 조수(鳥獸)가 슬피 우는 무성한 풀밭일 뿐이며, 창창한 바다는 어룡이 출몰하는 기나긴 야굴(夜窟)을 이루게 될 뿐이다. 이른바 인류는 한 모퉁이에 엎드려 숨어 있으니, 개체는 있다고 해도 가족은 없었을 것이며, 집단이 있다고 해도 나라는 없었을 것이며, 생활은 있다고 해도 법률은 없었을 것이니, 벌과 개미와 같이 군집생활을 하는 어리석은 존재로서 유지해 왔을 뿐이며, 사는 것도 죽는 것도 이와 같아 곰·범·이리와 같은 야수들에게 천하를 양보하고 웃고 우는 데에도 그 소리를 감히 내지 못했을 것이다." -『대한매일신보』「영웅과 세계」(1908.1.4.-5)-

단재의 영웅론에서 특히 주목할 부분은 '영웅을 협의(俠義)의 영웅과 광의(廣義)의 영웅으로 구분한 다음, 시대의 변화에 따라 이제 영웅을 광의로 해석해야 한다.'고 주장하고 있는 점이다. 예컨대 을지문덕·연개소문과 같이 '무공가(武功家)'는 협의의 영웅이고, 무공이 아닌 어떤 것이든 간에 뛰어난 능력을 통해 세상을 변화시키고 모든 이들을 굴복시키는 자는 광의의 영웅으로서 단재는 규정하고 있었다. 그는 광의의 영웅으로 '무공가·성현(聖賢)·책사(策士)·문호(文豪)·고사(高士)·재사(才士)를 모두 포괄하는 것'으로 정의한 것이었다. 단재는 이제 영웅을 협의가 아닌 광의로서 이해해야 한다고 주장하면서도, 그가 제시하였던 영웅들은 '을지문덕·연개소문·이순신·최영' 등과 같이 협의의 영웅에 해당되는 무공가였다. 하지만 이 무공가들은 '광의의 영웅 개념'에서 논할 때, 성현과 동급인 인물들이다. 곧 단재는 무공가의 지위를 유교에서 최상에 위치한 성현과 일치시킴으로써, '문(文)을 높이고 무(武)를 수치스럽게 여기는 태도, 즉 문승유치(文勝武弛)'에 반기를 든 것이었다. 단재는 '우리나라가 몇백 년 동안 문승무치의 태도를 지금까지도 고수하였기에, 20세기 제국주의라는 거대한 악마가 종행하는지도 모르고 선비들은 옛 서적들만 품고 있으며 조정은 형식적이고 번거로운 의례만 말하다가 비통한 상황을 맞이할 수밖에 없었다.'고 비판하였다(『대한매일신보』, 1910.2.19). 특히 망국의 상황을 맞이한 우리 민족이 독립을 얻기 위해서는 반드시 세계와 교섭하며 세계와 투쟁해야 할 영웅이 있어야 한다면서, 이제 '문(文)보다는 무혼(武魂)과 무기(武氣)를 지닌 영웅을 양성해야 한다.'고 단재는 주장하였다. 단재가 "교육의 필수 삼요소인 덕(德)·지(智)·체(體) 가운데 하나를 취한다면 체육을 취하겠다."고 주장하는 것도(『대한매일신보』, 1910.2.9), 이러한 영웅론과 연관시켜 해석해 볼 수 있다.

또한 단재는 연개소문의 사례에서 볼 수 있듯이, '도덕보다 현실'을 우선에 두는 인물을 영웅으로 설정한다. 『이태리건국삼걸전』을 통해 '이탈리아 건국의 세 영웅들'을 소개함에 있어서도 단재는 그들의 '애국자적 특성'에 집중하였다. 그가 생각하는 애국자는 "입으로만 붓으로만 애국 애국하고 떠는 자가 아니라, 온 몸과 마음이 나라를 향하고, 모든 생각과 활동이 나라를 위한 자"였다(『이태리건국삼걸전』). 이순신과 같이 "그 마음에 부귀·빈천·안락·우고(憂苦)도 없이 오직 나라와 민족만 바라보고, 자신의 몸을 죽여 나라와 민족에 유리하다면, 아침에 태어나 저녁에 죽어도 된다."고 생각한 이가 애국자였던 것이다(『수군제일위인이순신』). 바로 단재는 '나라와 민족의 이익을 가장 위에 놓는 애국자로서의 영웅'을 양성하고자 한 것이었다.

하지만 이와 같은 '애국심과 무력 존숭에 근간한 영웅양성'이 '사회진화론'과 결합되면 심각한 문제가 발생하게 된다. 특히 단재는 "나아가지 않으면 물러나야만 하고, 물러나지 않으면 나아가는 것이 고금(古今)의 공통된 우승열패(優勝劣敗)의 공리(公理)"로서 인정하고 있었기에(『을지문덕전』), '영토 확장의 제국주의'를 정당화할 수 있는 위험성이 도사리고 있었다. 이는 일본 제국주의에 대해 비판하면서도, 본질에 있어서는 '비판의 명분을 잃어버리는 상황'을 맞이할 수 있게 되는 것이었다. 그 우려는 사실로 드러났다. 단재는 '을지문덕의 포부를 강토개척주의

(疆土開拓主義)이며, 을지문덕주의를 제국주의'로서 선언하였기 때문이었다.

> "을지문덕주의는 적이 커도 '나는 반드시 나아갈 것이다.'하고, 적이 강하여도 '나는 반드시 나아갈 것이다'하며, 적이 정예롭든 용감하든 간에 '나는 반드시 나아갈 것이다' 하는 것이다. … 오직 스스로 강하고 스스로 지키려는 마음이 있으면 그 나라가 강대해지는 것이니 을지문덕의 사상은 참으로 현명한 것이었다. 을지문덕주의는 어떠한 주의인가? 이는 곧 제국주의이다." -『을지문덕전』-

물론 을지문덕의 강토개척주의를 '부여족의 고토회복'이라고 볼 수 있다. 하지만 상대방의 입장에서 볼 때, 그것은 제국주의적 침략이 된다. 이러한 상황인데도, 단재는 '우리 본위의 침략에 대해서는 위대한 영웅의 업적'이라 평가하고 있었다. 그러나 그의 이러한 입장은 역으로 '임나일본부설에 주장하는 일본의 제국주의적 침범을 동의'하는 것이 되어 버리게 된다. 단재가 망명 이후 '민중론에 근간한 무정부주의자로 변신한 것'은 아마도 '영웅론에 근간한 민족주의'가 지닌 모순 때문이 아니었을까?

Ⅳ. 결론

지금까지 우리는 단재 신채호의 『독사신론』을 주텍스트로 하여, 단재가 '우리 민족이라는 공동체'를 어떤 방식으로 상상(재구성)하였는지를 검토하고, 그의 교육적 관심인 '양성하고자 했던 인간상'에 대해 살펴보았다. 단재의 『독사신론』은 '단군시대 이래로 발해국까지만 기술하는 미완의 역사였음에도 사실상 완성의 역사'였다고 할 수 있다. 왜냐하면, 단재는 그 미완의 논설을 통해 '일제 식민지배에 대한 저항·투쟁의 담론'을 '우리 민족의 상상(재구성)을 통해 완성'할 수 있었기 때문이었다.

먼저, 단재는 『독사신론』에서 '우리 민족의 역사는 부여족의 계보사'라고 주장한다. 그에 따르면, '우리민족이 단군을 시원으로 한 부여족이며, 고구려·신라·백제·발해·고려·조선은 모두 이 부여족의 동일한 후손들'이다. 더불어 단재는 단군시대를 건축·공예·전투장비 등이 발달한 '초문명국'으로 설정할 뿐만 아니라, 기자(箕子)를 부여족의 신하이자 우리 민족사에 포함될 수 없는 외국인으로 자리매김한다. 단재는 이러한 역사적 재구성(상상)을 통해, '우리 민족사를 모화주의에서 탈피시킴'과 동시에 '외세의 지배와 영향을 받아 발전하였을 뿐 자율적인 역사를 창조해 내지 못하였다는 타율성론에 반박할 수 있는 담론'을 마련하게 된다. 또한 단군시대가 '만주를 중심으로 한 광대한 영토를 지닌 국가'임을 보임으로써 '우리 민족의 역사가 한반도에 국한된 역사라는 반도사관을 불식시킬 수 있는 담론'을 구축한다. 다음으로, 단재는 일제의 역사적 날조에 대응하여 '일본이 우리 민족사에 별 볼일 없는 족속'이라고 폄하한다. 그뿐만 아니라 '우리 민족이 일본을 점령하였으며 일본을 우리 민족의 선진 문화를 전수받은 열등국가'로서 설정하여 '임나일본부설'을 철저하게 반격한다. 거기에 '일본의 인적 구성의 다수가 백제인이라는 역사적 설정'을 통해 '일선동조론'을 부정한다. 마지막으로, 단재는 『독사신론』에서 외세에 의존하지 않고 독자적인 힘으로 민족의 번영을 이끌었던 수많은 영웅들을 제시한다. 단재는 그 영웅들을 통해 '우리 민족에게 영웅을 숭배하는 마음을 되살리고 조상 대대로 전해 내려왔던 강토를 재인식'시키고자 하였다. 그는 바로 '민족의 정기를 높이는 역사적 담론'을 구성하였던 것이다.

사실 단재는 전형적인 유학자였으나 을사늑약이 체결되자 유교적 질서를 탈피하였다. 그는 조선의 유교가 노예적인 풍토와 정체된 사회를 만들게 한다면서, 망국의 상황을 타개할 그 해법이 유교에서 나올 것이라 생각하지 않았다. 단재는 '유교의 성인'이 아닌 '사회진화론에 기반한 민족의 영웅'에서 그 해답을 찾고자 하였다. 이에 따라 단재는 우리 민족을 구원해 줄 영웅이 출현하기를 간절히 기원하는 마음에서, 영웅전을 작성하게 된다. 그는 영웅전을 통해 '문치가 아닌 무공을, 사대주의가 아닌 주체적 민족주의'를 주장하였다. 특히 단재는 영웅을 광의로 해석하기를 요구하면서, 무장을 유교전통에서 최상에 위치한 성현과 동급으로 인정한다. 그는 이러한 논리를 통해 문승무치(文勝武弛)의 입장에 반기를 들 뿐만 아니라, '유교의 도덕보다도 나라와 민족의 이익을 가장 우위에 두는 애국자'가 진정한 영웅이라고 주장하게 된다. 하지만 단재가 주장했던 '애국심과 무력 존숭에 근간한 영웅양성'과 '사회진화론'이 결합됨으로써 심각한 논리적 모순이 발생하게 되었다. '우리 본위의 침략에 대해서는 위대한 영웅의 업적'으로는 여기는 단재의 태도는 역으로 일본 제국주의의 영토 확장을 정당화할 수 있기 때문이었다. 이러한 이유로 단재가 망명 이후 '영웅론적 민족주의'를 버리고 '민중론에 기반한 무정부주의자로 변신한 것'이 아닐까 추정해 볼 수 있다. 더불어 단재가 무정부주의자가 되었음에도 무력투쟁론을 계시하는 것은 '영웅론의 기반이 되는 무력중시의 태도'가 지속된 것이 아닐까 생각되기도 한다.

진실로 단재 신채호의 기획은 거대하였다. 그는 우리 민족의 상고사를 재구성(상상)하는 엄청난 기획을 통해 일제의 식민지배 상황을 넘어서고자 하였다. 이른바 단재의 『독사신론』과 영웅론은 실로 최남선이 말한 것처럼 "오래 파묻혔던 빛과 오래 막혔던 소리를 다시 드러내고자 온 정성을 다한 한 소년의 속마음의 부르짖음"이요, '하루 속히 민족을 구원할 영웅이 출현하기를 소리 높여 외치는 기도'였다.

참고문헌

강영주(1991), 『한국역사소설의 재인식』, 창작과 비평사.

권보드래(2007), 「근대 초기 "민족" 개념의 변화: 1905-1910년 『대한매일신보』를 중심으로」, 『민족문학사연구』(33).

단재신채호전집편찬위원회 편찬(2007), 『단재 신채호 전집 제3권, 역사』, 독립기념관 한국독립운동사연구소.

단재신채호전집편찬위원회 편찬(2007), 『단재 신채호 전집 제4권, 전기』, 독립기념관 한국독립운동사연구소.

단재신채호전집편찬위원회 편찬(2007), 『단재 신채호 전집 제6권, 논설·사론』, 독립기념관 한국독립운동사연구소.

단재신채호전집편찬위원회 편찬(2007), 『단재 신채호 전집 제9권, 단재론·연보』, 독립기념관 한국독립운동사연구소.

박찬승(2008), 「한국에서의 '민족' 개념의 형성」, 『개념과 소통』, 한림대학교 한림과학원.

백동현(2001), 「러일전쟁 전후 '民族' 용어의 등장과 민족인식」『韓國史學報』 제10호, 고려사학회.

신용하(1991), 「신채호의 생애와 사상과 독립운동」, 『계간 사상』(가을호), 사회과학원.

앙드레 슈미드(Andre Schmid), 정여울 옮김(2007), 『제국 그 사이의 한국, 1895-1919』, 휴머니스트.

이만열(1990), 『단재 신채호의 역사학 연구』, 문학과 지성사.

이신철(2013), 「대한제국기 역사교과서 편찬과 근대역사학」, 『歷史敎育』(126호), 역사교육연구회.

이지중(2007), 「단재 신채호 교육관 고찰」, 『敎育思想硏究』(21권 2호), 한국교육사상연구회.

정순우(2019), 『성인담론과 교육』, 태학사.

조동걸(1990), 「植民史學의 성립과정과 근대사 서술」, 『역사교육논집』(13권 통합호), 역사교육학회.

한관일(2002), 「신채호의 교육사상연구」, 『韓國의 靑少年文化』(2권), 한국청소년문화학회.

Benedict Anderson(2006), Imagined Communities: Reflections on the Origin and Spread of Nationalism (2nd editon), London & New Tork: Verso.

大田高子(2003), 「韓國 내셔널리즘에 대한 考察: 내셔널리즘 理論에서 본 韓國 '民族主義'」, 『한일민족문제연구』(5), 한일민족문제학회.

齋藤俊明(2003), 「民族」, 石塚正英·柴田隆行 編, 『哲學·思想 飜譯語 事典』, 論創社.

그림출처

[그림1] <우리역사넷> (http://contents.history.go.kr)

[그림2] <아마존> (https://www.amazon.com)

[그림3] <독립기념관 한국독립운동정보시스템> (http://search.i815.or.kr)

일제강점기, 저항과 계몽의 교육사상가들

심산 김창숙의
교육사상

- 민족주의, 민주주의,
유교교육 운동을 중심으로

유재봉

Ⅰ. 서론

조국 광복에 이 몸을 바친 몸/ 엎어지고 자빠지기 어언 사십년
뜻한 일이 이미 어긋나 실패하고/ 몹쓸 병만 부질없이 오래도다.
……
아아, 조국의 슬픈 운명이여/ 모두가 돌아갔네 한 사람의 손아귀에
아아, 겨레의 슬픈 운명이여/ 전부가 돌아갔네 반역자의 주먹에
평화는 어느 때나 실현되려는가/ 통일은 어느 때에 이루어지려나
밝은 하늘은 정말 다시 안 오면/ 차라리 죽음이여 빨리 오려무나
(1957, '통일은 어느 때에' 中)

우리나라에서 '1919년'은 나라를 잃은 암울한 가운데 좌절하지 않고 독립을
위한 계기가 된 일련의 의미 있는 굵직한 역사적 사건들이 일어난 해이다. 우리나
라에서 처음으로 자발적이면서 대규모의 독립을 위한 만세운동이 일어난 '3·1운
동 100주년'이고, 파리강화회의에 모인 열강들 앞에서 대외적으로 우리의 독립 의
지를 천명하고 우리나라의 독립을 청원한 '파리장서운동 100주년'이며, 또한 '대한
민국 임시정부수립 100주년'이다.

심산 김창숙은 유림을 대표하는 독립운동가로서, 일제 강점기에는 파리장서운
동(제1차 유림단 운동)과 제2차 유림단 운동을 주도하였고, 해방 후에는 이승만 독
재에 끝까지 항거하면서 민주주의를 위해 투쟁하였다. 그는 또한 유도회총본부 대
표와 성균관 관장으로서 유교를 혁신하고 유교단체를 통합하여 성균관대학을 설립

하고, 성균관대학교 초대 학장과 총장으로서 유교교육을 진흥하는 데 중요한 공헌을 하였다. 이처럼 그는 해방 전후에 있어서 가장 영향력 있는 유교지도자로서, 고문으로 앉은뱅이가 되었으면서도 일제에 끝까지 저항하고 절의를 꺾지 않고 한국의 독립운동과 교육운동에 헌신하였다. 그럼에도 불구하고 김창숙은 교육계에서 상대적으로 덜 알려져 있는 편이며, 그의 교육사상에 대한 연구도 별로 없다.[1]

이 글은 심산 김창숙의 교육사상을 민족주의 운동, 민주주의 운동, 유교부흥운동 측면에서 밝히기 위한 것이다. 이러한 목적을 위해, 먼저 김창숙의 생애와 교육사상의 배경을 살펴보고, 다음으로 일제 강점기의 민족주의 교육운동을 을사늑약 이후와 3·1운동 이후로 나누어 고찰하며, 마지막으로 해방 이후의 교육운동을 민주주의 교육운동과 유학교육 운동으로 나누어 살펴본다. 이러한 김창숙의 교육운동 논의에는 그의 구국과 독립운동, 반탁과 반독재 운동, 유교혁신과 부흥운동 속에 일관되게 흐르고 있는 유교정신이 무엇인지를 밝히는 것을 포함한다.

Ⅱ. 심산의 교육사상의 배경

1. 생애와 사상적 배경

심산 김창숙은 1879년 경북 성주에서 출생하여 1962년 5월 10일 국립중앙의

---

1) 김창숙 연구에 관한 가장 대표적 1차 사료는 김창숙(1973)의 『심산유고』와 『국역심산유고』 (1979)이다. 이 책은 김창숙이 한문 쓴 시문집 『심산만초』와 『벽옹만초』, 그리고 『벽옹73년회상기』 등을 함께 엮은 것으로, 총 5권으로 구성되어 있다. 권1은 사(詞)와 시(詩)들로, 권2는 서간들로, 권3은 서(序), 발(跋), 기(記), 상량문, 송(頌), 명(銘), 고문(告文), 제문들로, 권4는 비문, 묘지명, 묘표, 묘갈명, 행장(行狀), 유사(遺事)들로, 권5는 잡기와 잡저들로 구성되어 있다. 『국역심산유고』는 한문으로 쓰인 『심산유고』를 국문으로 번역한 것이다. 심산사상연구회 (2001) 『김창숙 문존』은 『국역심산유고』에 들어 있는 시, 산문, 자서전을 엄선한 것이다. 김창숙의 기존 연구들은 대부분 『심산유고』와 『국역심산유고』에 의존하고 있다. 김창숙의 사상과 활동 전반에 관한 대표적인 연구로는 심산사상연구회(1986) 『심산 김창숙의 사상과 행동』, 권기훈(2007) 『심산 김창숙 연구』, 김기승(2017) 『심산 김창숙: 유림 독립운동의 상징』, 박해남 (2002) 『마지막 선비, 김창숙의 삶과 생각 그리고 문학』, 김삼웅(2006) 『심산 김창숙 평전』 등이 있다. 김창숙에 대한 논문으로는 구국운동과 독립운동에 관한 논문(박홍식, 1999; 김현수, 2018), 정치활동에 관한 논문(서중석, 2003), 유학정신에 관한 논문(송항룡, 1986; 최일범, 2010) 등이 있으며, 교육에 관한 논문으로 송재소 (2008), 강명숙(2015) 정도가 있다.

료원에서 84세로 타계한 유학계의 대표적 인물로서, 일생동안 민족의 독립과 민주주의 실현을 위해 투쟁하였다. 김창숙의 호는 가장 일반적으로 사용되는 심산(心山) 외에, 직강(直岡), 벽옹(躄翁) 등이 있다. '직강'은 마을 앞산의 곧게 뻗은 직준봉(直峻峯)처럼 모든 일에 곧고 굽히지 말라는 뜻으로 부친이 지어준 것이고, '심산'은 마흔 살 되던 해에 맹자의 "사십부동심(四十不動心)"에서 따온 것으로 어떠한 일에도 마음이 흔들리지 않겠다는 의지의 표현이며, '벽옹'은 독립투쟁 과정에서 고문으로 하체를 거의 쓸 수 없게 되면서 사람들이 벽옹(앉은뱅이 노인)이라 부르면서 생긴 것이다. 직강, 심산, 벽옹 등의 김창숙의 호는 그의 정신과 그가 살아 온 삶의 궤적을 고스란히 드러내어 준다(박해남, 2009: 18).

김창숙(金昌淑)은 아버지 김호림과 어머니 인동 장씨 사이에서 영남 유학의 두 거두인 퇴계 이황과 남명 조식의 문인이면서 남명5현(南冥五賢)에 속했던 명문가인 동강(東岡) 김우옹(金宇顒)의 13대 종손으로 태어났다. 김창숙은 6세 때부터 글을 배우기 시작하여 8세 때 소학을, 13세 무렵에 사서(四書)를 읽었다. 그렇지만 그는 어렸을 때에 동네 아이들과 어울려 노는 것에 정신이 팔려 공부에는 별로 관심이 없었다. 이 점을 걱정한 부친이 당대의 유명한 유학자인 대계(大溪) 이승희(李承熙)에게 아들의 교육을 부탁하였으나, 김창숙은 경전에 대한 공부와 성리학 이론을 듣기 싫어하여 끝내 그의 문하에 들지 못하였다(김창숙, 1979: 681).

이 시기에 김창숙에게 가장 영향을 준 사람은 부친 김호림이다. 하강 김호림은 한주 이진상(寒洲 李震相, 1818-1886)을 스승으로 모셨으며, 한주학파(寒洲學派)의 심학(心學)의 전통을 이어받아 유교의 정신과 가치를 실천하는 데 초점을 두었다. 그는 유교적 의리정신에 투철하여 불의를 보고 참지 못하는 지사적 면모를 지니고 있었다(김기승, 2012: 111-112). 김호림은 근대화가 이루어지고 있었던 당시의 시대적·사회적 움직임을 수용하여 아들 김창숙에게 문벌과 계급타파와 같은 진보적인 사상을 가르쳤으며, 사회에도 선한 영향력을 발휘하였다.[2] 이러한 부친의

---

2) 김호림은 서당 학생을 데리고 나가 모내기를 돕게 하고, 점심을 먹는 자리에서 나이 많은 노비에게 먼저 음식을 나눠 주고, 학생들에게는 나중에 주게 하였다. 이에 학생들이 불평하는 기색을 보이자, "너희들이 주역을 읽으면서 주역 이치를 모름이 옳겠느냐"라고 훈계하였다. 지금은 천하가 크게 변하는 시기이니 그에 맞게 처세하라는 것이다(김창숙, 1979: 682; 심산사상연구회, 2001: 253). 이러한 김호림에 대한 존경 때문에 1894년 갑오농민전쟁 때 농민군조차 "여기는 하강 김호림 공의 마을이니 조심하여 범하지 말라."고 하는 일화가 있을 정도였다(김덕균, 2013: 22).

영향으로 김창숙은 일찍부터 신분과 계급타파와 같은 시대의 변화상을 배우면서 민족의식에 눈을 뜨게 되었고, 공리공론이나 고담(高談)을 일삼기보다는 실질을 중시하는 태도, 시대와 현실에 대한 냉철한 인식과 변혁적 태도 등을 형성했다(권기훈, 2007: 66).

그러다가 김창숙이 유학 공부에 몰두하기 시작한 것은 18세 때 부친상을 당한 이후이다. 김창숙은 부친상 중에도 술을 마시고 돌아다니는 등 일시적으로 방황하였으나, 어머니의 준엄한 훈계를 계기로 부친 김호림과 교유하던 한주학파의 만구 이종기, 면우 곽종석, 대계 이승희, 회당 장석영 등 영남학파를 대표하는 유학자들을 찾아다니며 경서 공부를 하였으며(김현수, 2018: 125), 특히 한주의 아들인 이승희를 존경하여 "충심에서 나온 기쁨으로 정성껏 복종하였다"(김창숙, 1979: 683). 김창숙은 한주학파와의 만남을 통해 세상에 대한 견문을 넓혔으며, 지속적으로 한주학파의 영향을 받았다. 한주학파는 한주 이진상의 성리학적 학통을 계승한 무리로서, 퇴계의 주리론(主理論)을 발전적으로 계승한 '심즉리(心卽理)'설을 주장하였다. 이기이원론(理氣二元論)에 바탕을 둔 퇴계학파의 주류와는 달리, 19세기 한주학파들은 기학을 부정하고 인간의 보편적인 마음에 절대적 가치를 부여하는 '심학(心學)'을 체계화하였다. 그들은 유학뿐만 아니라 서양학문에서도 보편적 의리를 찾을 수 있다고 보아, 서양문물과 만국공법을 수용하였다. 이러한 한주학파의 서양에 대한 수용적 태도는 김창숙을 혁신적 유교지식인으로 만든 바탕이 되었다(김기승, 2012: 110).

김창숙은 1910년 8월 경술국치를 당하자 망국의 슬픔과 실의에 빠져 약 3년 동안 술을 마시며 방탕한 생활을 하였다. 1913년 김창숙의 어머니는 아들이 동강의 13대 종손임을 상기시키면서 공부를 하여 나라의 광복을 도모하라고 훈계를 하였고, 김창숙은 이때부터 정신을 차리고 오로지 약 4-5년 동안 유학공부에 매진하였다. 이 시기에 그는 유교경전과 제자백가를 두루 섭렵하였고, 유교지도자로서 갖추어야 할 심도 있는 유학지식과 교양을 쌓았다. 이러한 유학공부는 김창숙으로 하여금 망국으로 인한 정신적 방황을 이겨낼 수 있게 하였을 뿐만 아니라, 유학의 이치를 깊이 깨닫게 하였다. 그 이치란 다름 아닌 주리(主理) 철학을 내면화하여 자기를 수양하는 것, 즉 "인욕을 막아서 천리를 보존함(遏人慾存天理)"이 학문의 진수라는 것이다. 그는 『대학』에서 말하는 격물치지(格物致知), 성의정심

(誠意正心), 수신제가(修身齊家), 치국평천하(治國平天下)가 모두 여기서 비롯된다고 보았다(김창숙, 1979: 697; 김기승, 2012: 119-120; 김현수, 2018: 129-131). 이러한 유교정신은 김창숙의 독립운동과 반탁·반독재투쟁, 그리고 유학부흥 운동의 기준이 되었다. 아닌 게 아니라, 그는 이러한 유학 이념에 바탕을 둔 대의명분과 의리정신에 따라 불의에 대해 끝까지 저항하며 비타협적 태도로 한평생을 치열하게 살았다.

2. 김창숙의 교육운동 토대로서의 유학정신

김창숙에게 유교사상이라고 할 만한 것이 있는가? 이 질문 속에는 김창숙이 훌륭한 유교 지도자이기는 하지만, 유학자는 아니라는 상정이 들어 있다. 이러한 반문은 김창숙이 유학계에 내놓을 만한 독특한 유학이론을 정립하지도 않았고 주자학에 대해 별다른 학설을 남기지 않았다는 점에서 언뜻 보기에 타당한 듯이 보인다. 그러나 김창숙이 자신의 고유한 유학사상을 가르치거나 제시하지 않았을지라도, 그가 오랫동안 유교지도자로 존경받아 온 것은 철두철미하게 유교정신으로 무장되어 있었기 때문이고, 그 정신은 유학사상을 내면화한 것으로 보아야 한다. 김창숙이 절의를 꺾지 않고 일관되게 독립운동, 반탁운동과 민주운동, 유교부흥 운동을 하게 된 이면에는 그의 독특한 유교정신이 있었다고 볼 수 있다. 그러므로 김창숙의 교육사상을 심층적으로 이해하기 위해서는 그가 국권회복과 독립운동, 독재에 대한 투쟁과 민주운동, 유교부흥과 유교교육을 흔들림 없이 하게 한 원동력이 되는 유교정신이 무엇인지에 대해 분석할 필요가 있다. 김창숙이 일생 동안 기대어 왔고 추구해 온 유교정신이 무엇이며, 어디에서 비롯된 것인지에 대해서는 학자들마다 다양한 견해들이 존재한다.

첫째, 김창숙의 유교정신이 넓게는 퇴계학파의 '주리론', 좁게는 한주학파의 '심학(心學)' 전통을 계승했다고 보는 견해이다. 실지로 김창숙은 유교에서 중요한 것이 공자의 이름보다는 '공자의 심법(心法)'이라고 주장한 바 있다.[3] 최일범(2010)

---

3) " … 한인(漢人)은 공자를 '쿵즈'라 하나, 우리는 '공자'라 한다. 귀한 것은 공자의 성명보다 공자의 심법(心法)이다. 이것이 즉 인류를 지배할 시중(時中)의 대도(大道)다"(유도회 총본부 위원장 취임사, 이황직, 2017: 295 재인용).

은 김창숙의 유교정신을 한주학파의 심학의 전통의 근원이 되는 '도학(道學) 정신'
으로 보았다. 이것은 한주 이진상의 '심즉리(心卽理)'설의 핵심인 '심의 주재성'을
계승한 것이며, 더 넓게는 성리학의 '리(理) 중심'의 학풍이 이어진 것이다. 김기승
(2012)도 김창숙의 유교정신이 기본적으로 한주학파의 심학 전통을 계승한 것이
면서 동시에 전통 유교를 시대와 사회의 상황과 부합하게 혁신해 나간 것으로 보
았다.

둘째, 김창숙의 유교정신을 '실천적 유학사상'이나 '행동주의'로는 보는 견해이
다. 김창숙의 이러한 실천적·행동주의적 유교정신은 퇴계 이황의 '경(敬)' 정신과
더불어 남명 조식이 강조했던 실천유학으로서의 '의(義)'에 영향을 받은 것으로 보
인다.4) 이우성(1986)은 김창숙의 개혁주의, 민주주의, 독립운동, 통일이념 등은 그
의 실천적 유학사상과 행동주의에 비추어 비로소 설명될 수 있다고 보았으며, 송
항룡(1986)도 심산의 유학은 유학 이론이나 사상보다는 유학정신의 실천에 있다
고 보았다. 박홍식(1999)도 김창숙이 '실천유학'의 전형, 즉 유교 이론추구나 저술
보다는 전형적으로 구국독립운동 등 유학의 실천에 몰두한 경우에 해당한다고 보
았다.

셋째, 김창숙의 유교정신을 가학적 전통에서 찾는 견해이다. 이것은 앞의 두
가지와 별개의 것은 아니지만, 그의 강직하고 대쪽 같은 기질, 불의를 보면 참지
못하는 성격, 대의명분을 무엇보다 중시하며 그에 따라 행동하는 성향, 사회를 위
해 목숨을 바치는 것을 당연히 여겨 독립투쟁과 반독재 투쟁에 기꺼이 참여하는
태도, 유교의 형식주의에서 벗어나 시대와 사회의 변화를 과감히 수용하여 신분과
계급을 타파하는 혁신적 유학 입장에 가장 영향을 준 사람은 가까이는 부친 김호
림이고,5) 멀리는 동강 김우옹으로부터 내려오는 유교적 의리정신의 실천을 강조

---

4) 변창구(2014)는 김창숙이 영남 유학의 거두인 퇴계와 남명의 영향을 받았다고 보았으며, 이영
호(2011)도 김창숙이 일생 동안 한결같은 마음으로 외적 세력과 투쟁할 수 있었던 것은 '절의
정신(節義精神)', 특히 세상의 난관과 협박을 회피하기보다는 적극적으로 맞서면서 지조를 지키
는 '능동적 절의' 때문이라고 보았다.
5) 김창숙이 부친의 영향을 받았다는 점은 부친이 가르치고 얼마 안 되어 실지로 갑오경장으로 계
급이 타파되는 것을 보면서 "내가 아버지를 배우지 않고 누구를 배우겠는가?"라고 하였을 뿐만
아니라 부친의 유훈, 즉 "사람이 세상에 났다가 사회를 위하여 목숨을 바치어 일함이 당연하니
부디 아비의 최후에 깨쳐준 말을 잊지 말고 명심하여 죽어 부끄러운 사나이가 되지 말라."에 따
라 김창숙이 평생을 흔들림 없이 독립과 민주화를 위해 헌신한 것에서 잘 드러난다(박해남,

한 남명학의 영향을 받은 가학(家學)의 전통 때문이다. 아닌 게 아니라, 김우옹은
조식의 외손서(外孫壻)로서 자신을 깨어 있게 하는 성성자(惺惺子)를 물려받았을
뿐만 아니라 남명을 따라 경의(敬義)를 중시하여 그것이 심(心)을 바르게 하는 요
체로 보았다(권기훈, 2007: 59).

　　김창숙이 치열한 독립운동가로서, 매서운 반독재 투쟁가로서, 그리고 유교계의
존경받는 지도자로 살아올 수 있었던 것은 그가 자라면서 자연스럽게 체득한 가
학의 전통과 여러 스승들로부터 배우거나 독학을 통해 깨우치면서 형성한 유교정
신 때문이다. 그 유교정신은 크게 두 가지이다. 하나는 조선 주자학으로 정립한
퇴계의 주리론과 그것을 계승한 한주학파의 심즉리설이고, 다른 하나는 주자학적
의리정신에 따라 절의를 지키고 실천하는 행동주의이다. 그러나 김창숙의 유교정
신을 이렇게 나누는 것은 논리적인 구분이고, 실지로는 이 두 가지가 통합되어 있
다고 보아야 한다. 즉, 유학정신의 내면화가 의리정신의 실천으로 나타난 것이다.
이러한 의리 정신은 난세(亂世) 상황에서는 불의나 부도덕에 대한 투쟁으로 나타
난다. 이 점에서 보면, 일제강점기에서의 항일운동과 독립운동, 해방 후의 반탁운
동과 반독재투쟁으로 점철된 김창숙의 일생은 대의명분과 의리에 따라 살고자 하
는 유학정신의 자연스런 발로로 볼 수 있다(송항룡, 1987: 32-40). 김창숙의 유학정
신은 시대와 상황에 따라 특정 전통이 더 두드러지게 나타나기도 하고 덜 나타나
기도 한 것이다.

Ⅲ. 김창숙의 민족주의 교육운동

　　김창숙의 교육사상은 시대 순서에 따라 크게 세 가지로 나누어 볼 수 있다.
첫째는 일제 강점기 동안의 구국운동이나 독립운동과 관련 있는 '민족주의 교육운
동'이고, 둘째는 해방 이후의 반탁운동과 반독재 투쟁과 관련 있는 '민주주의 교육
운동'이며, 셋째는 유림단체를 하나로 통합하고 성균관 복원과 성균관대학 설립을
통한 '유교부흥 운동'과 유교교육 실천이다. 이 세 가지의 교육운동은 별개의 것이
라기보다는 동일한 운동의 세 가지 양상으로, 김창숙의 동일한 유교정신이 시대와

2009: 20-21).

사회에 따라 실천 양상을 달리하여 나타난 것으로 볼 수 있다. 이 절에서는 일제
강점기 동안의 민족주의 교육운동에 대해 다루고, 다음 절에서는 해방 후의 민주
주의 교육운동과 유교교육 운동에 대해 고찰한다.

1. 을사늑약기의 구국운동

1905년 을사늑약으로 국권이 사실상 상실됨에 따라 지금까지 보수적이고 소
극적인 입장을 견지해 오던 유림들도 국권침탈의 문제를 재인식하게 되었다. 김창
숙은 스승인 이승희, 곽종석 등과 협력하여 구국운동과 국권회복 운동에 참여하였
다. 이 시기의 김창숙의 구국운동은 크게 소극적·저항적 운동과 적극적·대안적
운동으로 나눌 수 있다.

김창숙의 소극적·저항적 운동으로는 을사오적처단 상소운동과 일진회 성토운
동을 들 수 있다. 김창숙이 명시적으로 처음으로 구국운동에 참여한 것은 스승인
이승희를 따라 서울에 올라가 1905년 을사오적의 처단과 늑약의 파기를 주장한
상소운동('請斬五賊疏')으로 볼 수 있다. 이 상소문의 내용은 만국공법인 강상(綱常)
윤리의 적(敵)인 이토 히로부미와 을사오적을 성토하면서 늑약을 파기하라는 것이
다. 이 상소문은 두 차례 조정에 올렸으나 받아들이지 않자 그는 통곡하며 귀향하
였다(김창숙, 1979: 684).

일진회 성토운동도 1909년 일진회의 송병준, 이용구 등이 이토 히로부미의 사
주를 받아 한일합방을 청원한 것에 저항한 운동이다. 김창숙은 '일진회성토건의서'
를 작성하여 성주 유림 70명을 향교에 모이게 하여 서명을 받고자 하였으나, 건
의서 내용이 너무 과격하다는 이유로 서명하기를 꺼려 결국 김원희, 이진석, 최우
동과 함께 4명이 서명한 건의서를 직접 중추원에 제출한 후 각 신문사에 우편으
로 발송하였다. 이 사건으로 김창숙은 일본 헌병 성주분견소에서 8개월 동안 구
금당하고 고초를 당하였다. 그는 성주분견소장이 황제가 합방을 허용한다면 어떻
게 하겠느냐는 질문에 대해 김창숙은 황제는 허가하지 않을 것이고, 설령 허가한
다고 하더라도 그것은 잘못된 명령(亂命)이므로 따르지 않겠다고 하였다. 황명을
따르지 않은 것은 역(逆)이라는 소장의 반론에 대해, 사직은 임금보다 중요하기
때문에 오히려 난명을 따르지 않는 것이 충성하는 것(忠)이라고 하였다(김창숙,

1979: 688-689). 일진회 성토운동에서 보듯이, 김창숙의 생각은 구국에 대한 결의를 보여줌과 동시에 전통 유교적 군주 개념과 국가 개념에서 점차 벗어나고 있었다.

김창숙의 적극적·대안적 운동으로는 대한협회 성주지회의 결성, 국채보상운동, 성명학교 설립 등을 들 수 있다. 대한협회 성주지회는 나라가 풍전등화의 위기에 처해 있는 상황에서 선비들이 글만 읽고 있어서는 안 된다는 인식하에, 1908년 11월 발기회를 거쳐 12월 28일에 창립총회를 개최하여 결성되었다. 대한협회 성주지회를 조직한 이유는 기울여져 가는 조국을 구하기 위해서이고, 조국을 구하기 위해서는 옛 인습을 개혁하고 계급을 타파하는 것이 선행되어야 하며, 이 일을 효과적으로 할 수 있는 것이 바로 대한협회라고 생각했던 것이다(김창숙, 1979: 684). 김창숙의 뜻대로, 대한협회 성주지회는 계급에 상관없이 사문가문뿐만 아니라 향리, 일반 평민에게도 참여기회를 개방함으로써 사회개혁과 혁신운동의 모범을 보여 주었다.

국채보상운동은 을사늑약을 전후해서 일본이 강제한 정부의 1년 예산에 해당하는 국채 1,300만 원을 보상하기 위한 운동이다. 당시의 정부가 이 돈을 갚을 능력도 의지도 없자, 재야 선각자들이 나서서 1907년부터 다양한 모금운동을 전개하였다. 이러한 상황을 대한매일신보, 황성신문 등 국내외의 언론들이 보도하고, 대한 자강회, 신민회 등의 단체들이 동참함으로써 국채보상운동은 도·군·면 등의 행정단위와 학교·회사·상인단체 등 각계각층으로 확대되었다. 심지어 시장의 상인, 기생, 과부처럼 하층민들도 참여하여 반지와 비녀를 내놓는 등 국채보상운동은 모든 국민들의 당연한 사회적 책무로 여겼다(김형목, 2014: 14-18; 이윤갑, 2018: 345-351). 김창숙은 '단연동맹회(斷煙同盟會)'를 결성하여 금연을 통해 돈을 모아 국채를 상환하고자 하였으나, 전국에서 몇 년에 걸쳐 다양한 형태의 모금에도 불구하고 국채를 보상하기에는 돈이 부족하였다. 이 문제를 해결하기 위해 1910년 4월 국채보상금처리회 전국대표자 회의가 서울에서 열렸다. 성주대표로 참석한 김창숙은 모금액을 중앙에서 관리하자는 일진회 대표의 제안에 대해 반대하면서, 어차피 국채를 상환하는 것이 불가능하다면 모금액 전액을 일진회 매국당에 맡기느니 차라리 사립학교 기금에 충당하여 인재를 양성하겠다고 하면서 귀향하였다(김창숙, 1979: 691). 김창숙은 모금액 10만 원으로는 학교 건물을 신축하기에는 부족하다고 판단하여, 김원희, 도갑모 등과 협의하여 동강 김우옹을 모시던 청천서원을 수리하여 보수 유림들의 반대를 무릅쓰고 성명학교를 간판을 걸고 새 시대에 걸맞은 선비를 교육하는 데 사용하고자 하였다.[6] 그러나 성명학교의 신식 교육을 통해 시대에 부합하는 통유(通儒)를 길러 내고 애국계몽 운동을 통해 국권을 회복하려는 김창숙의 계획은 9월 개교를 목전에 두고 8월 29일 나라가 망하고 일본이 개교를 방해함으로써 좌절되었다(이윤갑, 2018: 360; 심산사상연구회, 1987: 188).

2. 일제 강점기의 독립운동

김창숙은 1910년 나라를 잃게 되자 망국의 슬픔을 잊고자 3년간 술을 벗 삼아 방황하다가, 모친의 훈계를 듣고 정신을 차려 4-5년간 오로지 유교경전과 제자백가서 공부에 전념하여 "인욕을 막고 천리를 보존한다."는 삶의 원칙과 뜻을 정하였다. 그는 고종 황제 인산(因山)을 기하여 일어난 3·1운동을 계기로 다시 독립운동에 투신하여 해방이 될 때까지 치열하게 독립투쟁을 하였다.

1) 파리장서운동: 제1차 유림단 사건

1919년 2월 19일 김창숙은 성태영으로부터 고종 황제 국장일을 계기로 큰 사건이 계획되고 있으니 빨리 상경하라는 편지를 받았으나, 모친의 병환 때문에 25일에 경성에 도착하였다. 김창숙은 유교 국가이면서도 나라를 망하게 하였을 뿐만 아니라 독립선언서 서명자 명단에 조차 유림대표가 한명도 없음을 보고 크게 한탄하였다(김창숙, 1979: 698). 그리하여 김창숙은 독립선언서의 서명에 참여하지 못한 유림이 독립에 기여할 수 있는 새로운 방안을 모색하였다. 그 방안은 다름 아닌 국내를 넘어 국제 사회에 우리나라 독립의 정당성을 알려 세계 여론을 환기시키는 것이다. 김창숙은 1919년 5월 프랑스에서 열리는 파리강화회의에 유림 대표를 파견하여 독립청원서를 제출할 것을 제안하고 실행하였다. 파리장서운동은 영남의 곽종석, 호서의 김복한 등 137인의 유림대표가 서명하여 파리강화회의에 우

---

6) 성주에서 보관하고 있던 국채보상모금액을 교사(校舍) 개축과 운영비에 사용했는지(김창숙, 심산유고, 권5; 이윤길, 2008: 359), 아니면 학교설립에 사용된 것이 아니라 모금 즉시 바로 중앙으로 보내졌는지(김형목, 2014: 30)에 대해서는 논란이 되고 있다.

리나라의 독립을 청원하는 장문의 글을 보낸 운동이다.

파리장서는 초고작성과 발송과정에서 몇 차례 내용상의 변화가 있었지만,[7] 그 내용은 크게 다섯 부분으로 구성되어 있다. 첫 단락은 파리강화회의를 주도한 서구 열강을 오랑캐가 아닌 문화국가로 봄으로써 유림의 변화된 인식을 담고 있고, 둘째 단락은 일제가 조선을 '늑약'과 '합병'을 거쳐 식민지로 삼기까지의 과정과 그 불법성에 대해 서술하고 있으며, 셋째 단락은 3·1운동이 일어난 배경에는 파리강화회의 개최가 있음을 언급하면서 이 회의에 대한 우리 민족의 기대를 표명하고 있다. 넷째 단락은 유교의 언어와 논리로 한국 독립의 정당성을 주장하고 있고, 다섯째 단락은 파리강화회의에서 한국의 독립을 결정하는 것이 도덕적 세계질서에 기여할 것이라는 호소를 담고 있다(이황직, 2017: 198-199).

김창숙은 여비와 문서를 비밀리에 중국 봉천으로 먼저 보내고, 용산역을 출발하여 봉천에서 여비와 장서를 찾아 천진, 남경을 거쳐 3월 27일에 상해에 도착했다. 그곳에서 이동녕, 이시영, 신채호, 조완구 등과 파리장서운동의 방향을 논의하던 중, 이미 김규식이 민족대표로 파리강화회의에 참석하기 위해 상해를 떠났다는 사실을 알았다. 그리하여 김창숙은 여러 상황을 고려하여 파리로 직접 가는 대신, 독립청원서를 영문본으로 인쇄하여 우편으로 파리강화회의에 보내고, 또한 한문본 3,000부와 영문본 2,000부를 인쇄하여, 파리에 파견된 각국 공사관, 중국 정계 요인, 해외 동포가 사는 곳, 그리고 국내의 향교에 보냈다(김희곤, 2013: 240-241). 파리장서운동은 김창숙이 중국으로 떠난 뒤 성주지역에서 일어난 만세운동이 일본 경찰에 의해 발각되어 일부 인사가 붙잡혀 조사받는 과정에서 발각되었다. 6월 하순에는 향교에 발송한 것으로 보이는 파리장서가 발견되면서 파리장서 서명자들에 대한 전면적인 조사가 이루어져, 가담자 상당수가 체포되었다. 이것이 이른바 '제1차 유림단 사건'이다.

파리장서운동은 3·1독립선언서에 역할을 하지 못한 유림이 주도한 국제적인 독립운동이면서 유림의 독립선언서로서 의미가 있다. 장서에는 민족자결론을 유

---

7) 곽종석이 작성한 영남본은 1,414의 순한문인데, 박은식의 "한국독립운동지혈사"에 실려 있는 발송본은 1,422이다. 발송본은 김창숙이 상해에 모인 민족운동가들의 영향으로 개작한 것으로 왕조를 바라보는 시각에 약간의 차이가 있지만, 전통적 화이론에서 벗어나 근대적 세계 질서를 수용하고 서구사회를 오랑캐가 아닌 문화국가로 인정하고 수용했다는 점에서 공통된다(이황직, 2017: 197).

교의 언어로 정당화하고 있으며, 서구의 천부인권론처럼, 유교의 품부론(稟賦論)을 통해 근대적 자유의 근거를 제시하고 있다(이황직, 2017: 199-200). 파리장서 운동은 또한 일제 강점기 동안 유림이 참여한 독립운동 중 규모나 사회적 영향력 측면에서 가장 대표적인 독립운동이면서 그 당시 유림들이 가지고 있었던 독립운동의 논리와 운동방식을 확인할 수 있다(유기준, 2001: 84, 91). 파리장서운동은 세계 열강에 우리의 독립을 의존하고 있다는 점에서 여전히 한계가 있지만, 우리의 독립의지를 국제 사회에 천명하였다는 점에서 의미가 있으며, 김창숙은 그 선도적 역할을 감당하였다.

2) 대한민국임시정부 참여 및 대 중국 외교활동

유림대표로 파리장서를 들고 직접 파리강화회의에 참석하여 세계 여론을 환기시키려는 김창숙의 애초 계획은 좌절되었지만, 그는 상해의 독립지사들과 의논한 끝에 중국에 머물면서 대한민국임시정부에 참여하는 쪽으로 방향을 선회하였다. 그는 또한 일제 강점기 동안 중국에 머물면서 해박한 유학과 한문학을 바탕으로 중국 정부와 적극적인 외교활동을 하였으며, 나아가 내몽고에 독립운동기지 건설 군자금 모집활동, 나석주 의거 등을 주도하였다.

김창숙은 1919년 4월 30일 상해 한인거류민단 사무소에서 개최된 대한민국 임시 의정원 4차 회의에서 경상도 의원, 7월 7일 5차 회의에서는 교통위원회 위원으로 선임되었다(권기훈, 2007: 102-103). 그 당시 임시정부는 상해 임시정부 외에도, 연해주 블라디보스토크에 설립된 노령 임시정부와 서울에서 조직된 한성 임시정부가 있었다. 임시정부 통합문제는 여러 논의 끝에 1919년 9월 합의에 이름에 따라,[8] 1919년 11월 정체를 민주공화국으로 하는 대한민국임시정부가 출범하였다. 대한민국임시정부가 수립된 것은 한국의 독립운동이 근대 국민국가의 수립을 가져오게 되었다는 것을 의미하고, 김창숙이 임시정부에 참여한 것은 민주공화국을 수용하였다는 것을 의미한다(김기승, 2012: 122-123).

그런데 이승만을 대한민국임시정부의 대통령으로 추대하는 문제로 논란이 제

---

8) 주요 합의내용은 상해와 노령 임시정부는 한성 임시정부를 계승할 것, 정부의 위치는 당분간 상해에 둘 것, 상해 정부가 실시한 행정은 유효함을 인정할 것, 정부명칭은 '대한민국임시정부'로 할 것, 현재의 내각은 총사퇴할 것 등이었다(권기훈, 2007: 104).

기되었다. 이 논란의 발단은 이승만이 1919년 2월에 미국 윌슨 대통령에게 한국의 위임통치를 청원한 사실이 알려졌기 때문이다. 이에 김창숙은 신채호, 박은식과 함께 자칭 조선 민족대표라고 하면서 미국의 노예가 되기를 원한다는 것은 광복운동사에 큰 치욕이므로 탄핵해야 한다고 주장하였다(김창숙, 1979: 731). 그러나 임정각료들은 이러한 탄핵 주장이 임시정부의 분열을 가져올 수 있다는 이유로 동의하지 않았다. 이에 1921년 4월 29일 김창숙은 김원봉, 이극로, 신채호 등과 함께 54인의 이름으로 이승만과 임정의 각료들을 성토하였다. 이 일이 있은 후 김창숙의 임정활동은 사실상 중단되었다. 게다가, 김창숙이 상해에 도착한 후 이문치, 능월, 손문 등의 중국 인사들과 교류하면서 활발하게 진행되어 왔던 중국 외교를 통한 독립운동도 중국 관동군 정부의 내란과 한국독립후원회의 모금액에 대한 이문치의 횡령사건으로 인해 좌절되었다.

3) 독립군기지 건설 모금운동과 무장투쟁

1920년대부터 김창숙은 상해를 떠나 북경을 중심으로 새로운 독립활동을 모색하였다. 김창숙은 1921년 6월 박용만 등 독립운동가 50여 명이 조직한 무장독립운동 단체인 보합단(普合團) 재무책임자로, 1923년 11월에는 부단장이 되어 활발하게 활동하였다(권기훈, 2007: 107). 1925년 김창숙은 적극적으로 독립전쟁을 준비하기 위해 내몽고 지역에 독립군기지 건설 계획을 세우고, 중국으로부터 토지매입 허가를 받고 자금을 마련하기 위한 구체적인 방안을 세웠다. 김창숙은 삼남지방의 자금모금 총책임자로서, 1925년 8월에 서울에 잠입하여 삼남 지방의 유림단9)을 중심으로 군자금 모금운동에 박차를 가했다. 그러나 국내의 독립에 대한 열망은 이미 식었을 뿐만 아니라 심지어 진주의 한 부호는 김창숙의 귀순 의사를 물어오기까지 하였다. 김창숙은 독립군기지 건설을 위한 모금운동 목표금액 20만 원에 크게 미치지 못한 3,350원을 가지고 다시 상해로 돌아갔다. 설상가상으로, 국내에서는 군자금 모금활동 사실이 발각되어 1926년 4월 송영우를 비롯하여 유림인사 40여 명이 일경에 체포되는 이른바 '제2차 유림단 사건'이 발생하였다(권

---

9) 유림단은 1919년 3·1운동을 계기로 독립운동을 수수방관하는 것이 지도자인 유림의 본분이 아니라는 인식하에 김창숙, 이중업, 곽종석이 발기인이 되어 삼남지방 130명이 조직한 것이다(권기훈, 2007: 121-122).

기훈, 2007: 130-132). 일제 강점기 초기 독립운동에 다소 소극적이었던 유림은 제
1차 유림단 사건과 제2차 유림단 사건을 거치면서 독립운동에 깊이 참여하여 어
느덧 유림은 일제의 주요 경계와 감시의 대상이 되었다.

　독립운동기지 건설을 위한 계획은 국내 모금운동의 실패로 실행하기 어려워짐
에 따라, 1926년 3월 김창숙은 이동녕, 김구, 유자명 등과 의논하여 독립운동의
비상수단을 강구하였다. 그것은 국내에서 모은 돈을 기반으로 적극적이고 혁명적
인 무력투쟁, 즉 청년결사대에게 자금과 무기를 주어 식민지 기관을 파괴하는 의
열 투쟁 노선을 견지함으로써 식어져 가는 독립투쟁 의식을 다시 고취시키는 것
이었다. 김창숙은 김구가 추천한 나석주에게 무기와 자금을 제공하였고, 나석주는
1926년 12월 28일 식산은행과 동양척식주식회사의 폭탄을 투척·파괴하였다.

　김창숙은 일본 경찰의 집요한 추적과 밀정의 밀고로 1927년 6월에 상해의 병
원에서 체포되어 국내로 압송되어 대구경찰서에 구금되었다. 일제의 온갖 고문에
도 전혀 굴하지 않고 절의를 지켰던 김창숙은 1927년 12월 재판에서 나석주 폭
탄투척 사건의 주동자로서 14년 징역형을 선고받고 대전형무소로 이감되었다.
1929년 김창숙은 병이 악화되어 잠시 출옥하였다가 재수감되었으며, 1934년 9월
위독하여 형 집행정지로 출옥하였다. 김창숙은 심문 과정에서 당한 혹독한 고문으
로 두 하반신이 마비되어 '벽옹(躄翁)'이라는 호를 얻었지만, 그는 결코 절개를 꺾
지 않았다. 그는 대전형무소에서 옥중 생활을 하는 동안 한 번도 옥리에게 절하지
않았다. 이에 옥리가 무례함을 지적하자, 김창숙은 "내가 너희에게 절하지 않는
것은 곧 나의 독립운동의 정신을 고수함이다. 대저 절은 경의를 표하는 것인데 내
가 너희에게 경의를 표해야 할 것이 무엇인가?"(김창숙, 1979: 774-775)라고 반문하
였다. 또한 일제는 끊임없이 김창숙을 회유하기 위해 무정부주의자인 박열의 전향
성명서와 최남선의 일선융화론10)을 차례로 전달하였으나, 그는 결코 굴복하지 않
았다. 그리고 김창숙은 1940년 미나미 총독의 창씨개명 명령을 거절하면서 "나는
한국 사람이다. 본래 성이 있고 씨가 있지만 … 내가 창씨에 불응함은 내 성이 중

───────────────

10) 일선융화론의 요지는 일본과 한국은 동일한 혈통에서 나왔고 문화도 동일하다는 것이다. 이에
　대한 감상문을 요구하자, 김창숙은 "나는 이 일본에게 붙어 버린 반역자가 미친 소리로 요란
　하게 짖어대는 흉서를 읽고 싶지 않다. 기미년 독립선언서가 남선의 손에서 나오지 않았던가?
　이런 사람이 도리어 일본에 붙어 역적이 되었으니 비록 만 번 죽여도 오히려 죄가 남는다."고
　하였다(김창숙, 1979: 776).

요하기 때문이다."라고 하였으며, 계속 창씨개명을 강요하자 "나는 늙고 병들어 죽을 날이 얼마 남지 않았다 비록 죽더라도 절대 응하지 않을 것이다."라고 그의 의지를 꺾지 않았다(김창숙, 1979: 780).

일제의 강점기 동안 유림은 지속적인 경계와 감시의 대상이 되었음에도 불구하고, 1차 유림단 의거인 파리장서운동과 더불어 독립운동기지 건설을 위한 자금 모금 운동인 2차 유림단 의거를 일으킴으로써 3·1운동 이후 우리나라 독립운동의 주도세력이 되었으며, 김창숙은 그러한 유림의 독립운동을 주도한 핵심인물이었다. 그는 때로는 날카로운 글로 상소문을 올리기도 하였고, 유교적 교양을 가지고 중국과 임시정부의 가교역할을 하였으며, 나석주 의거를 주동하는 등 일제에 격렬하게 투쟁하였다. 심지어 경찰에 체포되어 혹독한 고문으로 하반신이 불구가 되는 상황 속에서도 그의 절개는 꺾이기는커녕 오히려 더 굳건하였다.

Ⅳ. 김창숙의 민주주의 교육운동과 유교교육운동

1945년 김창숙이 한평생 염원하면서 온 몸과 불굴의 정신으로 투쟁해 오던 광복의 날은 드디어 왔다. 67세의 김창숙은 험난한 국권회복을 위한 독립투쟁을 뒤로한 채 평화로운 조국에서 여생을 편안하게 살고 싶었을지 모르나, 해방 후의 불안한 정국은 그를 가만두지 않았다. 해방 후 그의 삶은 여전히 반탁운동, 반독재 투쟁 등 험난한 과정의 연속이었다. 또한 최고의 유교지도자로서 그에게는 난립되어 있는 유림을 통합하고 성균관을 복원하는 일과 성균관대학을 통해 유학을 부흥시키고 유교교육을 실천해야 하는 과제가 놓여 있었다. 이 절에서는 김창숙의 민주주의 운동과 유교부흥 운동에 대해 차례대로 살펴본다.

1. 민주주의 교육운동

이 당시 우리나라는 일제로부터 해방되었지만 외세로부터 자유로운 완전한 독립국가의 모습을 갖춘 것은 아니었으며, 또 다른 투쟁과 노력을 통해 만들어 가야 할 미완의 국가였다. 해방 후 우리나라에는 60개가 넘는 정당이나 사회단체가 우후죽순처럼 생겨나 난립양상을 띠고 있었다. 이렇듯 해방 후 정당이 난립되어 이

전투구의 모습을 보이자 김창숙은 '무정당주의' 입장을 끝까지 견지하였다. 그는 영남과 호남 지인들이 민중당을 조직하여 그에게 당수직을 맡아 달라고 했을 때나, 심지어 독립운동과 임시정부의 동지였던 김구가 한독당에서 함께 일하기를 권유하였을 때조차도 거절함으로써 스스로 '항구적 소수파'로 남아 있었다(장을병, 1986: 181). 해방 후 정치활동에서 김창숙의 기본 입장은 난립되어 있는 정당들이 당파와 파벌 싸움을 하기보다는 미국과 소련의 신탁통치를 반대하며, 그러한 입장을 천명한 바 있는 중경 임시정부를 중심으로 통일국가를 건설해야 한다는 것이었다. 아닌 게 아니라, 김창숙은 1945년 중경 임정요인들이 귀국했을 때, "좌익, 우익의 구별을 타파하고 대한민국임시정부의 기치아래 모두 모여야 한다."는 요지의 성명을 발표하고, 그들과 행보를 같이하였다(김창숙, 1979: 790).

그런데 모스크바삼상회의에서 한국에 신탁통치를 실시한다는 방침이 알려지자, 1945년 12월 28일 중경 임시정부 측은 긴급 국무회의를 개최하여 '신탁통치반대국민총동원위원회'를 조직했다. 이 위원회에서 제1차 '신탁통치반대행동위원회'를 개최하여 본격적인 반탁행동에 들어갔고, 김창숙은 중앙위원으로 선임되었다(서중석, 2003: 172). 1946년 1월 2일 김창숙은 반탁담화를 발표하여, 미국과 소련의 신탁통치는 일제의 식민주의처럼 민족자주권을 박탈하는 행위이기 때문에, 파벌싸움을 중단하고 중경 임시정부를 중심으로 3천만이 하나가 되어 투쟁할 것을 호소하였다. 1946년 2월 1일에는 중경임정의 의회인 '비상국민회의'가 열려 중경임정의 국무위원회인 최고정무위원회가 설치되었으며, 김창숙은 최고정무위원으로 선임되었다. 그런데 최고정무위원회가 미군정의 입김으로 '남조선 대한민국 대표 민주의원'으로 개칭되어 미군정 하지(J. R. Hodge) 장군의 자문기관으로 전락하자 김창숙은 강하게 반발하였다(권기훈, 2007: 164-165). 1946년 2월 18일 덕수궁 석조전에서 민주의원 2차 회의가 열리는 날 김창숙은 김구를 찾아가 "그대는 이승만과 더불어 민족을 팔고자 하는가"라고 항의하면서 회의에 참석하지 않겠다고 하였다. 이 일을 바로잡기 위해서라도 회의장으로 함께 가야한다는 김구를 비롯한 사람들의 강권에 어쩔 수 없이 회의장에 도착한 김창숙은 이승만에게 민주의원 의장을 자처하면서 '국민을 기만하고 국민을 저버리는 행위를 하면서 무슨 면목으로 국가 일을 논의하는가, 또 언젠가 국가를 팔지 않는다는 보장이 어디있는가'라고 호통을 쳤다(김창숙, 1979: 808).

　신탁통치반대 운동과 통일정부 수립을 위한 김창숙의 노력과 투쟁에도 불구하고, 이승만은 1948년 3월 1일 남한 단독 선거 일정을 발표하고 남한 단독정부를 추진하였다. 이에 김창숙은 김구, 김규식, 홍명희, 조소앙, 조성환, 조완구와 함께 이른바 '7거두 공동성명'을 발표하여, 남북 분단을 고착화함으로써 통일을 불가능하게 하는 남한만의 총선에 불참을 선언하였다. 그러나 1948년 5월 10일 남한에서 단독선거가 실시되어 이승만이 대통령에 당선되고, 7월에 대한민국 초대 대통령으로 취임하였다. 이후 김창숙의 삶은 이승만 독재정권에 대한 투쟁으로 점철되었다. 김창숙은 1951년 대통령의 실정과 독재에 대한 비판을 담은 '이대통령 하야 경고문', 1952년 부산 정치파동기의 '반독재호헌구국선언대회' 참여, 1956년 부정수단을 동원하여 이승만 대통령이 3선에 성공하자 '대통령 3선취임에 일언을 진함'을 발표하여 대통령선거 무효와 재선거 실시를 주장하였다. 1958년 12월 24일 개정된 국가보안법인 이른바 '2.4보안법 파동'[11]이 일어나자 그는 '여생을 민주주의를 위해 바치고자' 불편한 몸을 손자의 등에 업힌 채 상경하였다. 김창숙은 1959년 1월 8일 '반독재 민권쟁취 구국운동'을 위한 전국민총궐기연합체를 구성하자는 호소문을 발표했으며, 1월 16일에는 보안법을 비판하면서 '이 대통령은 국민 앞에 사과하고 하야하라'는 장문의 성명서를 발표하기도 하였다(서중석, 2003: 182-200; 권기훈, 2007: 178-181). 이러한 노력과 투쟁이 결실을 거둬 결국 이승만 정권은 1960년 4·19 혁명으로 종말을 고하였다.

　김창숙은 1949년 김구 암살을 계기로 이승만 정권에 비판적이고 적대적인 태도를 견지하였으며, 1950년대 내내 갈등 혹은 적대 관계에 있었다(이황직, 2017: 461-462). 김창숙을 비롯한 유교계 지식인들은 이승만 정권 12년 동안 반독재 투쟁을 위한 공동전선을 구축하며 강력한 저항을 시도하였다. 이러한 그의 투쟁에는 대의에 바탕을 두되 형세를 살펴 시의에 따른 올바름(時中)을 추구하고 화이부동의 원칙으로 공동전선을 구축하는 유교적 원리가 들어있다(이황직, 2017: 473-4).

　김창숙이 평생 동안 헌신해 온 일제 강점기의 독립운동, 그리고 해방 후의 반탁운동과 반독재 운동은 별개의 운동이라기보다는 동일한 운동의 두 측면이라고

---

11) 이승만 정권이 개정한 국가보안법의 주요 내용은 예비음모자에 대한 중형선고 가능, 구류기간 연장, 변호사 면회 금지가능, 사법경찰관 조서를 증거로 선택 가능, 보안법 수형자는 공무원, 언론, 교육기관 취업 불가 등이다(서중석, 2003: 199).

볼 수 있다. 독립운동이 일제강점에 대한 우리 주권과 국토를 회복하자는 운동이
라면, 반탁운동은 미국과 소련이라는 외세와 남북 분단으로 인한 통일국가의 외적
장애를 제거하자는 운동이고, 반독재 운동은 국민의 주권을 억압하는 내적 장애를
없애자는 운동이다. 김창숙은 우리 국민이 온전한 자주권과 자결권을 갖게 되는
통일된 조국을 바라보았으며, 그것을 구현하는 데 방해가 되는 외적·내적 장애를
제거하기 위해 한평생을 올곧게 투쟁한 것이다.

2. 유교교육운동

지금까지 살펴보았듯이, 김창숙의 일생은 구국·독립투쟁과 반신탁·반독재 투
쟁으로 점철되어 있었다. 이러한 투쟁을 하는 가운데 그가 보여준 강직한 성격과
대의에 대한 비타협적 태도는 독립운동과 반독재 투사로서의 이미지를 심어주었
으며, 이런 이유 때문에 김창숙의 교육적 공헌도 구국운동이나 민주주의 운동에
한정되는 것으로 보려는 경향이 있다. 그러나 유교 지도자인 김창숙에게 독립운동
과 반탁·반독재 투쟁은 어디까지나 '소극적 교육운동'에 불과하다. 물론 난세에
여러 회유와 협박에도 불구하고 김창숙이 선비로서의 지조를 지키며 독립운동과
반탁·반독재 투쟁을 일관되게 한 것도 유학정신의 실천으로 볼 수 있다. 그러한
저항과 투쟁은 모든 지도자들에게 중요한 시대적 과제였지만, 적어도 '유림의 지
도자'로서 김창숙에게는 충분하지 않다. 독립운동과 반탁·반독재 투쟁은 유림으
로서의 정체성을 적극적으로 온전히 드러낼 수 없기 때문이다.

유림의 지도자로서 김창숙의 정체성을 가장 잘 드러내면서, 교육의 관점에서
가장 뛰어난 업적 중의 하나는 유교부흥 운동과 유교교육의 실천이다(송재소,
2008: 254). 이 일이 가능하기 위해서는 우선 난립되어 있는 유림(단체)을 하나로
묶는 일과 일제강점기 동안 훼절된 성균관을 복원시키는 일이 선행되어야 하며,
나아가 근대적 교육기관인 성균관대학을 설립하여 유학을 학문적으로 연구하고
교육하는 일이 요청되었다.

해방 후 미군정이 경학원(성균관)을 유교자치 기관으로 인정하고 관여하지 않
음에 따라, 16개의 유림단체들이 난립하여 주도권 다툼을 하고 있었다. 이러한 상
황에서 유림들 사이에서도 유림단체가 통합해야 한다는 공감대가 형성되었으며,

1945년 11월 20일 성균관 명륜당에서 6일 동안 전국의 유림 천여 명이 모여 전국유림대회를 개최하여, 김창숙을 중앙집행위원장으로 추대하기로 합의하였다(이황직, 2017: 279-280; 권기훈, 2007: 183-185). 그 뒤에도 김창숙은 1차 통합에 참여하지 못했던 충남 유림, 함북 유림, 경남 유림, 서울·경기 유림들을 통합하는 노력을 하였으며, 1946년 2월 10일에는 성균관에서 간부회의를 열어 기존 모임을 해체하고 유림대회를 통한 통합단체를 열기로 하였다. 이에 따라 '조선유도회총본부'가 발족되고 김창숙은 1946년 3월에 위원장에 취임하여 유교부흥을 위한 방안을 모색하였다. 그 주요 방안은 경학원을 성균관으로 환원하는 일, 친일 유림들을 숙청하는 일, 전국의 향교재산을 다시 환수하는 일, 유학정신을 기반으로 하는 성균관대학을 설립하여 교육하는 일이다. 이러한 그의 계획은 유도회를 중앙의 총본부와 지방의 향교를 중심으로 하는 지부를 결성하여 여러 단체로 분열되었던 유림을 하나로 통합함으로써 가능하였다.

유림이 어느 정도 통합됨에 따라 김창숙은 성균관을 복원하는 데 힘썼다. 조선 500년을 통해 최고의 유학교육기관이었던 성균관은 불행하게도 일제강점기 동안 여러 가지 측면에서 수모를 당하였다. 일제는 1911년 6월 조선총독부령 73호로 성균관에 경학원을 설치하여, 경학원의 대제학을 조선총독의 감독하에 둠으로써 성균관을 어용기관으로 만들었다. 1930년에는 동양정신과 유교부흥이라는 미명하에 경학원 부설로 명륜학원이 설립되었고, 1939년 2월 명륜학원은 황국신민화정책을 수행하기 위한 명륜전문학원으로, 1942년에는 명륜전문학교로 개편되었으나 곧 폐교되고, 그 대신 청년연성소, 조선 명륜연성소로 바뀌었다(송재소, 2008: 254). 그리하여 일제강점기 동안 성균관은 오랫동안 황도유림(皇道儒林)을 양성하는 기관의 역할을 함으로써 친일파들이 득세하는 곳이 되었다. 이러한 상황에서 성균관과 유도회총본부를 이끈 김창숙은 1949년 5월에 성균관 대성전에 우리나라 18유현(儒賢)의 위패를 새롭게 배향하는 대신, 중국의 100유현 중 6현을 남기고 94현의 위패를 매안하는 등 민족주의의 입장에서 개혁을 시도하였다(이황직, 2007: 315-316). 이 일로 인해 간재 전우(艮齋 田愚)의 영향을 받은 기호 지역의 과거의 전통을 수호하려는 유림들의 일시적인 반발이 있기도 했지만, 김창숙은 이러한 논란을 무마하고 성균관을 회복하고 신진유림을 육성하여 유교를 부흥시키는 일에 힘썼다.

김창숙은 또한 '근대'라는 시대적 상황에 부합하는 성균관대학 설립을 통해 유학문화를 확장하고자 하였다. 1946년 5월 유도회총본부 총회에서 김창숙은 성균관대학 설립의지를 다음과 같이 표명하였다.

"성균관은 곧 우리나라의 유학을 높이 장려하던 곳이다. … 진실로 건국의 대업에 헌신하고자 한다면 마땅히 우리 유학문화의 확장에서 시작할 것이요, 진실로 유학문화를 확장하고자 하면 마땅히 성균관대학의 확립으로써 급무로 삼을 것이다. 진실로 성균관대학을 창립코자 한다면 마땅히 우리 전국 유교인의 힘을 합함으로써 이루어질 것이다." (김창숙, 1979: 820-821)

위의 인용문에서 보듯이, 김창숙은 건국의 대업을 이루기 위해 유학문화를 확장해야 하고, 유학문화를 확장하기 위해 성균관대학을 설립해야 한다는 논리를 펼쳤다. 그에 따르면, 유림들의 단합 여부에 따라 성균관대학의 설립 여부가 결정되고, 성균관대학의 설립 여부에 따라 건국 대업이 얼마나 앞당겨지느냐가 결정되므로 유교문화를 확장시키기 위해 성균관대학을 하루 속히 설립해야 한다는 것이다. 이러한 뜻에 따라 1946년 6월 성균관대학 기성회(기성 회장: 김구)가 발족되고 재단법인 성균관대학(학장: 김창숙)이 설립되어 9월 25일 철정과(哲政科)와 경사과(經史科)를 둔 성균관대학이 개교하였다[12].

성균관대학이 추구하는 유교정신이 무엇인지는 아래에 차례대로 제시되어 있는 1946년 성균관대학 개교식 학장 훈시, 1947년 개학식, 1953년 종합대학 승격 후 입학식 훈사 등에 잘 나타나 있다.

"우리 성균관대학의 특색은 우리 민족의 전통적 숭고무비(崇高無比)한 윤리도덕의 진수를 천명하야 우리의 문화를 세계만국에 선양하려는 바이다. … 유교 정신은 결코 옛 봉건시대의 진부한 사상을 그대로 답습하려는 것이 아니오, 또한 외래 사상이나 문화를 무조건 배척하거나 숭배하려는 것도 아니다." (성균관대학교 교사편찬위원회, 1988: 335-336)

---

12) 김창숙의 의도와는 달리, 1963년 사립학교법에 따라 교화사업을 하는 '재단법인 성균관'과 교육 사업을 하는 '학교법인 성균관대학'은 법적으로 분리되었다.

"우리 성균관대학의 본래 사명이 무엇인가. 고유한 숭고무비의 유교정신
으로써 윤리도덕을 유일한 신조로 …."(성균관대학교 교사편찬위원회, 1988:
336)

"[성균관대학의 설립 근본정신]은 즉 덕행은 본야(本也)요, 문예는 말야
(末也)라 한 간단하고도 엄숙한 지표이다. … 모든 학과 중에 동양철학은 덕
행에 속한 것이요, 기타 각과는 모두 문예에 속한 것이다. 먼저 덕행을 닦지
아니하고 다만 문예에 힘쓴다면 이것은 사막 위에 층루(層樓)를 건설함과 같
은 위험천만의 교육인 것이다. …"(성균관대학교 교사편찬위원회, 1988:
337-338)

인용문에서 보듯이, 김창숙은 성균관대학을 통해 윤리도덕의 실천과 숭고한
유교정신에 바탕을 둔 유교문화를 세계에 전파할 것을 강조하였다. 여기서 말하는
유교정신은 봉건적인 진부한 사상을 답습하거나 외래사상을 무조건 배척하는 것
이 아닌, 전통적 윤리도덕의 진수인 '덕행'이다. 김창숙은 성균관대학의 근본정신
의 핵심인 덕행에 바탕을 둔 학문(문예)을 추구하였다. 그가 보기에, 덕행과 무관
한 공부를 하게 되면 아무리 공부를 잘 하더라도 공부한 것을 악용하게 되어 오
히려 해를 끼칠 수 있다. 그리하여 김창숙은 성균관대학에 덕행과 관련된 동양철
학과를 설치하는 것은 물론이고, 유학개론(8학점)과 유학특강(8학점)을 필수과목으
로 지정하여 학생들이 덕행을 쌓고, 그 바탕 위에 문예 공부를 할 것을 강조하였
다. 성균관대학이 추구하는 덕행에 바탕을 둔 교육은 일반 학문을 무시하거나 배
격하는 것이 아니라, 무엇이 우선하고 무엇이 중요한지를 구별함으로써 덕과 능력
을 겸비한 진유(眞儒)를 기르기 위한 것이다(성균관대학교 교사편찬위원회, 1998: 337-
338). 김창숙은 성균관대학을 통해 '성균(成人材未就 均風俗之下齊)'의 본래 의미에
충실한 덕행과 문예를 겸비한 인재를 양성함으로써 유교문화를 확장하고, 그러한
유교정신에 바탕을 둔 국가를 건설할 뿐만 아니라, 나아가 세계에 그러한 문화를
전파하려는 원대한 포부를 가졌다. 성균관대학교는 1953년 2월에 3개 단과대학
(문리과대학, 법정대학, 약학대학) 12개 학과13)와 대학원을 설치함으로써 종합대학으

---

13) 12개 학과는 동양철학과, 국문학과, 사학과, 영문학과, 불문학과, 교육학과, 생물학과, 화학과,
   법학과, 정치학과, 경제학과, 약학과이다(성균관대학교 교사편찬위원회, 1988: 337).

로 승격되고, 김창숙이 초대 총장에 취임함으로써 덕행에 바탕을 둔 교육의 추구를 통해 유교를 부흥시켜 유교문화를 세계에 전파하려는 모든 계획과 제도적 기반이 마무리되었다.

그러나 유교계가 지속적으로 독재정치에 저항하자, 이승만 정권은 유교조직을 장악하기 위한 노력을 강화하였다. 이승만 대통령은 1954년 석전 동행을 시작으로 유교계에 영향력을 행사하기 시작했다. 그는 김창숙을 제거하기 위해 친일유림 계열인 성균관 재단 이사장 이명세를 중심으로 하는 재단파와 유도회를 자유당의 조직으로 만들려고 했던 농은파를 앞세워 유도회 분규를 배후 조종하여 자신을 유도회와 성균관 총재로 추대하였다(이황직, 2017: 471). 이러한 영향으로 1955년부터 성균관 유도회와 성균관대학의 분규가 끊이지 않았고, 1957년 7월 김창숙이 모든 공직에서 물러남으로써 성균관대학을 통해 유학문화를 확장하고 국가를 새롭게 건설하려는 그의 이상은 사실상 좌절되었다.

유교를 부흥시키고 유교교육을 실천하고자 한 김창숙의 노력이 얼마나 성공적이었는지에 대해서는 사람마다 견해가 다를 수가 있다. 그러나 그가 유명무실하거나 어용교육 기관으로 전락한 성균관을 복원하고, 성균관대학의 설립을 주도하였을 뿐만 아니라 성균관대학의 초대 학장과 초대 총장으로 교육인프라를 구축하고 유교문화를 세계에 전파하기 위한 토대를 세운 것만으로도 우리나라의 어느 유교 지도자도 하지 못한 큰 족적을 남겼다는 점은 분명하다. 김창숙은 전통적이고 보수적인 성균관을 회복하는 데 머물지 않고 성균관대학 설립을 통해 덕행에 바탕을 둔 문예를 추구함으로써 '근대'라는 시의에 적합한 유교정신과 유교문화를 전파하고자 하였다(강명숙, 2015: 17). 오늘날 성균관대학교는 명문 종합대학으로서 유학의 전당의 범위를 훨씬 넘어서 있지만, 여전히 유학과 동아시아 학문의 메카로 우뚝 서 있을 뿐만 아니라 유교관점에서 다양한 학문을 추구하게 된 것도 김창숙의 유산으로 볼 수 있다.

V. 요약 및 결론

김창숙은 일제강점기의 유림을 대표하는 독립운동가이면서 해방 후에는 민주주의를 위해 이승만 정권의 독재에 끝까지 항거한 투사이면서 유도회총본부 위원장과 성균관 관장, 그리고 성균관대학교 초대 학장과 총장을 지낸 교육자이다. 이 글의 목적은 심산 김창숙의 교육사상을 민족주의 운동, 민주주의 운동, 유교부흥 운동 측면에서 밝히고, 그러한 그의 삶과 운동 이면에 있는 유교정신이 무엇인지를 밝히는 데 있다.

김창숙은 유교계의 대표적인 지식인이면서 이 시대의 마지막 선비로서 우리나라가 풍전등화와 같은 어려운 위기에 처해 있을 때, 국가와 민족문제, 사회와 정치문제, 교육과 문화의 문제를 치열하게 고민하고 투쟁하면서 한평생을 올곧게 살아왔다. 그는 일제 강점기 동안에 다양한 민족주의 운동을 펼쳤다. 3·1운동 이전에는 을사오적 처단 상소운동과 일진회 성토운동, 대한협회 성주지회 결성, 국채보상운동과 성명학교 설립을 통한 계몽운동을, 3·1운동 이후에는 파리장서운동, 대한민국임시정부 참여와 대중국 외교활동, 독립군기지 건설운동 등을 하였다. 그는 독립운동을 하면서 일제의 투옥과 심문으로 인해 앉은뱅이가 되었음에도 불구하고 끝까지 일제에 굴복하지 않고 항거하였다. 김창숙은 또한 해방 이후에도 우리나라의 완전한 자주통일을 위해 신탁통치반대 운동과 이승만 정권에 대해 반독재 투쟁의 최선봉에 섰다. 그리고 그는 반탁운동과 반독재 투쟁을 하는 가운데서도 유림의 지도자로서 난립되어 있는 유림 단체를 결속하고, 일제 강점기 동안 유명무실해진 성균관을 복원하였으며, 성균관대학을 설립하여 유학정신에 따라 교육하는 일에 열정을 바쳤다.

김창숙이 추구해 온 다양한 교육운동은 상호 긴밀히 관련되어 있다. 즉, 민족주의 교육과 관련 있는 구국운동과 독립운동, 민주주의 교육과 관련되어 있는 반탁운동과 반독재 투쟁운동, 유교교육과 관련되어 있는 성균관과 성균관대학을 통한 유교부흥 운동과 유학교육의 실천은 서로 별개의 것이라기보다는 동일한 운동의 세 측면이라고 볼 수 있다. 이 세 가지 운동은 결국 '유교정신에 바탕을 둔 독립된 통일국가를 수립하고, 그러한 유교문화를 세계에 전파하는 것'을 지향하고 있다. 이러한 관점에서 보면, 독립운동은 우리 국토와 주권을 회복하자는 운동이고, 반탁운동과 반독재 운동은 우리국토와 주권을 방해하는 외적 장애와 내적 장애를 없애자는 운동이며, 유교부흥 운동은 그러한 국가와 주권의 정신적 토대이면서 그 일을 실질적으로 가능하게 하는 운동이다. 그리고 독립운동과 반탁·반독재 운동이 그러한 목적을 실현하기 위한 소극적인 운동이라면, 유교부흥 운동은 적극적인 운동이고 할 수 있다. 그러므로 유림의 지도자로서 김창숙의 정체성을 가장 잘 드러낸 교육운동은 유교부흥 운동과 유교교육의 실천이라고 할 수 있다. 김창숙이 구국운동과 독립운동, 반탁운동과 반독재 운동, 유교부흥 운동과 유학교육을 하는 데 있어서 일제와 독재정권의 여러 회유와 탄압, 고문과 위협이 있었지만, 그가 철두철미하게 대의명분에 따라 행동하며 군자의 절개를 지킨 행동 이면에는 "인욕을 막고 천리를 보존한다(遏人慾存天理)"는 유교정신 내지 삶의 원리가 들어 있다고 볼 수 있다. 김창숙의 행적은 이러한 유교정신이 각 시대와 사회의 상황에 부합하게 실천된 것이다.

마지막으로 좀 더 논의되어야 할 과제를 제시함으로써 이 글을 마무리하고자 한다.

첫째, 이 글은 일제강점기 동안 치열한 독립투쟁을 했으며, 해방 후에는 반탁운동과 반독재 운동, 그리고 유교부흥 운동을 주도한 유림의 대표자인 김창숙의 교육운동을 조망하고, 그가 죽는 날까지 절의를 꺾지 않고 살아올 수 있었던 바탕이 된 유교정신이 무엇인지를 탐색하며, 그의 민족주의, 민주주의, 유교교육 운동들을 별개의 것이 아닌 연속적이고 통일적인 관점에서 보려고 하였다. 그러나 그의 방대한 교육활동을 일관성 있게 연결하는 데 어려움이 있다는 점, 그 당시의 김창숙의 교육운동이 시대적 상황 때문에 저항적이고 투쟁적인 교육운동에 치우쳐 있는 점, 그리고 사상사적 관점에서 볼 때 교육운동 그 자체가 지니는 한계점 등이 여전히 존재한다, 그러므로 차후의 과제는 구국운동과 독립운동, 반탁운동과 반독재운동, 유교부흥 운동을 별도로 분리하여 교육(사상)의 관점에서 좀 더 세밀하고 정교한 논의가 요청된다.

둘째, 이 글은 일제강점기와 해방 후의 혼란한 상황 난세 속에서 유림 김창숙이 개인적으로 어떻게 시대 과제를 인식하고 대처해 나갔는지에 초점을 두고 그의 교육운동을 살펴보았다. 그러나 좀 더 지평을 넓혀 '근대적 전환기'라는 시대적 상황 속에서 전체 유교계의 대응과 관련하여 김창숙의 교육운동과 교육활동을 조명할 필요가 있다. 이 당시 유교계는 '유교의 근본가치'를 유지하면서 동시에 '근대'로 나아가야 하는 시대적 · 사회적 과제에 대해 제대로 대처하지 못했다. 그 결과 유교를 개혁하는 것뿐만 아니라 나라를 지키는 데도 실패하였다. 일본은 일제강점기 동안 원활한 식민지 통치를 위해 부단히 유림을 장악하려고 시도하였고

유림들의 분열을 획책하였다. 그러나 의식 있는 유림들은 을사늑약 이후 애국계몽
운동에서 시작하여 파리장서운동을 거치면서 본격적으로 독립운동에 참여하였다.
파리장서운동에 참여한 유림들과 그 후손들은 해방 후 건국운동과 민주운동에 주
도적으로 참여함으로써 유교계의 정통성을 계승하였다(이황직, 2017: 557). 이렇듯
전체 유림들의 관계 속에서 김창숙의 위치는 어떠하였고, 유림들과의 시대적 과제
에 대한 인식의 차이로 인해 어떻게 갈등하고 또한 그 갈등을 헤쳐 나갔으며, 그
것이 교육에 어떤 기여 내지 방해를 하였는지를 살펴볼 필요가 있다.

　셋째, 이 글은 일제강점기와 독재라는 암울한 시대적·사회적 상황에서 불가피
한 것이기는 하지만, 김창숙의 유교정신을 끝까지 변절하지 않고 일제와 독재에
항거한 투쟁적 행동을 하게 된 이유에 비추어 주로 소극적인 관점에서 논의하였
다. 그러나 해방이라는 변화된 상황에서 김창숙이 성균관대학을 통해서 추구하고
자 한 적극적인 유교정신이 무엇인지를 보다 체계적으로 탐색할 필요가 있다. 그
유교정신은 앞에서 언급한 덕행, 숭고 무비한 도덕정신, 절의정신과 관련되어 있
으며, 이것은 결국 격물치지(格物致知), 성의정심(誠意正心), 수신제가(修身齊家), 치
국평천하(治國平天下)와 다르지 않다. 이 점에서 그가 유학을 집중적으로 공부한
후 깨달은 "인욕을 막고 천리를 보존한다(遏人慾存天理)" 원리도 동일한 맥락에서
이해할 수 있다. 김창숙은 결국 성균관대학을 통해서 덕행에 바탕을 둔 학문, 즉
덕행과 문예를 겸비한 인재를 길러냄으로써 전 세계에 명덕을 밝히는(明明德) 유
교문화를 전파하려는 데 목적을 두었다고 볼 수 있다. 그러므로 김창숙이 추구한
유교정신을 보다 구체적으로 드러내기 위해서는 심(心)과 리(理), 알인욕(遏人慾)과
존천리(存天理), 덕행과 문예, 개인의 수기와 사회 윤리(즉, 수기와 치인)의 관련성
에 대한 보다 치밀한 논의가 요청된다.

참고문헌

강명숙(2015). 해방 직후 심산 김창숙의 성균관설립운영 활동과 그에 나타난 교육관.『교육사상연구』. 29(3). 1-21.

권기훈(2007).『심산 김창숙 연구』. 서울: 선인.

김기승(2012). 심산 김창숙의 사상적 변화와 민족운동.『한국독립운동사연구』42. 107-134.

김기승(2017).『심산 김창숙: 유림 독립운동의 상징』. 파주: 지식산업사.

김덕균(2013).『근·현대사 속 겨레의 효자들』. 서울: 다른 생각.

김삼웅(2006).『심산 김창숙 평전』. 서울: 시대의 창.

김창숙(1973).『심산유고』. 과천: 국사편찬위원회.

김창숙(1979).『국역 심산유고』. 서울: 성균관대학교 대동문화연구원.

김현수(2018). 심산 김창숙의 유교인식과 독립운동의 전개.『한국학논집』70. 121-152.

김형목(2014). 성주지역 국채보상운동의 지역운동사에서 위상.『한국민족운동사연구』78. 5-40.

김희곤(2013). 성주지역의 독립운동과 성격.『한국독립운동사연구』46. 219-256.

박해남(2009).『마지막 선비, 심산 김창숙의 삶과 생각 그리고 문학』. 안동: 한국국학진흥원.

박홍식(1999). 심산 김창숙의 유교정신과 구국운동.『한국학논집』26. 69-94.

변창구(2014). 심산 김창숙의 사상과 현대적 의의.『민족사상』8(4). 99-123.

서중석(2003). 해방 후 김창숙의 정치적 활동.『대동문화연구』43. 161-221.

송재소(2008). 김창숙, 유교부흥운동과 교육 활동에 앞장서다.『한국사시민강좌』43. 서울: 일조각. 247-258.

송항룡(1986). 심산과 유학사상. 심산사상연구회 편.『심산 김창숙의 사상과 행동』. 서울: 성균관대학교 대동문화연구원.

성균관대학교 교사편찬위원회(1998).『성균관대학교육백년사』. 서울: 성균관대학교출판부.

심산사상연구회 편(2001).『김창숙 문존』. 서울: 성균관대학교출판부.

유기준(2001). 1910년대 전후 일제 유림 친일화 정책과 유림계의 대응.『한국사연구』114. 57-91.

이영호(2011). 조선유학사의 지평에서 바라본 심산 김창숙의 사상.『양명학』29. 281-307.

이우성(1986). 심산의 유학사상과 행동주의. 심산사상연구회 편.『심산 김창숙의 사상과 행동』. 서울: 성균관대학교 동문화연구원. 27-41.

이윤갑(2018). 한말 경상도 성주의 국권회복운동과 그 사상.『한국학논집』71. 329-366.

이황직(2017).『군자들의 행진』. 파주: 아카넷

장을병(1986). 심산의 민주주의 이념. 심산사상연구회 편.『심산 김창숙의 사상과 행동』. 서울: 성균관대학교 동문화연구원.

최일범(2010). 심산 김창숙의 도학정신.『유교문화연구』16. 307-328.

일제강점기, 저항과 계몽의 교육사상가들

정인보의
교육사상과
민족교육

김윤경

I. 들어가는 말

정인보(1893-1950)는 한국양명학을 대표하는 하곡학의 마지막 계승자이자 민족주의사상가로서 해방 전후 한국사상사에 큰 획을 그은 인물이다. 그만큼 그에 대한 학계의 연구 성과가 상당하다. 기존 연구는 양명학을 다루는 철학분야와 1930년대 조선학 운동을 다루는 역사, 혹은 한문학 분야에서 각기 다른 분과 학문적 관점하에 진행되어 왔다. 그러나 정인보 자신은 문학, 철학, 사학을 고루 다루어 분과 학문을 통관하는 안목을 지녔고, 전통사상을 근대 학문 분과의 틀 안에서 논하는 학문 경향을 비판하였다.[1] 이런 점에서 이제는 정인보의 사상과 실천을 좀 더 종합적으로 고찰해 보는 연구가 필요하다. 정인보의 양명학적 사유, 혹은 하곡학의 계승, 국학연구, 조선 얼 탐구와 홍익인간 이념 선양 등은 모두 통일적인 구조를 지닌다. 정인보는 『양명학연론』을 저술하면서 절실히 "기도하는 심정"으로 쓴다[2]고 하였는데, 이 표현의 취지는 그가 활동한 모든 분야에 적용된다. 그것은 바로 신채호나 박은식 등 당대의 다른 사상가들과 마찬가지로 구세와 계몽의 염원이었다. 물론 정인보가 선택한 길은 중국망명이나 무장독립투쟁은 아니

---

1) 『薝園 鄭寅普全集』 권2 「陽明學演論」 (1933) 124쪽. "陽明의 學은 心學이니 心學이라하면 心을 대상으로 하여 가지고 考察함이 아닌가 하리라. 이것은 근세 학술상 術語만을 아는 말이다. 陽明의 心學은 그런 것이 아니니 곧 우리의 마음이 타고난 본밑대로 조그만 挾詐가 없이 살아가려는 공부이다."
2) 『薝園 鄭寅普全集』 권2 「陽明學演論」 113쪽. "내가 지금 이 글을 씀에 當하여는 바란다는 것만으로는 내 情懷를 말하기에 오히려 부족하다. 곧 懇乞코자 하며 곧 祈祝하려 한다."

었다. 한일강제병합 이후 중국에서 동제사의 일원으로 활동한 바 있지만 그가 택한 길은 언론 활동과 교육, 학문연구를 통해서 민족의 주체성을 되살리는 일이었다.3) 정인보는 중국에서 "귀국 후 1915년 중앙고보를 위시하여 1922년 연희 전문·이화여전·세브란스·혜화전문·협성신학교 등 강단에서, 신문(동아·조선)·잡지(개벽·동명·신동아 등) 논단에서, 그리고 순회강연회에서 조국광복을 위한 정열을 불태웠고, 1938년 일어 강의만이 허용되자 연희전문을 그만둔 뒤, 1940년 가을 창동으로, 1945년 봄 익산으로, 일인을 피해 다니면서도 더욱 연구에만" 몰두하였다.4) 해방 이후에도 마찬가지였다. 구세와 계몽의 측면에서는 그가 활동한 모든 분야가 하나로 연결된다. 그 연결점을 현대적으로 이해하자면 '교육'이 될 것이다.

정인보의 사상은 교육과 뗄 수 없는 관계에 있는데도 지금까지 잘 다루어지지 않았다.5) 그것은 그가 교육을 사명으로 여기는 유교지식인이었기 때문이기도 하고, 실제 교육에 종사하면서 해방 이후 우리 전통문화에 기반한 교육이념 설정에 참여했기 때문이기도 하다. 현재 우리 교육기본법 제2조의 교육이념은 여전히 '홍익인간'이다. 물론 '홍익인간'이념은 당대나 후대에도 민족주의의 한계에서 벗어나지 못한다는 비판을 받기도 했고 지금도 현대의 교육방향을 담지 못한다는 비판이 있다. 그러나 당시 정인보가 주장한 '홍익인간'은 실심(實心)과 실심의 감통(感通)을 기본구도로 하는 철학적 산물로서 이타성의 의미만 지니는 것이 아니다. 이에 본 논고는 정인보의 사상과 실천을 교육의 궁극적 목표와 방향, 교육방법 등 교육적 관점에서 재구성하여 그 함의를 밝혀보고자 한다.

---

3) 이것이 정인보에게 얼마나 중요한 문제였는가는 그 호 "담원"의 내력에서도 알 수 있다. "담원이라는 호는 와신상담의 쓸개 담자에서 육달월(月)을 빼고 위에 초두(++)를 얹은 치자꽃 담(薝)자라, 우리를 총칼로 짓밟고 억지로 빼앗은 일본에 대한 피맺힌 원한과 앙갚음을 잊지 않으려는 결의가 담겨져 있다."(정양완, 2008: 106)
4) 정양완, 「나의 아버지, 나의 스승 담원 정인보 선생」, 『스승』, 논형, 2008, 107쪽.
5) 정인보의 사상을 도덕교육의 관점에서 고찰한 논문으로는 김민재, 「위당 정인보 사상의 양명학적 특징과 도덕교육적 함의」, 『유학연구』 37집, 충남대학교 유학연구소, 2016이 유일하다. 이 논문에서는 정인보의 양지론을 도덕교육의 '도덕주체'의 관점에서 논하고, 감통론을 성숙한 시민 및 가치관계확장법과 연관지어 논하였다. 매우 유의미한 성과이나, 「양명학연론」만을 연구대상으로 삼았다. 본 연구에서 이를 보완하여 정인보 교육사상 전반을 다루고자 한다.

Ⅱ. 교육의 궁극적 목표와 방향

1. 하곡학과 본심의 회복

공자는 이상 정치를 실현하기 위해 천하를 주유하면서도 인생의 대부분을 교육에 바쳤고, 맹자는 "천하의 영재를 얻어 교육하는 것"이 군자의 세 가지 즐거움 중에 하나[6]라고 할 만큼 교육을 중시했다. 유학자들에게 교육은 배움의 실천이며 학문과 교육은 분리된 두 가지 활동이 아니었다. 정인보는 신학문을 접한 근대 지식인이었지만 근본적으로 유학자였다. 그는 20여 년간 근대 교육제도 하에서 교육을 담당하였지만 그의 학문적 태도는 정통 유학의 방식이었다. 백낙준은 정인보를 다음과 같이 회상했다.

> "위당(爲堂)은 무엇보다도 선비였다. 선비는 글을 읽고 글을 짓고 글을 남겨둔다. 그는 정씨가문의 유풍을 계승하여 글을 읽었다. 유가의 경전과 제자백가서는 물론이요, 본국의 전적, 법도, 문장, 제서를 통독하였다. 그는 우리 겨레의 진로와 국가적 사건에 정견을 가졌다. 우리가 과거를 더듬거나 미래를 계획함에 그의 학식과 지혜를 필요로 하지 아니함이 없었다. 그러므로 국민은 그를 국보라고 칭송하였다."[7]

연희대학에서 함께 교편을 잡았던 백낙준은 정인보가 조선의 선비가 하듯이 글을 짓고 남기며 고문을 아끼고 연구한 국보라고 하였다. 그러나 그렇다고 해서 정인보가 단순한 복고주의나 반동주의를 주장했던 것은 아니었다.[8] 그는 오히려 당시에 "도를 걱정하지 나라를 걱정하지 않는다."고 하며 복고를 주장하는 유학자들이 진정한 유학자가 아니라고 신랄하게 비판했다.[9] 그리고 중요한 것은 현재의

---

6) 『孟子』「盡心」上 "君子有三樂, 父母俱存, 兄弟無故, 仰不愧於天 俯不怍於人, 得天下英才 而教育之."
7) 『薝園鄭寅普全集』 권1 「薝園鄭寅普全集序」 (1983.4), 1쪽.
8) 『薝園鄭寅普全集』 권1 「薝園鄭寅普全集序」 (1983.4), 2쪽. "이제 民智가 向上 發展되고 民族的 要請이 切實한 오늘 그의 글을 찾지 아니할 수 없다. 그의 글은 思想的 生命이요, 人格의 反映이요, 構想의 方法이다. 그가 六經을 통하고 韓國學에 能熟하다하여 復古主義나 反動主義를 主張한 것은 아니었다. 오직 우리 民族의 痼疾이 되어 있는 虛, 僞, 空, 假를 철저히 絕根하고 眞과 實과 行에 還元하기를 切願하는 呼訴였다."
9) 『薝園 鄭寅普全集』 권2 「陽明學演論」 176-177쪽.

나이며 나의 실심을 바로 세우고 변화에 주체적으로 대처하는 것이 학문의 관건이라고 하였다. 이렇게 행위의 준칙을 외재하는 보편 진리에 두지 않고 내심에 두는 것은 양명학적 사유의 결과이다. 주자학은 본심이라고 할지라도 그것은 변화가능한 기(氣)를 본질적 속성으로 하기 때문에 그 자체를 보편자로 봐서는 안 된다고 보았다. 반면 양명학은 본심 자체를 보편진리를 만들어 내는 주체라고 여겨 현실심으로부터 공부를 시작하여 완전한 본심의 회복을 추구하였다. 정인보가 계승한 하곡학은 이러한 양명학을 주체적으로 수용하여, 보편진리가 고정적 형태로 외재하는 것을 거부하며 스스로 진리 기준이 되는 실심을 실행할 것을 주장하였다. 정인보는 하곡학을 다음과 같이 평했다.

> "사물은 사물대로 내 마음은 내 마음대로 따로 떨어지는 것이 아니요, 마음이 사물에 응하는 데서 삼엄하고 또 정당한, 어지럽게 하려 하여도 어지러 뜨릴 수 없는 조리가 있으니 리(理)라는 것이 별 것이 아니라 이 조리가 곧 리(理)이다. 그러니 평범한 일과 행위에서라도 실제로 체험하여 보면 이 조리를 저 일에서 찾을 수 있는가 없는가, 찾으면 참으로 나오는가 나오지 않는가를 쉽게 변별할 수 있는 것이다. 그러므로 하곡은 허조(虛條)와 실리(實理)를 분별한 동시에 이 말이 옳으니 저 말이 옳으니 빈말로 다룰 것 없이 실제로 그런가 그렇지 아니한가를 스스로 실험하라고 하였다. 그러므로 하곡은 말끝마다 허실(虛實)의 분변을 들어 이로써 양지학(良知學)의 실질적 공효를 환기할 뿐 아니라 그의 밝은 안목이 이미 허실(虛實)을 가르는 것이 밝고 투철하여 무엇에든지 실(實)을 세우기에 노력하여 정치로는 옛 것을 지키기보다 변화에 따름을 주로 하여 '어떻게 하든지 나라에 이롭고, 민중을 편하게 할 것이면 하자.'(차록(箚錄))고 하였다."10)

조선 성리학에서는 심성을 설명하는 이기론에 대한 논란이 많았고 정인보 생전에도 심설과 관련된 논의가 지속되었다. 정인보는 세계의 진리, 근원자를 의미하는 '리'가 고원한 형이상학적 실체가 아니라 일과 행위 속에 있는 원리[條理]일 뿐이며, 이는 곧 마음에서 나온다고 여겼다. 그러므로 학문이든 교육이든 중심관건은 마음에 달려 있는 것이다. 정인보에 의하면, 하곡은 지금 이 공간 이 시간을

---

10) 『薝園 鄭寅普全集』 권2 「陽明學演論」 225-226쪽.

사는 나와 내가 속한 공동체에 근거한 실제 원리를 중시했고, 반대로 이와 거리를
두고 밖에서 더 좋다는 어떤 것을 상정하고 좇는 것은 헛된 조리라고 비판했다.
하곡은 늘 허(虛)와 실(實)을 구분하고 실을 체험할 것을 주문하였으며 자기 현실
의 변화에 따라 연구와 고찰을 거듭한 성과가 있었다.

유학의 궁극적인 목표는 하늘로부터 받은 타고난 본심을 잃지 않아 완전한 지
혜를 갖춘 성인이 되는 것이다. 교육의 목표도 한마디로 나와 남이 다 같이 성인
이 되는 것이라고 할 수 있다. 정인보 역시 학문과 교육의 궁극적인 목적을 "본심
의 회복"에 두었다. 하곡학에서 행위준칙이 본심에서 나온다고 했기 때문에 이는
굉장히 중요한 문제가 된다.

> "심은 본심이요, 쉽게 말하자면 본밑 마음이다. 양지가 곧 이것이니 양명
> 의 이른바 "양지는 곧 마음의 본체이다."라고 한 것은 이 때문이다."11)

> "마음의 본밑 밝음은 불선을 가지고 속이지 못하는 것이니 이 한 자리에
> 서 정확하고 명백하며 진실하고 절실한 깨달음이 없고서는 사람으로서 자기
> 마음을 보지 못할 것이다."12)

정인보는 본심을 "양지" 혹은 "실심", "본밑마음"이라고 표현하였다. 본심은
사사로운 욕망이나 물욕에 가려짐이 없는 마음이며, 옳고 그름을 밝게 판단할 수
있고 옳게 하지 않고는 견딜 수 없는 마음이다. 그런데 성인의 본심과 나의 본심
은 동일하다. 다만 성인이 능한 것은 남은 비록 알지 못할지라도 나는 홀로 아는
마음인 양지,13) 말하자면 본심을 그대로 실현하는가 실현하지 못하는가, 진실한가
진실하지 못한가의 차이에 달려 있을 뿐이다.14) 성현, 호걸은 다 자기 본성대로
자립한 자에 지나지 않는다.15) 따라서 정인보에 의하면 성인이 된다는 것은 옛

---

11) 『薝園 鄭寅普全集』 권2 「陽明學演論」 125쪽.
12) 『薝園 鄭寅普全集』 권2 「陽明學演論」 126쪽.
13) 『薝園 鄭寅普全集』 권2 「陽明學演論」 165쪽.
14) 『薝園 鄭寅普全集』 권2 「陽明學演論」 132쪽.
15) 『薝園 鄭寅普全集』 권3 「朝鮮史研究」上 14쪽. "누구나 己와 欲과 私의 本竄을 剿蕩하여 積痼
인 間膜을 한 번 撤廢한 뒤는 저절로 至誠인 閔惻念이 一體에로 좇아 感發할 것이니 실상은
聖賢이다 豪傑이다 함이 自性으로 自立함에 지나는 것이 아니라 '얼', 사람의 '얼', 種族이 이에
依하여 存延하고 聖胎 이에 의하여 圓成하는 것이다."

성인이 한 말을 찾아 그대로 쫓거나, 밖에서 진리를 찾는 것이 아니라 자기 본심을 속이지 않고 본심대로 사는 것이다. 즉, 사사로움을 버리고 본심 그대로 사는 새로운 사람이 되는 것이[16) 곧 학문과 교육의 목표가 된다.

그런데 남은 모르고 혼자만 아는 앎[獨知]을 따른다고 하면 남이 전혀 이해할 수 없거나 주관에 매몰되지 않을까 하는 의문을 가질 수 있다. 그러나 본심의 발현은 당사자의 도덕적 수준에 따라 천차만별이지만 본질적으로는 평범한 사람들이 공감할 수 있는 것이다. 본심은 나 혼자만이 아니라 세상 모든 사람들이 다 지니고 태어난다. 그 마음의 본질적 속성은 실상 '선(善)'으로서 동일하기 때문에 사람들의 보편적 정서와 통하는가, 통하지 않는가를 보면 본심대로 하는지 하지 않는지를 판가름할 수 있다. 양명은 이를 "평범한 남녀와 다 같이 얻은 덕"이라고 하였고 정인보의 스승 이건방은 "사람의 보편적 정서[情]에 부합"하는 것이라고 했으며,[17) 정인보는 민중과의 "감통(感通)"이라고 하였다. 그는 다음과 같이 말했다.

> "본심이란 감통(感通)에 살고 감통(感通)에 죽는다. 만일 살아가는 인민의 병고가 곧 내 병고로, 인민의 고난과 고통이 곧 내 고난과 고통으로 감통(感通)되어 내 몸에 있는 것 같다면 스스로 분주하게 도우려 하는 것을 그만두지 못할 것이니 그 몸이 거꾸러졌을지라도 본심은 살아 있다. 이는 따지고 보면 한두 사람만이 특수하게 타고난 것이 아니요, 사람이면 다 같이 감통(感通)되는 것인데, 편협한 한 몸의 사사로운 생각이 제석천의 그물 같이 고루 돌아 얽히어 이 감통(感通)이 그만 중단된 것이다. 이 감통(感通)의 중단은 곧 양지(良知)가 가리고 막힌 것이요, 양지(良知)의 가리고 막힘은 생명이 끊어진 것이니 어느 때든지 한 점 양지(良知)가 잠깐 반짝이는 곳에는 의연히 민중과 하나되는 감통(感通)이 있는 것이다."[18)

위 인용문에서 본심, 양지는 배우지 않아도 아는 것이고 '인(仁)'을 본질적 속성으로 한다. 타인에 공감할 줄 아는 인(仁)의 바탕에서 스스로 시비판단과 행위의 준칙이 되고 실행의 주체가 되는 것이다. 따라서 진실성과 주체성을 지니면서

---

16) 『薝園 鄭寅普全集』 권2 「論說·隨筆·漢詩」 <歷史的 盲盲과 吾人의 一大事> 283쪽.
17) 『蘭谷存稿』 卷6 「文錄」 <原論>上, "欲求其眞必先知其假, 何以知其假, 以其不合乎聖賢之道也. 何以知其不合乎聖賢之道, 以其不合乎人之情也."
18) 『薝園 鄭寅普全集』 권2 「陽明學演論」 177쪽.

동시에 감응성을 지닌다. 또 주변 존재에 대한 공감으로부터 세계로 확장되는 공감과 공감에 따른 무언가를 실행하지 않으면 안 되는 것이 감통(感通)이다. 이는 『대학』의 삼강령인 "대인의 학문은 명덕(明德)을 밝히는 데 있고 백성을 친(親)하는 데 있으며 지선(至善)에 그치는 데 있다.[大學之道, 在明明德, 在親民, 在止於至善]"에서 "백성을 친(親)함[親民]"에 해당하는 설명이기도 하다. 주희는 여기서 '친(親)'이라는 글자를 '신(新)'으로 고쳐 '명덕을 밝혀 백성을 새롭게 한다.'고 풀이하였다. 왕수인은 이렇게 보면 '백성을 새롭게 하는 것'이 만물을 한 몸으로 여기는 것[만물일체(萬物一體)]과 거리가 있게 되고, 본래 하나인 '명명덕(明明德)'과 '친민(親民)'이 두 가지 일이 된다고 비판하였다. 정인보는 이런 관점에서 삼강령에 이어 "물에는 본말이 있다.[물유본말(物有本末)]"는 말이 '명명덕'과 '친민'의 관계를 말한다고 하였다. 즉, 본말은 하나의 존재나 일에 관한 설명이고 '명명덕'과 '친민'도 두 가지 일이 아니라 하나의 일이라는 것이다. '명명덕'하면 곧 '친민'하게 되어있다. 명덕의 속성이 친함이기 때문이다. 따라서 '명명덕'은 천지만물을 한 몸으로 여기는 '인'의 본바탕을 세우는 것이고, '친민'은 그 '인(仁)'을 실현하는 것이다. 명명덕하면 곧 친민하게 되고 친민하면 명덕이 더 밝아진다.[19] 이는 본심의 속성이 감통이기 때문에 본심이 온전하다면 감통하지 않을 수 없는 것과 같다.[20] 본심을 그대로 실현하는 성인의 마음은 가까운 존재부터 멀리 있는 존재까지 다 한 형제, 한 몸으로 사랑한다. 현재의 내가 만나는 가까운 존재부터 멀리 있는 존재들까지 감통하여 그 사이에 조금의 간격도 없는 것이다. 정인보에 의하면 누구나 다 이런 본심을 지니고 태어났지만, "자기만 아는[유아(有我)]"의 사사로움과 "물질적 욕망[물욕(物欲)]"에 가려져서 간격이 벌어지고 통하던 것이 막히게 되었다. 이런 양상은 사람마다 천차만별인데 간격이 커지면 자기 부모와 자식, 형제를 원수 같이 보는 자까지 생기게 된다. 간격은 본심양지의 생명이 끊어지는 것을 의미한다. 이때 성인은 이를 걱정하여 자신의 완전한 인(仁)을 미루어서 온 세상을 가르치고 기르고자 하는 것이다. 그런데 그 가르침은 세상을 대상으로 하여 성인을 배우라고 하는 것이 아니라, 사람들 스스로 각자 자기의 사사로움를 극복하고 가려짐을 제거하여 인간이면 누구나 태어날 때부터 받은 심체의 "본래 같음"을

---

19) 『薝園 鄭寅普全集』 권2 「陽明學演論」 155쪽.
20) 『薝園 鄭寅普全集』 권2 「陽明學演論」 159쪽.

회복하게 한 것이다.21) 이는 사람들을 대상으로 놓고 '새롭게[新]' 하는 가르침과 다르다. 이런 가르침도 물론 민중을 위하는 마음에서 비롯되는 것이지만 이미 마음 밖의 일이 되고 '친함'과 거리가 있으며 결과적으로 감통에 미진함이 있게 된다. 이 경우는 민중을 새롭게 하려다가 못하더라도 명덕을 밝힘에 크게 손해될 것은 없다. 그러나 '친'이 곧 '감통'인 경우는 민중과 친함이 지극하지 못한 것은 명덕이 밝지 못한 것과 같다. 친민이 불완전하면 명덕도 불완전하고 감통이 미흡하면 본심도 불완전한 것이다.22)

본심의 회복이란 결국 천지만물을 한 몸으로 여기는 인(仁)의 완성인데, 이것이 곧 내 부모와 남의 부모를 똑같이 사랑하라는 것은 아니다. 정인보는 이것이 『대학』 삼강령의 마지막 부분인 "지선(至善)에 머문다.[지어지선(在止於至善)]"이라고 보았다. 현실상에서 천지만물을 한 몸으로 여기는 인을 발동하는 데는 선후, 경중, 친소 등의 절도가 없을 수 없다. 처음부터 내 부모나 민족을 남의 부모나 민족과 똑같이 여기는 '진심'은 없다. 만약 그렇게 여기는 경우가 있다면 그것은 내 부모와 민족을 오히려 소원하게 하는 것밖에 되지 않는다.23) 중요한 것은 내 부모로부터 내 이웃의 부모, 나라 전체의 부모, 세계의 부모로 점차 인을 확장해 나가는 것이지 처음부터 동일하게 대하는 것은 자연스럽지 못하다. 정인보는 이런 맥락에서 내 민중과 민족을 도외시하고 그 너머에 절대적이고 보편적인 진리가 있다고 여기면서 서구의 이론을 맹종하거나 과거의 성리학을 고수하는 유학자들의 도는 참된 도가 아니라고 비판하였다.24)

정리하자면, 정인보의 교육목표는 스스로를 속이지 않고 본심대로 하는 완전한 인간을 양성하는 데 있다고 할 수 있다. 그것은 완전한 인간인 성인의 말과 행동을 따르는 것이 아니라 성인처럼 세상사람 모두 지니고 있는 본심을 각자 그대로 회복하는 것을 말한다. 이는 성현이나 스승의 말이 도움을 줄 수 있지만 각자 자기 위치에서 실제로 체험하지 않으면 이룰 수 없는 것이다. 그렇게 하려면 내가 지금 어떤 상태인가를 성찰할 필요가 있다.

---

21) 『薝園 鄭寅普全集』 권2 「陽明學演論」 179쪽.
22) 『薝園 鄭寅普全集』 권2 「陽明學演論」 121쪽.
23) 『薝園 鄭寅普全集』 권2 「陽明學演論」 130쪽.
24) 『薝園 鄭寅普全集』 권2 「陽明學演論」 176쪽.

2. 허가(虛假) 진단과 실심(實心)의 환기

인간이 회복해야 할 본심은 본래 완전하여 그 자체로 덜 것도 없고 더할 것도 없다. 단지 원래 있던 온전한 상태로 되돌리기만 하면 된다. 그러려면 이미 본심이 가려져서 참이 아닌 부분을 드러내야 한다. 정인보와 그의 선배들은 참이 아닌 것을 '가(假)'라고 불렀다. '가(假)'는 내 것이 아닌 남의 것을 '빌린' 것이고 '거짓'을 의미한다. 어떤 일을 했을 때 불편한 마음이 드는 데도 이익이나 명예를 위해 그 일을 계속해 나가거나, 그런 행태가 오래되어 스스로 참이라고 착각하는 것이 모두 가(假)이다. 정인보는 앞선 조선사회가 이런 가(假)가 횡행하던 시대였다고 분석했다.

> "이 학문이 자기 마음과 멀지만, 학문이란 그 자체로 군중이 생각하고 그리워하는 대상이기 때문에 우선 학문을 통해 자립할 생각이 없을 수 없고, 다음 학문으로써 명예를 얻을 생각이 나지 않을 수 없다. 그래서 실상은 착수처가 없지만 있다고 할 수밖에 없고, 있다고 한 바에는 마음상의 각성을 제쳐두고 오직 문자 상으로 들어 맞추는 데에만 노력하게 되기 때문에 '명덕(明德)', '친민(親民)'의 용솟음치는 열정은 거기 찾을 것이 아니다. 이미 저렇게 문자상에서만 노력하므로 사념(私念)의 싹이 자연히 이를 따라서 점점 자라며 이로부터 제 멋대로 하고 남을 배척하는 것이 날로 성하여졌으며 이러면서도 경전문자에 들어 맞추려는 것이 점점 더 교묘해져서 여기서부터 화란이 비롯된 것이다. 알아야 한다, 허(虛)는 가(假)의 근본이다."25)

정인보는 민중이 학문을 존중하고 따르기 때문에 민중은 반드시 그 학문이 어떻게든 영향을 받게 되어 있다고 보았다. 따라서 폭정시대의 학정이 민심에 이반되어 전복되더라도 이전의 학풍에 영향을 받은 기층문화의 흐름은 한동안 지속되기도 한다.26) 조선의 학문이 가행(假行)으로 치닫게 된 이유는 학자들이 추구했던 학문이 '허학(虛學)'이었기 때문이었다. 학문의 궁극적인 목적이 본심회복에 있다면, 실제 자기 마음상에서 공부가 진행되어야 하는데 구조적으로 그것을 담보하지

---

25) 『薝園 鄭寅普全集』 권2 「陽明學演論」 122쪽.
26) 『薝園 鄭寅普全集』 권2 「國學人物論」 <唯一한 政法家 丁茶山先生 叙論> 69쪽 (≪동아일보≫ 1934.9).

못하는 것이 허학이다. 정인보에 의하면, 수양은 실심으로 자기 마음상의 편협한 자사념(自私念)을 제거하는 것인데, 조선에서는 밖으로 만물의 이치를 궁구하는 공부가 우선이라 마음상의 공부는 안 되고, 선망의 대상인 학문을 통해 명예와 이익을 추구하는 행태가 지속되었다.[27] 이는 학문을 제대로 하지 못하는 개인의 문제에 국한되는 것이 아니라, 학문 체계의 구조적인 문제를 포함하는 문제였다.

　　"회암(晦菴)이 말한 '격치(格致)'의 대의는 만일 사물을 나누어 깊이 연구하는 분석적 정신으로 실제에 응용하였다면 물질에 대한 발명이 혹 서구와 대등하게 진보하였을지도 모른다. 그런데 이렇게 활용하지는 못하고 그 해석을 그대로 심성을 수양에다가 붙여서 주요한 방법으로 삼고 보니 학자가 말로는 부연할 수 있으나, 자기 마음상에는 어떠한 착수처도 없게 되었다. 그렇게 해서 학문은 실상 자기 마음과 멀어지고 말았다."[28]

조선 성리학자들은 대개 정주학을 신봉했다. 정주학의 공부법은 '거경궁리(居敬窮理)'로 요약할 수 있다. 이는 감정이 아직 드러나지 않았을 때[미발(未發)]나 이미 드러났을 때[이발(已發)]나 항상 경(敬)하면서 각 사물에 존재하는 이치를 체득하는 공부이다. 접하는 사물마다 이치를 궁구하면 점점 더 보편적인 원리를 깨닫게 되며 내 마음이 이에 조응할 수 있도록 한다.[격물치지(格物致知)] 주희는 먼저 사물에 다가가서 궁리하는 것을 게을리하면 안 된다고 하였는데, 정인보는 왕수인과 마찬가지로 이것이 마음과 리를 나누어 놓는 오류를 범했다고 보았다. 사물의 리를 찾아 내 마음과 맞춰 보는 것이 아니라 이미 도덕법칙과 행위 원리를 만들어내는 마음을 바로잡는 것이 더 본질적인 공부라는 것이다. 정인보는 관찰과 궁리가 필요한 일이기는 하지만 이치 탐구는 박학(博學)의 종류이지 옳게 하지 않고는 견디지 못하는 그 의지를 만드는 심경 속 생활이 아니라고 하였다. 주희의 말대로 우주적 관점에서는 각 사물에 부여된 리가 곧 하나 리에서 나온 것이므로, 풀 한 포기 돌맹이 하나가 가지고 있는 원리가 곧 대우주의 원리이며, 만물이 지닌 각각의 원리를 분석하고 연구하면 결국 하나의 근원으로 통할 수 있다. 정인보는 이것이 탁견이지만 학자로서 우주의 생장을 탐구하는 학구적 방법과 수행하는

---

27) 『薝園 鄭寅普全集』 권2 「陽明學演論」 114쪽.
28) 『薝園 鄭寅普全集』 권2 「陽明學演論」 121쪽.

사람으로서 마음속 절실한 생활을 홀로 행하는 요체는 다르다고 보았다.[29] 격물
궁리를 순수 자연과학의 공부법으로 활용했다면 결코 서구과학에 뒤지지 않았을
텐데, 이를 심성수양에 적용한 것이 문제였다는 것이다. 물론 정주학에 거경이라
는 마음 수양론이 있긴 했다. 그러나 이는 잘못된 의도가 발생한 바로 그 자리에
서 직접 마음을 바로잡는 공부의 효과에는 미치지 못한다. 그러다보니 권위 있는
학문이론이나 명성에 매달리게 되는데, 정인보는 이를 다음과 같이 비판했다.

> "민중이 우러르고 따르는 그 일은 오직 유학인데 유학은 다만 정주학을
> 흉내냄에 그칠 뿐이었다. 비근한 예를 가져다가 이 고질적 병통을 비유해 보
> 자면, 정이와 주희는 그 부모에게 효도하였다. 그렇다면 정이와 주희를 참으
> 로 배운다고 한다면 자기 집에서 자기의 부모를 잘 받들어야 할 것이건만, 그
> 렇지 않고 몸소 송나라로 가서 주희의 아버지인 주교년(朱僑年)이나 정이의
> 아버지인 정태중(程太中)을 섬기지 못함을 한스러워하며 상을 만들어 놓고
> 제사 올리는 것을 오로지 여기에 바친 것과 비슷하다. 이것이 이른바 마음을
> 잃은 것이요, 이른바 혼을 잃은 것이다."[30]

정인보는 조선 역사 오백년 동안 오직 유학만 중시하고 그중에서도 주자학(程
朱學)만 신봉한 폐해가 자기의 편의만 도모하는 사영파(私營派)를 낳았고, 이 학설
을 배워 중화사상을 실현하려는 존화파(尊華派)로 나타났다고 하였다. 위 인용문
은 자기 조상이나 문화는 모르는 존화파를 비유한 것이다. 자기 수양은 하지 않고
명성 있는 학문과 문화를 쫓는 것이 마치 효자인 정주의 효심을 배우지 않고 이
름만 높이며 자기 부모가 아닌 남의 부모를 높이는 격이다. 정인보에 의하면 이들
사영파와 존화파는 갈래는 다르지만 겉으로 도의를 표방하면서 결국 자신만을 위
했다는 점에서는 모두 같다.[31] 그런데 안타까운 것은 과거 중화주의뿐만이 아니

---

29) 『薝園 鄭寅普全集』 권2 「陽明學演論」 119쪽.
30) 『薝園 鄭寅普全集』 권2 「國學人物論」 <唯一한 政法家 丁茶山先生 叙論> 69쪽. (≪동아일보≫
    1934.9).
31) 『薝園 鄭寅普全集』 권2 「陽明學演論」 11-12쪽. "朝鮮 數百年間 학문으로는 오직 儒學이요, 儒
    學으로는 오직 程朱를 信奉하였으되 信奉의 弊가 대개 두 갈래로 나뉘었으니, 一은 그 학설을
    받아 自家便宜를 圖하려는 私營派요, 一은 그 학설을 배워 中華嫡傳을 이 땅에 드리우자는 尊
    華派다. 그러므로 평생을 沒頭하여 心性을 講論하되 實心과는 얼러볼 생각이 적었고 一世를
    揮動하게 道義를 標榜하되 자신 밖에는 보이는 무엇이 없었다."

라 당대에도 서구 여러 사상을 무비판적으로 수용하고 쫓는 지식인들이 있었다는 것이다. 정인보는 이런 행태도 영국, 프랑스, 독일, 러시아등 각국 학자들의 이론을 쫓아[32] 말만 그대로 옮겨 놓았을 뿐 본질적으로 자기 실심을 망각하고 주체성을 잃어버린 데서 비롯되었다고 보았다. 그에게 내 마음이 아닌 밖에 있는 높은 이상에 기준을 두는 학문, 자기가 속한 공동체는 낮게 보면서 남의 문화를 쫓는 것은 모두 주체적인 실심을 잃어버린 것이다. 따라서 정인보는 실심을 다시 일깨우는 것을 시급한 시대과제로 여겼다. 그는 종종 대중적 강연과 글쓰기의 취지를 말할 때, '본심의 환기', '실심의 환성'이라는 표현을 썼다. 그의 집필과 교육의 1차적인 방향은 실심을 깨우는 데서 시작하여 이를 완전히 회복하는 방향으로 나아가는 것이었다.[33] 다음 장에서 구체적으로 살펴보겠다.

Ⅲ. 실심(實心) 확립의 교육방법

1. 주체적 성찰과 자득

양명학에서 교육은 교육자가 피교육자에게 단순히 지식이나 수양법을 전수하는 것을 의미하지 않는다. 교육자는 피교육자에 대해 앞선 자일 뿐이고 피교육자를 대상화시키지 않으며, 사실상 교육과 피교육을 뚜렷하게 분리하지 않는다. 『예기(禮記)』의 "가르침과 배움은 같이 성장한다.[교학상장(敎學相長)]", 『서경(書經)』의 "가르침은 배움이 반이다.[효학반(斅學半)]"이라는 명제가 보여주듯 유학의 교육에서는 이미 일방적인 전수를 부정해 왔다. 그것은 스승과 제자가 성인이라는

---

32) 『薝園 鄭寅普全集』권2 「陽明學演論」13쪽. "學問에 대한 태도ㅣ 전부터 이 冊張에서만 힘을 얻으려 하던 것이 더 한 층 늘어서 가론 英國, 가론 佛蘭西, 가론 獨逸, 가론 露西亞ㅣ 紛然 竝進하지만 대개는 工巧하다는 者ㅣ 幾多 學者의 言說만에다가 標準을 세워 어떻다, 무어라함이 대개는 저 '言說'로부터의 그대로 옮겨짐이요, 實心에 비추어 何等의 合否를 商量한 것이 아니니 지금으로서 古에 비함에 과연 어떻다 할까."

33) 정인보가 말하는 본심과 실심은 모두 같은 의미이다. 그는 천지만물을 한 몸으로 보는 인이라는 덕성의 측면을 강조할 때는 본심이라는 표현을 썼고 주체성과 자립의 측면을 강조할 때는 실심이라는 표현을 썼다. 또 본심과 실심의 강조점을 다 포괄하면서 이를 민족적 차원으로 확장해서 말할 때는 '얼'이라는 표현을 사용했다. '얼'을 처음 논한 것은 「오천 년간 조선의 얼」(1935-1936)에서였다.

공통목표를 향하여 같이 성장하는 것이 교육이라는 의식 때문이다. 그러나 주자학
에서는 성인처럼 보고 판단하며 행위할 수 있는 능력의 함양을 위해 성인이 제시
한 원리와 행위준칙을 체득하는 공부를 먼저한다. 이에 비해 양명학은 내 본심의
가림막을 제거한다면 그것은 성인의 마음과 같으므로 성인이 제시한 원리보다 내
마음 속 작용을 관찰하고 바로잡는 것을 먼저해야 한다고 본다. 앞서 살펴본 바와
같이 '신(新)'보다 '친(親)'의 관점에서 상대방 스스로 본심을 자각하고 하게 하는
것이 가장 주요한 교육방법이 된다. 정인보는 양명학을 연론할 때도 양명 학설을
기준으로 삼아 우리 민중에게 호소하려 하는 것이 아니라 이 학설에 비추어 우리
본심의 밝음이 실제 그런가, 그렇지 아니한가를 스스로 증득하도록 하자는 것[34]
이라고 하였다. 양명학이든 본심양지든 그것을 학문상 탐구로 증명하고 살피지 말
고 홀로 자기만 아는 마음속에 스스로 속이지 못할 것이 있는지 실제로 체험하는
것이 중요하다는 것이다. 이는 사실 일자무식이라고 해서 모를 것도 아니고 고금
을 독파한 지식인이라고 해서 더 많이 아는 것도 아니다.[35] 그러나 그렇다고 해
서 본심, 양지만 회복한다면 모든 일을 다 잘할 수 있게 된다는 것도 아니다.

　　"양지가 곧 글씨를 쓸 줄 알고 곧 그림을 그릴 줄 알고 곧 밥을 지을 줄
알고 곧 옷을 지을 줄 알고 곧 과학자의 발명을 내고 곧 정치가의 방략을 낸
다는 것은 아니다. 꼭 해야 할 일이라면 하고 배우는 것이 곧 양지요, 마음을
태우고 애쓰면서 걱정해야 할 것이라면 마음을 태우로 애쓰면서 걱정하는 것
이 곧 양지이다. 이것만으로는 별 수 없을 것 같을 것이다. 그러나 쓸 줄 모
르는 글씨를 가장 잘 쓰는 체하고, 분명히 배워야 될 줄 알지만 창피하게 생
각하여 배우지 않고 그대로 나간다 하자. 그렇다면 이는 배워야 될 줄 안 그
양지를 저버림이 아닌가. 배워야 될 줄을 알지만 교만하고 게으름에 익숙하여
귀찮아한다면 배울 수가 있을까? 이러고 보면 글씨를 잘 쓸 날이 없을 것이
다. 그렇다면 이 또한 배워야 될 줄 안 그 양지를 저버림이 아닌가. 글씨는
오히려 평범한 예술의 일이라서 그 해가 적을 것이다. 그림 과학자의 발명을
가지고 보자. 한 점의 허위(虛僞)도 섞이지 않은 것이 이 곧 양지의 광명의
비추인 것이니 빠른 명예를 구하여 경솔하게 아무렇게나 하거나 특별한 이득
을 탐하여 교묘하게 속이거나 이것은 다 그 학문을 파멸하게 하는 것이다. 경

---

34) 『薝園 鄭寅普全集』 권2 「陽明學演論」 125쪽.
35) 『薝園 鄭寅普全集』 권2 「陽明學演論」 134쪽.

솔하게 아무렇게나 하는 것도 나는 알되 남은 모른다 하자, 속인 것도 나는 알되 남은 모른다 하자, 빠른 명예는 지금 당장 앞에 빛나고 특별한 이익은 곧 뒤를 따른다. 그러면 남은 전혀 모르는 이것을 나 홀로만 아는 바에는 결국 스스로 속이고 말지 않을까? 과학이 이에 결단날 것이 아닌가? 그러므로 남 모르고 나 홀로 아는 이 한 곳에서 스스로 속이려 하는 그 버릇을 없앤 뒤에야 비로소 사물에 접하고 응하는 데 있어 그 "잘"을 이룰 수 있다."[36]

누구든지 어떤 일을 하게 되면 잘하고 싶은 마음이 들기도 하고 어떻게 하는 것이 잘하는 것인지 생각을 하게 된다. 어떻게 하는 것이 '잘'하는 것인가의 '잘'에는 많은 의미가 담길 수 있다. 올바르게 하는 것, 최선을 다하는 것, 스스로 하는 것, 고생스럽지만 역경을 이겨내고 하는 것, 좋은 성과를 내는 것 등 상황에 따라 '잘'함의 내용이 다를 수 있다. 위 인용문에서 말하는 '잘'함은 어찌 됐든 남은 모르고 혼자 아는 그 마음이 시키는 대로 하는 것을 말한다. 거기에 남에게 인정받기 위해서라거나 비난을 피한다거나 하는 기준은 없다. 내가 스스로 해야겠다는 생각이 들면 하고 하지 말아야겠다는 생각이 들면 하지 않는 주체적 판단과 행위로 일이 진행되어야만 '잘'한다는 것이다. 그것은 글씨를 쓰거나 옷을 지어 입거나 하는 사소한 일에서부터 과학자로서 연구에 임하는 데 이르기까지 해당되지 않는 부분이 없다. 많은 사람들에게 영향을 미치는 과학자의 경우 양지에 따라 엄밀히 할 것은 엄밀히 하여 시간이 걸리더라도 자기 연구를 완성해야 한다. 그런데 그렇지 않고 빨리 성공하고 명예를 얻고자 하거나 데이터를 속여 통계를 내는 등, 자기 자신을 속이는 학문활동을 하면 파탄에 이를 것이다. 이런 사례는 당대뿐 아니라, 현대과학에서도 찾을 수 있다. 정인보는 본심양지를 그대로 따르는 것이 그 자체로 갖가지 능력을 생산해 낸다는 것이 아니라 '잘'할 수 있도록 주도한다는 점을 강조했다. 본심양지에 따르는 것 이외에 지식의 습득이 필요하다면 반드시 그렇게 해야 하는 것이지 속임이 없다고 그만인 것은 아니라는 것이다. 문제는 지식의 습득이든 어떤 학문 활동이든 그것을 해야겠다, 하지 말아야겠다 하는 주체적 판단이 중요하다. 이는 그것을 '왜' 하는가 하는 근원적인 의미고찰과 연관되어 있다. 그 연구, 그 행위를 꼭 해야만 하는 이유나 방향에 대한 메타적인 성찰은

---

36) 『薝園 鄭寅普全集』 권2 「陽明學演論」 172-173쪽.

과학 윤리의 문제이다. 뿐만 아니라 스스로 납득할 수 있어야 진행되고 창의성을 발휘할 수 있는 문제이기도 하다. 정인보는 이런 주체적인 체험과 성찰이 있어야만 스스로 얻는 것이 있다고 하였다.

> "사람에게 있어서 학문의 이해란 남에게 붙어 의존한 것은 얕고 자신이 터득한 것은 깊기 마련이니, 그 힘의 지극함과 지극치 못함은 여기서 비롯되는 것이다. 밖에서(남에게서) 얻은 것은 마치 길바닥에 괸 물과 같아서 철철 넘실대다가도 곧 말라 버리지만, 자신이 터득한 것은 마치 근원이 있는 물을 믿음과 같아서, 줄줄 흘러 깊게 넓게 물결쳐서 퍼 쓸수록 더욱 끝이 없음과도 같다. 그런즉 그 앎의 철저함과 철저치 못함은 여기서 비롯되는 것이다."37)

남에게 의지하여 쫓아가는 학문은 많이 알더라도 피상적인 상태로 머물거나 얼마가지 않아 잊어버릴 수 있다. 스스로 터득했을 때, 그것이 내 앎으로써 철저하며 다른 여러 가지 방향으로 응용될 수 있다. 이 부분은 누구도 부정할 수 없을 것이다. 현대 사회에서 자득을 도외시해도 된다고 보는 교육자는 없을 것이다. 정인보에 의하면 본심 양지대로 속임 없이 살아가는 것은 반드시 체험으로서 자증할 수밖에 없고, 어떤 일을 해야 하는 근원적인 이유에 대한 성찰을 포함한다. 그리고 이런 과정을 통해 자득해야만 얻은 것이 분명하고 철저하다.

2. 도덕적 감수성의 강화

본심 그대로 속임 없이 사는 것은 매우 간단한 것 같지만, 그렇게 쉬운 공부는 아니다. 잘못을 저지르고 있으면서도 스스로 자각하지 못하는 경우도 허다하기 때문이다. 또 행위나 감정, 사고에 이미 고정된 습(習)이 있기 때문에 이것을 단번에 뛰어넘는 판단을 하기도 어렵다. 속이지 않음을 실천하려 하여도 스스로 옳거나 그른 부분에 대한 확신이 없을 수도 있다. 때문에 사람에 따라서는 일상에서 양지의 판단을 매번 경험하기가 어려울 수도 있다.38) 이런 정인보는 지속적인 단련을 통해 도덕성을 길러 나가야 한다고 보았다.

---

37) 『薝園 鄭寅普全集』 권6 「薝園文錄」下 <六書尋源序> (1939) 32쪽.
38) 『薝園 鄭寅普全集』 권2 「陽明學演論」 133쪽.

　　"우리의 일대사가 본심의 환기에 있으니, 본심 환기에 대한 첫 단계, 즉 유일한 정경을 말씀하지 않을 수 없습니다. 환기로부터 아주 회복에 이르고, 천 단계로부터 주 본령에까지 이르는 것은 우리들의 노력에 달려 있는 것입니다. 우리가 무슨 일을 하고 안 하는 데는 데 남은 모르고 나 혼자만 밝게 아는 편안과 불안이 있습니다. … 지금 여기에 한 불안한 생각이 있을 때, 곧 하지 않아서 불안할 때는 반드시 하고, 해서 불안할 때는 반드시 하지 않아서, 이 불안이 다시 편안으로 바뀌도록 노력하여 보시면 얼마 지나 자연히 무엇에든지 불안을 느낌이 전보다 예민해질 것입니다. 이 느낌이 예민할수록 스스로 불안을 견디지 못함이 한층 한층 더욱 심할 것입니다. 차라리 몸이 죽고 집이 망할지언정 이 불안은 견디지 못하게 됩니다. 이 불안이 나를 위하는 생각에서 생기는 것이 아니라, 본심으로서의 느낌이니 본심이 본심대로 나타나야 비로소 편안함을 얻을 것입니다. 그러면 족류에 대한 희생과 고심에 대한 구원이 비로소 참될 것이며, 자신을 돌아보고 살핌과 사사로운 생각을 씻어버리는 것이 비로소 참될 것입니다."39)

　　위 인용문은 정인보가 『양명학연론』(1933)을 연재하기 전 1928년에 완성한 연설문인데, 『양명학연론』의 치양지공부 설명과 일맥상통한다. 그의 가학을 알 수 있는 대목이기도 하다. 여기서 가장 중요한 개념은 '도덕적 불안'이다. 본심을 환기하는 방법의 열쇠는 누구나 어떤 일을 할 때 '도덕적 불안'을 느낄 수 있다는 것이다. 꼭 해야 하는데 하지 않고 있어서 불편하고 불안한 마음이 생기면 해야 하는 일을 해서 마음을 편해지게 하고, 반대로 하지 않아야 할 일을 해서 불편하고 불안한 마음이 든다면 그 일을 하지 않아서 다시 마음을 편하게 만들어야 한다. 이것이 곧 마음을 바로잡는 일이다. 그런데 이렇게 도덕적으로 불편한 마음이 드는 것을 없애는 방법을 계속 사용하다보면 도덕적 불안을 느끼는 감도가 높아지게 된다. 도덕적 감각이 더 예민해지는 것이다. 이 도덕적 감수성이 곧 본심의 발동이고 그것을 예민하게 하는 것은 더욱 완전하게 회복해 가는 과정이다. 이 공부가 바로 양지를 완성하는 '치양지'공부이다.

　　이 공부에서 의지할 수 있는 것은 오로지 나의 양지판단이다. 이런 방법이 있다는 것을 교육적으로 알려주더라도 실제 체험하고 도덕적 감수성을 강화시켜야

---

39) 『薝園 鄭寅普全集』 권2 「論說·隨筆·漢詩」 <歷史的 膏盲과 吾人의 一大事> 280쪽. (≪청년≫ 1928.9~10).

하는 것은 각자 자신일 뿐이다. 따라서 정인보는 아이를 교육할 때 "너는 남부끄러운 줄도 모르냐?", "이게 무슨 모양이냐?", "그런 체면이 있냐", "저런 꼴이 어디 있단 말이냐" 등, 외부의 평가를 기준으로 하는 말은 해서는 안 된다고 하였다. 외부의 평가를 기준으로 포폄하는 것은 다 겉으로 꾸미는 것에 기준을 두게 만들어서 결국 자신을 속일 수도 있는 간극을 만든다. 뿐만 아니라 자꾸 그런 척 혹은 안 그런 척을 하면 내심의 양지는 그래도 살아 있어서 그렇게 하는 스스로를 비하하고 위축되게 만든다. 뿐만 아니라 그렇게 속이는 마음이 오래 지속되면 스스로 문제가 있다고 여기는 마음이 점점 미약하고 무뎌지는 것이다. 오로지 자기 마음 속에 혼자 아는 곳에서부터 깨우쳐 나가도록 해야 한다. 또 과거 가도학(假道學)의 행태처럼 "그것이 어찌하여 옳습니까." 하는 질문에 "응, 주자께서 옳다고 하셨으니까." 하는 식의 대답도 해서는 안 된다. 이런 식이라면 "주자는 어찌하여 옳다고 하셨습니까."라고 물으면 답을 할 수가 없을 것이다. 내 스스로 옳다고 여겨야지 남이 옳다고 해서 옳은 것은 아니기 때문이다. 정인보는 '주자'라는 말에 들어가는 인물이 바뀌었을 뿐 당대에도 자기 마음에 실제로 비추어 진정한 옳은 것을 구하지 않기는 마찬가지라고 보았다. 맞는가 틀리는가를 말이나 글에다 표준을 두어 평가하는 것은 안 되며 오로지 자기 마음이 표준이 될 수 있을 뿐이다.[40)]

도덕적 감수성을 높이는 일은 간단하지만 굉장한 도덕적 긴장감 속에서 살아가는 일이다. 눈앞의 이득뿐만 아니라 외압에 의한 두려움 때문에 스스로 판단한 옳고 그름을 그대로 실천에 옮기기 어려운 경우도 있기 때문이다. 정인보가 살았던 일제 강점기의 횡포함은 더 말할 것도 없을 것이다. 그러나 정인보는 부귀뿐만 아니라 생사조차도 막을 수 없는 마음, 실행하지 않고는 견딜 수 없는 도덕적 감수성의 강화를 누차 강조했다. 정인보는 도덕 감각을 더 예민하게 하고 어떠한 선입견도 갖지 않으면서 본심대로 할 것을 주장했다. 또 본심에 따라 한결같이 참되고 거짓없이 살아가는 것이 참다운 삶이라고 하였다.[41)] 심지어 이런 공부법을 제시한 양명학을 소개하면서도 마음속에 "어떻게든지 양명학을 세워야겠다."거나 "나는 양명학자가 아니다, 그러니까 어떻게든지 양명학을 배척하여야겠다."라는

---

40) 『薝園 鄭寅普全集』 권2 「陽明學演論」 241쪽.
41) 『薝園 鄭寅普全集』 권2 「陽明學演論」 132쪽. "'一眞無假' 네 글자가 양명학의 근본이다. 나 홀로 아는 이 한 곳이 義와 利, 善과 惡의 경계이니 여기서 소스라쳐 놀라 분발하는 것이 있으면 곧 眞生活이 시작되는 것이다."

생각을 가지면 안 된다고 하였다. 마음속에 어떤 핑계로 "그러니까"라는 핑계를 대면 거기서부터 실없이 텅비고[虛]와 없는 것을 남에게 빌리는[假] 문제가 시작 되기 때문이다.42) 정인보는 본심의 완전한 회복에 도달하기 위해서는 어떤 선입 견도 가지지 않으면서 도덕 감각을 예민하게 하는 훈련을 통해 주체의 도덕역량 을 강화해야 한다고 보았다. 이런 점은 보편적인 도덕 원리의 탐구가 아니라 도덕 이해 내지 도덕적 상상력의 함양이 현대의 윤리적 과제가 된다43)고 보는 체험주 의 윤리학과도 상통한다.

3. 의기(意氣)의 자유로운 발산

양명학에서는 아이들을 가르칠 때 그 기상을 북돋아주는 것을 중요하게 여겼 다. 반드시 아이들의 취향을 고무시켜서 즐겁게 하여 스스로 지치지 않고 나아가 도록 해야지, 구속하거나 벌주어서 마치 항상 잘못을 저지르는 죄인인 것처럼 다 루어서는 안 된다고 하였다.44) 강화학파에서도 마음속에 품은 뜻과 기상[의기(意 氣)]을 자유롭게 발산하도록 하는 교육과 글쓰기를 중시했다. 강화학파에서는 고 문에 얽매이지 않고 화자의 순수한 감정과 의지를 그대로 표현하는 문장을 높게 평가하고 조선 후기 문학사조에 적지 않은 영향을 끼쳤다. 정인보도 이에 영향을 받아 의기가 담긴 글쓰기를 중요하게 여겼다. 글은 도를 싣는 도구이므로 그 안에 도를 담아내는 화자의 인격과 의지가 기본이 되어야 한다는 것이다. 정인보는 화 려한 수식에 치우쳐 두서없는 글을 쓰는 사람에게는 먼저 꾸미는 취미를 깡그리 없애 버리라고 하였다. 그리고 한결같이 의(意)에 기준을 두어야 하며 모든 일의 결과물은 의(意)가 쫓는 대로 통하고 의(意)가 얻는 대로 드러나기 때문에 언어문 자가 마땅치 않은 것을 걱정할 필요가 없고 오로지 의(意)를 정성스럽게 하는 데 힘쓰라고 가르쳤다.45) 그러나 반대로 평소 의(意)가 진실하여 글도 날로 발전하던

---

42) 『薝園 鄭寅普全集』 권2 「陽明學演論」 239쪽.
43) Mark Johnson 지음, 노양진 옮김, 『도덕적 상상력』, 서광사, 2008, 19쪽.
44) 『王陽明全集』 권2 「傳習錄」 中 <訓蒙大意示敎劉伯頌等> "今敎童子, 必使其趨向鼓舞, 中心喜 悅, 則其進自不能已. … 若近世之訓蒙穉者, 日惟督以句讀課倣, 責其檢束, 而不知導之以禮. 求其 聰明, 而不知養之以善. 鞭撻繩縛, 若待拘囚, 彼視學舍如囹獄, 而不肯入. 視師長如寇仇, 而不欲 見."
45) 『薝園 鄭寅普全集』 권5 「薝園文錄」 上 <與朴勝薰書> 42쪽. "如此類直準度於意, 相其意之所

윤석오가 스스로 병약하여 분발하기 어렵다고 하자, 의기가 꺾여서는 안 되니[46] 스스로를 위축되게 하는 말은 아예 하지 말라고 당부했다.

정인보가 의기(意氣)를 자유롭게 발산하는 교육을 중시한 것은 고유의 화랑도를 설명하는 부분에서도 드러난다. 그는 최치원의 『난랑비서(鸞郎碑序)』에서 언급한 우리 고유의 풍류도가 곧 화랑도라고 하면서 화랑의 가르침에 대해 다음과 같이 말했다.

> "김부식의 저술을 살펴보면 화랑이 하는 일은 도의(道義)를 서로 연마하고 가악(歌樂)을 서로 즐기며 산수에서 노닐고 즐기는 것이다.[47] … 간단하게 花郎이 하는 일을 드러낼 것 같으면 유악(遊樂), 도의(道義)이다. 이 가운데에서 또 더 중시하는 면을 보면 도의(道義)를 서로 연마한다는 것부터 무위(無爲)의 교화라는 의미를 띤다는 것이다. 뿐만 아니라 원래 이 모임이 장엄하고 정숙하게 말로 강하여 전수하는 도의를 허락하지 않으니, 어느덧 저절로 되는 도의(道義)가 곧 화랑의 가르침이다. 그런즉 도의(道義)는 숨은 것이며 드러나는 것은 유악(遊樂)이다."[48]

정인보는 김부식의 설명을 요약하여 화랑 교육의 기본 구도를 도의(道義)와 유악(遊樂)으로 요약하고 특히 '유악(遊樂)'에 주목하였다. 도의의 연마는 전통 교육의 본령으로서 빼놓을 수 없는 것이고 공통적인 측면이라고 할 수 있다. 하지만 '노닐며 즐긴다.'는 '유악(遊樂)'은 시종일관 장엄하고 엄숙한 태도로 강론하며 지식을 전수하는 교육이 아니라는 특징을 드러낸다. 유악(遊樂)의 악(樂)은 '상열이가악(相悅以歌樂)'의 악(樂)을 의미하는데, 정인보에 의하면 악(樂)은 단순한 음악이 아니라 합주를 통해 조화롭고 신비한 경계에 이르러 군중을 고무하는 것을 지칭한다. 예부터 음악으로 군중을 교화하거나 인재를 교육했다는 기록이 많고 성균(成均)이라는 교육기관의 명칭도 음악의 조화에서 나온 말이다. 그는 화랑의 교육

從以暢, 而無患於言之不序也. 物其意之所得以顯, 而無憂乎字之不宜也. 務醇其意之誠, 而不以詞間焉."

46) 『薝園 鄭寅普全集』卷6「薝園文錄」下, <答尹士建錫五> 3 453쪽. "前書乃謂病弱不堪奮迅, 雖信筆道蔽而此等菱薾語切不可發. 文章氣之華也, 苟氣光沮當可立耶?"

47) 『三國史記』권4「新羅本紀」眞興王 37년조, "徒衆雲集, 或相磨以道義, 或相悅以歌樂, 遊娛山水, 無遠不至. 因此, 知其人邪正, 擇其善者, 薦之於朝."

48) 『薝園 鄭寅普全集』권1「東都雜誌」<風流說> 254쪽. (≪동아일보≫, 1930.9).

에서 유악이 가장 중요한 위치를 차지하며 악이 곧 풍류(風流)라고 보았다.[49]

　　"음악으로써 뭇 백성을 고무하여 이에서 저절로 선도(善道)에 돌아가게 됨
이 이 어찌 현묘의 도가 아니겠는가. 하물며 동방의 옛 나라는 악교(樂敎)가
가장 오래되어 '지모무(持矛舞)'가 만물의 발생을 돕는 모습을 형용한 것이 벌
써 신비한 천지의 화육에 동참하는 것을 상징한 것에 있어서라. 대개 화랑이
세운 가르침은 장엄하고 엄숙한 데에 있는 것이 아니라 너울너울 즐겁고 기쁜
데에 있으며, 구속하여 붙들고 닦게 하는 데에 있는 것이 아니라 통쾌하게 기
세를 바꾸는 데 있고, 책 읽고 무릎 꿇는 데 있는 것이 아니라 실컷 잘 노는
데 있는 것이다. 애초부터 높이 들어 표시할 만한 '유위유언(有爲有言)'의 일은
다 낭도 훈화의 대본이 아니다. 핵심을 찾아 올라가면 풍류에도 머리를 조아리
지 않을 수 없게 될 것이다."[50]

　　기록에 의하면 지모무(持矛舞)는 창을 들고 추는 춤으로 동이족의 악을 대표한
다. 그런데 그 모양이 싹이 땅을 뚫고 올라오는 생명력을 표현한 것으로, 생명살
림과 인(仁)을 숭상하는 동이족의 정신을 반영한다.[51] 정인보는 여기에 뿌리를 둔
풍류도, 그리로 이를 계승한 화랑도의 유악은 단순히 음악을 즐김이 아니라 생명
살림과 인애사상에 기반하고 이를 북돋아주는 교육적 함의를 지닌다고 보았다. 생
명력을 잘 발산할 수 있게 북돋는 방법은 책읽고 강론하며 무릎꿇고 예를 지키는
등 엄격한 구속이나 단련으로는 얻기 어렵다. 정인보는 즐겁게 잘 놀고 통쾌하게
기를 발산하는 유악이 화랑의 가장 중요한 교육방법이라고 하였다. 아울러 '유위
유언(有爲有言)'이 없다는 것은 『난랑비서』에서 유(儒)·불(佛)·도(道)의 핵심을 이
미 포함하고 있는 풍류도의 내용 가운데 '무언(無言)의 가르침'을 베푸는 도가와
통한다. 이는 정형화되거나 억지로 하는 행위나 말, 이론상의 이해를 구하는 공부

---

49) 『薝園 鄭寅普全集』 권1 「東都雜誌」 <風流說> 255-256쪽.
50) 『薝園 鄭寅普全集』 권1 「東都雜誌」 <風流說> 255-256쪽.
51) 『薝園 鄭寅普全集』 권1 「朝鮮文學源流草本」 263-264쪽. "또 그 악의 내용을 설명함에 이르러
　　는 「周官」春官 주소에 "東夷之樂曰, 侏儺, 言陽氣所適, 萬物離地而生也."라 하고 「五經」通義에
　　"東夷之樂, 持矛舞, 助時養야."라 하고, 「樂元語」에 "東夷之樂曰, 離, 持矛舞, 助時生也."라 하
　　였으니 東方苦樂이 萬物을 生發하는 聲容이 있었던 것을 遙察할 수 있다. 仁愛와 生發은 언제
　　나 하나이라 「周易」繫辭에 "天地之大德曰生"이라 한 것과 「中庸」에 "洋洋乎發育萬物, 峻極于
　　天"이라 한 것이 모두 生發로서 仁愛의 極致를 삼는 것을 나타내었고."

는 하지 않는다는 것을 의미한다. 정인보가 남긴 『관동해산록(關東海山錄)』, 『남유기신(南遊寄信)』은 이런 의미에서 행해진 기행의 기록이다. 그는 자신의 스승인 이건방과 박한영 스님, 친우인 안재홍 등과 함께 우리 강산을 유람하고 시흥을 나누면서 가는 곳곳의 역사적 유래를 글로 남겼다. 이는 풍류도의 가르침인 유악의 실천이었고 이를 통해 얻은 경험은 다시 민족교육의 자산이 되었다.

정인보가 주체를 확립하고 완전히 실현하는 것을 학문과 교육의 목표로 삼은 것은 개인적 차원에 머무는 것이 아니라 민족의 차원으로 확산되는 것이었다. 그것은 이미 본심을 회복하려는 개인이라면 자기 민족과 감통하지 않을 수 없고 감통이 곧 실심[본심]의 속성이며 본심회복의 증거라는 그의 사상구도에 기인한다. 간단히 말하면 실심과 감통이 통일적 구조 때문이다. 그는 나 자신의 자립뿐만 아니라 '우리로서 자립하자.'고 하면서 민족의 주체성을 '얼'이라고 표현하기도 하였다. 본심이라고 하면 개인에 한정되는 것 같지만, 나의 얼과 민족의 얼을 말하면 공통된 얼의 속성과 확장을 쉽게 설명할 수 있었다. 민족 차원의 자립에서 가장 기초적인 작업은 먼저 우리 자신을 아는 것이었다. 그것은 국학연구와 국학교육으로 이어졌다. 다음 장에서 이를 살펴보겠다.

Ⅳ. 감통(感通) 실현의 민족교육

정인보의 민족교육은 개인에서 민족으로 확장되는 '얼'의 세움으로 요약된다. 정인보의 '얼'은 자기를 자기답게 하고 옳고 그름을 판단하여 자기 일을 스스로 하는 진정한 나이다. 나 아닌 다른 것에 좌우되는 것이 아니라서 남이 개입할 여지가 없고, 외면적인 것에 제어당하는 사사로운 욕망과 다르다.[52] 얼은 누구에게도 의지하지 않는 주체성, 자신을 속이지 않는 진실성, 남의 아픔에 공감하는 감응성을 지닌다. 이것은 본심이기도 하고 실심이기도 하며 양지라고 해도 무관하다.[53] 정인보에 의하면 우리가 역사를 보면서 감격하고 미간을 찌푸리거나 눈물을 흘릴 때, 그 순간 고인과 감통하여 하나가 되는데, 이런 마음이 과거와 현재에 유통하는 얼이다.[54] 개인의 주체의식이 역사적 감통을 통해 민족적 주체의식으로

---

52) 『薝園 鄭寅普全集』 권3 「朝鮮史硏究」上 9쪽.
53) 김윤경, 「정인보 '조선 얼'의 정체성」, 『양명학』 45호, 2016, 86쪽.

확장된다는 것이다. 조선이라는 공동체에서 발현된 현재의 얼과 과거의 얼이 감통
하여 주체로서 하나되는 것이 곧 정인보가 말한 '조선의 얼'이다.[55] 정인보가 얼
을 처음 논한 것은 1935년에 쓴 「오천 년간 조선의 얼」이지만, 전부터 조선의 고
서를 해제하고 연구해 왔던 모든 작업이 일관된 사상하에서 조선의 얼을 알리고
세우기 위한 민족교육의 일환이었다. 그는 역사와 고적의 연구가 민족의 얼을 '자
증(自證)'하고 취사선택하여 바르고 실답게 되돌릴 수 있는 유일한 방법이라고 보
고 국학 연구에 집중하였다.[56] 또 해방 후 학생들을 격려하는 시가를 지을 때도
세계를 살피자고 할 때 "나부터 봐라"[57]라든가, "남의 춤을 어이 추는가, 이제부
터 내일은 내가"[58]라고 하여 계속해서 우리 자신에 대한 자각을 중시했다. 이것
은 곧 "한 번 마음속 한 길로 진실한 곳을 향하게 된다면, 비로소 새로운 것을 수
용하여 우리 민중의 복리를 도모할 수 있고 비로소 옛것을 정돈하여 또한 우리
민중의 복리를 도모할 수 있다. 우리 민중의 복리를 도모하는 데서 우리의 실심의
진상을 볼 수 있다."(정인보 1983: 권2, 123)고 한 정인보 자신이 실심의 감통을 실
현한 결과이기도 하다. 정인보의 민족교육 내용은 민족 얼의 원형과 감통이 진정
으로 실현된 역사적 사례를 찾아 알리는 것, 그리고 얼을 살리는 미래교육 이념을
제시하는 것으로 재구성해 볼 수 있다.

---

54) 『薝園 鄭寅普全集』 권3 「朝鮮史硏究」 上 29쪽.
55) 김윤경, 앞의 논문, 89쪽.
56) 『薝園 鄭寅普全集』 권2, 312쪽. "그 源을 놓침을 깨달아 본원적 자반이 있으려 할 것 같으면
    古書ㅣ 실로 유일한 倚看處이니, 어찌 그러냐 하면 古는 곧 수의 本이요, 古書는 곧 古의 留影
    이라. 그러므로 우리는 조선 古書의 간행을 典獻의 托傳함만으로 보지 아니하려 한다. 우리를
    아는 者ㅣ 누구냐. 알려는 者ㅣ 누구냐. 또 우리를 모르는 者ㅣ 누구냐. 삼가 고하노니 우리는
    突然한 우리가 아니다. 멀리 所本함이 있다. 오래 所歷함이 있다. 盛衰 그 所自함이 있고, 榮
    悴 그 所因함이 있다. … 返古라면 退蟄도 같다. 그러나 이 고는 묵고 썩은 후락한 古가 아니
    라 해석하면 곧 "本我"라함과 같으니, 말류의 弊 그 本을 違棄하게 된 뒤는 返古ㅣ 아니고는
    本我를 自證할 도리 없고, 이 自證이 아니고는 언제나 愈轉愈迷하고 말 것이라. 그런즉 우리
    자체에 대한 至纖 至悉한 基本의 調査, 곧 우리로서 우리의 正實로 돌아가는 밑천이다."
57) 『薝園 鄭寅普全集』 권1 「薝園時調」 <國學大學歌> 83쪽. 이 시가는 국학전문학교가 국학대
    학으로 승격하고 정인보가 학장으로 취임(1947년)할 당시에 지어진 것이다.
58) 『薝園 鄭寅普全集』 권1 「薝園時調」 <京畿女子中學校 敎室에> 76-77쪽. 정확한 저술년도 기
    록은 없으나, 경기여자중학교라는 명칭을 쓰기 시작한 것이 1947년이므로 그 이후에 지어졌음
    을 알 수 있다.

1. 민족 얼의 원형과 감통의 선양

정인보는 먼저 민족 얼의 원류를 생명살림의 인사상에 두었다. 앞서 살펴본 바와 같이 동방국의 악에 대한 설명, 지모무의 상징이 모두 이에 근거한다. 정인보는 "동이(東夷)의 천성을 말할 때 '동방을 이(夷)라고 한다. 이(夷)라는 것은 뿌리이니, 인하면서 살리기를 좋아하며 만물이 땅에 뿌리를 두고 나오는 것을 말한다. 그러므로 천성이 유순하다.', '이(夷)라는 것은 뿌리이니, 인하면서 살리기를 좋아하며 만물이 땅에 뿌리를 두고 나오는 것이다.'라 한 것이 모두 호생(好生)의 천성을 말하여 이(夷)라면 곧 호생의 덕을 표상한 것 같이 보였다."[59]라고 하여 동이자체가 인을 상징한다고 하였다. 정인보는 이것이 더 나아가서 '홍익인간(弘益人間)'정신으로 구체화된다고 하였다. '홍익'은 생명살림의 인을 의미한다. 그에 의하면 본래 고조선인의 신앙은 하늘과 태양과 같은 초월적 존재에 대한 두려움에서 생긴 신앙이 아니다. 그것의 근원은 사랑과 기꺼이 하는 마음이며, 자신의 화복에 관한 기원이 아니라 만물을 잘 기르는 것을 발원하는 것이었다.[60] 정인보는 이러한 홍익이 조선이 조선되는 근본적인 연원으로서[61] 역사 속에 면면히 흐르는 얼이라고 보았다. 그는 다음과 같이 말했다.

"고조선 창립기 초에 이미 홍익인간(弘益人間)으로 최고의 정신을 세운 만큼 전 민족 공통의 교의로 되어 널리 또 길게 퍼지며 내려왔기 때문에 광개토대왕 비문에 동명성왕의 일을 기록하면서 "세자 유류왕에게 명하시기를 '도(道)로써 치화(治化)를 일으키라'고 하셨다."고 하였고, 신라인 최치원은 그가 지은 「난랑비서(鸞郎碑序)」에서 "나라에 현묘한 도가 있으니 풍류라고 한다. 가르침의 근원은 『선사(仙史)』에 상세히 갖추어져 있다. 내용은 곧 삼교를 포함하고 군생과 접하여 감화시키는 것이다.[包含三敎 接化群生]"라고 한 것이 있으니 홍익인간(弘益人間)의 교(敎)가 곧 '도(道)로써 치화(治化)를 일으킨다.'의 도(道)요, '도(道)로써 치화(治化)를 일으킨다.'는 것이 곧 현묘한 道의 道이다. … 고유한 뿌리가 스스로 뻗어온 것을 선양하였으니 … 홍익(弘益)의 서약이 그 면면한 흐름을 중단한 적이 없다."[62]

59) 『薝園 鄭寅普全集』 권1 「朝鮮文學源流草本」 (1930) 263-264쪽.
60) 『薝園 鄭寅普全集』 권1 「朝鮮文學源流草本」 264쪽.
61) 『薝園 鄭寅普全集』 권2 「論說·隨筆·漢詩」 <丙子와 朝鮮> 366쪽. (≪동아일보≫, 1936.1).

정인보는 고조선 창립기에 홍익인간이 최고 정신으로 세워진 이래 전 민족 공통의 교의가 되어 널리 계승되었다고 보았다. 「광개토대왕 비문」에 나오는 '도(道)로써 치화(治化)를 일으키라.'는 동명성왕의 유지와 최치원이 말한 '삼교(三敎)를 포함하고 군생과 접하여 감화시키는' 풍류도가 모두 '홍익'을 계승한 것이다. 정인보에 의하면 '현묘한' 도라고 하면 자칫 도가의 영향을 떠올릴 수 있지만, 이는 이에 앞서 존재한 풍류도에 이미 내재한 정신이며 민족의 고유한 뿌리를 계승한 것이다. 외래 종교인 불교도 마찬가지다. 정인보는 불교가 본래 남을 이롭게 하는 것을 종지로 삼지만 조선에 들어와서 환웅 단군의 정신이 깊이 뿌리박혀서 홍익을 도모한 것이 한층 더 뛰어나게 되었다고 보았다. 이 때문에 휴정(休靜)이나 유정(惟政)처럼 민중의 이익을 위해 고난을 무릅쓰고 희생한 승려가 나오게 되고 홍익의 정신이 조선불교의 기저를 형성했다는 것이다.[63] 그는 조선 불교의 핵심도 홍익에 뿌리를 둔 이타(利他)사상에 있다고 보았다.

"불법의 만행이 이타(利他)로써 총괄되는 것이니 … 이 이타(利他)의 행(行)은 또 의자(依自)의 깨달음으로부터 시작하는 것이니, 생사위난에 출몰하여 지극히 험하고 고단함을 헤치고 나갈지라도 믿고 의지하는 바는 오직 "자기 자신[自]"에 둘 뿐이요, 한 털끝만큼이라도 밖의 타자에 부착함이 없나니, 그러므로 그 용맹이 두려움 없는 데 미치고 그 나아감에 막힘이 보이지 아니하는 것이다. 그러므로 온갖 고난을 무릅쓰되 "자기 자신[自]" 이외에 의(依)

---

62) 『薝園 鄭寅普全集』 권4 「朝鮮史硏究」 下 ＜典故甲＞1, 敎學典1, "阿斯達創基의 初에 이미 弘益人間으로써 最高의 精神을 세우니만큼 全民族共通의 敎義로 되어 널리 또 길게 퍼지며 나려온지라 廣開土王朝碑文에 東明聖帝의 일을 記하면서 "顧命世子儒留王, 以道興治"라 하고 羅季의 人 崔致遠은 그 所撰 鸞郞碑序에 "國有玄妙之道, 曰風流" 設敎之源, 備詳仙史. 實乃包含三敎, 接化羣生."이라 한 것이 있으니 弘益人間의 敎가 곧 接化群生의 道오, 以道興治의 道가 곧 玄妙之道의 道다. 다만 鸞郞碑序는 말하기를 玄妙라하야 한펜으로 道敎에 近하고 혹 釋門에 似한 것 가치도 보이나 이는 대개 衰代華詞의 累오 그 實인즉 古聖立敎의 宗旨와 後哲繼述의 大義가 오직 人間을 弘益함에 있어 平易한대로 確固하야 高句麗人이 聖帝의 垂訓을 約하되 "以道興治"라 하였으니 治를 興치 못할진대 何等의 玄妙함이 잇을지라도 이는 이 民族의 이르는 바 道가 아니라, 그 源이 멀고 그 流가 길엇슴으로 저 아레로 나려가 羅季文靡한 때에도 오히려 "接化群生"을 提하여 設敎의 效를 說하고 또 三敎로부터 薰成됨이 아니오 固有한 根柢가 스사로 벋어온 것을 宣揚하였으니 … 弘益의 誓盟이 그 蜿蜒함을 중단한 적이 없다."
63) 『薝園 鄭寅普全集』 권2 「論說·隨筆·漢詩」 ＜朝鮮佛敎의 精神問題＞ 315쪽. (≪동아일보≫, 1934.10).

함이 없고, 한 평생을 고난을 자처하되 남을 널리 구제하는 데는 자기 몸을
제치는 것이 석가로부터 해동의 제 성현에 이르기까지 마음마다 서로 인증하
는 본지이다."[64]

정인보는 조선 불교의 특징이 기행이나 초월적 깨달음에 치중한 중국불교와
달리, 중생구제와 민중수호에 앞장선 데 있다고 보았다.[65] 그런데 위 인용문에서
정인보가 강조한 것은 결국 이타행으로 드러나는 불교의 수행이 자기 자신을 세
우는 깨달음을 기반으로 한다는 것이다. 다른 어느 것에도 의지하지 않고 오로지
자신에게 의지하는[依自] 깨달음이 있어야 진정한 이타행을 실현할 수 있다고 보
았다. 자기 자신에게 의지하라는 진리는 부처도 말한 바이지만, 정인보가 이를 지
적한 것은 자기 철학에 근거한 것이다. 이는 실심(본심)의 온전한 회복이 곧 감통
이라는 구도와 동일하다. 실심이 온전하면 곧 감통하고 감통하지 않으면 실심이
온전하지 못한 것처럼, 불법에서도 의자(依自)수행이 온전해야 이타(利他)행이 가
능하다. '자기 몸을 제친다.'는 것은 사사로움을 제친다는 것으로 진정한 자신에
의지하는 것과 다르다. 정인보는 이런 정신이 석가로부터 조선의 여러 성현들에
이르기까지 공통된 본령이라고 하였다. 이런 점에서 '홍익'정신도 단순히 자기를
희생하는 이타(利他)가 아니라 반드시 의자(依自)에 기반하는 것이라고 할 수 있
다. 정인보에 의하면 조선 얼은 곧 홍익인간이고 그것은 실심과 감통, 의자와 이
타의 구도를 지닌다. 풍류도의 '포함삼교'는 실심과 의자의 영역에 해당하고 '접화
군생(接化群生)'은 감통과 이타의 영역에 해당한다. 조선 유학에 대한 설명도 마찬
가지다.

조선 유학에는 실심을 잃은 가행의 사례도 있지만, 진정한 실심의 감통을 보
여준 사례도 있다. 정인보는 '실심을 환기'하는 방법으로서 조선 학술에서 실학(實
學)을 찾아 선양했다. 그는 조선의 학술에서 가(假)의 행태가 극에 달하자 이에 대
한 반동으로 조선인의 실심을 불러일으키는 학풍이 일어났다고 하였다.[66] 그것이

---

64) 『薝園鄭寅普全集』 권2 「論說·隨筆·漢詩」 <朝鮮佛教의 精神問題> 316쪽.
65) 물론 불교학의 관점에서는 다르게 볼 수 있다. 근대 불교는 호법과 호국의 두 갈림길에 놓여
있었고 호국 불교의 길은 불법수호와 계율을 위반할 수 있는 길이었다. 정인보는 호국이 조선
불교의 근본정신이라고 하였지만, 그와 가장 가까운 승려였던 박한영은 이를 비판했다.
66) 『薝園 鄭寅普全集』 권2 「國學人物論」 <唯一한 政法家 丁茶山先生 叙論> 70쪽. (≪동아일보≫
1934.9).

바로 종래에 성리학을 곧 실학으로 명명해왔던 것과 다른, 그가 소환해 낸 실학이
었다. 정인보의 실학은 민족 얼의 핵심인 홍익인간 정신에 기반한다. 그는 선대의
실학을 집대성한 실학자로서 다산 정약용을 꼽고 정약용 실학의 선양에 힘썼다.

> "선생의 독특한 위대성은 오직 민중·국가와 자기 한 몸을 갈라 보지 않
> 은 데 있으니 그 능력의 절묘함은 오히려 두 번째이다. 다시 생각해 보면 선
> 생 일생의 일단정신이 오로지 민중·국가에 있으므로 남모르는 것을 알고 남
> 이 못 미치는 것에 홀로 나아가 도달한 것이 재능보다는 그 진실성에 더 근
> 본하는 것이라 할 것이다."[67]

> "선생도 또한 별다른 기술이 있는 것이 아니다. 오직 실질상에서 증험해
> 보아 그런가 그렇지 않은가, 평소에 늘쓰는 데서 시행하여 보탬이 있는가, 이
> 득이 없는가, 하는 것을 명백히 확고히 또 삼엄히 살펴, 이로써 그 실(實)로
> 돌아가게 하자는 것이니, 그의 궁극적 목적은 국가와 민생의 실리실익(實利
> 實益)을 도모하자는 것이다."[68]

정인보는 실학계보를 새롭게 정리하여 "조선 근고의 학술사를 통괄하여 계통
을 세워 보면 반계 유형원이 일대조요, 성호 이익이 이대조요, 다산 정약용이 삼
대조"라고 하였다.[69] 그에 의하면, 마음이 진실하기만 하면 옛 것을 정리하거나
새로운 것을 도입하여 민중의 복리를 도모할 수 있으며 민중의 복리를 도모하는
그 자리에서 우리 실심의 진상을 볼 수 있는데,[70] 정약용의 학문이 바로 여기에
해당한다. 정인보의 스승 이건방도 정약용의 저서가 서양의 루소나 몽테스키외의
저작처럼 천하 후세의 모범이 될 만한데 때를 만나지 못했다고 하였다.[71] 정인보

---

67) 『薝園 鄭寅普全集』 권2 「國學人物論」 <茶山의 生涯와 業績> 73쪽. (≪동아일보≫ 1935.7).
68) 『薝園 鄭寅普全集』 권2 「國學人物論」 <茶山의 生涯와 業績> 74쪽-75쪽.
69) 『薝園 鄭寅普全集』 권2 「國學人物論」 <茶山의 生涯와 業績> 63-64쪽.
70) 『薝園 鄭寅普全集』 권2 「陽明學演論」 123쪽. 한 번 心頭一路에 眞實地를 향하게 될진대 비로
    소 새 것을 받아 우리 民衆의 福利를 圖할 수 있고, 비로소 옛것을 정돈하여 또한 우리 民衆
    의 福利를 圖할 수 있다. 우리 민중의 福利를 圖하는 데서 우리의 實心의 眞相을 볼 수 있음
    을 알라.
71) 『蘭谷存稿』 卷3 「文錄(序)」 <邦禮草本序> 嘗聞夫西洋之士, 有著萬法精理者, 曰孟德斯鳩, 有
    著民約論者曰盧梭爲其政府者, 莫不汲汲焉, 求而布之, 施而行之學說, 一出風行雷動, 使世人之瞻
    領, 聳然一新, 而又從而究之益深, 講之益精. 今歐洲諸國之日臻富强, 皆學術之功也. 今以先生之

도 일표이서와 여러 경학서들을 펴낸 정약용의 재능을 높게 평가했지만, 그 위대함의 저력은 남모르는 실심을 좇아 민중과 국가에 간격이 없이 감통한 것에 더 근본을 둔다고 하였다. 정약용의 학문적 업적이 민중의 복리를 추구한 데 있고 그것은 그의 실심에 바탕한다는 것이다. 이는 정인보가 조선 얼로 제시한 홍익인간 정신과 일맥상통한다. 정인보는 같은 맥락에서 실학 문헌을 발굴정리하고, 을지문덕과 이순신 같은 구국의 무장을 알리는 데 힘썼다. 이들의 얼은 모두 '홍익'으로 총괄할 수 있다.

2. 해방 이후 민족교육이념의 제시

정인보는 후대를 위한 민족교육 이념도 '홍익인간'으로 제시했다. '홍익인간'은 정인보가 처음 발굴한 용어는 아니고, 이미 대종교에서 단군성조의 정신으로 강조해 오던 개념이었다. 또 상해 임시정부가 1941년 11월 25일 공표한 『대한민국 건국강령』에도 나온다. 조소앙이 기초한 건국강령은 모든 국민이 지력과 권력과 부력을 평등하게 향유하는 삼균(三均)제도를 기본 정신으로 하며 홍익인간과 이화세계(理化世界)를 우리 민족 최고 공리로 삼았다.[72] 그리고 이것은 해방 이후 미군정기와 건국기에도 승계되었다. 1945년 12월 20일 미군정청 학무국이 구성한 조선교육 심의회는 교육이념 분과 위원회의 결의를 거쳐 새 한국 교육이념이 설정되었음을 다음과 같이 발표하였다.[73]

"조선 교육 심의회 제4회 본회의는 20일 하오 2시 군정청 제1회의실에서 각 분과 위원이 모인 가운데, 전번 회의에 이어 교육이념 문제를 토의 결정하

書較之, 孟盧諸人固未易軒輕於其間但彼皆顯言直斥無所忌諱 故能悉發其胸中之奇 … 視孟盧諸人道行言施功茂一世而光垂百代者果何如也. 此余所以重悲先生之不愚而深恨於東西之不相倫也.

72) 『대한민국 건국강령』 제1장 총칙 1. 우리나라는 우리 민족의 半萬年 來로 共同한 言文과 국토와 주권과 경제와 문화를 가지고 공동한 민족 정기를 길러 온 우리끼리로서 형성하고 단결한 고정적 집단의 최고조직이다. 2. 우리나라의 건국정신은 삼균 제도에 역사적 근거를 두었으니 선민의 명령한 바 首尾均平位라야 興邦 保泰平하리라 하였다. 이는 사회 각 층급의 智力과 權力과 富力의 향유를 균평히 하게 하여 국가를 진흥하며 태평을 保維하라 함이라, 弘益人間과 理化世界하자는 우리 민족의 지킬 바 최고 공리임(대한민국국회도서관, 『대한민국임시정부 의정원 문서』, 1974, 21쪽).

73) 정태수, 『광복 3년 한국 교육법제사』, 예지각, 1995, 48쪽.

였다. 심의된 교육이념은 전번의 안재홍 제안의 안을 약간 수정하여 홍익인간
(弘益人間)의 건국이상을 바탕으로 한 민주국가의 공민 양성을 주안으로 한
것인데, 결정안의 내용은 다음과 같다.

「조선 교육의 근본이념과 방침수립의 건」

홍익인간(弘益人間)의 건국 이상에 기하여 인격이 완전하고 애국정신에
투철한 민주 국가의 공민 양성을 조선교육의 근본이념으로 함. 一, 민족적 독
립 自存의 기풍과 국제적 우호 협조의 정신이 구전(具全)한 국민의 품성을
도야함. 二, 실천궁행과 근로역작(勤勞力作) 정신을 강조하고, 충실한 책임감
과 상호 협조의 공덕심(公德心)을 발휘케함. 三, 고유문화를 순화 앙양하고,
과학기술의 독창적 창의로써 인류문화에 공헌케 함. 四, 국민 체위 향상을 도
모하여, 견인불발의 기백을 함양케 함. 五, 숭고한 예술의 감상 창작을 고조
하여 순후 원만한 인격을 양성함."[74]

미군정기 조선교육 심의회에서는 안재홍의 제안을 수정하여 홍익인간에 기반
한 민주국가의 공민양성을 조선교육이념으로 삼았다. 그런데 심의회 결정사항에
홍익인간이 들어간 것은 상해임시정부의 건국강령과 공통되지만 임정요인이 심의
회에 속한 것은 아니었다. 조선교육 심의회에는 안재홍, 정인보, 백낙준, 오천석,
백남운 등이 참여하고 있었다. 홍익인간 이념을 가장 먼저 제기한 사람은 백낙준
으로 알려져 있으나 실질적 제창자에 대해서는 안재홍설, 백낙준설, 정인보설 등
세 가지 이설이 있다. 지금 이를 확정하기는 어렵지만, 이전의 사상과 활동으로
볼 때 정인보의 영향력이 컸음을 짐작할 수 있다. 당시 위원장이었던 안재홍은 일
본유학파였지만 정인보와 관동유람을 동행하고 조선학운동을 함께 한 친우로서,
정인보를 통해 국학에 대한 영감을 얻고 독자적인 연구를 진행했다. 안재홍은 자
신을 경계하는 글에 "2. 오늘 일은 오늘에, 내[我] 일은 내가(이 항목은 모(某)씨의
주장으로 나도 여기에 공명(共鳴)함)."라고[75] 쓴 바가 있다. 이때 某씨는 바로 정인
보를 말한다. 안재홍이 말한 "내 일은 내가"라는 주장은 "'저는 저로서'가 바로
'얼'"이며 이 얼이 없으면 존재의미가 없음[76]을 강조한 정인보의 주장과 동일하
다. '저는 저로서'는 '자기 일은 자기가'와 같은 의미이다. 안재홍이 조선학 연구의

---

74) 교육이념을 재수정 교육심사본회의에서 ≪동아일보≫ 1945.12.25. 2면.
75) 『民世 安在鴻 全集』 권5 「나의 警句」, 75쪽. (≪朝光≫, 1936.4).
76) 『薝園 鄭寅普全集』 권3 「朝鮮史研究」 上 8쪽.

이유를 "조선 문화를 알아보자! 함은 조선이 세계적으로 성대하고 조선문화가 세계적으로 우월함으로써가 아니다. 우선 저를 알자는 것이다."[77]라고 설명한 것도 정인보의 견해와 같다. 백낙준은 군정시대 교육이념을 설명하면서 자신이 먼저 홍익인간을 제안을 했으며, 그 교육학적 이론이나 철학적 이론을 말할 수는 없지만 내가 다른 사람보다 더 잘하려면 적어도 해를 끼치면 안 된다는 맥락에서 다른 위원들을 설득했다고 한 바 있다.[78] 그러나 몇 차례에 걸친 심의회의 결정사안이 어떤 의미나 이론적 근거 없이 제기되었다고 보기는 어렵다. 백낙준은 미국에서 유학하였지만 교육이란 민족문화를 체득하게 하고 더 아름답게 발전시키도록 하는 것이라고 규정한 민족주의 교육자였다.[79] 그도 안재홍과 마찬가지로 연희전문학교에서 정인보와 교류하면서 전통학문에 관한 영향을 받았다. 앞서 살펴본 바와 같이 정인보는 안재홍과 백낙준보다 먼저 홍익인간 이념에 주목하고 그것을 조선 얼의 뿌리로 삼았다.[80] 그는 교육심의회에 속한 다른 누구보다 홍익인간에 대한

---

77) 「朝鮮을 알자. 自己發見의 機緣」 ≪동아일보≫ (1933.1.14).
78) 정태수, 앞의 책, 146쪽.
79) 『백낙준 전집』5, 「대학과 敎育」, <우리에게 맞는 敎育> 11쪽. 우리 곧 우리 민족에 알맞은 敎育은 첫째로 우리 民族文化를 傳授하는 敎育일 것이다. 人類生命이 계속은 生活에 있는 것처럼 文化的 生命의 存續은 敎育에 있다. 우리는 수천 년의 민족 생활을 계속한 문화민족이다. 우리 民族이 經驗과 創作發明과 風俗習慣은 우리 民族文化 類型을 형성하였다. 이 文化類型의 性質에 未熟한 者들로 하여금 그 文化的 遺産을 體得케 함이 敎育이요, 또한 文化的 遺産을 傳授해 받지 말고 더 아름답고 훌륭하게 만드는 것이 또한 敎育이다(「새 敎育」 1950.1).
80) 교육심의회 안에서도 기독교인이자 존 듀이철학에 심취했던 오천석과 사회주의자인 백남운은 홍익인간 이념에 비판적인 입장을 취하였다. (백낙준을 포함해서 당시 찬성이나 반대의 입장 표명은 개인적인 견해에 그치는 것이 아니라 다양한 정파의 입장을 대변하는 것이었다. 박부권, 정재걸, 『교육이념과 홍익인간』, 한국교육개발원, 1989, 59쪽) 비판 이유는 크게 두 가지인데, 하나는 홍익인간이 과학적으로 증명할 수 없는 古記에 나온 말이고 과거 일본인들이 즐겨 쓰던 八紘一宇라는 표현과 유사하다는 것이었다. 정태수는 국학자인 정인보에 대한 사회주의자들의 인식에 부정적인 측면이 많았기 때문에 정인보가 전면에 나서지 않으면서 이들과 더 소통할 수 있는 백낙준과 안재홍을 통해 홍익인간이념을 제출하고 설득했을 것이라고 보았다. (박부권, 정재걸, 앞의 책, 149-150쪽) 가령 사회주의자인 김태준은 정인보의 학문을 비과학적인 봉건의 잔재로 보고, "조선 민족을 選民的으로 높이려 하고 統一한 오천 년간의 민족혼을 喚起하려는 것은, 역사의 왜곡된 선입견과 공연히 虛張聲勢하려는 데서 오는 것으로, 역사 그 자체를 위하야, 또는 독자들을 위하야 한없는 죄악을 범한 것이라고 할 것이지만. 이는 과학을 모르는 노인들이 行用하는 일이라."라고 비판했다(1936.5.16. ≪朝鮮中央日報≫). 그러나 백남운은 연희전문학교에서 재직하면서 정인보와 교류하였고, 『조선사회경제사』를 쓸 때 고문헌 수집에 있어서는 畏友인 鄭寅普의 시사에 힘입은 바가 많았다고 하였다(『朝鮮社會經濟史』, 改造社, 1922, 序 4쪽). 백남운은 전적으로 사회주의이념을 기준으로 조선역사를 평가하던 다수

이론적 기반이 튼튼했다. 이는 정인보가 같은 시기에 작성한 「교육이념개의(敎育理念槪議)」를 통해서도 확인할 수 있다.

> "(2) 우리 當前의 교육이념
>
> 쌓였던 오염을 없애 버리고 가장 순결한 터에 교육의 이념을 수립하되 이 이념은 "하나의 뿌리를 주로 하여 거기서 다섯 개의 가지가 뻗어나게" 함으로써 될 것이니, 주로 할 하나의 뿌리는 "민족의식의 강화진작"이 이것이요, 여기서 뻗어나게 할 다섯 개의 가지는
>
> 1. 자기에게 의존하고 남에게 의존하지 않는[의자불의타적(依自不依他的)] 자립정신을 일으킬 것.
> 2. 고유한 윤리를 수명(修明)하되 나라를 먼저 하고 나를 뒤로 하는 공적 도덕으로써 한층 심려(心礪)를 가할 것.
> 3. 일국 흥망의 책임을 각 개인이 책임지고 맡아야 할 것을 통각(痛覺)케 하여 이로써 근엄한 민주주의 기대를 삼을 것.
> 4. 이 땅 이때의 국가의 운명과 민중의 복리를 여는 데에서 실행(實行)이 귀하고, 실행(實行)이 귀한 데에서 지식이 귀한 것을 철저히 깨닫게 할 것.
> 5. 세계의 문화를 잘 호흡하여 우리 문화와 조화한 뒤에 우리의 신문화를

의 사회주의자들과 달리, 조선역사 나름의 발전과정과 맥락을 이해하고 새롭게 규정하려 하였다. 또 민족주의와 공산주의가 민족해방, 민주주의 민주경제 라는 점에서 연합할 수 있다고 보았다(『朝鮮民族의 進路』, 1946, 新建社, 34쪽). 이 때문에 개량주의라는 비판을 받기도 하였는데, 외래이념을 수용하더라도 주체적인 관점에서 하자는 정인보의 주장과 통하는 면이 있었다. 이런 점에서 서로 인정하는 면이 있었다고 할 수 있다(윤덕영, 「위당 정인보의 교유관계와 교유의 배경」, 『동방학지』 173집, 2016, 50-51쪽). 그러나 백남운은 민족주의사학자들의 관점이 관념주의에 빠진 것으로서 제거되어야 한다는 입장을 지녔기 때문에 양자 간에 좁힐 수 없는 간극이 존재했다. 특히 백남운은 단군을 동방문화의 연원으로 생각하거나 종교적인 관점으로 보는 것을 모두 부정하였다. 그는 단군이란 실재적 특정적 인격자가 아니고 민족의 아버지도 아니며, "현실적으로 농업생산사회의 붕괴기에 있어서 원시귀족인 남계추장의 호칭에 지나지 않는" 역사적 지표일 뿐이라고 하였다(『朝鮮社會經濟史』, 改造社, 1922, 22쪽). 이 점은 단군을 신격으로 보지는 않으나, 민족 정신의 종주로 보는 정인보의 견해와 매우 다르다. 정인보는 자신의 민족주의 사학에 대한 비판적 시각 또한 인지하고 있었다. 아울러 『담원인보전집』을 포함해서, 백남운이 『朝鮮社會經濟史』 서문에 남긴 위 한 구절 이외에 양자의 상호작용에 대한 직접적인 논설은 찾을 수 없다. 또 정양완은 아버지인 정인보가 좋아한 인물로 안재홍, 문일평, 현상윤, 송진우, 김성수 등을 소개했지만 백남운은 거론하지 않았다(정인보지음, 정양완 옮김, 『薝園文錄』下, 「담원문록 발문」, 2006, 529쪽). 정인보와 백남운은 사적교류 흔적이 없는 제한적인 관계였다고 볼 수 있다(윤덕영, 앞의 논문, 54쪽).

　　가지고 세계에 비보하기를 스스로 기약하게 할 것.
　　이 이것이다. 이 개술한 이념이 얼마 뒤에 혹 더해지거나 없어지는 부분
　　이 있을지도 모르나 현재 상황에서는 이 위에 없다. 현재 상황에서는 실
　　(實)이니 실(實)을 떠나서는 이념이 없다."81)

　　이 글이 정인보가 교육이념을 확정하기 위한 회의에 제출한 것인지는 알 수
없으나,82) 해방 이후 우리 실정에 맞는 새로운 교육이념이 필요하다는 인식과 그
내용에 대한 고민은 당시 심의회의 안건과 동일하다. 적어도 위 글은 교육심의회
에 참여한 정인보의 인식을 잘 보여준다. 정인보는 위 글에 앞서 "수립에 앞서 제
거부터"라는 항목83)을 두어 먼저 일제에 의해 오염된 부분을 완전히 제거해야 한
다고 하였다. 그리고 새롭게 세울 것은 하나의 기조에 다섯 가지 세목을 제시했는
데, 이는 실제 심의회의 교육이념 확정 구도와 동일하다. 또 정인보가 하나의 뿌
리로 제시한 "민족의식의 강화진작"은 심의회에서 결정된 "홍익인간의 건국이상
에 기함"과 동일하다. 정인보가 말한 "민족의식"이란 바로 이전부터 주장해 왔던
민족의 얼이고 곧 홍익인간 정신을 의미한다. 또 정인보의 "자기에게 의존하고 남
에게 의존하지 않는[依自不依他] 자립정신"과 심의회의 "민족의 자존", "실행"과
"실천궁행", "공적 도덕"과 "공덕심", "세계문화를 비보"함과 "인류문화에 공헌"
등 여러 용어가 일치하고 "예술 감상 창작을 고조"한다는 것 이외에 대부분의 내
용이 공통된다. 여기서 정인보의 교육이념이 홍익인간 이념 제시를 포함한 해방
후 교육이념 확정에 기여했음을 추론할 수 있다. '홍익인간'은 여전히 대한민국 교
육기본법 제2조 교육이념으로 정해져 있다. 그런데 과거 이념수립 반대자들을 설
득했던 논리가 이타성84)에 있었던 것처럼 현대에도 홍익인간의 의미는 주로 이타

---

81) 『蒼園 鄭寅普全集』 권2 「論說·隨筆·漢詩」 <敎育理念槪議> 378-379쪽.
82) <교육이념개의>의 내용을 보면 작성시기가 해방 이후라는 것을 분명히 알 수 있다. 그러나
　　정인보 연보에도 이 글의 저술시기나 배경에 대해서는 아무런 설명이 없다.
83) 『蒼園 鄭寅普全集』 권2 「論說·隨筆·漢詩」 <敎育理念槪議>378쪽. "(1) 樹立에 앞서 除去부
　　터: 邪를 뽑아야 正을 심는다. 우리의 敎育理念을 세우는 것이 급한 동시에 過去 日本으로부터
　　물들은 汚穢의 一切를 씻어 버리는 것이 더 급하다. 倂合以來 동안이 오랬고 그네의 手段이
　　工巧하였더니 만큼 染汚의 程度가 따라서 深刻하여 學術에 精神에 아니 미친 곳이 없어 幾多
　　의 識者까지도 不知中 그 被惑됨을 모르고 牽引에 허덕이었다. 이는 오늘날 가장 警省할 바라.
　　大와 小, 有形과 無形을 물론하고 이를 拔絶하는 데 專力하여야 한다."
84) 백낙준은 홍익인간을 미군정에 "Maximum Service to Humanity"라고 소개했다(권성아, 「해방

성에서 찾는다.[85] 그러나 이를 제출한 정인보의 논리는 본래 자기자신에게 의지하고 자신의 실심대로 하는 자립성에 바탕해야 진정한 이타가 가능한 것이었다. 그럼에 불구하고 정인보가 직접 홍익인간이념을 내세우지 않은 것은 과거 조선얼이나 조선심, 국혼 등 민족주의지식인들이 주장한 민족의 주체의식이 관념주의라거나 신화 속 사상을 채택하는 것이 비과학적이라는 비판을 의식했기 때문인 것으로 보인다. 이런 점에서 직접적인 제기보다는 민족의식을 강화·진작한다는 원칙만 세우고 자신의 의사에 동조하는 백낙준, 안재홍과 같은 개혁세력을 원조하는 우회적인 방법을 선택했다고 할 수 있다.

Ⅴ. 나오는 말

정인보는 사상기조의 변천이 거의 없었던 근대 지식인 중 한 명이다. 그의 사상과 삶에 대해서는 하곡학을 계승한 선비였지만 복고주의자는 아니었다는 백낙준의 평이 가장 정확하다고 본다. 정인보가 말한 교육의 궁극적인 목표는 전통유학자들과 마찬가지로 본심을 회복한 성인에 있었지만 본심회복의 의미와 방법에 대한 인식은 당대 성리학과 달랐다. 정인보에 의하면 본심은 조금의 거짓도 없이 진실된 것이고 주체적이며 감응성을 지닌다. 그에게 본심은 주체성을 강조할 때는 실심, 천연의 밝은 시비판단능력을 강조할 때는 양지, 민족에서 세계로 확장되는 주체의식을 강조할 때는 얼이라는 표현으로 명명되었으나 본질적으로 동일한 함의를 지닌다.

정인보는 각자 본심을 회복하기 위한 교육방향을 먼저 '실심의 환기'로 설정하였다. 그 이유는 과거의 문화 기저인 학문풍토가 본심회복을 목표로 하면서도 마

이후 교육이념의 설정과 국사교육」, 『역사와 교육』 21집, 2015, 154쪽). 오천석의 경우, 홍익인간이 처음 제출되었을 때, 비과학적인 이념으로 비판했지만, 시간이 지나면서 긍정적인 평가를 내렸다. 1975년 저술인 『외로운 성주』에서 만인을 이롭게 한다는 인도주의 사상으로서 우리가 지향해야 할 민족주의 이념과도 부합되는 것이라고 인정하였다(허대영, 『미군정기 교육정책과 오천석의 역할에 관한 연구』, 강원대학교 박사학위논문, 2005, 74쪽).

85) 이런 맥락에서 주체성에 대한 내포가 부족한 홍익인간이념은 '개별교육을 통한 보편성 획득'이 중요한 현대교육에 적합하지 않다고 보는 견해가 있다(신창호, 「敎育理念으로서 弘益人間에 대한 비판적 검토」, 『한국교육학연구』 9권 1호, 2003, 64-66쪽 참조).

음에 대한 본격적인 성찰보다 외면적 궁리에 힘쓴 허학(虛學)이었고 여기서 가행
(假行)과 위선(僞善)이 비롯되었다고 보았기 때문이다. 즉, 허학을 고치지 않고 합
리화시킨 탓에 자신에 대해 주체적으로 성찰하는 실심을 잃었으므로 빨리 실심을
찾자는 것이다. 그에 의하면 실심이 온전하면 본질적 속성상 민중에 감통하기 때
문에 행여 간격이 있게 되면 실심이 온전하지 못하다는 증거가 된다. 따라서 민중
에 감통하여 복리를 추구하는 곳에서 실심을 찾을 수 있다.

정인보가 실심과 감통의 완전한 확립과 실현을 위해 제시한 교육방법은 그에
합당한 주체의 역량을 강화하는 것이었다. 이는 지식의 추구나 단순한 원리의 터
득과 달리 반드시 실천을 동반하는 것이다. 그가 제시한 방법은 주체적 성찰과 자
득, 도덕적 감수성의 강화, 의기의 자유로운 발산으로 요약할 수 있다. 주체적 성
찰과 자득은 남에 대한 불필요한 의식이나 추종을 피하고 자신의 실심을 따라 직
접 체험하고 성취하는 것이다. 도덕적 감수성 강화는 자신의 생각이나 말, 행동을
바로잡음으로써 그로부터 발생했던 도덕적 불안감을 제거하고, 이를 반복하여 도
덕적 불안을 느끼는 감각을 더욱 예민하게 단련시키는 것이다. 의기의 자유로운
발산은 엄숙하게 도의를 강론하고 자기를 속박하는 공부가 아니라 음악을 즐기고
산수를 노닐면서 품은 뜻과 기상을 마음껏 펼치는 것이다.

정인보는 실심을 온전하게 단련하는 것이 개인만이 아니라 민족적 차원에서도
필요한 일이라고 보았다. 그는 이것을 '얼'을 세우는 것으로 표현하고 '우리로서
서기' 위해 우리를 아는 것부터 시행하자고 하였다. 그것은 우리 역사에서 실심과
감통의 실현을 찾아 본받는 것으로서 국학연구와 국학교육을 의미했다. 그는 먼저
민족 얼의 원류가 생명살림의 인 사상이며 홍익인간으로 계승된다고 하였다. 과거
역사에서 '이도여치(以道輿治)', '포함삼교 접화군생(包含三敎 接化群生)'이라는 명제
는 모두 홍익의 계승이고 외래에서 수입된 불교도 조선에 와서는 홍익정신에 기
반한 구도행이 두드러진다고 하였다. 조선 유학에서도 가행(假行)을 일삼은 가도
학(假道學)도 있지만 가(假)가 극에 달했을 때 떨쳐 일어난 실학(實學)을 예로 들고
선양했다. 그러나 정인보는 이타행이란 반드시 자기 자신의 깨달음에 바탕한 것임
을 강조했다. 그리고 이런 맥락에서 해방 이후 홍익인간을 교육이념으로 제시하였
다. 홍익인간은 정인보가 발굴한 개념은 아니지만, 정인보가 실심감통론 구도로
이해하고 민족의식의 뿌리로 설정한 개념이었다.

　　정인보의 교육사상과 민족교육은 개인의 주체의식을 깨우는 데서 민족의 주체
의식을 깨우는 데로 나아가며, 감통하는 실심을 온전하게 하는 역량을 강화하고,
그런 역사를 알고 본받는 내용으로 채워졌다. 이는 현대 도덕교육에서도 주체 확
립과 도덕성 향상에 중요한 역할을 담당할 수 있다. 특히 도덕적 감수성 강화는
일상경험의 대화를 통해 현대에도 얼마든지 활용 가능하다. 의기의 자유로운 발산
도 자존감 향상과 창의성 훈련에 용이할 것이다. 그러나 필자가 무엇보다 주목하
는 점은 이 모든 것에 의문을 가질 수 있고 그것의 해결방안을 스스로 고민할 수
있는 실심의 주체성에 있다. 그것을 왜 해야 하는가? 어떻게 해야 하는가? 더 잘
하는 것은 어떤 것인가? 이 모든 근원적인 질문과 답의 주인공이 바로 자기 자신
일 때 현실의 진정한 발전이 이루어진다. 정인보가 진단한 허가(虛假)의 현실문제
는 여전히 해결되지 않았다. 「교육이념개의」에서 이념 수립 이전에 반드시 먼저
왜곡된 모든 것의 제거가 이루어져야 한다는 고민도 현재까지 유효하다. 정인보는
실심이 온전하면, 즉 주체의식이 투철하면 새로운 것을 받아들이고 옛것을 찾아
본받으며 민중의 복리를 추구할 수 있다고 하였다. 그의 논리는 단순하지만 매사
생각에 생각을 거듭하고 내면의 갈등과 해소를 반복하지 않으면 이루기 어렵다.
자기 자신이나 우리 사회의 불편한 진실을 마주하고 인정하는 것조차 힘든 일일
수 있기 때문이다. 그러나 주체성이 바로 서지 않은 상태에서 쌓은 탑은 사상누각
일 뿐이므로 주체성을 모든 일의 출발점으로 삼지 않을 수 없다. 이런 의미에서
주체성을 바로 세우는 교육은 아무리 강조해도 지나치지 않는다. 정인보의 문제의
식은 현재진행형이다.

참고문헌

金富軾, 『三國史記』.

李建芳, 『蘭谷存稿』, 서울: 靑丘文化社, 1971.

정인보, 『薝園 鄭寅普全集』, 서울: 연세대학교 출판부, 1983.

백낙준, 『백낙준전집』, 서울: 연세대학교 출판부, 1995.

安在鴻, 『民世 安在鴻全集』, 서울: 知識産業社, 1992.

王守仁, 『王陽明全集』, 上海: 上海古籍出版社, 1992.

김민재, 「위당 정인보 사상의 양명학적 특징과 도덕교육적 함의」, 『유학연구』 37, 91-120, 2016.

김윤경, 「정인보 '조선 얼'의 정체성」, 『양명학』 45, 79-123, 2016.

金台俊, 「鄭寅普論」 『朝鮮中央日報』, 1936.5.16일자, 3면.

권성아, 「해방 이후 교육이념의 설정과 국사교육」, 『역사와 교육』 21, 129-186, 2015.

「교육이념을 재수정 교육심사본회의에서」, 『동아일보』, 1945.12.25일자, 2면.

대한민국국회도서관, 『대한민국임시정부 의정원 문서』, 1974.

박부권, 정재걸, 『교육이념과 홍익인간』, 한국교육개발원, 1989.

백남운, 『朝鮮社會經濟史』, 東京: 改造社, 1933.

백남운, 『朝鮮民族의 進路』, 京城 : 新建社, 1946.

신창호, 「敎育理念으로서 弘益人間에 대한 비판적 검토」, 『한국교육학연구』 9(1), 51-69, 2003.

안재홍, 「朝鮮을 알자, 自己發見의 機緣.」 『동아일보』 1933.1.14일자, 1면.

윤덕영, 「위당 정인보의 교유 관계와 교유의 배경-백낙준·백남운·송진우와의 교유 관계를 중심으로」, 『동방학지』173, 연세대학교 국학연구원, 35-73, 2016.

정인보 저, 정양완 역, 『薝園文錄』下. 서울: 태학사, 2006.

정양완, 「나의 아버지, 나의 스승 담원 정인보 선생」, 『스승』, 서울: 논형, 2008.

정태수, 『광복 3년 한국 교육법제사』, 서울: 예지각, 1995.

허대영, 『미군정기 교육정책과 오천석의 역할에 관한 연구』, 강원대학교 박사학위논문, 2005.

Mark Johnson, Moral Imagination: Implications of Cognitive Science for Ethics, 1993. / 노양진 역, 『도덕적 상상력』, 서울: 서광사, 2008.

일제강점기, 저항과 계몽의 교육사상가들

약자를 위한
저항과 계몽

- 양한나의 독립·자립·돌봄의
정신을 중심으로

한현정

I. 서론

이 글의 목적은 교육가 양한나(梁漢拏)의 행적을 살펴봄으로써, 일제강점기라는 시대에 교육실천가들이 보여주었던 저항과 계몽의 사상을 밝히는 것이다.

교육사철학계에서 일제강점기의 교육사상가에 대한 연구는 상당히 소극적이었다고 할 수 있다(우정길, 2019). 이는 교육가들이 식민치하의 사회적 정황 속에서 자신의 사유를 충분히 기록화하지 못했던 점, 그리고 이들이 주로 독립운동가, 민족학자 등으로 인식되어 교육 실천을 통해 연역되는 교육사상에는 미처 관심이 이르지 못했다는 점 등이 이유가 될 수 있다.

사람은 언제나 시대적 산물이어서 늘 자신이 서 있는 지평 안에서 생각하고 행동한다. 남궁억(1863-1939)은 다음과 같이 '사상'을 정의한다. "사상이란 자는 사실의 母라. 사상이 유한 연후에 사실이 급유하나니 …"(남궁억, 1908). 사상은 당대에 널리 보급된 사고방식이며 교육에 관계한 사람들의 판단이나 행동의 틀을 형성하는 지견이다. 손인수(1990)는 사상연구란 "우리나라 교육사상가의 교육적 배경, 문학적 흥미, 도덕적 생활, 교우관계, 인간관계, 교육적 신념, 이념적 관점, 민족적 입장 등 여러 시각에서, 어떤 인격으로 어떤 교육사상을 우리들에게 유산으로 전해 주었는가"를 살피는 것이라고 했다. 일제강점기 교육사상가 연구의 과제는 사료를 남기지 않은 인물의 사상을, 그의 생애에 걸친 교육배경, 인간관계, 선택행위에서 유추되는 공통성을 통해 재구성하는 것이다.

일제강점기의 교육사상가에 대한 연구에 '여성'이라는 키워드를 첨가하면 연구는 더욱 드물어진다. 기존의 교육 사상연구가 특정인물이 남긴 문헌을 중심으로 연구되어 왔기 때문에 현장에 발을 담그고 있어 사료를 남기지 않은 여성 교육가는 다루어지기 어렵다. 최근 여성사학계에서 하란사(고혜령, 2011), 김마리아(유준기, 2009), 황애덕(김성은, 2011), 박인덕(김성은, 2010), 임영신(김성은,2012), 김활란(김성은, 2017), 황온순(이방원, 2015), 고황경(김성은, 2010) 등의 인물 발굴이 진행되고 있다. 이들의 공통점은 식민지시대를 살아가면서 근대교육을 받고 3·1운동이라는 역사적 사건을 경험했다는 데 있다.

한편 연구대상이 당시 중앙인 경성에서 활동한 이들을 중심으로 다루어졌기 때문에 지역 인물은 소외되어 왔다. 본고에서 대상으로 삼은 인물인 양한나 역시 이송희(2002)의 연구가 유일하고 그 외 소수의 대담 기사나 추모글(김애라, 2000; 이영희, 1994; 추영수, 1970) 속에서 양한나의 행적을 확인할 수 있을 뿐이다. 일제 치하의 교육이 근대 국가공동체를 상상하게 하는 계기를 주었다면 각 지역의 인물에게 그것이 어떻게 이루어지는지 추적할 필요가 있다. 즉, 중앙공간이나 학교 중심으로 활동하지 않았으나 지역에 근간을 두고 교육을 실천한 여성에게도 공동체관이 어떻게 작용했는가에 본 연구의 문제의식이 있다. 당대인은 국가를 꿈꾸고 네트워크로 움직이고 자신들의 사회적 역할을 선택해 왔다. 본론에서는 이들의 행적에서 신념을 추출하고 신념을 뒷받침해 준 구조를 밝히고자 한다.

여성교육실천가의 사상을 추출하기 위해서는 우선 당대를 풍미한 사상을 살펴볼 필요가 있다. 우선 제1차 세계대전 종전 후 적자생존, 사회개조론, 상호부조론이 혼재해 있었음을 볼 수 있다(박성진, 1997; 이인화, 2014; 허수, 2009; 조세현, 2005). 당대 한국의 지식인들은 3·1운동을 경험하면서 '재건(Reconstruction)'과 '국가(Nation)'에 주목했다(허수, 2009). 당대 대표적 기관지에는 '약육강식'의 시대상을 타파하기 위한 고심이 나타나 있다.

"제군은 일찍이 수많은 곤충이 저보다 강한 새매나 독수리에게 먹혀 죽는 것을 구경한 적이 있는가. 금일의 인류사회도 또한 이런 자연율 아래 지배받고 세계의 존재도 이런 법칙 위에 건설되어 있다." - 현상윤 <말을 반도청년의게 붓침> 학지광 4호. 1915.2. (박성진, 1997: 7 재인용)

"약육강식의 이십세기 원칙도 잊고 적자존 부적자망이라는 자연계이법도 스스로 망각하고 있다. … 오로지 자강불식하야 실력향상으로 강자와 더불어 병력을 책함에 재할 뿐.”- 김기전 <鷄鳴而起하야> 개벽 7호, 1921.1. (박성진, 1997: 10 재인용)

“내면으로는 군비 확장 등 약육강식의 원리가 그대로 존재한다. 우리도 오직 강자가 되어야 한다.”- 박달성 <동서 문화사상에 현하는 고금의 사상을 일별하고> 개벽 9호, 1921.3. (박성진, 1997: 10 재인용)

“독립과 자유의 정신이 없는 민족은 세상에 없습니다. 그런데도 오늘날 소위 강국된 자는 약소국을 무시하고 이를 약탈하면서 평화를 부르짖고 있습니다. … 그러면 먼저 그들이 왜 세계를 무시하고 침략을 일삼겠습니까. 이는 머리에 깊이 박힌 사상의 힘입니다. … 전쟁의 참화를 목도할 때에는 세계가 진정한 평화를 자연히 부르짖게 됩니다. 다만 전쟁이 지나가고 참상이 보이지 않게 되면, 또 이전에 머리에 젖었던 약육강식의 사상이 나오는 것이외다.”- 안창호, 「태평양 회의의 외교후원에 대하여」, 1921.9.3. (이인화, 2014: 249 재인용)

1919년에는 제1차 세계대전 이후 파리강화회의가 개최되면서 세계평화가 화두가 되고 민족자결주의, 세계주의 등의 관념이 나타났다. 그럼에도 불구하고 국제사회는 여전히 약육강식의 논리가 통용되고 있음을 당대 지식인들은 인식하고 있다.

‘적자생존’, ‘약육강식’, 즉 환경에 적응한자는 살아남고 적응하지 못한 자는 도태된다는 수사에서 잡아먹히는 쪽에 있는 ‘약자’란 누구인가. 문명과 야만, 성숙과 미성숙, 이성과 감정의 이분법으로 볼 때 후자는 언제 전자가 될 수 있는가 혹은 도태될 때까지 강자의 지배를 받아야 하는가. 눈앞의 절실한 고민 속에서 사상은 다양한 행동으로 나타날 것이다. 특히 사회적 의식이 싹 틀 무렵에 식민통치가 시작되었고, 민중에 의한 3·1구국 운동을 몸소 체험했으며, 아직은 없는 상상의 공동체를 세우고자 한 청년들은 집단조직을 통해 외부 권력에 저항하고, 내부 공동체를 계몽하고자 했다. 양한나는 이 가운데 한 인물로, 수많은 선택의 기로 속에서 자신과 공적 필요성을 일치시켜 나아간 인물이다. 자신이 직면한 약육강식의 시대에 사회 변화를 일으키기 위해 그가 어떤 배경과 사유를 기반으로 활동했는지에 초점을 맞추어 살펴볼 필요가 있다.

이상의 문제의식을 바탕으로 본론에서는 양한나의 생애를 개괄하고 그에게 깊은 영향을 끼친 것으로 기독교, 교육, 조직활동, 직업 등에서 그의 행적을 중심으로 재구성하면서 당대 약육강식의 세계질서에 대한 저항과 계몽을 어떻게 실천했는지 살펴보고자 한다.

Ⅱ. 본론

1. 양한나와 기독교(1893-1913)

1) 양한나 약사(略史)

양한나는 1893년 부산 동래에서 양덕유와 한영신의 1남 10녀 중 셋째 딸로 출생했다. 양덕유는 일찍 기독교를 받아들여 1901년 세례를 받고, 어머니도 교회 연합회 회장과 경남여전도회연합회 회장을 지냈다. 양한나는 교육열이 강한 집안에서 성장했고 부모와 그의 형제 양은화, 양유식, 양영일, 양성봉, 양봉옥, 양순옥 등 일가족은 기독교 신앙을 가지고 부산진교회에서 활동하였다(부산진교회 당회록 1904.11.30; 김경석, 2019; 61 재인용).

양한나의 본명은 양귀념(梁貴念)이다. 양한나는 1904년(11세)에 부모를 따라 하와이로 이민을 갔다가 2년 후 귀국한다. 아버지 양덕유는 아이들의 교육에 관심이 많아 양한나를 서울의 진명여학교에 진학시켰다. 그러나 빚보증을 잘못 서서 가세가 기울면서 부산에 돌아와 호주 선교사들이 설립한 일신학교로 전학한다. 양한나는 1910년(17세)에 부산진일신여학교에 입학하여 1913년(20세)에 고등과를 제1회로 졸업했다. 그 후 마산에 있는 의신여학교에서 교사로 봉직하다가 타이쇼 천황 즉위 축하에 반대하는 시위로 사직하게 된다. 그 후 요코하마 신학교에 진학해서 공부하면서 영친왕 정약결혼 반대운동을 벌였다. 1919년 3·1운동을 전후해 중국으로 가 소주 경해여자사범학교에서 수학했다. 그리고 여성이 드문 상해의 임시정부에서 경상도 대표 의원으로 활동했다. 이때 상해 임시정부를 이끌고 있는 도산 안창호를 만나 그로부터 한라산과 같은 굳은 의지를 지닌 사람이 되라는 뜻으로 한라(漢拏)라는 이름을 받아 개명했다고 한다. 이후 양한라는 수년 동안 임시정부의 문서나, 독립군에게 자금을 조달하기 위해 중국과 조선을 오가며 임시정부 요원으로 활동하다 1922년 일본경찰에 체포되어 곤욕을 치렀다.

여성운동이 활발했던 1923년에는 여자기독교 청년회에 참여하면서 이화여자
전문학교 유치과에 입학하게 된다. 졸업 후 보육교사로 종사하면서 부산여자 기독
교청년회를 창립하여 활동하였다. 1926년 호주에 유학한 후로는 기독교 내 보육
사업과 사회복지 쪽으로 주력하였으며, 부산의 초량유치원과 통영 진명유치원을
운영하였다.

해방 후 그는 기존의 정치 인맥으로 다시 중앙에 서게 된다. 1945년에는 대한
애국부인회의 부위원장으로 활동했다. 1946년(52세)에는 미군정에서 수도청장이
된 장택상의 권유로 초대 수도여자경찰서장에 취임하게 된다. 그녀는 식민치하부
터 여성단체들이 추진해 온 공창폐지운동에 힘을 쏟았는데(추영수, 1970: 370), 과
격한 추진으로 인해 파면된다. 그 후 부산 아미동에 고아원을 신설하여 활동한다.
1947년에는 세계YMCA대회에 참석하여 전국 네트워크에 가담했으나 1948년 부산
여자기독교청년회를 떠나 독자적인 사회복지 사업으로 뛰어든다. 1950년 6 · 25가
발발하자 전쟁고아와 무의탁 여성을 지원하는 활동을 했으며 1952년에 자매여숙
을 정식으로 설립했다. 1953년부터는 정신이상 여성의 재활에 집중을 했다. 1976
년 서거하여 부산진교회 묘에 안장되었다. 양한나의 생애 연표는 다음과 같다.

1893년 출생
1904(11) 하와이로 이민
1906(13) 귀국 4년 초등과정인 서울 진명학교 재학도중 가세가 기울어 부산 일신학교로 전학
1910(17) 부산진일신여학교 입학
1913(19) 부산진일신여학교 1회 졸업
1913(20) 마산의신학교 근무, 타이쇼왕 축하 반대하다 사직
1917(23) 요코하마 신학교 진학, 영친왕 정약결혼반대운동 전개
1919(25) 임시정부 경상도 대의원 활동, 상해 유학
1922(28) 경제특사로 귀국하던 중 체포.
1923(29) 동래일신여학교 청년회 총무로 여자기독교청년회 참여
1924(30) 이화여자전문학교 유치과 입학
1925(31) 예과졸업 후 정동 이화유치원 보육교사로 활동
1926(32) 호주유학. 부산여자기독교청년회 창립(동대신동)
1928(34) 부산여자기독교청년회 하기부인수양단 조직
1929(35) 초량교회 유년 주일학교교사
1930(36) 부산 초량 삼일유치원(1924-) 운영
1934(40) 초량교회에서 통영 대화정교회로 이명. 통영진명유치원 운영
1935(41) 사회사업관계 호주 시찰

1937(44) 김우영(-1958)과 결혼
1945(51) 한국애국부인회(안국동 발기) 위원장 유각경. 양한나 부위원장 활동
1946(52) 수도관구 경찰청 여자경찰서 서장 취임(여경 600). 공창폐지운동 주도
1946(52) 아미동에서 고아원 시설(55)
1946(52) 부산YMCA창설
1947(53) 부산여자기독교청년회 아미동으로 이전/세계YMCA협회의 참석
1948(54) 부산여자기독교청년회 떠남
1950(56) 6·25 발발 후 전쟁고아와 소외 여성 지원활동 <자매의숙>
1952(58) 자매여숙 정식 설립
1953(59) 사하구 괴정동으로 이전. 고아원보다 정신이상 여성 재활에 집중
1957(63) 재단법인 설립인가됨
1964(70) 장한어머니상
1967(73) 용신 봉사상
1968(74) 3·1운동 선도자 찬하회 감사장
1976(83) 국민훈장 동백장 수여. 사망

2) 호주 선교사계 여학교

양한나의 진학과 진로에 강한 영향을 준 것은 교회와 선교사들이 세운 미션스쿨이다. 한반도에 기독교가 전래될 때 각국의 종파별로 구역이 나누어지게 되었는데, 경남 지역은 호주 선교회의 영역이었다. 호주 선교부는 기존의 부산, 동래, 마산지역 외에도 진주, 거창, 통영 등지에 선교지부를 설치하고 선교를 확대해 갔다. 이들은 선교 외에 의료, 자선, 교육 등에 힘썼는데 특히 선교회는 여성 교육이 전무한 부산 경남 지역에 여학교를 먼저 세웠다. 1910년 결정한 호주선교부의 교육정책은 다음과 같다. 첫째, 여자 초등학교를 5개 지부에 각각 하나씩 세울 것, 둘째, 선교부 내에 여자 중학교 하나를 세울 것, 셋째, 선교부 내에 남자 중학교 하나를 세울 것, 넷째, 대학은 세우지 않을 것이다(Kerr & Anderson, 1970/양명득, 2017: 46-47).

여자교육에 대한 호주선교사의 전폭적 지원은 우선 한국 선교가 시작될 무렵 호주 빅토리아 주 안의 여전도회의 후원에 기인한다. 호주 여자선교사들이 여성교육을 중시한 것은 "국가를 발전시키기 위해서는 부인들과 어머니들이 반드시 교육되어야 한다."고 생각했기 때문이다. 일신여학교는 1909년 고등과로 설치됨으로써 부산 경남지역 여성교육의 효시가 되었다(부산시교육위원회, 1987: 115).

호주 선교회의 여자교육 지원에는 부산 경남이라는 지역에 대한 비전도 포함

되어 있었다. 부산은 일본에서 한국으로 들어오는 주요 항구로 오래전부터 알려져 있고 철도도 중국과 연결되어 러시아 시베리아까지 이어지는 종착역이기에 많은 걱정스러운 사회문제를 내포하고 있었다. 1910년대는 부산, 통영, 마산 지역은 철도와 항구가 활발히 개발되는 즈음으로 농촌에서 토지를 잃은 농민들이 도시부로 나오게 된다. 특히 하층 여성과 어린이의 매매가 일삼아졌다. 즉, 식민지의 부조리는 약자가 끊임없이 내둘리는 형세에 있었다. 그럼에도 불구하고 현실적으로 여러 과제에 대응하기 위한 충분한 인력과 재정이 뒷받침되지 못했다. 부산의 빈민가에 심한 가난과 고통이 있었고 그 항구를 드나드는 많은 소녀들과 여성들에게 부도덕함과 위험이 도사리고 있었다(Kerr & Anderson, 1970/양명득, 2017: 166). 이들에 대한 계몽으로서 선교사들은 지역 여성 지도자를 기르고자 한 목표를 가진 것이다. 보수적인 경남 지역에 남자학교는 지역 유지들에 의해 설립되었지만 여성 교육은 아무도 맡지 않은 불모지였다.

[그림1] 부산진일신여학교 제1회 졸업식(1913)
(출처: 한국콘텐츠진흥원)[1]

호주 선교사가 세운 여학교는 학생들에게 사회의식을 강하게 가지게 했다. 부산 경남에서 일어난 항일 민족 운동은 호주 선교사가 세운 여자 기독교 학교와 학생들이 주동이 되었다. 1919년 3월 11일에 부산일신여학교 교사와 학생들이 주도하였고, 3월 13일에 통영의 진명유치원 여교사 세 명이 전개했으며, 3월 21일에는 마산의 의신여학교 교사들이 중심이 되었다(Kerr & Anderson, 1970/양명득, 2017: 275).

양한나가 졸업한 부산진일신여학교는 마가레트 샌디먼 데이비스(한국명 代瑪嘉禮, 1887-1963)가 교장으로 봉직한 곳으로 학생들에게 일본 제국주의에 맞서 국권 회복을 위한 의식을 강하게 가지게 했다. 1913년 여학교 졸업 후, 양한나는 같은

1) http://www.culturecontent.com/content/contentView.do?search_div=CP_THE&search_div_id
=CP_THE003&cp_code=cp0423&index_id=cp04230015&content_id=cp042300150001&search_left_menu=2/ (2020년 2월 25일 접속)

해 새롭게 개교한 의신여학교에서 교편을 잡는다. 의신여학교의 교장은 맥피(한국
명 미희, 1881-1937)였다. 맥피는 4년의 선교활동에서 대부분을 학교의 교장으로
지내면서 학생 수를 28명에서 330명으로 확장시키는 지도력을 보였다. 양한나가
재직한 시기는 일본의 연호가 메이지에서 타이쇼로 바뀌는 시기와 겹쳐서 천황
즉위축하를 위한 떡이 배급되었다. 그녀는 식민지 지배의 부당성을 호소하며 학생
들에게 항일의식을 불러일으켰고 학생들도 이에 동조하여 문제가 발생했다. 이 사
건으로 그녀는 학교를 사직하게 된다(최은희, 1991: 306) 제국에 의한 식민지 지배
의 부당성에 대한 저항은 일본 유학 이후에도 계속된다. 양한나는 1917년(23세)에
일본의 요코하마 여자 신학교에 진학하여 신학을 공부하면서 동경여자학원의 김
마리아 등과 함께 영친왕과 이방자의 정약결혼을 반대하는 운동을 전개하였다. 그
리고 1919년 3·1운동이 일어나자 중국으로 건너가 임시정부에서 의정활동을 시
작한다.

지역 내 구조적 모순을 타파할 상조책으로 설립된 호주선교사의 여학교는 지
역을 관통하는 네트워크를 형성시켜 일제 강점기하 도시부에 휩쓸리기 쉬운 여성
층을 지원하는 힘으로 작용했다.

2. 여성네트워크와 독립정신

1) 임시정부참여

1919년 3·1운동이 일어나자 그는 상해로 밀항하여 독립운동에 참가했다. 신
분은 학생으로 소주여자사범대학에서 수학하면서 상해 대한민국 임시 의정원에서
활동했다. 구성원 대부분이 남성인 임시 의정원에서 여성의원이 처음으로 뽑힌 것
은 1922년 황해도 대의원으로 김마리아(1892-1944)가 선출된 때이고, 양한나는
1923년 2월 15일 제11회 의정원 회의에서 경상도 대의원으로 선출되었다. 임시
의정원에는 이때부터 1945년 8월 17일 마지막 회의가 폐회할 때까지 최혜순(1900
-1974), 방순희(1904-1979), 김효숙(1915-2003), 지경희(1910-사망연도미상), 신정완
(1917-2001) 등 일곱 명의 여성 의원이 활동했다(김성은, 2018). 본명이 양귀념이었
던 그녀는 상해에서 임시정부를 이끌고 있는 도산 안창호를 만나 그로부터 한라
산과 같은 굳은 의지를 지닌 사람이 되라는 뜻으로 한라(漢拏)라는 이름을 받았다

고 한다.2)

이후 수년 동안 임시정부의 문서나, 독립군에게 자금을 조달하기 위해 중국과 조선을 오가며 임시정부의 요원으로 활동하면서 국내의 여자청년회를 이끌었다. 1922년(28세)에 경제특사로 귀국하던 중 체포되어 곤욕을 치렀으나 개명과 유학생 신분이라는 점 덕분에 가석방되었다. 양한나는 이후, 1923년 다시 상해로 건너가서 독립운동을 하다가 모친 위독으로 귀국하여 일본경찰의 감시와 학대를 받아야 했다(최은희, 1991: 307).

귀국 후 양한나는 임시정부의 활동을 접고 이화여전 유치과에 진학하여 유아교육으로 관심이 전환된 듯 보인다. 하지만 그는 상해 임시정부 요인으로 임시정부의 자금조달 역할을 하고 있었던 것으로 보인다. 왜냐하면 그의 동생 양성봉이 누나 때문에 일제의 사찰대상이 되어 시달리는 탓에 자신의 제약회사 사업을 할 수 없어 부산을 떠나기로 하고 당시 한적인 시골이었던 동래읍 반여리로 1942년 이사하였기 때문이다(이상규, 2012).

2) 식민치하 및 해방 후 국내외 여성네트워크

양한나는 일신여학교 졸업 후에도 모교와 긴밀히 연관하면서 기독교 중심 여성네트워크를 만들어 가기 시작했다. 우선 여성조직이 불모했던 경남지역에서 1921년 부산여자청년회를 조직하고 민족주의적 계몽운동을 이끌었다. 조직구성원으로 살펴보면 양한나는 회장으로, 부회장 김기숙, 총무 오대련, 재무 이금옥, 손무년, 서기 박명애, 최수련, 간사 왕명룡, 문예부장 전매자, 사교부장 여운영 위생부장 유창신으로 되어 있는데(<부산여자 청년회> 동아일보 1921.6.17), 기독교 단체는 아니었지만 일신여학교 졸업생, 부산진교회 주일학교 교사 등 기독교 관련인으로 구성되었다.

부산여자청년회는 문맹타파를 위해 야학을 설립하고 토론회와 강연회를 개최하여 여성계몽과 자각에 힘썼다. 강연회에서는 가정 위생, 자유평등주의와 남녀 해방에 관한 것, 조혼 이혼 가정 실력양성 등을 주제로 다루었다(동아일보 1921.8.19;

---

2) 일제강점기에 지식인들의 개명은 아호, 호 이외에 호적신고와 더불어 빈번히 이루어진 것으로 보인다. 임시정부의 수장이었던 안창호가 여성 대의원에게 정치적 의미의 이름을 주었고 그것을 평생 이름으로 가져간 것은 정치 동지 간의 특별한 의미로 볼 수 있다.

동아일보 1921.11.3; 동아일보 1921.12.3; 동아일보 1922.6.15). 부산여자청년회의 활동
을 시작으로 부산지역에는 청년회 활동이 활발히 전개되어 여학교의 설립이념이
구현되고 있었다. 지역의 여성청년회 성립은 1920년대 말에 근우회로 이어져가지
만 양한나는 후배에게 회장직을 물려주고 자신의 주력 방향을 기독교 내의 보육
및 여성계몽사업으로 맞추었다.

나아가 1923년에 양한나는 일신여학교 청년회 총무로 있으면서 YWCA에 참
여하기 시작했다. YWCA는 1920년대 초부터 각 지방 '여자기독교청년회'의 결성
과 더불어 태동하였는데, 조선 사회의 기독교화를 도모하고 회원들이 기독교적 품
성을 개발하며 종교적 봉사정신을 함양할 것을 목적으로 1922년 3월 27일 김필
례, 유각경, 김활란이 주도하여 조직된 전국 규모의 기독교 여성 단체이다(천화숙,
1996: 161-162). 기독교와 여학교를 토대로 경남과 전국 여성네트워크에서 활동하
던 양한나는 1930년대 중반 이후부터 뚜렷한 행보를 보이지 않았다.

해방 직후인 1945년 9월 4일에는 여성운동
내 우익진영으로 대한애국부인회가 결성되었는
데 이들은 정치적으로 이승만과 김구 노선을 지
지했다. 대한애국부인회는 지방조직을 만들어 위
생강좌, 정치강좌, 부인계몽운동등의 활동을 전
개했는데 위원장으로 유각경,[4] 부위원장 양한나,
총무부장, 박원경, 재무부장 이계영, 문화부장,
박마리아, 지방부장 이효덕, 선전부장 최이권, 평
의원 김마리사, 신알버트, 양매륜, 홍애덕, 이민
천 등으로 기독교 계열로 구성되었다.

양한나는 1946년에 부산여자기독교청년회
(YMCA)를 창설하고 1947년 중국 항주에서 열
리는 세계 YMCA협의회에 대표 9인 중 한 명

[그림2] 1947년 세계 YMCA협의회에
참석한 양한나(맨 뒷 열)
(출처: 한국YMCA연합회[3])

3) http://www.ywca.or.kr/sub.asp?maincode=451&sub_sequence=468&sub_sub_sequence=49
6&MODE=VIEW&listseq=8 (2020년 2월 25일 접속)
4) 유각경(1892-1966)은 유길준의 조카로 1910년에 정신여학교를 졸업한 후 장로교의 주선으로
집안의 반대를 물리치고 베이징으로 유학했다. 유아교육을 전공하여 귀국 후 유치원 운영에 나
섰다.

으로 참가했다. 이때 김활란, 김신실, 황애덕, 최이권, 최예순, 김정옥, 김자경, 박마리아 등이 한국대표로 동행했다. 양한나는 조직 창립 후에는 후임에게 넘기고 조직을 떠나는데 부산여자기독교청년회 역시 1948년에 떠나게 된다.

양한나가 여성운동을 조직하고 운영할 때의 특징은 조직적 힘을 기반으로 권력에 저항했지만 조직 창설 이후에는 항상 후진에게 주도권을 넘기고 자신은 현장을 돌보는 일에 머물고자 했던 점이다.

특히 그녀는 일제강점기에 민족주의 기독교 인사 가운데 일부 친일행각을 보인 이들과 조직구성원을 함께 했지만 본인은 드러나게 친일을 한 정황이 없다. 여성조직 연구에서 잡히지 않는 정치적 입장을 양한나에게서 찾아볼 수 있다. 그는 정치활동의 가치를 알았지만 어린이 및 여성교육의 현장에 몸담고자 했다.

3. 인간의 자립과 타인의 돌봄에 관한 정신

1) 유치원 운영

임시정부 활동에서 고향으로 돌아온 양한나의 진로는 유치원 교육으로 향한다. 1924년(30세)에는 이화여자전문학교 유치과에 입학하여 1925년(31세)에 예과를 졸업한 후 정동 이화유치원의 보육교사로 근무한다. 1924년에서 1926년까지 서울에 체재하면서 유아 교사로 종사하던 중 1926년 7월(32세)에 교회를 통한 호주 유학을 떠난다. 다음은 양한나의 호주 방문에 대한 당시 동아일보의 기사이다.

"시내 뎡동 리화유치원에서 오래동안 보모로 잇던 량한라씨는 작십칠일에 '오스트랄리'로 류학의 길을 떠낫는데 조선 여자로 오스트랄리에 류학하기는 이분으로써 처음이라 하겟습니다." (동아일보 1926.8.18, 3면)

유학은 선교사 에이미 스키너(한국명 신애미, 1889-1954)의 주선으로 이루어졌는데 통영 진명유치원과 진명여학교 교장으로 있던 스키너는 양한나와 그의 가족과 친분이 깊었다(스키너, 2019: 97, 108, 112). 양한나의 아버지는 딸과 스키너를 배웅하면서 유학 가는 딸을 위해 손에 삶은 커다란 닭을 들려주는 등 딸과 교회 일에 극진했다(The Korea Mission Field, 1939.10: 207-208).

두 사람은 1926년 9월 20일 호주 시드니를 통과하고 멜버른에 도착한다. 양한
나는 호주의 교회를 돌아다니면서 느낀 것에 대해 호주 빅토리아 장로교회 방문
기로 남기면서 한국사회의 교회의 역할에 대해 다음과 같이 적고 있다.

"한국교회가 현대 한국사회의 빛과 소금의 역할을 하여야 하는데, 그곳에
는 광야의 짐승들 사이에 방황하는 많은 사람들과 상처받은 사람들이 있기
때문이다. 무관심한 사회는 그들에게 아무런 메시지도 주지 못하고 교회도 그
들을 구원할 충분한 준비가 되어 있지 않다. 사회는 말의 속도 같이 진보되고
있는데 교회는 소와 같은 발걸음이다."(The Missionary Chronicle, 멜본,
1927.4.1: 19-20)

호주 빅토리아의 교회를 방문하여 강연하고 견학하던 양한나는 1927년 8월 5
일 스키너와 함께 멜버른의 큐교회에서 환송식을 받고 다시 한국으로 돌아온다. 1
년에 가까운 유학을 마치고 장로교 여자선교회에 다음과 같은 편지를 남기고 있다.

"호주 교회의 곳곳을 방문하면서 나는 선교가 호주에서든 한국에서든 얼
마나 중요하고 어려운 일인지를 알게 되었으며 장로교 여자선교회(the
Presbyterian Women's Missionary Union)가 감당하는 일이 얼마나 위대
한지 알게 되었다." (The Chronicle of the Presbyterian Women's
Missionary Union of Victoria, 1927.9.1: 5)

호주 유학에서 귀국 후 1929년부터 그녀는 부산 경남 지역의 어린이 교육과
여자청년회 활동에 주로 관여하게 된다. 전반적인 여성운동의 방향이 민족주의와
사회주의가 단결한 부산 근우회로 이어지는 분위기 속에, 양한나는 양쪽에 속하지
않고 다만 기독교 내 보육 사업을 중심으로 한 사회운동을 추진해 가게 된다.
1929년(35세)에는 형제들과 함께 초량교회로 이명한다. 초량교회는 신사참배 거부
로 알려진 주기철(1897-1944) 목사가 당시 주일학교 교육을 강조하고 있었다. 이
곳에서 양한나는 유년 주일학교교사를 담당하다가 1930년부터 교회부속의 3·1유
치원의 운영을 맡게 된다(초량교회 100년사 편찬위원회, 1994: 154).

1934년(40세)에는 초량교회에서 통영 대화정교회로 이명하여 부설유치원인 진
명유치원의 운영에 힘쓴다. 통영의 진명유치원은 호주 선교계 설립 유치원으로 양

한나의 호주 유학을 주선해 주었던 에이미 스키너(신애미, 1889-1954)가 교장으로 있는 곳이다. 그녀는 호주 빅토리아주 비치워스에서 출생하여 멜본 대학교 교육학을 졸업하고 호주장로교총회의 파송 선교사로 1914년 내한하여 1921년부터 1940년까지 통영 선교사로서 진명유치원과 진명여학교 교장을 지냈기 때문에 양한나가 합류한 1934년부터도 통영에 함께했음을 알 수 있다.

양한나는 1935년(41세)에 사회사업관계로 호주를 시찰하고 오면서 더욱 공동체 일에 몰두한다. 20대에 일본과 경성, 상하이를 오가며 활발히 정치활동을 했던 그녀는 이때부터 민족운동이나 여성단체활동에 나타나지 않고 기독교적 유아교육 전문가로서 생활한다. 하지만 그는 유아교육 및 공동체 운영에 대한 기록을 남기고 있지 않다. 적어도 그녀의 유아교육관이 일반적인 가정, 결혼, 출산, 양육관에 연유하지 않는다는 정도를 알 수 있을 뿐이다.

1937년(45세)에는 딸의 결혼을 소원하는 부친을 위해 변호사 김우영(1886-1958)과 결혼했다. 김우영은 민족주의의 길을 걸어온 양한나와 방향이 다른 친일파로 화가 나혜석의 전남편이었다. 조카 우창웅의 증언에 의하면 안창호, 김규식이 독립운동 자금 모집에 이용하기 위해 김우영과의 결혼을 설득했다고 하며, 김우영의 사망 전까지 두 사람은 정상적인 결혼관계가 아닌 것처럼 보였다고 한다(이송희, 2002: 21 재인용). '한라'라는 이름을 양귀녑에게 준 안창호는 1937년 동우회사건으로 체포되어 일경에 고문을 당했으며 1938년에 경성제국대학 부속병원에서 사망했다. 그리고 김우영은 1930년대에 충청남도 도참여관과 산업부장이었으며 이후 1943년에는 조선총독부 중추원 참의로 임명되어 일제강점기에 운신의 폭이 넓은 인물이었다. 양한나의 결혼 결심에 본래적 의도가 있다면 그것은 일반적인 여성의 삶보다는 민족해방과 여성해방에 노력했던 양한나가 20년간의 결혼생활에서도 봉건적 남녀 역할관을 가지지 않았을 뿐 아니라 정치활동을 위해 가정이라는 사적 관계도 동원할 수 있었다는 것을 보여준다.

민족해방을 추구해 온 양한나에게 교회공동체의 유치원운영이 어떤 의미였는지 기록상 확인하기 어렵다. 하지만 당대 1920년대 유치원 설립운동이 일어났으며 1931년에 교육단체로 조선보육협회가 조직된 시대적 배경으로 보아(김형목, 2010), 지역기반 혹은 전국 연결망 속에서 사회 개혁의 실마리로 삼았을 것이라고 추측한다. 직접 유치원을 운영하는 자로서 양한나와 함께 한 호주 선교사들의 발언에서 그것을 확인할 수 있다. 통영 진명유치원 원장 스키너는 유치원의 정신을 가르치기 위해 노력했지만 때로 어린이를 대하는 한국문화에서 겪는 어려움을 다음과 같이 표현했다.

"아이들은 보여주기 위함이나 박수받기 위한 존재 이상이라는 것을 우리는 모두 배우고 있었다."(The Korea Mission Field, 1923: 246-248).

1923년 일신유치원을 설립한 호주 선교사 맥킨지의 부인, 매부인(한국명 梅見施, 1905-1938)은 유치원과 가정의 관계를 다음과 같이 표현했다.

"유치원은 한국인 가족의 삶의 필요를 크게 충족시켜 주고 있으며 긍정적인 영향을 가져준다는 점에서 공감적 도움을 제공하고 있다."(The Korea Mission Field, 1923: 64-65)

1930년대 양한나의 행보는 그 이전의 적극적인 민족운동에서는 한발 물러나 있는 대신, 아동교육과 이를 둘러싼 가정의 개조를 통해 점진적인 사회진보로 향하고자 했음을 추측하게 한다. 양한나의 아동관을 밝히기 위해서는 당시 함께 활동했던 호주 여자선교사들이 실천한 아동 구제 및 유치원 교육관과 연계해서 보다 심도 있게 검토할 필요가 있다.

2) 자매의숙 운영

양한나의 모습은 해방 후 1945년 9월에 기독교 계열의 우익계 여성들이 중심이 된 대한애국부인회에 나타난다(매일신보, 1945.9.13). 이 단체는 이승만과 김구 노선을 지지하며 정기적으로 여성의식 계몽운동을 전개하며 반 신탁통치 운동을 벌였는데 유각경과 함께 양한나는 단체의 부위원장으로 활동했다.

1946년(52세) 양한나는 미군정에서 수도청장이 된 장택상의 권유로 초대 수도 여자경찰서장에 취임하게 된다. 그녀는 식민치하부터 여성단체들이 추진해 온 공창폐지운동에 힘을 쏟았다(추영수, 1970: 370). 일제는 1916년 유곽업 창기 규칙을 발표하여 공창제를 실시했는데, 민간 여성단체들은 공창제 폐지를 끊임없이 주장해왔다. 해방 후에도 인간을 상품화시키고 여성해방을 저해하는 큰 죄악인 공·사창제도를 폐지하도록 미 군정청에 요청했다. 경찰서장으로서 그녀는 사창가의 창부들의 머리카락을 밀어서 불량남자들을 유인하지 못하게 하는 등 과격하게 폐지운동을 전개했다. 이를 인권유린이라고 해서 양한나는 미군정으로부터 직위해제 당하고(최은희, 1991: 308), 공창제도는 1947년에 폐지된다.

공창폐지를 이끌면서 양한나는 이 직업을 그만둔 후 여성들이 갱생할 수 있는 방도를 고민하기 시작했다. 1948년에 부산여자기독교청년회를 떠난 후 여성단체 활동은 전혀 하지 않고 소외된 자를 위한 복지사업을 구상했다. 그는 1946년 부산 아미동에 55명의 유아를 모아 고아원시설을 설립했고, 1950년 6·25가 일어나 전쟁고아가 발생하자 '자매의숙'을 시작했다. 특히 길거리의 고아 중에는 정신병자가 많은 것을 보고 1953년부터는 여자 정신병자만 받는 정신병자 보호 사업을 시작한다.

> "남자들이 미친 것은 극히 보기 드물고 길거리의 미친 사람은 모두가 여자인데 그들이 그렇게 미친 이유는 80% 이상이 남자 때문이며 남자는 여자를 미치게 하는데 여자는 남자를 미치게 하는 재주가 없다." (<코리안 라이프 대담 중에서>; 추영수, 1970: 371 재인용)

부산 중구 광복동 대로에서 정신 이상자인 금달네라는 여성이 희롱거리가 되고 있는 것을 목격한 양한나가 즉석에서 외투를 벗어 금달네를 감싸서 택시에 태워 자매여숙으로 데려간 이야기는 당시 장안의 화젯거리였다. 이처럼 양한나는 길거리에 방황하는 정신병자를 집으로 데려와 보살피고 그들이 정신집중을 해서 일정 정도 치료가 되도록 새끼 꼬기, 털실뜨개, 가마니 짜기 등 수작업을 권했다. 무의탁 환자들의 의식주와 교육을 위해 그녀는 미국 구호물품을 필사적으로 타고 시 당국이나 세무서와 싸우면서 재정문제를 해결하고자 했다.

1953년에는 '자매의숙'을 사하구 괴정동으로 이전하면서 고아원보다는 정신이상 여성 재활에 집중했다. 인생의 말년에 양한나는 정치활동에 참여하지

[그림3] 양한나가 설립한 자매의숙
(김경석, 2019: 62)

않고 오직 소외되고 가난하고 버려진 여성들을 돌보는 데 전념했다.

공창폐지 운동을 계기로 양한나는 사회에서 소외된 이들에게 보다 적극적인
관심을 갖게 된다. 이는 항구도시를 드나드는 소녀들과 여성들에게 도사리고 있는
부도덕함과 위험에 대해 언급했던 호주 선교사들의 초기 지역관에서도 동일하게
보이던 것이었다. 호주여선교회의 후원이 경남 지역의 여성교육가를 길러내고 이
들의 정신이 다시 지역의 소외된 이들을 이끌고 돌보는 연쇄는 미션스쿨의 초기
설립목표와 일치했다. 양한나는 20~30대에 기존의 힘 중심의 세계에서 민족해방
과 여성해방을 주장하며 종횡무진으로 저항한 반면, 후반부에는 어린이 교육과 지
역 공동체 운영에 종사하고 나아가 가정이나 지역의 보호망이 없는 이들, 즉 정신
병자의 수용과 교육을 통해 남의 도움 없이는 자립하기 어려운 이들을 인간애로
보살피게 된다.

Ⅲ. 결론

본 글에서는 일제강점기의 교육가 양한나의 행적을 통해 당대의 저항과 계몽
사상을 밝히고자 했다. 활달하고 대담한 성격의 소유자인 양한나는 개화된 부모와
기독교 가정에서 태어나 근대교육을 받았으며 강한 사회 인식과 사명감을 가지고
활동했다. 식민지기에 활동한 여성 교육가의 연구는 점차 증가하고 있지만 '경성'
과 '대학'이라는 공간을 중심으로 이루어져 왔기 때문에, 마산-동래-통영이라는 경
남지역의 네트워크 속에서 저항과 계몽을 구현한 양한나의 행적을 검토한 것은
일제강점기 인식의 공통점과 차이점을 추출하는 계기가 되었다. 선교사가 설립한
여학교는 민족주의와 여성리더십을 양성한 점에서 전국적으로 공통적이지만, 호
주선교사가 활동한 경남지역에서는 교역이 많은 항구도시에 필요한 계몽과 구제
가 이루어졌다는 점에서 차이를 가진다.

양한나의 생애를 관통한 사상은 첫째, 국제질서에서 실력을 갖지 못한 약소국
이자 식민지의 입장에서 강대국의 지배 논리에 대한 끊임없는 저항과 독립정신이
었다. 그녀는 식민지 지식인으로서 국가를 상상하고 여성대표로서 정치에 참여했
으며, 동료와 학생들에게 식민 통치의 부당성을 호소했다. 정치노선이 다른 김우
영과의 결혼은 수수께끼로 남아있는데 1943년 총독부 중추원 참의로 임명될 만큼

의 인지도의 인물 곁에서 1930년대에는 유치원 및 교회 복지사업에 전념하면서 임시정부를 지원한 것으로 추정된다. 제2차 세계대전 기간에도 여성 네트워크가 건재했다는 것은 해방직후 양한나가 대한애국부인회에서 부위원장으로 활동을 시작했다는 점에서 유추할 수 있다. 양한나 자신은 직접적으로 친일을 표방하지 않았지만 그와 활동한 조직 구성원의 성격을 분석할 때 전쟁 시기에 어떤 행보를 보였는지 사료로 보완해야 하는 과제를 가진다. 또한 임시정부의 인맥이었던 장택상의 추천으로 경찰청장이라는 관직에 오른 것은 1920년대 정치적 활동에 기인한다고 생각된다. 해방 직후의 혼란스러운 세태 속에서 친일 인물의 활동과 그들의 채용에 관련해서 추후에 본격적으로 다룰 필요가 있다.

둘째, 사회진보와 개선을 위한 어린이의 자립 지원 정신이다. 선진 제국에 대한 식민국의 관계와 마찬가지로, 당대 아동은 성인에 대해 미성숙하고 의존적인 존재로 간주되었다. 양한나가 유치원 교육에 주력한 1920-1930년대는 아동중심의 유치원 정신이 거절당하기 십상인 한국문화에서 어린이가 성인의 구경거리나 재미를 보이는 미성숙한 존재 이상임을 일상 속에서 타협하고 일깨워야 했다. 그리고 유치원은 식민치하의 부족한 교육시설을 대체하기 위해 각 지역 민간세력이 조력한 산물이었다. 양한나는 호주 선교사의 인맥과 지역 교회 공동체의 울타리 속에 생활개조와 아동인식 개선을 위해 힘썼다.

셋째, 힘과 효용성의 논리에 배제된 이들에 대한 돌봄의 정신이다. 양한나의 생애 후반부에 큰 전환점이 된 것은 수도여자경찰청장이 되어 공창제 폐지에 관여한 시기였다. 가부장적 사회 구조 속에서 남성에 종속된 여성, 특히 생계에 독립하지 못하거나 생계를 윤락가에서 유지해야 했던 도시 여성에 대한 염려가 그의 생애를 관통했다. 경찰청장 파면 후 그는 도시에 버려진 아이를 위한 고아원을 설립하였는데 6·25동란에는 자립적 생활이 어려운 아이와 여성을 수용하는 기관을 마련했다. 양한나의 행적은 여성간의 자조, 협력을 추구한 선교계 학교의 설립 이념에 토대한다. 당대 여느 신여성과 마찬가지로 양한나는 호주 선교사 설립의 미션스쿨을 통해 자신이 속한 사회구조와 현상을 비판적으로 보고 행동하도록 하는 사명을 얻었으며 여성 소외 문제에서는 그들의 존엄을 지키고 돕는 역할을 취했다.

본 글에서는 양한나의 선택과 변화의 행적을 따라가 해석하는 방법을 통해 종

래에 교육사상이 불모하다고 여겨지는 일제강점기의 교육 사상을 다차원적이고
복합적으로 볼 수 있었다. 양한나의 생애는 제국과 식민지라는 20세기 약육강식
의 세계질서를 몸소 경험하면서 약소, 미성숙, 무능력으로 대표되는 이들의 독립,
자립, 돌봄을 선택한 과정이었다. 양한나는 식민지의 교육받은 신여성으로서 근대
사회가 규정한 '약소', '미성숙', '무능력'에 대한 인식을 변화시켜 갔다. 즉, 그녀는
약육강식의 세계에서 식민지 지식인으로서 초기에는 사회의 진화와 개조를 위해
제국과의 비대칭적 관계에 저항했고, 중반에는 교육을 통해 사회 개혁을 이루고자
했으며, 말년에는 능력 없는 자, 버려진 자와 공존하고 돕는 관계를 선택함으로써
그의 일생에서 지속되었던 실천 속에서 저항과 독립, 자립, 돌봄의 사상을 재정립
한 것이다.

참고문헌

고혜령(2011). 최초의 여학사 하란사의 생애와 활동.『유관순 연구』16, 75-105.

김경석(2019). 부산진교회의 항일운동.『부경교회사연구』80, 57-67.

김성은(2010). 박인덕의 사회의식과 사회활동.『역사와 경계』76, 185-232.

김성은(2010). 일제시기 고황경의 여성의식과 가정,사회,국가관.『한국사상사학』36, 427-
    473.

김성은(2011). 1930년대 황애덕의 농촌사업과 여성운동.『한국기독교와 역사』35, 141-
    180.

김성은(2011). 1930년대 황애덕의 농촌사업과 여성운동.『한국기독교와 역사』35, 141-
    180.

김성은(2012). 1930년대 임영신의 여성교육관과 중앙보육학교.『한국민족운동사연구』71,
    209-254.

김성은(2017). 1920-30년대 김활란의 민족문화 인식.『여성과 역사』26, 81-110.

김성은(2018). 상해 임정시기 여성 독립운동의 조직화와 특징.『여성과 역사』29, 287-
    338.

김애라(2000). 역사 속의 부산여성-양한나.『부산여성신문』37, (2000.11.16.)

김형목(2010). 조선보육협회 활동과 유아교육론 심화.『동국사학』49, 321-355

남궁억(1908). 사상과 능력의 상수.『대한협회회보』2.

동아일보 1921.6.17. 4면 "부산여자청년회창립총회개최"

동아일보 1921.8.19. 4면 "부산여자청년회에서 여자야학개학"

동아일보 1921.11.3. 4면 "부산여자청년회장 양한나 양, 소주경해여자사범학교 유학등정"

동아일보 1921.12.3. 4면 "부산여자청년회토론회 개최"

동아일보 1922.6.15. 3면 "조선여자청년회의 강연회: 자각한 여자의 사명, 조선여자의 각성"

동아일보 1926.8.18. 3면 "양한나 씨, 외국유학, 오스트레일리아에"

동아일보 1947.5.9. 2면 "옷 벡기고 고문한 여경찰서장 양한나 씨 인권모용으로 파면"

동아일보 1976.5.29. 7면 "병상서 받은 국민 훈장: 고아를 위해 몸 바친 양한나 할머니"

박성진(1997). 1920년대 전반기 사회진화론의 변형과 민족개조론.『한국민족운동사연구』
    17, 5-64.

부산시사편찬위원회(1989).『부산시사 1』

부산여자기독교청년회(1996).『부산YMCA년사』

부산직할시 교육위원회(1987).『부산교육사』

부산진교회(1991).『부산진교회 100년사』

손인수(1990).『한국교육사상가평전(2)』. 서울: 문음사.

에이미 스키너(2019).『호주선교사 에이미 스키너와 통영』. 동연.

우정길(2019). 일제강점기 한국 교육사상가에 대한 연구 현황 고찰.『교육철학연구』

41(2), 81-103.

유준기(2009). 김마리아의 생애와 독립운동. 『한국보훈논총』 8-1, 137-196.

이방원(2015). 황온순의 사회복지활동에 영향을 끼친 사상적 토대. 『원불교사상과 종교문화』 72, 227-259.

이상규(2012). 『부산경남지방 기독교회의 선구자들』. 고신대학교 출판부.

이송희(2002). 양한나의 삶과 활동에 관한 일고찰. 『여성연구논집』 13, 5-37.

국제신문 1994.3.5. "기득권 마다한 광인 고아 어머니-양한나". http://www.kookje.co.kr/news2011/asp/newsbody.asp?code=0300&key=19940305.01023086133 (2020.2.27. 접속)

이인화(2014). 1910년대 이후 한말 사회진화론의 변용과 극복 양상-안중근, 박은식, 안창호, 신채호의 사상을 중심으로. 『동서철학연구』 74, 231-262.

자유신문 1947.10.11. 2면 여자기독교청년회 대회에 조선대표 9명.

조세현(2005). 동아시아 3국에서 크로포트킨 사상의 수용. 『중국사연구』 39, 231-273.

중앙일보 1973.3.28. 5면 "자매여숙 원장 양한나 무의탁 정신질환자와 20년"

천화숙(1996). 조선YMCA연합회의 창립과 초기 조직. 『아시아문화연구』 151-186.

초량교회100년사 편찬위원회(1994). 『초량교회 100년사』

최은희(1991). 『한국여성운동사(하)』(최은희전집3). 조선일보사.

추영수(1970). "구원의 횃불". 『중앙여자중고등학교 31 선도자 찬하회』

충무교회100년사 편찬위원회(2008). 『충무교회100년사』

허수(2009). 제1차 세계대전 종전 후 개조론의 확산과 한국지식인. 『한국근현대사 연구』 50, 37-54.

Kerr, E.A. & Anderson, G. (1970). *The Australian Presbyterian Mission in Korea 1889-1941*. Sydney:Australian Presbyterian Board of missions.: 양명득 편역(2017). 『호주장로교 한국선교역사 1889-1941』. 동연.

The Chronicle of the Presbyterian Women's Missionary Union of Victoria. 1927.

The Korea Mission Field 1923, 1939.

일제강점기, 저항과 계몽의 교육사상가들

근우회
여성운동가들의
교육계몽론

김정인

Ⅰ. 머리말

3·1운동은 여성사에 있어 역사적 분기점이었다. 1898년 최초의 여성단체인 찬양회 결성과 함께 본격화된 여권운동은 1919년 대한민국임시정부가 남녀평등권과 여성 참정권을 천명한 「대한민국 임시헌장」을 선포함으로써 상징적이나마 '제도적' 결실을 맺었다. 3·1운동 이후 학교교육을 받은 신여성이 이끄는 여성운동은 사회운동의 하나로 자리 잡아 갔다. 1920년대 초에는 기독교계 여성운동가와 여성단체가 주도하는 여성계몽운동이 사회적 주목을 받았다. 또한, 신여성의 등장이라는 문화현상 속에 여성해방론이 등장했고 1920년대 중반에 이르러서는 사회주의 여성운동도 본격화되었다. 그리고 마침내 1927년 전국적 여성단체인 근우회가 탄생했다.

한편, 1920년대 여성운동이 제일 먼저 제기한 의제는 여성 계몽이었다. 계몽의 수단으로는 학교, 야학, 강연 등을 통한 교육이 강조되었다. 3·1운동 직후 선도적으로 여성계몽운동을 이끌었던 여성단체는 조선여자교육회였다. 배화학당 교사이자 사감이던 차미리사는 1919년 서울의 종교교회에 부인야학강습소를 설립하고 이듬해에 조선여자교육회를 창립했다. 그녀는 무엇보다 여성계몽을 위한 교육이 시급하다고 보았다. 그녀는 '남성의 압박 아래에서 노예 생활을 하고 있는 1천만 여성에게 배움의 기회를 베풀어 인간으로서의 권리를 되찾아 주자'고 호소했다(한상권, 2008: 15). 조선여자교육회는 1921년 5월 사회 유지들의 후원을 받아 회관을 마련했다. 하지만 운영비가 부족하자 차미리사는 순회강연단을 조직해 전국을 돌며 강연회를 열어 기금을 모았다. 연사 3명, 음악단 3명 등 6명으로 구성된 순회강연단은 7월 9일 서울을 떠나 9월 29일 돌아올 때까지 84일 동안 67개의 마을을 순회하며 강연했다. 조선여자교육회의 순회강연은 큰 주목을 받았다.

"이번 순회 강연회의 사업에 이르러서는 다만 감탄할 뿐이다. 84일의 장 기간에 전 조선 남쪽 끝, 북쪽 끝, 동쪽 끝, 서쪽 끝을 다니면서 60여 개소를 순회하였으며 그간 경비는 3,000여 원인데 지방 인사의 동정과 원조로 충당 하고도 2,000여 원의 의연금이 남았다고 한다. 이 또한 반도사의 신기록이다. 남자사회에도 일찍이 단체행동으로 80여 일 60여 처를 순회 강연한 예가 없 는데 하물며 바깥출입을 못한 여자사회에 있어서랴. … 과거에 있어서는 여 자가 교육을 받을 기회가 남자만 못하여 이로 인하여 능력상의 차이가 변하 여 정치상의 불평등을 이루었으나 현대에 이르러서는 정치상의 불평등도 차 차 변하였으며 교육상의 불평등이 대부분 제거되었으니 이것이 곧 장차 사회 의 만민평등을 실현할 기초이다."(『동아일보』 1921.10.10, 1면)

1920년대 초는 이 논설이 주장했듯이 여성계몽을 위한 교육이 남녀평등의 전 제조건이라는 인식이 통념이 되어가던 시절이었다. 당시 여성계몽을 위한 교육은 여성을 억압하는 전통적·봉건적 가치관과 정치적·법적 불평등으로부터 벗어나기 위한 최우선의 수단으로 인식되었다. 그러므로 여성교육의 목표로는 남성에 종속 된 노예적 삶과 윤리에서 벗어나 자유와 권리를 갖는 하나의 인격체가 되는 것, 남성과 동등한 권리와 지위를 얻어 자아를 실현하는 것, 여성을 억압하고 있는 사 회구조를 벗어나 주체적 인간으로 서는 것 등이 제시되었다(이송희, 2005: 207-208). 무엇보다 여성교육은 양성평등의 전제조건이었다. '여성교육의 결핍은 남성에 비 해 지식상의 열등으로 능력상의 열등으로 정치상의 열등으로 확대되어 결국 남녀 불평등을 구조화하므로 남녀불평등의 기본적인 원인은 바로 여성교육의 결핍에 있기' 때문이었다(『동아일보』 1921.10.10, 1면). 그런데 당시 여기서 말하는 여성은 사회인이라기보다는 주로 현모양처의 가정부인에 가까웠다. 즉, 여성교육을 통해 양성한 현모양처가 가정의 주인 역할을 충실히 함으로써 남성과 동등한 권리를 누릴 수 있다는 여성교육론이 부상했다(장인모, 2008: 373). 이와 같은 1920년대 초의 여성교육계몽론은 1920년대 중반에 들어와 여성운동이 기독교계와 사회주의 계로 분화하며 성장하는 과정에서 변화를 보였다. 1927년에 탄생한 근우회의 여성운동가들의 여성교육계몽론은 기독교계와 사회주의계가 다른 듯하면서도 공통되는 양상을 보였다.

본고에서는 근우회가 기독교계와 사회주의계 여성운동가들의 연대조직이라는 점에 주목해 먼저 양자 간의 연대 과정을 살피고, 두 계열의 여성운동가들이 근우회 활동 전후한 시기에 주장했던 교육계몽론을 규명하고자 한다.[1] 계급노선에 입각한 사회주의계와 실력양성의 입장에 선 기독교계 여성운동가 간의 여성교육계몽론에는 어떤 차이점과 공통점이 존재했을까? 이에 대한 해답을 양자의 교육계몽론에 대한 분석을 통해 제시해 보고자 한다.

Ⅱ. 기독교계와 사회주의계의 연대와 분열

1920년대 중반에 들어와 여성 해방은 더 이상 낯선 단어가 아니었다.

"최근에 이르러 우리 조선 사회에서도 여자 해방 문제가 혹은 당연으로 혹은 신문잡지의 기사로 많이 논의되며 혹은 청년남녀의 모여진 좌석에서도 격렬한 논쟁의 재료가 되는 등 문제가 자못 일반화하여 가는 것은 우리들이 다 같이 기뻐할 만한 사실이다. 더욱더 많이 논의되어 여자해방 문제를 누구나 다 충분히 이해하게 되고 더 한층 일반화하게 널리 선전되기를 바라는 바이다."(『신여성』 1925년 4월호)

여성해방을 이끈 여성운동의 주역은 신여성이었다. 1923년 천도교에서 여성잡지 ≪신여성≫을 창간했다. 이 무렵 신여성은 중등학교 정도를 졸업한 여성을 가리켰다. 신여성들은 가정과 직업을 양립하거나 또는 남녀 간의 자유연애결혼으로

---

1) 기존의 근우회 연구에서는 근우회를 민족협동전선인 신간회의 자매단체로 파악하면서 민족주의계와 사회주의계의 연합으로 이해해 왔다. 하지만 최근 연구에서는 근우회를 단순히 신간회 창립에 따라 만들어진 것이 아니라 조선여성운동의 역사적 경험과 이론적 정립을 기반으로 탄생한 것으로 파악하고 있다(장원아, 2019 : 426). 또한 신간회에 민족주의계가 참여했다고 해서 근우회에서도 비사회주의계열을 모두 민족주의계로 불렀던 관행은 '분석 없는 추종'에 불과하다. 소위 근우회에서 '민족주의계'라고 분류된 여성운동가 대부분은 기독교계로 조직화되었고 세력화되어있었다. 그러므로 근우회는 조직에 기반한 세력을 갖고 있던 기독교계와 사회주의계의 연대조직으로 보는 것이 타당하다.

부부중심의 이상적 신가정을 꾸리는 것을 이상으로 여겼다. 사회주의 여성운동이 등장하면서부터는 종래의 신여성은 봉건적인 여성 삶의 부분적인 변화에 만족하면서 현실에 안주하려는 소부르주아적인 속성을 가진 것으로 비판받았다(김정인, 2017: 101-103). 정칠성은 기생 출신으로 도쿄에 유학해 이현경, 황신덕과 함께 1925년에 사회주의 여성단체인 삼월회를 조직했다. 그녀는 '신여성이란 구제도의 불합리한 환경을 부인하는 강렬한 계급의식을 가진 무산여성으로서 새로운 환경을 창조하려는 정열을 가진 새 여성'이라고 선언했다(박용옥, 2008: 196). 이는 신여성에 대한 사회주의식 해석이라 할 수 있다(김경일, 2016: 134-135).

이처럼 1920년대 중반에 이르러 여성운동 역시 기독교를 배경으로 미국 혹은 일본에서 유학하고 돌아온 신여성과 사회주의를 배경으로 활동하는 신여성이 이끌었다. 기독교계 여성운동을 대표하는 단체는 1923년 8월에 창립한 조선여자기독교청년회연합회(이하, YWCA)였다. 1920년대 초반 여성운동을 선도한 것은 기독교계였다. 1921년 『동아일보』에 소개된 여성교육단체 30개 중 90%가 기독교와 직·간접적인 관련이 있었다. 이러한 기독교계 여성운동의 성장에 힘입어 1923년에 YWCA가 결성될 수 있었던 것이다(박용옥, 1996: 304-305).

YWCA의 창립 주역은 김필례, 유각경, 김활란 등 3인이었다. 이들 3인은 1922년 3월 27일 경성여자교육협회에서 YWCA 창설에 뜻을 같이 하는 남녀 30여 명을 모아 제1차 발기회를 개최했다. 이 자리에서는 회장에 유각경, 위원으로 차미리사, 김필례, 방신영, 김샬로매, 김경숙 등이 선출되었다. 여러 번의 발기모임을 거쳐 1922년 6월에는 YWCA기성회가 발족했다. 회장에 방신영, 부회장에 홍에스터, 총무에 김필례, 서기에 김함라, 신의경, 재정위원에 유각경 외 3명이 선출되었다. 기성회는 규칙을 마련하고 전국을 순회하며 먼저 지부를 결성했다. 그리고 1923년 8월 23일 전국에서 올라온 지회와 학생 대표들이 모인 가운데 YWCA가 창립되었다. 창립임원으로는 회장에 유각경, 부회장에 김함라, 서기에 신의경 등이 선출되었다. 이들은 모두 기독교 학교를 나온 신여성들이었는데 정신여학교와 이화학당 출신이 다수였다. 대부분 국내에서 중등학교 과정을 이수하고 대학과정은 미국, 일본, 중국 등지에서 유학했다(천화숙, 1996: 181-183). YWCA는 창립한 지 3-4년 만에 30여 개의 지부를 거느린 전국적 여성단체로 성장했다. 전국에 산재한 여자기독교청년회와 기독교계 여학교들이 지부 설립의 주역들이었다

(천화숙, 1997: 123-124). 한편 1923년 6월에는 손메례를 중심으로 절제생활운동을 하는 조선여자기독절제회가 설립되어 3년 만에 3천여 회원과 60여 개의 지회를 가진 여성단체로 성장했다.

이듬해인 1924년 4월에는 박원희, 정칠성, 정종명, 주세죽, 허정숙 등의 주도로 최초의 사회주의 여성단체인 조선여성동우회가 탄생했다. 조선여성동우회는 다음과 같은 강령을 통해 사회주의 노선을 추구하고 있음을 분명히 했다.

- 본회는 사회진화법칙에 의하여 신사회의 건설과 여성해방운동에 나설 일꾼의 양성과 훈련을 꾀한다.
- 본회는 조선여성해방운동에 참가할 여성의 단결을 꾀한다. (허정숙, 1929: 3-4)

1925년에 들어와서는 벽초부터 사회주의 여성운동단체가 출현했다. 1월에는 조선여성동우회에 참여한 바 있는 허정숙·주세죽·김조이 등 화요파·북풍회계의 사회주의 여성운동가들이 경성여자청년동맹을 결성했다. 조선여성동우회의 창립자 중 한 사람으로 서울파에 속하는 박원희는 2월에 30여 명의 사회주의 여성운동가들과 함께 경성여자청년회를 창립했다.

그런데 이듬해인 1926년 도쿄에서 조직된 사회주의 여성단체인 삼월회의 간부 황신덕, 이현경, 정칠성 등이 귀국해 사회주의 여성운동단체의 통합에 나섰다. 그 결과 그해 12월에 경성여자청년회와 경성여자청년동맹이 통합해 중앙여자청년동맹을 결성했다. 중앙여자청년동맹은 강령으로는 '첫째, 무산계급의 승리 및 여성해방을 위하여 청년여자의 단결과 분투를 기한다. 둘째, 청년여자의 대중적 교양과 조직적 훈련을 기한다.' 등을 채택했다(『동아일보』 1926.12.8, 2면). 조선여성동우회의 강령과 비교하자면 무산계급의 권리와 여성 해방을 강조하여 사회주의적 색채를 더한 동시에 청년세대 여성의 대중적 교양과 조직적 훈련, 즉 계몽을 강조하고 있음을 알 수 있다.

한편, 1926년 초 황애시덕, 김활란, 손메례, 방신영 등 YWCA계와 황신덕, 정종명 등 사회주의계의 여성운동가들이 어울려 친선 도모를 위한 망월구락부를 조직했다. 이듬해인 1927년 1월 민족협동전선체인 신간회 결성 준비가 한창일 무렵, 망월구락부도 친목단체를 넘어 직업여성단체로의 개편을 단행하기로 하고 황신덕, 최은희, 김활란, 홍에스터, 곽성실을 실행위원으로 선출했다(『조선일보』 1927.
1.20, 3면). 그리고 2월에는 황신덕, 이현경, 길멱석, 유영준 등이 주도해 기독교계
와 사회주의계를 망라해 일본에 유학했던 여성운동가들이 모여 동경여자유학생친
목회를 조직했다(『동아일보』 1927.2.15, 3면). 그해 4월에는 동경여자유학생친목회
주최로 여자외국유학생 간담회가 열렸다(『동아일보』 1927.4.18, 2면). 여기에 참석
한 60여 명의 여성은 '조선여자의 공고한 단결과 조선여자의 지위 향상을 도모할
회'를 조직하자는 데 의견을 모았다. 준비위원으로는 유영준, 현덕신, 김순영, 이
덕요, 차사백, 손정규, 황신덕, 박경식, 박원희, 김활란, 이현경, 유각경, 최은희 등
13명이 선출되었다(『조선일보』 1927.4.27, 3면). 망월구락부의 조직 개편과 함께 동
경여자유학생친목회의 활약이 근우회 탄생의 산파 역할을 한 셈이라 할 수 있다
(중앙여자고등학교, 1971: 444).

[그림1] 근우회 발기총회
(『동아일보』 1927.4.28.)

전국적 여성단체를 조직하기 위
해 준비위원들은 먼저 40명의 발기
인단을 구성하고 4월 26일 발기총
회를 가졌다(『동아일보』 1927.4.27, 3
면). 발기총회에서는 단체 이름을 근
우회로 정하고 15명의 창립준비위
원회를 구성했다. 마침내 5월 27일
서울 종로에 자리한 YMCA 강당에
서 근우회 창립대회가 성황리에 열
렸다.

먼저 김활란을 의장으로 하는 임시집행부를 선출해 회의를 진행했다. 임시집
행부의 주도로 김활란, 황신덕, 이현경이 작성한 강령을 가결하고 중앙집행위원
21명을 선출했다.

강령
一. 조선여자의 견고한 단결을 도모함.
一. 조선여자의 지위 향상을 도모함.

집행위원

김활란, 유영준, <u>차사백</u>, *이현경, 이덕요*, <u>유각경</u>, *박신우*, <u>현덕신</u>, *박원희*, 최은희, *조원숙* 정칠성 *방신영*, 박경식, *정종명*, <u>김선</u>, *김영순*, 우봉운, 홍애시덕, 김동준, *황신덕*[2] (『조선일보』 1927.5.29, 3면).

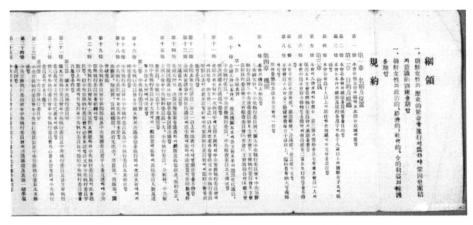

[그림2] 근우회 강령 (출처: 한국학중앙연구원)

21명 가운데 8명이 기독교계, 9명이 사회주의계였다. 근우회는 선언문에서 '우리가 우리 자신의 해방을 위하여 분투하는 것은 조선사회 전체를 위하여 나아가서는 세계 인류 전체를 위하여 분투하게 되는 행동이 되지 아니하면 안 된다.'라고 하여 여성해방이 갖는 보편적 가치를 강조했다. 그런데 근우회의 두 번째 강령인 '조선여자의 지위향상을 도모함'에 대한 해석은 기독교계와 사회주의계가 각기 달랐다. 기독교계에서는 여성 지위향상이 문맹퇴치와 경제적 독립에 있는 것으로 보았다. 반면 사회주의계에서는 여성 지위향상은 체제변혁을 통해 이루어진다고 보았다(윤정란, 1998: 185).

근우회는 1927년 10월 20일에 토론회를 개최했다. "조선여자 해방의 첩경은 경제 독립이냐, 지식 향상이냐?"라는 주제로 진행되었다. 이 토론회에서는 경제적 독립이 지식 향상보다 선결된다는

[그림3] 근우회 간담회 광경
(출처: 『동아일보』 1927.7.4.)

---

2) 밑줄 친 인물은 기독교계, 이탤릭체는 사회주의계이다.

논조가 우세를 보였다(『동아일보』 1927.10.23, 3면). 경제 독립파인 박경식은 "구속에 울고 압박에 우는 우리는 먼저 경제적 해결을 얻어야 만족한 생활을 얻을 수 있다."고 주장했다. "또한 모든 범죄와 모든 행복이 모두 경제 까닭이요, 여자 해방뿐만 아니라 독립 내지 민족적 행복도 경제상 독립을 해야 한다."고 주장했다. 박호진은 성차별이 "여성에게도 있던 경제적 권리가 남성에게로 넘어간 이후부터" 생겨났다고 주장했다. 반면 김선, 조현경 등 지식 향상파는 '인습과 전통에 매어 있는 여성은 썩은 독만 찾을 것이 아니라 지식을 향상시켜 하루바삐 해방의 길을 찾아야 한다.'고 주장했다. "여자가 모든 점으로 보아 남자보다 비열한 것은 지식이 없는 소이다. 그러므로 여자 해방의 급선무는 지식 향상에 있다."는 것이다(『조선지광』 1927.11, 70-71).

기독교계와 사회주의계가 연대해 창립한 근우회는 1주년을 맞을 무렵 기독교계 여성 운동가들이 농촌계몽운동에 뛰어들고자 탈퇴하면서 방향 전환기를 맞았다. 1928년 YWCA, YMCA, 장로교, 감리교, 조선예수교연합공의회 등이 연합해 농촌사업협동위원회를 설치했다. YWCA에서도 황애시덕과 홍은경을 위원으로 하는 농촌부를 설치하고 총무인 김활란은 농촌사업협동위원회에 참여했다. 이와 같은 기독교계 사회운동의 방향전환은 그해 열린 국제선교연맹 예루살렘대회의 결정에 따른 것이었다. 이 예루살렘대회에는 신흥우, 정인과, 양주삼 등과 함께 김활란이 대표로 참석했다. 김활란에 따르면 예루살렘대회에서는 세계 인구의 3분의 2가 농민인 이상 그 다수를 본위로 삼는 농촌 교육이 필요한 것을 느끼고 모든 교회는 문제해결을 위해 노력하라는 제의가 있었다(김활란, 『청년』 1928년 11월호, 5)고 한다. 또한 김활란과 양주삼은 예루살렘 대회를 참석하고 돌아오는 길에 당시 농촌사업에서 성공을 거두고 있던 덴마크를 시찰했다. 김활란은 덴마크를 시찰하고 남녀평등한 문화에 주목한 소감을 남겼다.

"정말국 여성의 운동인 사업은 남성과 분리하여서 독특히 하는 것을 보지 못하였다. 아마 여성운동할 필요도 없을 것이다. 어렸을 때부터 교육, 권리, 직업, 사업을 남녀 구별하지 않고 소질과 수양에 따라 같이 시키기 때문에 여자문제가 따로 있는 것이 아니다. 남녀가 협동적으로 모든 것을 한다. 그리스도교 청년회도 전국적 관리기관은 남녀 합동한 하나이다. 그래서 남존여비 폐풍으로부터 생기는 불건전한 심리상태는 여자에게 뿐 아니라 남자에게서도 별로 볼 수 없다."(『기독신보』 1928.12.31).

김활란을 비롯한 기독교계 간부들은 농촌계몽운동에 본격적으로 나서기 시작하면서 1928년 7월 임시전국대회 이후 근우회를 이탈하기 시작했다. 김활란, 김영순, 홍애시덕, 최활란 등이 탈퇴하면서 중앙집행위원이 대부분 사회주의계로 채워졌다. 정종명은 기독교계가 통일전선에 대한 정열이 몹시 부족하다며 "교인이면 교인, 사회주의자면 사회주의자 등 각 개인의 특수성은 각 개인의 문제로 부치고 같이 할 일에 대하여서는 모두가 최대의 노력을 바칠" 것을 호소했다(『동아일보』 1928.1.1, 24면).

기독교계 여성운동가들이 차츰 떠나면서 사회주의계 여성운동가들이 주도하게 된 근우회는 1929년 7월에 새로운 행동강령을 발표했다.

  1. 교육의 성적 차별 철폐 및 여자의 보통 교육 확장
  2. 여성에 대한 사회적·법률적·정치적인 모든 차별의 철폐
  3. 모든 봉건적 인습과 미신 타파
  4. 조혼 폐지 및 결혼의 자유
  5. 인신매매 및 공창 폐지
  6. 농민부인의 경제적 이익 옹호
  7. 부인 노동자의 임금 차별 철폐 및 산전 4주간, 산후 6주간의 휴양과
     그 임금 지불
  8. 부인 및 소년 노동자의 위험노동 및 야간작업 폐지
  9. 언론·출판·결사의 자유
  10. 노동자·농민 의료기관 및 탁아소 제정·확립 (『조선일보』 1929.
7.25, 2면)

모든 조항이 여성 인권을 위해 요구할 수 있는 보편적이고 현실적으로 절박하고 호소력 강한 주장들을 담고 있음을 알 수 있다. 무엇보다 '교육의 성적 차별 철폐 및 여자의 보통교육 확장'이 새롭게 들어가면서 첫 번째 항목에 오른 것이 큰 변화였다. 그만큼 당시 사회주의계가 주도하던 근우회가 여성교육을 통한 계몽을 중시하는 입장을 취했음을 알 수 있다. 이에 따라 근우회 지회는 야학을 설치하고 부인강좌를 개설했다. 하지만 야학을 운영하는 근우회 지회는 60여 개 지회

중 8개에 불과했다. 여성교육을 통한 계몽보다는 여성 해방의 계급 투쟁 의식을 고양하는 게 중요하다고 보는 사회주의계의 영향력이 강한 지회가 많았기 때문이었다. 하지만, 1930년 12월에 열린 확대집행위원회에서는 계급해방노선이 비판을 받았고 농촌 여성의 계몽운동, 즉 문맹퇴치운동에 주력하기로 결의했다. 대다수 여성이 문맹이므로 문맹퇴치를 위한 운동이 가장 절실한 여성문제라는 입장을 수용한 것이다(박용옥, 1996: 231-232). 이러한 변화에 대해 최정희는 다음과 같이 정리했다.

> "사회주의 여성의 일부는 근우회를 가지고 정치적 투쟁보다는 조선여성 대중의 계몽운동에 주안점을 두자는 것을 주장하고 조선 여성 대중은 일반적으로 보면 아직껏 문화의 수준이 낮고 따라서 모든 것에 자각이 없음으로 급격한 정치적 투쟁을 개시하는 것보다 먼저 계몽운동에 일층 힘들이고 정치운동은 계단적 점진적으로 하지 않으면 안 된다고 그들은 주장하여 왔다. 또 그들은 정치적 투쟁은 먼저 현하 조선에 있어서 객관적 정세가 용서하지 않는다고 말하였다." (『삼천리』 1931년 11월호, 253)

하지만 이러한 방향전환에 반발하면서 이듬해인 1931년 3월 근우회 신의주지회가 근우회 해소론을 제기했다. 근우회가 '소부르주아적이고 투쟁성을 상실한 개량주의 단체이므로 즉각 해소하고 그 역량을 노농운동 강화에 돌려야 한다.'는 것이다. 민족협동전선체인 신간회도 사회주의계의 주도로 해소의 길을 걷는 가운데 결국 근우회 본부는 해소 논의를 위한 전국대회를 열지도 못한 채 소멸의 길을 걸었다(한국여성연구소 여성사연구실, 1999: 341-342).

Ⅲ. 기독교계 여성운동가들의 교육계몽론

1920년에 조선여자교육회를 만든 차미리사는 기독교계 여성운동가의 한 사람으로서 근우회에 발기인으로 참여했다. 그녀는 1920년대 초반부터 여성교육의 시급함을 주장하는 사회적 발언에 적극적으로 나섰다.

> "조선여자의 교육! 이것이야말로 우리 사회에서 제일 큰 문제올시다. 지

금 우리 사회에는 여러 가지 할 일이 많고 해결해야 할 문제가 허다하지만 교육문제처럼 큰 문제는 없을 줄로 생각합니다. 그리고 교육 문제에서도 가장 급한 것은 여자교육으로 생각합니다."(『동아일보』 1921.2.21, 3면)

YWCA 창설의 주역인 유각경은 여성교육을 현모양처주의에 입각해 이해하며 그것의 목적을 문명 향상에 두었다.

"지금 조선 여자의 급선무로 말하면 가정 제도니 개혁이니 의복 제도의 개혁이니 하지만 여자의 교육이 제일 급선무이다. 왜냐하면 사회의 장래는 유아에 있고 유아의 교육은 가정에 있고 가정의 교육은, 즉 여자교육에 있기 때문이다. 옛날이나 지금이나 훌륭한 이들도 다 그 현숙한 모친의 교훈으로 말미암아 나온 것이다. 또 지금 조선 사람으로 보면 마치 반신불수의 병신모양으로 남자 사회만 활동이 있고 여자 사회는 의연히 구습관으로 조금도 활동하지 못하여 신경 감각이 아주 없는 중병에 들었다. 이러한 즉 속히 여자교육을 보급하여 남녀 활동이 병행되면 이 사회의 문명 향상은 참으로 빨리 될 것이다."(『매일신보』 1920.6.13)

근우회에서 활약한 대표적인 기독교계 여성운동가인 김활란도 '교육에서 남성은 전문학교나 대학교까지 가서 고등수준의 지식을 받았지만 여성은 보통학교를 겨우 졸업하거나 고등보통학교를 진학하더라도 도중에 시집을 가게 되어 학업을 끝까지 유지할 수 없어 남성에 비해 천한 지위로 전락'(『동아일보』 1926.10.16, 3면)한다는 점을 문제삼으며 여성교육의 중요성을 설파했다.

1920년대 중반에 들어 기독교계 여성운동가들은 학교를 통한 여성교육을 강조하는 데서 한 걸음 더 나아가 농촌 여성에 대한 계몽에 주목했다. 1922년 12월에 탄생한 경성YWCA는 여성 노동자를 대상으로 하는 야학을 운영했으나, 1920년대 중반 이후 도시가 아닌 농촌의 여성으로 관심을 돌렸다. 김활란은 YWCA가 지역마다 부인야학, 하기강습 등을 실시하고 교육기관을 두어 학교교육을 받지 못하는 여성들의 정신을 계발해야 한다고 주장했다(『청년』 1926년 3월호, 30-31). 이를 위한 농촌 여성 계몽의 시작점은 문맹퇴치였다. 그와 같은 문맹퇴치운동을 선도하는 주체로 기독교계 여성운동가들은 학교교육을 받은 신여성을 내세웠다. 신여성에게는 자신들이 받은 혜택을 그렇지 못한 농촌 여성들에게 전해야 할 책임이 있다는 것이다. 선민-엘리트 여성에 의한 농촌 여성 계몽이라는 관점을 갖고 있었음을 알 수 있다.

한편, 기독교계 여성운동가들은 남녀평등과 여성해방이 실현된 문명사회를 이룩하기 위해서는 여성의 경제적 독립과 이를 위한 직업교육이 절실하다고 주장했다. 여기서 여성의 경제적 독립은 사적 소유에 바탕을 둔 개개인의 경제적 자립을 의미했다. 김메례는 '여자는 선천적으로 유약하기 때문에 독립적으로 어떤 사업을 경영치 못하고 성공하지 못한다.'는 남성들의 편견을 비판하면서 직업을 통한 여성들의 경제적 독립을 강조했다(김메례, 「부인운동에 대한 사적 고찰」, 21). 그리고 강인한 남성만이 필요하다고 생각되는 전쟁터에서 여성도 간호사, 의사로 활동할 수 있음을 주장하며 나이팅게일을 소개했다. 유각경도 여성 스스로 경제상 해방과 인격상 평등을 말하며 권리를 회복하기 위해 분투·노력해야 비로소 해방을 이룰 수 있으니 우선 여성은 직업을 통해 경제 독립을 이뤄야 함을 호소했다.

"금일은 시대의 변천을 따라 남녀가 동일한 교육을 받으며 보조를 같이하여 사회에 출입하는 자유가 있으니 해방이요 동등한 듯합니다. 그러나 나의 관찰로는 동등과 해방보다 개성의 몰락이 전시대에 비하여 더 심한 듯합니다. … 일반으로는 금전만능주의를 숭배하여 교육이 아니면 여자는 청춘시기에 화장을 숭상하여 남자의 애정을 유인하는 것으로 목표를 삼는 교육에서 헤매며 직업적 교육이 없고 사치적 교육만 받는 여성들 중에는 중등교육을 받은 자로도 적당한 직업을 취하여 자영자활하며 선진된 책임과 후진된 모범이 되기는 고사하고 도리어 허영심에 배불러서 안일한 생활에 인간성의 약탈을 당하고 경제 빈박을 면치 못하므로 그 말로는 혹 황금기에 별당생활을 하거나 혹 그보다 더한 데에 투신하는 자가 없지 아니하여 신문지상의 모독과 조롱을 면치 못한즉 우리가 아무리 입으로 해방을 주장하며 붓끝으로 남녀평등을 창수한들 하등의 효과가 있습니까. … 그 뒤에는 경제상 독립을 도모하기 위하여 반드시 직업적 생활을 면려하여야 하겠습니다. … 그러면 우리는 우리의 입으로 여자해방이라 하는 수치의 어구를 말하지 말고 우리의 손으로 일하여 경제상 해방과 인격상 평등을 말하며 버렸던 권리를 회복하기 위하여 분투노력합시다. 그러는 때에야 우리의 해방은 사실화할 터이올시다. 그전에는 비록 논단에서는 해방을 굉장하게 부르짖었지만은 가정 안방에 들어가는 때는 먹는 것과 입는 것과 지내는 것으로 인하여 남자에게 간구하게 되며 복종하게 되어 해방의 정신도 소멸하고 여성이 남성으로부터 협정하여 건전한 사회를 건설 창조할 여지가 없겠습니다. 고로 교육에서부터 여성의 경제자유를 얻는 것으로써 힘쓰고 또는 여성끼리 서로 도와 경제상 자유를 속히 얻도록 합시다. 그 자유만 얻으면 해방은 저절로 따라올 줄로 믿습니다."(『청년』1926 년 4월호, 5-7)

1928년 근우회를 탈퇴한 김활란, 김영순, 김선, 유각경 등 기독교계 여성운동 가들은 여성들의 문맹퇴치와 교양교육을 강조하면서 농촌계몽운동에 합류했다. 김활란은 '80% 이상이 농민인 조선사회에서 이들을 제외하고는 근본적 문제가 해 결되지 못한다.'며 향후 조선여성운동은 대중, 특히 농민 여성들을 대상으로 교양 운동을 펼쳐야 한다고 주장했다(『청년』1930년 2월호, 19). 특히 여성의 지위 향상 의 기초가 여성교육의 대중화에 있으므로 여성의 문맹퇴치가 여성운동의 급선무 임을 피력했다. 김활란은 "현재의 조선여성은 안으로 다같이 문맹퇴치운동에 전력 을 경주하여 가정의 한 분자로서나 사회의 한 분자로서나 책임감이 있는 상당한 사람 노릇을 하게 되기에 노력할 것"(『조선일보』1929.1.2, 2면)을 다짐하는 동시에 그를 기반으로 자각한 여성이 모인 사회를 만들기 위한 교양사업을 강조했다.

"우리 조선여자운동도 지금 출세하는 소수로는 근본적 해결을 찾을 수 없 어 교양운동이 제일보라고 합니다. 참정, 경제, 여권, 이 모든 운동은 권위 있 는 여자사회를 필요로 하기 때문에 금일 조선 여자계에 개인적, 단체적 모든 역량을 집중하여 소리없는 교양사업에 치중하자고 감히 부르짖습니다."(『청 년』1930년 2월호, 4)

즉, 김활란은 문맹퇴치를 통해 여성의 사회의식을 고취하는 길을 열고자 했다.

"조선여성의 장래를 개척함에는 현재 조선여성의 총역량을 우선 문맹퇴치 운동에 경주시킬 것 … 내가 지금 제창하는 문맹퇴치라는 것은 다만 문자로 한자나 두자의 글자를 가르치는 것뿐 아니라 사회적 의식이 있도록 가르치라 는 것입니다. 그래서 문자상이나 의식상으로나 일천만 조선여성이 다같이 문 맹을 퇴치하여 사회의 한 분자로서나 또는 가정의 한 분자로서나 다 각기 진 실한 책임감이 있게 보람 있는 생활을 하여 보자는 것입니다."(『조선일보』 1929.1.1, 2면)

그런데 김활란은 문맹퇴치운동과 교양운동의 주체로서 신여성을 꼽았다.

> "조선일반여자의 지위를 향상시키려면 교양을 중심한 계몽운동이 그 초보
> 이다. 신여성의 사명은 인구의 다수를 차지하는 농촌여성의 문맹퇴치와 계몽
> 이며 이것이 여권운동의 첫 걸음이다."(김활란, 1929 :12)

먼저 자각한 신여성들이 농촌의 몽매한 부녀들을 위해 힘을 써야 한다는 것이
다(『동아일보』 1928.12.19, 3면). 그래서 김활란은 농촌여성지도자 양성을 위해 여
성지도자교육기관과 모범농장이 필요하다고 주장했다.

> "농촌운동을 하려면 그네들을 직접 가르치고 지도해 줄 만한 분자들이 많
> 이 나와야겠는데 그러한 지도자들을 양성해 낼 만한 기관이 없는 것은 큰 유
> 감입니다. … 이러한 종류의 지도자는 방법에 따라서 단기일에 양성할 수도
> 있을 줄 압니다."(『조선일보』 1928.12.23, 3면)

김활란은 1931년에 미국으로 유학을 떠났는데 콜롬비아대학에서 농촌계몽을
위한 교육을 연구하고 「한국부흥을 위한 농촌교육」이라는 논문으로 박사학위를
취득했다. 김활란의 농촌계몽운동에 대한 관심은 귀국 후 이화여자전문학교 부교
장을 역임하면서도 이어졌다. 1934년 YWCA에 농촌부녀지도자교육과정을 설치했
고 1935년에는 여자교육 5개년 계획을 세우면서 이화여자전문학교에 농촌사업가
를 양성하는 학과를 신설하고자 했으나 실현되지는 못했다.

> "될 수 있으면 우리 이화여자전문학교 안에 농촌사업가를 양성하는 새 과
> 를 두도록 힘써 보렵니다. 농촌사업이 간판에 그치지 않고 실제로 농촌에 들
> 어가 생활을 향상시키고 변화시킬 지식과 기술과 열정을 가지고 나서는 일꾼
> 을 위하는 과목만을 학과에 넣고 싶습니다."(『신가정』 1935년 1월호, 19)

이처럼 근우회 활동과 그 전후시기에 기독교계 여성운동가들은 실력 양성의
시각에서 여성의 경제적 독립을 주장하며 신여성에 의한 농촌 여성계몽운동, 특히
문맹퇴치운동을 추진했다. 이를 통해 다수의 여성이 사회적 주체로서 자리매김하
기를 바랐다. 즉, 기독교계 여성운동가들은 선민적 엘리트로서의 신여성과 계몽

대상으로서의 농촌 여성 모두를 위한 교육의 확장을 주장했다. 여성에게 필요한 교육은 전문적 직업적 교육과 상식적 교육 모두라는 것이었다.

> "전문적 직업적 교육을 힘써 다수의 인재와 기사를 산출하며 한편으로 상식적 교육을 일반여자계에 보급시켜 자존심과 사회의식을 가지고 의식적으로 자기 본분을 다하는 일반여자계를 만들어야겠습니다."(『청년』 1930년 2월호, 4)

IV. 사회주의 여성운동가들의 교육계몽론

1920년대 중반에 사회주의 여성운동론이 활발히 개진되면서 현모양처 양성을 목표로 하는 여성 교육은 비판의 대상이 되었다. 이현경은 여성들이 어렵게 얻는 교육이 현모양처 양성을 목표로 하면서 여성이 인간답게 그리고 사회적 주체로서 살 수 있는 길을 열어주지 않는다고 비판했다.

> "자 보십시오. 오늘날 우리 사회에서 여성의 처지와 지위가 어떠한가를! 여자는 재산을 상속할 권리가 없고 남편이나 아들이 있는 여자는 재산을 소유할 수가 없습니다. 직업을 구하기가 어렵기도 하고 같은 시간의 노동을 하고도 같은 품삯을 받지 못하거니와 특히 한번 아이를 배면 대개는 일자리를 떼이게 됩니다. 교육을 받을 기회도 남자보다 극히 적거니와 설령 기회를 얻는다 하더라도 소위 현모양처주의라 하여 남자에게 매여 살게 하는 교육밖에 시켜주지 않습니다. … 남자가 남편이 되고 아버지가 되기 전에 우선 사람이 되고 사회의 한 분자가 되어야 할 필요가 있다면 여자가 아내가 되고 어머니가 되기 전에 우선 그러하여야 할 것이 아닌가요?"(김경일, 2005: 264)

또한 사회주의 여성운동가들은 여성을 얽매는 전통을 '봉건적 굴레'라고 비판했다. 허정숙은 '부인의 지위가 열등한 이유는 경제적으로 자본주의자인 남성에게 노예가 되었고 성적으로 남편에게 구속을 받고 있는 이중의 쇠사슬에 얽매여 있기 때문'이라고 보았다(『신여성』 1925년 4월호, 50). 또한 '조선의 경제 중심이 아직도 농촌경제에 있어 봉건 잔재가 그대로 남아 있어 여성을 가족제도에서 사회적 관습에서 질곡에 신음한다.'(『근우』 1929년 5월호, 11-12)라고 진단했다. 이현경은

'현재에도 구시대의 도덕의 힘은 의연히 강하게 남아있고 구도덕에 자라난 모든 인습은 아직 강하게 부인을 속박하고 있다.'(『조선일보』 1927.1.8, 3면)고 비판했다. 황신덕은 "봉건적 가족제도, 습관, 도덕, 예절 등의 규범은 의연히 조선 부인대중의 생활을 속박하고 있다. 조선 부인은 정치상, 사회상, 법률상 그 밖의 모든 제도상 일반적으로 인간으로서의 권리, 의무로부터 제외되어 있고 저 선진제국 부인과 같은 부르주아적 자유 평등조차 가질 수 없다."고 보았다(황신덕, 「조선부인운동의 과거, 현재 및 장래」).

이와 같은 주장은 봉건유제가 잔존하는 조선 여성의 특수한 처지에 주목해 부르주아민주주의적 권리 획득을 당면 과제로 설정한 사회주의 이론에 기반한 것이었다. 사회주의 여성운동가들은 봉건적 구속에 대한 투쟁은 계급적 해방운동을 위한 일보 전진이요 계급 운동은 여자의 완전한 해방을 위한 최후 해결의 길이라고 보았다(『동아일보』 1927.4.20, 3면). 허정숙은 '근본적으로 현 사회조직을 개혁하는 운동을 통해서만 완전한 해방이 올 것'이라 주장했다(『신여성』 1925년 4월호, 50).

그런데 계급적 시각에서 여성운동을 바라보던 사회주의 여성운동가들은 기독교계가 근우회를 탈퇴할 무렵부터 여성의 경제적 독립과 그에 기반한 사회적 지위 확보, 그리고 문맹퇴치에 주목한 여성계몽운동을 본격적으로 주장했다(하희정, 2015: 204). 이현경은 일찍이 근우회가 태동하던 시절부터 "사회인으로서의 부인의 사명 중에 가장 중대한 것은 경제 방면에 있는 것이다. 이 경제문제를 해결하지 못하고는 모든 부인을 위하여 하는 노력은 전부가 다 무의미하고 또 사회개선을 위하여서도 모든 노력이 모두 공상에 돌아갈 것이다."(『조선일보』 1927.1.9, 3면)라고 단언했다. 그리고 '사회인으로서의 여성의 사명은 먼저 스스로가 사회를 구성하고 있는 일분자인 것과 따라서 사회의 모든 일에 대하여 간섭할 권리가 있는 일주체인 것을 각성하는 것'이라고 주장했다. 그러므로 '가정에서 여성의 인격 및 자유를 유린하는 모든 인습적 결박을 타파하는 것과 함께 여성교육을 향상시키고 여성의 법률상 정치상의 지위를 향상시키려는 노력이 필요하다.'고 주장했다. 정칠성은 이현경보다는 좀 더 사회주의적인 어법으로 '무산자 해방 없이는 여성 해방이 없다.'고 주장하면서 '무산여성의 경제적 자립을 위한 고투가 그와 같은 길을 촉진한다.'고 단언했다(박순섭, 2017: 266).

"프롤레타리아의 세계에는 사치라는 이름이 없습니다. 좌우간 우리들이 새로운 양성관계를 세우려면 무엇무엇하여도 경제적 독립부터 얻지 않으면 다 헛일이 됩니다. 그러나 어떻게 하면 이 남성 중심의 가족제도를 뛰어넘어서 경제적 독립을 얻을까 하면 이 자본주의 사회에서는 매우 곤란한 일입니다. 그러기에 우리들의 최후의 말은 언제든지 무산자의 해방이 없이는 부인의 해방이 없다는 말 한마디가 있을 뿐입니다." (『삼천리』 1929년 9월호, 8)

허정숙은 '취업을 통한 경제적 독립이 이루어져야만 여성이 남성에게 종속되지 않고 한 인간으로서의 독립이 가능함'을 강조했다.

"여자들도 지금 와서는 예전 시대의 모든 불완전한 제도를 부인하고 엄청나게 구속과 압박과 전제와 학대가 많던 그 속으로부터 해방되기를 요구하게 되었습니다. 여자에게도 같은 권리를 다오. 같은 기회를 다오 하며 자유연애와 자유결혼을 주창하게 되며 모성보호를 부르짖게 되었습니다. … 이 모든 주장의 부르짖음이 실현하도록 하는 데는 무엇보다도 경제적 독립 즉 생활의 독립을 도모치 않고는 안 될 것입니다. … 첫째는 여자도 자기 손으로 일해야 할 것, 그리고 경제적 독립을 하여 놓아야 할 것입니다. 그러는 날이면 권리도 지위도 넉넉히 얻을 수 있을 것이요." (『신여성』 1925년 4월호, 28-29)

황신덕은 식민지 여성의 처지에 대해 다음과 같이 비판하면서 여성운동의 필요성을 강조했다.

"첫째 단체적 훈련이 부족하다. 여성들은 개인과 단체를 구별하지 못하고 다수의 결의에 복종하는 습관과 의지가 없어서 단결에 많은 지장이 있다.
둘째 모든 문제에 둔감하다. 여성들은 일반문제에 대한 기초지식이 부족하고 정치문제 사회문제를 자기 자신의 문제로 이해하는 능력이 부족하다는 것이다. 이를 극복하기 위해서는 지식을 부지런히 섭취하고 모든 문제에 대해 실제로 투쟁하고 실천하는 가운데 이해를 얻어야 한다.
셋째 여자의 반항이 아직 부족하다. 우리 여성은 경제적, 정치적, 성적으로 극도의 압박을 받고 있으나 맹렬히 반항하지는 않는다." (『동아일보』 1928.1.1, 24면)

이러한 인식을 바탕으로 황신덕은 여성운동을 '남성만을 중심으로 조직된 사회제도를 개선해 건전한 남녀평등사회를 건설하려는 목적을 가진 모든 운동'이라고 정의하면서도 '다른 나라 여성운동은 부인참정권 문제, 노동부인 문제, 남녀교육 균등, 직업의 자유, 법률상 평등문제 등 정치 법률에 관련되는 부인운동을 전개하는 반면 조선의 여성운동은 사회적으로 봉건적 사상, 습관, 도덕에 대한 반항하며 문맹퇴치 이상으로 더 발전시키기 어렵다.'(『신가정』 1933년 4월호, 31)고 주장했다. 문맹퇴치 등을 통한 여성교육이 절박한 과제라는 것이다.

한편 정칠성은 1929년 9월 근우회 중앙집행위원회 위원장에 선출되자, 근우회의 지휘 아래 여성 농민과 여성 노동자에 대한 부인교양운동을 실시해야 한다고 주장하며 근우회 내 노농부를 신설했다. 나아가 문맹퇴치 등의 계몽을 통해 무산여성을 사회적·혁명적 주체로 만든 후 사회변혁을 이룬다는 단계적 혁명노선을 제시했다. 1931년에는 근우회의 향후계획으로 "근우회 운동의 수준을 고차원적인 데서 대중적인 것으로 이끌어 활발하고 꾸준하게, 예를 들면 문맹퇴치와 같은 계몽운동 방면에 주력하려고 한다."(『조선일보』 1931.1.1, 1면)는 방침을 내세웠다. 즉, 근우회가 문맹퇴치와 같은 점진적인 계몽운동을 통해 여성들의 계급의식 자각을 촉구해야 한다고 주장했다. 정칠성은 근우회 해소 국면에서도 여성계몽운동의 필요를 이유로 근우회 존속을 밀어붙였다.

허정숙 역시 단계론적 시각에서 근우회 운동을 바라봤다. 근우회의 위상을 "여성계몽운동을 표어로 하고 성차별 문제를 위하여 투쟁하는 조직체"(『근우』 1929년 5월호, 12)로 상정했다. 여기서 말하는 여성계몽운동은 조선 여성이 처한 주객관적인 조건의 특수성에 대한 인식을 근거로 하고 있었다. 앞에서 언급했듯이 사회주의자들은 봉건적 유제가 잔존하기 때문에 조선 여성 대중의 의식이 봉건적 관념에 빠져 아직 미성숙하고 후진적이라고 보았다. 이러한 조건에서 허정숙은 "원시적이요 자연생장적인 여성계몽운동을 표어"(『근우』 1929년 5월호, 12)로서 근우회가 출현했다고 주장했다.

이렇듯 조선여성의 특수성에 대한 인식을 기반으로 하는 사회주의 여성해방운동론은 조선에서의 여성운동을 반봉건적 계몽운동에서 출발해 계급해방운동으로 끌어올린다는 단계론적 인식에 기반하고 있었다. 봉건 유제가 강고히 잔존하고 있는 조선에서 여성대중의 의식은 여전히 미성숙하고 후진적이므로 반봉건 계몽운동을 통해 그들의 정치의식을 각성시킨 이후 점진적으로 그들을 계급해방운동에 진출시킨다는 입장이었다. 허정숙은 "현 자본주의가 존속되는 동안에는 도저히 완전한 여성해방이 오지 않는 것"이며 "여성의 진실한 해방"은 "무산계급이 힘을 잡게 되는 날에야 완전한 그 해방이 올 것"이기에 "여성운동의 마지막"은 "무산계급의 해방운동과 일치될 것"이지만 "현재 조선 사회가 자본주의가 그다지 발달되지 못한 까닭으로 계급적 해방의식보다도 개성으로서의 여성의 자기 지위를 각성하는 의식을 먼저 가져야 할 것입니다."라고 주장했다(『조선일보』 1926.1.3, 3면).

정종명도 이러한 단계론적 여성해방론의 입장에서 여성계몽운동의 출발점을 농촌 여성의 문맹퇴치에 두었다. 그녀는 '무산대중은 농민이 대부분이므로 그들을 훈련하는 것이 가장 중요하고 일천만 여성을 훈련하는 것도 당면한 중대 문제'라고 하면서 '우선 신문과 잡지나 볼 수 있게 문맹부터 타파해 시대사조를 잘 알도록 하는 동시에 조선사회에 강력하게 남아 있는 봉건 도덕률을 타파할 것'을 주장했다(『조선일보』 1928.1.1, 1면). 또한 근우회의 활동 방향으로 문맹퇴치와 농촌계발을 제시하고 구체적 방법으로는 순회강연과 문고 설치를 주장했다(『조선일보』 1928.12.19, 3면).

그런데 반봉건 계몽운동과 계급해방운동이라는 단계를 설정하고 전자를 추진하는 근우회 본부의 사회주의자들에 대해 근우회 지회에서 비판이 일었다. 근우회 본부 사회주의자들은 위에서 살펴보았듯이 주로 일본 제국주의에 대해 비타협을 표방하면서도 적극적이고 전면적인 계급해방운동을 하지 않고 문맹퇴치라는 계몽운동을 통해 여성 대중의 의식을 각성시키고 이후 점진적으로 그들을 계급정치투쟁에 진출시킨다는 지향을 갖고 있었다. 즉, '정치적 투쟁보다 조선여성대중의 계몽운동에 주안점을 두고 조선여성대중은 일반적으로 보면 아직껏 문화의 수준이 낮고 따라서 모든 것에 자각이 없으므로 급격한 정치적 투쟁을 개시하는 것보다 먼저 계몽운동에 더욱 힘쓰고 정치운동은 계단적 점진적으로 하지 않으면 안 된다.'(『삼천리』 1931년 11월호)는 입장이었다. 이에 대해 근우회 동경지회는 계몽운동과 정치투쟁의 동시 추진을 주장했다.3) 근우회 동경지회는 조선 여성을 억압하

3) 근우회 동경지회는 사회주의자인 박화성을 지회장으로 1928년 1월에 출범했다. 근우회 본부와 동경지회의 갈등은 1928년 임시 전국대회에 대한 조선총독부의 집회 허가 여부를 둘러싸고 드러나기 시작했다. 근우회 본부가 조선총독부와 협상해 조건부 집회 허가를 받아내자 동경지회

는 봉건적 유제의 잔존이 제국주의의 식민 지배라는 조건으로부터 기인한다는 점
을 강조하면서 반봉건 계몽운동을 계급해방운동과 연결시키고자 했다. 즉, 근우회
본부가 '노동계급 여성의 계급적 독자성을 무지한 채 반봉건 계몽운동에만 치중하
고 있다.'고 비판하면서, 계몽운동을 지속하면서도 노동운동과의 조직적 실천적
연대 관계를 형성함으로써 계급투쟁에 노농여성을 참가시키고 그 안에서 여성의
특수 이익을 획득하는 투쟁을 벌여 나갈 것을 운동방침으로 설정했다(장인모, 2008:
396).

　　이처럼 근우회에서 활동하는 사회주의 여성운동가들은 1920년대 말에 들어와
여성계몽운동의 단계적 중요성을 인정하며 농촌여성을 대상으로 한 전국적 강연
활동에 주력했다. 그러므로 사회주의 여성운동가들의 여성계몽론과 여성계몽운동
은 허정숙이 "부인운동의 입구인 계몽운동으로부터 시작하자"(『신여성』 1925년 8월
호)라고 말했듯이 그 자체가 여성해방의 궁극적 목표가 아니라는 점에서 실력 양
성을 강조하는 기독교계 여성운동가들의 그것들과는 구별되는 것이었다.

V. 맺음말

　　사회주의자인 황신덕은 1920년대 여성운동을 기독교계와 사회주의계로 분별
했다. 전국적으로 기독교여자청년회를 조직해 부인야학, 강연, 토론회를 열었던
"기독교계의 여성운동은 부인운동을 표방하지는 않았으되 실제에 있어서 부인운
동을 표방한 단체와 거의 일치한 내용으로 전개되었고, 수천 여성을 한 깃발 아래
조직한 점에서 성공했으며, 여자계몽운동에 많은 공헌을 했다. … 부인해방이라는
간판을 내걸지는 않았지만 그 활동이 결국 여성해방운동의 기초공사가 되었다."며
높이 평가했다. 또한 사회주의계와 기독교계가 주의는 다르지만 그들이 했던 사업
은 비슷했다고 보았다(『학해』 1937년 12월호, 109). 당시 조선 여성의 처지에서는
여성해방을 위한 계몽운동이 우선이었고 이런 면에서 기독교계와 사회주의계가
함께 근우회를 만들 수 있었다는 것이다(김성은, 2015: 301).

　　하지만 근우회라는 한 울타리 안에 들어왔던 기독교계 여성운동가들은 1년 만

는 굴종적이라며 비판했다.

에 YWCA를 중심으로 농촌계몽운동을 전개한다는 이유로 탈퇴했다. 그런데 근우
회가 전국에 지부를 설치하면서 사회주의계의 비중이 점점 커지자 기독교계가 이
탈했다는 해석이 일면 타당성을 갖는 것은 기독교계의 탈퇴 이후 사회주의계 여
성운동가들이 본부 간부로서 문맹퇴치를 위한 여성계몽에 적극 나서면서 활동 면
에서 양자 간에 별다른 차이를 보이지 않았기 때문이다.

하지만 여성교육계몽론의 입장에서 보면 양자는 다른 지향점을 갖고 있었다.
기독교계 여성운동가들은 실력양성의 입장에서 농촌 여성을 계몽의 대상으로, 신
여성을 계몽의 주체로 설정하고 있었다. 농촌 여성에 주목했지만, 여성 노동자에
대한 관심은 크지 않았다. 반면 사회주의계 여성운동가들은 계급론적 시각에서 계
급해방운동을 추구하면서도 그 전 단계로 여성계몽에 주목했고 여성 노동자와 농
민을 계몽과 해방의 주체로 설정했다. 실력양성과 계급해방이라는 각자의 노선을
갖고 있으면서도 식민지 조선에서 여성이 처한 상황에 주목한 기독교계와 사회주
의계 여성운동가들은 1920년대 말에 이르면 양자 모두 문맹퇴치를 위한 교육계몽
론을 펼치며 실천했다. 황신덕은 근우회를 만들었던 기독교계와 사회주의계 모두
'조선의 특수 사정'을 의식하지 않을 수 없었다고 보았다. 기독교계는 기독교 정신
함양을 추구하고 사회주의계는 궁극적으로 여성의 계급해방을 지향하므로 양자
간의 근본 목적은 상이하나 둘 다 조선에는 미개한 여성이 많다는 특수 사정을
고려해 우선 문자를 가르치며 지식을 보급하는 활동을 전개하지 않을 수 없었다
는 것이다(중앙고등학교, 1971: 441).

그런데 이처럼 근우회를 만들었던 기독교계와 사회주의계 여성운동가들이
1920년대 말에 이르러 일제히 문맹퇴치와 같은 교육계몽에 나선 것은 1920년대
중반까지 여성운동에 존재했던 젠더적 모색, 혹은 페미니즘적 접근이 점차 '조선
의 특수 사정'을 내세우는 민족 서사에 포획되어갔음을 의미하는 것이기도 했다.
이에 대한 분석은 후속 과제로 남기고자 한다.

참고문헌

김경일(2016), 『신여성, 개념과 역사』, 서울 : 푸른역사.

김정인(2017), 『독립을 꿈꾸는 민주주의』, 서울 : 책과함께.

박용옥(1996), 『한국여성항일운동사 연구』, 서울 : 지식산업사.

박용옥(2008), 『여성운동』, 천안 : 한국독립운동사연구소.

중앙여자고등학교(1971), 『우리 황신덕 선생』, 서울.

한국여성연구소 여성사연구실(1999), 『우리 여성의 역사』, 서울 : 청년사.

한상권(2008), 『차미리사평전』, 서울: 푸른역사.

김경일(2005), 1920-30년대 한국의 신여성과 사회주의. 『한국문화』 36. 249-295.

김성은(2015), 일제식민지시기 황신덕의 현실인식과 운동노선의 변화 양상. 『한국인물사연구』 23. 281-323.

박순섭(2017), 1920-30년대 정칠성의 사회주의운동과 여성해방론. 『여성과역사』 26. 245-271.

윤정란(1998), 한국 기독교 여성들의 근우회 탈퇴 배경에 관한 연구. 『한국기독교와역사』 8. 173-211.

이송희(2005), 한말 일제하의 여성교육론과 여성교육정책. 『여성연구논집』 14(신라대). 1-35.

장원아(2019), 근우회와 조선여성해방통일전선. 『역사문제연구』 42. 391-431.

장인모(2008), 1920년대 근우회 본부 사회주의자들의 여성운동론. 『한국사연구』 142. 367-419.

천화숙(1996), 조선YWCA연합회의 창립과 초기조직. 『아시아문화연구』 1(가천대). 151-186.

천화숙(1997), 일제하 조선여자기독교청년회연합회의 여성운동. 『역사와실학』 9. 123-147.

하희정(2015), 3·1운동 이후 담론공간의 탈정치화와 젠더에 관한 사회적 논의. 『한국교회사학회지』 40. 169-213.

천만의 여자에게 새 생명을 주고자 하노라, 『동아일보』 1921.2.21일자 3면.

여자교육회의 사업, 『동아일보』 1921.10.10일자 1면.

중앙여청연맹, 『동아일보』 1926.12.8일자 2면.

동경여자졸업생친목회, 『동아일보』 1927.2.15일자 3면.

여자유학생친목회 성황, 『동아일보』 1927.4.18일자 2면.

근우회 발기회, 『동아일보』 1927.4.27일자 3면.

김활란, 여권문제에서 살길을 찾자, 『동아일보』 1926.10.16일자 3면.

여성운동에도 방향전환이 필요, 『동아일보』 1927.4.20일자 3면.

경제독립이냐 지식향상이냐, 『동아일보』 1927.10.23.일자 3면.

정종명, 자기의 처지를 버리자 협동전선을 위해서, 『동아일보』 1928.1.1일자 24면.

황신덕, 반항의식도 박약, 『동아일보』 1928.1.1일자 24면.

최의순, 이전교수 김활란양, 『동아일보』 1928.12.19일자 3면.

허정숙, 신년과 여성운동, 『조선일보』 1926.1.3.일자 3면

이현경, 사회인으로서의 부인의 사명(2), 『조선일보』 1927.1.9일자 3면.

망월구락부를 중심으로 직업부인단체 조직, 『조선일보』 1927.1.20일자 3면.

여성운동을 목적하는 근우회 발기, 『조선일보』 1927.4.27일자 3면.

근우회 창립 완료, 『조선일보』 1927.5.29일자 3면.

정종명, 농촌순회와 문맹퇴치, 『조선일보』 1928.1.1일자 3면.

정종명, 순회강연과 간이문고로 부녀자 문맹퇴치, 『조선일보』 1928.12.19.일자 3면.

김활란, 새해에는 무엇을 할까, 『조선일보』 1928.12.23일자 3면.

김활란, 조선여성의 장래(상), 『조선일보』 1929.1.1일자 2면.

김활란, 조선여성의 장래(하), 『조선일보』 1929.1.2.일자 2면.

근우회 대회에 행동강령과 의안, 『조선일보』 1929.7.25일자 2면.

계몽운동에 주력, 『조선일보』 1931.1.1일자 1면.

허정숙, 근우회운동의 역사적 지위와 당면임무, 『근우』 1929년 5월호.

적변비판 콜론타이의 성도덕에 대하여(대담), 『삼천리』 1929년 9월호.

최정희, 조선여성운동의 발전과정, 『삼천리』 1931년 11월호.

황신덕, 조선부인운동은 어떻게 지내왔나, 『신가정』 1933년 4월호.

김활란, 조선여성계 5개년 계획, 『신가정』 1935년 1월호

편집실, 우리 직업부인계의 총평, 『신여성』 1925년 4월호.

배성룡, 여성의 직업과 그 의의, 『신여성』 1925년 4월호.

허정숙, 문 밖에서 20분, 『신여성』 1925년 4월호.

허정숙, 향촌에 돌아가는 여학생 제군에게, 『신여성』 1925년 8월호.

김활란(1929), 조선여학생의 이중책임, 『이화』 1. 12.

근우회 토론을 보고서, 『조선지광』 1927년 11월호.

김활란, 조선여자기독교청년회의 자기담, 『청년』 1926년 3월호.

유각경, 여자해방과 경제자유, 『청년』 1926년 4월호.

김활란, 예루살렘 대회와 금후 기독교, 『청년』 1928년 11월호.

김활란. 조선여자운동의 금후, 『청년』 1930년 2월호.

황신덕, 조선부인운동의 사적 고찰, 『학해』 1937년 12월호.

일제강점기, 저항과 계몽의 교육사상가들

천도교 신문화운동과
방정환의 교육사상

- 1920년대 천도교의
사회주의 수용을 중심으로

정혜정

Ⅰ. 들어가는 말

방정환은 한국 근대가 낳은 대표적인 교육사상가이다. 방정환에 대한 연구는 교육학과 국문학 분야에서 주로 다루어져 왔다. 본 연구에서는 방정환의 교육사상과 운동을 천도교 신문화운동의 하나로 설정하고 신문화운동의 성격을 재규정하여 방정환 교육사상의 성격을 자리매김해 보고자 한다. 천도교 신문화운동과 관련하여 방정환 어린이 교육운동의 성격을 논한 기존 논문으로는 1편이 있다. 여기서는 천도교 신파의 성격을 독립이 아닌 자치를 추구한 분파로 규정하고 신파에 속한 방정환의 교육운동 역시 부정적으로 보았다.[1] 그러나 본 연구에서는 기존 연구와 달리 1920년대 사회주의 수용과 맞물린 민중문화운동의 성격을 탐색하여 방정환의 교육사상을 재규정해 보고자 한다.

3·1운동 이후 전개된 천도교 신문화운동은 자본제국주의 세계체제라는 정세판단과 피압박민족의 해방, 무산자의 계급해방으로서 사회주의가 수용되었다. 그리고 이는 전근대적 봉건유습타파와 무산자를 위한 민중문화운동으로서 중국의 신문화운동과도 연동되는 것이었다. 1920년대 중국과 조선에 사회주의가 대세를 이루었던 것은 자본제국주의라는 세계체제 속에서 무산자 피압박민족이라는 연대의식이 대안적 이념으로 떠올랐기 때문이다. 중국과 조선 모두 교육, 문화, 경제문제에 눈을 돌리면서 운동주체를 양성하려는 신문화운동을 추진해 나갔다. 당시 신문화운동은 사회개조, 신사상의 확산, 민중 계급운동의 성격을 띤 정치적 운동이었다.

---

1) 김대용, 「방정환의 소년운동 연구: 천도교 신파를 중심으로」, 『한국교육사학』33-2, 2011, pp.27-52.

기존 연구는 천도교의 신문화운동을 민족개량주의, 비정치화, 실력양성운동 등 다양한 명칭을 붙여 그 성격을 규정해 왔고, 계급의식의 민중운동과 분리시키거나 반자본주의사상의 문화정치운동에서 배제시켜 왔다. 또한 조선청년회연합회나 조선청년총동맹의 조직이 천도교와 연계된 민중문화운동이었음에도 불구하고 이 역시 별로 주목받지 못했다.[2] 문건상으로 조선에 최초로 사회주의 이론이 소개된 것은 1920년 천도교 잡지『개벽』을 통해서 이루어졌다.[3] 사카이 도시히코(堺利彦, 1870-1933)나 가와카미 하지메(河上肇, 1879-1946) 등 일본사회주의자들이 번역하거나 해설한 맑스·엥겔스의 저작물이 1920년 잡지『개벽』에 번역·소개되면서 논의가 확산되어 나갔다. 방정환도 1921년 「깨여가는 길」이라는 제목으로 사카이 도시히코(堺利彦)의 마르크스 해설서 일부를 번역해서 소개한 바 있다.[4] 물론『개벽』뿐만 아니라 1921년 3월『아성』1호에 맑스의『정치경제학비판을 위하여』서문이 '유물사관요령기'라는 이름으로 소개된 바 있고, 1921년 5월 대중시보사, 1922년 3월 신생활사, 1923년 9월에 창립된 민중사 등에 의해 마르크스 이론이 보다 집중적으로 번역된 바 있다. 그러나 천도교의 사례처럼 조선의 상황에 중심을 두어 마르크시즘을 적용하고, 비판적 수용의 전개를 이룬 것은 드물었다.[5] 이에 본 연구는 1920년대 천도교 신문화운동이 어떻게 사회주의를 인식하고 민중운동을 펼쳐 나갔는지 그 신문화운동의 방향성을 고찰하고 그 맥락에서 방정환 교육사상의 성격을 규명해 보고자 한다.

---

2) 익산지역의 1920년대 사회주의 운동은 청년회 활동으로부터 시작되었고, 그 뿌리는 천도교로부터 비롯되었다(『익산지역 독립운동과 3·1운동 재조명』, 원광대학교 원불교사상연구원 학술대회 발표자료집, 2019, p.52). 특히 사회주의 수용과 전개에서 중심역할을 한 임종환은 천도교 청년회 이리교구 회장으로서 조선청년총동맹, 및 조선노농총동맹의 핵심인물이었다. 그는 1924년 전조선노동대회 의장, 1925년 조선노농총동맹 중앙집행위원을 지냈다(임종환의 행적에 대해서는 위의 책, pp.99-118 참고).

3) 대표적으로 정태신의 글을 꼽을 수 있다. 그는 『개벽』창간호(1920.6)와 3호(1920.8)에 각각 "근대 노동문제의 眞義", "막쓰와 유물사관의 一瞥"을 게재했다. 일본을 통한 사회주의 수용에 대해서는 박종린, "1920년대 초 반자본주의 사상과 대중시보사 그룹",『한국사상사학』47, 한국사상사학회, 2014; 박종린, "1920년대 초 공산주의 그룹의 맑스주의 수용과 유물사관요령기",『역사와현실』67, 한국역사연구회, 2008 등 참조.

4) 牧星(방정환), 「깨여가는 길」,『개벽』10, 1921.4.

5) 천도교의 주체적 수용은 정통, 혹은 교조적 마르크스주의자들에 의해 비난받았고 사상논쟁에서 폭언으로까지 이어진 바도 있다(정혜정, 「천도교 '수운이즘'과 사회주의의 사상논쟁」,『동학연구』11, 한국동학학회, 2002, pp.161-187 참조).

Ⅱ. 천도교의 사회주의 수용과 피압박민족의 연대

조선의 사회주의 수용은 중국의 신문화운동과 사회혁명, 일본의 사회주의 이론 소개, 그리고 러시아 코민테른체제와 연동된 동북아시아적 현상에 속한 것이었다. 특히 1910년대 후반부터 중국에서 활동했던 조선 독립운동가들은 중국의 사회주의 발흥을 주목했는데, 쑨원의 국민혁명을 사회주의와 연결지어 보았고, 이로부터 중국의 사회주의 혁명의 가능성을 예측하였다.[6] 중국이 사회혁명을 지향해 갈 수 있었던 요인으로는 러시아 혁명이 중국인의 진보적 각성을 촉구시킨 것, 일본 사회주의 운동의 영향, 서구 국가체제에 대한 환멸, 일본 유학생들의 신사상 전파 등을 꼽을 수 있다. 1920년 당시 조선은 중국의 사회주의의 발전을 전망하고 있었고, 쑨원을 사회주의 제창자로서 인식하였다.

"중국에 대하야 사회혁명은 가능하다. 중국에 대한 사회주의의 발전에 관한 고찰은 결코 무용의 業이 아니다. 맹아의 배태 사회주의적 사상은 중국사 상사 상 신출자(新出者)가 아니라 상고(上古) 정전법(井田法)과 如한 것이 곳 금일 사회주의의 취지와 似한 者라. 然하나 吾等이 논하랴는 사회주의를 제창한 자는 손문이라."[7]

또한 쑨원의 민족·민권·민생의 삼민주의는 자본 제국주의로부터 중국민족을 해방하는 민족주의, 중국 혁명에 부응하는 민권주의,[8] 토지 균분과 자본절제의 민생주의를 표방한 것으로 조선에 소개되었다. 당시 쑨원은 반제국주의의 연대를 형성하여 피압박민족의 대 동맹을 이루자고 했고, 노농 러시아에게는 "피압박민족

---

6) 『독립신문』, 1920.4.22.

7) "中國과 社會主義", 『독립신문』, 1920.4.22.

8) 쑨원이 말하는 민권이란 서구의 천부인권과는 달리 중국 혁명의 요구에 적합한 민권이다. 민권은 민국의 국민만이 향유하는 것이고, 오직 제국주의를 반대하는 개인과 단체가 누릴 권리를 의미했다. 민국을 반대하거나 나라를 팔며 인민을 속여 제국주의나 군벌에게 붙는 사람에게는 권리가 부여될 수 없다는 것이다. 그들에게 권리를 주는 것은 민국의 파멸을 초래하는 것으로 간주되었기 때문이다. 1949년 저우언라이(朱恩來)는 국민과 인민을 구별하면서 "인민은 노동자계급, 농민계급, 소부르주아계급, 민족부르주아계급 그리고 반동계급의 입장에서 벗어난 일부의 애국민주인사를 의미한다."(박명규, 『국민·인민·시민』, 소화, 2009, p.28, 재인용)고 했다.

을 구하라" 하였다.9) 특히 당시 쑨원은 "고(故) 레닌씨가 피압박민족의 세계에 남
겨둔 참된 유산"을 거론하면서 "제국주의에 희생된 국민은 고 레닌씨의 유산에
의하여 진정한 자유를 획득할 것"10)이라 하였다.

> "국민당은 중국 및 착취를 당하고 있는 모든 나라와 함께 그들의 독립을
> 완전히 얻기 위하여 노력할 것을 믿노라. … 나는 국민당에 부탁하기를 중국
> 을 제국주의하의 반식민지 상태로부터 구출하고 … 나는 소비에트 정부가 나
> 의 나라에 주는 원조가 부단(不斷)할 것을 자신하여 의심치 안노라. 나는 友
> 人 또는 동맹자로서의 노농사회주의공화국연방이 독립인 중국과 상대하여 피
> 압제 민족의 승리를 위하여 맹진하기를 熱望不已하노라."11)

쑨원은 국민당에게 중국을 제국주의하의 식민지 상태로부터 구출하고, 혁명의
목적을 관철하라는 유언을 남겼다. 그리고 노농 러시아에게는 중국 및 피압박 민
족들에 대한 지속적 지원을 요구했고 피압박민족의 승리를 위하여 함께 맹진하자
하였다.12) 당시 노농 러시아는 피압박민족을 지원했고 아시아 연대를 통해 민족
해방의 의지를 불러일으켰다. 조선의 천도교 역시 자본세계체제의 정세판단과 그
저항의 대열에 동참할 의지를 보였다. 그리고 근세 국가사회를 혁신할 대의를 품
고 분투를 지속해 온 집단으로서 중국에 '국민당'이 있다면, 조선에는 '동학당'이
있다고 자부하였다.13) 당시 천도교 구파 천도교청년총동맹도 현재의 명칭을 '동학
당'으로 개칭하고자 했지만 금지당했다. 일제는 동학당이 바로 불온한 조선혁명당
이라 하여 개칭을 금했던 것이다.14)

또한 조선은 크로포트킨의 상호부조론과 레닌의 볼세비즘을 자본제국주의에
저항하는 사회혁명의 문맥에서 수용하였다. 특히 러시아 혁명을 대대적으로 소개
하면서 소비에트란 노동자 정부, 사회주의 국가로서 민족자결, 노동자 자결(自決),
생활평등, 계급타파를 주장하는 것이라 하였다.15) 이는 1918년 「소비에트 공화국

---

9) 손문, "내가 청제국을 부시고 새 民國을 세우기까지-손중산 선생의 자서전(손문학설 제8장에
   서)", 『개벽』59, 1925.5, pp.44-46.
10) 손문, 위의 글, p.46.
11) 손문, 위의 글, p.47.
12) 손문, 위의 글, pp.46-47.
13) "조선의 동학당과 중국의 국민당(논설)", 『개벽』59, 1925.5.1, p.48.
14) 『중외일보』, 1927.4.7.

헌법」제5조에서 "자본주의국가와 아시아의 노동자, 각 식민지, 기타 약소국민을 노예로 하며 소수인의 이익을 圖하는 개책(改策)에 반항함", 그리고 제8조 "각 민족이 俄國에 가입하는 여부는 그 각자의 결정에 맡긴다."고 명시한 것과 같다. 그리고 소비에트공화국 선전문에서는 "동양 수억만 민족이 오래 침략주의에 곤고(困苦)를 당하였으니 우리 정부는 적극적으로 이를 원조하여 그 자유를 얻게 하리라"고 하였다.[16]

3·1운동 이후 천도교는 이와 같은 중국과 노농 러시아의 상황을 파악하면서 세계정세를 인식하고 조선 해방의 방략을 모색했다. 중국의 국민혁명에서 사회혁명으로 가는 조짐을 전망하고, 러시아 혁명의 이후를 주시하며 또한 일본 사회주의자들로부터 마르크스 이론을 타진해 나갔다. 중국 및 러시아로부터 인식되는 세계정세는 북경 특파원 이동곡[17]이 담당했고, 마르크스 이론의 번역과 소개는 일본 유학생들에게 주로 맡겨졌다. 이를 전담한 매체가 바로 천도교 잡지『개벽』이다. 당시『개벽』은 아시아를 비롯하여 서구까지 아우르는 세계인식의 통로였다.

『개벽』은 창간호(1920.6)에 마르크스의 격언을 소개했다가 검열로 삭제되었지만 정태신의「근대 노동문제의 眞義」[18]를 게재하여 노동자 계급운동의 문제를 제기하였다.『개벽』3호(1920.8)에는「사회주의 약의」,「맑스와 유물사관의 一瞥」을 게재했고,『개벽』5호(1920.10)부터는 사카이 도시히코의「사회주의 학설대요」,「유물사관 요령기」를 연재했다.[19]「사회주의 학설대요」는 1925년 5월 단행본으로 묶어져 개벽사 발행으로 출판되었고 1929년 4월까지 5판을 찍었다. 또한 레닌의 글「노동의 창조」를『개벽』(1923.5)에 처음 소개하였다.[20]

---

15) "노농공화국 각방면 관찰(續)",『독립신문』, 1920.4.15.
16) 위의 글.
17) 이동곡은 이민창/이창림이라는 필명을 썼다. 그는 이돈화, 김기전과 더불어 천도교 청년회의 대표적인 인물로 북경 주재의 개벽사 특파원이었다. 신숙 등과 함께 천도교 대표로 대한민국 임시정부에 파견되었던 인물이기도 하다.
18) 정태신은 계급운동을 "자본가 계급의 노동자 계급에 대한 압제와 약탈을 자각하는 운동"으로서 정의함과 동시에 노동문제의 진의는 "인류 전체가 정복적 생활의 오류를 자각하고 인류가 상애(相愛)의 열정으로써 현재의 불합리한 경제적 사회조직을 개조"함에 있다고 보았다(又影生,「근대 노동문제의 眞義」,『개벽』1, 1920.6, pp.70-71).
19) 본 연재는『개벽』45(1924.3)에서 종결되었다.
20) 니콜라이 레닌, "노동의 창조",『개벽』, 1923.5.1., pp.37-38. 이 글에서 레닌은 "자본주의가 부여하는 경제자유의 기만을 끊고, 임금 노동의 습관을 버리며 진정한 노동의 자유와 새 사회를 건설하자"는 주장을 펼쳤다.

또한 김기전은 「세계 사회주의운동의 사적(史的) 기술(1924.4)」이라는 글을 통해 세계정세가 자본군국주의의 침략과 압박, 그리고 이로부터 벗어나고자 하는 무산자 및 약소민족의 대립구도임을 제기하면서 파리강화회의, 국제연맹 등에 우리가 어떻게 속아 왔는지를 토로했다. 저들 서구 강국들은 결국 약소민족을 교묘하게 압박하며 착취하고자 하는 승냥이 세력에 불과했다는 것이다.

"생각하라, 大戰直後의 巴里會議, 그 회의의 主成分子인 英米佛伊, 그 나라들의 당시 당국자인 웰손, 로이드쪼지, 크레만소, 또는 그들 侵略諸國의 現狀擁護策으로 일녀진 國際聯盟-그따위의 일홈들은 얼마나 우리사람의 口頭에 올넛스며, 또는 얼마나 우리사람들의 속을 태윗는가. 아닌게 아니라, 그것은 확실히, 한, 勢力이다. 오늘의 형편에 잇서 그것은 물론 세력이다. 그러나 그 세력은 엄격한 의미에 잇서 사람의 세력은 아니다, 순수한 豺狼의 세력이다. 자기보다 無勢한 사람을, 無勢한 민족을 엇더케 하면 더 좀 교묘하게 압박하고, 더 좀 조직적으로 착취할가 하는, 즉 모든 弱小國民 모든 弱小民族의 피를 마시지 안코는 만족치 아느려하는 豺狼의 세력이다. 豺狼의 압에서 取할 道는 오즉 그에게 피를 밧치거나 그러치 아느면 鐵을 주거나- 이 두가지 밧게는 업는 것이다. 그런대, 우리는 그에게 仁義를 구하엿다. 豺狼에게 仁義를 구하려는 우리도 우리려니와, 豺狼으로서 仁義를 베푼다는 그놈들의 假面이야말노 壯觀이다."[21]

김기전은 약소민족이 자본제국들에게 취할 바는 피를 받치거나 철퇴를 내리거나 둘 중의 하나인데, 그동안 우리가 승냥이에게 인의(仁義)를 구한 것도 가관이었지만, 또한 인의를 베푼다는 저들의 가면이야말로 장관이었다고 힐난하였다.[22] 그리고 저들 승냥이의 세력에 대항할 인간의 세력은 "세계 사회주의적 운동"에 있다고 보았다. 즉, 절대세력은 "각국 각 민족 간의 무산대중의 양심을 통해서 발발하는 사회주의적 운동"이라 보았고, 조선도 "만국의 무산자여 단결하라"[23]는

---

21) 小春 抄, "世界社會主義運動의 史的 記述", 『개벽』46, 1924.4.1., pp.51-52.
22) 小春 抄, 위의 글, p.52. 김기전은 이동곡의 서신을 소개하면서도 중국에서 조선 동포들이 3·1절 기념식장을 英·佛·米의 국기로써 꾸민 것에 재삼 비판을 가했다. 군국주의, 침략주의의 압박으로부터 벗어나려는 약소민족인 조선 사람이, '그 벗어나려는 운동을 기념'하는 3·1절 축하식에서 군국주의의 표본인 영불미(英·佛·米)의 국기를 예찬하느냐는 것이었다.
23) 김기전, 앞의 글, p.53. 김기전은 "만국의 노동자여 단결하라!"가 아닌 "만국의 무산자여 단결

국제적 결연(結聯)에 함께 연대할 것을 제기했다. 특히 김기전은 1925년을 서구 "個人主義의 문명으로부터 일약 사회주의의 文明에 들어서려는 일대 전환기"[24]로 보면서 (一) 약소민족의 국권운동과 (二) 노농 러시아의 아시아화 (三) 영·미·불 을 위시한 자본주의 열강의 결합을 세계적 동향으로 특징지었다.[25] 그리고 자본 제국주의 국가의 포학에 대한 약소민족의 울분이 중국을 필두로 폭발되기 시작한 한 해로 묘사하면서 무산자 민중 모두가 곧 약소민족으로서 서로 손을 잡을 것이 라 하였다.

> "오늘날의 약소민족이라 하는 말은 결국 정치상으로 주권을 잃고 경제상
> 으로 착취를 당하는 민중을 지칭함인바 비록 여하히 본국의 국기(國旗)를 가
> 진 사람이라 할지라도 실지로 그 나라의 정권에 간여하지 못하고 생활의 보
> 장을 얻지 못하는 민중 — 달리 말하면 무산계급에 속한 그 사람은 다 — 같
> 은 약소민족이라 할 수 있는 것이며 또 실제에 잇서 이 민중들은 서로 손잡
> 을 것이다."[26]

Ⅲ. 천두슈(眞獨秀)의 신문화운동과 조선 천도교

천도교 신문화운동은 자본제국주의의 패권 경쟁하에 들어 있는 세계정세 속에 서 조선식민지라는 현실을 파악하고 아시아적 연대로 사유를 넓혀 간 운동이었다. 여기에는 중국, 러시아, 일본의 상황이 정세판단에 영향을 미쳤는데, 특히 중국의 변화가 주목되었다. 이동곡은 북경에 주재하면서 국내 개벽사의 특파원 역할을 맡 았다. 중국에서 일어난 신해혁명, 5·4운동을 전후로 일어난 북경대 중심의 신문 화운동, 그리고 국민혁명에서 사회주의 혁명에 이르는 과정을 조선 식민지 해방과 관련시켜 그 의미를 적용해 나갔다. 그는 중국의 상황을 식민지 조선의 미래라는 관점에서 해부하고자 했고, 중국의 문제를 세계적 문제로 인식했으며, 중국과 조 선은 상호 밀접한 관계를 가지기에 조선은 중국 문제와 분리될 수 없다고 보았

하라!"를 외쳤다.
24) 起田, 「朝鮮의 一年·世界의 一年」, 『개벽』64, 1925.12., p.2.
25) 起田, 위의 글, pp.2-3.
26) 起田, 위의 글, p.2.

다.[27] 이동곡은 분명 중국의 사례를 보면서 전 세계 식민지배에 대한 피압박민족의 저항과 무산계급의 부흥, 민중의 단결을 지향해 나갔다고 볼 수 있다.

이동곡이 중국 신문화운동으로부터 간파한 것은 조선도 사상계의 차원에서 새로운 변화가 먼저 일어나야 한다는 것이었다. 사상문화적 각성이 없고서는 정치적 변혁을 달성할 주체형성이나 환경조성도 불가능했다. 그는 신문화란 신사상의 반영이라 하였고, 신사상은 사상의 창조이며 우리의 신생은 사상의 혁명에서 비롯된다고 강조하면서 중국 사상혁명의 선구자인 천두슈를 주목했다.[28] 천두슈가 신문화운동의 선봉으로 『신청년』 잡지를 간행한 것과 차이위안페이(蔡元培)가 북경대를 중심으로 전국 신사상계의 인물들을 결집시켜 신정신으로 신교육을 실시한 것을 높이 평가했다. 그리고 중국의 사회운동은 이러한 신문화운동의 민중적 개조로부터 신기원이 그어진 것임을 그는 강조했다.[29]

천두슈가 말하는 신문화운동은 인류의 해방을 낳는 근본적 토대를 의미했다. 즉, 그가 지향한 신문화운동은 창조의 정신, 집단활동, 다른 영역으로의 파급효과를 목적한 것이었다. 그는 창조를 진화로 보았고, 집단의 결합과 조직 활동에서 공공심의 발휘를 중시했으며, 다양한 영역으로 파급되는 사회개조를 목적했다. 예를 들어 신문화운동이 군사적인 면으로 파급되면 전쟁을 그치게 하는 것이고, 산업에 미치게 되면 노동자들이 자신의 지위를 깨닫게 되며, 자본가들에게 미치면 노동자를 기계나 소, 말, 노예가 아닌 사람으로 대우하도록 할 것이었다. 또한 신문화운동이 정치에 영향을 미치면 새로운 정치사상을 창조해 내고 현실 정치의 억압과 구속으로부터 해방을 얻게 되는 것이었다. 천두슈는 현재 각 군벌들이 저마다 군사를 보유하고서 마치 개들이 뼈다귀를 다투는 것처럼 정권탈취만을 다투는, 그들의 쟁탈전이 '개의 운동'이라면 신문화운동은 '사람의 운동'이라 하였다.[30]

이동곡은 이러한 중국의 신문화 운동과 사회운동을 보면서 조선의 신문화도

---

27) 北旅東谷, "朝鮮對中國之今後關係觀", 『개벽』28, 1922.10.1., p.46. 일찍이 천두슈는 신문화운동을 전개함에서 유교를 강력하게 비판했다. 천도교의 경우도 조선이 유교를 자국의 문화로 삼아 온 것을 신랄하게 비판하면서 조선적 사유인 동학에 뿌리박을 것을 주장했다.

28) 이동곡, "사상의 혁명", 『개벽』52, 1924.10.1., p.10.

29) 北旅東谷, "현중국의 구사상, 구문예의 개력으로부터 신동양문화의 수립에", 『개벽』30, 1922.12., pp.26-27.

30) 천두슈, "신문화운동이란 무엇인가?(新文化運動是什麽?)", 『신청년』7-5, 1920.4.1.; 천두슈, 심혜영 옮김, 『천두슈 사상선집』, 산지니, 2017, pp.204-207.

우리 것에 대한 성찰, 현대 사상 및 문화에 대한 계통적 논의, 사회해석이 가해진 사상운동을 모색해 나갔다. 그는 "신문이나 잡지하면 순연히 일본의 출판물의 假冒에 불과하고 소위 사회의 일을 한다는 무슨 회, 무슨 당 하는 것은 사회의 분열과 증오를 일으키는 소굴"[31]이라 비판하면서 주체적 신사상을 강조했다. 신사상의 반영과 개조가 없고, 아무 주체성이나 창조성도 없으며 오직 기계적 모방과 독선에 빠져 분열과 증오를 일으키는 분파주의를 경계한 것이다. 그가 말하는 민족의 신생운동으로서 신문화운동이란 사상혁명으로부터 비롯해 단결과 협동의 보조로 나아가고, 신생운동의 제일선에서 선구적 별동대를 만들어 운동을 일으키는 것이었다.[32]

이동곡은 특히 천두슈의 국민혁명론을 주시했다. 당시 천두슈는 중국이 "피압박민족의 자위책으로 부득불 일어나 국제제국주의의 침략에 저항함으로써 중국이 완전한 독립 국가가 될 수 있도록 노력하는 수밖에 없다."[33]고 하면서 국민혁명의 노선을 "국민군 조직 → 국민혁명으로 국내외의 모든 억압 제거 → 민주적·전국적 통일정부 수립 → 국가사회주의 채택과 실업 발전"[34]으로 구상해 나갔다. 천두슈가 말한 국민혁명의 목적은 대외적으로 민족의 정치경제적 독립을 요구하고 대내적으로는 인민의 정치적 자유를 요구함이었다.[35] 이 혁명은 전 국민 모두에게 이익이 되고 필요한 것으로서 어떤 한 계급에만 이익이 되는 것이 아니기 때문에 혁명을 실현할 동력은 각 계급 혁명분자들의 연합된 힘에 있다고 그는 보았다. 그리고 민족혁명과 계급혁명, 즉 국민혁명과 공산혁명은 상호 결합되어야 한다는 전략적 인식을 지녔다.

또한 그는 무산계급만이 가장 비타협적인 혁명계급이며 국제 자본제국주의의 천적이라는 점도 강조했다. 전 세계 각국의 국민당도 모두 이러한 수요에 부응해서 만들어지고 세력을 확장하고 성공을 거두었으며, 중국 역시 그러할 것이라 예

---

31) 이동곡, "사상의 혁명", 『개벽』52, 1924.10.1., pp.9-10.
32) 이동곡, 위의 글, p.6.
33) 천두슈, "연성자치와 중국의 정치적 상황(聯省自治與中國政象)", 『向導』 주보 제1기』, 1922. 9.13.; 『천두슈 사상선집』, p.285.
34) 이동곡, "중국의 정치적 현세와 사회적 현세", 『개벽』31, 1923.1., pp.47-48.; "조국론(造國論)", 『향도』 주보 제2기, 1922.9.20.; 『천두슈 사상선집』, p.290.
35) 천두슈, "국민당과 공산주의자(國民黨與共産主義者)", 『중국국민당강연집』, 1927.10월판 수록, 1924; 『천두슈 사상선집』, p.312.

측했다.36) 그리고 더 나아가 세계피압박 노동계급과 피압박 약소민족은 서로 연합하여 혁명을 진행해야만 비로소 세계의 억압자들을 전복시킬 수 있을 것이라 하였다.37)

천두슈는 러시아 혁명도 계급운동이자 민족운동으로 규정했다. 노농 러시아 혁명은 ① 도시 노동자가 자산계급을 타도하고 자유를 얻어낸 것 ② 시골 농민이 지주계급을 타도하고 자유를 얻어낸 것 ③ 러시아 국경 안의 약소민족이 러시아 황제와 자산계급 통치를 타도하고 자유를 얻어낸 것 ④ 전 러시아 인민이 서구 제국주의의 굴레에서 벗어나 자유를 얻어낸 것이라 규정했다. ①, ②는 계급운동이고 ③, ④는 민족운동이다. "이 두 가지 혁명운동은 소비에트 러시아에서 동시에 진행되었으며 어떤 장애도 없었음"38)을 강조하면서, 이는 "노농해방운동의 측면보다 민족해방의 측면에서 더 성공적인 운동이었음을 입증해 준다."39)고 말했다.

"무릇 10월 혁명 이후 수년 동안 해결되지 못했던 러시아 국경내의 약소민족 문제는 비로소 온전히 해결되었고, 더 나아가 소비에트 러시아는 근동, 원동의 약소민족과 피압박 국가들(중국, 터키, 페르시아, 이집트, 아프칸 같은 나라들)을 원조해서 전 세계의 피압박자들이 공동으로 압박자인 국제 제국주의에 저항할 수 있는 거대한 본부를 건립했다. … 이치대로라면 현재 전 세계 피압박계급과 피압박민족, 피압박국가는 모두 연합해서, 이 세계혁명의 거대한 본부의 지원하에 공동으로 국제 제국주의 타도에 나서야만 비로소 모두 출로를 얻게 될 것이다. 중국의 민족해방운동도 당연히 예외가 아니며 이 세계혁명의 대조류를 따라 진행되어야 한다."40)

천두슈는 국외에서 반제국주의 운동을 가장 치열하게 전개하는 건 바로 소비

---

36) 천두슈는 공산주의자들이 국민당에 가입하고 국민당 또한 그들의 가입을 허락함은 국민당이 국민혁명의 사명을 짊어지고 있다는 것을 의미하고, 혁명 세력은 나뉘어서는 안 되며 국민혁명은 마땅히 각 계급이 협력해야만 함을 표하는 것이라 하였다. 특히 식민지의 국민혁명에 공감을 표하는 세력은 오직 진정으로 공리를 주장할 수 있는 세력이어야 하는데, 이는 공산세력 밖에 없음을 보여주는 것이라 하였다.
37) 천두슈, 앞의 책, pp.312-313.
38) 천두슈, "시월혁명과 중국민족해방운동", 향도 주보135기, 1925.11.7.; 『천두슈 사상선집』, p.336.
39) 천두슈, 위의 책, p.337.
40) 천두슈, 위의 책, pp.337-338.

에트 러시아이며 중국에서 반제국주의 운동을 가장 치열하게 전개하는 건 바로 공산당이라 하였다.[41] 그리고 "혁명운동이 전진·발전하도록 하려면 오직 중산 선생이 남긴 혁명의 철칙인 무력과 민중의 결합을 준수하는 길밖에 없다."[42]고 하였다. 그는 전 세계 피압박계급과 피압박민족, 피압박국가가 모두 연합해서, 이 세계혁명의 거대한 본부의 지원하에 공동으로 세계제국주의 타도에 나서자 했다. 이러한 천두슈의 운동노선은 조선의 천도교 신문화운동에도 많은 영향을 주었고, 러시아, 중국, 조선의 혁명운동은 상호 연동되어 나아갔다고 할 수 있다.

Ⅳ. 천도교의 신문화운동과 계급운동

1. 인간 해방운동으로서 신문화운동

천도교는 사회주의를 수용하고 타진하면서 조선의 상황에 적용해 나가고자 했다. 김기전은 인류역사상의 2대 해방선언을 소개하면서 이를 조선의 해방과 연계시키고자 했다. 마르크스가 "인류의 역사는 계급투쟁의 역사"라 한 것에서 "인류의 역사는 해방의 역사"[43]라 하였고, 18세기의 프랑스 혁명과 20세기의 러시아 혁명을 그 대표적인 사례로 꼽았다. 그러나 프랑스 인권선언은 "남자의 권리선언이었지 「女權의 선언」이 포함된 것은 아니었고, 귀족과 사제(승려)에 대한 유산자(주로 상공업자)의 권리선언이었지 무산자의 권리는 배제된 것"이었음을 피력했다. "돈 없는 사람의 혁명이 아니라 돈 가진 사람의 혁명이었던 까닭"[44]에 이는 "정치적 기본권의 선언"이지 "경제적 기본권의 선언"은 아니었다는 것이다.

> "불란서 혁명의 인권선언은 인류 평등의 원리를 聲明하엿다. 그러나 그 평등은 다못 법률상의 평등에 지내지 못하엿다. 실생활 상의 평등을 期한 것이 아니엿다. 엇더케 말하면 도로혀 실생활상의 불평등을 확인한 것으로 생각

---

41) 천두슈, 앞의 책, p.341.
42) 천두슈, "혁명과 민중", 향도 주보186기, 1927.1.31.;『천두슈 사상선집』, p.354.
43) 妙香山人 考, "第一의 解放과 第二의 解放, 人類歷史上의 二大解放宣言",『개벽』32, 1923.2., p.25.
44) 妙香山人 考, 위의 글, pp.26-27.

할 수 잇게 되엿다. 웨 그러냐 하면 인권선언은 천부의 인권으로 자유안전압
제에 대한 반항의 外에 소유권을 들고(제2조) 그것으로 「신성불가침의 권리
(제17조)」라 하엿다. 그런데 실생활에 잇서 인류를 불평등하게 하는 것은 빈
부의 懸隔이며 재산사유의 제도이다. 그때의 「인권선언」은 만인의 법률상 평
등을 認하는 동시에 각 개인의 소유권제도를 신성화케 하엿다. 이 소유권의
신성화로 緣하야 실생활상 불평등한 사실도 또한 신성화하고 마럿다."[45]

프랑스 혁명의 인권 선언은 결국 사유재산의 제도를 소유권으로서 신성화함으
로써 실생활상 불평등을 낳았고, 오히려 그 불평등을 정당화시킨 것으로 이해되엇
다. 만인평등의 정치적 권리는 경제적 권리가 받쳐주지 않으면 사실상 허명(虛名)
에 지나지 못한다. 그러나 민중들은 과거 100여 년간 제2의 해방운동, 즉 "제2의
인권선언을 위하여 쉴 줄 모르는 운동을 계속"해 왔고, 그것이 바로 현재 사람들
이 말하는 "사회주의적 운동"[46]이며 러시아 혁명은 바로 민중의 경제적 기본권을
선언한 것이라 그는 말하엿다. 민중의 경제적 기본권은 부의 생산과 분배에 대한
시민의 평등에 있다.

"1918년 7월 10일 세계가 아즉은 歐洲大戰의 암흑에 잇슬 때에 제2의
해방선언이 발포되엿다. 그것은 즉 「露西亞社會主義 勞農共和國의 헌법」이
니 그의 제1장은 분명히 「勞働者 被掠奪者의 권리선언」이라는 이름을 가지
엿섯다. 이 제2의 解放宣言(달리 말하면 인권선언)에 잇서 가장 주의할 것은
그것이 정치적 기본권의 선언임과 가티 일층 중요한 요소로 「경제적 기본권」
의 선언을 함유하엿다는 점이다. 勞農共和國은 경제 생활에 잇서는 「부의 생
산 及 분배에 대한 露西亞 전시민의 평등」을 실현하려 함이 그 근본 목적이
엿다."[47]

또한 김기전은 메이데이(5월 1일) 노동자 시위운동의 날과 그 유래[48]를 소개

---

45) 妙香山人 考, 앞의 글, p.28.
46) 妙香山人 考, 앞의 글, p.30.
47) 妙香山人 考, 앞의 글, p.30.
48) 메이데이는 8시간 노동을 요구하는 미국의 노동운동에서 유래된다. 1886년 5월 1일을 기하여
　　미국 전토의 노동자들이 일제히 고용주들에게 8시간제를 요구했고 요구가 받아들여지지 않을
　　경우 파업하기로 결의했다. 결국 노동단체들이 일치단결하여 노동자들이 승리를 거두었다.

하면서 세계 무산계급운동의 확대를 예견했다. 그런데 조선의 경우는 메이데이에 아무 소리가 없고 일부 단체에서 이날을 기해 시위운동을 행하리라는 말은 있으나 하등의 구체적 논의가 없는 현실을 말하였다.

> "메이데이의 노동자 승리 이후 1889년에 창립된 파리 제2회 국제사회당은 1890년부터 만국 노동자의 국제적 단결을 도모하고 이날을 전 세계의 자본가 계급에 반항하는 의사를 표시하여 이날을 세계적 대시위 운동의 날로 정하였다. … 이후 메이데이는 해방운동에 汲汲하는 만국 무산자의 기세를 왕성케 하는 기회로 해마다 성대하게 세계 도처에서 기념되었다. … 대전이 끝나자 러시아에는 노농공화국이 건설되고 독일 및 오스트리아 공국의 帝位도 공석이 됨에 혁명의 형세가 전 세계를 지배하게 되었다. 무산계급의 운동은 다시금 부활하여 「메이데이」의 노동기념제도 역시 부활되었던 것이다. 이 메이데이의 노동기념은 1919年 5月 1日부터 일본의 무산계급 간에도 행하야 작년 제3회 「메이데이」에는 동경에서 참가자 5천, 大阪에서 1만 5천, 기타 神戶 福岡 等 都市에서 많은 참가자가 있어서 기세를 날렸다."[49]

한편 그는 시위운동이 있든 없든 5월 1일이 전 세계의 무산대중을 통해서 얼마나 의의 있게 기념되는 날인가를 생각하자 하였다. 그리고 조선의 처지를 다시 생각하여 "우리가 취할 바 유일한 사업이 무엇이며 그 사업을 실현할 유일의 방책은 무엇이 되겠는가."[50]를 생각하여 단행하자 하였다.

2. '조선적 계급의식'에 기초한 민중운동의 신문화운동

이돈화는 초기에 신문화건설의 도안[51]을 작성하고, 서구근대철학을 소개·수용[52]하여 전 계층의 의식각성에 초점을 둠과 동시에 노농운동과 계급의식에 입각한 민중운동으로서의 신문화운동을 지향했다. 이는 중국의 신문화운동이 사회주

---

49) "五月 一日은 엇더한 날인가(節候로 본 五月 一日)", 『개벽』35, 1923.5.
50) 위의 글.
51) 이돈화는 신문화운동의 초보단계로 「조선신문화 건설에 대한 도안」을 제시하였다. 그리고 조선의 "기사회생의 유일의 방법은 맹렬히 깨닫고 분연히 일어나 하나하나 실지 건설에 착수하는 길뿐"이라 말했다(이돈화, "朝鮮新文化 建設에 對한 圖案", 『개벽』4, 1920.9.25., p.10).
52) 정혜정, "이돈화의 인내천주의와 서구근대철학의 수용", 『동학학보』19, 동학학회, 2010.6 참조.

의 민중운동으로 진행되었던 것과 흐름을 같이 한다고 볼 수 있는데, 이돈화는 계급의식이란 "모든 계급의 대립으로부터 일어나는 사람의 감정"[53]을 가리키는 것이라 하였다. 즉, 계급의식은 단순히 노동자계급에 있는 사람들의 의식을 이름이 아니라 계급의 고정불변함을 의식하여 이를 스스로 고치고자 하는 의식이다. 또한 스스로 고치지 않으면 영원히 자기의 행복도 꾀할 수 없다는 것을 아는 의식이다. 예를 들어 노예가 자신이 노예계급이라는 것을 알 뿐만 아니라 영원히 노예로 사는 계급의 고정불변한 폐해를 알고 그 계급제도를 스스로 개조하려는 적극적 의식이 계급의식이다. 이돈화는 이러한 계급의식을 주입한 본가(本家)가 갑오동학혁명이라 말하면서 당시 "무지한 탐관오리들이 동학당을 압박하야 생명 재산을 여지없이 탈취한 반동세력으로 말미암아 갑오동학혁명이 일어나게" 되었음을 주장했다.

또한 이돈화가 주장한 동학의 계급의식이란 처음부터 혁명적 수단으로 들어가는 것이 아니라 인내천의 신앙으로 들어가 "인류는 절대평등"이라는 인생관을 세워 부지불식간 평등자유의 사상으로 형성되는 계급의식이다. 이 계급의식은 반동세력을 전제하는 것이므로 반동세력이 소멸되면 계급의식도 소멸된다. 그러므로 이돈화는 갑오동학혁명의 의의를 ① 정치혁명 ② 계급투쟁 ③ 이상향 건설 세 가지로 제시하면서, 조선에 이러한 민중운동이 일어나게 된 것도 "동학교화의 계급의식으로부터 나오게 된 것"이고, "수운심법(水雲心法)의 강력한 힘"에서 비롯된 것이라 하였다.[54] 이는 가히 조선적 계급의식이라 할 것이다.

또한 이돈화는 현재 세계대세라 할 '노농운동(勞農運動)'을 전개하기 위해서는 먼저 조선의 특수 처지를 생각해야 함을 주장했다.[55] 모든 운동은 각 민족과 나라의 처지를 따라 수단과 방법이 취해져야 한다. 조선의 사정을 명백히 밝히고, 공정하게 관찰하지 않으면 일에 모순이 생기고 행동에 주저함이 생기는 것은 당연할 것이기 때문이다.

그는 먼저 현재 조선의 노농운동에서는 농민이 절대 다수를 차지하고 노동자는 소수에 불과한 특수한 현상을 지적했다. 조선의 경우는 공업이 왕성한 국가처

53) 이돈화, "갑오동학과 계급의식", 『개벽』68, 1926.4.1., p.44.
54) 이돈화, 위의 글, p.45.
55) 이돈화, "朝鮮勞農運動과 團結方法, 階級的 意識-精神的 願力-組織의 完全-農民과의 握手", 『개벽』46, 1924.4.1., p.93.

럼 노동자가 선봉이 되거나 운동세력의 본위가 될 수 없는 것이 현실이었다. 농민
은 보수성과 순박성, 혹은 낙후성을 띠어 노동자만큼 개조의 활기가 떨어진다.56)
따라서 이돈화는 조선해방의 운동주체는 무산청년동맹이 선봉이 되어 농민과 함
께 상호 협조해 나갈 것을 주장했다. 즉, 조선청년총동맹57)이 바로 선봉이 되어
그 목표를 이루고, 이로써 노농운동의 중심정신을 삼아 단결해 나갈 것을 촉구한
것이다.58)

　이돈화가 계급의식과 노농운동의 주체로서 청년총동맹을 제시했던 것은 맑스
주의의 '운동 주체로서 노동자 계급'과는 판이한 개념이었다. 90%가 농민이고 노
동자가 희박하며 생산력이 발달하지 못한 조선의 상황과 처지에 입각해서 동학적
입장을 가미했기 때문이다. 물론 이돈화도 계급의식에 기초한 단결은 농민보다 공
업노동자라야 쉽다는 것을 밝힌 바 있다. 농업노동자도 계급의식이 없는 것은 아
니지만 그 직업상 노동자처럼 한 장소에 큰 집단을 이루지 못하는 것에 결함이
있고, 또한 "전사고풍(田舍古風)하에 길러진 천질(天質)"이 있는 까닭에 공업노동자
처럼 계급의식이 민활하게 발달하지 못한다는 점을 이돈화도 인식했다. 그러므로
조선의 처지에 입각할 때 조선노농운동의 주체는 먼저 무산청년동맹인 조선청년
총동맹이어야 했다.

---

56) 김기전 역시 농민들의 의식 수준을 인식하여 조선노농운동의 현주소를 제시한 바 있다. 그는
　　농민들의 계급의식이 시대에 뒤처짐을 보여주는 한 사례로 김해 농민을 들었다. 김해의 약 1
　　만 명의 농민들은 김해 청년회가 형평사 운동에 찬의(贊意)를 표했다는 이유로 청년회와 교육
　　회의 건물을 파손하고, 최동명(崔東明) 씨 등의 가옥을 훼파(毁破)했다고 한다. 일제 경찰은
　　농민의 폭행을 방관·묵인할 뿐이고, 농민들의 형세는 한층 맹렬했다. 당시 농민들은 백정계급
　　과는 도저히 동격으로 살 수 없다 하여 종래의 반상(班常), 귀천(貴賤)의 관념을 고수한 것이
　　다. 김기전은 농민들이 '농민(無産者)된 자기네의 見地'에서 새 사회 건설을 계획한다면, 현재
　　의 권력계급이 아니라 천민계급에 속한 그들과 손을 잡아야 할 것인데, 농민들은 자각하지 못
　　함이라 했다. 또한 폭행을 당한 김해청년회는 사회주의자의 집단이고, 노동자와 농민의 벗임
　　에도 공격을 당한 것은 청년회의 표방이 과연 얼마나 민중에게 철저하였는지를 돌아보아야 할
　　것이라 했다. 그리고 그 해결책으로 "민중에게 돌아가고, 工場으로 가고, 농촌으로 가자" 하였
　　다. 한편 김기전은 소년운동도 언급하면서 대전 지역의 장유제휴(長幼提携)를 특히 주목했다.
　　장유제휴는 장유유서에 대한 반항이다(小春(김기전), "사상과 경향", 『개벽』39, 1923.9, p.128).
57) 조선청년총동맹은 1924년 서울에서 조직된 사회주의 청년운동단체이다. 1920년 12월 조선청
　　년연합회가 결성되었는데, 1922년 1월 김윤식 사회장 건으로 김사국, 김한 등 서울청년회가
　　분리되어 나옴에 따라 1924년 2월 11일 다시 통합하여 조선청년총동맹을 창립시킨 것이다.
58) 이돈화, "朝鮮勞農運動과 團結方法, 階級的 意識-精神的 願力-組織의 完全-農民과의 握手", 『개
　　벽』46, 1924.4, p.94.

"조선은 이상의 말과 같이 농민의 세계인 까닭에 노농단결이라 하면 부득
이 무산청년의 계급의식적 단결을 얻지 않아서는 안 될 일이다. 이 점에서 조
선청년총동맹은 더욱이 계급의식 위의 단결이 아니면 안 될 것이다."[59]

또한 이돈화가 말하는 무산자 단결의 중심은 사상적 단결이었다. 사상적 단결
은 정치적·사회적 이상을 목표로 하는 것인데 순수한 이상적·자력적 동기가 그
단결의 중추력이 된다고 보았다. 즉, 그는 조선청년총동맹이 '권력이나 명리(名利)
를 추구하는 단결'[60]이 아니라 '사회개조를 목표로 하는 사상적 단결'이라는 점을
환기시켰고, 사상적 단결에는 적어도 "사람性 본능의 충동으로 인한 일대(一大)
중심세력이 그 중추가 되어야"[61] 함을 분명히 했다. 여기서 사람성 본능과 사람
성 충동은 인내천의 본성과 창조성을 뜻한다.

"조선청년총동맹은 권력적 단결이 안이오 又는 영리적 단결도 안이다. 그
는 순수히 사상적 단결이다. 사상적 단결 중에도 권력적 단체와 조화할 만한
성질을 가진 단결이 안이오 寧히 그와 대항하야 승부를 決코저 하는 단체이
다. 그럼으로 거긔에는 체면이 업고 모방이 업다. 적어도 본능적이요 충동적
원기에서 나온 단결이 안이어서는 안 될 일이다."[62]

이돈화는 조선청년총동맹을 조선 유일의 사상적 단결체로 규정하면서 그 단결
의 중심을 '노농운동의 사람성 창조'에 뿌리박아야 함을 말했다. 이는 '사람성 본
능의 창조적 충동'을 중추로 놓아 계급의식의 단결을 세우고자 함이었다. 또한 조
선청년총동맹은 권력단체와 대항하여 승부를 가르는 단체이고, 자본제국주의를
겨냥하는 정치적 민중문화운동단체로 규정했다. 그리고 여기에 ① 계급의식의 단
결, ② 원력(願力)의 단결, ③ 조직의 원리를 부여했다. 여기서 계급의식의 단결이
란 앞에서도 언급한 것처럼 고정 불변하는 계급의 폐해를 의식하여 이를 적극적
으로 고치고 바꾸겠다는 계급의식의 단결을 말하고 동시에 사람성 창조에 뿌리박
은 보편의식의 단결을 말한다. 그리고 이를 원력으로 삼아 조직을 결합·확산시켜

---

59) 이돈화, 앞의 글, p.97.
60) 당시 초기 사회주의자들의 권력 헤게모니 싸움이 심각했음이 여러 문건에서 나타났다.
61) 이돈화, 앞의 글, p.96.
62) 이돈화, 앞의 글, p.96.

나가는 신념적 단결이 원력의 단결이다.[63] 그는 조선청년총동맹이라 하면 적어도 이러한 계급의식을 기초로 해서 조직된 단체여야 함을 주장했다.

이돈화가 조선청년총동맹을 노농운동의 주체로 놓은 것은 노동자가 소수이고 생산력이 발달하지 못한 조선의 현실을 감안한 것이었다. 민족해방, 계급해방, 인간해방을 동일선상으로 놓아 단결과 일치를 구상했던 계급운동이었다. 흔히 천도교 신문화운동을 민족개량주의로 분류하지만 7개 부문의 운동은 조선청년총동맹을 선봉으로 하는 조선노농운동과 분리된 것이 아니었다. 그리고 실제 천도교는 청년총동맹에 가입하여 사회주의자들과 함께 해방운동을 펼쳐 나갔다.[64]

V. 천도교 신문화운동과 방정환의 교육사상

김기전과 방정환은 어린이운동을 주도한 천도교 신문화운동의 핵심인물이다. 1920년대 초기 김기전은 메이데이를 조선에 소개하면서 세계 무산계급운동의 확대를 예견했다. 그는 조선에서도 무산계급운동의 확대를 기대했으나 노동계급이 발달하지 못한 조선의 상황과 일제의 억압하에서 메이데이를 어린이날로 정해 소년운동을 도모해 나갔다. 이는 10년 후를 내다보면서 민중운동의 주체로서 소년들을 길러 내자는 의도였다. 김기전과 방정환이 1922년 메이데이(5월 1일)를 최초 어린이날로 선포했던 것은 민중운동의 시작을 소년해방운동에서부터 펼쳐 가겠다는 것을 암시한 것이었다. 정치해방, 계급해방도 어린이를 먼저 해방함에서 이루어진다고 그들은 본 것이다.[65]

"우리는 지금 민족으로 정치적 해방을 부르짖고 인간적으로 계급적 해방을 부르짖는다. 그런데 우리는 생각하되 우리가 몬져 우리의 발 밋헤 있는 남

---

63) 이돈화, 앞의 글, pp.96-97.
64) 일제하 천도교 독립운동은 사회주의 운동과 민족운동이 결합된 것이었다. 양자를 분리시켜 대립각을 세우는 것은 적절하지 않다. 천도교 박호진은 청년총동맹 핵심 인물이자 천도교 민족주의자이자 사회주의자였다. 그는 신간회, 근우회에서 활동했고, ML당 재건을 도모하다가 검거되었으며 노동운동을 통해 민족·계급·여성해방운동을 구체화하였다.
65) 조선의 어린이날은 일본 사회주의 운동가들에게 프롤레타리아 운동으로 인식되기도 하였다. 방정환과 천도교 소년회가 주최한 어린이날 행사를 소년노동자운동의 입장에서 노동소년단의 조직으로 이해했다.

녀 어린이를 해방치 아니하면 기타의 모든 해방운동을 사실로써 철저하지 못하리라 한다. … 해방의 도는 그 끝에 어린이를 해방함에서 지어지리라고 한다."66)

또한 김기전은 1925년을 괄목할 만한 전환점으로 삼아 사회운동의 조직화, 소년운동의 정책내용과 조직적 진보를 높이 평가하였다. "청년총동맹에서 농촌위원회를 특설한 것, 천도교청년당에서 농민의 혁신적 계몽을 결의한 것, 「조선농민」社에서 농민잡지를 발행한 것, 최근 노총위원회에서 농민동맹을 별설(別設)하기로 한 것" 등을 주된 성과로 꼽으면서67) 각종집회나 노동자의 대우향상을 요구한 동맹파업, 무산농민의 격렬한 소작쟁의, 그리고 특히 학생계의 사회과학운동을 괄목할만한 실행으로 꼽았다.

"금년의 민중운동은 상당한 발전을 도득(圖得)하였다. 무엇보다도 각종의 집회와 결사가 상당히 성행되엿다. 농민대회, 시·군민대회, 신문잡지기자대회 등 각종의 회합이 거의 연속되엿스며 印刷, 洋襪, 精米, 紡績 등 제 직공의 대우향상을 요구한 동맹파업과 岩泰, 北栗, 都草 等地를 위시한 일반무산농민의 소작쟁의도 상당히 격렬하였다. 그리고 여태까지 문제가 업던 학생계에까지 사회과학운동이 일어났음과 같음은 정말 금년부터가 아니면 보지 못할 현상이엿다."68)

방정환 역시 사회운동의 대열에 서서 무산자를 위한 민중문화교육을 전개하고 계급의식을 불어넣었다. 1921년 1월부터 『개벽』에 1년 동안 연재된 「사회풍자 은파리」, 1921년 4월에 게재된 「깨여가는 길」, 1922년 2월에 발표된 「狼犬으로부터 家犬에게」 등의 글은 민중의 자각을 촉구하고 자본가를 비판하는 내용으로 가득 차있다. 분명 방정환은 사회주의 맥락의 계급의식에 입각하여 민중문화운동을 펼쳐나갔다고 볼 수 있다. 그의 소년운동 역시 피압박민족·무산자해방을 위한 맥락에 서 있었던 것이다.

방정환은 특히 소년운동에서 자본주의 물질문명 자체에 대한 비판적 시각을

---

66) 기전, "개벽운동과 합치되는 조선의 소년운동", 『개벽』35, 1923.5., p.26.
67) 기전, 위의 글, pp.5-6.
68) 기전, 위의 글, p.6.

담아냈다. 근대 자본주의 문명은 존귀한 각자의 본성을 유지하지 못하고 모든 생명체를 인간에게 귀속된 종으로 인식하여 이용하고 학대한다는 것이 기본 시각이었다. 그리고 생명은 무엇보다도 본연적이고 창조적인 추동력대로 살아야 함을 강조했다. 방정환의 교육사상은 생명본위와 인류해방 차원에서 전개된 것이었다.[69]

원래 인류사회의 폭력과 억압은 자연살해에서 비롯되었다. 인간이 자연을 자신과 분리시키고 자연을 지배하고 약탈하기 시작하면서 인간에 의한 인간지배도 정당화되었다. 방정환의 생명운동은 인내천이라는 동학사상으로 인간과 우주근원을 일치시키는 운동을 통해 인간과 자연, 인간과 인간의 연대정신을 높여 가는 것이었다. 이는 곧 세계개조, 세계개벽운동으로서 생명의 역동과 창조를 통해 보다 나은 사회를 만드는 신생운동이었다. 이는 곧 우주생명의 원천인 원기를 황폐화시키는 자본주의 물질문명을 경계하고, 인간과 자연, 인간과 인간, 개인과 사회의 연대를 통한 생명해방운동이었다.

방정환은 당시 민중 모두가 모순과 불합리, 혼돈과 생존경쟁으로 털벅거리고 있고, 무산자가 유산자에게 자꾸 고기를 먹히고 있는 현실을 말하면서 학대받는 민중들에게 해방의 날개를 주고자 했다. 그 날개란 "생명의 원기"로 창조적 삶을 이루어 속박으로부터 해방되고 참된 생활을 향해 나는 날개였다.[70] 방정환이 어린이 교육에서 강조한 것도 "원기(元氣)의 양성"이었다. 조선학생의 기질은 "원기의 씩씩함"에 있다고 하였고, "모든 생명은 본의대로 자연대로 뜻껏, 마음껏, 팔다리를 펴는 곳에 생의 존귀함"[71]이 있으며 그 원기(元氣)의 씩씩함으로 세상을 개벽하자 했다. 그리고 한울의 원기를 살리는 맥락에서 "솟는 해와 지는 해를 잊지 말고 보기로 합시다."[72]라고 하였다. 그리고 교육방법으로는 '생명사랑'과 '자연과의 교감'이 그 중심을 이루었다. 그는 '생명사랑'과 '자연'을 통해서 생명과의 교감을 중시했고, 동요 · 동화 · 그림 등으로 아동의 자유로운 예술적 표현을 유도했으며 우주생명체와 하나라는 인내천(人乃天)의 인간 형성을 도모했다. 특히 생명에 대한 연민을 통해서는 타자의 고통을 인식하고 연대의식을 형성하고자 하였다.

---

69) 방정환의 생명교육에 대해서는 정혜정, 「동학의 치유와 생명교육」, 『종교교육학연구』46, 한국종교교육학회, 2014, pp.67-96 참조.

70) 『동아일보』, 1922.1.6.

71) ㅁㅅ생, 「狼犬으로부터 家犬에게」, 『개벽』, 1922.2.

72) 「『어린이』를 발행하는 오늘까지」, 『어린이』1-1, 1923.3.20.

흔히 방정환의 어린이운동을 동심주의라고 일컫는데, 이는 생명의 연대감을 기초로 한 것이었다. 방정환은 당시 조선의 절대 다수 농촌 어린이들의 비참한 생활이나 불쌍한 생명들의 이야기를[73] 동화로 담아 연민을 자아내고, 서로 돕는 고운 마음을 길러 내고자 했다. 그리하여 그 연민의 마음이 눈물에서 머물지 않고 용기로 나아가고 장차 조선의 현실을 바꾸는 주체가 되도록 하였다. 방정환은 기회 있을 때마다 어린이들에게 생명을 사랑하고 조선을 잘 알아야 너희들이 조선을 위해 무엇을 할 수 있는지를 알게 될 것이라 하였다. 그리고 어린이들로 하여금 장차 성장하여 스스로의 힘으로서 조선의 현실을 타개해 나갈 것을 촉구하였다.

당시 김기전도 서구 자본주의문명이 배제와 지배를 유일한 정신으로 삼아 "정복과 격리"가 그들 문명의 특징을 이룬다고 비판했다. 저들의 문명은 국민으로부터 국민을, 계급으로부터 계급을, 지식으로부터 무지를, 자연으로부터 인간을 절연시키고 분리키시는 것이다. 그리하여 자기가 세워놓은 장벽 이외에 있는 모든 것에 대해서는 강한 적개심, 시의심(猜疑心)을 일으켜 권력의 확장을 유일의 목적으로 삼는 습관을 양성해 왔다는 것이다. 소위 자연의 정복, 이민족의 정복은 오늘날 그들이 가장 즐겨하는 일이고, 그들(문명인)의 심사(心思)는 날로 독해지며 그들의 기계 또한 날로 날카로워졌다는 진단이다.[74] 그러나 이 문제를 해결하는 것은 오직 성벽 속에 유폐된 자아를 해방하여 우주의 대아(大我)에 접속하는 데 있다. 이는 곧 "정화(淨化)된 생명력의 활동"을 의미한다.[75] 요컨대 천도교 신문화운동에서 실행된 어린이 교육은 모든 만물에 "한 기운과 한마음으로 꿰뚫어져 있는 우주생명력의 원기"를 길러 그 연대의 정신으로 조선과 세계를 개벽함에 목적을 둔 것이었다. 생명교육은 곧 동학의 개벽운동이었다.

---

73) 날개 힘이 약하여 어른들 기러기 떼에서 뒤떨어진 어린 외기러기가 결국 사람의 손에 의해 죽어가는 슬픈 이야기(이성환, 「달밤에 울고 있는 외로운 드리박」, 『어린이』3-10, 1925.10.1) 등.
74) 김기전, 「활동으로부터 초월에」, 『개벽』20, 1922.2., p.11.
75) 김기전, 위의 글, p.13.

참고문헌

『개벽』

『공제』

『대중시보』, 『독립신문』, 『동아일보』

『아성』

『어린이』

『중외일보』

『해월신사법설』

김택호, 「천도교와 아나키즘의 결합: 조선농민사 기관지 『조선농민』과 『농민』을 중심으로」,
  『동학학보』21, 동학학회, 2011, 41-61.

박명규, 『국민·인민·시민』, 소화, 2009.

박상환·이재규, 「중국 근대 법사상의 형식 지향성과 그 한계」, 『인문학연구』83, 충남대
  인문과학연구소, 2011, 223-245.

박종린, 「1920년대 초 공산주의 그룹의 맑스주의 수용과 유물사관요령기」, 『역사와현실』
  67, 한국역사연구회, 2008.

박종린, 「1920년대 초 반자본주의 사상과 대중시보사 그룹」, 『한국사상사학』47, 한국사상
  사학회, 2014.

심경수, 「소련헌법의 원형: 1918년 러시아 사회주의연방 소비에트 공화국헌버벵 관한 고찰」,
  『법학연구』1-1, 충남대학교 법학연구소, 1990, 1-15.

안건호, 「조선청년회연합회 조직과 활동」, 『한국사연구』88, 한국사연구회, 1995, 107-136.

정혜정, 「천도교 '수운이즘'과 사회주의의 사상논쟁」, 『동학연구』11, 한국동학학회, 2002,
  161-187.

정혜정, 「이돈화의 인내천주의와 서구근대철학의 수용」, 『동학학보』19, 동학학회, 2010.

정혜정, 「동학의 치유와 생명교육」, 『종교교육학연구』46, 한국종교교육학회, 2014, 67-96.

조경란, 「중국 맑스주의 수용의 초기적 특징: 천뚜슈와 리따짜오를 중심으로」, 『역사비평』,
  역사비평사, 1990, 261-282.

조경란, 「리다자오의 맑스주의 해석」, 『중국지식네트워크』, 2015, 185-207.

천두슈, 심혜영 옮김, 『천두슈 사상선집』, 산지니, 2017.

일제강점기, 저항과 계몽의 교육사상가들

안중근의
동양평화론과
시민교육

정경화

Ⅰ. 안중근, 애국지사인가 평화주의자인가

한국의 독립운동사에서 가장 뚜렷한 족적을 남긴 인물들을 손꼽는다면 안중근이 빠질 수 없다. 안중근이 1909년 10월 26일 만주 하얼빈역에서 당시 일제의 조선 통감이었던 이토 히로부미를 권총으로 격살하여 조선의 국권 수호 의지를 천명하였던 사건은 한 세기가 지난 우리들에게도 선명히 기억되고 있다. 일제의 압제에 대항하여 우리나라의 독립 의지를 표명했던 수많은 의거들 중에서도 안중근의 의거가 돋보이는 이유가 여럿 있겠지만, 특히 대중적 인지도를 높인 것은 그의 삶에 담겨 있는 극적인 요소일 것이다. 하얼빈 의거 그 자체도 극적이지만 그 직전의 동의단지회 결사, 즉 안중근을 중심으로 12명이 이토 히로부미와 친일파 제거를 위해 목숨까지 바칠 것을 약속하며 왼손 네 번째 손가락 끝을 자르는 의식을 행했다는 이야기며, 하얼빈 의거 후 뤼순에서의 옥중 시절 그의 의연한 언행에 심지어는 일본인들도 감복했다는 이야기는 안중근의 독립투사로서의 의지가 얼마나 결연하였는지를 보여주는 것이다.

안중근(1879-1910)의 그리 길지 않은 삶을 되짚어 보면 그에 대해 널리 알려진 이야기 이외에도 많은 행적들이 그가 국권 회복을 위해 모든 것을 바쳤다는 것을 증명하고 있어, '민족독립 운동의 사표'(박광득, 2010: 102), '만대를 두고 기려야 할 겨레의 표상'(김삼웅, 2009: 8)이라는 칭호가 결코 과하지 않은 것을 알 수 있다. 하지만 그를 애국지사, 독립투사로만 기억하는 것은 충분치 않다. 안중근이 나라를 위해 죽음도 불사했던 것의 바탕에는 평화를 간절히 원했던 근대사상가로서의

면모가 있었다. 그가 국권회복운동을 통해 도달하고자 한 최종 목표는 평화로운
세상을 이루는 것이었고, 이 때문에 백암 박은식도 안중근을 '세계적 안광을 지닌
평화의 대표자를 자임한 사상가'(김호일, 2010b: 7)로 평가했던 것이다. 따라서 안
중근을 독립운동가 또는 애국지사로서만 추앙하는 것은 오히려 안중근이라는 인
물이 평화주의자로서 가지는 중요성을 간과하는 것이다.

안중근의 독립운동의 궁극적 목표가 평화라는 것은 그의 언행 속에서 반복적
으로 확인되는데, 대표적으로 하얼빈 거사의 목적을 밝힐 때, 그는 이토 히로부미
를 저격한 것은 동양의 평화를 위해서였다고 말한다. 또한 그는 옥중에서 재판,
사형선고, 집행이 이루어지기까지 '안응칠역사'라는 제목의 자서전을 탈고한 후,
마지막 작업으로 자신의 평화사상을 '동양평화론'이라는 제목의 글로서 남기려는
기획을 한다. 안중근은 '동양평화론'을 '서(序)', '전감(前鑑)', '현상(現狀)', '복선(伏
線)', '문답(問答)'의 다섯 부분으로 나누어 쓸 것을 구상하고 최후의 순간까지 집
필에 몰두하였지만 '서(序)'와 '전감(前鑑)'의 일부분만 집필한 상태에서 사형이 집
행되어 완성하지 못하였다.[1] 하지만 체포된 후 일본에 의해 기록된 신문조서, 공
판 기록, 청취서, 안중근의 자서전과 유묵 등의 자료에서 그의 평화사상의 부분적
인 내용이 발견된다.

안중근의 동양평화론이 학계의 주목을 받기 시작한 것은 1980년대부터로, 오
랫동안 안중근의 옥중 유고의 실체를 확인할 수 없다가 1979년 일본 국회도서관
에서 '안응칠역사'와 '동양평화론'이 합본된 형태로 발견된 이후부터이다(김경일,
2009: 195). 이후 국내뿐만 아니라 중국, 일본, 북한, 러시아 등 주변국가에서도 동
양평화론에 대한 연구가 이루어졌으며(현광호, 2013: 95), 1990년대에는 국가보훈
처와 독립기념관에서 관련 자료집을 간행한 것이 계기가 되어 안중근에 대한 국
내 연구가 확대되었다(김경일, 2009: 195). 특히 2009년과 2010년에 안중근 의거
또는 순국 100주년을 기념하는 학술대회 개최와 논문집, 학술서적 출판이 대거
이루어지면서 안중근의 평화사상에 대한 학술적 축적이 상당히 이루어져 있다.[2]

---

1) 안중근은 사형 판결 후 고등법원장 면담 시 동양평화론 집필 시간 확보를 위해 항소하지 않는
   조건으로 사형집행 지연을 요청하였고, 긍정적인 구두 답변을 받은 후 실제로 항소를 하지 않
   았다. 하지만 사형 집행예정일 다음 날 집행이 이루어졌다(현광호, 2013: 94).
2) 이 시기동안 개최된 학술대회는 모두 20개, 130여 편의 발표가 있었고, 연구주제가 대체로 동
   양평화론에 집중되었다(조형열, 2013: 155, 158).

안중근의 동양평화론에 대한 연구물에서 두 가지 대립되는 연구경향이 발견된다. 먼저 안중근의 동양평화론의 가치를 매우 높이 평가하는 경향으로, 안중근이 선지자적 혜안으로 시대를 앞선 평화사상을 제시했다는 평가는 물론, 아직까지 지속되고 있는 동아시아의 비평화적 관계 해결에 지침이 되는 방안을 제공하고 있다며 그 현재적 가치를 높게 사는 논문들이 대다수이다.3) 반면 일부 학자들은 그러한 주류 연구 경향이 과장, 미화된 것이라며 경계의 목소리를 낸다. 이들은 동양평화론이 안중근의 독창적 사상이 아니라 당시 유행했던 담론이 반영된 것이라는 점과 여러 시대적 한계를 뚜렷이 보인다는 점을 지적한다.4) 이와 같은 양 극단의 평가에 대해 함규진은 안중근 사상이 '한편에서는 시대와 장소를 초월한 인류의 위대한 유산인 반면, 한편에서는 그 시대와 장소에 매몰되었을 뿐더러 허점 투성이의 삼류 사상'으로 평가되고 있다고 말한다(함규진, 2018: 9).

본 연구자가 보기에 두 진영 중 어느 쪽도 안중근의 동양평화론에 대해 합당한 평가를 하고 있는 것 같지는 않다. 한쪽은 편향적 선택과 윤색을 통해 안중근을 찬양하는 경향이 없지 않다. 다른 한쪽은 엄밀한 접근을 통해 안중근이 시대의 영향을 받았다는 것을 밝혀냈다는 점에서 의의가 있지만 그 점을 이유로 안중근의 평화사상 전체를 폄하하는 것 또한 부당한 것으로 보인다. 안중근이 완전무결의 고유한 평화사상을 창시하지는 않았지만 20세기 초 우리나라를 대표하는 평화주의자로서의 그의 위상은 비교적 확고하다. 그런 면에서 안중근의 평화사상에 대한 우리의 이해는 더욱 다듬어질 필요가 있고 그러한 이해가 어떻게 활용될 수 있을지에 대한 궁리도 필요하다.

본 연구에서는 특히 안중근의 평화사상이 가지는 근대성에 주목하고자 한다. 안중근의 평화사상의 바탕에 비록 매우 원론적인 차원이지만 천부인권사상, 문명론, 국가관 등을 담고 있다. 그에게 평화는 단순히 전쟁과 폭력이 멈춘 상태, 일제라는 외세로부터 국권을 수호하여 안정의 상태로 돌아가는 것을 의미하지 않는

---

3) 안중근의 동양평화론의 사상적 가치를 높게 평가하고 있는 수많은 연구들이 있지만 안중근의사기념사회(2010, 2019)에서 펴낸『안중근과 동양평화론』과『안중근과 그 시대』에 포함된 논문들이 대표적이다.

4) 동양평화론의 사상적 가치에 가장 적극적으로 의문의 제기한 이들은 김윤희(2013), 최종길(2016)이다. 동양평화론의 사상적 가치를 인정하면서도 내포되어 있는 한계점을 비판하는 논문 또한 다수 존재한다.

다. 국법 아래에서 누구나 평등하게 보호받고 존중되는 나라, 국가 간의 연대와 협력으로 모든 사람들이 안정과 풍요를 누리는 세상을 꿈꾼다는 점에서 그의 평화사상은 근대적 성격을 가지고 있다.

본 연구는 다음과 같이 구성된다. 먼저 안중근의 생애를 간략히 소개한 후 안중근의 동양평화론이 분석될 것이다. 안중근의 생애는 그의 평화사상의 배경이 되거나 구체적 내용과 관련된 일화 등을 위주로 정리될 것이다. 안중근의 동양평화론을 분석함에 있어 필요에 따라서 그가 살았던 시대적 맥락도 함께 파악하여 그의 평화사상과 관련된 오해를 해소하기 위한 설명을 덧붙이도록 하겠다. 다음으로는 그의 평화사상이 가지는 근대적 성격을 칸트의 평화사상과 연결하여 분석하겠다. 대표적 근대철학자인 칸트는 말년에 '영구평화론'을 집필하였는데, 칸트의 평화사상은 안중근의 평화사상 이해에 활용도가 높다. 결론에서는 안중근의 평화사상이 가지는 교육적 의미를 밝히겠다. 안중근의 평화사상은 그 근대적 성격으로 인해 현대시민교육과 관련하여 직접적인 함의를 가지며, 그의 삶 자체가 미래 사회를 선도할 시민 양성을 위한 적합한 교육 자료임을 주장할 것이다.

II. 안중근의 생애

안중근은 고려말 유학자 안향을 시조로 모시는 재력이 풍부한 양반 가문 출신이다(함규진, 2018: 14).[5] 아버지 안태훈은 한학에 조예가 깊어 진사에 급제하였으며 문장가로 널리 알려져 있었다고 한다. 안태훈은 서구문물에 열린 태도를 가졌던 개화지식인이기도 하다. 그는 개화파 박영효가 모집한 유학생에 뽑힌 경력이 있고 천주교에도 입교한다.

안중근은 그러한 아버지의 영향 아래에서 유학, 개화사상, 천주교를 접하며 다양한 지식을 쌓고, 넓은 식견을 갖추게 된다. 안중근 스스로도 "나는 날마다 신문과 잡지와 각국 역사를 열심히 읽고 있었기 때문에, 지나간 과거와 현재와 미래의

---

5) 안중근의 일생과 주변인물들의 이야기는 안중근 자서전인 '안응칠역사'(안중근, 1995: 22-100; 2010: 459-524)를 토대로 한다. 직접인용을 하거나 '안응칠역사' 이외의 자료를 활용할 경우에만 인용 위치를 밝힌다. '안응칠역사' 인용문은 대부분 번역이 자연스러운 신용하 편역(1995)에서 가지고 오고, 번역 오류가 있는 경우만 윤병석 편역(2011)을 대신 인용한다.

[그림1] 뤼순 옥중 안중근
(출처: 안중근의사기념회)

일을 예측할 수 있었다."고 말한다(안중근, 1995; 55). 어려서부터 의협심이 강하고 적극적인 성품을 타고나 실천가로서 자질이 풍부했던 청년 안중근은 1905년 일제에 의한 본격적인 침탈의 시작을 알리는 을사늑약 체결 이후 교육운동, 결사운동, 국채보상운동, 식산진흥운동, 의병운동에 참여하여 우리 민족이 처한 불행한 상황을 극복하기 위해 전방위적으로 투신하게 된다.

안중근이 독립운동에 투신하기 전 가장 열중했던 활동은 천주교 전도이다. 아버지를 따라 입교한 안중근은 홍요셉(J. Wilhelem) 신부에게 세례를 받아 도마(Thomas)라는 세례명을 얻는다. 신앙이 깊어진 후에는 홍신부와 함께 포교에 나서 대중연설을 할 정도로 독실한 신앙생활을 한다. 안중근은 20대의 젊은 나이임에도 교인들의 신임을 얻어 교인들이 억울한 일로 도움을 구할 때 이에 응해 동분서주하게 된다. 이때 안중근은 두 가지 사건을 통해 조선 지배층의 민중에 대한 폭거를 피부로 느끼게 되는데 하나는 교인 중의 한 명이 경성에 사는 김중환 전 참판에게 5천 냥을 빼앗겨 안중근이 경성까지 가서 대신 반환을 채근한 일이다. 다른 하나는 이경주라는 교인이 해주부 지방대 병영의 위관(尉官)이었던 한원교라는 자에게 아내와 재산을 강탈당하였는데, 한원교가 살고 있던 경성집을 이경주와 함께 항의방문했다가 오히려 한원교에 의해 이경주가 누명을 쓰고 재판을 받게 된 사건이다. 이경주의 재판에 안중근이 증인으로 나서게 되는데 담당검사가 구면이었다. 검사는 안중근이 김중환 집에 방문했을 당시 손님으로 와 있었는데 안중근과 김중환의 대화를 옆에서 듣고서 안중근을 불공하다며 꾸짖었고, 안중근이 이에 기죽지 않고 대거리하였던 것이다. 검사는 그 전 만남에서 가졌던 좋지 않은 감정을 재판 과정에도 그대로 가져가 증인인 안중근을 부당하게 감옥에 가두려고 하고, 안중근은 증인을 가두는 법은 없다고 항변하며 재판장을 빠져나온다. 이 일련의 사건을 겪고서 고향으로 돌아가는 길에 가졌던 감회를 안중근은 다음과 같이 떠올린다.

  "독립문 밖을 지나면서 돌이켜서 생각해 보니 가슴이 찢어지는 것만 같았
다. 친구가 죄도 없이 감옥에 갇혀 풀려나지 못하고 이 추운 겨울을 감옥 안
에서 고생을 하며 지내야 했기 때문이다. 그리고 언제나 저렇게 못된 정부를
단번에 타파하여 개혁하고, 난신적자(亂臣賊子)들을 쓸어 버려, 당당한 문명
독립국을 이루어 명쾌하게 민권의 자유를 얻을 수 있을까 하는 생각을 하니
피눈물이 솟아올라 발걸음을 옮길 수가 없었다."(안중근, 1995: 49)

  안중근은 을사조약 체결 후 고향을 떠나 중국 산둥과 상해 등지를 돌며 국권
수호를 위해 자신이 할 수 있는 일을 찾기 위해 노력한다. 현지에서 동포유력가들
을 만나 일을 꾀하려 하지만 모두 매우 소극적인 태도로 일관한다. 그중 서상근은
자신을 일개 장사치로 칭하며 "국가의 정치야 우리 같은 백성들에게 무슨 상관이
냐"고 안중근에게 반문한다. 이에 대해 안중근은 다음과 같이 말한다. "그것은 하
나만 알고 둘은 모르시는 말씀입니다. 백성이 없으면 나라가 어떻게 있을 수 있으
며, 더구나 나라란 몇 명의 대관들의 나라가 아니라 당당한 2천만 민족의 나라입
니다. 국민이 국민된 의무를 다하지 않으면서 어떻게 민권과 자유를 얻을 수 있겠
습니까?"(안중근, 1995: 49) 이 말은 앞서 경성에서 겪은 일에 대한 소회와 함께 안
중근의 민권사상을 잘 드러내고 있다. 안중근은 국가의 주인은 민중이고, 따라서
민중은 주권 수호를 위해 내외의 적, 부정한 정부나 외세에 대항할 책임이 있다고
인식하고 있는 것이다. 민중이 주권자로서 권리와 의무를 가지는 상태, 즉 민중이
근대시민으로서의 역할을 하기를 원하고 있는 것이다.

  안중근이 동포들의 무기력한 태도에 실망해 있던 차에 친분이 있었던 곽신부
(Le Gag)를 상해에서 우연히 만난다. 고국에서 실력양성에 힘쓰라는 곽신부의 권
유로 이후 귀국하여 교육운동에 뛰어들게 된다. 1906년 진남포로 이주 후 안중근
은 가산 일부를 정리하여 돈의학교와 삼흥학교 설립 및 운영 자금을 마련한다. 돈
의학교는 본래 진남포 천주교 본당에서 운영하던 학교인데 운영이 어려워지자 안
중근이 이를 인수하여 교장을 맡는다. 그는 같은 해 영어교육 야학교(夜學校)인 삼
흥학교(三興學校)도 진남포 성당에 설립하여 청년들을 키우는 민족교육기관으로
육성하고자 한다(오일환, 2009: 40).6) 안중근이 돈의학교 교장시절 교사와 학생을

---

6) 삼흥학교에 대해서는 본문에 설명한 것과 같이 안중근이 설립했다는 설과 진남포 해관(海關)에
   근무하던 오일환이 성당에 세운 야학교였는데 이 학교의 경비를 안중근이 부담하게 된다는 설

대상으로 한 훈화 내용이 전해지고 있어 교육에 대한 안중근의 생각을 엿볼 수 있다. "외세가 기승을 부리고 호시탐탐 침략을 일삼고 있을 때 이 엄청난 세력을 막을 길은 민족교육을 철저히 받은 졸업생이 앞장서서 단련된 교육사상을 가지고 정신문화사적으로 방어하면서 교육 문화를 고취하고 드높이는 데 있는 것이다. … 그것이 곧 동양의 평화정착을 보장한다고 굳게 믿는다." 안중근에게 있어서 교육은 민족의 정신문화적 정체성 강화를 통해 외세의 침략에 대항하는 한편, 궁극적으로는 동양평화에 기여할 새로운 세대를 기르는 것을 목적으로 하는 것이었다.

이 시기 안중근은 교육운동뿐 아니라 다방면의 실력양성 운동을 병행한다. 안중근을 포함한 3인이 공동 투자하여 삼합의(三合義)이라는 무연탄 판매회사를 설립, 운영하였는데 일본의 방해로 큰 손해를 본 채 폐사한다(안중근, 2011: 491). 비록 실패하기는 했지만 안중근의 회사운영 경험은 당시 상공인 사이에서 애국계몽운동의 일환으로 전개되던 식산진흥운동(殖産振興運動)의 성격을 지니고 있는 것으로 평가된다(조광, 1994: 83; 박병철·주인석, 2015: 44). 또한 이때 국채보상운동이 전국적으로 일어나자 이에 적극적으로 참여하기도 한다.

하지만 결국 1907년 헤이그 특사파견을 빌미로 고종황제가 일제에 의하여 퇴위되고, 정미7조약 늑결로 군대가 강제해산 당하는 등 일제의 식민지화가 본격화되자 안중근은 실력양성운동에서 무장투쟁운동으로 돌아선다. 안중근은 연해주 국외의병 대열에 참여하여 국내진공작전에 참여하게 된다. 전쟁이라는 폭력적인 방법을 통해 일제에 대항하는 의병활동 중에 오히려 안중근의 평화주의자로서의 면모가 더욱 뚜렷하게 드러나는 사건이 일어난다. 1908년 6월 안중근이 참모준장으로서 이끈 부대가 두만강을 건너 함경북도에서 일으킨 의병전투에서 승리하여 일본 군인과 상인을 포로로 잡게 된다. 이때 안중근은 만국공법(국제법)에 근거하여 포로들에게 인도주의적 처사를 베푼다. 안중근이 조선침략을 수행하는 것에 대해 일본군 포로들을 꾸짖자, 포로들은 자신들의 뜻과 다르게 이토 히로부미의 계책에 어쩔 수 없이 동조할 수밖에 없었음을 호소한다. 안중근은 이들의 말을 진실로 받아들이고 다음과 같이 당부하면서 모두 놓아주게 된다. "너희들을 살려 보내 줄 것이니 돌아가거든 그런 난신적자들을 쓸어버리도록 하여라. 만일 또 그 같은 간사한 무리들이 까닭 없이 전쟁을 일으켜 동종을 괴롭히고 이웃 나라를 침해하

(조광, 1994: 76)이 있다.

고자 하는 의견을 제시하면 그런 자를 쫓아가 제거해 버려라. 그렇게만 하면 그런 자가 열 명이 되기 전에 동양평화가 이루어질 것이다."(안중근, 1995: 70)

이 일로 인해 안중근은 부대원들로부터 큰 반발을 사게 된다. 당시 일본군은 의병은 물론 의병군을 도운 동네까지 초토화시키는 만행을 벌이고 있어서 안중근의 포로들에 대한 관대한 처사에 다른 부대원들의 불만이 더욱 커질 수밖에 없는 상황이었다. 안중근은 부대원들을 설득하기 위해 다음과 같이 말한다.

> "적들이 그 같이 폭행을 하는 것은 하느님과 사람들이 다 함께 노하는 것인데, 이제 우리들마저 저들과 같은 야만의 행동을 하자고 하는가. 또 일본의 4천만 인구를 모두 다 죽인 뒤에 국권을 도로 회복하려고 하는가? … 우리는 약하고 저들은 강하니 악전(惡戰)할 수는 없다. 뿐만 아니라 충성된 행동과 의로운 거사로써 이등의 포악한 정략을 성토하여 세계에 널리 알려서 열강의 동정을 얻은 다음에라야 한을 풀고 국권을 회복할 수 있을 것이니, 그것이 약한 것으로 강한 것을 물리치고, 어진 것으로써 악한 것을 대적한다는 그 것이다." (안중근, 2011: 499)

의병전투 속에서도 동지들의 반대를 무릅쓰고 적을 일본 전체가 아닌 제국주의자로 한정하고, 포로들에 대한 인간애를 실천하는 모습 속에서 안중근이 평화의 가치를 얼마나 소중히 여겼는지 엿볼 수 있다. 극소수의 병력으로 일본이라는 대국의 군대에 대항하여 싸우는 열악한 처지이지만 악(惡)한 전쟁을 할 수 없다는 말 속에서 전쟁 중에도 인륜을 지키려는 안중근의 강한 의지가 빛나고 있다. 특히 앞서 포로들에게 일본 제국주의 세력에 대항하여 싸울 것을 당부하는 말 속에서는 안중근이 일본 민중을 적대의 대상이 아니라 평화쟁취를 위한 연대의 대상으로 여기는 것을 볼 수 있다.

하지만 안중근이 포로를 방면했던 일로 인해 일부 장교들이 군사를 거느리고 이탈하는 일이 발생한다. 며칠 뒤에는 일본군의 기습으로 제대로 응전조차 못한 채 참패를 한다.[7] 안중근은 천신만고 끝에 일본군의 영향권 밖으로 달아나 연해

---

7) 일본군 기습에 의해 참패한 것은 안중근이 방면한 포로들로 인해 의병대의 위치와 전력이 일본군에게 드러났기 때문으로 추측된다(조광, 1994: 55; 오영섭, 2010: 63; 박병철·주인석, 2015: 47 등).

주로 귀환한다. 안중근은 좌절하지 않고 의병활동 재개를 위해 백방으로 다시 뛰어다니는데 동의단지회를 결성하는 것도 이때의 일이다. 안중근은 우리나라를 침탈하고 동양평화를 깨뜨리는 주범이 이토 히로부미라는 생각이 확고했다. 그를 제거하는 것을 통해 우리나라의 독립과 동아시아의 평화를 앞당길 수 있다고 생각한 안중근은 이토의 하얼빈 방문 소식을 접하고 1909년 10월 26일 하얼빈역에서 3발의 탄환으로 그를 쓰러뜨린다. 안중근은 이 일로 일제에 의해 사형 선고를 받고 1910년 3월 26일 32세의 나이로 생을 마감하게 된다.

Ⅲ. 안중근의 동양평화론

안중근은 그의 일제에 대한 모든 결사항전의 궁극적인 목표가 동양평화임을 누누이 강조한다. 하얼빈 의거 후 현장에서 곧바로 체포된 안중근은 신문과정에서 "왜 이토를 죽였는가"라는 질문에 그의 죄 15가지를 열거하는데 '동양평화를 깨뜨린 죄'를 포함시킨다. 안중근은 이후 공판 과정에서도 하얼빈에서 이토 히로부미를 죽인 것은 대한국의 의병 참모중장으로서 의무를 행한 것이고 이는 '동양평화의전(東洋平和義戰)'의 일환이었음을 강조한다(안중근, 2011: 520, 566). 안중근이 뛰어든 전쟁은 일본에 의해 시작된 침략전쟁에 응전하는 정당한 전쟁, 일본이 무너뜨린 동양평화를 되찾기 위한 의로운 전쟁이었음을 주장하고 있는 것이다.

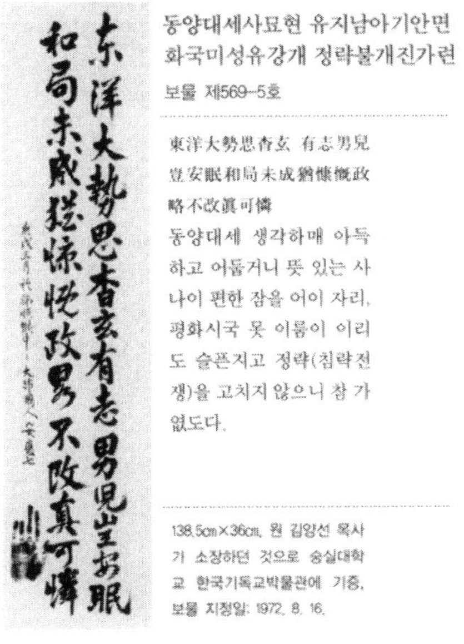

앞서 언급되었듯이 안중근은 자신의 동양평화에 대한 사상을 동양평화론이라는 저술의 형태로 체계화하려고 하였지만 그 뜻을 이루지 못하였다. 하지만 다른 여러 보충자료를 통해 동양평화론의 내용을 파악하는 것이 가능하다. 안중근에게 있어서 동양평화는 다층적 의미를 가지는 것으로 먼저 동양평화는 국가주의

동양대세사묘현 유지남아기안면
화국미성유강개 정략불개진가련
보물 제569-5호

東洋大勢思杳玄 有志男兒
豈安眠 和局未成猶慷慨政
略不改眞可憐
동양대세 생각하매 아득하고 어둡거니 뜻 있는 사나이 편한 잠을 어이 자리, 평화시국 못 이룸이 이리도 슬픈지고 정략(침략전쟁)을 고치지 않으니 참 가엾도다.

138.5cm×36cm, 원 김양선 목사가 소장하던 것으로 숭실대학교 한국기독교박물관에 기증. 보물 지정일: 1972. 8. 16.

[그림2] 안중근의사숭모회
(출처: 안중근의사기념관 홈페이지)

적 의미에서의 평화, 즉 각 국가가 국권을 수호하여 자주독립의 상태를 유지하는 것을 기본으로 한다. 더하여 동양평화는 동양이라는 지역 국가들이 연대를 통해 서양 제국주의 공격으로부터 동양의 자주권을 지켜내는 평화이다. 나아가 동양평화는 전 인류의 공영과 안정을 위한 세계평화의 일부분으로서 성취되어야 하는 것으로 확장성을 내포하는 개념이기도 하다.

1. 국가주의 차원의 평화

하얼빈 거사 후 체포된 후 안중근은 이토 히로부미의 죄목을 다음 같이 나열한다.

1. 한국의 민황후를 시해한 죄요.
2. 한국 황제를 폐위시킨 죄요.
3. 5조약과 7조약을 강제로 체결한 죄요.
4. 무고한 한국인들을 학살한 죄요.
5. 정권을 강제로 빼앗은 죄요.
6. 철도, 광산과 산림, 천택을 강제로 빼앗은 죄요.
7. 제일은행권 지폐를 강제로 사용한 죄요.
8. 군대를 해산한 죄요.
9. 교육을 방해한 죄요.
10. 한국인의 외국 유학을 금지시킨 죄요.
11. 교과서를 압수하여 불태워 버린 죄요.
12. 한국인이 일본인의 보호를 받고자 한다고 세계에 거짓말을 퍼뜨린 죄요.
13. 현재 한국과 일본 사이에 경쟁이 쉬지 않고 살육이 끊이지 않는데, 한국이 무사태평한 것처럼 위로 천황을 속인 죄요.
14. 동양 평화를 깨뜨린 죄요.
15. 일본 천황 폐하의 아버님인 태황제를 죽인 죄라고 하였다. (안중근, 2011: 515)

안중근이 나열한 이토의 죄목 15개 중 1개는 동양평화를 깨뜨린 죄이고, 2개는 일왕과의 관계에서 저지른 죄이다. 대다수인 나머지 12개가 한국의 주권 유린과 민중 억압에 대한 것이다. 안중근은 분명 일본에 의한 한국 주권 침해에 대항하는 것, 한국이 주권국가로서의 당당한 위상을 되찾는 것을 위해 싸운 것이다. 따라서 동양평화란 한국이 일본의 억압에서 벗어나 평화를 이룬 상태를 의미한다.

이와 같은 안중근의 국가주의적 의미에서의 평화, 일본으로부터의 국권 수호가 곧 평화라는 생각은 공판 기록에서도 확인된다. 안중근은 러일전쟁 시 일본이 선전조칙을 통해 동양의 평화를 유지하고 한국의 독립을 위해 개전한다고 선언했지만, 러일전쟁 승리 후 오히려 이토 히로부미의 주도로 을사5조약, 정미7조약을 체결하여 한국의 국권을 침탈하였다는 점을 지적한다.[8] 이에 자신은 의병의 참모 준장으로서 독립전쟁의 일환으로 하얼빈 거사를 수행한 것이고 따라서 자신은 보통의 자객이 아닌 적군에 의해 포로가 되어 있는 상태임을 주장한다(이기웅 편, 2010: 280). 즉, 자신이 해 왔던 무장투쟁은 국가가 침략 국가를 상대로 하는 정당한 전쟁이고 자신은 이를 수행하는 군인이라는 것이다.

안중근에게 있어서 국가란 다름 아닌 민족국가로 국가주의와 민족주의는 구분되지 않는다. 그가 동포의 의병활동 참여를 독려하기 위해 1908년 3월 21일 블라디보스토크에서 발행되는 해조신문에 기고했던 '인심결합론'이라는 제목의 글 속에서도 독립은 민족적 과업으로 설정되어있다.

> "깨어라! 동포들아! 본국의 이 소식을 듣지 못했는가? 당신들의 일가친척은 모두 대한 땅에 있고 당신들의 조상의 분묘도 모국 산하에 있지 않단 말인가? … 각자 불화(不和) 두 자를 깨뜨리고 결합(結合) 두 자를 굳게 지켜 자녀들을 교육하며, 청년자제들은 죽기를 결심하고 속히 우리 국권 회복한 뒤에 태극기를 높이 들고 처자 권속과 독립관에 서로 모여 일심단체로 육대주가 진동하도록 대한독립만세를 부를 것을 기약하자!"(안중근, 1995: 310-311)

안중근의 항일투쟁의 가장 직접적인 목표는 국가와 민족의 독립으로, 이를 동

---

8) 선전조칙에는 실제로 '한국의 독립'이 아니라 '한국의 보전'이나 '한국의 존망'과 같은 용어들이 사용되고 있음이 야마무로(2010: 362)와 나카노(1995: 48-50)에 의해 지적되고 있다. 즉 안중근이 선전조칙의 정밀한 의미를 이해하지 못하고 선의로 해석했다는 것이다. 하지만 실제로 선전조칙의 숨은 의도를 알지 못하는 한 '한국의 보전'은 '한국의 독립'으로 해석될 가능성이 매우 높고, 당시 한국사회가 러일전쟁에서 일본이 승전한 것을 환영했다는 점을 보아도 한국사회 전체가 선전조칙을 그러한 식으로 해석했다고 보아야 할 것이다.

양평화를 위한 것이라고 말하는 것은 가장 소극적 의미로서의 평화, 즉 국가와 민족이 외세의 억압과 간섭으로부터 벗어난 상태를 말하는 것이다. 국가가 다른 국가로부터 분리 독립된 원래의 상태를 유지한다는 평화 개념은 기존의 상태를 있는 그대로 긍정하고 개선이나 발전을 지향하지 않는다는 면에서 가장 소극적인 의미의 평화이다. 따라서 소극적 의미의 평화를 주장하는 것은 단지 약소국이 강대국에 대항하기 위한 수단적 논리라는 해석이 가능해진다. 즉, 강대국이 공격해 올 때 약소국은 자국의 독립을 주장하는 데 있어서 평화만큼 좋은 명분을 제공하는 것이 없기 때문에 독립과 평화를 불가분한 것으로 주장하게 된다는 것이다. 실제로 안중근의 동양평화론을 일본 침략을 막기 위한 하나의 방책 또는 자위수단으로 보는 견해도 있다(박광득, 2012: 109, 130).

안중근이 애국계몽운동과 의병활동에 투신한 직접적인 계기는 어디까지나 일제의 국권 침탈이었고 한국의 독립과 동양평화가 주로 짝을 이루어 주장되고 있다는 점에서 안중근이 평화를 방어의 논리로 활용하고 있다는 주장은 일견 타당해 보인다. 만약 안중근이 동양평화를 주장하는 것이 그러한 소극적 의미에서뿐이라면, 즉 단지 한국의 독립을 주장하기 위한 명분 쌓기였다면 분명 안중근은 저항 민족주의적 관점을 가지는 독립운동가일 뿐 평화주의자라고는 보기 힘들 것이다. 안중근이 민족주의자에 머물지 않고 평화주의자라고 말할 수 있으려면 그가 말하는 평화는 더 적극적 의미를 가져야 하는 것이다.

안중근은 평화를 주로 독립과 양립시킨다는 면에서 국가주의적 차원에서 자주 주장하고 있는 것은 분명하다. 하지만 뒤에 더 자세히 보겠지만 안중근은 평화를 한·중·일 삼국 간의 평화, 더 나아가 아시아 전체 또는 세계 전체로 넓혀 간다는 점에서 그의 평화는 자국가와 자민족만을 위한 평화를 의미하지 않는다는 것 또한 분명하다. 인류 공영을 위한 세계평화를 지향한다는 점에서 안중근은 국가주의 또는 민족주의자인 동시에 평화주의자라고 말할 수 있는 것이다. 실제로 많은 이들이 안중근을 민족주의와 동양평화주의 또는 민족주의와 세계주의를 조화시킨 인물로 평가하고 있다(오일환, 2012: 55; 김진호, 2014: 451; 도진순, 2010: 255; 김용해, 2018: 14).

다른 한편 국가주의적 차원의 평화를 과연 약소국의 방어 논리로만 보는 것이 타당한가를 생각해 볼 수 있다. 만약 소극적 의미의 평화가 자국의 이익만을 위해 사용되는 개념이 아니라 보다 적극적 의미의 평화를 위한 필요조건이라면 비록 국가 수호의 입장에서 평화를 주장한다고 하더라도 그것은 국가주의자 또는 민족주의자가 아닌 평화주의자의 주장이 될 수 있는 것이다. 다시 말해 "독립이 평화이다."라는 말이 "독립은 평화를 위한 전제조건이다."를 내포하고 있다면 안중근은 국가주의자와 평화주의자라는 이중의 정체성 사이에 적절한 균형점을 찾은 사람이라기보다 평화주의자인 것이고, 평화주의자이기 때문에 국가주의자가 될 수밖에 없는 것이 된다.

안중근이 독립 없는 평화는 있을 수 없기 때문에 독립운동가가 된 것이지 독립 그 자체만을 목적으로 하지 않은 것으로 해석할 수 있는 발언을 찾을 수 있다. 먼저 1909년 9월 15일자 신한민보에 기고한 글에서 안중근이 "극동의 평화를 유지하려면 동양 삼국의 권리가 균등한 연후에야 될지니 일본이 한국을 능압하며 청국을 침략하면서 어찌 평화를 말하느뇨."(오일환, 2012: 210 재인용)라고 쓰고 있어, 삼국이 일본에 의해 하나로 통합을 이룬 상태에서는 동양평화를 이룰 수 없고 각국의 국권이 지켜져서 서로 균형을 이루었을 때 평화달성유지가 가능하다고 보고 있는 것을 알 수 있다. 안중근이 독립을 평화의 전제조건으로 보고 있다는 것을 보다 명확하게 드러내는 발언은 하얼빈 거사 이후 뤼순 감옥에서 진행된 제6회 신문에서 찾아볼 수 있다(국사편찬위원회, 1976: 174).

> "문 그대가 말하는 동양평화(東洋平和)란 어떠한 의미인가
> 답 그것은 모두가 자주독립(自主獨立)하여 갈 수 있는 것이 평화이다.
> 문 그렇다면 그 중 나라가 일개국(一個國)이라도 자주독립(自主獨立)이
>   되지 않으면 동양평화(東洋平和)라고 말할 수 없다고 생각하는데 그
>   런가
> 답 그렇다."

안중근에게 있어서 평화는 한국이 일본을 물리쳐 국권을 되찾는 것으로 완성되는 것이 아니다. 평화는 모든 나라가 다른 나라의 자주독립을 존중하는 평등한 상태를 의미하는 것으로, 국가주의적 의미의 평화가 동양평화 또는 세계평화와 같은 보다 넓은 범위의 평화와 연결되어 있는 것을 알 수 있다. 안중근이 각 국가의 자주독립과 더 넓은 범위의 평화의 연결성에 대해 더 자세히 설명하지는 않지만,

분명 그에게 있어서 평화란 한국의 독립에만 국한되지 않고 그 독립을 바탕으로 동양과 세계의 평화로 나아가는 것을 의미한다.

2. 개방적 지역공동체 건설에 의한 동양평화

안중근의 옥중 유고인 동양평화론은 다음과 같이 시작한다.

> "무릇 합치면 성공하고 흩어지면 패배한다는 것은 만고의 변함이 없는 분명한 이치이다. 지금 세계는 동서로 나뉘어져 있고 인종도 각기 달라 서로 경쟁을 하고 있다. 일상생활에 편리한 기구에 대한 연구도 농업이나 상업보다는, 대단한 신발명품인 전기포(電氣砲), 비행기(飛行機), 침수정(侵水艇) 등 모두 사람을 상하게 하고 물건을 해치는 기계에만 치우치고 있다. 청년들을 훈련시켜 전쟁터로 몰아넣어 수많은 귀중한 생명을 희생시켜, 피가 냇물을 이루고 물고기가 널려짐이 그치지 않고 있다. 삶을 좋아하고 죽음을 싫어하는 것은 모든 사람들의 한결 같은 마음이거늘 이 무슨 광경이란 말인가. 말과 생각이 여기에 미치면 뼈가 시리고 마음이 서늘해진다." (안중근, 1995: 169)

안중근은 전 세계에서 일어나고 있는 신무기를 사용한 무자비한 살육전쟁에 희생되고 있는 인류에 대한 안타까운 마음을 표현하고 있다. 이런 비극을 막기 위한 가장 핵심적인 전략은 단결로, 안중근은 "합치면 성공하고 흩어지면 패배한다."라는 말을 동양평화론의 첫 문장으로 내세우고 있다. 여기서 단결은 어떤 이들의 단결을 말하는가는 그가 서양문명과 동양문명을 비교하는 데에서 명확해진다. 그는 서로 인종이 다른 동과 서가 나뉘어 경쟁하고 있다면서 당시 세계를 동양 대 서양 혹은 황인종 대 백인종의 대결 구도로 파악하고, 서양세계에 대해 "도덕을 까맣게 잊고, 나날이 무력을 일삼으며, 경쟁심을 키워, 조금도 거리끼는 바가 없다."고 비판한다(안중근, 1995: 169-170). 이에 반해 동양은 예로부터 "자기 나라만 조심스레 지킬 뿐, 유럽의 한 치의 땅도 빼앗지 않았다."며 동양의 도덕적 우위를 강조한다(안중근, 1996: 169). 이에 그는 "서양 세력이 동양으로 뻗쳐오는 [西勢東漸] 환난은 동양 사람이 일치단결해서 극력 방어하는 것이 최상책"이라고 말하며, 서양 제국주의 세력에 대항하기 위한 동양 국가들의 협력을 주장하고 있다(안중근, 1995: 171).

그렇다면 동양의 범위를 어디까지 볼 것인가를 질문해 볼 수 있을 것인데 안중근에 대한 신문조서에서 답을 찾을 수 있다. 검찰관이 동양평화에서 동양이 어디를 지칭하는지 물었을 때, 안중근은 중국, 일본, 한국에 더하여 샴(태국)과 버마(미얀마)까지 포함시켜 대답한다(국사편찬위원회, 1976: 173-174). 이를 통해 그가 한·중·일 삼국이 중심이 되는 유교문화권만 동양으로 보는 것이 아니라 아시아 전체로 확장 가능한 범주로 여기는 것을 알 수 있다. 하지만 안중근은 우선 한·중·일 삼국에 초점을 맞추어 실질적인 삼국협력 방안을 제시하는데 그 구체적인 내용이 안중근과 뤼순 고등법원장과의 면담 기록인 '청취서'에 포함되어 있다(국가보훈처, 1996: 51-57).

안중근의 방안은 중국의 뤼순항 관리에 중점을 둔 것인데, 뤼순항은 러시아와 일본 모두에게 확장정책의 교두보가 되는 군사요충지로 청일전쟁, 러일전쟁의 격전지이고 점령주체가 계속 바뀌어 동양의 비평화를 상징하는 비극적 장소였다. 러일전쟁 후에는 일본의 관할이 되어 있었는데 안중근은 일본이 이곳을 중국에 반환한 후 한·중·일 삼국협력의 장으로 이용할 것을 제안한다. 이를 위해 한·중·일 삼국이 동양평화회의를 공동으로 설치하고 일반 민중이 가입하도록 하여 회원들의 회비로 운영한다. 또한 삼국이 공동은행을 설립하고 공동화폐를 발행하여 경제협력을 위한 발판을 마련한다. 그리고 귀순에 3국의 청년들이 참여하는 공동 군단을 건립하되, 청년들이 2개국 이상의 언어를 배우게 하여 서로에 대한 연대의식을 높일 것을 제안한다. 안중근은 이러한 방안이 실행되어 삼국이 함께 번영하는 평화공동체를 이루면 이후 주변 아시아 국가들이 자발적으로 참여할 것으로 보고 있다. 한 가지 특이한 기획은 한·중·일 황제가 로마의 교황 앞에서 협력을 약속하여 세계의 3분의 2를 차지하는 가톨릭 신자의 신용을 얻자는 것인데, 이는 국제적 승인을 얻는 방법으로서 고안된 것으로 안중근이 천주교 신자였던 영향이 클 것이다.[9] 종합해 보면 삼국이 뤼순항을 중심으로 지역공동체를 건설하여 안으로는 정치, 경제, 군사, 문화 모든 분야에서 협력을 증진하여 공동 번영을 이루고,

---

9) 이태진(2010: 345)은 삼국의 왕이 교황을 통해 세계 민중의 신용을 얻는 방법에 대해 다음과 같이 설명한다. "이 제안은 매우 우활(迂闊)해 보이지만, 근대 국제법의 시발점인 1648년 베스트팔렌 조약 이후로 유럽 국가들이 국제적 분쟁 타결을 위한 조약들이 신성로마제국황제의 보증 아래 진행되었던 사실을 안중근이 알고 있었던 것처럼 느끼게 하여 오히려 주목하게 만든다."

나아가 밖으로는 서구 열강의 제국주의 침략으로부터 공동 방어하자는 제안이다. 이러한 구상은 실제 제2차 세계대전 후 설립된 국제연합(UN)의 이념과 지향이 같고, 특히 공동통화정책 등이 1993년 설립된 유럽연합(EU) 구성방안과 유사하다는 점에서 높은 평가를 받고 있다(오일환, 2012: 227; 김호일, 2010a: 58; 윤경로, 2010: 160 등).

안중근이 우선 한·중·일 삼국에 제한하여 초국가적 협력을 하자고 제안한 것은 무엇보다도 삼국이 당시 실제로 갈등상황 속에 있었고, 오랫동안 역사적, 지리적, 문화적으로 상당히 밀접한 관계를 맺어 왔기 때문에 당연한 발상이라고 볼 수 있다. 당시 한국사회에는 이미 삼국 연대에 대한 담론이 활발하게 형성되고 있었다. 대표적으로 독립신문과 황성신문이 한·중·일의 연대를 자주 주장했는데, 독립신문의 경우 삼국공영론을 1890년대 말부터 제기한다. 중국이 1898년 무술개변(戊戌改變), 의화단 반란, 그리고 8개국 연합군의 천진 함락이라는 일련의 사건을 겪으면서 결국 서구 열강에 의한 반신민지화된다. 삼국공영론은 중국의 위기가 인접한 한국과 일본의 위기이기도 하다는 공동운명체론을 전제하는 것으로, 위기에 대처하려면 일본과 협력하여 청을 개명하여 동맹 관계를 이루어야 한다는 주장이다(서영희, 2010: 317). 황성신문은 가장 빈번하게 삼국제휴론을 주장하였는데, 러시아 등 백인종에 대항하기 위해서는 한·중·일 삼국이 협력해야 한다는 것이다(서영희, 2010: 318). 이와 같이 한국 사회에 팽배했던 위기의식과 그에 따른 지역적, 인종적 동맹의 필요성에 대한 광범위한 사회적 인식이 형성된 속에서 안중근도 한·중·일 중심의 동양평화론을 구상했던 것을 알 수 있다.[10]

안중근의 동양평화론이 지역적, 인종적 연대를 강조하고 있는 당대 여론의 영향을 받아 같은 입장을 견지하고 있다는 점을 한계로 지적하는 연구들이 다수 있다(박광득, 2012: 129; 도진순, 2010: 255; 강동국, 2009 등). 한·중·일만의 협소한 지역주의와 백인종 대 황인종이라는 인종주의에 매몰되어 있다는 지적인데, 일부 연구자들은 그런 지역주의적, 인종주의적 삼국 협력론의 진원지가 일본이고 안중근

---

[10] 안중근이 당시 한국 사회 담론의 영향을 받았다는 것은 안중근이 읽었다는 신문의 종류로 파악될 수 있는데, 그는 대한매일신보 황성신문, 제국신문에 더하여, 미국에서 발행하는 공립신문, 블라디보스토크에서 발행되는 대동공부를 읽었고. 그중에서 가장 많이 읽은 것은 대한매일신보와 황성신문이었다고 말한다(국사편찬위원회, 1980: 5-6).

이 이를 무비판적으로 받아들였다고까지 말한다(최종길 2016; 김윤희, 2013).[11] 하지만 안중근이 삼국 협력을 주장하게 된 시대적 배경을 고려한다면 협소한 지역주의라는 비판은 지나친 것으로 보인다. 당시는 서구 열강의 아시아 침략이 본격화된 때로 그에 대한 경계심은 근거 없는 것이 아니었으며, 따라서 지정학적으로 서로 면해 있는 삼국이 공동 대응하자는 주장은 합리적 방안으로 보인다. 게다가 앞서 보았듯이 안중근은 자신이 제안한 삼국협력기구가 안착된다면 다른 아시아 국가들이 자발적으로 가입할 것이라고 예측하고 있다. 즉, 협력의 범위를 폐쇄적으로 보지 않고 있는 것이다. 이 점에 주목하면 안중근의 삼국협력기구는 아시아 전체의 평화와 공영을 위한 공동체 형성의 구심점 역할을 하는 것으로 구상되어 있는 것이어서 편협한 지역주의적 발상과는 거리가 멀다는 것을 알 수 있다. 또한 안중근이 "동양평화를 기하고 나아가 오대양 육대주에 까지도 모범을 보이고자 하는 것이 목적"이라고 말하거나(최이권, 1990: 193), 삼국이 유럽 및 세계 각국과 더불어 평화에 온 힘을 다하면 세계평화를 이룰 수 있을 것으로 내다봐(이기웅, 2010: 283) 동양평화를 세계평화와의 연결성 속에서 파악하는 것을 알 수 있다. 이렇게 확장성을 특징으로 하는 동양평화론은 당시 한국사회에 널리 퍼져 있었던 방어만을 목적으로 하는 삼국동맹담론과 뚜렷한 차별성을 가지는 것이다.

　지역주의와 더불어 안중근의 동양평화론에서 가장 문제시되고 있는 것은 인종주의적 관점이 나타나고 있다는 것이다. 실제로 안중근이 사용하는 언어를 보면 인종주의적 색채가 없지 않다. 앞서 언급했듯이 안중근은 인종이 다른 동양과 서양, 즉 황인종과 백인종의 대결 구도로 세계정세를 파악하고 황인종은 도덕을, 백인종은 비도덕을 대표하는 것으로 보는 점에서 기본적으로 인종항쟁관을 가지고 있다고 해석될 수 있는 여지가 다분하다. 특히 러일전쟁의 맥락을 파악하는 데 있어서 인종적 범주가 더 자주 사용되고 있다. 그는 러일전쟁에 대해 "황색인종과 백색인종의 경쟁"으로 규정하고, 러시아에 대해서 "수백 년 동안 악을 행해 오던 백인종의 선봉대"라고 말하며 일본이 황색인종을 대표하여 백인종에게 승리한 것으로 보고 있다(안중근, 1995: 170). 또한 당시 한국과 중국이 러시아 편에 서지 않

---

11) 함규진(2018: 15)은 중국의 량치차오가 동양인-황인종이 서양에 맞서 싸워야 한다는 주장을 했고 이 주장이 황성신문과 음빙실문집을 통해 국내 널리 알려진 점을 들어 안중근이 일본에서 시작된 담론을 추종했다고 볼 수 없음을 지적한다.

고 일본을 지원한 것도 "하나의 커다란 인종사랑"이라고 말한다(안중근, 1995: 170). 또한 일본이 러일전쟁 후 오히려 한국을 침략해 온 것에 대해 "같은 인종, 이웃 나라를 해치는 자는 마침내 독부(獨夫)의 환난을 결코 면하지 못할 것이다." (안중근, 1995: 180)라고 지탄하는 것에서도 같은 인종 간에는 더욱더 평화적 관계를 유지해야 한다는 생각을 나타내고 있어 타인종 간의 침략 행위는 용인하는 듯하는 인상을 준다.

안중근이 인종적 범주로 세계를 구분하는 것도 마찬가지로 당시 담론의 영향 때문이라는 설명이 가능하다. 여러 연구자들이 당시의 지식정보 네트워크의 영향을 안중근의 인종주의적 언어 사용의 원인으로 지목하고 있다(강동국, 2009: 429; 이용철, 2014: 19-20). 특히 안중근은 당시 중국발 공아론(恐我論)의 영향으로 서양 나라 중에서도 러시아에 대해서 더욱 경계심을 드러내고 있다는 것이다(이용철, 2014: 15-17). 모든 백인종 또는 백인국가가 아시아를 침략한 것은 아니라는 점에서 백인종 대 황인종의 대결로 세계정세를 파악하는 것은 당연히 지나친 단순화이며, 이는 타 인종에 대한 편견을 양산할 수 있다는 점에서 문제이다. 하지만 안중근이 정밀한 언어를 사용하지 않았다는 점, 즉 제국주의 세력을 백인종으로 치환하였다는 점 때문에, 그를 인종으로 편을 가르고 무조건 한쪽 편만을 드는 인종주의자로 단정지을 수 없다.

안중근을 인종주의자로 보는 것은 다소 직관적인 이해이다. 안중근이 남긴 말과 글을 좀 더 조심스럽게 읽는다면, 즉 당시 한국사회에 퍼져 있었던 서구 열강에 대한 경계심을 감안하고 안중근의 여러 다른 견해를 종합해서 해석한다면, 안중근이 배타적 인종주의자가 아니라는 것을 알 수 있다. 먼저 안중근은 같은 인종 국가인 일본과 중국의 패권적 행위에 대해서도 비판적 태도를 견지한다. 그에게 있어서 일본은 그 어느 서양 나라보다 더 강한 비판의 대상이었다. 예를 들어 "일본의 위대한 명성과 정대한 공덕은 하루아침에 바뀌어 만행을 일삼는 러시아보다 더 못된 나라로 보이게 되었다."라고 규탄한다(안중근, 1995: 171). 중국에 대해서도 "예로부터 청국인은 스스로를 중화대국이라 일컫고 다른 나라를 오랑캐라 일러 교만이 극심하였다."고 비판한다(안중근, 2011: 567). 다른 한편, 안중근이 인종에 대해 이분법적으로 보지 않고 모든 이의 평화적 연대를 중요시했다는 점도 고려할 필요가 있다. 이토의 만행을 세계만방에 알리기 위해 의병활동을 했다는 안중근의 주장에서도 그가 전 세계인을 연대할 수 있는 평화세력으로 인식하고 있음을 알 수 있다.12) 그가 한·중·일 삼국 협력에 대해 가톨릭 신자들의 신용을 얻자고 제안하는 데에서도 백인이 대다수인 가톨릭 신자들을 공감을 살 수 있는 민중들로 상정하고 있음을 알 수 있다. 그리고 무엇보다도 그는 만국공법을 준수하는 세계시민주의자였다. 이와 같이 안중근은 단순히 인종으로 편을 가르고 동종의 편에 섰던 것이 아니다. 그가 편을 가르고 있다면 패권주의자 또는 제국주의자 대 평화주의자로 가르고 있다고 해야 할 것이다.

안중근이 편협한 지역주의, 인종주의에 매몰되어 있다는 비판 이외에도 동양평화에 있어 일본맹주론을 주장한다는 점을 한계로 지적하는 연구도 다수 존재한다(함규진, 2018: 21; 김경일, 2009: 209; 이길연, 2010: 352 등). 안중근은 한·중·일 삼국의 평화적 관계 정착을 일본이 주도해야 한다는 주장을 하는데(국사편찬위원회, 1978: 421; 국가보훈처 1996: 54), 이는 일제의 침략성을 간파하지 못한 현실성 없는 제안이라는 것이다. 이 비판도 안중근의 일본맹주론이 함의하는 바를 제대로 포착하지 못한 것이다. 안중근이 일본맹주론을 주장하는 것은 일본을 동양평화에 대한 책임이 있는 위치로 보고 일본의 변화를 촉구하기 위한 것이다. 실제로 당시 강대국인 일본이 동양평화의 열쇠를 손에 쥐고 있는 것과 같아서, 일본이 기득권을 내려놓고 평화를 위해 힘쓰지 않는다면 동양평화 실현은 절대 불가능한 것이었다. 따라서 안중근의 일본맹주론 주장은 굴종적인 일본 추종이나 순진한 낙관이 아니라, 편협한 민족주의에 경도되지 않은 안중근의 현실 감각을 오히려 증명하는 것이라고 볼 수 있다. 또한 그는 동양평화 실현은 일본에 이토 히로부미와 같은 패권주의자들이 없어지고 평화주의자들이 집권하면 가능하다고 보았기 때문에 하얼빈 의거를 거행했고, 일본포로들에게도 돌아가 난식적자들을 쓸어버리라는 주문을 했던 것이다. 안중근은 사형집행 직전 마지막 유언에서도 "나의 의거는 오로지 동양평화를 도모하려는 성심에서 한 것이니 바라건대 오늘 임검한 일본 관헌들도 다행히 나의 미충(微衷)을 양해하여 피아(彼我) 구별 없이 합심협력하여 동양평화를 기필코 도모할 것을 간절히 바란다."(김호일, 2010b: 157)라고 말하여 일본

---

12) 안중근은 다음과 같이 말한다. "의병으로서 일병에 대항하려는 것은 바늘로 大山을 파는 것과 같다. 도저히 무익한 일임을 아나 前來 진술한 것과 같이 이토의 정책에 悅服하지 않음을 세계에 발표하려고 한 데 불과하다."(국사편찬위원회, 1978: 444)

인들의 태도 변화를 일으키고자 마지막까지 애쓰고 있다. 이와 같이 안중근은 일본의 침략성을 간파하지 못한 것이 아니라 일본의 침략성을 직시하고 이를 제거하여 평화에 기여하는 나라가 되도록 적극 노력했다고 보아야 할 것이다.

안중근의 동양평화론은 개방적 지역공동체건설을 통한 평화정착을 주장하는 이론이라고 볼 수 있다. 한·중·일의 평등한 연대를 통해 공동의 번영을 이루고 서구 열강의 위협에도 공동 대응하자는 것이다. 이 평화공동체는 아시아 전체로 확대되는 것으로 세계평화 정착에도 기여하는 것이다. 지금까지 보아 온 것처럼 이러한 안중근의 동양평화론의 실체에 접근하기 위해서는 오독을 피하는 것이 중요하다. 오해를 일으키기 쉬운 안중근의 어법을 조심스럽게 걷어내면서 읽는 것이 필요한 것이다. 안중근의 동양평화론은 인종주의, 폐쇄적 지역주의에 기반하거나 일본에 대한 순진한 기대를 품은 평화이론이 아니다. 앞서 언급되었듯이 삼국공영론이나 삼국제휴론 등 동아시아 동맹을 주장하는 당대 담론들이 폐쇄적인 지역연대에 머물렀던 것에 반해 안중근은 동양평화를 확장성을 가지는 것으로 발전시켰다.

Ⅳ. 안중근의 근대사상과 평화

사실 안중근의 동양평화론이 최근 더 주목을 받게 된 데에는 청취서에서 밝혀진 평화 실현을 위한 구체적 방안 때문이다. 유럽연합(EU)과 같은 기구를 이미 백년 전에 구상한 것이라며 안중근의 선지자적 혜안에 대한 경탄이 쏟아지고 있고, 안중근의 방안이 현대 동아시아의 비평화적인 관계 극복을 위한 구체적인 지침으로 활용될 수 있다고 보는 시선들이 다수 존재한다. 이러한 경향에 대해 일부에서는 동양평화론이 오늘날 현실에 맞아야 한다는 강박에서 끼워 맞추기 식의 결과를 내놓을 수 있다는 우려를 표하기도 한다(강동국, 2009: 402-403). 그러한 억지스러운 연구 경향이 실재하는가에 대해서는 본 연구자로서는 판단하기 어렵지만, 안중근의 실제적 방안들이 현재에 적용 가능한가의 여부만으로 동양평화론의 가치를 판단하는 것에 대해서는 마찬가지로 우려가 된다. 안중근의 동양평화론이 우리에게도 의미가 있는 것은 방안들의 효력보다는 그런 방안의 배경이 되는 그의 사상이 아직도 유효하기 때문이라고 생각된다.

안중근은 투철한 근대정신의 소유자로 그의 말, 글, 행적 속에서 강한 휴머니즘과 근대국가관이 발견된다. 안중근의 사상은 앞선 두 장에서 산발적으로 언급되기도 하였지만 이번 장에서는 그의 천부인권사상과 도덕적 문명관 그리고 근대국가관으로 나누어 정리하겠다. 안타깝게도 안중근은 일생 동안 자신의 사상을 체계적으로 기술할 시간이 없었기 때문에 자세한 설명이 없이 사상적 흔적의 형태로 남아 있는 것들이 많다. 이런 문제를 보완하기 위해 칸트(Kant)를 활용할 것이다. 계몽주의 사상가인 칸트는 1795년 저작인 '영구평화론'에서 단지 국가 간 전쟁이 멈춰진 일시적 평화가 아닌 전쟁발발의 가능성이 영원히 차단된 영구적인 평화가 어떻게 가능한지에 대해 논의한다. 안중근의 평화사상은 칸트의 영구평화론과 비교되곤 하는데, 대체로 안중근의 한·중·일 삼국협력기구 건설 방안이 칸트가 영구평화론에서 제기한 국가연맹 결성 주장 등과 유사하다는 분석에 그치는 경우가 많다(노명환, 2010 등).[13] 본 연구에서는 안중근의 근대적 사상에 대한 이해를 풍부하게 하기 위해 안중근과 칸트의 천부인권사상과 문명관을 비교하고 안중근의 불완전한 국가관을 칸트의 설명으로 보충하겠다.

1. 천부인권사상과 도덕적 문명론

안중근이 평화를 위해 헌신하게 된 배경에는 모든 인간의 생명과 자유가 존중되는 세상이 되어야 한다는 믿음이 있다. '한국인 안응칠 소회'에 인권에 대한 그의 생각이 압축적으로 드러나 있다.

"하늘이 사람을 내어 세상이 모두 형제가 되었다. 각기 자유를 지켜 삶을 좋아하고 죽음을 싫어하는 것은 누구나 가진 떳떳한 정이다. 오늘날 세상 사람들은 의례히 문명한 시대라 일컫지만 나는 홀로 그렇지 않은 것을 탄식한다. 무릇 문명이란 것은 동서양, 잘난이, 못난이, 남녀노소를 물을 것이 없이 각각 천부의 성품을 지키고 도덕을 숭상하며 서로 다투는 마음이 없이 제 땅에서 편안히 생업을 즐기면서 같이 태평을 누리는 바로 그것이다. 그러나 오늘의 시대는 그렇지 못하여 이른바 상등사회의 고등인물들은 의논한다는 것이 오로지 사람 죽이는 기계뿐이다. 그래서 동서양 육대주에 대포 연기와 탄

---

13) 안중근과 칸트의 평화사상에 대한 보다 본격적인 비교 연구로는 마키노 에이지(2010), 사사가와 노리가쓰(2010), 오영달(2014)이 있다.

환 빗발이 그칠 날이 없으니, 어찌 개탄할 일이 아니겠는가." (안중근, 1995: 312-313).

안중근에 따르면 인간은 인종, 능력, 외모 등의 모든 개인적 차이에도 불구하고 삶에 대한 애착을 가지고 있고 자유를 누리려 한다는 점에 있어서는 모두 다르지 않다. 따라서 인간들이 인간으로서 부여받은 공통의 권리인 생명권과 자유권을 서로 존중하여 갈등 없는 도덕적 이상향을 이룬 사회 그리고 각자 독립적 영역을 차지하고 생업에 종사하는 평화로운 사회가 인류가 함께 이루어야 할 문명 세상인 것이다. 하지만 당시 '고등사회', 즉 선진국들이 세계적으로 첨단무기를 활용하여 무자비한 대량살생을 하고 사람들의 삶의 터전을 빼앗는 것은 문명적 차원에서 보면 퇴보한 상태라고 볼 수 있는 것이다.

안중근의 인권 존중 신념은 그가 일본인 포로를 다루는 과정에서도 나타난다. 의병활동 중 사로잡은 포로들을 동료들의 극렬한 반대에도 불구하고 만국공법(국제법)에 따라 방면했던 것은 그가 서구유럽사회의 국제법의 취지를 잘 이해하고 있었기 때문이라고 볼 수 있다.[14] 19세기 국제법은 꽁트(Augueste Comte)의 지배적 영향을 받은 것으로 알려져 있는데(김현철, 2005: 132), 적어도 전시국제법의 포로에 관한 규정은 칸트의 영구평화론의 영향을 받는 것으로 추측해 볼 수 있다. 칸트의 영구평화론은 예비조항 중의 하나로 전시에 반인륜적, 변칙적 적대행위를 금지하여 전쟁이 끝났을 때 상호 신뢰가 가능하도록 하는 것을 포함하고 있다.[15] 이 예비조항에 비추어 보았을 때 항복한 적군을 죽인다는 것은 반인륜적 적대행위로 이런 일이 벌어지면 결국 국가 간의 신뢰가 회복할 수 없을 정도로 손상되

---

14) 원래 萬國公法 이라는 용어는 19세기 청에서 활동 중인 미국인 선교사 마틴(William Martin)이 미국의 법학자 휘튼(Henry Wheaton)이 지은 국제법 서적 Elements of International Law 를 한문으로 번역한 후 이를 1864년에 간행했을 때 청국측이 이 책자에 萬國公法 이라는 제명을 붙인 것에서 유래되었다(김현철, 2005: 133).

15) 영구평화론은 기본적으로 법률 조항이 나열되는 형식으로 구성되어 있는데, 먼저 여섯 개의 예비조항이 제시된 후, 세 개의 확정조항이 핵심조항으로서 제시되고 있다. 이어서 영구평화의 보증과 비밀 조항에 관한 두 개의 추가 조항 그리고 도덕과 정치가 분리될 수 없다는 것을 피력한 두 개의 부록도 같이 실려 있다. 해당 예비조항 전문은 다음과 같다. "어떠한 국가도 다른 국가와의 전쟁 동안에 장래 평화 시기에 상호 신뢰를 불가능하게 할 적대 행위를 해서는 안 된다: 예를 들어 암살자나 독살자의 고용, 항복 조약의 파기, 적국에서의 반역 선동 등 (Kant, 2001: 89)"

어 갈등이 끝없이 이어지게 되는 것이다. 의병 부대원들의 반대에 부딪혔을 때 안중근이 했던 "우리는 약하고 저들은 강하니 악전(惡戰) 할 수는 없다."라는 항변에도 나타나듯이, 그는 빈약한 전투력으로 일본군을 상대해야 하는 절체절명의 순간에서도 인륜을 지키는 평화주의자로서의 모습을 보여주었던 것이다.

안중근의 인권개념 형성의 뿌리는 천주교에 있다고 보는 것이 학계의 대체적인 의견이다(김용해, 2018 등). 그가 평화를 논하는 데 있어 애인(愛人)의 의미로서 인(仁)이 자주 등장한다는 점에서 그가 받은 한학교육의 영향도 크다는 것은 분명하다. 하지만 그가 인권개념을 직접 설명하는 데 있어서는 기독교 교리를 인용한다는 점에서 기독교의 영향이 더 크다고 할 수 있다. 천주교 포교활동 중 했던 대중연설에서 안중근은 "천명이라는 것은 바로 지극히 높으신 천주께서 사람의 태중에 불어넣은 것으로 영원무궁하고 죽지도 않고 사라지지도 않는 것"이라고 말하는데(1995: 34), 이는 천부인권설을 주장하는 것이다. "하늘이 사람을 내어 모두 형제가 되었다."라는 소회서의 첫 구절에서도 그는 모든 인간이 태어나면서 동시에 하늘에 의해 인간으로서의 동등한 권리가 주어진 것으로 보고 있다.

종교적 해석을 하지는 않지만 칸트도 인권을 자연이 모든 인간에게 선물한 권리로 보고 있어 안중근과 같이 천부인권설을 주장하고 있음을 알 수 있다(Kant, 2001: 58-59). 칸트가 특이한 점은 인류가 인권의 평등성, 즉 우리가 나의 존엄성만을 인식하는 것이 아니라 다른 사람도 똑같이 존엄하다는 것을 어떻게 인식하게 되는가를 설명한다는 것이다. 그는 '추측해 본 인간 역사의 기원'에서 인류의 이성이 어떤 단계를 거쳐 발달하는가를 설명하는데, 이성 발달의 마지막 단계에서 자신이 자연의 진정한 목적임을 이해하게 된다는 것이다. 다른 모든 동물 등이 자신을 위한 수단으로 사용된다는 것을 깨닫는 것을 통해서 인간이 다른 존재와 차별성을 가지는 권리를 가짐을 깨닫게 되는 것이다. 이 깨달음은 곧바로 나 이외의 다른 인간도 자연의 목적이라는 것, 그러므로 수단화할 수 없고 자신과 평등한 관계를 유지해야 한다는 논리로 이어진다(Kant, 2001: 58-59).

다시 안중근으로 돌아가 보면, 안중근은 천명에 윤리적 의미 또한 부여하여, 포교 연설에서 "천주님의 의로운 자녀가 되어, 현세를 도덕의 시대로 만들어 다 같이 태평을 누리자"고 말한다(2010: 472). 이는 천명을 인간이 존중받아야 할 근거인 동시에 천주의 명을 받들어 지금 살고 있는 곳에서의 불의에 항거하는 도덕

적 책임으로 보는 것이다. 이와 같은 해석은 안중근이 천주교에서 살인을 금함에
도 하얼빈 의거를 행한 이유를 설명할 때도 나타난다. "성서에도 사람을 죽임은
죄악이라고 있다. 그러나 남의 나라를 탈취하고, 사람의 생명을 빼앗고자 하는 자
가 있는데도 수수방관한다는 것은 죄악이므로 나는 그 죄악을 제거한 것뿐이다."
(국사편찬위원회, 1976: 284) 안중근은 인간의 생명권과 자유권이 박탈당한 정의롭
지 못한 상태를 그대로 보고만 있는 것은 천명을 거부하는 죄를 짓는 것이므로
천명에 충실한 신자로서 어쩔 수 없이 또 다른 죄인 살인을 저지른 것이다.

안중근에게 있어서 현세를 도덕적 세계로 만드는 것은 곧 문명사회를 건설하
는 일이다. 모든 이들이 자유와 평등을 누리는 평화로운 사회가 진정한 문명사회
이지, 흔히 문명국이라고 일컬어지는 서양세계는 "도덕을 까맣게 잊고, 나날이 무
력을 일삼으며, 경쟁심을 키워, 조금도 거리끼는 바가 없는" 야만국가인 것이다.
백년이 넘는 시간 차가 있기는 하지만 칸트도 서구 유럽이 도덕적 측면에서 발전
이 미진한 것을 지적하고 있어, 안중근의 서구문명 비판에 공감하고 있는 것을 알
수 있다. 칸트는 유럽 사회가 예술과 학문 영역에서 고도로 발전했으며 예의범절
의 측면에서는 과도할 정도로 문명화가 이루어졌지만, 도덕적으로는 많이 부족한
실정이라고 말한다(Kant, 2001: 21). 이어서 그는 "국가들이 쓸데없이 모든 힘을 폭
력적 확장에만 낭비하고 있고, 따라서 시민의 정신을 서서히 향상시키려는 노력을
계속해서 좌절시키고 있다."고 진단하고, "도덕적으로 선한 성향에 기초하지 않은
모든 좋은 것들은 단지 가식과 겉만 번지르르한
비참함일 뿐이다."라고 비판한다(Kant, 2001: 21).

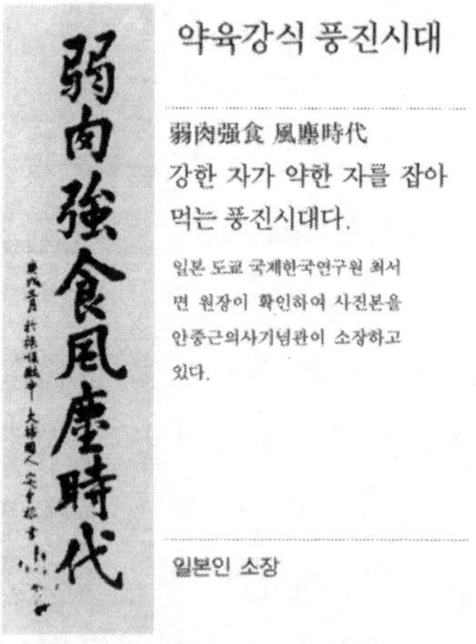

안중근의 휘호 가운데 '약육강식 풍진시대(弱
肉强食 風塵時代)'(김호일, 2010b)가 나타내듯이,
1900년대 초는 칸트 사후 백년이 흘렀지만 유럽
국 간의 전쟁은 줄어들지 않았고, 가열된 식민지
쟁탈전으로 인해 약소국에 대한 침략전쟁으로
그리고 세계대전으로 오히려 확대되었다. 지금도
곳곳에서 전쟁이 일어나고 있고 비평화적 대결
구도가 상존한다는 점에서 칸트와 안중근이 꿈
꾸었던 도덕적 문명국, 전쟁이 완전히 멈춘 평화

약육강식 풍진시대

弱肉强食 風塵時代
강한 자가 약한 자를 잡아
먹는 풍진시대다.

일본 도쿄 국제한국연구원 최서
면 원장이 확인하여 사진본을
안중근의사기념관이 소장하고
있다.

일본인 소장

[그림3] 안중근의사숭모회
(출처: 안중근기념사업회 홈페이지)

로운 세상은 아직 요원하다.

2. 근대국가관

지금까지 보았듯이 안중근과 칸트 모두 국가 간의 전쟁이 사라진 도덕적 상태를 인류 역사의 진보 방향으로 설정하고 있음을 알 수 있다. 하지만 둘 다 세계의 모든 국가가 통합되어 단일국가를 이룬 상태를 이상적인 것으로 보지는 않는다. 앞서 보았듯이 안중근은 동양의 국가 중 하나의 국가라도 자주독립하지 않으면 평화라고 할 수 없음을 주장한다. 각각의 나라가 자주권을 지키면서 이웃나라와 연대하는 상태를 평화라고 본 것이다. 칸트는 단일국가를 '세계공화국'이라 이름 붙이는데 '세계공화국' 건설을 통한 영구적 평화를 이루는 것은 이론적으로는 가능할지 모르나 현실적으로는 불가능하다고 본다. 그 이유는 모든 국가들이 이러한 통일의 상태를 원하지 않는다는 것이다(Kant, 2001: 101-102). 그러므로 '세계공화국'의 현실적 대안은 국제법을 적용받는 국가 간의 연맹을 구성하는 것이고 칸트는 이 연맹을 '평화연맹(foedus pacificum)'이라고 부른다(Kant, 2001: 100). 이와 같이 안중근과 칸트 모두 국가적 병합이나 국가 간 간섭 없이 근대민족국가가 그대로 존속되어야 한다고 보는 입장인 것이다.

영구평화론에서 칸트는 다른 나라를 간섭하거나 침략하는 행위 금지를 명시하기 위해, 어떠한 독립국가도 크기와 관계없이 다른 나라의 소유가 되면 안 된다는 조항과 다른 나라로부터 폭력적 내정간섭을 받지 않아야 한다는 조항을 둔다(Kant, 2001: 86, 88). 국가의 자주권에 대해 칸트는 "국가는 국가 자신 이외의 어느 누구에 의해서도 명령이나 지배를 받지 않는 인간의 사회"라는 설명을 덧붙인다(Kant, 2001: 86). 즉, 국가는 자유와 평등을 누릴 권리를 자연으로부터 부여받은 인간이 모여 구성한 것이므로 국가도 "도덕적 인격체"(Kant, 2001: 86)로 간주되어야 한다는 것이다. 따라서 내정간섭과 국가병합은 개인으로 치면 인격모독이나 인격살해와 같은 폭력이 된다. 우리가 모든 사람의 인간으로서의 권리를 존중해야 하듯이 국가 간에도 각 국가의 주권을 존중해야 하는 것이다.

근대국가의 주권은 시민에게 있다. 시민은 국가를 구성하는 주체로 국가에 대한 권리와 의무를 가진다. 안중근은 국가의 구성원을 지칭할 때 시민보다는 인민,

국민, 민족이라는 말을 즐겨 사용하지만 내용적으로 보면 그가 생각하는 국가는 근대국가로 시민을 위한 국가이고 시민이 주체적으로 참여하는 국가이다. 그는 민중을 국가의 주권자로 인식하여 "나라란 몇 명의 대관들의 나라가 아니라 당당한 2천만 민족의 나라"라고 말한다(안중근, 1995: 49). 또한 시민이 정부에 대해 비판할 수 있는 권리를 가지는 것으로 인식하고 있다(사사가와, 2010: 431). 나아가 그는 시민사회의 참여적 성격에 대한 기대가 특히 높았다. 안중근은 국가가 외세로부터 위협을 당했을 때 민중이 직접 나서서 국권을 수호하는 것이 의무라고 주장한다(1995: 49). 그런데 주권에 대한 위협은 사실 외부로부터만 오는 것이 아니라 내부로부터 오는 것이기도 하다. 안중근은 당시 한국 정부 관료들의 학정으로 민중의 시름이 깊었던 상황에서 "난신적자(亂臣賊子)들을 쓸어버려, 당당한 문명 독립국을" 이루는 것을 소망하며(1995: 49) 시민이 주체가 된 정부 개혁을 꿈꾸고 있다. 즉, 독립은 외세에 대한 독립뿐 아니라 시민의 부패한 정권으로부터의 독립을 의미하는 것이기도 하다. 안중근이 시민을 국가의 주체로 인식하는 것이 가장 명료하게 드러나는 것은 그의 한·중·일 평화공동체 방안이다. 안중근은 뤼순에 설립될 동양평화회의에 각국의 시민이 참여하고, 운영을 위한 회비를 내는 것으로 구상한다. 이 안에서 그는 시민을 국가의 주체로 그리고 무엇보다도 평화적 관계 구축에 대한 헌신과 연대의 태도를 갖춘 참여적 주체로 보고 있는 것이다.

칸트도 시민을 평화 구축에 기여하는 주체로 보고 있다. 칸트의 영구평화 실현을 위한 제1확정 조항은 "모든 국가의 정치체제는 공화정이어야 한다."이다 (2001: 93). 공화정은 전제정에 반대되는 것으로 모든 구성원이 인간으로서 자유를 누리고, 하나의 공통된 법률 아래에서의 주체가 되어, 시민으로서 법적 평등을 보장받는 정치체제이다(Kant, 2001: 93-94). 칸트는 입법과 행정이 분리된 체제를 공화정의 핵심특징으로 꼽고 있는데, 지금으로 말하면 삼권분립을 통해 권력자들이 민의에 반해 국가를 통치하는 것을 막는 체제이다. 칸트는 공화정이라는 체제에서는 영구적인 세계평화의 가능성이 한결 높아진다고 본다. 공화정에서 통치자가 전쟁을 선포하기 위해서는 시민의 동의를 얻어야 하는데, 시민들이 자신들에게 재앙을 선고하는 것과 같은 전쟁이라는 위험한 게임을 감행하는 데 매우 신중할 것이라는 것은 너무도 당연하다는 것이다(Kant, 2001: 94-95). 시민의 입장에서는 직접 몸 바쳐 싸워야하고, 전쟁비용을 부담해야 하며, 전쟁 후 남은 폐허를 고통스럽게 복구해야 하며, 전쟁이 한 번 일어나면 계속적으로 그 위협이 지속되어 결코 상환할 수 없는 국가적 채무를 평화 시에도 감당해야 하기 때문에 전쟁을 환영할 리가 없다는 것이다(Kant, 2001: 95). 이와 같이 합리적 사고를 하는 시민에게 전쟁은 한 번 일어나면 영원히 시달리게 될 대재앙이므로 다른 나라와 갈등이 있더라도 전쟁으로 이를 해결하려는 무모한 결정을 하지는 않을 것이고, 따라서 민의에 따라 개전 여부를 결정하는 공화정에서는 전쟁의 가능성이 극히 낮아지게 된다는 것이다.

이와 같이 시민은 전쟁과 평화가 자신들의 삶에 미치는 영향을 누구보다 잘 이해하고 있기 때문에 시민이 주권자가 되는 공화정에서는 시민의 이해요구에 의해 평화가 지켜지게 되는 것이다. 나아가 국가가 공화국이라는 정체를 갖추는 것은 칸트의 두 번째 확정조항인 "자유로운 국가들의 연방체제에 기초한 국제법이 제정되어야 한다."에 반드시 선행되어야 하는 것이다(Kant, 2001: 98). 시민들이 모든 국가의 진정한 주권자가 된다면, 즉 평화를 원하는 이들이 국가의 실질적 주권을 가진다면, 이들은 국제법 아래에서 평화롭게 국가 간의 관계를 조율하는 방안인 국제연맹 건설을 받아들일 것이다. 따라서 세계평화는 모든 국가들의 진정한 주인이 시민이 되는 것에서부터 출발한다.

안중근이 일본의 인민과 이토 히로부미를 구별하여 적대시하지 않고, 평화의 연대세력으로 보았던 것은 그들을 합리적으로 판단하는 시민으로 인정했기 때문으로 볼 수 있다. 일본인 포로들을 방면하면서 돌아가 난신적자를 쓸어버리라는 주문을 하거나 사형 집행 직전 유언에서도 임검한 일본 관헌들에게 동양평화를 위해 협력하자고 마지막까지 호소했던 것도 모두 일본인들이 자신의 주권을 쟁취하는 시민세력으로 성장하기를 원했기 때문이었을 것이다. 강대국인 일본이 공화국이 되지 않는 한, 즉 합리적 시민이 국가의 진정한 주인이 되지 않는 한 권력자들이 민의에 반하여 전쟁을 일삼는 일이 반복될 것이고 그것은 일본인들에게도, 한국인에게도 큰 피해가 되는 것이다. 안중근이 자신의 하얼빈 의거가 일본의 사천만 인민과 한국의 이천만 동포를 위한 일이었다라고 주장하는 것도(이기웅, 2010: 283) 일본의 패권적 정치세력을 제거하여 일본이 평화를 선택하는 공화국으로 재탄생하는 데 일조하려는 의도를 내비친 것이라고 볼 수 있다. 일본이 공화국이 되었을 때에만 안중근이 제안한 뤼순을 중심으로 하는 삼국협력방안의 실현

가능성이 높아지는 것이다.

　지금까지 본 것과 같이 안중근은 근대적 관점에서 시민과 국가를 인식하고 있다. 하지만 그는 유독 군주에 대해서만은 전근대적인 태도를 유지한다. 그는 일본의 한국 침략의 모든 책임이 이토 히로부미에게만 있는 것으로 보고 일왕에 대해서는 책임을 묻지 않는다. 심지어는 자신이 이토를 제거한 것은 "일본 천황에게 충의를 다하기 위해서"였다고 말한다(이기웅, 2010: 283). 이에 대해서는 우선 안중근이 일왕을 평화연대에 참여할 수 있는 존재로 보았기 때문이라는 해석이 가능하다. 일왕이 선포한 러일전쟁의 선전조칙에서 러일전쟁이 동양평화와 한국의 독립을 위해 것이라는 말을 신뢰하고 이토가 일왕을 속여 한국의 상황을 전달하지 않고 있다는 설을 믿는다면 그 믿음이 설사 잘못된 것일지라도 안중근이 일왕에게 유난히 호의적인 부분이 설명된다.16) 하지만 안중근은 고종황제에 대해서도 마찬가지의 입장을 취해서 국권상실에 대한 책임을 묻지 않고 오직 충성의 대상으로 여긴다. 다른 나라의 왕보다 자국의 왕을 어떻게 생각하느냐가 안중근이 전통적 군주관을 유지하고 있는가를 판가름하는 기준이 되기 때문에 이 부분에 대해서는 좀 더 자세히 볼 필요가 있다.

　안중근이 신문 중에 왕실에 대한 입장을 취한 것에 주목해 보자. 한국 황실에 대한 원망이나 불평이 없는가라는 질문에 안중근은 인민으로서 황실을 원망하는 것은 잘못된 일이라고 말한다. 대신 정부에 대해서는 자신의 의견을 말할 권리를 가진다고 말하여 군주와 정부에 대해 상반된 입장을 취하고 있다(사사가와, 2010: 431). 오직 정부에 대해서만 비판할 수 있다는 말은 군주는 주권 침탈에 책임이 없고, 정부에 그 책임이 있다는 뜻으로 읽힐 수 있다. 이렇게 본다면 군주는 주권 책임자 또는 권력자가 아니라 그저 상징적인 존재로 머무는 것이다. 그렇다면 군주에 대한 예를 갖추고 충성을 다하는 것은 군주 개인이 왕으로서 가지는 존엄함

---

16) 안중근이 일왕을 일본 제국주의 침략의 책임자로 보지 않고 선전조칙을 신뢰하여 우호적으로 바라보는 점에 대해서 많은 연구자들이 비판한다(김진호, 2014; 451; 박광득, 2012: 130; 최종길, 2016: 130; 김삼웅, 2009. 11: 157). 안중근이 정말 순진하게 일왕을 믿었는지 아니면 선전조칙을 언급하여 일본의 침략을 비판하는 동시에 일왕에 대한 존경을 표해 일본인들에게 공감을 사려는 전략적 행동인지에 대해서는 섣불리 판단하기 어렵다. 전자의 경우라면 안중근의 순진함은 사상들의 이상주의적 성향에 동반되는 현실감각 상실일 가능성이 높아 이해 가능한 측면이 있다. 후자의 경우라면 안중근의 지략이 어느 정도 효과가 있었다고 볼 수 있다.

때문이 아니라 국가를 대표하는 위치에 있기 때문이고, 군주에 대한 충성은 국가에 대한 충성일 뿐인 것으로 해석할 수 있다. 실제로 안중근은 인민과 왕을 자주 병기하는데, 예를 들어 하얼빈 의거가 "(일본의) 사천만 인민과 한국의 이천만 동포를 위해, 또한 한국 황제폐하와 일본의 천황에 충의를 다하기 위해서"였다고 한다(이기웅 2010, 283). 이때 인민을 앞세우는 것에서도 인민이 실질적 주권자이고 왕은 그 주권을 상징하는 역할을 하는 것으로 볼 수 있다.

칸트도 영구평화를 논하는 데 있어 군주를 언급한다. 안중근이 군주와 정부를 구분하여 정부를 실질적 정치권력으로 보는 것에 반해 그는 군주와 공화정이 양립 가능한 것으로 본다. 입법과 행정의 분립만 이루어진다면, 즉 시민이 입법을 하고 군주가 통치를 담당한다면 그리고 군주의 통치가 시민들의 일반의지에 기초하여 이루어진다면 군주 통치자를 둔 공화정이 가능한 것이다(Kant, 2001: 95-97). 실제로 당시 프로이센은 프리드리히 2세가 통치하는 시대였고, 칸트는 이 군주제를 공화정으로 인정하는데, 프리드리히 2세가 자신은 단지 국가의 첫 번째 종복이라고 말하는 것에 근거해서 군주를 통치자로 둔 공화정이 가능함을 설명한다(Kant, 2001: 96). 다시 말해 국가의 주권이 시민에게 있지만 군주가 그 주권을 대리하는 것으로 지금으로 치면 군주가 대통령과 같은 역할을 하는 것으로 볼 수 있다.17) 이와 같이 칸트는 군주를 실질적 통치자로, 안중근은 실질적인 권한 없이 주권을 상징하는 존재로 본다는 점에서 차이가 있다. 하지만 둘 다 공화정, 즉 시민에게 주권이 주어진 정체의 건설이 평화의 핵심이 된다는 점에 있어서는 이견이 없다.

지금까지 본 것과 같이 안중근은 근대적 시민관과 국가관에 근거하여 자신의 평화사상을 펼친 것을 알 수 있다. 한 나라라도 시민이 주인이 되는 나라, 진정한 의미에서의 공화국을 이루지 않는 한 인류는 전쟁의 가능성을 완전히 배제할 수 없게 되고 인간이 자연으로부터 부여받는 존엄성 또한 존중되지 못하게 된다. 따라서 무엇보다도 모든 나라들이 공화국다운 공화국, 문명국이 되는 것이 평화의 기초가 되는 것이고, 그래야만 시민이 중심이 된 국제적 평화연대가 가능해지는 것이다. 이를 위해서는 건전한 시민사회가 성장하는 것, 합리적으로 사고하고 참

---

17) 시민이 선출한 대통령이 아니라 세습군주가 주권을 대리할 수 있는가에 대해서는 여전히 의문시 되는 점이지만 칸트는 이 부분에 대한 논의를 더 이어가지는 않는다.

여적 성격이 높은 주체적 시민 양성의 문제가 중요해진다. 이 점에서 안중근과 칸트 모두 교육의 중요성을 강조한 점에 대해 이해할 수 있다. 그들에게 있어 교육의 궁극적 목적은 영원한 평화의 구축, 인류의 도덕적 진보의 완성인 것이다.

V. 안중근의 평화사상을 통해 본 시민교육의 방향

삼일절이나 광복절에 때맞추어 일제강점기를 배경으로 하는 대중매체 프로그램이 만들어질 때마다 안중근은 단골로 등장한다. 매체가 가지는 교육적 영향력을 고려한다면, 매체에 의해 안중근이라는 인물이 어떻게 재구성되고 소비되고 있는가는 교육학적 관심의 대상이 될 수밖에 없다. 그런데 안타깝게도 대중이 매체를 통해 만나는 안중근은 애국지사, 민족주의자, 항일독립투사로 그치고 있다. 특히 이토 히로부미 포살을 둘러싼 일화들만 크게 부각이 되어 대중들의 적대적 애국심, 배타적 애국심을 부추기는 부정적 효과가 상당하다.

우리 역사상 가장 큰 비극 중의 하나인 일제강점기의 기억은 주기적으로 환기되어 그와 같은 역사가 지구상에서 반복되지 않아야 한다는 경각심을 높여야 하는 것은 당연하다. 그러나 단편적으로 구성된 기억, 어떤 하나의 장면으로, 어떤 하나의 사실로 환원되어 버린 기억은 우리가 그 역사의 의미를 충분히 음미하는 데 큰 장애로 작용한다. 우리의 기억이 현재의 삶을 위한 건강한 재료, 미래를 비추는 빛이 되기 위해서는 좀 더 다면적이고 다층적으로 구성되어야 한다. 그런 면에서 안중근은 애국지사, 민족주의자, 항일투사뿐 아니라 평화주의자였다는 것을 부각시키는 것은 교육적으로 중요한 과제이다.

평화주의자 안중근은 일본인 포로들의 인권을 존중한 인류애의 소유자이고, 정부 개혁을 통해 인민의 자유와 평등이 쟁취된 사회를 꿈꾸었던 주체적 시민이었으며, 한 · 중 · 일 삼국의 평화공동체 건설 방안을 구상했던 국제연맹주의자였으며, 일본인을 포함하는 폭넓은 시민연대를 통해 세계에 널리 퍼진 제국주의 세력에 대항하려 했던 세계시민이다. 이와 같은 안중근의 다양한 측면들이 충분히 조명될 때에만 우리가 그를 배일(排日) 애국주의자, 폐쇄적 민족주의자, 폭력적 항일투사로 오해하지 않을 수 있으며, 안중근이라는 인물을 교육적으로 활용하여 진정한 애국의 의미, 국가와 민족의 의미, 자주독립의 의미, 평화의 의미에 대한 탐색을 할 수 있을 것이다.

안중근이 가지는 여러 교육적 가치 중에서도 가장 주목할 만한 것은 그의 삶
과 사상이 현대 시민교육과 관련하여 시사성이 크다는 점이다. 안중근의 사상에
포함되어 있는 근대적 요소들을 종합해 보면 시민성 개념화의 방향을 추출할 수
있다. 이와 관련해서 안중근이 애국주의자이자 세계시민주의자로서 가지는 이중
성에 초점을 맞추는 것이 필요한데, 이 이중성은 약 20년 전 영미권 학계에서 큰
화제가 되었던 시민교육에 대한 논쟁과 깊은 관련을 가진다. 이 논쟁은 누스바움
(Martha Nussbaum)에 의해 촉발된 것으로, 애국주의 시민교육의 필요성을 주장하
는 로티(Richard Rorty)의 신문기고 글을 누스바움이 세계시민주의적 관점에서 비
판하면서 시작되었다. 누스바움은 국가정체성 교육을 하는 것보다 세계시민으로
서의 의식을 기르는 것이 우선되어야 한다고 주장하는데, 이 주장은 애국주의와
세계시민주의의 관계에 대한 여러 학자들의 다양한 해명을 이끌어 내게 된다.[18]
이 논쟁에 참여했던 학자들 대부분이 애국주의와 세계시민주의의 양립 가능성을
옹호하는데, 안중근의 애국자와 세계시민으로서의 이중성은 양립 가능의 한 가지
새로운 양식을 보여주고 있다는 점에서 그리고 무엇보다도 이론이 아닌 실제 삶
으로서 이를 증명한다는 점에서 의의가 크다.

안중근의 애국은 배타성과 폐쇄성을 특징으로 하는 애국이 아니다. 안중근은
애국자이기에 일제를 물리치려고 했고 일제를 물리치기 위한 하나의 방법으로 국
경을 넘는 시민연대가 필요함을 알았다. 그렇기 때문에 그에게는 일본 민중들도
연대의 대상이 되었던 것이다. 안중근은 또한 동양의 평화와 세계의 평화가 달성
되기 위해서는 먼저 국가 내적으로 시민세력이 성장하여야 한다는 점을 인식하고
있었다. 자신을 주권자로서 인식하고 자국의 부정한 권력에 대항하여 개혁을 완수
할 수 있는 적극적인 시민의 성장 없이는 진정한 의미의 세계평화는 완수될 수
없다. 따라서 평화를 추구하는 세계시민으로서의 애국은 시민정신을 발휘하여 자
국을 명실상부한 공화국으로 개혁하여 자국이 언제나 민의에 따라 평화를 선택하
도록 하는 것이다. 이와 같이 안중근에게 있어서 애국주의와 세계시민주의는 단지
양립 가능한 별개의 정체성이 아니다. 자주독립과 안정을 추구하는 애국주의는 국

---

18) 누스바움을 비롯하여 이 논쟁에 참여한 여러 학자들의 글이 *For Love of County?* (Nussbaum
   편, 1996)에 실려 있다.

제적 연대라는 세계시민적 실천을 필요로 하고, 세계평화를 추구하는 세계시민주의는 국가 개혁이라는 시민세력의 애국적 실천을 필요로 하는 것으로, 애국주의와 세계시민주의는 상호적 관계 속에 있는 것이다.

안중근이 그의 삶을 통해 보여준 것은 애국주의와 세계시민주의의 상호성은 현대 시민교육의 원리로 삼을 수 있다. 다시 말해 애국주의를 바탕으로 시작되는 시민교육은 그것이 진정한 시민교육이라면 세계시민주의적 방향으로 확장되어 국제적 시민연대로 연결될 것이고, 세계시민주의를 바탕으로 시작된 시민교육은 반대로 애국적 실천으로 연결될 것이다. 예를 들면 일본 정부의 한국에 대한 적대적 정책에 대항하는 애국자를 기르는 교육은 평화와 공존을 지향하는 일본시민과의 연대를 연습하는 세계시민교육으로 연결되어야 한다. 지구적 환경문제에 대응하는 세계시민교육은 우리나라를 환경적으로 안전한 나라로 만드는 애국적 실천 교육으로 연결되어야 하는 것이다.

지금까지 보아온 것처럼 안중근의 삶과 사상의 시민교육적 가치는 매우 크지만 학교교육에서 이를 잘 활용하지 못하고 있다. 앞서 말했듯이 오히려 대중매체는 안중근의 극적인 삶에 초점을 맞추어 계속적으로 소비하고 있는데, 배타적, 적대적 애국주의 의식을 심어줄 수 있는 방식으로 안중근이 재구성되고 있어 우려가 크다. 이와 같은 문제는 우리나라의 역사교육의 근본문제, 즉 역사를 '통사'로서 가르친다는 점과 근현대사 비중이 매우 낮다는 점과 맞닿아 있다. 통사의 교육적 효과에 대해서는 오래전부터 문제시되었고, '인물사', '생활사', '문화사' 등의 대안이 제시되고 있지만 역사교육의 기조는 크게 바뀌고 있지 않고 있다.[19] 만약 '인물사'적 접근이 시도된다면 안중근은 근현대사교육에 적합한 인물 중의 하나임이 분명하다. 그러나 인물사적 접근을 한다고 하더라도 근현대사 비중을 가히 혁명적으로 늘리지 않는다면 지금 대중매체가 안중근을 다루는 방식과 크게 다르지 않게 수박 겉 핥기 식의 교육을 할 수밖에 없다. 시민교육이 강조되고 있는 현시점에서 안중근이 제대로 활용될 수 없다는 것은 아쉬운 일이다. 이 기회에 우리의 역사교육에 대해 그리고 시민교육에 대해서까지 다시 생각하는 거시적 노력이 동반되지 않는다면 안중근은 우리의 기억 속에 애국지사로만 영원히 남을 것이다.

---

19) 통사교육 비판과 대안적 역사교육에 대한 제안은 임기환(2016) 참조.

참고문헌

강동국(2009). 동아시아의 관점에서 본 안중근의 동양평화론.『안중근과 그의 시대』. 서울: 경인문화사. 399-439.

국가보훈처·광복회(1996).『21세기와 동양평화론』. 서울: 국가보훈처·광복회.

국사편찬위원회(1976).『한국독립운동사 자료 6』. 서울: 국사편찬위원회.

국사편찬위원회(1978).『한국독립운동사 자료 7』. 서울: 국사편찬위원회.

국사편찬위원회(1980).『한국독립운동사 자료 9』. 서울: 국사편찬위원회.

김경일(2009). 동아사의 맥락에서 본 안중근과 동양평화론.『정신문화연구』 32(4). 193-219.

김삼웅(2009).『안중근 평전』. 서울: 시대의 창.

김삼웅(2009. 11). 안중근의 동양평화론, 변함없는 가치.『인물과 사상』. 152-164.

김영호(2010). 안중근 순국 100주년·국채보상운동 103주년 합동전시부에 부쳐: 국채보상운동이 동양평화론으로 꽃피다.『순국 100년 안중근: 국채보상운동, 동양평화로 피어나다』. 서울: 예술의전당.

김용해(2018). 안중근의 동양평화사상과 가톨릭의 평화론. 2018년도 한국 종교교육학회·생명문화연구소 추계 국제학술대회 자료집.

김윤희(2013). 대한제국 언론매체의 정치기획과 안중근.『아시아문화연구』 32. 69-97.

김현철(2005). 개화기 만국공법의 전래와 서구 근대주권국가의 인식 1880년대 개화파의 주권 개념의 수용을 중심으로.『정신문화연구』 28(1). 127-152.

김호일(2010a). 안중근과 그의 시대.『대한국인 안중근』 34. 안중근의사숭모회.

김호일(2010b).『대한국인 안중근: 사진과 유묵으로 본 안중근 의사의 삶과 꿈』. 서울: 눈빛출판사.

노명환(2010). 유럽통합 사상과 역사에 비추어 본 세계사적 의의.『안중근과 동양평화론』. 서울: 채륜.

박광득(2010). 제4장 안중근의 동양평화론의 내용과 성격에 관한 연구.『민족사상연구』 6(3). 101-137.

박병철·주인석(2015). 제2장 안중근의 전쟁과 평화 현대적 의미.『민족사상』 9(2). 35-64.

서영희(2010). 한국 근대 동양평화론의 기원 및 계보와 안중근.『영원히 타오르는 불꽃』. 파주: (주)지식산업사.

안중근(1995). 신용하 편역(1995).『안중근 유고집』. 서울: 역민사.

안중근(2011). 윤병석 편역(2011).『안중근 문집』. 천안: 독립기념관 한국독립운동사연구소.

안중근의사기념사업회(2009).『안중근과 그 시대』. 서울: 경인문화사.

안중근의사기념사업회(2010).『안중근과 동양평화론』. 서울: 채륜.

오영달(2014). 안중근 의사의 동양평화론과 칸트의 영구평화론 비교. 제11차 한국평화연구학회 국제학술세미나 자료집. 43-54.

오영섭(2010). 안중근의 의병운동.『영원히 타오르는 불꽃』. 파주: 지식산업사. 23-64.

오일환(2009). 안중근의 구국활동과 그 정치적 의미.『민족사상』3(1). 33-66.

오일환(2012). 제6장 안중근의 동양평화사상과 남북통일.『통일전략』12(1). 203-237.

오재환(2010). 동양평화에 대한 두 시각 안중근과 박형철『동양고전연구』41.

윤경로(2010). 안중근의거 배경과 동양평화론의 현대사적 의의 동아시아의 평화와 미래를
   전망하며.『한국독립운동사연구』36. 137-176.

이기웅(2010).『안중근 전쟁 끝나지 않았다』. 서울: 열화당.

이용철(2014). 안중근의 동아시아인식과 지역협력구상 현대적 의미에 대한 비판적 고찰.『평
   화연구』22(2). 5-37.

이태진(2010). 안중근의 동양평화론 재조명.『영원히 타오르는 불꽃』. 파주: (주)지식산업사.

임기환(2016). 초등학교 역사과 내용 구성에서 인물사, 생활사, 문화사 구성의 가능성 탐
   색.『역사교육연구』25. 7-46.

조광(1994). 안중근의 애국계몽운동과 독립전쟁.『교회사연구』9.

조형열(2013). 안중근, 어떻게 기억하고 계승할 것인가?.『역사와 책임』창간호. 154-185.

최종길(2016). 동양평화론과 조선인의 인식.『사림』55. 109-138.

함규진(2018). 안중근 동양평화론의 정치사상적 의미.『평화학연구』19(1). 7-24.

현광호(2013). 안중근의 동양평화론의 연구 현황과 연구 과제.『한국민족운동사연구』75.
   93-132.

나카노 토무(1995).『동양평화의 사도 안중근』. 서울: 하소.

마키노 에이지(2010). 안중근 의사의 동양평화론의 현대적 의미.『영원히 타오르는 불꽃』.
   파주: (주)지식산업사

사사가와 노리가쓰(2010). 안중근의 재판.『영원히 타오르는 불꽃』. 파주: (주)지식산업사.

Kant, E.(2001). Perpetual Peace in *On History*. NJ: Prentice Hall, Inc. Edit Beck L.

Kant, E.(2001). Conjectural Beginning of Human History in *On History*. NJ: Prentice
   Hall, Inc. Edit Beck L.

Kant, E.(2001). Idea for a Universal History from a Cosmopolitan Point of View in
   On History. NJ: Prentice Hall, Inc. Edit Beck L.

Kant, E.(2001). Perpetual Peace in *On History*. NJ: Prentice Hall, Inc. Edit Beck L.

Kant, E.(1796) Perpetual Peace. 이한구 역(2008).『영구 평화론』. 서울: 서광사.

일제강점기, 저항과 계몽의 교육사상가들

이승훈의 삶에 대한
기독교교육학적 함의

고원석

I. 들어가는 글

남강(南岡) 이승훈(李昇薰, 1864-1930)은 한국 근대 개화기와 일제강점기 고난의 역사를 걸었던 민족의 대표적인 지도자이자 독립운동가다. 1981년 일본 교세이 출판사에서 8권 총서로 간행한 『현대에 살아있는 교육사상』(阿部洋 編)은 19세기 후반부터 20세기 초반에 걸쳐 활동했던 세계의 교육사상가 100인을 소개하였다. 이 총서의 제8권(아시아편)에는 두 명의 한국인이 수록되어 있는데 그중 한 사람이 이승훈이다. 이 책에서 이승훈은 "20세기 초 한국의 뛰어난 교육사업가이며 서구의 인물과 비교한다면 로버트 오웬(R. Owen, 1771-1858)과 가깝다."고 평하였고 "한국 교육의 은인"이라고 소개하였다(渡部學, 1981: 335 재인용).

하지만 엄밀한 의미에서 이승훈은 교육사상가라 하기도, 교육학자라 하기도 어려운 인물이다. 왜냐하면 교육 사상이나 이론을 체계적으로 서술한 본인의 저작이 없기 때문이다. 자신의 생각을 발표한 몇 개의 기사가 남아있지만, 이론적, 학문적 글과는 거리가 멀다(남강문화재단, 1988: 386-402). 하지만 이승훈은 우리 민족의 근현대사에서 중요한 역할을 했던 훌륭한 후학들을 많이 길러 냈고, 그 후학들이 이승훈의 삶과 생각을 다양한 각도에서 기록해 놓았다. 이승훈은 자기 생각을 글이 아닌 사람으로 기록한 교육실천가이자 교육지도자로 평하는 것이 옳을 듯하다.

본 연구의 목적은 민족지도자이자 교육실천가인 이승훈의 삶 속에 담겨진 기독교교육학적 의미를 성찰하려는 것이다. 이를 위해 먼저 주목할 만한 이승훈의

삶을 연대기적 순서에 따라 서술하고자 한다(Ⅱ). 연대기적 서술이기는 하나, 삶의
전 여정을 세밀하게 서술하기보다는 기독교교육학적으로 중요하다고 여겨지는 사
건에 한정해서 주목하고자 한다. 그리고 난 후, 그의 삶 속에 담긴 기독교교육학
적 함의(Ⅲ)를 살펴보고자 한다. 기독교교육학적 관점에서 이승훈의 삶은 근대라
는 세계사적 이념을 인재양성의 교육 의지를 통해서, 특별히 기독교정신(성경)의
근원에 바탕을 두고 공동체적 실천으로 구현하고자 했던 도야의 여정이었다. 마지
막으로 교육자로서 적용해야 할 이승훈의 삶의 의의를 몇 가지 언급하며(Ⅳ) 논문
을 마무리하고자 한다.

Ⅱ. 격변의 역사를 살았던 이승훈의 삶

1. 성장: 역사의 냉엄한 현실과 조우

이승훈(李昇薰)의 호적상 이름은 인환(寅煥)이다. 자(字)는 승훈(昇薰), 어릴 적
이름은 승일(昇日), 호는 남강(南岡)이다. 이승훈은 1864년 3월 25일, 지금의 평안
북도 정주(定州)에서 빈한한 가정의 가장 이석주와 홍주(洪州) 김씨의 둘째 아들로
태어났다. 이승훈의 출생 당시 조선은 대내적으로 사회적 모순과 정치적 부패로
인한 갈등으로, 대외적으로 조선을 둘러싼 주변 열강의 세력다툼으로 진통을 겪던
시기였다. 1864년은 고종(高宗)이 열두 살의 나이로 조선의 왕에 오른 해였고, 동
학의 교조였던 최제우(1824-1864)가 처형된 해였다. 1866년에는 대원군의 대대적
인 천주교박해(병인박해)와 이를 빌미로 프랑스 함대와 우리 군이 충돌한 병인양
요(丙寅洋擾)가, 1871년에는 미 해군이 침공한 신미양요(辛未洋擾)가 있었고, 1876
년에는 운요호 사건의 빌미로 일본과 강화도조약을 맺었다. 이렇듯 이승훈은 한국
개화기의 격변과 그로 인한 시대적 혼란 속에서 살아가야 할 힘든 운명을 타고
났다.

이승훈은 태어난 지 10개월 만에 어머니를 여의고 할머니의 손에서 자라다가,
10살 되던 해(1873) 할머니와 아버지마저 두 달 차이로 여의는 불행을 겪게 되었
다. 또한 그가 태어나 자란 정주를 포함한 서북지역은 "문불과지장령(文不過持掌
令), 무불과첨사만호(武不過僉事萬戶)"라 하여 관직등용에서 배제되는 정치사회적

차별지역이었다. 결국 이승훈이 세상에 태어나 유산으로 물려받은 것은 '천시(賤視)', '가난', '무지(無知)'가 전부였다. 그는 사회적 천시와 가정의 불행, 가난의 냉엄한 현실에 내던져지고 말았다(이승훈, 1926: 399; 함석헌, 1988: 18; 1990: 14).

10살의 이승훈은 임일권(林逸權)의 유기점 사환으로 들어가 잔심부름을 맡아 생계를 꾸려 나가기 시작했고, 15세 되던 해(1878)에 결혼한 이승훈은 가정생계를 위해 유기 행상을 시작했다. 이러한 행상의 삶을 통해 이승훈은 당시 다양한 사회의 변화를 접하고 체험할 수 있었다(김기석, 2005: 31). 김형석(1985: 630)은 이승훈의 소년시절에 대해서 "남강이 만일 글방에서 경서(經書)만 읽었으면 한 사람의 유학자(儒學者)가 되었을지는 모르지만은 이렇게 어려서 생동(生動)하는 실사회(實社會)의 견문(見聞)에 접했기 때문에 나중에 개화주의(開化主義)에 투신(投身)하게 된 실마리가 여기서 열렸다."고 평하였다. 1887년 24살의 이승훈은 청정(淸亭)에 유기제조 공장을 짓고 사업을 시작하여 크게 성공하였다. 비록 동학난과 청일전쟁으로 공장이 폐허가 되기도 했으나, 그의 정직과 능력을 인정해 준 부호 오삭주(吳朔州)의 도움으로 다시 사업을 일으켜 국내 제일 무역상의 지위에 오르게 되었다. 1899년 거상으로 성장한 이승훈은 실질적인 경영을 주변 사람에게 맡기고 오산 용동(龍洞)에 공유농지를 조성하고 마을을 건설하여 조선의 새로운 문중을 만들고자 했다(조기준, 1988: 72; 김형석, 1985: 636).

정리하면, 이승훈은 젊은 나이에 성공한 실업인이었다. 이승훈은 경영활동을 통해 사회 현실의 변화를 감지할 수 있었고, 이러한 실업인의 경험과 정신이 나중에 그의 민족사상과 운동에 영향을 주어 지나친 이상주의나 급진적 성격을 탈피한 현실적 성향을 갖게 하였다.

2. 민족계몽의 꿈: 첫 번째 사상적 전환

1) 안창호와의 만남 - 개화사상

이승훈은 도산(島山) 안창호(安昌浩, 1878-1938)를 만남으로써 사상적 대전환을 맞는다. 안창호는 "교육적" 독립운동가라 할 수 있다. 그가 어린 시절을 보냈던 평양은 서양문물의 유입이 활발했던 곳이었을 뿐만 아니라 청일전쟁 때 치열한 교전이 벌어졌던 곳이기도 하다. 안창호는 청일전쟁의 비극적 상황을 목격하면서 외세의 침입을 막아 내기 위해서는 서양의 근대 교육과 문화를 배워야 한다는 확신에 이르게 되었고, 서양의 근대교육학에 뜻을 두고 미국유학을 떠난다. 그리고 그가 설계한 총체적 독립운동 방략이 인격도야와 단결(공동체)훈련의 기초교육단계로부터 시작하고 있다는 점은 그의 전체 사상의 핵심으로 교육사상이 자리하고 있었다는 것을 보여준다(신일철, 1994: 234; 정경환, 2015: 72-73; 이윤갑, 2017: 41-42; 박의수, 2019: 7-9).

을사늑약(1905) 이후 국가의 미래가 불투명했던 1907년, 44살의 이승훈은 당시 20대의 젊은이 안창호의 평양 강연에 참석하였다가 큰 감명을 받고 인생의 대전환을 맞게 된다. 안창호는 연설에서 "나라가 없고서 한 집과 한 몸이 있을 수 없고 민족이 천대받을 때에 나 혼자만 영광을 누릴 수 없오"라고 강조하였고, 나라와 민족을 위해서 "새로운 교육을 일으킴으로써 새사람을 키워 미래를 도모하자"고 외쳤다. 이러한 민족계몽교육의 의지가 이승훈의 마음을 사로잡았다. 이 후에 이승훈은 곧바로 개화사상을 수용하는 사상적 회심을 하게 된다. 개화사상을 수용하는 상징으로 그는 단발을 하고 긴 담뱃대를 버렸다. 단발이 "신체발부 수지부모(身體髮膚 受之父母)"의 전통적 사고에서 벗어난 새로운 자기 모습의 확립이었다면, 긴 담뱃대를 버린 이유는 어릴적부터 꿈꿨던 양반의 모습을 포기하는 사고의 전환이었다. 이승훈이 이처럼 갑작스럽게 그것도 적극적으로 개화사상을 받아들인 데에는 "일제의 침략으로 인한 사업의 실패, 새로운 지식의 습득, 언론을 통한 국내외 정세의 파악, 당시의 시대적 상황 등을 인지하고 새로운 진로를 모색"하고 있던 상황에서 안창호의 강연이 이승훈에게 구체적인 길을 제시했기 때문이다. 아울러 사사로운 이익 대신에 앞으로 나라를 위한 삶을 살겠노라고 결심한 이승훈은 안창호와 함께 신민회의 주요인사로 활동하게 된다. 안창호를 만남으로써 이승훈은 그전에 몰랐던 민족운동의 이상을 품는 삶의 대전환을 맞게 되었다(김기석, 2005: 85-87; 함석헌, 1990: 21-22; 한규무, 2008: 42).[1]

---

1) 김승태(2002: 38-39/각주4)는 이승훈이 안창호를 알게된 시기에 대한 일반적 견해에 이의를 제기한다. 이승훈이 안창호의 평양강연에서 처음 안창호를 만나 개화사상을 받아들인 것이 아니라 1906년에 설립된 "서우학회"에 초기회원으로 참여하면서 안창호를 알게 되었고 개화사상에 눈을 뜨게 되었다는 것이다.

2) 강명의숙과 오산학교 설립

안창호를 만난 후 이승훈이 보여준 또 하나의 커다란 사상적 전환은 교육에 대한 사명, 특히 신학문을 통한 인재양성의 절박함을 느끼게 되었다는 점이다. 안창호의 강연에서 신학문 교육을 통한 인재양성의 필요성을 깨달은 이승훈은 2주 후 학교설립을 추진한다. 서당인 용동글방을 수리하여 '강명의숙'(講明義塾) — 빛을 강론하고 의를 가르치는 글방 — 이라는 신식 초등학교를 설립하고, 김덕용을 선생으로 모셔다가 한학과 더불어 신학문을 함께 가르치기 시작했다(김기석, 2005: 107-109; 함석헌, 1990: 25-26).

강명의숙 초등학교를 설립한 이승훈은 곧 중등학교 설립의 필요성을 느끼고 용동에서 가까운 오산의 승천재(昇薦齋)에 유림들의 투자를 받아 1907년 12월 24일 오산학교를 개교하였다. 당시 이승훈은 학교교육의 목적을 "나라를 위해 충성할 인재양성"이라고 밝혔다(김경옥, 2011: 36). 또, 그는 학교설립의 취지를 다음과 같이 밝히고 있다.

> "내가 이 학교를 경영하는 것은 오직 우리 민족에 대한 나의 책임감 때문입니다. 내가 학교를 경영하거나 그 외 사회의 모든 일을 할 때 신조로 삼고 나가는 것은 첫째, "민족을 본위로 하라"는 것과 둘째, "죽기까지 심력을 다하라"는 것입니다." (한규무, 2008: 52)

이승훈은 학생들에게 늘 입버릇처럼 "부지런하라" 그리고 "나라와 겨레를 사랑하라"고 말했던 이유를 이 취지문에서 알 수 있으며, 안창호의 무실역행, 충의용감의 교육사상과도 그 맥을 같이하고 있다. 오산학교의 초대 교장은 유림인 백이행이 맡았고, 교육과정은 예비반(1학년)과 상급반(2-3학년)으로 구성되었다. 초대 입학생으로는 김도태, 김자열, 이업, 이윤영, 이인수, 이중호, 이잔체 7명이었다. 영어, 문학, 법제, 지리, 한문, 수학, 역사, 체육(체조/조련) 등의 교과를 수학했다. 아울러 이승훈은 오산학교의 개교 때부터 선생과 학생이 같이 기거하고 같이 일하는 공동체적 전통을 세웠다(김기석, 2005: 110-114, 259; 한규무, 2008: 56-60).

3. 기독교 신앙에 기반한 민족계몽교육: 두 번째 사상적 전환

1) 기독교 신앙에 귀의

기독교 신앙은 이승훈의 삶과 민족계몽교육에 지대한 영향을 미쳤다. 개화사상에 심취하고 민족교육에 뛰어든 이승훈은 주변의 기독교 개화인사들로부터 기독교에 관해 들었을 것이고, 그들을 만나기 위해 교회를 방문하거나 예배에 참석했으리라 예상할 수 있다. 특히 그가 활동했던 신민회 동료 안창호, 김덕기, 이동녕, 이덕환 같은 인물들이 모두 경건한 기독교인이란 사실은 이승훈으로 하여금 기독교신앙에 많은 관심을 갖게 했을 것이다. 하지만 그는 기독교신앙을 쉽게 받아들이지 않았다. 이승훈이 기독교 신앙을 받아들이지 않았던 것은 서구종교였던 기독교를 그리 탐탁하게 바라보지 않았기 때문으로 보인다. 이승훈은 "선인들의 가르침을 버리고 남의 도를 숭상하는 것은 옳지 않다"고 생각했다. 그렇다고 이승훈은 당시 전통종교인 불교나 민족종교인 천도교에 긍정적이지도 않았다. 전반적으로 이승훈은 종교 자체에 거리를 두고자 했던 것으로 보인다. 현실을 떠나 하늘(神)을 의지하는 것을 옳지 않다고 보았기 때문이다(김기석, 2005: 328).

그렇게 기독교에 거리를 두고자 했던 이승훈이 기독교 신앙을 가까이서 접하게 된 계기는 20세의 류영모(柳永謨)가 오산학교 교사로 부임하면서다. 류영모는 한학에 조예가 깊었을 뿐만 아니라 물리, 수학, 천문학 등의 서구학문에도 뛰어났던 기독교교사로서 학교에서 찬송과 성경을 가르치고 집회를 열기도 했다. 이승훈은 그것을 허용하기는 했으나 스스로 기독교 신앙을 받아들이지 않았다. 그러던 중 1910년 한일강제병합이 일어나 수많은 우국지사들이 스스로 목숨을 끊거나 망명의 길을 선택하게 되었고, 착잡함을 느끼던 이승훈은 이 망국의 백성들에게 새 힘을 불어넣어 줄 수 있는 것이 무엇일까, 특히 실의에 빠져 흩어져 가는 백성들을 하나로 묶어줄 수 있는 역할을 종교에 기대할 수 있을까 고민하게 되었다.

그러던 중 1910년 9월 평양 산정현 교회 특별집회에 참석한 이승훈은 한석진 목사의 "십자가의 고난"이란 설교에 큰 감명을 받아 예수를 믿기로 작정하였다.[2]

---

2) 1909년 1월 이승훈은 교육유공자로 선정되어 관서지방 순행 중이던 순종 임금을 정주역에서 알현하였는데, 당시 통감부는 보고서에 이승훈을 "耶蘇 信徒(야소 신도)로서 신교육 열심가인 李昇薰"이라고 기록하였다. 이것을 근거로 김승태(2002: 51-52)는 이때 이승훈이 이미 기독교

이것은 이승훈 일생의 또 하나의 대전환점이었다. 김기석(2005: 327-333)에 따르면, 이승훈에게 감명을 주었던 성경 내용은 하나님이 이스라엘 민족을 구원했던 사건, 하나님의 아들 예수가 낮고 천한 마구간에서 태어나 갈릴리에서 가르치고 병을 고쳐 주고, 결국엔 십자가에 달려 희생당한 것이다. 나라를 잃고 절망에 빠진 백성들에게 이보다 희망적이고 위로가 되는 말씀이 있었을까? 또 이승훈은 어느 집회에 참석했다가 참석자들이 돌아가면서 성경구절을 읽었는데, 이승훈이 읽은 구절이 마태복음 11장 28-30절(수고하고 무거운 짐진 자들아 다 내게로 오라...)이었다. 이 구절을 통해 자신에게 맡겨진 책임과 짐을 그리스도에 대한 신앙의 힘을 통해 감당할 수 있으리라는 위로와 확신을 얻게 되었다(함석헌, 1990: 35-40; 한규무, 2008: 83-84).

2) 기독교민족계몽운동의 요람, 오산학교

기독교신앙을 받아들인 이승훈은 오산학교를 기독교정신의 바탕 위에서 교육하고자 했다. 그가 주목한 기독교정신은 폭력이나 무력을 사용하거나 외부의 힘에 순응하는 대신에 내적인 힘을 양성함으로써 새사람이 되게 한다는 것이었다(이원일, 2019: 33-34). 이승훈은 자신의 땅을 내놓아 예배당을 세우고 정주읍교회를 담임하고 있던 선교사 라부열(Slacy L. Robert) 목사를 오산학교의 명예교장(3대)으로 초빙하였고 류영모로 하여금 성경과목을 가르치게 했다.

이로써 오산학교는 민족의식과 기독교 정신이 결합된 기독교민족계몽운동의 요람으로 다시 태어나게 되었다. 오산학교 초창기에 교편을 잡았던 교사로는 역사, 지리, 경제를 가르쳤던 시당(時堂) 여준(1907-1911), 영어와 문학을 가르친 춘원(春園) 이광수(1910-1913), 물리와 천문학, 그리고 성경을 가르친 다석(多夕) 류영모(1910-1914, 1921-1923), 법제, 경제, 지리를 가르친 고당(古堂) 조만식(1914-1923) 등이 있다. 짧은 기간이었지만 단재(丹齋) 신채호가 역사를 가리키기도 했다. 이승훈은 진정한 인재양성교육을 위해서는 교사의 역할이 무엇보다 중요하다는 것을 알고 있었기에 다양한 인재들을 - 개인적 성향에 얽매이지 않고 - 교사로 초빙하였다. 사실 이광수의 경우, 그가 소개한 톨스토이의 인도주의 문학이 지나치게 진보적이라 해서 학교를 떠나야만 했던 경우도 있다(엄영식, 1988: 125-

인이었으리라 추측한다.

127). 이렇게 다양한 선생들을 통해 배출된 졸업생 중에는 김도태(교육인), 서춘(경제학자), 김억(시인), 주기철(목사), 김홍일(항일광복군), 한경직(목사), 김소월(시인), 함석헌(신학자) 등이 있다(엄영식, 1988: 124-138; 김기석, 2005: 245-263).

김기석(2005: 145-156)은 오산학교 교육의 근간되었던 네 책을 소개하고 있다. 먼저, 현채(玄采, 1856-1925)의 동국사략(東國史略)과 만국사기(萬國史記)다. 동국사략이 단군조선부터 근대시기까지 한국사를 기록한 책이라면, 만국사기는 세계사 책으로 아시아, 유럽, 아메리카 등 대륙별 주요 나라의 역사를 소개하고 있다. 둘째, 량치차오(梁啓超, 1873-1929)의 『음빙실문집(飮氷室文集)』(1902)이다. 량치차오는 중국 근대변혁기의 계몽사상가이자 동서양 사상에 해박한 지식을 가지고 있던 학자로 『음빙실문집』은 그의 저술들을 모아 놓은 책이다. 량치차오는 고대 4대문명론(중국, 인도, 이집트, 소아시아)을 처음으로 주장하였으며, 정치적으로는 의회입헌제도를 지지했던 학자다. 그는 "신민설"에서 국가의 근본이 건강한 국민이어야 함을 강조하면서 국민성의 혁신을 다음과 같이 주장하였다.

> "국가란 국민이 바탕이 되어 성립되는 것이므로 국가에 있어서 국민의 위치와 역할을 마치 사람의 몸뚱이에 있어서 사지와 오장, 힘줄, 맥과 핏줄들의 그것과 같다. 사지가 잘려지고 오장이 병들고 힘줄, 맥에 상처가 나고 핏줄들이 마른 채 몸뚱이가 살아 유지될 수 없는 것과 같이 국민이 어리석고, 미개하고, 나약하고 정신과 사상이 산만하고 혼란한 채 국가가 존립해 있을 수 없는 것이다. 그러므로 몸뚱이를 튼튼하게 오래 유지하려는 사람은 신체 생명 수양의 방법을 잘 알아야 하며 또 국가의 안녕과 풍요와 국력, 권위를 유지, 신장하고 도모하려면 국민성 혁신의 길이 무엇인가를 강구하지 않으면 안 된다."(김기석, 2005: 146 재인용)

셋째는 유길준의 『서유견문』이다. 『서유견문』은 유길준이 미국과 일본에서 유학하고 세계를 여행하며 경험한 서구의 문명, 문화, 교육, 정치, 제도 등을 총망라하여 백과사전식으로 서술한 한국 최초의 서양소개서이다. 이승훈이 신학문에 대한 절실한 필요성을 오산학교를 세웠던 만큼 세계의 문명과 지리, 발전된 제도와 문화 등에 대한 교육이 중요한 위치를 차지하고 있었다. 마지막으로 성경이다. 학교의 직원들과 학생들은 특히 마태복음의 산상수훈과 시편을 애독했다. 산상수훈은 예수께서 그리스도인들의 삶의 태도와 윤리의식을 가르치고 있는 부분인 만큼 오산학교는 기독교신앙을 철저한 삶과 실천의 길잡이로 잡았던 것으로 보인다. 시편 중에서도 오산의 학생들은 시편 1장, 15장, 23장을 자주 읽고 암송했다고 한다. 시편은 하나님의 주/왕되심을 고백하는, 또는 하나님께 고통과 어려움을 토로하는 기도라고 할 때, 국가의 상황은 암울하고 절망적이지만 하나님의 능력을 의지하고 기대하는 성경교육이 주를 이뤘다는 것을 알 수 있다(함석헌, 1990: 35-39).

4. 기독교 신앙의 예언자적 사명

1911년 2월 이승훈은 안명근 사건에 연루되어 체포된 뒤, 혹독한 고문과 재판을 거쳐 제주도로 유배된다. 그러다가 105인 사건의 주요인사로 다시 연루된다. 이것은 일본 데라우치 총독의 암살을 모의했다는 거짓 이유로 신민회 인물들을 제거하려는 일본의 탄압작전이었다. 제주도 유배 중 105인 사건으로 재검거된 이승훈은 10년 형을 다시 선고받고 대구와 경성에서 복역 중 1915년 2월 가출옥으로 석방되었다. 5년의 옥고를 치루는 동안 이승훈은 라부열 선교사가 제공해 준 성경과 『천로역정』(天路歷程)을 여러 번 정독했다. 아이러니하게도 이승훈은 수감 기간이 그리스도의 참 정신과 깊이 만나는 시간이었다고 회상한다(김기석, 2005: 117-128; 한규무, 2008: 97-98, 104-109).

1915년 감옥에서 출옥한 이승훈은 정주읍교회 정기정 목사로부터 세례를 받고 이듬해 교회 장로에 피택되었다. 그로 인해 기독교 신앙에 대해서 더 깊고 올바르게 알고자 했던 이승훈은 52세의 늦은 나이에 현(現) 장로회신학대학교의 전신인 평양장로회신학교에 입학하여 1년 반 동안 수학한다. 이승훈은 구약의 말씀, 특별히 이스라엘 예언자들의 목소리에 더 큰 관심을 기울였다.

"[이승훈은] 이스라엘의 고난이 우리 겨레의 당한 고난을 방불케 한다고 생각되었다. 저기에도 왕조의 분쟁이 있었고 여기에도 왕조의 분쟁이 있었다. 저기에도 바빌로니아 포수가 있었고 여기에도 바빌로니아 포수가 있었다. 저기도 귀족과 부자들의 전횡이 있었고 여기도 귀족과 부자들의 전횡이 있었다. 저기도 백성들의 완명함이 있었고 여기도 백성들의 완명함이 있었다. 그런데 저기에 있는 것 한 가지가 여기에 없었다. 저기에는 왕조와 백성들의 불의를 날카롭게 고발한 예언자들이 있었는데 여기에는 이 자기 스스로를 채찍질하

는 통회의 목소리가 없었다." (김기석, 2005: 338)

구약성서의 예언자는 일반적으로 생각하는 미래를 점치는 자가 아니라 "하나님의 이름으로 외치는 자"를 의미한다(Jeremias, 2003: 1694). 구약학자 브루그만(Brueggemann, 1982: 41-42)에 따르면, 예언자는 역사적 "위기상황"에 등장하여 일반적으로 통용되는 "공식적인" 진리를 거부하고 새로운 진리, 즉 시대를 새롭게 일깨우는 하나님의 뜻을 경고하며 외쳤던 사람이다. 이승훈은 성경에는 시대를 깨우치는 예언자들이 있었는데, 조선에는 이러한 예언자가 없었다는 것을 안타깝게 여겼다. 결국 이승훈이 성경으로부터 가장 절실하게 배운 것은 하나님의 의(義)였다. 그에게 기독교는 "의의 종교, 여호와는 의의 신"이었다(김기석, 2005: 339, 342-343; 이만열, 1991: 314-316).

5. 삼일운동 종교계 연합과 중재 역할

기미년 삼일운동은 우리의 국권을 일제가 무단으로 강점한 것에 항의하여 나라의 독립을 선언하며 온 국민이 궐기했던 비폭력 만세운동이다. 그리고 이 만세운동의 중심에는 기독교, 천도교, 불교계 지도자들이 있었다. 최근 삼일운동 백주년을 기념하여 기독교, 천도교, 불교계 역사학자들이 함께 개최한 심포지엄의 기조강연자 이만열(2017: 13)은 삼일만세운동을 주도한 큰 움직임을 기독교와 천도교로 보았으며, "해외독립운동가들과 국제사회의 움직임을 간파한 두 종교계는 거의 비슷한 시기에 독립만세운동을 구체화했다."고 말했다. 사실 삼일운동이 상당히 짧은 시일 동안 전국적인 규모로 확산되었다는 점을 감안할 때, 당시 삼일운동과 같은 독립운동의 절실함이 국민들 개개인의 정서에 무르익어 가고 있었다고 보는 것이 옳을 것이다. 이러한 정황에서 전국적인 조직망을 가지고 독자적인 독립운동의 의지와 계획을 추진하고 있던 두 종교가 (불교계를 포함하여) 연합함으로써 삼일운동은 거국적인 독립운동으로 확장될 수 있었다(허영란, 2019: 195-202).

이승훈의 서북지역 기독교 지도자들(장로교)이 독립운동의 본격적인 도화선역할을 했던 것은 1918년 민족자결주의와 파리강화회의에 관한 소식이 국내로 전해지면서부터다. 1918년 9월 평북 선천의 평북노회에 상해대표로 참석한 여운형(呂

運亨)이 이승훈을 만나 국내외 정세에 대한 논의와 함께 파리강화회의를 계기로 궐기하자는 논의를 시작했고, 12월에는 동경 유학생 서춘(徐椿)이 모교인 오산학교를 들러 이승훈, 조만식 등과 독립운동의 방법을 논의하였는데, 이때 이승훈은 여운형과의 계획을 밝히고 국내와 상해, 동경에서 각각 독립선언을 발표하는 방법을 제시했다. 결국 1919년 2월 6일 상해 신한청년당(新韓靑年堂)에서 파견한 선우혁이 입국하였을 때는 이미 이승훈과 양전백, 그리고 105인 사건의 동지들이었던 평양 기독교 인사들을 중심으로 독자적인 독립선언계획이, 다시 말해서 "신한청년당-선우혁-이승훈-평양·정주 기독교인들"의 고리로 연결된 독립운동이 구체화되고 있었다(김형석, 1985: 223-226; 한규무, 2008: 124-125; 김기석, 2005: 200-206; 한국기독교역사 연구소, 2017: 509). 한편 서울지역에서는 감리교의 박희도가 기독교청년회 등을 통해 독립운동을 준비하였다.

기독교계가 독립운동을 계획하던 시기에 손병희, 권동진, 오세창, 최린 등의 천도교계 인사들도 독립선언서를 발표·배포하여 조선의 독립 열망을 알리고, 일본 정부와 조선총독부, 파리강화회의에 한국의 독립에 대한 의견서를 보내고, 미 대통령 윌슨에게 한국의 독립 청원서를 보내는 등의 삼일운동에 대한 구체적인 계획을 마련하고 있었다. 특히 독립운동의 원칙을 대중화, 일원화, 비폭력으로 정하고 여러 세력과의 제휴를 시도하였다(조규태, 2017: 50).[3] 그러던 중 천도교 측에서 서북지역을 중심으로 한 기독교의 독립선언 계획, 즉 "예수교 측에서는 독립운동을 하려고 1천 6백 명 가량이나 되는 목사 장로 중에서 4-5백 명은 동지가 된다고 하며 그 주동자는 이승훈이다."라는 정보를 입수하게 되었고(이덕주, 2019: 106), 실무를 맡았던 최린이 최남선과 송진우를 통해 이승훈과 만남을 가지면서 기독교와 천도교의 제휴가 현실적으로 이루어졌다. 천도교 측이 연합을 위한 대화 상대자로서 이승훈을 선정하게 된 것은 이승훈이 기독교신앙을 받아들이기 전 상

---

3) 본래 천도교는 구한말 정치관료와 사회단체의 원로급 인사들, 즉 윤용구, 한규설, 박영효, 윤치호 등을 민족대표로 구성하여 거국적 독립운동을 추진하려 했으나 기대했던 결과를 얻지 못하자 종교계로 눈을 돌릴 수밖에 없었다. 다음은 최린의 증언이다. "국변 이후로 각종의 정치적 색채를 가진 사회단체는 물론이요 심지어 학술단체까지도 모조리 해산을 당하였고 다만 불교, 기독교, 천도교 등 종교단체만이 간신히 잔명(殘命)을 보존하였을 뿐이었다. … 민족을 대표함에는 … 오직 종교단체뿐이니 천도교만이 아니라 예수교회, 불교회 등의 대표를 망라하는 것이 당연하다고 작정하였다."(이덕주, 2019: 106 재인용)

업활동을 통해 수많은 지도적 인사들과 교분이 있었고, 신민회 활동과 오산학교 경영 등으로 애국지사들과 교육자들로부터 명망이 두터웠을 뿐만 아니라, 장로이 자 신학교에 재학 중이던 자로서 기독교계에서도 큰 존경을 얻고 있었기 때문이 다(김형석, 1985: 223-226; 한규무, 2008: 126).

기독교와 천도교의 연합은 독립선언을 전국적인 규모로 확산시킬 수 있는 계 기를 마련하였다. 하지만 이 연합을 추진하는 일이 순탄하지 않았다. 이승훈은 먼 저 기독교 측 인사들을 대상으로 독립운동의 방법론과 천도교와의 연합을 이해시 키고 설득해야 했다. 많은 목회자들이 천도교와의 교리적 차이, 기독교 목사의 신 분을 이유로 연합에 반대하는 의사를 표명하기도 했고, 독립선언보다는 독립청원 을 하자는 의견도 있었다(이덕주, 2019: 99-106; 김형석, 1988: 226). 이승훈은 선천, 평양, 서울을 오가며 박희도 등과 함께 인사들을 만나 하나하나 설득해 나가야 했 다. 또한 이승훈은 천도교 측과 교섭을 통해 민족대표를 구성하는 일을 함께 추진 하였다. 그 결과 2월 24일에 기독교와 천도교가 (불교를 포함하여) 공동으로 독립 선언을 추진하기로 확정하였고 삼일 독립선언서에 서명할 사람을 기독교 16명, 천도교 15명, 불교 2명 총 33인으로 선정하였다. 그런데 독립선언서 서명날인의 순서로 종교 간에 진통을 겪게 되었다. 이때, "서명하는 순서는 죽는 순서"라고 하며 손병희(孫秉熙)를 가장 먼저 서명케 한 이승훈의 지혜는 독립에 대한 염원은 종교 간의 차이를 넘어서 대통합을 이뤄야 한다는 그의 신념을 잘 드러내고 있다 (함석헌, 1990: 63).[4] 삼일운동으로 이승훈은 다시 한번 옥중생활을 해야 했다. 1922년 7월 21일 이승훈은 3년여의 형량을 치르고 삼일운동 민족대표 33인 중 가장 늦게 마포감옥에서 출소했다(김기석, 2005: 268).

6. 교육공동체의 이상(理想)

1) 오산학교를 중심으로 한 교육공동체의 구상

삼일운동의 책임을 물어 일본 헌병은 오산학교 건물과 교회를 모두 불질렀다.

---

4) 결국 서명의 수위(首位)는 손병희(천도교), 제2위는 길선주(장로교목사), 제3위는 이필주(감리 교목사), 제4위는 백용성(불교)으로 정하고 나머지는 가나다순으로 서명·날인하였다.

그러나 김기홍(당시 23세) 청년의 열정에 힘입어 오산학교 재건에 들어갔고, 1920
년 9월 다시 오산학교를 정식으로 개교하여 200명이 넘는 학생들이 공부할 수 있
었다. 출소한 이승훈은 오산학교의 발전에 온 정성을 기울였다. 그는 오산학교를
체계적인 근대교육기관으로 키우고자 했으며, 나아가 소학교에서부터 고등학교에
이르는 종합학교를 설립하려는 종합적인 구상을 계획했다. 때마침 삼일운동 후 일
본이 문화정책으로 통치방식을 전환하면서 이러한 이승훈의 교육적 이상(理想)을
제도적으로 실현할 수 있는 분위기가 형성되었다. 종합계획을 실현하기 위해 이승
훈이 구상한 구체적인 실천방안은 다음과 같다:

> "첫째, 재단법인을 만들 것, 둘째, 제2교사를 새로 지을 것, 셋째, 덕과
> 학문이 높은 선생님을 초빙할 것, 넷째, 운동장과 학교 농장을 확장하고 연습
> 림을 둘 것, 다섯째, 병원과 교원 사택과 목욕탕을 지을 것, 여섯째, 동민과
> 학생들을 위하여 협동조합을 설치할 것, 일곱째, 절골에 뽕나무를 심고 직조
> 공장을 설치할 것" (김기석, 2005: 272)

이 계획은 단순히 학교를 건설하고 운영하는 것을 넘어 오산학교를 중심으로
농장과 공장을 둔 '교육 도시', 즉 이상적인 공동체 마을을 건설하려는 것으로서
안창호의 "모범부락"으로 불리는 이상촌 건설의 구상과 맥을 같이 한다(방민호,
2018: 48-50). 이승훈은 먼저 양옥양식의 제2교사를 건축하고 병원과 교원사택을
짓고 각 건물을 중심으로 작은 마을을 이루게 하여, 학교마을, 병원마을, 사택마
을 등 일곱 부락이 만들어졌다. 이승훈은 마을로 이주해 오는 사람들의 면모와 재
질에 따라 사는 곳을 배분하였고, 농지를 구입하여 개간도 시작하였다. 목욕탕이
세워지고 교육과 산업을 연계하는 계획도 추진해 나갔다(서굉일, 1988: 275-287).

오산학교는 1926년 8월 재단법인 '오산학교' 인가를 받고 12월에 '고등보통학
교'로 승격되었다. 그러나 이 고등보통학교 승격에 대한 논쟁이 심했다. 조선교육
령에 따르면(김형목, 2009: 39-57), 고등보통학교 인가를 받은 학교는 수업을 일본
말로 해야 하고 일본인 교사를 채용해야 했기 때문에 오산학교의 민족교육에 차
질을 빚을 우려가 있었기 때문이다. 하지만 이승훈과 당시 오산학교 교장이었던
조만식은 여러 상황을 감안할 때 고등보통학교의 승격이 더 이롭다는 판단에 따
라 승격을 추진했다. 사실 이승훈은 "적과 타협하는 것같이 보이면서 적과 싸우는

길"을 취하려고 했던 것이다(김기석, 2005: 274-276; 한규무, 2008: 163-172; 엄영식, 1988: 141-143).

2) 그룬트비의 사회교육사상의 영향: 폴케호이스콜레

1922년 일제가 경성제국대학 설립을 추진하자 이에 자극을 받은 이승훈은 애국지사들과 민립대학 설립을 추진하였다. 3·1운동의 실패가 민족 지도층의 부족에서 기인했다는 성찰 속에서 이승훈은 오산학교의 교육을 대학수준에까지 높이고자 했던 것이다. 일본의 방해로 민간대학설립이 여의치 않게 되었을 때도 이승훈은 오산 농과대학의 설립을 구상하였다. 이것은 위에서 언급한 종합적인 교육공동체 건설과도 연결된다(김기석, 2005: 279-282; 한규무, 2008: 156-159).

그런데 이러한 이승훈의 민립대학과 농과대학 설립의 구상은 당시 한국에 알려진 그룬트비 교육사상과 연관이 있다. 당시 한국과 일본에는 덴마크(Denmark)의 그룬트비(N. Grundtvig, 1783-1872)의 교육사상이 알려져 주목받기 시작했다. 특히 그룬트비에 의한 '폴케호이스콜레' 교육이 무너져 가던 나라를 일으켜 세웠다는 이야기는 이승훈 같은 민족계몽교육자에게는 새로운 자극이 되었다.

> "남강의 눈앞에는 땅이 각박하고 기후가 찬 북쪽의 조그만 나라가 나타났다. 이 나라는 다른 나라와의 전쟁으로 국토는 줄어들고 국민경제는 파탄에 빠져 다시 소생하기 어려운 데까지 이르렀다. 그때 그룬트비히라는 예언자가 나타나 민족중흥의 길을 교육에 의탁하는 운동을 일으켰다. … 한 사람의 예언자를 따라 백성들이 게으른 잠에서 깨어 일어났다. 그의 목소리는 북쪽 나라의 구석구석에 울렸다."(김기석, 2005: 283)

그룬트비는 덴마크의 개신교 목사이자 신학자였고, 교육가이자 역사가, 또한 정치인이었다. 그는 덴마크의 국민이 전쟁의 패망으로 헐벗은 상황을 교육, 특히 실업교육을 통해서 국민들의 의식을 변화시킨 장본인이다. 특히 그룬트비의 사상은 그가 세운 시민학교 '폴케호이스콜레(Folkehøjskole)'를 통해 구체적으로 실현되었다.

폴케호이스콜레를 '국민고등학교'로 번역하곤 하는데, 오해의 소지가 있는 번역이다. 호이스콜레(højskole)의 문자적 번역은 '고등학교(high school)'가 맞지만,

호이스콜레는 우리나라의 고등학교 과정이 아니라 대학과정을 의미한다. 독일의 대학을 의미하는 'Hochschule(혹슐레)'에 해당한다. 즉, 그룬트비의 폴케호이스콜레는 대중(Folke)을 대상으로 하는 (민간)대학을 말한다. 그룬트비의 폴케호이스콜레의 특징은 첫째, 18세 이상의 모든 성인을 대상으로 한 성인기숙학교다. 자발적으로 입학한 학생들에게 먹고 자고 일하고 공부하고 토론하는 생활을 통해 패배의 피해의식에서 벗어나 적극적인 개척정신을 갖도록 가르쳤다. 그리고 그룬트비는 이 학교가 성인의 정치참여 의식을 높여 주는 기관이 되기를 희망했다. 둘째, 상호소통의 교육이다. 시험 및 경쟁에 기반한 교육을 탈피하고 선생과 학생이 대화와 좌담을 통해 학습을 해 나간다. 이를 통해 진정한 삶을 위한 교육이 되기를 희망했다. 셋째, 민족교육이다. 당시 덴마크의 지식인이나 상류층 사람들은 덴마크어 보다는 프랑스어나 독일어 사용을 선호했다. 그룬트비는 이에 반대하여 철저하게 덴마크어로 교육을 진행했고 덴마크의 시와 노래, 문화와 역사에 기반하여 가르쳤다. 넷째는 기독교(종교개혁)정신이다. 그룬트비에게 있어서 종교개혁정신의 핵심은 '자유'다. 자유함 속에서 3愛(하나님 사랑, 이웃 사랑, 땅[조국] 사랑)정신을 실천하는 것이다(김이경, 2018: 52-55).

김기석(2005: 282-285)은 당시 이승훈이 덴마크의 성공적인 농업국가 모델에 주목하며 그룬트비의 폴케호이스콜레에 상당한 관심을 가지고 있었다고 말한다. 실제로 이승훈은 덴마크 교육을 모방한 왕재덕(王在德) 여사의 농민학교를 수차례 방문했으며, 이승훈 장형의 손자인 이찬갑(李贊甲)이 덴마크 교육에 큰 영향을 받아 풀무학교(농업고등기술학교)를 세운 것도 이승훈의 의지와 꿈의 영향이 있었기 때문이다(김이경, 2018: 67; "Nikolai_Frederik_Severin_Grundtvig" Wikipedia (2019. 8.29.)).

7. 죽음

1922년 옥중에서 부인 이경강과 사별해야 했던 이승훈은 1926년 길선주 목사의 주례로 장선경과 재혼하였다. 그리고 말년에 이승훈은 현실도피적 기복신앙으로 치닫는 교회의 모습에 실망하여 교회를 출석하지 않고 무교회주의운동의 김교신, 함석헌 등이 주축을 이뤘던 『성서조선』 모임에 참여하여 신앙생활을 대신했

다(이만열, 1991: 129-130). 그리고 '오산성경연구회'라는 명칭으로 집회를 갖기도
했다. 이로 인해 1930년 2월 선천에서 개최된 조선예수교장로회 평북노회에서 이
승훈은 장로에서 면직되었다. 1930년 5월 8일 밤 11시경 협심증의 병세가 위독해
져 이승훈은 친구 박기선을 불러 다음과 같이 유언을 남겼다.

> "내 스스로 몸을 나라와 민족에게 바치기로 맹세했는데 이제 죽게 되었
> 네. 내가 죽거든 시신을 병원에 보내어 해부하고 뼈를 추려 표본으로 만들어
> 모든 학생들이 사람의 관절과 골격의 미묘함을 연구하는 데 자료로 삼게 하
> 게나, 바라건대, 공연히 편안하게 땅속에 누워 흙보탬이나 되게 하여 이 마음
> 을 저버리지 말도록 해 주게." (한규무, 2008: 199; 김기석, 2005: 368-
> 369)

이승훈은 1930년 5월 9일 새벽 4시경 67세의 일기로 파란만장한 삶을 마쳤
다. 오산학교 교장을 역임했던 조만식은 장례식 조사에서 "남강은 조선을 위해 울
고 웃고 조선을 위해 죽었다. 남강은 그 죽은 뼈까지 민족에게 바쳤다."고 말해서
많은 이들의 눈시울을 뜨겁게 했다(한규무, 2008: 208).

Ⅲ. 이승훈의 삶에 대한 기독교교육학적 성찰

이승훈의 제자 김선양(1988, 200-205)은 이승훈에게서 나타난 교육사적 의의를
네 가지로 서술하고 있다. 첫째, 민족학원 오산학교의 창설과 운영이다. 한국 최
초의 근대적 민간 사학으로서 일제강점기의 탄압을 이겨 내고 지금까지 그 명맥
을 이어오고 있다. 둘째, 애국계몽운동을 통한 구국이념의 실천이다. 이승훈은 당
시 민족의 지도적 역할을 하는 훌륭한 교사들을 오산학교로 초빙하여 가르치게
함으로써 장차 잃어버린 국가 회복을 위해 힘쓸 인재양성에 힘을 썼다. 셋째, 기
독교의 민족화 및 토착화이다. 이승훈은 성경, 특히 구약성서에 등장하는 이스라
엘의 역사를 우리의 역사에 비교하여 기독교가 우리 민족의 신앙, 겨레의 정신을
개혁하는 종교가 되기를 바랐다. 넷째, 의(義)의 교육 실천이다. 이승훈은 평양장
로회신학교 수학시절 배운 하나님의 의에 기초한 바른 실천과 헌신에 힘썼다. 본
연구자는 이승훈의 교육사상에 대한 김선양의 분석을 수용하면서 이승훈의 삶을

도야의 과정으로 재개념화하여 서술해 보고자 한다.

1. 끊임없는 도야의 여정

연구자에게 이승훈의 삶을 고찰하는 과정은 마치 한편의 교양소설(Bildungs-roman)을 읽는 듯했다. 교양소설은 어린 주인공이 어른으로 성장해 가는 심리적, 도덕적 변화에 초점을 맞추는 소설장르로 교육의 주요 개념 중 하나인 도야(陶冶 /Bildung)의 과정과 깊은 관련이 있다. 어렵고 빈한한 가정에서 출생해서 부모를 여의고 어린 나이에 냉엄한 삶의 현장에서 뛰어든 어린 승훈은 정직과 능력으로 젊은 나이에 주목받은 실업인으로 이미 성장했지만, 중년의 나이에 개화사상 및 민족계몽의 사명을 느끼고 삶의 대전환을 맞는다. 단발을 하고 학교를 설립하고 민족교육에 대한 청년의 꿈을 꾼다. 그러던 그는 다시 기독교신앙을 받아들이고 그리스도인의 삶을 시작하였고 교회 장로가 되고 신학교에서 수학을 하기도 했다. 기독교정신에 입각한 민족계몽학교와 공동체 형성에 힘을 썼다.

그런 점에서 이승훈의 삶은 끊임없는 자기형성의 과정, 즉 도야의 여정이라고 할 수 있다. 주로 일정한 목표와 의도성을 가지고 수행되는 교육(Erziehung)과 달리 도야는 개인(Individuum)으로서 인간 자체의 형성과 계발에 주목한다. 이 도야는 근대 계몽주의시기를 거치면서 "인간의 자기실현"을 뜻하는 말로 발전하였으며, 낯선 경험을 통한 "개인의 본질 형성", 즉 "세상과의 씨름, 함께 살아가는 다른 사람들과의 씨름을 통한 자기실현"을 의미하게 되었다(Danner 1979/ 조상식 옮김, 2004: 47; Theissen, 2003/ 고원석·손성현 옮김, 2010: 37-39; Kron, 1988: 64-65). 훔볼트(W. Humboldt)가 이 도야의 과정을 학교 및 대학의 교육과정에 구체화하여 독일 근대 고등교육과정의 틀을 정립하였다면, 슐라이어마허(F. Schleiermacher)는 종교와 도야의 깊은 관련성에 주목했다(정영금, 1999: 314-315; 오인탁·양금희, 1999: 235-237). 도야는 어원적으로 구약성경 창세기에 등장하는 "하나님의 형상으로 빚어냄"의 의미를 가지고 있어서 성서의 인간관과 깊이 결부되어 있다. 인간을 하나님의 형상(imago Dei)에 근거하고 있는 성경의 인간관(창1:27)은 인간 존재의 존엄성과 고귀함은 물론 타락한 인간이 하나님의 형상으로 다시 회복되어야 하는 인간형성의 과제를 천명하고 있다. 하나님 형상의 의미가 그동안 신학적으로 다양하게 재조명되고 재해석되었으나 그 근본은 여전히 도야사상과 깊은 관련을 유지하고 있다(Theissen, 2010, 43-45). 이승훈의 삶을 끊임없는 도야의 여정으로 바라볼 때, 그는 민족의 독립을 민족계몽의 길에서, 민족계몽의 구체적 방안을 오산학교의 설립과 교육 과정 속에서, 그리고 민족계몽을 위한 교육과정의 근본을 기독교적 인간관, 즉 도야의 과정에서 파악한 것이라고 이해할 수 있다. 또 오산학교의 교육이 "나라에 충성할 인재양성", 외부의 힘에 순응하지 않는 "내적 힘을 통해 새사람의 양성"을 강조하고 있는 것도 도야의 정신과 맥락을 같이 하고 있다.

　이승훈의 이러한 도야의 삶이 총체적으로 집약되었던 사건이 삼일운동 민족대표의 역할이었다. 민족자결주의라는 세계 이념과 한민족의 위기상황 앞에서 씨름하며 자기실현의 에너지를 온전히 쏟아 부었던 사건이었다. 그는 삼일운동이라는 거국적 운동의 중심에 서서 복음의 의(義)의 정신에 기초하여 나라의 독립과 민족의 미래를 위해 헌신하였고 모진 고통을 참아 낼 수 있었다. 민족에 대한 사랑과 열린 개화사상이 있었기에 자기종교의 교리를 넘어서서 기독교, 천도교, 불교의 연합에 매진하였다. 삼일운동으로 인한 옥고를 치르고 난 뒤에도 이승훈은 교육을 통한 민족의 변화를 꿈꾸며 일제의 압제 속에서 기독교 민족계몽교육을 통한 성장과 자강의 길을 추구했으며, 특별히 덴마크의 그룬트비 사상을 통해 민족의 아픔과 패배의식을 이겨낼 수 있는 구체적이고 실질적인 방안을 찾기도 했다. 그는 현실 속에서 끊임없이 자기변화와 자기형성을 통해 민족의 발전을 추구하는 도야의 이상을 가지고 있었던 것이다. 비록 일제의 거대한 압박과 폭력에 부딪쳐 그가 꿈꿨던 모든 이상과 노력이 열매로 이어진 것은 아니지만 그의 후학들이 그의 정신과 이상을 물려받아 열매로 이어가고자 했다.

　정리하자면 기독교교육학적 관점에서 이승훈의 삶은 근대라는 세계사적 이념을 인재양성의 교육 의지를 통해서, 특별히 기독교정신(성경)의 근원에 바탕을 두고 공동체적 실천으로 구현하고자 했던 도야의 여정이었다. 이제 이 여정을 근대이념 – 교육 의지 – 기독교정신 – 공동체적 실천으로 구분하여 살펴보고자 한다.

2. 근대 이념: 보편성과 근원성

　이승훈이 개화사상을 받아들였을 때, 그것은 단순히 자기 개인 삶의 방식에 변화를 준 것으로 그치지 않는다. 그것은 세계와 민족에 대한 사고와 태도의 근대적 전환이기도 했다. 민족이 풍전등화 같은 위기에 놓여 있음을 깨달은 그는 안정을 추구할 중년 나이였음에도 불구하고 개화사상을 받아들였다. 더 이상 조선의 봉건적 제도와 전통적 가치관으로는 가난과 헐벗음의 현실을, 주변 열강세력의 침략이 거세지고 있는 국가 현실을 극복할 수 없다는 판단에서였다. 이승훈의 근대사상으로의 전환은 민족의 아픔과 고난을 새로운 사고의 틀에서 극복하려는 시대적 결단이었다.

일반적으로 서구 역사에서 근세(또는 근대)는 르네상스 인문주의와 종교개혁의 영향으로 중세 봉건사회의 사고와 태도에서 구별되는 새로운 시대의 개막을 일컫는다. 학자들에 따라서는 근세와 근대를 구분해서 근대를 17·18세기 이후로 보기도 한다(Hirschberger, 1952/ 강성위 옮김, 1987: 35; Figal, 2002: 1376-1377). 철학자 벨쉬(W. Welsch, 1987/ 박민수 옮김, 2001: 185-190)에 따르면, 근대는 인식론적 관점에서 '보편성(Universalität)'과 '근원성(Radikalität)'이라는 두 개의 목표를 지향하며 발전하였다. 보편성이란 소수의 지식인과 특권계층만이 향유하는 봉건적 지식이 아니라 모든 사람들이 수용가능한 보편적 지식을 말한다. 그래서 경험에 근거한 보편적 지식은 근대 과학의 발전으로 이어졌다. 한편 근원성이란 지식의 근원(뿌리)을 탐구하려는 욕구를 의미한다. 근대 인문주의자들이나 종교개혁자들은 모두 원전(Urtext)을 탐구한 사람들이다. 중세 전통의 문제를 인식하고 극복하기 위해 그들은 중세의 신학과 철학이 바탕을 두었던 고대 그리스 원전으로 돌아가 그 근원적 의미를 탐구하였고 그 의미의 본질을 발견하게 되었다. 이러한 근원적 인식의 결과 중 하나가 종교개혁이라 할 수 있다.

이승훈의 삶에서 우리는 이러한 근대적 특징인 보편성과 근원성에 대한 열정을 발견할 수 있다. 이승훈이 개화사상으로 삶을 전환하는 배경에는 더 이상 전통적인 양반중심의 봉건적 유교문화를 포기하고 보편적 시민 문화를 건설해야 한다는 결단에서 비롯되었다. 처음엔 이승훈도 자수성가하여 양반의 대열에 오르려 했으나 시대의 변화 앞에서 더 이상 전통적인 가치와 신분사회 구조에서는 민족의 발전과 변화가 불가능하다는 것을 깨달았다. 후에 그가 이상적인 교육공동체 건설에 힘을 썼던 것도 신분의 차별 없이 누구나 함께 배우며 인간다운 삶을 살아가려는 그의 보편적 이상이 있었기 때문이다. 아울러 그에게는 근원성에 대한 강한

의지가 있었다. 사실 이승훈은 근대 개화사상을 받아들였으나 그것이 곧 기독교사
상의 수용을 의미하지 않았다. 나중에 그가 기독교에 귀의하게 된 것은 개화사상
의 근원을 기독교 정신, 성경에서 보았기 때문이다. 이러한 근원에 대한 관심이
이승훈을 기독교에 귀의하게 했고, 심지어 평양장로회신학교에서 신학을 수학하
는 동기를 제공하였다. 이러한 그의 보편성에 대한 관심은 교육에 대한 관심으로,
근원성에 대한 관심은 기독교 신앙에 대한 수용으로 구체화된다.

3. 교육 의지

이승훈은 민족 부국의 길이 오로지 교육을 통해서 가능하다고 믿었다. 그래서
그는 안창호와의 만남 이후 곧바로 강명의숙과 오산학교 설립을 추진하였다. 교육
은 장기적이고 점진적인 이상실현의 과정이다. 이승훈도 이상(理想)의 조속한 실
현과 사회 개혁을 열렬히 꿈꾸었던 사람이었다. 그의 고향인 정주는 조선 말 사회
의 개혁을 부르짖었던 홍경래 난의 근원지였다. 양반이 아니었던 이승훈의 가족과
당시 피폐했던 서북지역의 상황은 국가의 변화를 갈망하게 만들었다. 하지만 그의
이상은 늘 현실에 대한 진지함에서 출발했다. 그의 어릴 적 불우한 상황, 경제활
동을 통한 자수성가의 경험에서 그는 현실주의적 시각을 키워왔다. 그의 민족주의
교육사상과 애국운동도 언제나 현실을 바탕으로 추진되었다. 그가 처음에 기독교
를 수용하지 않았던 것도 종교가 현실을 떠나 신(神)을 의지하게 하는 비현실적인
모습으로 비춰졌기 때문이다. 심지어 그는 나중에 개화사상을 위해 헌신하기로 했
음에도 불구하고 독립협회나 갑신정변을 일으킨 개화파에 문제의식을 느꼈다. 그
들의 개화운동이 현실성을 넘어 지나치게 이상적인 상황을 급진적으로 추구했기
때문에 수구적 반대파를 자극하여 충돌할 것을 우려했기 때문이고, 지나치게 외세
를 의지하고 신뢰했기 때문이다. 심지어 1905년 을사늑약이 맺어지고 주권을 빼
앗겨 각지에서 의병이 일어났을 때에도 이승훈은 의병활동보다 민족의 계몽과 각
성이 더 시급한 일이라고 여겼을 정도다(한규무, 2008: 53). 그 대신에 이승훈은 오
산학교를 건립하고 인재양성에 온 정성을 쏟았다. 이 꿈을 실현하기 위해 이승훈
은 여준, 류영모, 이광수, 조만식, 신채호 같은 당대의 석학과 민족의 교사를 초빙
하여 가르치게 했고, 그러한 가르침에 힘입어 서춘, 김억, 주기철, 김홍일, 한경직,

김소월, 함석헌 같은 후학이 배출되었다. 인물을 키우지 않고서는 그 어떤 이상과 개혁도 성공할 수 없다는 확신 아래 단시일의 급진적 변화보다는 오랜 시간의 교육을 통해 미래의 변화를 탄탄하게 다지고 이끌어 내고자 했기 때문이다. 아울러 그의 이상과 개혁은 총체적인 계획을 바탕으로 이루어졌다. 민립대학의 구상이나 오산학교를 중심으로 한 이상적 공동체 건설의 꿈도 이러한 총체적 계획의 연장선 속에 있었기에 김도일(2014: 79)은 이승훈의 교육사상을 "통전적"이라 평가한다. 순간적이고 감정적이기 보다는 하나의 생각을 보편적으로 실현시키려는 의지와 실천력을 가지고 있었기 때문이다. 그의 교육 의지와 정성은 35년간의 일제강점기의 탄압에도 불구하고 여전히 지금까지 그 명맥을 후학을 통해 이어나가고 있다.

4. 예언자정신: 기독교신앙의 역사성과 구체성

이승훈이 기독교신앙에 귀의하게 된 것은 기독교정신이 근대 개화사상의 뿌리(근원)로서 작용한다는 인식에 기인한다. 특별히 그는 기독교신앙의 역사성과 구체성에 주목하였다. 기독교는 구체적인 삶의 실천과 연결된다. 기독교신앙을 받아들이는 계기가 되었던 한석진 목사의 설교 "그리스도의 고난"은 그리스도의 신비적 모습이 아니라 누군가의 희생만이 다른 사람과 민족을 구원해 줄 수 있다는 구체적 메시지였다. 이승훈은 성경을 읽으며 "이스라엘 사람들이 애굽에 가서 많은 고생을 했다는 것과 모세에게 이끌려 거기서 나왔다는 것과 예수가 마구간에서 낳다는 것과 갈릴리 해변가에서 사람들을 가르치고 병을 고쳐주었다는 것과 나중에 십자가에 달렸다는 것"에 큰 감명을 받았다.

이찬갑(1988: 538)이 이승훈을 "구약적 신앙의 사람"이라고 했을 때, 이승훈이 이스라엘의 역사와 그들의 역사신앙에 주목했다는 의미다. 그의 생각에 이스라엘의 고난은 우리 겨레가 당하고 있는 고난에 다름 아니었다. 이스라엘에도 왕조의 분쟁이 있었는데 이 땅 조선에도 왕조의 분쟁이 있었고, 저 땅 이스라엘에도 앗시리아와 바빌로니아 같은 열강의 침략과 압제가 있었는데 이곳 한반도에도 청과 일본 같은 열강의 침략과 압제가 난무하고 있었다. 저 땅에도 귀족과 부자들의 전횡이 있었는데 이 땅에도 귀족과 부자들의 전횡이 있었고, 저곳에도 고집이 세고

사리에 어두운 백성들이 있었는데 이곳에도 고집이 세고 사리에 어두운 백성들이 있었다(김기석, 2005: 338). 그런데 이승훈은 여기서 구약의 예언자들의 존재와 사명에 주목한다. "저기에 있는 것 한 가지가 여기에 없었다. 저기에는 왕조와 백성들의 불의를 날카롭게 고발한 예언자들이 있었는데 여기에는 이 자기 스스로를 채찍질하는 통회의 목소리가 없었다." 성경에는 시대를 깨우치는 예언자들이 있었는데, 조선에는 이러한 예언자가 없었다는 것을 깨달았던 것이다.

결국 이승훈이 성서의 역사를 통해서 발견한 기독교 신앙은 예언자적 정신, 즉 세상을 향한 하나님의 의(義)에 기초하여 기대를 깨우치고 새로운 사명을 요청하는 예언자적 정신이었다. 그런 점에서 그에게 기독교 신앙, 특히 예언자적 신앙은 신앙의 범주를 넘어서 교육철학적 의미를 가지고 있다. 구약성서에서 예언자는 위기의 시대에 하나님과 이스라엘 백성의 사이에서 하나님의 뜻을 선포하고 전달하는 역할을 하였다. 첫째, 위기의 시대라는 점에서 예언자는 역사와 시대에 대한 지각능력과 냉철한 판단력을 필요로 한다. 예언자적 능력이란 위기 상황을 위기로 인지하고 현실적으로 받아들일 수 있는 역사의식을 의미한다. 둘째, 예언자는 하나님의 뜻과 의지에 근거해서 이스라엘 백성을 경고하고 그들의 죄악을 고발했다. 예언자들은 하나님의 의로움에 비추어 모든 것을 판단했기 때문에 그들의 고발과 경고는 신랄하고 매서웠으며 이스라엘 백성들이 가지고 있던 기존 가치와 질서를 전도시켰다. 이는 이스라엘 백성으로 하여금 스스로를 근본적 차원에서 성찰하여 깨우치게 하기 위함이었다. 셋째, 예언자는 하나님과 이스라엘 백성의 사이에서 백성을 향해 하나님의 뜻을 선포하되, 규범적이고 원칙적인 훈계로 끝나는 것이 아니라 구체적으로 경고하고 회심을 요청했다. 시대정신에 비추어 나아가야 할 길을 구체적으로 제시하는 것, 그럼으로써 현실적 의미를 제시하는 것이 예언자적 정신이었다. 마지막으로 예언자의 경고와 선포는 새로운 가능성으로 이끄는 선포였다. 잘못을 지적하고 심판을 경고하는 것으로 그치는 것이 아니라, 지금이라도 돌이키면 새로운 가능성과 미래가 오리라는 약속이 동반되었다. 예언자의 궁극적 사명은 심판과 경고에 있는 것이 아니라 새로운 기대와 미래의 제시에 있었다 (Jeremias, 2003: 1695-1698; Brueggemann, 1982: 44-66; Wolf, 1974/ 문희석 옮김, 1980: 28-50).

이승훈에게 기독교 신앙은 역사적이며 현실적이고, 근원적이며 미래적이었다.

이러한 기독교의 예언자적 성격에 근거하여 오산학교의 학생들을 "마음과 몸을 다하야 일하야써 각 사회 인중(人衆)의 신앙(信仰)을 밧는 지경에 니르는 진실(質實)한 진인(眞人)"으로 양육했다. 그래서 이승훈(1922: 89)은 기독교인들이 '기적'에 의존하는 모습을 강하게 경고하기도 했다. 그에게 하나님의 '의'는 역사성에 근거한 신앙적 삶, 구체적인 행위를 통해 실현될 수 있는 것이었다. 그래서 그는 학생들을 향해 "그것은 의가 아니다"란 지적을 자주했다고 한다(김선양, 1988: 196). 또, 삼일운동 후 한국의 기독교가 점차 성경의 근원에서 멀어져 가는 것을 느꼈을 때, 이승훈은 기존 교회에 거리를 두고 『성서조선』 모임에 참여하며 신앙의 근원성과 역사성을 잃지 않으려 노력했다.

5. 공동체적 실천

이승훈의 삶을 면밀히 살펴보면, 이승훈은 한국 근대역사의 사건 속에서 일반 사람들이 금세 주목할 만큼 화려하거나 극적인 모습으로 등장하지 않는다. 그의 역할은 왠지 일인자의 모습보다는 이인자, 또는 삼인자 정도의 모습으로밖에 보이지 않는다. 하지만 이승훈의 이름은 안명근 사건, 105인 사건, 삼일운동 같은 일제치하 한국 근대 민족적 사건과 고난의 상황마다 빠지지 않고 등장한다. 특별히 그는 삼일운동을 거국적 민족운동으로 성사시키는 핵심역할을 했으나 그의 등장은 그리 영웅적이지 않았다. 중심에 있으되 독보적이지 않았고, 주변 사람들을 동참시키려는 협력의 마음을 가지고 있었기 때문이다. 이것은 그의 공동체적 의식에 근거한다. 이승훈은 오산학교를 설립한 뒤 교사와 학생들의 공동체성을 기반으로 교육하였고, 몸소 더럽고 힘든 일을 "부지런히" "정성(誠)"을 다해 수행함으로써 학생들이 그 모습을 스스로 따라할 수 있는 리더십을 발휘했다. 그은 비극적인 고난의 역사 가운데서 "사제동행(師弟同行)", "실천궁행(實踐躬行)"의 원칙을 몸소 보여주며 후학을 정성으로 가리켰다(김선양, 1988: 193-196).

김기석(2005: 112)은 안창호가 "생각하면서 실천하는 사람"이라면, 이승훈은 "실천하면서 결심하는 사람"이라고 평하면서, 이승훈의 오산학교를 페스탈로치가 운영했던 노이호프(Neuhof)와 부르크도르프(Burgdorf)에 비유했다(2005: 161). 또 김도일(2014: 78-79)은 이승훈의 교육사상을 문제제기를 통해 실천적 앎과 지혜를 추구하는 프레이리(P. Freire)의 "프락시스(praxis)" 사상에 비교했다. 실제로 이승훈은 그룬트비의 폴케호이스콜레의 정신을 본받아 무실역행(務實力行) 노작생활(勞作生活)의 원칙을 교육의 근본으로 삼았을 만큼 평생을 실천하며 살았다. 특별히 이승훈의 실천은 자기실천과 자기혁신을 기초로 했기에 급진적일 수 없었다. 상대방의 혁신만을 외칠 때 그것은 사회적인 큰 반향을 일으킬 수 없다는 것을 알았기에 그는 늘 자기 실천을 동반한 사회 변화를 강조했던 것이다.

Ⅳ. 맺는 글: 자기 부정의 삶

함석헌은 이승훈의 삶을 다음과 같이 말한 바 있다.

> "남강의 일생은 실패의 일생이다. 놋점을 해서 실패, 무역을 해서, 실패, 신민회를 해서 실패, 3·1운동을 해서까지 결과를 거두지 못한 그는, 전 생명을 걸었던, 생명보다 더한 명예까지 바치고 했던 오산학교까지도 실패였다. 그랬기 때문에 마지막에는 온통 다시 생각하기를 시작했었다. 자기가 이날까지 그렇게 애써 해 온 그것을 교육이 아니라고 했다. 그리고는 새로운 구상을 하다가 갔다." (함석헌, 1988: 49)

냉혹해 보이는 함석헌의 평가는 사실 이승훈의 얼과 삶의 진정성과 그의 이상(理想)을 역설적으로 표현하고 있다. 이승훈은 거듭되는 삶의 역경에도 불구하고 끊임없는 "자기 부정의 삶"을 통해 자신의 존재를 새롭게 정립하여 도전하는 실존론적 인간의 전형을 보여준다(이만열, 1991: 292-334). 도야(陶冶)가 자기 모순의 발견, 자기 부정의 과정을 통해 자기를 극복하고 자기를 고양시켜 나가는 변증법적 과정일진대, 그는 자기 모순의 한계에 부딪칠지라도 자기소외를 기회로 삼아 자신을 고양시키고 새로운 존재로 거듭하고자 하는 참 도야인의 고뇌와 삶을 보여주었다.

이승훈, 그는 참으로 파란만장한 시대의 한복판에 태어나 자신을 성찰하며 민족의 현실과 미래에 대해 고뇌하며 청년 같은 삶을 보여준 한국의 근대 기독교교육자다. 그는 체계적으로 정리된 학문적 사상을 남기지는 않았지만, 민족을 향해 뜨거운 열정을 불사른 위대한 인물들을 길러 냄으로써 어머니가 고통 속에서 자녀를 출산하듯 사람을 길러 내는 것이 배움(育)의 진정한 뜻임을 몸소 실천한 기독교교육자이자 교육실천가였다.

그렇다면 이승훈의 삶이 우리에게 던져주는 영향사적 의의는 무엇일까? 먼저 위에서 언급한 것처럼 교육을 통해 사람을 길러 내는 것이 미래라는 확신이다. 그는 절망적인 시대적 상황 속에서도 국가의 미래를 위한 희망을 인재양성, 새사람을 훈련시키는 것에 두었다. 둘째는 성숙함의 의미다. 이승훈은 시대적 사명 앞에서 자기변화와 초지일관의 삶을 동시에 살았던 성숙한 사람이었다. 세상의 변화와 도전 앞에서 끊임없이 자기변화를 수용하고 새로운 도전에 참여하면서도 궁극적인 뜻을 포기하지 않았다. 셋째는 이상(理想)을 구체화하는 역량이다. 이승훈은 자신의 이상을 구체적인 실천으로 구현하고자 노력했다. 원대한 이상이 구체화되지 않는다면 그것은 유토피아의 그림자에 불과하다. 그의 교육은 수많은 이상을 "가르치는" 것으로 그치는 교육이 아니라 그 이상을 구현하기 위한 실천을 구체적으로 "가리키고" 또 그 길을 향해 함께 걸어가는 교육이었다.

참고문헌

김경옥(2011). 『남강 이승훈』. 서울: 월인.

김기석(2005). 『남강 이승훈』. 파주: 한국학술정보.

김도일(2014). 남강 이승훈의 삶과 교육활동에 대한 기독교교육적 고찰. 『기독교교육논총』. 38, 55-81.

김도태(1950). 『남강 이승훈전』. 서울: 문교사.

김선양(1988). 남강 이승훈의 교육사상. 남강문화재단(편). 『남강 이승훈과 민족운동』. 서울: 남강문화재단출판부, 166-205.

김승태(200). 남강 이승훈의 민족의식과 민족운동 방략. 『한국독립운동사연구』. 19, 35-66.

김이경(2018). 1920-30년대 덴마크 폴케호이스콜레(Folkehøjskole)의 한국·일본 유입과 분화·변용. 『동아시아문화연구』. 75, 47-77.

김형목(2009). 『교육운동』. 한국독립운동의 역사35. 서울: 독립기념관 한국독립운동연구소.

김형석(1985). 남강 이승훈 연구-삼일운동을 중심으로. 연세대학교 국학연구원(편). 『동방학지(東方學志)』. 서울: 연세대학교 출판부, 627-658.

김형석(1988). 3·1운동과 남강 이승훈. 남강문화재단(편). 『남강 이승훈과 민족운동』. 서울: 남강문화재단출판부, 206-242.

남강문화재단(편)(1988). 『남강 이승훈과 민족운동』. 서울: 남강문화재단출판부.

남강문화재단(편)(1990). 『남강 이승훈과 씨을 함석헌』. 서울: 남강문화재단출판부.

민경배(1980). 『한국 민족교회 형성사론』. 서울: 연세대출판부.

민경배(1982). 『한국기독교회사』. 서울: 대한기독교출판사.

박의수(2019). 일제강점기, 저항과 계몽의 교육사상 – 도산 안창호를 중심으로. 『일제강점기, 저항과 계몽의 교육사상가들』. 2019 한국교육철학학회 연차학술대회 미간행자료집, 3-24.

방민호(2018). 장편소설 흙에 이르는 길. 『춘원연구학보』. 13, 35-74.

서굉일(1988). 1920년대 사회운동과 남강. 남강문화재단(편). 『남강 이승훈과 민족운동』. 서울: 남강문화재단출판부, 243-289.

신일철(1994). 도산 안창호. 『계간 사상』, 231-252.

엄영식(1988). 오산학교(五山學校)에 대하여. 남강문화재단(편). 『남강 이승훈과 민족운동』. 서울: 남강문화재단출판부, 118-165.

오인탁·양금희(1999). 슐라이에르마허. 연세대학교 교육철학연구회(편). 『위대한 교육사상가들III』. 서울: 교육과학사, 211-296.

이광수(1988). 남강을 추억함. 남강문화재단(편). 『남강 이승훈과 민족운동』. 서울: 남강문화재단출판부, 528-530.

이덕주(2019). 3·1만세운동과 기독교. 한국기독교역사학회 3·1만세운동 100주년 기념준비 학술심포지움 미간행자료집(3·1만세운동과 종교계), 90-117.

이만열(1991). 『한국 기독교와 민족의식』. 서울: 지식산업사.

이만열(2017). 3·1만세운동과 종교계의 역할. 한국기독교역사학회 3·1만세운동 100주년 기념준비 학술심포지움 미간행자료집(3·1만세운동과 종교계), 7-22.

이승훈(1922). 이 뿐이외다. 『開闢』. 31(1), 89. 재수록: 남강문화재단(편)(1988). 『남강 이승훈과 민족운동』. 서울: 남강문화재단출판부, 386.

이승훈(1923). 奇的은 不可하다. 『東明』. 2(1), 4. 재수록: 남강문화재단(편). 『남강 이승훈과 민족운동』. 서울: 남강문화재단출판부, 1988, 393-394.

이승훈(1926). 西北人의 숙원신통宿怨新慟(오랜 원한을 다시 울며 슬퍼한다). 『新民』. 14(6). 재수록: 남강문화재단(편)(1988). 『남강 이승훈과 민족운동』. 서울: 남강문화재단출판부, 399-400.

이원일(2019). 남강 이승훈의 인성교육. 『신학과 목회』. 51, 31-58.

이윤갑(2017). 도산 안창호의 민족운동과 공화주의 시민교육. 『한국학논집』. 67, 37-92.

이찬갑(1934). 남강은 신앙의 사람이다. 『성서조선』. 64(5). 재수록: 남강문화재단(편)(1988). 『남강 이승훈과 민족운동』. 서울: 남강문화재단출판부, 533-543.

정경환(2015). 도산 안창호의 교육철학에 관한 연구. 『민족사상』. 9(1), 71-99.

정영근(1999). 훔볼트. 연세대학교 교육철학연구회(편). 『위대한 교육사상가들III』. 서울: 교육과학사, 1999, 297-359.

조규태(2017). 3·1만세운동과 천도교. 한국기독교역사학회 3·1만세운동 100주년 기념준비 학술심포지움 미간행자료집(3·1만세운동과 종교계), 46-63.

조기준(1988). 남강 이승훈 선생의 기업활동. 남강문화재단(편). 『남강 이승훈과 민족운동』. 서울: 남강문화재단출판부, 53-73.

중외일보(1930) 5월 11일자 16면.

한국기독교역사연구소(2017). 『삼일운동과 기독교 관련 자료집』. 제2권 인물편 (ㅂ)-(ㅇ). 서울: 신앙과지성사.

한규무(2008). 『기독교 민족운동의 영원한 지도자 이승훈』. 서울: 역사공간.

한규무(2019). 『3·1운동과 기독교 민족대표 16인』. 서울: 한국기독교역사연구소, 2019.

함석헌(1988). 남강 이승훈 선생의 생애. 남강문화재단(편). 『남강 이승훈과 민족운동』. 서울: 남강문화재단출판부, 13-52.

함석헌(1990). 못다쓴 南岡 傳記. 남강문화재단(편). 『남강 이승훈과 씨올 함석헌』. 서울: 남강문화재단출판부, 13-83.

허영란(2019). 3·1운동의 네트워크와 조직, 다원적 연대. 한국역사 연구회 3·1운동 100주년기획위원회(편). 『3·1운동 100년 - 3. 권력과 정치』. 3·1운동 100주년 총서 제3권. 서울: 휴머니스트, 191-228.

渡部學(1988). 남강 이승훈과 독립 쟁취의 교육. 김명철 옮김. 남강문화재단(편). 『남강 이승훈과 민족운동』. 서울: 남강문화재단출판부, 335-358.

阿部洋(編)(1981). 『現代に生きる教育思想』. 8 Vols. 東京 : ぎょうせい.

Brueggemann, W.(1982). *The Creative Word.* Philadelphia: Fortress Press.

Danner, H.(1979). *Methoden geisteswissenschaftlicher Pädagogik.* 조상식 옮김(2004). 『독일 교육학의 이해』. 서울: 민음사.

Figal, G.(2002). Moderne/Modernität. *Religion in Geschichte und Gegenwart⁴.* Band 5. Tübingen: Mohr Siebeck, 1376–1378.

Hirschberger, J.(1952). *Geschichte der Philosophie II.* 강성위 옮김(1987). 『서양철학사 (하)』. 서울: 이문출판사.

Jeremias, J.(2003). Prophet/Prophetin/Prophetie (II Alttestament). *Religion in Geschichte und Gegenwart⁴.* Band 6. Tübingen: Mohr Siebeck, 1694–1699.

Kron, F.(1988). *Grundwissen Pädagogik.* München: Reinhardt.

Theissen, G.(2003). *Zur Bibel motivieren.* 고원석·손성현 옮김(2010). 『성서, 어떻게 가르칠 것인가?』. 서울: 동연.

Welsch, W.(1987). *Unsere postmoderne Moderne.* 박민수 옮김(2001). 『우리의 포스트 모던적 모던(1)』. 서울: 책세상.

Wolf, W.(1974). *Die Stunde des Amos.* 문희석 옮김(1980). 『예언과 저항』. 서울: 대한 기독교출판사.

Art. "Nikolai Frederik Severin Grundtvig". *Wikipedia.* https://de.wikipedia.org/wiki /Nikolai_Frederik_Severin_Grundtvig. (검색일: 2019.8.29.)

일제강점기, 저항과 계몽의 교육사상가들

함석헌의
'인간'교육사상

박재순

Ⅰ. 함석헌의 교육사상을 형성한 요소들

함석헌의 교육사상에는 그의 깊은 종교사상과 높은 생명철학과 통합적인 역사 이해가 투영되어 있다. 그의 교육사상은 깊고 원대하며, 전인적이고 통전적이다. 그의 교육사상의 깊이와 폭을 이해하기 위해서는 그의 역사적 배경과 인생체험뿐 아니라 그의 정신과 사상을 형성한 정신문화적 요소와 특징을 살펴볼 필요가 있다. 그리고 그의 삶과 사상에 결정적 영향을 준 스승들에 주목할 필요가 있다. 또한 그의 교육사상의 바탕에 깔려 있는 생명철학과 인간이해를 이해해야 한다.

1. 역사적 배경과 정신문화적 요소

함석헌은 민족사와 세계사의 큰 전환이 이루어지는 비범하고 위대한 시기에 살았다. 그가 살았던 한국근현대사는 동서 문명의 만남과 민중의 자각이 이루어지는 시기였다. 서양의 기독교, 민주정신, 과학사상은 한민족에게 큰 충격과 영향을 주었고 민중의 자각과 해방으로 이끌었다. 동서 문명의 만남과 민중의 자각은 나라가 망하고 식민지가 되고 민족이 분단되고 민족전쟁이 일어나는 고통스러운 과정을 통해서 이루어졌다. 대륙과 대륙의 지층이 충돌할 때 엄청난 지진과 화산폭발이 일어나는 것처럼, 동서 문명의 만남은 한민족에게 엄청난 충격과 고통을 가져왔을 뿐 아니라 억눌려 있던 생명력과 정신력을 크게 분출시켰고 새로운 변화를 일으켰다. 이런 세계문명사적 만남과 변화 속에서 역사의 바닥에 오랜 세월 눌려 있던 민중은 역사의 주체로서 자각하고 스스로 일어설 수 있었다.

함석헌은 동서 문명의 만남과 민중의 자각이 일어나는 한국근현대사의 중심과 선봉에 있었다. 동서 문명이 만나고 민중의 주체적 자각이 이루어지는 특별하고 위대한 시기에, 나라를 잃고 식민지가 되는 한국민족의 위기와 고통 속에서 그는 생명과 역사의 깊은 진리를 체득할 수 있었다. 그가 살았던 한국근현대는 원효, 퇴계, 율곡이 누리지 못했던, 생명과 역사의 진리를 온전히 인식할 수 있는 특권이 허락된 때였다. 한국과 동아시아의 문화적 주체성을 가지고 서양의 기독교정신, 민주정신, 과학사상을 깊이 받아들인 함석헌[1]의 정신과 삶 속에서 큰 지각변동이 일어나고 생명력과 정신력이 크게 분출되었다. 나라를 잃고 민족이 분단되는 슬픔과 민족전쟁의 고통을 겪으면서, 낡은 사상과 이념에서 벗어난 함석헌은 자신의 삶과 사상을 정화하고 심화할 수 있었다. 그는 서재의 학자가 아니라 삶과 역사의 중심에서 진리를 체득한 사상가였다. 그의 사상이 독창적이고 주체적인 사상으로 꽃피고, 틀 거리가 잡히고 크게 열린 곳은 감옥이었다.

"나는 남이 해 준 사상 그 말을 그대로 외우는 것이 부끄러웠다. … 나는 차차 나로서 보고 싶은 내 생각, 내 믿음을 가지고 싶었다. 나는 선생에게서 해방이 되고 싶었다. 하나님이 그 기도를 들어서 보내 주신 대학이 서울 서대문 현저동 일 번지였다. 감옥 일 년에 생각을 파는 동안에 사상의 테두리는 조금 넓어지고 깊어지고 조금 더 멀리 내다보이는 것이 있게 되었다. 그랬다가 그 후 해방을 맞고 6·25를 겪는 동안 아주 결정적으로 달라지게 되었다. 그래서 나온 것이 '대선언'이요, '흰손'이었다." (함석헌, 1962a/1983: 17-18)[2]

나라를 잃은 시기에 안창호와 이승훈의 교육독립운동을 계승하여 교육사상을

---

1) 안창호, 유영모, 함석헌의 사상적 특징은 문화적 주체성을 가지고 서양의 기독교 정신, 민주정신, 과학사상을 깊고 철저히 받아들인 데 있다.

2) 인용문 또는 참고문헌의 최초 발표년도와 출판년도가 다른 경우 "저자, 발표년도/출판년도: 쪽수"로 표기한다. 아울러 본고에서 인용하고 있는 『함석헌전집』 20권(한길사)은 권에 따라 출판년도가 다른 관계로 출판사항 역시 권에 따라 달리 표기되었음을 미리 알려둔다. 참고로 적자면, 『함석헌전집』 20권(한길사)의 1-7권 및 9권은 1983년에, 8권과 10-13권 및 17권은 1984년에, 14권 및 16권은 1985년에, 15권은 1986년에, 18권 및 19권은 1987년에, 그리고 20권은 1993년에 출판되었다.

형성하고 발전시킨 함석헌에게 교육은 나라를 살리고 구하는 거룩한 사명이고 동서 문명을 통합하고 세계시민을 기르는 위대한 일이었다.

2. 스승들의 영향과 감화

함석헌이 배우고 가르쳤던 오산중학교의 정신과 이념을 형성한 안창호, 이승훈, 조만식, 유영모는 진실과 정직, 지극한 정성과 겸허한 섬김의 모범을 보였다. 이들은 일제의 불의한 지배에 맞서 저항한 의로운 사람들이면서 사욕과 사심을 버리고 겸허하게 사랑과 정성으로 섬기는 민주적이고 헌신적인 인물들이었다. 함석헌은 늘 자신의 스승들로서 '도산, 남강, 고당, 다석'을 내세웠다. 함석헌은 그의 스승들의 삶과 정신을 이어서 살았다. 그는 70년대 '씨올의 소리'를 내며 민주화운동을 하다가 외롭고 힘들 때면 망우리 도산의 묘를 찾곤 했다. 도산의 묘 앞에서 오래 앉아 있다 보면 망우리(忘憂里)란 이름 그대로 근심과 걱정을 잊게 되었다고 한다(함석헌, 1973d: 6). 일제의 경제침략에 맞서 물산장려운동을 이끌었던 조만식은 해방 후 북한에서 가장 신망이 높은 지도자였다. 소련군과 공산당이 그를 찾아와서 협력할 것을 강요하면서 끊임없이 협박하고 회유하였다. 그들이 찾아와서 최고 지위를 보장하겠다며 설득할 때마다 그는 가만히 경청하고 있다가는 마지막에는 "아니!"라는 한 마디로 거절하기를 수십 차례나 되풀이하였다. 평소에 인자하고 부드러운 선생님이었던 그가 온갖 정치적 협박과 유혹을 물리치고 "아니"라는 말로 거절한 것은 그가 강인하면서 고결한 독립정신을 지녔다는 것을 나타낸다. 함석헌의 시 '그 사람을 가졌는가.'에서 "온 세상의 찬성보다도 '아니'하고 가만히 머리 흔들 그 한 얼굴 생각에 알뜰한 유혹을 물리치게 되는 그 사람을 그대는 가졌는가." 하는 대목은 조만식을 염두에 둔 구절이다. 오산학교에서 조만식에게 배운 민족시인 김소월은 조만식에 대해서 이렇게 읊었다.

"평양서 나신 인격의 그 당신님 조만식. 덕 없는 나를 미워하시고 재조 있던 나를 사랑하셨다. 오산 계시던 조만식 십년 봄 만에 오늘 아침 생각난다. 근년 첨 꿈 없이 자고 일어나며. 자그만 키와 여윈 몸매는 달은 쇠끝 같은 지조가 뛰어날 듯, 타듯 하는 눈동자만이 유난히 빛난다. 민족을 위하여는 더도 모르시는 열정의 그님." (박영호, 2001: 211-212)

70대 중반의 나이에도 함석헌은 이승훈에 대하여 말할 때는 "아! 남강 이승훈 선생님 …"하면서 목이 잠기었고 유영모에 대하여 말할 때는 "제게 좋은 선생님이 계셨지요. 다석 유영모 선생님!"하면서 그리움과 존경심을 드러냈다.[3] 이승훈이 죽고 나서 쓴 글 '민족생명의 촛불 남강 선생'에서 함석헌은 '자기를 잊고 버리는 희생과 헌신의 사람', '5백 명 학생이 통곡하게 한 사랑의 정복자'로 이승훈을 그렸다. 이승훈은 삼일독립운동으로 감옥에 들어가서 "젊은 사람들도 싫어하는 통통의 소제를 혼자 맡아서 하였다. 손으로는 똥을 만지면서 '주여, 감사합니다. 바라건대 이 문에서 나가는 날 이 백성을 위하여 이 똥통 소제하기를 잊지 말게 하소서.'라고 기도하였다." 그는 감옥에서 하나님의 의를 지키는 것이 너무도 즐거워서 "팔과 다리를 너들거리며 춤을 추었다."고 했다. 함석헌에 따르면 남강의 위대함은 고귀한 사랑의 정복력에 있다. 그의 유해가 5월 16일 밤 9시에 열차로 떠날 때 500명의 학생이 "선생님"하고 통곡했다. 기차가 떠난 후에도 오랫동안 통곡하는 학생들은 부형들의 위로로 간신히 발길을 돌리었으나 통곡은 그칠 줄도 없고, 5리 넘는 교정까지를 울음으로 들어가서 "은사의 동상 앞에 쓰러져 엎드리어 호천호지(呼天呼地)하는 그 광경은 조선역사가 있은 이래 대사실이었다." 함석헌은 이것이 "졸업식장에서 선생을 구타하는 이 조선의 이 시대에 … 너무나도 헤아릴 수 없는 일"이며 큰 기적이라고 하였다(함석헌, 1930/1983: 364-367).

함석헌은 그의 스승들의 삶과 정신을 이어받아 사상과 철학으로 심화·발전시켰다. 그의 삶과 사상과 활동은 모두가 교육운동이고 교육사상이었다. 그에게 교육은 나라를 되찾고 바로 세우는 일이었고 민중을 나라의 주인으로 깨워서 나라의 독립과 통일을 이루는 일이었다. 그것은 국민의 정신과 철학을 확립하는 일이었다.

Ⅱ. 인간교육의 정의와 목적

함석헌은 인간을 생명진화와 천지인합일의 과정 속에서 이해했다. 인간은 땅

---

3) 1975년 여름에 천안 구화고등공민학교 교정에서 가진 수련회 시간에 함석헌으로부터 직접 들은 말이다.

의 물질과 하늘의 영을 통합하는 존재이면서 땅의 유한한 물질에서 하늘의 무한한 정신으로 나아가는 자기초월과 혁신의 존재다.

> "(인간의) 골통은 생명이 유한에서 영원 무한의 세계로 건너가는, 건너뛰는 변질하는 발판이다. 이것은 지구의 끄트머리요, 하늘의 배꼽이다. 꼿꼿이 선 인간은 하늘과 땅의 결혼장소다. 하나님의 영원한 대제사장의 지성소다. 동시에 대제사장이요 또 그 드리는 제물이기도 하다. 지성소인 우주통신의 안테나다." (함석헌, 1961c/1983: 371)

인간은 철저히 물질 신체적 존재이면서 철저히 정신적이고 영적 존재다. 함석헌은 인간의 얼을 앞세우는 정신주의를 표방하면서도 인간의 물질 신체적 특징을 강조했다. "살·몸은 얼·혼의 참을 증명하는 도장이다. 내 살·내 몸이 닿지 않은 것, 내 피·내 땀이 배지 않은 것은 내 것이 아니다."(함석헌, 1959e/1983: 57)

1. 인간교육의 정의: 인간교육이란 무엇인가?

생명진화와 천지인합일의 중심에 있는 인간의 생명과 역사 속에서는 '하나의 큰 생명운동'이 일어난다. 인간교육은 인간의 생명과 역사 속에서 일어나는 '하나의 큰 생명 운동'에 참여하는 일이다. 인간의 생명과 역사 속에서 일어나는 '큰 생명운동'은 인간의 영혼과 우주의 하나님 사이에 일어나는 운동이다. 그 운동은 생명의 주체인 자아와 전체인 하나님 사이에 일어나는 운동이다.

> 교육은 "우리를 꿰뚫고 있는 그 운동을 의식적으로 참가해서 하는 일"이다. 함석헌은 "청년교사에게 말한다"에서 인간의 생명과 역사 속에서 일어나는 큰 생명운동과 그 운동에 참여하는 교육에 대해서 말했다. "그것[자아와 하나님 사이에 일어나는 운동]은 창조하고 발전하면서 또 통일하고 돌아가려 한다. 거기 생명의 정신의 한 큰 운동이 있다. … 우리 속에 그것이 있고 그것 속에 우리가 있다. 우리 마음이란 것이 그것을 스스로 느낄 때의 감정이 거룩이란 것이다. … 생명과 역사 속에서 창조하고 발전하면서 얼과 하나님의 거룩으로 통일하고 돌아가려 한다. 교육은 우리를 꿰뚫고 있는 그 운동을 의식적으로 참가해서 하는 일이다." (함석헌, 1957b/1983: 187)

인간의 주체와 생명의 전체를 통일하는 것은 하나님의 거룩이다. 인간의 생명과 역사가 하나님의 거룩과 닿아 있듯이 인간교육도 이런 거룩의 차원을 지니고 있다.

인간교육은 하늘의 거룩을 체험하고 혼의 싹을 틔우는 일이다. 하늘은 땅의 물질적 제약과 속박을 초월한 '거룩'의 영역이다. 함석헌에게 인간교육은 인간에게 하늘을 체험하고 거룩을 느끼게 하는 일이다.

> "고마움, 기쁨, 평화, 생동을 느끼게 되는 거룩은 내 가슴의 골방에 숨어 있는 동시에 하늘 밖에 환하게 초월해 계시는 공적, 전적이신 이에게만 있는 것이요, … 그것은 누가 보나 언제 보나 진(眞)이요, 선(善)이요, 미(美)다. 그러므로 거룩이다. 그것은 마음이요, 혼이요, 정신이다. 그것을 시간이 부술 수 없고 시간이 도리어 거기서 나오며, 그것을 공간이 감출 수 없고 우주가 도리어 그 품에 안기며, 법칙이 그것을 다스릴 수 없고 모든 법칙이 도리어 그에게서 나온다." (함석헌, 1957b/1983: 186-187)

하늘의 거룩을 체험한 사람은 창조자적 자유와 힘을 가진 주체다. 인간교육은 자아를 잃고 종살이하는 인간에게 창조자적 주체임을 자각시키는 일이다. "민중의 교육과 종교"라는 글에서 함석헌은 이렇게 말한다.

> "정말 민중이 듣고 가만있지 못하고 뛰어 오를 이만큼 찔러줌은 '너희는 종이지 사람이 아니다' 하는 데 있다. 이 민중은 수천 년을 아시아적인 전체주의의 압박 밑에서 사람으로서의 대접도 못 받고 깨달음도 없이 온 물건들이다. 그 종살이가 전통으로 되어 성격을 이루었다. 그것을 깨뜨리지 않는 한은 자유도 평등도 새 역사도 있을 수 없다." (함석헌, 1957a/1983: 288)

함석헌에 의하면 민중을 배신하고 타락한 교육가와 종교가가 인간을 불의하고 억압적인 체제에 길들였고 낡은 체제의 사슬에 묶이게 했다. 인간교육은 인간 자신의 인격적 존엄을 깨닫고 불의한 체제에 저항하는 인간을 기르는 일이다. 교육자가 할 일은 민의 혼을 살리는 일이다. 혼이 죽었으므로 사랑이 없고 사랑이 없으므로 비겁하고 잔혹하고 폭력적이다. "종살이의 버릇을 민중의 혼에서 뽑아야 한다. … 사람으로서의 혼을 불러일으켜야 한다."(함석헌, 1957a/1983: 289) 교육은 인간의 혼을 싹틔우는 일이고 그 실마리를 골라주는 일이다. "교육이란 혼의 싹을 틔우는 일이요, 인격의 틀 거리를 잡아주는 일이요, 문화인간의 자기 발견의 실마리를 골라주는 일"이다(함석헌, 1957b/1983: 185). 인간의 혼을 살리는 교육은 하늘(하나님)의 거룩함에 이르게 하는 교육이다. "혼을 가지고 혼에 대하는 교육활동은 꼭 같은 교재로 꼭 같은 방법을 가지고 해도 그 먹고 있는 마음에 따라 천태만상의 결과가 나온다."(함석헌, 1957b/1983: 186-187) 인간교육은 인간이 자신의 혼을 자각하게 하고 혼이 살아나게 하는 일이다.

인간교육은 역사 교육이다. 함석헌은 『성서적 입장에서 본 조선역사』에서 역사를 신에 의한 인간교육의 과정으로 보았다. 역사를 유기체적 생명체로 본 함석헌은 역사를 인류의 성장과정으로 보았다. 인류역사는 한 인간의 삶처럼 발생기, 성장기, 단련기, 완성기로 구분한다(함석헌, 1950). 따라서 인류의 역사 자체가 인간교육의 과정이다. 역사를 통해 개인들이 죽고 다시 나고 생명을 이어가면서 길러지는 것은 '인간의 정신'이다.

> "산 담에는 그 남는 정신을 훗사람에게 넘겨주는 것이고, 난 다음에는 전 사람의 살고 난 정신을 전해 받는 것입니다. 우리의 작은 생각이 그것을 원하거나 말거나 간에 그것은 그렇게 됩니다. 우리 생각 뒤에 보다 크고 보다 어진 엄청난 생각이 있어 그것을 하고 있습니다. 이어진 생각이 잘나고 못난 모든 사람의 살고 난 결과를 정신이라는 한 용광로 속에 집어넣어 녹여 가지고는 다시 새 세대로 새 사람으로 빚어냅니다. 신비입니다." (함석헌, 1972a/1984: 37-38)

인간과 생명의 역사 자체가 인간교육의 과정이므로, 인간의 삶 자체가 인간의 교육이다. 생명진화와 인류역사는 생명과 인간의 자기 교육 과정이다. "교육은 인간 살림의 알파요, 오메가다. … 그렇기 때문에 (인간 살림의) 도는 잠깐도 떠날 수 없는 것이다. 교육은 그 도를 닦는 일이다. … 생명은 자라는 정신이요, 진화의 과정은 자기교육의 과정이다."(함석헌, 1973b/1983: 173) 삶과 역사의 모든 과정과 계기가 인간의 자기교육의 과정이고 기회이며 계기다. 고난받고 병든 인간은 인간교육을 위한 기회를 제공한다. 고난받고 병든 인간이 존재한다는 것은 그와 함께 사람다운 사회와 역사, 인간이 되어가는 계기가 되고 함께 사랑하고 사랑받

을 수 있는 기회가 된다(함석헌, 1956/1983: 377-378). 실패는 성공을 위한 발판이
고 밑거름이다. 고난과 죽음을 통해 새 삶의 길로 간다. "실패는 곧 또 한 번 살
아보라는 명령이요, 또 이김의 약속이다. 잘하고 이긴 자는 미래가 도리어 없을는
지 몰라도 잘못하고 진 자야말로 미래의 주인이다. 진 자야말로 하나님의 아끼는
자요, 잘못된 일에야 말로 진리가 들어 있다."(함석헌, 1962a/1983: 181) 인간교육
은 실패와 패배 그리고 잘못된 일에서 생의 진리를 깨닫고 새로운 삶과 미래를
열어 가는 인간을 기르는 교육이다.

　인간교육은 인간의 자아를 혁신하는 교육이다. 생명은 진화·발전하는 것이고
탈바꿈하는 것이다. 인간은 생명진화와 자기혁신의 중심에 있다. 인간교육은 인간
의 자기혁신, 자기의 진화와 발전, 탈바꿈을 이루는 것이다. 개인으로서의 인간과
민족 전체가 새로운 존재로 탈바꿈할 의무와 책임을 가졌다. 함석헌은 이것을 누
에의 철학으로 표시했다.

　　"나를 비웃지 마라. 누에살림, 나비철학을 내가 품었노라. 푸른 뽕을 먹어
　흰 실을 뱉는 신비를 내가 가졌노라. 스스로 죽고, 스스로 또 살아나는 권세
　를 내가 받았노라. … 내 시체 번데기처럼 죄의 몸 벗고 번드쳐 살아날 것이
　다. 새 시대의 말씀을 할 것이다." 누에의 번데기가 나비로 바뀌는 탈바꿈은
　인간의 자아혁신을 나타낸다. 인간의 자기혁신은 문명과 문화의 탈바꿈으로
　이어진다. "유교문화도 옴질옴질, 불교문화도 옴질옴질, 기독교도 옴질옴질,
　과학에 가 붙어도 살금살금, 정신에 가 붙어도 살금살금, 다툴 것 없이, 시기
　할 것 없이 … 먹고는 자고, 자고 나면 한 껍질 벗고, 새로 나서 또 먹어서
　애기 잠, 두 잠, 석 잠, 그리고 한 잠을 자고 나면 백옥(白玉) 같은 문화의
　전당 지을 수 있지 않겠나? 그리고 그 문화 속에서 나비 같은 생명 날아 나
　오지 않겠나? 누에-번데기-나비의 생활철학이야말로, 씨올의 생활철학이
　다."(함석헌, 1962b/1983: 19-20)

2. 인간교육의 목적: 함석헌은 교육을 통해 무엇을 하려고 했나?

　함석헌에게 종교(宗敎)는 말 그대로 '최고의 교육'이다. 인간교육의 목적은 하
나님을 만나 참 나가 되는 것이다. "하나님과 직접 연락된 내가 '한' 곧 큰 것이
요, 그 직선을 중축으로 삼으면 온 우주를 돌릴 수 있다. 그러니 나에까지 뚫리지

못한 종교, 나와 하나님을 맞대주지 못하는 종교 참 종교가 아니다."(함석헌, 1959e/1983: 65)[4] 하나님을 만나면 위대한 문화를 창조할 수 있다. "우리나라에 위대한 문학 없는 것은 민중으로 하여금 하나님을 직접 만나게 하지 못했기 때문이다. 불교도 유교도 기독교도 아직 그것을 하지 못했다."(함석헌, 1959e/1983: 65) 하나님을 만나는 체험을 한 인간은 자신의 종교를 가질 수 있다. 함석헌은 인간으로 하여금 저마다 하나님을 만나 참 나가 되어 제 종교를 갖게 하려고 했다. 하나님을 만나 제 종교를 가진 사람은 하나님과 통하는 '참되고 큰 나'가 되어 위대한 예술을 낳을 수 있다. "위대한 예술 없는 것은 위대한 종교 없기 때문이다. 불교가 아니 들어왔단 말 아니요, 기독교가 아니 들어왔단 말 아니다. … 다 위대한 종교지 … 하지만 내 거 되지 못한 종교 … 종교의 허울이 무슨 위대한 종교일 수 있을까? 제 종교만이 큰 종교다."(함석헌, 1959e/1983: 65)

함석헌에게 인간교육의 목적은 얼 힘을 기르는 일이다. 인간은 몸·맘·얼 세 차원으로 이루어진 존재다. 함석헌은 인간을 얼의 관점에서 보았다. 얼은 몸과 맘과 얼을 통일하는 힘이고 자리다. 함석헌에게 인간교육의 목표는 얼 힘을 기르는 데 있다. "교육의 목표는 위대한 얼의 사람을 길러 낸다는 한 점에 집중되어야 한다."(함석헌, 1953/1983: 306) 지식과 기술도 사람과 사람 사이에 직접 주고, 받을 수 없고, 얼과 정신의 깨달음과 이해를 통해서만 전해진다. 함석헌은 이렇게 말했다.

"사람의 얼이란 것은 온갖 힘의 물 둥지다. … 사람이 하는 모든 일은 마지막에 한번은 반드시 정신으로 바뀌어져 생명의 물 둥지를 이루게 되고, 거기서야 또 모든 것이 나올 수 있다. 개인에 있어서도 그렇고, 세대에 있어서도 그렇고, 지식이나 기술이 직접 이 일에서 저 일로, 이 사람에게서 저 사람에게로 넘어가는 수는 없고, 반드시 한 번 정신으로 되어 가지고야 한다. 이것을 이해라, 혹은 깨달음이라 하고, 덕이라 한다. … 아무 것을 먹어도 소화가 되어야, 삭아서 얻어져야 살이 될 수 있듯이, 모든 것은 녹아서 정신으로 되어서만 내 것 곧 '나'가 될 수 있다." (함석헌, 1953/1983: 303-304)

얼은 생명의 자발적이고 주체적인 힘이며 생명 전체를 통일하는 힘이다. 전체

---

4) 함석헌은 직접 만나는 것을 강조하면서 '그리스도의 중보'는 중보 없앰을 뜻한다고 했으며, "진리엔 비서(秘書)없다. 비서에서는 문학은 못나온다."고 했다.

생명이 하나로 되는 자리는 하늘과 땅과 인간이 하나로 되는 자리다. 천지인합일
이 이루어지는 인간의 중심이 바로 얼이다. 인간 속에서 하늘과 땅과 인간생명이
하나로 될 때 인간의 삶 속에서 생의 원기인 얼 힘이 솟는다(함석헌, 1953/1983:
310-311). 인간교육은 인간으로 하여금 하늘과 땅 사이에 바로 서게 하여 스스로
얼 힘을 기르게 하는 교육이다.

인간교육은 나를 찾는 교육이다. 함석헌에 따르면 생명의 근본원리는 '스스로
함'이다. 스스로 함의 생명 원리는 주체 '나'의 원리다. 따라서 인간의 주체인 '나'
를 잃는 것은 모든 것을 잃는 것이다. 모든 병폐와 환난은 '나'를 잃은 데서 오는
것이다. 역사의 온갖 병폐와 문제의 근원은 '나를 잃은 것'이다. "우리나라 역사에
서는 이 자아를 잃어버렸다는 일, 자기를 찾으려 하지 않았다는 이 일이 백 가지
병, 백 가지 폐해의 근본원인이 된다. 나를 잊었기 때문에 이상이 없고 자유가 없
다. 민족적 큰 이상이 없기 때문에 대동단결이 안 된다."(함석헌, 1962a/1983: 206)

함석헌은 역사와 사회 속에서 스스로 책임지고 스스로 행동하는 주체 '나'를
찾고 회복시키려고 했다. 5·16쿠데타가 일어난 직후에 함석헌은 4·19혁명에 대
한 반성과 비판을 담은 글 "인간혁명"에서 '나'의 책임에 대하여 이렇게 말했다.

> "그놈이 그놈이란 말은 판단으로는 옳으나 정신이 잘못됐다. 그것은 구경
> 꾼의 말이지 스스로 역사를 짓는 자의 말이 아니다. … 인생에는 구경꾼이
> 없고 역사에는 제삼자가 없다. 4·19에서 우리의 근본 잘못은 우리가 스스로
> 역사의 책임자 노릇을 하려 하지 않고 서서 기다리려 한 데 있다." 역사에서
> 최종적이고 궁극적인 책임을 지는 주체는 개인적인 주체나 집단과 당파의 주
> 체가 아니라 전체의 자리에 서는 주체, 전체와 일치된 주체다. "모든 잘못의
> 근본원인은 너, 나를 갈라 생각하는 데 있다. 나라는 너나 생각이 없고, 너도
> '나'라 하는 데 있다. 모든 것을 '나'라 하는 것이 나라요, 나라 하는 생각이
> 다. 그러므로 너 나 봄(彼我觀)을 떠나지 못한 사람은 인생구원을 말할 자격
> 이 없고, 선을 좋아하고, 악을 미워하는 정도 이상을 모르는 마음은 사회경륜
> 을 의논할 수가 없다. 그놈이 그놈이라 하지 말고, 이놈도 그놈도 나다 하게
> 되어야 한다." (함석헌, 1961b/1983: 60)

함석헌에게 가장 주체적인 나는 가장 전체적인 나다. 그런 '나'는 세계보다 앞
선 존재이고 세계보다 존귀하다. "세계란 것이 먼저 있어 가지고 그 한 모퉁이에

내가 버섯 돋듯 나온 것이 아니라, 세계 속에 내가 벌써 있었고 내가 있음으로 세계가 있다. 나가기 전에 누가 낸 길이 있어 그것을 내가 걷는 것 아니라 천지 창조하기 전에 아버지 안에 내가 벌써 있었고 내가 있을 때 내 안에 길이 있었다. 길 위에 내가 떨어진 것이 아니라 '내가 길이요, 진리요, 생명이다.'"(함석헌, 1959a/1983: 207) 인간교육은 역사와 사회의 주인과 주체로서 창조자적 자유와 책임을 가진 '나'를 찾고 그런 '나'가 되는 교육이다.

인간교육은 욕망과 감정의 지배에서 이성을 해방하는 교육이다. 함석헌은 생명과 인간의 본성과 목적이 온전히 실현되고 완성되려면 이성이 제 구실을 다 해야 한다고 생각했다. 그러나 이성 그 자체만으로는 생명의 본성과 목적을 충분히 이해하고 실현할 수 없으며, 인간을 인간다운 인간으로 교육할 수 없다고 보았다. 게다가 이성은 인간의 불의한 욕망과 감정과 의지에 휘둘리기 마련이다. 따라서 이성은 그 자체로서 제 구실을 온전히 할 수 없다. 이성이 그릇된 욕망과 감정과 의지에 휘둘리지 않고 제 구실을 다 하려면 영(얼)을 만나야 한다. 함석헌에 따르면 "인간의 영혼을 가두고 있는 무서운 이 잘못된 감정", "전 세계와 그 역사를 못 보게 하는 대들보 같은 악"은 모두 "나의 자아주장"에서 나온 것이다. 함석헌은 이러한 '나의 자아주장'에서 이성을 해방시키려고 했다. "이 제 위신을 잃은 이성을 해방시켜 온전히 하나님께, 다른 말로 해서, 전체에 봉사하는 것이 멸망을 면하고 살아나는 길이다."(함석헌, 1978c/1984: 10, 12) 잘못된 감정, 나의 자아 주장에서 이성을 해방하려면 얼과 영이 필요하다. "이성이 초롱초롱 살아나야 해. 그러나 이성은 스스로 자기를 깨울 능력이 없다. 하늘에서 온다고밖에 할 수 없는 빛에 접해야 한다."(함석헌, 1978c/1984: 12) 인간교육은 인간의 이성이 얼과 영을 만나게 함으로써 그릇된 욕망과 감정, 자아주장에서 이성을 해방시키는 교육이다.

인간교육은 온전한 '한 사람'이 되는 교육이다. 함석헌은 감정과 이성을 넘어선 영혼의 자리에서 주체와 전체의 일치를 추구했다. 주체와 전체가 일치하는 자리에 하나님(하나임)이 있고 하나님에게 변치 않는 절대 궁극의 선이 있다. 참 교육은 '하나'를 배움이다. "대학은 큰 것을 배움이요, 하나를 배움이다. 참 큰 것은 하나일 것이요, 하나란 하나, 둘의 하나가 아니다. 그 이상, 그 이외에 다른 것을 생각할 수 없는 하나다. 이른 바 하나님이다. 그러므로 하나는 참이다."(함석헌, 1956d/1983: 28-29)

하나(하나님)를 배우는 인간교육은 하나님처럼 하나로 통일된 '한 사람'이 되는 것을 배우는 교육이다. '한 사람'이 된다는 것은 생의 주체(인격)와 전체(나라, 세계)의 일치를 이루는 일이다. 그것은 관념적인 '하나의 전체'에 매몰되는 것이 아니라 한 사람 한 사람의 '나'가 개성적이고 특별하게 나다운 나로 되면서 다시 전체의 하나로 되는 것이다. 함석헌에 따르면 생의 주체와 전체의 일치에 이른 '한 사람'이 '큰 사람'이다. 큰 사람은 맘 바탈을 잃지 않은 이다. "벌거숭이 마음, 난대로 있는 마음, 이 세상 살림하는 동안에 잘못되지 않은 마음, 그것이 곧 덕(德), 속알이다. 그 속알, 그 근본 마음자리를 찾아 기르면 그것은 곧 우주에 통하는 힘이요, 해 달을 뚫는 밝음이요, 뵈고 뵈지 않는 모든 생명의 운동이 다 거기 있단 말이다."(함석헌, 1956d/1983: 29) 나의 속알은 나를 나답게 하는 것이면서 너와 나와 그를 하나로 되게 하는 참 나, 큰 나, 한 나가 되게 하는 것이다. 인간교육은 이러한 '나의 속알(德)'을 기르는 일이다.

인간교육은 기질변화를 통해 창조와 혁신의 주체를 이루는 교육이다. 함석헌은 동양 학문과 서양 학문의 특징을 구분하였다. 그리스의 학문과 서양의 학문은 과학의 영향과 지배 아래서 "현상계에 대한 견문(information)을 넓히는 것"을 목적으로 삼았다. 현상에 대한 지식이 아무리 늘어도 그것으로 현상을 다스릴 수는 없다. "(동양의 학풍의 특징은) 밖이 아니고 안을 찾는 것 … 듣고 보는 것을 넓히는 것이 아니라 성질이 달라지는 것(transformation)을 문제삼는 일이다. 그것을 기질의 변화라 한다. 혹 깨달음이라 해탈이라 새로 남이라 한다. 대학교육의 목적은 기질의 변화에 있어야 할 것이다." 기질의 변화는 생명의 바탈, 근본을 찾는 것이다. 생명은 전체가 하나로 통일된 것이면서 근본적으로 새로워지고 변화하는 것이다. 생명의 바탈은 스스로 새롭게 변화함으로써 주체와 전체의 하나 됨에 이르는 것이다. 생명의 바탈(본성)에 이르면 기질변화를 이루고 주체와 전체의 일치 속에서 창조적 진화와 혁신을 이룰 수 있다. 그런데 바탈 근본을 찾는 교육은 자본과 기계가 지배하는 제도권 대학에서는 어렵다. 전문화로 치닫는 대학교(university)는 주체와 전체의 일치와 하나 됨(university)을 잃어버렸다. 오히려 현실의 세계를 박탈당한 감옥에서 바탈을 찾는 교육, '한 배움'이 잘 이루어진다. "대학에서는 많이 배우는 대신 속알을 잃고 죽게 되는데, 감옥에서는 현실의 세계를 온통 박탈당하고 남은 것은 오직 물질의 세력이 못 미치는, 정말 하늘이 준 밑천인 마음, 바탈

하나만 남기 때문에 도리어 그것을 찾게 된다. 정신이 아무 것도 아닌 것 같지만 그것을 찾으면 모든 것이 그 안에 있다. 모든 것이 정신에서 나왔기 때문이다."(함석헌, 1956d/1983: 30-31) 인간교육은 인간의 바탈(본성)을 찾아서 기질변화를 이루고 주체의 깊이와 자유에서 전체의 하나 됨에 이르고 창조와 혁신을 이루는 인간이 되게 하는 교육이다.

인간교육은 환난과 죽음을 새로운 삶의 계기로 만드는 강인한 인간을 기르는 교육이다. 역사의 환난을 이렇게 적극적으로 이해하는 것은 결코 역사의 환난에 굴복하는 운명론적 결정론적 사고가 아니다. 그 반대로 어떤 환난과 역경에서도 새 역사를 창조할 수 있는 주체적이고 긍정적인 사고다. 그는 생명의 근본원리를 스스로 함으로 보았고 인간을 창조자적 주체로 보았다. "역사의 수레바퀴에 찍히어 넘어가는 자의 주검이 묻힌 곳에서 새 역사의 살찐 이삭이 팬다. … 자기에게서 나간 배설물도 이용하여 새로 자라는 재료를 만들듯, 분명히 가장 큰 죄악에서도 가장 큰 선을 뽑아내고야 마는 것이 역사다."(함석헌, 1962a/1983: 342) 한국역사를 고난의 역사로 파악한 함석헌은 동서양이 만나는 한국근현대역사의 과제를 주체적이고 과학적이며 평등한 인간사회를 이룩하는 것으로 보았다. "기독교가 한국에 들어올 때 한국을 건지기 위하여 맡은 과제는 셋이었다. 첫째는 계급주의를 깨뜨리는 일이요, 둘째는 사대사상을 쓸어버리는 일이요, 셋째는 숙명론의 미신을 없애는 일이었다."(함석헌, 1962a/1983: 369) 인간교육은 운명론적 결정론적 사고를 극복하고 어떤 환난과 역경에서도 새 역사를 창조하는 주체적 인간을 기르는 교육이다.

Ⅲ. 인간교육의 내용과 방법

1. 교육의 내용: 역사와 세계의 통일을 실현하는 인간의 형성

인간은 공간적(우주적)으로는 하늘과 땅과 인간을 하나로 통일하고 시간적(역사적)으로는 과거와 현재와 미래를 하나로 통일하는 주체다. 인간교육은 과거와 현재와 미래를 하나로 통일하여 새 역사를 창조하고, 하늘과 땅과 인간을 하나로 통합하여 세계를 통일하는 인간을 기르는 일이다. 함석헌에게 씨ㅇ을은 새 역사를 창조하고 세계를 통일하는 구원자다.

> "창조하는 힘은 씨올에게만 있습니다. 모든 시대를 죽음에서 건져내어 새
> 문화로 부활하게 하는 영원한 역사의 메시아는 씨올 속에 숨어 있습니다. 다
> 만 하늘 소리 땅 소리가 그 속에서 결합되지 않으면 안 됩니다. 땅에서 올라
> 온 양분과 하늘에서 내려온 빛이 열매 속에서 하나로 결합되듯 씨올은 지나
> 간 역사를 씹어 그 의미를 깨닫고 영원한 앞을 내다보아 비전을 얻어 그것을
> 자기 속에서 결합시켜야 합니다." (함석헌, 1973c/1983: 12)

씨올이 하늘의 햇빛과 바람, 땅의 물과 흙을 결합하여 새 생명을 창조하듯이,
인간은 하늘과 땅을 결합하고 과거 역사와 영원한 미래를 깊이 생각함으로써 과
거와 미래를 결합함으로써 새 역사를 창조해야 한다.

함석헌은 "새 교육"에서 하나를 이루는 세 가지 통일 교육을 제시하였다. 그것
은 "세계가 하나, 나라가 하나, 내가 하나"를 이루게 하는 삼일교육(三一敎育)이다.
삼일교육에서 중심은 나라의 통일이다. 왜냐하면 나라의 통일이 가장 현실적인 문
제이기 때문이다. 나라의 통일은 내적으로 내가 하나로 되는 인격통일과 이어지고
인격통일은 내가 하나님과 하나로 되는 데서 이루어진다. 나라의 통일을 밖으로
확대하면 세계가 하나라는 데 이르고 세계가 하나라는 것은 더 올라가면 우주와
하나님이 하나라는데 이른다. 그러므로 삼일교육은 나라의 통일을 중심으로 "위로
도 아래로도 하나님에 가고 마는 교육이다. 그래서 '하나'의 교육이다." 함석헌은
삼일교육을 큰 나무로 비유한다.

> "나라의 통일이 그 줄기가 되고 그것의 뿌리가 자아의 인격통일이 되고,
> 그 가지와 잎과 꽃과 열매가 세계의 통일이다." 인격의 통일, 나라의 통일,
> 세계의 통일은 다시 하나의 유기체로 통일되어 있다. "인격의 통일, 나라의
> 통일, 세계의 통일을 목표하는 하나의 교육, 그것은 지심(地心)에서 하늘에
> 닿는 거목(巨木)이다." (함석헌, 1956/1983: 382, 386)

인격, 나라, 세계를 통일하는 인간교육은 지심(몸)에서 하늘(얼)에 닿는 큰 나
무와 같은 것이다.

1) 생명진화와 천지인합일을 이루는 사람됨의 교육

하늘을 향해 곧게 서서 하늘과 연락하고 소통하여 하늘과 하나로 될수록 인간
은 땅의 물질적 제약과 속박을 벗어나서 새 역사를 창조하는 하늘의 힘, 얼과 혼
의 힘을 가질 수 있다. 인간의 직립과 자주독립 그리고 천지인합일의 관계를 함석
헌은 "살림살이"라는 글에서 이렇게 말했다. "하늘 땅 사이에 '나는 나다.'라고 서
야만 사람이다. 자주독립이다. 사람이란 하늘땅을 연락시키잔 것이다. 그러므로
땅의 힘이 내 발로 올라와 머리를 통해 저 까만 하늘에 뻗는다 하는 마음으로 서
야 한다."(함석헌, 1953/1983: 310-311) 하늘을 향해 곧게 선 인간은 하늘의 진선미
성(眞善美聖)을 체화하게 된다. 함석헌은 하늘, 하나님, 진선미성을 체험할 때 물질
적 법칙의 속박에서 벗어나 고마움과 사랑을 느낄 수 있고 역사를 창조할 수 있
는 힘과 자격을 얻는다고 보았다. 직립하여 하늘을 향해 올라가는 것이 인간의 본
분이고 사명임을 함석헌은 이렇게 말했다.

> "사람의 본질은 올라가자는 것이다. 위, 즉 지상(至上)을 가진 것이 인생
> 이다. 위를 모르고 따라서 직립(直立)하고 상승할 줄 모르는 것은 짐승이지
> 사람이 아니다. 중요한 것, 사람을 사람되게 하는 영성적(靈性的)인 것은 이
> 위, 자기보다 절대 높은 이를 믿고 알고 그를 공경하고, 그리로 가려 하는 것
> 이다." (함석헌, 1957b/1983: 186-187)

하늘을 향해 무한히 올라가자는 것이 인간의 본성이고 사명이며 교육은 그것
을 일깨워 주고 실현하게 해 주는 것이다. 자기 자신에게 집착하는 젊은 교사들은
인간의 그런 본성과 교육의 근본사명을 잊기 쉽다. "젊어서 남의 교사가 되면 자
기가 작은 위 노릇 하기에 바빠서, 또 그것에 만족하고 뽐내느라고 그만 그 지상
을 향해 무한히 오르자는 본성을 잃어버린다. 그리고는 자기가 가진 작은 것을 남
에게 강요하기에만 급급하게 된다."(함석헌, 1957b/1983: 189-190) 인간교육은 하늘
과 땅 사이에 곧게 서서 하늘로 솟아오르는 인간을 기르는 교육이다.

2) 국가주의의 폭력에 대한 거부와 비폭력 평화 교육

함석헌에게 인간교육은 인격, 나라, 세계의 통일을 실현하는 인간을 기르는 교

육이다. 그런데 인격, 나라, 세계의 통일을 가로막는 현실적 장벽은 국가주의다. 인격, 나라, 세계의 통일을 이루기 위해서 함석헌은 평생 국가주의의 폭력과 맞서 싸웠다. 국가주의에 맞서 민주와 평화를 지향하는 사상 경향은 함석헌에게서 삶의 초기부터 일관성 있게 나타났다. 그러나 그가 비폭력 평화운동을 제창한 것은 1960년 이후였다. 4·19혁명이 실패로 끝나는 것을 확인한 함석헌은 진정한 사회 혁명을 이루기 위해서는 근본적으로 새로운 길을 가야 한다고 생각했다. 1961년에 2월에 발표한 "간디의 길"에서 함석헌은 그 새로운 길을 비폭력 저항운동으로 선언하였다(함석헌, 1961a/1983: 9 이하).[5] "간디의 길"을 쓴 직후 들어선 군사독재 권력의 국가주의적 폭력에 맞서 함석헌은 비폭력 평화를 내세웠다. 이것은 그의 인간교육의 확고한 원칙과 내용이 되었다. 민족교육운동으로서의 비폭력 평화운동은 "나와 너의 구별이 없는 하나의 세계"를 낳으려는 산고의 과정이다. 그것은 과거와 현재의 "모든 죄악 모든 모순의 역사적 찌꺼기"를 청산하고 정화하는 과정이다(함석헌, 1961a/1983: 15).

함석헌이 추구한 비폭력저항의 길은 인격, 나라, 세계의 통일을 이루는 길이었다. 비폭력 저항운동은 인격의 통일에서 나오는 혼의 힘(얼 힘)에 근거한다. 그는 비폭력운동을 이렇게 설명했다. "혼의 힘을 가지고 모든 폭력 곧 물력으로 되는 옳지 않음을 싸워 이기자는 것이다. 혼, 곧 '아트만'은 제[自我]의 힘을 드러냄이다. 간디는 자기의 몇 십 년 정치투쟁의 목적은 저를 드러냄, 곧 하나님께 이름에 있다고 하였다."(함석헌, 1961a/1983: 11) 혼의 힘은 인격의 통일에서 나오는 것이며 또 인격의 통일을 이루는 힘이다. 인격의 통일에서 나오는 얼 힘은 궁극적인 통일인 하나님께 이르는 길로 이끈다. 그 길은 통일된 나라, 통일된 세계에 이르는 길이다. 그는 한국의 역사적 상황을 이렇게 말했다. "이제 너와 나의 구별이 없는 하나의 세계가 되어 가고 있다. 우리가 그 새 시대의 아들이 나오는 산문(産門)이다. 지나가려는 시대의 모든 죄악 모든 모순의 역사적 찌꺼기를 우리가 싫다 말고 다 받아 내보내야만 또 옥 같은 아들이 우리에게 나올 수 있다."(함석헌, 1961a/1983: 15) 한국의 근현대는 새 시대, 새 문명을 낳을 사명을 지니고 있다.

통일된 인격이 통일된 세계를 낳으려면 통일을 깨트리는 세력에 저항하고 맞

---

5) 함석헌과 간디의 관계에 대해서는 『문명·정치·종교(上) 마하뜨마 간디의 도덕·정치사상 권1』 (허우성 역, 2004) 역자 서문(pp.36-37) 참조하라.

서 싸워야 한다. 폭력과 맞서 싸우는 비폭력 투쟁의 과정에서 인격의 통일은 더 깊고 뚜렷해지며 인격을 통일하는 내적 힘은 더욱 커진다. 군사독재의 억압에 맞서 민주화 투쟁의 원리로서 함석헌이 주장한 비폭력 투쟁은 개인의 인격을 통일하고 고양시키는 교육이며 개인의 통일된 인격을 바탕으로 나라의 통일을 실현해 가는 국민교육이었다. 스스로 하는 주체로서 내적 통일을 가진 생명(인격)은 주체(개인)의 자유와 전체(국가)의 통일을 해치는 세력에 맞서 싸울 수밖에 없다. 물질적 폭력과 불의한 세력에 맞서 싸움으로써만 삶은 평화와 활력을 얻는다. 사회적 싸움을 그치면 그 사회는 부패하고 경직되어 쇠퇴와 몰락의 길에 빠진다. 나와 너를 함께 살리기 위해서 씨올(국민, 시민)에게는 싸울 권리와 의무가 있다. 함석헌은 생명의 자유를 억압하는 세력에 맞서 싸우는 정신이야말로 씨올의 가장 고귀한 도덕이라고 말한다(함석헌, 1959c/1983: 112).

인간교육은 생명과 인격의 통일된 나라를 세우는 교육이다. 인간은 국가 위에 있다. 국가주의는 낡은 것이고 국가는 인간을 위한 도구이고 기관이다. 인간을 해치는 국가주의 폭력에 맞서 인간을 실현하고 높이는 비폭력 평화 교육을 역설한 함석헌은 국가주의적 국가이해를 극복하고 생명공동체적 국가이해를 제시한다. 인간을 실현하고 완성하는 생명공동체적 국가는 국가의 법과 제도 위에 있는 생명적이고 인격적인 나라다. 법률과 계약에 근거한 사회는 돈과 기계가 지배하는 기계적인 사회다. 함석헌의 나라는 인정과 정의(情意)로 세워가는 사회다. "자진해서 흘러나오는 인정으로 사회는 이루어집니다. 사업을 통한 이해심으로 얽히는 기계적인 사회는 튼튼한 듯하나 강박합니다. 봉사·협조로 이루어지는 자치적인 사회가 죽고 계약서로 얽히는 기계적인 사회로 됐을 때 나라는 기울어지기 시작했습니다. 그러므로 우리는 고도로 발달하는 기술 밑에 점점 노예로 되어 가는 이 문명에 반항해 싸워서 손과 손을 서로 잡는 정의(情意)의 사회를 도로 찾도록 해야만 나라를 튼튼히 세울 수 있습니다."(함석헌, 1971/1984: 31)

나라의 통일은 자연(생명)과의 조화와 일치에 근거한다. 자연과의 조화와 일치가 깨지고 자연과 적대관계를 가진 나라는 통일을 잃는다. 자연과 인간을 억압하고 수탈하는 국가주의 문명은 나라의 통일을 깨트린다. 부와 권력이 소수에게 집중된 국가주의 문명의 특징은 사치와 권력 투쟁(전쟁)이다(함석헌, 1979/1984: 448: 함석헌, 1980a/1984: 458-459). 자연을 무시하고 파괴한 문명이 사치와 전쟁(생존 경쟁)에 빠지고 삶의 주체성을 잃은 것은 결국 대자연으로부터 복수를 당한 것이다. 함석헌은 이 문명의 병을 치유하기 위해서 자연에서 배울 것을 역설한다. 자연은 더불어 사는 전체적 삶의 조화이다. 이러한 자연의 삶을 배우려면 자연에 대해 겸 손해야 하고 자연적 삶의 원리(스스로 함, 저절로 함)를 믿어야 한다(함석헌, 1977/ 1984: 358). 인간의 삶의 뿌리인 자연(또는 하나님)에 대한 겸손은 들사람다운 검소 한 생활로 이어지며(함석헌·최일남, 1983/1984: 344-345), 검소한 생활은 사치와 전 쟁, 빈곤과 소외라는 문명의 병을 치유하고 인간의 삶의 뿌리로 인도한다. 따라서 나라의 통일을 이루는 인간교육은 국가주의 산업문명의 병을 치유하고, 자연생명 과 화해하고 자연생명을 회복하는 교육이 되어야 한다.

인간교육은 민족통일의 주체를 형성하는 교육이다. 함석헌에 의하면 민족 통 일은 "씨올이 씨올 자체를 위해서 제 힘으로 스스로 통일하는 것"(함석헌, 1980b/ 1984: 40)이다. 민족 통일은 씨올 통일이다. 씨올은 민족 통일의 주체일 뿐 아니라 목적이기도 하다. 민족 통일은 모든 씨올의 자주독립과 창조적 생활을 위한 것이 고 모든 씨올의 자주 독립과 창조적 생활을 통해서 민족 통일은 달성될 수 있다 (함석헌, 1980b/1984: 39-40). 씨올의 통일과 창조적 삶은 단순히 정치·경제·군사 의 문제가 아니다. 그것은 인간 내면의 깊은 차원과 관련된 것이다. 민족 분단은 약육강식의 원리를 따르는 폭력·물질주의적 국가주의 문명의 산물이고 민족 분 단이 씨올의 분열을 조장했다. 자유주의든 공산주의든 힘(군대)과 물질(경제)에만 의존하는 국가관이 혁신되지 않으면 민족 분단의 매듭을 풀 수 없고 씨올의 통일 이 이루어질 수 없다. 통일은 새로운 정신, 새로운 원리에 의해서만 성취될 수 있 다. 민족 통일의 대사업은 "거룩하고 높은 우주적 정신으로 뚫린 씨올 아니고는 성취할 수 없고 … 그러한 위대한 정신의 역사적 실현이 만일 없다면, 통일은 … 아무런 의미가 없다."(함석헌, 1980b/1984: 40)

인간교육은 세계의 통일을 이루는 교육이다. 세계의 통일을 지향하는 함석헌 의 평화사상은 매우 깊고 원대하면서도 구체적인 삶에서 시작하고 현실의 삶에 뿌리를 둔다. 민중의 삶에서 출발한 함석헌의 평화철학은 풀씨 하나로부터 자연생 명과 역사와 영성을 아우르고, 몸과 정신을 꿰뚫고 있다. 함석헌에게 평화운동은 하나됨에 이르는 운동이었다. 생명은 하나이고 전체이기 때문에 함석헌은 정신과 육체의 통일, 몸·맘·얼의 통일에 이르는 인격의 통일을 넘어서, 그리고 개인과 전체, 계층과 당파를 통일하는 나라의 통일을 넘어서 인류역사의 하나 됨을 이루는 세계의 통일을 추구했다. 그는 또 하나 됨에 이르는 것이 인류역사의 목적이고 정치와 문화와 교육과 종교의 목적이라고 했다(함석헌, 1956/1983: 394). 인류역사는 이미 "하나 됨의 과정"으로 진입했다(함석헌, 1959b/1983: 301). 함석헌은 생명 자체가 하나이고 전체라는 통찰과 함께 인류가 하나 됨의 과정으로 진입했다는 시대의식을 가지고 세계평화정부를 꿈꾸었으며 비폭력 평화운동에 헌신했다.

함석헌에 따르면 동아시아와 세계의 평화를 위한 운동은 약하고 낮은 곳에서 시작해야 한다. 함석헌은 역사의 역설을 말한다. 역사의 희생자인 고통받은 백성의 가슴 속에서 새 역사가 창조된다. "가장 미운 것이 가장 아름다운 것을 낳고, 가장 더러운 것이 가장 영광스런 것의 자궁이 된다." 그러기 위해서는 모든 권력주의와 물질주의를 비워 버리고 역사의 방향을 근본적으로 바꾸어야 한다. 강대국들이 추구하는 패권주의의 역사, 전쟁과 정복의 역사 방향을 뒤집어 뒤로 돌아 거꾸로 가야 한다. 경쟁과 전쟁을 통해 지배와 정복을 추구하는 역사의 행렬에서 벗어나 거꾸로 상생과 공존의 평화 세계를 향해 돌아서는 것이 세계구원의 첫 발걸음이다(함석헌, 1976/1983: 282).

함석헌은 고난받는 민족으로서 한민족이 세계구원과 평화의 사명을 지고 있다고 보았다. 이 세계사적 사명은 불의한 구조적 폭력으로 신음하는 세계의 민중이 함께 지는 것이다. 불의와 죄악의 짐을 지고 정화함으로써 구조적 폭력에서 해방되어 세계평화를 실현하는 싸움의 주역은 1세계에 속하는 강대국이 맡을 수 없고 인도, 유대인, 흑인, 조선과 같은 나라들이 맡아야 한다. "조선이나 인도나 유대나 흑인이나 이들이 그들을 덮어 누르는 모든 불의의 고난에서 이기고 나와서 제 노릇을 하는 날이면 인류는 구원 얻는 것이요, 그렇지 못하면 이 세계는 사형의 선고를 받는 것이다."(함석헌, 1950: 270; 함석헌, 1962a/1983: 330) 함석헌이 추구한 평화는 개별 민족의 해방과 세계의 정의를 포함한다. 함석헌은 인류가 한 가족이라는 의식을 가져야 함을 강조하면서 "지구는 망망한 우주의 바다에 떠가는 한 개 배"라고 하였다(함석헌, 1940/1987: 103). 인류가 사는 지구를 우주의 바다 속을 항해하는 한 개의 배로 이해할 때 세계의식에 이를 수 있다고 본 것이다. 인간교육은 인간에게 세계통일의 이념과 비전을 제시하고 세계의 통일을 실현해 가는 세계시민으로 인간을 교육하고 훈련하는 일이다.

3) 생각하는 사람이 되게 하는 교육

하나 됨을 위한 함석헌의 인간교육 사상은 '생각하는 인간'으로 귀결된다. 인간을 생의 주체와 전체로 깨워 일으켜 '하나 됨'에 이르게 하는 인간교육의 시작과 끝은 '생각하는 것'이다. 인간이 주체의 깊이와 통일에서 전체의 큰 통일에 이르려면 생각하지 않으면 안 된다. 생각함으로써 인간은 인격의 통일에 이를 뿐 아니라 하늘, 하나님과 연락하고 소통하여 자신을 새롭게 변화시킬 수 있다.6) 함석헌의 사상에서는 믿음(종교)과 생각(과학)이 통일되어 있다. 생명의 주체와 전체, 감성과 이성과 영성이 총체적으로 참여하는 인간의 생각은 두 가지가 있다. 하나는 인간의 이성이 주체적으로 하는 생각이고 다른 하나는 이성에게 떠오르는 생각이다. 함석헌은 이것을 '하는 생각'과 '나는 생각'이라고 하였다. "생각이 각 둘이 있습니다. 하는 생각과 나는 생각. 생각을 하는 것은 나는 생각을 받기 위해서입니다. 그러나 둘이 본래 하나입니다. … 생각을 하는 씨ᄋᆞᆯ에게는 그이가 자기 생각을 주십니다."(함석헌, 1972b/1984: 57)

하는 생각과 나는 생각은 서로 구별되면서 또 깊이 연결되어 있다. 생각하면 생각(영감)이 난다. '하는 생각'으로 '나는 생각'을 얻고, '나는 생각'으로 생각을 하게 된다(함석헌, 1972b/1984: 56). 생각은 믿음(영감)에 이르고 믿음은 생각을 깊게 한다. '하는 생각'을 철저히 해야 영감이 떠오르며, 영감이 떠올라야 생각을 깊이 하게 된다. 영감으로서 떠오르는 '생각'은 '나와 하늘과 역사'를 하나로 꿰뚫는다(함석헌, 1974/1984: 174). 그러므로 생각함으로써 민족혼이 살아나고, 생각하는 백성만이 역사의 주체로 살 수 있다.

함석헌에 의하면 생각은 어떤 역경과 고난도 이겨 낼 수 있는 국민정신을 세우는 것이다. 생각은 어떤 역경과 환난도 주체적이고 창조적으로 바꿀 수 있다. 생각은 물질을 정신화하는 것이며 없는 데서 있는 것을 창조해 내는 것이다. 생각하는 인간은 자신을 새롭고 힘 있게 하는 인간이다.

---

6) 생각에 대한 함석헌과 유영모의 생명철학적 이해에 관해서는 박재순. "안창호, 유영모, 함석헌의 생명철학: '나'와 '생각'을 중심으로"(安昌浩, 柳永模, 咸錫憲の生命哲学 : '我'と'思い'を中心として). 일본철학자들과의 대화 발제문 2019년 8월 5일 국도호텔. <씨ᄋᆞᆯ사상> http://cafe.daum.net/ssialphil.

"생각이란 다른 것 아니요, 물질을 정신화 함이다. 없는 데서 있는 것을 창조해 냄이다. 고로 약한 놈, 병든 놈, 불리한 조건에 있는 놈일수록 생각하는 것이요, 또 하지 않으면 안 된다. 생각하면 서로 떨어진 것이 하나가 될 수 있고, 생각하면 실패한 것이 이익으로 변할 수 있다."(함석헌, 1956/1983: 377-378)

생명을 살리는 생각은 자기만족과 교만에 빠진 사람은 할 수 없는 것이다. 그 것은 자신의 부족함을 아는 겸허한 사람이 할 수 있는 것이다.

"사람의 사람된 점은 생각하는데 있는데, 생각은 항상 못났어야 할 수 있다. 생각하던 사람도 스스로 잘났거니 하는 의식에 빠지면 생각을 그치고, 또 생각해도 그것은 참 생각이 아니요, 거짓된 망녕된 생각, 곧 살리는 것이 아니라 죽음에 이르게 하는 생각이 돼 버린다. 생각은 못난 자리에 있어야 할 수 있다."(함석헌, 1973a/1983: 285-286)

그러므로 생각하는 인간으로 교육하려면 자기가 부족하고 불완전하며 미완의 상태에 있음을 깨닫게 해야 한다. 자신이 부족하고 모자라고 모르는 상태에 있음을 깨닫는 일이 인간교육의 조건이고 시작이다. 자기가 부족하고 모르는 존재임을 깨달을 때 비로소 가르치고 배울 수 있는 교육의 준비가 된 것이다.

"인간의 인간됨은 스스로 못났다는 의식, 그래서 늘 알아차리고, 적응할 준비태세에 있고, 가르쳐주면 들을 수 있는 심정에 있다. 에덴동산에서 하나님과 같이 될 수 있다 생각했을 때 사람이 인간성조차 잃고 타락했다는 이야기는 사람의 생각하는 태도가 잘못됐을 때 어떤 일이 일어나느냐를 경고해주는 말이다. 항상 못난 줄 알아야 인간적일 수 있다. … 사람이 스스로 잘났다 생각할 때는 사람에게서 멀어지고 발달을 그친다. 가장 본질이 된다는 도덕에서조차 스스로 잘났다 할 때 정반대의 악마의 지경으로 떨어진다."(함석헌, 1973a/1983: 285-286)

함석헌에게 인간교육은 생각하는 인간을 만드는 교육이다. 생각할수록 인간의 속 힘이 커진다. 함석헌이 보기에 한국사회에 가장 필요한 것은 '생각하는 인간'이다. 생각하는 인간이 없었기 때문에 속 힘을 잃고 속 힘이 없기 때문에 나라가 망하고 쇠약해졌다.

> "우리나라 백 가지 병의 원인은 가난에 있다. 가난했기 때문에, 생활력이
> 없었기 때문에 튼튼한 나라를 이루지 못했다. 사회의 속 힘이 있으면 일시적
> 으로 패전을 한다든지 남의 제압 하에 서는 것은 문제가 안 된다. 속에 생활
> 력이 없는 고로 백 가지 병충해가 침투한다. 그렇기 때문에 이 나라는 국민정
> 신·국민도덕이 없는 나라다. 목표 없는 민중이다. 그렇기 때문에 교육은 형
> 식뿐이지, 아무 이념이 없다." (함석헌, 1956/1983: 377)

인간교육은 전체로서 생각하는 인간을 기르는 교육이다. 함석헌이 말하는 '생
각'은 결코 논리적 사변도 아니고 사변적 유희가 아니라 생명의 근본 행위다. 그
것은 하나님의 말씀, 시대의 소리, 씨올의 소리를 알리는 우주의 안테나에 주파수
를 맞추는 일이다. 그러므로 생각은 씨올의 소리를 붙잡는 것, 시대의 부름에 나
의 마음과 몸을 굴복시키는 것이다. 그것은 나와 하늘과 역사를 하나로 꿰뚫는 일
이다(함석헌, 1974/1984: 174). 따라서 생각은 이성적 차원에 머물지 않고 정신(영)
의 차원으로 솟아오르는 행위이고 역사적 실천에 직결된다.

함석헌에게 생각의 주체는 개인만이 아니라 전체다(함석헌, 1978a/1984: 384).
과거에는 개인이 생각의 주체였으나 오늘날에는 개인의 생각 속에 공동체 전체의
생각이 들어 있다. 민족과 인류가 유기적인 공동체로 되는 도정에 있으므로 공동
체적인 생각을 할 수밖에 없다(함석헌, 1978b/1984: 134-138). 그뿐 아니라 씨올은
전체를 품고 전체에 사는 존재이므로 씨올의 생각은 공동체 전체의 생각이어야
한다. 함석헌은 생각의 주체성과 공동체성을 동시적으로 강조했다.

> "이제 우리는 가장 새 일, 가장 큰 일을 해야 합니다. 생각을 전체로서 하
> 는 일입니다. … 만일 그 일을 못한다면 이때까지 십만 년 백만 년 해온 생
> 각, 수양, 요가, 참선, 기도, 성령이 다 무의미합니다. 역사 속에 있어서의 민
> 족관이 문제 아닙니다. 전체관입니다, 스스로 사는 전체, 생각하는 전체, 그래
> 서 자기 초월을 하는 전체입니다." (함석헌, 1978b/1984: 137-138)

함석헌의 인간교육은 생각함으로써 자신을 살리고 높이는 인간을 기르는 교육
이며 더 나아가서 개인의 주체적 생각과 사회 전체의 생각이 일치되도록 공동체

적 생각으로 이끄는 교육이다.

2. 교육의 주체와 방법

1) 교육의 주체와 자격: '그이'를 가리키는 손가락

교육은 인간 생명의 주체와 전체를 실현하고 완성하는 일이다. 따라서 개별적 인간의 주체(당사자)의 자리서 그리고 생명(나라, 세계) 전체의 자리서 사심 없는 맘으로 교육을 해야 한다. 주체와 전체의 자리는 하나님, 전체 생명만이 차지할 수 있다. 스스로 하는 인간의 자기 교육의 참된 주체는 전체생명, 생명의 임인 하나님이다. 교사는 참 스승인 그이(하나님)를 가리키는 손가락이다. 교사는 학생과 함께 '그이'를 그리워하고 배우는 이다. 절대한 인격을 모시는 이만 교사가 될 수 있다. 절대겸허가 교사의 자세다. 그이 앞에서는 교사도 학생도 다 제자다.

> "교사는 참 의미에서 '날 봐' 할 것이 아니고 '그이를 봐' 하고 가리키는 손 가락이 곧 자기인 것을 알게 될 것이다. 사람이 교사가 될 수 있는 것은 오직 자기 배후에 언제나 서는 절대 완전한 한 인격을 모시고야 되는 일이다. … 참 말 교사는 '그이'요, 소위 교사는 그를 표시하는 한 상징일 뿐이다. 그이 앞에 설 때 교사도 제자도 다 같이 제자이다. 이것이 도리어 참 교육적인 효과를 낸다. 제자의 자격은 절대의 겸허인데, 교사는 자기 자신을 그이 앞에 온전한 겸허의 태도로 놓을 때 전날에 권위로써 하려다 못한 것을 어느덧 이루었음 을 볼 것이다." (함석헌, 1957b/1984: 196)

인간교육의 교사가 가질 수 있는 덕은 나다운 나를 가진 인격의 덕이다. 교사 가 학생에게 길러주어야 할 덕도 이러한 인격의 덕이다. 덕을 기른다는 것은 참나 (인격)가 되는 것이다. 그런데 '참 나'는 기능과 능력이 아니라 물질, 욕망, 감정에 휘둘리는 '거짓 나'를 초월하고 부정하고 버림으로 주어지는 진정한 '나'다. 나는 나 밖의 어떤 것이 아니라 나 자신이다. '그저 나'이므로 덕(德)은 밖에서 얻는 것 도 아니고 밖으로 내세울 수도 없다. 주체로서 참 나는 내세울 수 없는 것이며 교 사의 덕과 자격은 교사 스스로 내세울 수 없는 것이다(함석헌, 1957b/1984: 188-189). 인간교육의 교사는 자기가 교사의 자격과 능력이 없음을 인정하고 겸허하고 낮은 자세를 취할 때 비로소 '참 나'가 되어 인간의 자기교육에 참여할 수 있다.

교사는 자기를 내세우지 않고 겸허하기 때문에 자기에게 매이지 않고 자유롭게 적극적으로 교사노릇을 할 수 있다. 교사는 '하나'의 깃발을 들고 혼의 해방을 일으키는 '하나(하나님)'를 향해 나아감으로써 "혼의 빛을 발해 가는 교육"을 하는 이다.

> "새 교육이 혼의 힘을 발휘하기 위한 혼의 개조 같은 혼의 해방의 교육이라면 그것은 자연히 종교적일 수밖에 없다. … 참 교사는 절대자의 군복을 입고 그의 깃발을 든다. 그러면 '나를 봐라.'가 부족한 자기를 보란 것이 아니요, 자기를 통해 자기의 부족에도 불구하고 사람의 혼을 해방하는 어떤 한 분을 보람인 줄 알고, 안심하고 '나를 봐라.' 할 수 있다. 그렇지 않고 누가 능히 교육을 할까? 교사나 제자나 다 같이 어떤 한 분을 봄으로써 혼의 빛을 발해 가는 교육, 그것이 하나의 교육이다. 미래를 차지할 새 교육이다. 교육은 그 하나를 찾고, 정치는 그 하나로 나가는 길을 열고, 예술은 그 하나의 깃발을 그리고, 종교는 그 하나이고."(함석헌, 1956/1983: 394)

2) 교사의 자세와 방법

함석헌에게 교육은 생명 전체를 살리려는 하나님의 심정으로 어버이의 마음으로 하는 일이다. "교육은 어버이 마음이 하는 것이다. 어버이를 대신한 것이 선생이다. 그런데 아버지가 만일 교육을 한다면 거기 낙제생이란 것이 있을까? 소질의 우열을 말하는 것은 소용없는 일이다. 교육은 우량아에만 하고 열등아에게는 하지 말란 것은 아니다. 반대로 열등아야말로 교육의 필요가 있다."(함석헌, 1956/1983: 368). 하나님과 어버이의 맘으로 하는 인간교육은 전체의 자리에서 차별 없는 맘으로 하는 교육이다.

인간교육은 인간이 스스로 인간다운 인간이 되는 인간의 자기교육이다. 그러므로 기본적으로 인간교육은 인간의 자발적 의지와 참여로 이루어져야 한다. "교육은 학습자가 흥미를 일으키도록 해야 하는 것이다. 아무런 인격적인 흥미 없이 고통을 피하기 위해 하는 것이면 어떤 내용의 것임을 막론하고 그것은 교육이 아니다."(함석헌, 1956/1983: 368) 인간의 주체를 형성하는 인간교육은 인간의 주체적이며 자기 주도적인 교육이 되어야 한다.

함석헌은 인간을 교육하는 교사가 가져야 할 두 가지 정신자세를 제시했다. 하나는 개인적으로 인생에 관한 자세이고 다른 하나는 전체 역사에 관한 자세다. 첫째 교사는 살고 죽는 일에 분명한 관점을 가진 사람이어야 한다. 교사는 죽을 각오를 한 사람, 생사를 달관한 사람이어야 한다.

> "새 교육의 교사는 생사를 달관(達觀)한 사람이어야 한다. 사람의 모든 것이 생사선(生死線)에 가 닿으면 달라진다. … 일사(一死)를 각오한 사람의 말이 아니면 들을 것이 없다. 또 그러한 사람의 말이면 말에까지 갈 것 없이 그 존재조차도, 남의 가슴에 비수 같은 작용을 한다. 앞의 일[인간교육]은 인류의 모든 사고방식을 근본적으로 변경시켜야 하는 것인데 그런 일이 '뽕도 딸 겸, 임도 볼 겸' 식으로 될 수는 없다. … 양을 위해 목숨을 버릴 결심을 한 후에야 교단에 서는 것이 옳다."(함석헌, 1956/1983: 386)

둘째 인간교육의 교사는 역사 전체에 대하여 분명한 관점을 가진 사람이며, 역사의 의미와 목적을 분명히 알고 역사에 대하여 달관을 하여야 한다. 인류의 역사가 하나(인격의 통일)에서 시작하여 하나(나라의 통일)를 거쳐 세계를 하나로 통일하는 세계국가를 향해 나아가고 있음을 알아야 한다(함석헌, 1956/1983: 386-387). 새로운 역사를 창조하는 인간을 교육하는 교사는 확실한 역사적 전망을 가져야 한다. "교사란 역사창조를 하자는 것인데 역사창조를 하려면 자기 내부에 역사를 가지지 않고는, 즉 자기가 곧 전체가 아니고는 아니 된다. … 교사의 가슴속에는 역사적 통경(通景), 역사적 투시, 역사적 전망이 있어야 한다."(함석헌, 1956/1983: 387)

인간교육은 국가권력과 이념을 위해 민중을 지배하고 동원하는 교육이 아니라 민중을 살리고 세우는 민주 교육이다. 함석헌은 "오늘 이 교육 종교는 민중과 거리를 느낌으로 스스로 자랑으로 알고 민중을 흉보고 멸시하는 종교요, 교육이지 결코 민중 속에 들어가 그것을 높이려는 것이 아니다. … 민중은 속에 들어가서만 높일 수 있지 절대 밖에서 끌어서 될 수는 없다."(함석헌, 1957a/1983: 290) 인간교육을 하는 교사는 민중을 사랑하여 민중 속으로 들어가서 민중을 깨워 일으켜 살리는 사람이 되어야 한다. "인류의 어떤 지도자도 민중을 철저히 사랑하지 않고, 끝까지 민중의 편을 들지 않고 된 자는 없다. 그리고 민중은 언제나 깨끗하고, 점

잖고, 어질고, 슬기로운 것 아니다. 더럽고, 못나고, 모질고, 어리석은 것이지. 그
럴 것 아닌가? 지배자의 먹고 놀고 싸고 남은 찌꺼기를 다 뒤집어썼으니. 그런 것
을 거기 들어가서 그 친구가 되어 이끌고 나온단 말이다. 그것을 하신 것이 예수
그리스도 아닌가?"(함석헌, 1957a/1983: 290-291)

교사와 학생 사이에 서로 가져야 할 가장 중요한 마음가짐은 기쁘고 고맙다는
감정이다.

> "고맙다는 감정은 내 생명의 발전이 아무 지장 없이 가장 잘된 때에 느껴
> 지는 느낌이다. 그런데 사람의 마음에 가장 고마운 것이 무엇이냐 하면 사랑
> 을 받은 때요, 사랑은 무엇이냐 하면, 내게 좋은 것은 그저 무조건 주는 일이
> 다. 같은 물건이라도 무슨 대가를 내고 받으면 별로 고마운 마음이 아니 드나
> 거저 받을 때는 무척 고맙다. 그러므로 교육은 사랑으로 하는 것이 아니고는,
> 즉 거저 주는 것이 아니고는 그 효과를 낼 수 없다." (함석헌, 1957b/1983:
> 192-193)

인간교육은 생명교육이므로 생명을 사랑하는 마음으로만 할 수 있는 것이다.
인간교육은 인간 속에 하늘을 지향하는 정신이 있음을 인정하고 시작하는 교육이
다. 인간을 물질적 존재, 욕망과 감정의 덩어리로만 보는 인간관을 가지고는 인간
교육을 할 수 없다. "생활 보장 걱정은 생존경쟁 철학에서 나오는 것이요, 인간을
순전히 감성적인 욕망의 덩어리로만, 따라서 어떤 정신적인 것을 인정하지 않는
생각에서만 나온 것이다."(함석헌, 1957b/1983: 193)

인간교육은 인간의 자기 구원과 완성에 참여하고 그것을 돕는 일이다. 인간을
해방하고 구원하는 이러한 인간교육은 국가사회의 제도적 틀과 규정 속에서 제한
된 방식으로 이루어질 수 없다. 함석헌은 전통적인 교육의 내용과 방식을 근본적
으로 확장하고 바꾸었다. 교육의 내용을 확장하고 방식을 새롭게 하려고 함석헌은
교육학습(敎育學習) 대신에 구제신애(救濟信愛)를 말하였다. 인간교육은 인간을 참
된 인간으로 변화시키는 일인데 가르치는 것만으로는 인간의 근본적인 변화, 새로
움에 이를 수 없다.

첫째 그는 교(敎) 대신에 구(救)가 되어야 한다고 했다. 가르치는 것을 넘어서
구원하는 것이 되어야 한다.

"'교(教)'라 하지만 가르치는 것만 가지고는 부족하다. '구(救)'가 되어야 한다. 교사는 저것이다 하고 가르치는 자지만 인생이란 가르쳐만 주면 갈 수 있는 힘을 가진 자냐 하면 그렇지 않다. 인생은 그대로 두면 죽는 존재다. … 사람의 자식은 여러 해를 두고 키우지 않으면 못 산다. 모성애는 그 새끼의 하잘 수 없는 꼴을 보고 나타나는 것이다. 건지는 데까지 가야 참교육이다." (함석헌, 1956/1983: 391)

어버이(하나님)의 심정으로 하는 인간교육은 지식이나 기술을 전달하고 주입하는 것이 아니라 사랑과 은혜로 구원하여 살리는 일이다.

둘째 인간교육은 길러주는 육(育)에 머물 수 없다. 기르고 키우는 육(育)을 넘어서 '건너 주는' 제(濟)가 되어야 한다. '육'은 인간이 가지고 있는 자질과 능력을 발전시키고 자라게 하는 것이다. 인간교육은 인간에게 주어진 것을 실현하고 발전시키는 것이 아니라 인간의 본성과 자질을 근본적으로 새롭게 하는 것이다. 인간의 내적 기질변화를 일으키는 것이고 질적으로 새로운 차원의 존재로 되게 하는 것이다. 질적으로 새롭고 높은 차원의 생명으로 나아가려면 낡고 낮은 차원의 생명을 부정하고 희생하고 초월해야 한다. 자기를 희생하고 바친다는 의미에서 함석헌은 제(祭)란 말을 쓰기도 한다.

"'육(育)'이라 하지만 그저 키우는 것 가지고는 부족하다. '제(濟)'되어야 한다. 건너 주는 것이 되어야 참 키움이다. … 보다 높은 자리로 옮겨져야 정말 자란 것이다. … 차라리 '제(祭)'라 하는 것이 나을지 모른다. 제는 길러서 바치는 것이다. … 인생은 제물이다…바친 다음에야 참 사람이 된다. … 인생을 절대자에게 바치면 자기를 도로 찾게 된다. 그러나 도로 받은 '나'는 바칠 때의 '나'가 아니다. 그것은 위에서 은총으로 준 보다 높은 거룩한 '나'다." (함석헌, 1956/1983: 391-392)

인간교육은 자기를 부정하고 초월하여 새로운 더 높은 생명의 차원에 이르는 것이다. 인간은 뱀이나 다른 짐승처럼 땅의 평면을 기어 다니지 않고 하늘을 향해 곧게 일어서서 하늘을 우러르며 하늘로 솟아오르는 삶을 살게 된 존재다. 인간의 삶은 땅의 물질에서 하늘의 얼까지 다양하고 다층적인 삶의 차원들을 체험하고 실현해 간다. 생명의 세계는 수리(數里), 물리, 생리, 심리, 도리, 영리(靈理), 신리

(神理)의 다양하고 다층적인 존재와 진리, 가치와 의미의 차원들을 가지고 있다. 인간교육은 땅의 물질에서 하늘의 얼로 건너가게 해 주는 일이다. 가장 단순하고 분명한 수리에서 물리, 생리, 심리, 도리를 거쳐 영리와 신리까지 건너갈 수 있도록 이끄는 일이 인간교육이다.

셋째 배우는 것만으로는 부족하다. 함석헌은 배우는 학(學) 대신에 믿음(信)에 이르러야 한다고 보았다. 배우는 것은 앎(지식)에 이르는 것이고 남이 하는 대로 따라서 모방하는 것이다. 지식과 기술의 앎에 이르는 이러한 배움은 인간의 삶을 근본적으로 변화시키는 데 이르지 못한다. 인간의 기질변화를 이루려면 기술과 지식을 체화(體化)하는 데까지 이르러야 한다. 체화하려면 지식이나 기술과 하나로 되어야 한다. 하나로 되어 체화하려면 믿어야 한다. 그러므로 함석헌은 배울 학(學) 대신에 믿을 신(信)을 교육의 중요한 원리로 내세웠다.

> "'학(學)'이라 하지만 그저 배우는 것만으로는 부족하다. '신(信)'에까지 가야 한다. 학은 그 글자가 말하는 대로 모방이다. 교육이 처음에는 모방이다. 그러나 모방에 그쳐서는 못쓴다. 신에까지 가야 한다. 신, 믿는 것은 하나가 되는 일이다. 어떤 기술을 배운다면 배워서 자신있는 데 이르러야 한다. 자신이란 나와 기술이 따로가 아니요, 곧 하나인 지경에 이른 것이다. 참 배우면 하는 줄 모르고 하게 된다. 그러면 하는 것이 아니다." (함석헌, 1956/ 1983: 392)

인간교육은 배우고 따라 하는 것을 넘어서 믿음으로 하나가 되어 체화하는 데까지 이르러야 한다. 그래야 나와 지식(기술)이 하나로 되어 창조적 혁신과 변화를 일으킬 수 있다.

넷째 함석헌은 익히는 습(習) 대신에 사랑하는 애(愛)를 말하였다. "'습(習)'이라 하지만 익히는 것만으로는 부족하다. '애(愛)'에까지 가야 한다. … (배우고 익히는 게) 즐거우려면 그것을 사랑해야 한다. 짐으로 알고 해서는 즐거울 수가 없다." 학(學)과 마찬가지로 습(習)도 밖의 지식이나 기술을 익숙하게 하려고 애쓰고 노력하는 것이다. 익히는 습(習)이 내 생명과 정신에 체화되어 지식과 기술이 온전히 나의 것이 되려면 습(習)을 넘어 익히려는 것을 사랑하는 애(愛)에 이르러야 한다. "익히는 것은 곧 밖으로부터 들어온 모방이 내 생명의 힘이 되도록까지 하는 일인데, 학(學)이 학으로만 있지 않고 신(信)이 되면, 신이 또 신으로만 있지 않고 새 활동으로 변화해 나오게까지 되자는 것인데, 그것은 그 일을 사랑함으로만 될 수 있다. 애(愛)이기 때문에 즐거운 것이다."(함석헌, 1956/1983: 392) 배우고 익히는 것을 넘어서 사랑하고 즐거워하는 애(愛)에까지 이르지 못하면 내가 새로운 나, 보다 큰 나로 될 수 없다. 배우고 익히는 교육이 사랑하고 즐거워하는 교육이 되지 않으면 인간의 기질변화를 이룰 수 없고, 주체와 전체의 통일, '하나'에 이를 수 없다. 인간교육은 배우고 익히는 교육학습을 넘어서 믿고 사랑하는 구제신애의 교육이 되어야 하며 구제신애의 교육은 몸·맘·얼에 체화하는 생명교육이다.

Ⅳ. 함석헌의 인간교육사상과 한국학교교육의 해방

함석헌의 인간교육사상은 생명진화와 천지인합일을 실현하는 역사적이고 통합적인 교육사상이다. 땅의 물질에서 하늘의 얼에 이르는 다차원적이고 종합적인 생명이해와 창조적 진화와 혁신을 이루는 역사이해를 바탕으로 함석헌은 감성과 이성과 영성을 통합하는 인간교육사상을 형성했다. 그의 교육사상은 심오하면서 통합적이고 보편적이다. 그러나 그의 인간교육사상은 오늘날 한국학교의 교육현장에서 외면당할 뿐 아니라 접촉점도 가지고 있지 않은 것으로 보인다. 2014년 세월호 사건이 일어나고 국민적 충격을 받을 때 국회는 여야만장 일치로 인성교육진흥법을 제정하였다. 하지만 입시교육과 지식교육에 매몰된 학교와 교사들은 인성(인간)교육을 할 의지도 준비도 없었다. 오늘 교사와 학생, 교사와 학부모 사이에 깊은 불신과 갈등이 있어서 인간교육은 불가능한 것처럼 보인다. "사실 중·고등학교에서는 '인성교육'을 입에 담기 민망할 정도가 된 지 오래다."(고춘식, 2017: 7)

함석헌의 인간교육사상과 한국학교들의 교육 사이에는 넘기 어려운 크고 높은 장벽이 있는 것처럼 보인다. 한국근현대의 역사 속에서 함께 형성된 함석헌의 교육사상과 한국학교들의 교육은 어떻게 이렇게 서로 다른 길을 가게 되었을까? 함석헌의 교육사상과 한국학교들의 교육이 형성된 서로 다른 역사적 맥락과 배경을 살펴보고 양자가 서로 만날 수 있는 길을 모색해 보자.

먼저 함석헌의 인간교육사상이 형성된 역사적 맥락과 배경을 살펴보자. 이미 밝혔듯이 함석헌의 인간교육사상은 안창호와 이승훈의 교육독립운동 속에서 배태

되고 그 교육독립운동의 정신과 사상을 심화·발전시킨 것이다. 안창호와 이승훈의 교육독립운동과 함석헌의 인간교육사상은 동서 문명이 만나고 민의 주체적 자각이 이루어지는 비범하고 위대한 시기에 형성되고 전개된 것이다. 이 시기는 조선왕조의 낡은 신분질서와 체제에서 벗어나 민주적인 사회를 형성해 가는 변혁의 시기이며, 중국의 정치문화에 예속된 동아시아질서에서 벗어나 동서 문명을 아우르는 보편적인 정신문화의 세계로 나아가는 시기였다. 또한 나라를 잃고 일제의 식민통치에 맞서 싸우면서 안창호, 유영모, 함석헌은 국가의 지배 권력과 이념으로부터 해방된 정신세계를 가질 수 있었다. 이들은 매우 특별하게 동서고금의 정신과 문화를 깊이 받아들이면서도 과거의 모든 낡은 정신과 사상에서 자유로울 수 있는 정신과 사상의 해방구를 가질 수 있었다. 이 정신과 사상의 해방구에서 동서고금의 정신문화가 창조적으로 융합되었고 민의 주체적 자각과 해방이 이루어졌으며, 오랜 세월 억눌렸던 민족(민중)의 생명력과 정신력이 화산처럼 분출할 수 있었다. 안창호, 유영모, 함석헌은 그들의 삶과 역사 속에서 생명의 주체, 전체, 진화(혁신)에 관한 생명 철학적 진리를 체득할 수 있었다. 이런 해방구를 가졌기 때문에 이들은 동양과 서양의 모든 낡은 전통과 사상에서 벗어나 새로운 시대에 맞는 창조적이고 보편적인, 민주적이고 주체적인 생명 철학과 사상을 형성할 수 있었다. 그러므로 함석헌은 나라가 망하고 일제의 식민통치를 경험하고 남북이 분단되고 민족전쟁이 일어나고 이승만 독재와 군사독재정권의 혹독한 억압과 시련을 당하면서도 국가주의적 지배에 맞서 싸울 뿐 아니라 국가주의적 교육을 비판하고 거부하면서 민주적이고 창의적인 생명철학과 인간교육사상을 형성하고 실행해 갈 수 있었다.

이에 반해 한국의 학교교육은 일제의 식민통치시대의 교육 이념과 사상, 일제의 교육적 관행과 흔적을 온전히 청산하지 못했다. 더욱이 해방 후 남북이 분단되고 6·25전쟁이 일어나면서 이승만 정부 시절에 민족분단을 조장하고 남북의 적대관계를 고착시키는 반공교육이 학교교육으로 확립되었다. 군사독재정권은 강권과 폭력으로 경제성장정책을 추진하면서 국가의 이념과 필요에 따라 인적 자원과 기능적 역량을 기르고 산업기술과 지식을 가르치는 국가주의적 교육을 더욱 강화했다. 그 결과 치열한 입시경쟁과 지식과 기술 중심의 학교교육이 확립되었고 인간교육은 학교교육에서 배제되었다.

산업화가 급속히 진전되면서 산업자본과 기술의 지배가 더욱 고도화되고 강화되면서 학교교육은 생존경쟁을 위한 입시교육과 과학적 지식과 기술의 전달 교육으로 전락했다. 현대산업사회의 지배이념인 과학기술과 산업자본에 학교교육은 철저히 예속되어 갔다. 오늘 강조되는 4차 산업혁명의 중심에는 인공지능이 있다. 컴퓨터를 발전시킨 인공지능은 기계적 계산식(알고리즘)에 의해 운영되는 정보처리장치다. 인공지능을 앞세운 4차 산업혁명은 기계적 계산 논리(數理)와 지식정보 가치의 극대화, 자본과 기업 이익의 효율적 확대를 인간사회와 학교교육에 강요할 것이다. 부와 정보와 권력은 극소수의 사람들이 독점하고 대다수의 사람들은 절박한 생존경쟁으로 내몰릴 것이다. 그러면 학교교육은 인공지능이 지배하는 사회질서와 가치체계에 종속될 것이다. 기계적 계산식과 지식정보의 자료(데이터)로 환원되는 4차 산업혁명시대에는 인간의 생명과 영성은 제거되고 산술계산식과 기계와 지식정보의 데이터가 중시될 것이다. 그렇게 되면 학교교육에서 인간교육은 불가능해지고 인간의 생명과 정신은 기계와 돈에 더욱 예속될 것이다. 인간의 생명과 역사는 위축되고 약화되어 소멸해 갈 것이다.

한국의 학교만 아니라 세계선진국들의 학교들에서도 인간교육은 이미 불가능하게 된 것 같다. "교권 추락으로 몸살을 앓는 영국에서 교사 4명 중 1명이 매주 학생의 폭력에 시달리며 교직 생활에 회의를 느끼는 것으로 나타났다." 영국여성교원노조가 교사 5천여 명을 상대로 집계한 설문조사결과, "전체 교사의 24%는 학생으로부터 매주 물리적 폭력을 경험한 것으로 나타났다. … 교사의 90% 가량은 지난해 학생으로부터 언어적·물리적 폭력을 당한 적이 있다고 답했다. 응답자의 39%는 학생에게 밀쳐졌다고 답했으며, 29%는 학생의 주먹에 맞거나 발로 차였다고 답했다. 학생으로부터 욕설을 들었다는 교사는 86%, 위협을 받았다는 교사는 46%였다."(연합뉴스, 2019.04.20.) 학교교육에서 인간교육이 불가능하게 된 것은 이미 세계의 보편적 현상이 된 것 같다.

함석헌의 인간교육사상은 인간교육을 할 수 없는 학교교육과는 서로 다른 역사적 맥락과 계보를 가지고 있다. 함석헌의 인간교육사상은 어떤 역사적 계보를 가지고 있는가? 동학농민혁명, 교육독립운동, 3·1혁명, 4·19혁명, 5·18민주화운동, 6월 민주항쟁, 2016 촛불혁명을 함석헌의 인간교육사상의 역사적 계보로 제시할 수 있다. 삼일혁명과 임시정부, 4·19혁명을 계승한다는 헌법 전문과 헌법

제1조("대한민국은 민주공화국이다. 대한민국의 주권은 국민에게 있고, 모든 권력은 국민으로부터 나온다.")는 함석헌의 인간교육사상과 그 역사적 계보의 정당성을 확정해 준다. 그러나 함석헌의 교육정신과 그 역사적 계보의 정신은 민중에 의해 일시적으로 분출될 뿐, 민중의 생각과 일상생활을 변화시키고, 사회의 현실과 관행을 혁신하는 데 이르지 못했다.

인간교육이 배제된 학교교육의 계보는 일제 식민지교육의 전통, 남북분단과 6·25전쟁 이후 이승만 독재의 반공교육, 군사독재정권의 국가주의교육, 산업자본과 기술에 예속된 생존경쟁과 입시교육으로 이어졌다. 이 역사적 계보는 이념과 정신의 정당성을 인정받지 못하지만 민중의 삶과 생각, 사회의 현실과 관행 속에서 확고하게 이어져 온다. 함석헌의 교육사상이 대변하는 역사적 계보와 한국학교들의 교육현실이 반영하는 역사적 계보는 진보와 보수, 이상과 현실의 이름으로 서로 충돌하고 대립하면서 한국사회와 역사를 형성해 오고 있다.

오늘 한국의 학교교육을 짓누르는 세 겹의 억압체계가 있다. 이것은 함석헌의 인간교육사상과 학교교육을 갈라놓는 세 겹의 두텁고 높은 장벽으로도 작용한다. 첫째 일제의 식민통치부터 이승만 독재정권과 군사독재로 이어진 강고한 국가주의적 지배와 이념, 둘째 생존경쟁을 강요하고 생명과 정신의 가치를 계산가치와 정보가치(데이터)로 환원시키는 산업자본사회의 지배이념과 가치관, 셋째 자연과학과 이성철학이 지배하는 서양의 교육사상과 이론이 학교교육을 짓누르고 있다. 이 셋 가운데 함석헌의 인간교육사상을 배척하는 일차적이면서 가장 큰 장벽은 서양의 교육사상과 이론이다. 한국의 학교교육이 서양의 교육사상과 이론의 포로가 되었기 때문에 한국근현대 정신사의 중심과 절정에 있었던 안창호와 이승훈의 교육독립운동과 함석헌의 인간교육사상은 관심의 대상이 되지도 못했다. 학교교육이 인간교육을 하려면 가장 먼저 서양의 교육사상과 이론을 근본적으로 반성하고 비판할 수 있어야 한다. 고대 그리스의 로고스(이데아) 철학과 근현대의 과학주의적 관념론에 매인 서양의 교육사상과 이론은 인간 생명의 주체와 전체를 해방하고 구원하는 인간교육을 수행할 수 없다. 서양의 교육사상과 이론에서 해방되는 것이 학교교육을 정상화하는 첫 걸음이고 지름길이다.

나라를 잃고 일본제국주의의 식민통치와 맞서 싸우는 과정에서 형성된 함석헌의 인간교육사상은 산업과 제도가 발달하고 사회구조가 복잡하게 형성된 오늘의 교육현실과 거리가 있어 보인다. 그럼에도 교육독립운동에서 형성된 그의 교육철학과 사상은 인간과 사회에 대하여 항구적이고 보편적인 의미와 가치를 지니고 있다. 기계와 자본으로부터 인간의 소외가 심화되는 오늘의 현실에서 함석헌의 교육사상은 더욱 필요하고 적합하다고 여겨진다. 인간이 기계와 자본의 주인으로서 기계와 자본의 사회를 성숙하고 풍성하게 만들기 위해서도 함석헌의 교육사상이 요구된다.

돈과 인공지능이 지배하는 사회에서 인간세계는 수리와 물리의 평면적 존재와 가치의 세계로 위축되고 생명력과 정신력은 고갈되고 소멸되어 갈 것이다. 계산기계이며 정보처리장치로서 기계적 계산식 알고리즘으로 운영되는 컴퓨터와 인공지능, 계산가치만을 추구하는 자본과 기업의 논리에 함몰되어 계산 기계와 계산가치의 포로가 되지 않으려면, 인간의 생명과 정신 속에 함축된 심층적이고 다차원적인 가치와 의미를 밝히고 실현하고 완성해 가는 인간교육이 요구된다. 계산 기계(인공지능)와 계산가치(돈)가 실현할 수 없는 무한한 생명과 사회의 진리와 가치가 인간의 생명과 정신 속에 있다. 인간의 정신을 고양하고 향상시키는 생명진화와 천지인합일을 실현하는 함석헌의 인간교육사상은 인공지능과 돈으로 움직이는 산업사회 위에 수리, 물리, 생리, 심리, 도리, 영리, 신리의 다차원적이고 다양한 존재와 가치를 실현하는 아름답고 장엄한 정신문화와 생활공동체를 실현하는 데 기여할 수 있을 것이다.

인공지능과 4차 산업혁명을 통해 사회의 기본 틀과 방식이 바뀌고 있는 오늘이 바로 교육의 틀과 방식을 바꿀 때다. 인공지능을 통해 구현되는 물질 사회가치보다 인간과 인간교육을 통해 구현되는 생명 정신 사회 가치가 더 크고 값지다고 보는 교육철학적 신념이 필요한 때다. 인공지능에 대한 연구 이상으로 인간과 인간교육에 대한 연구와 관심이 필요하다. 특히 헌법 전문에 나온 대로 삼일운동과 임시정부의 정신과 역사를 정통으로 세우는 '대한민국'의 교육정신과 이념은 안창호 이승훈의 교육독립운동과 함석헌의 인간교육사상에서 그 내용과 모범과 방법을 찾아야 한다.

참고문헌

고춘식(2017). '인성'(人性)교육을 넘어 '인성'(仁性)교육으로-참다운 '인성교육'을 위하여. 박재순 외. 『참 사람 됨의 인성교육』. 서울: 홍성사

문화일보(2019.02.28). 3·1운동. 남녀노소·신분계급·종교 초월한 숨민족적 운동. 엄주엽의 파워인터뷰 신용하.

박영호(2001). 『진리의 사람 다석 류영모』(上). 서울: 두레

박재순(2019). 안창호, 유영모, 함석헌의 생명철학: '나'와 '생각'을 중심으로"(安昌浩. 柳永模. 咸錫憲の生命哲学 : '我'と'思い'を中心として). 일본철학자들과의 대화 발제문 (2019년 8월 5일 국도호텔). <씨ᄋᆞᆯ사상>http://cafe.daum.net/ssialphil

연합뉴스(2019.04.20). '교단 떠나고 싶다'…英교사 24% '매주 학생 폭력에 시달려'. 김서영 기자.

함석헌(1930/1983). 민족생명의 촛불 남강 선생. ≪성서조선≫(6월호). 『함석헌전집』 5권. 서울: 한길사

함석헌(1940/1987). 코이노니아. ≪성서조선≫(3월호). 『함석헌전집』 19권. 서울: 한길사

함석헌(1950). 『聖書的 立場에서 본 朝鮮歷史』. 서울: 성광문화사

함석헌(1953/1983). 살림살이. 시집『水平線 너머』. 『함석헌전집』 2권. 서울: 한길사

함석헌(1956/1983). 새 교육. ≪새 교육≫(8권 5호). 『함석헌전집』 2권. 서울: 한길사

함석헌(1957a/1983). 민중의 교육과 종교. ≪말씀≫(5호). 『함석헌전집』 3권. 서울: 한길사

함석헌(1957b/1983). 청년교사에게 말한다. ≪새교육≫(9권 12호). 『함석헌전집』 5권. 서울: 한길사

함석헌(1959a/1983). 새 삶의 길. 『새 시대의 전망』. 백죽문학사. 『함석헌전집』 2권. 서울: 한길사

함석헌(1959b/1983). 정치와 종교. 『새 시대의 전망』. 백죽문학사. 『함석헌전집』 3권. 서울: 한길사

함석헌(1959c/1983). 겨울이 만일 온다면. ≪사상계≫(1월호). 『함석헌전집』 4권. 서울: 한길사

함석헌(1959d/1983). 한 배움. ≪사상계≫(10월호). 『함석헌전집』 4권. 서울: 한길사

함석헌(1959e/1983). 씨ᄋᆞᆯ의 설움. ≪사상계≫(12월호). 『함석헌전집』 4권. 서울: 한길사

함석헌(1961a/1983). 간디의 길. ≪사상계≫(2월호). 『함석헌전집』 7권. 서울: 한길사

함석헌(1961b/1983). 인간혁명. 『인간혁명』. 서울: 일우사. 『함석헌전집』 2권. 서울: 한길사

함석헌(1961c/1983). 하나님에 대한 태도. 『인간혁명』. 서울: 일우사. 『함석헌전집』 3권. 서울: 한길사

함석헌(1962a/1983). 『뜻으로 본 한국역사』. 일우사; 『함석헌전집』 1권. 서울: 한길사

함석헌(1962b/1983). 누에의 철학. ≪생활철학≫(12월호). 『함석헌전집』 2권. 서울: 한길사

함석헌(1971/1984). 역시 씨ᄋᆞᆯ밖에 없습니다. ≪씨ᄋᆞᆯ의 소리≫(11월호). 『함석헌전집』 8

권. 서울: 한길사

함석헌(1972a/1984). 얼음은 녹습니다. ≪씨올의 소리≫(2, 3월호). 『함석헌전집』 8권. 서울: 한길사

함석헌(1972b/1984). 생각하는 씨올이라야 산다. ≪씨올의 소리≫(11월호). 『함석헌전집』 8권. 서울: 한길사

함석헌(1973a/1983). 세계 구원과 양심의 자유. ≪씨올의 소리≫(1월호). 『함석헌전집』 9권. 서울: 한길사

함석헌(1973b/1983). 교육에서 반성돼야 하는 몇 가지 문제. ≪씨올의 소리≫(2월호). 『함석헌전집』 5권. 서울: 한길사

함석헌(1973c/1983). 서풍의 소리. ≪씨올의 소리≫(11월호). 『함석헌전집』 5권. 서울: 한길사

함석헌(1973d/1983). 안창호를 내놔라. ≪씨올의 소리≫(12월호). 『함석헌전집』 5권. 서울: 한길사

함석헌(1974/1984). 잊을 것 못 잊을 것. ≪씨올의 소리≫(12월호). 『함석헌전집』 8권. 서울: 한길사

함석헌(1976/1983). 세계구원의 꿈. ≪씨올의 소리≫(1, 2월호). 『함석헌전집』 9권. 서울: 한길사

함석헌(1977/1984). 자연에 배우자. ≪씨올의 소리≫(10월호). 『함석헌전집』 8권. 서울: 한길사

함석헌(1978a/1984). 사랑의 빚. ≪씨올의 소리≫(2월호). 『함석헌전집』 8권. 서울: 한길사

함석헌(1978b/1984). 역사 속의 민족관. ≪씨올의 소리≫(5월호). 『함석헌전집』 12권. 서울: 한길사

함석헌(1978c/1983). 예수의 비폭력투쟁. ≪씨올의 소리≫(10월호). 『함석헌전집』 3권. 서울: 한길사)

함석헌(1979/1984). 개전(改悛)의 정. ≪씨올의 소리≫(8월호). 『함석헌전집』 8권. 서울: 한길사

함석헌(1980a/1984). 민족적 비전을 기르라. ≪씨올의 소리≫(1, 2월호). 『함석헌전집』 8권. 서울: 한길사

함석헌(1980b/1984). 80년대 민족통일의 꿈을 그려본다. ≪씨올의 소리≫(3월호). 『함석헌전집』 12권. 서울: 한길사

함석헌 · 최일남(1983/1984). 백성의 기개를 길러줘야 해(함석헌 · 최일남 대담). ≪신동아≫(10월호). 『함석헌전집』 17권. 서울: 한길사

Iyer, Raghavan N.(2000). *The Moral and Political Thought of Mahatma Gandhi*. NY: Oxford University Press. 허우성 역(2004). 『문명 · 정치 · 종교』 (上) 마하뜨마 간디의 도덕 · 정치사상 권1. 서울: 소명출판

일제강점기, 저항과 계몽의 교육사상가들

인간교육을 위한
김교신의 철학과 방법

송순재

김교신은 일제하 조선 민족의 갱생과 부활에 헌신했던 기독교 평신도 신학자이자 지리 박물 교사이다. 그 인물의 비범함은 역사 속에 묻혀 있다가 김정환 (1994[1980])의 『김교신. 그 삶과 믿음과 소망』에 의해 본격적으로 소개되어 세상에 널리 알려졌다. 초기 연구가 그 생애와 사상의 전체적인 상을 제시했다면, 이후, 특히 2000년대 이후의 연구 과정에서는 신학적 주제들이 좀 더 세분화되어 다루어지기 시작했다. 이 방향에서 현재까지 나온 논문과 단행본들은 이제까지 불분명하게 남아 있었고 따라서 후속연구를 필요로 했던 부분들의 면면을 상당부분 자세히 밝혀주었고, 이에 따라 그 의미는 밀도를 더해 갔다.

이에 비해 교육학 연구는 석·박사 학위논문들을 제외하면 상대적으로 미진한 편이었는바, 다만 앞에서 언급한 김정환의 저서 중 "제3장 천성적 교사"를 비롯하여, 김선양(1995)의 "김교신의 교육사상", 길창근(2003)의 "김교신의 교육사상에 관한 고찰", 정호영(2005)의 "김교신의 인간화교육 사상", 임희숙(2005)의 "김교신의 민족교육과 기독교"와 양현혜(2013)의 연구(『김교신의 철학』 4장 2: 참 사람 참 조선인을 키우다) 등을 제한적으로 언급할 수 있을 뿐이다. 이들 글과 논문들은 개요를 파악하거나 특정한 주제에 초점을 맞춘 유의미한 선행 연구들이다. 지리학 논문이지만 일부 교육학적 논의를 찾아볼 수 있는 이은숙(1996)의 "김교신의 지리 사상과 지리학 방법론-조선지리소고를 중심으로"나, 신학 논문이지만 교육학적 함의를 가진 백소영(2004)의 "김교신의 '서당식' 기독교" 등도 거론할 수 있을 것이다. 이에 더하여 최근 강연회에서 발표된 양현혜(2015)의 "한국 사학교육, 김교신에게 길을 묻다"와 박의수(2016)의 "김교신의 교육관과 실천", 강선보(2016)의 "만남의 교육가, 김교신" 등이 있음도 언급해 둔다.

이 글에서는 이상 선행 연구들을 배경으로 하여, 김교신의 교육 사상과 실천
의 성격을 밝히되 그 철학과 방법에 초점을 맞추어 가능한 한 조직화시켜 드러내
고자 했다. 단 그에게서 교육 문제는 신학과 불가분리하게 전개되었다는 점에서
이 둘을 떼어 놓고 하나만 다룰 수는 없기 때문에 먼저 간략하게나마 신학 문제
도 연관지어 논하겠다. 그가 힘을 기울인 세 가지 주요 현장, 즉 학교, 사회, 가정
을 염두에 두어야 하겠으나, 여기서는 지면상의 이유로 학교교육에 국한한다.※

Ⅰ. 생애와 사상의 기조

1. 생애

김교신은 1901년 4월 18일 함흥에서 유교 중산층 가문인 아버지 김염희(金念
熙)와 어머니 양신(楊愼) 사이에서 장남으로 태어났다. 3살 때 아버지를 여의고 홀
어머니 밑에서 자라났다. 1912년 함흥에서 4세 연상인 한매(韓梅)와 결혼하여 2남
6녀를 두었다.

어릴 적부터 서당에서 수학했고, 이를 기반으로 함흥공립보통학교와 함흥공립
농업학교에 진학, 19세가 되던 해인 1919년 3월에 졸업을 했다. 3·1운동 때에는
밤 새워 태극기를 만들어 집안 소년들이 학교와 예배당에 배포하도록 했다고 한
다. 이후 청년 김교신은 향학열과 민족의 미래를 위한 염원에 불타 일본으로 건너
갔다. 처음에는 영문학에 뜻을 두어 1919년 동경의 세이소쿠(正則) 영어학교에 들
어가 당대 저명한 영문학자인 사이토 히사부로(齋藤秀三郎)에게서 영문학을 배웠다.

그러던 중 1920년 4월 동경시 우시코메구 야라이정(牛込區 矢來町)에서 성결교
회의 노방 전도 설교를 듣고 입신을 결심하고 동경시 야라이정(矢來町) 홀리니스

<hr>

※ 인용·참고문헌의 표기와 관련하여 다음 사항을 일러둔다: 『성서조선』(제1호, 1927. 7. - 제158
호, 1942. 3.)(성서조선사)에 게재된 성서연구를 비롯한 다양한 글들과 공개일기는 2001년 노평
구가 엮어 펴낸 『김교신전집』 1-7권(서울: 홍성사)에 수록되었고 현 단계에서 학문적 의사소통
에 유용성이 있으므로 인용은 이 자료에 의거한다. '김교신전집'은 단지 '전집'으로만 표기한다.
권은 숫자만 쓰고, 별권은 전집 별권으로 쓴다. 게재된 글은 제목과 연월을 함께 밝혔고, 『성서
조선』(성서통신/성조통신)에 실린 공개일기는 '일기'로, 김교신선생기념사업회 간행 『일보』에
실린 개인 일기는 편집자 명 대신에 '개인 일기'로 표기하고 일기를 쓴 연월일을 병기했다.

교회에 출석하여 그해 6월 세례를 받았다. 예수의 산상수훈에서 공부자(孔夫子)의 가르침을 넘어서 고원한 도덕적 이상에 이를 수 있다는 희망에 고취되었던 것이 그 주된 이유이다.

그러나 그로부터 몇 달 뒤인 11월, 시미즈(淸水) 목사가 반대파의 음모로 축출되는 내분 사태에 접하여 충격을 받고 절망하여 교회 출석을 그만두게 되었는데, 그로부터 얼마 지나지 않아 무교회주의의 위대한 성서학자이자 당대 일본의 대표적 지성이었던 우치무라 간조(內村鑑三, 1861-1930)의 신앙노선에 접하게 되었다. 김교신은 7년 동안 그의 성서강연회에 참석하여 성서 연구에 몰두했고 성서희랍어 반에도 나가서 공부했다. 이때 김교신 외에도 송두용, 유석동, 양인성, 정상훈, 함석헌 등도 그 성서연구모임에 참석했으며, 그 인연으로 이들은 함께 뜻을 모아 '조선성서연구회'를 조직하고 우리말로 성경 연구를 시작했다.

22세 되던 때인 1922년에 동경고등사범학교 영어과에 입학했지만 그 이듬해에는 뜻한 바 있어 지리 박물과로 옮겨 갔다. 그로부터 5년 뒤인 1927년 3월 지리 박물과를 졸업하고, 조선으로 돌아와 함흥 영생여자고등보통학교에서 처음 교직생활을 시작했다. 그 이듬해(1928년)에는 양정고등보통학교의 지리 박물 교사로 자리를 옮겨 십 년간 그곳에 재직하였다. 그는 학문적으로나 교육적으로 뛰어난 지리 박물 교사였지만, 민족혼을 고취하며 도덕적, 종교적 차원에서 삶의 길을 가리켜 보인 큰 선생으로서 학생들에게 깊은 영향을 끼쳤다.

1927년 7월, 그의 삶에 한 가지 특기할 만한 일에 참여하게 되는데, 함석헌, 송두용, 정상훈, 류성동, 양인성 등과 함께 창간한 격월간지 『성서조선』이 바로 그것이다. 주간을 맡았던 정상훈을 도와 힘써 일하다가 3년 뒤 동인들 사정으로 제17호(1930년 6월)부터는 주간을 맡아 월간으로 개편 발행하기 시작했다. 또 이 무렵에 경성에서 매 주일 성서연구회가 시작되었다. 성서연구회는 1933년부터는 매해 여름과 겨울(연초나 연말)에 일주일 동안 열렸고 십여 년에 걸쳐 계속되었다. 이 잡지에서는 주로 성서연구, 민족, 신앙, 외국의 교파 교리 등과 아울러 시사평, 교회평, 교육평 등이 다루어졌다.

양정고보에서 근무를 시작한 지 십년이 지난 1940년 3월 복음 전도를 위한 열망 때문에 학교를 사임하게 되었다. 한 달 뒤인 4월에는 함석헌과 함께 공저 『우치무라 간조와 조선』을 출간했다. 그러나 동경고등사범학교의 선배인 이와무라(嵒

村) 교장의 간곡한 권유로 다시 공립 경기중학교 교사로 부임하게 된다. 하지만 드러내 놓고 민족혼을 고취하며 불온한 교육을 했다는 이유로 6개월 만에 강제 사직을 당하게 되었다. 짧은 기간이었지만 당시 그에게 배웠던 학생들은 물론, 이와무라 교장도 김교신의 교육을 일본의 메이지유신의 선각자들을 배출한 요시다 쇼인(吉田松陰)의 "쇼카손주쿠(松下村塾)"보다 더 뛰어난 것으로 평가했다고 한다. 경기중학교를 떠난 후 그가 옮겨간 곳은 개성의 송도중학교였다. 그러나 이 길도 순탄치 않았는데 필화사건 때문이었다.

김교신은 『성서조선』 제158호(1942년 3월)에 권두언 "조와"(弔蛙, 개구리의 죽음을 애도함, 전집 1: 38)를 실었는데, 혹한에 동사한 개구리들도 있었지만 그럼에도 살아남은 두 마리 개구리의 정경을 묘사한 이 글에 대해 검찰은 개구리의 생명력을 빌어 민족의 희망과 저항 정신을 표현했다는 혐의를 씌웠고 이로 인해 잡지는 폐간의 운명을 맞게 되었다. 이로 인해 김교신은 함석헌, 송두용, 유달영 등 12명과 함께 미결수로 서대문 형무소에 투옥되었고 『성서조선』 구독자 300여 명도 함께 검거되었다. '성서조선사건'으로 일컬어진다. 송도중학교 교사직이 지속될 수 없었음은 물론이다. 창씨개명은 끝까지 거부했다.

1934년 3월, 1년간의 수형생활을 마친 후, 그는 전국 각지는 물론 만주에 이르기까지 순회하면서 몸으로 혹은 서간으로 신앙을 전파하고 격려하였다. 그러던 중 흥남질소비료공장에서 강제 징용으로 끌려가 일하는 3천이나 되는 조선 노동자들의 처참한 상황에 대해 듣고 이들과 함께 하기 위해 입사를 결심하게 된다. 그곳 서본궁(西本宮) 공장에서 주택 계장 직을 맡아 교육, 의료, 주택, 대우 등 노동자들의 복리를 위해 힘쓰다가 1년도 채 안 되어 발진티푸스에 감염되어 1945년 4월 25일 돌연 생을 마쳤다. 그의 나이 45세였다.[1]

---

1) 생애는 김정환(1994)의 『김교신. 그 삶과 믿음과 소망』(17–19, 395–399)을 기본으로, 노평구 편(2001)의 『김교신 전집』 중 박상익의 복간사(전집 1: 8–10)와 노평구 편(2001)의 『김교신 전집 별권: 김교신을 말한다』 중 김교신 선생 연보(400–404)를 비롯하여 여타 자료들을 참조, 큰 줄기를 따라 간추려 정리한 것이다.

2. 사상의 세 가지 근본어

『성서조선』지 창간사에 따르면 김교신이 일본으로 건너간 두 가지 이유가 있었다. 하나는 더 높은 차원의 학문 추구를 통한 자아의 발견과 이상 실현을 향한 갈망 때문이었고, 다른 하나는 조선 민족의 갱생과 부활에 대한 염원 때문이었다. 이를 위해서는 적국 일본이라도 마다치 않았다. 침략자 일본이 아니라 새로운 학문의 세계와 문물을 앞서 개척해 나가고 있었으며, 조선과 평화적 관계를 모색할 필요가 있는 일본을 염두에 둔 것이었다. 그 기대는 빗나가지 않았다. 거기서 그는 바라던 학문과 또 뜻하지 않게 새로운 종교를 만나게 되었다("『성서조선』지 창간사" – 이하 "창간사", 1927. 7, 전집 1: 20-21).

김교신의 성장과정 전체에서 자아와 조선 이 둘은 시종일관 불가분리한 문제로 서로 엮여 의식되고 성장하였다. 조선은 그의 현세적 삶에 무조건적이요, 대치 불가능한 가치를 의미했다. 그는 조선을 사랑하다 못해 "감히 사랑한다고 대언치 못(한다)"고 고백하기까지 한다. 조선은 그의 지극한 '애인'이었다("창간사", 전집 1: 20-21).

이 새로운 미래를 향한 걸음의 도정에서 그는 일생일대의 사건에 맞닥뜨리게 되는데 그것은 바로 기독교 신앙, 즉 '성서'와의 해후(邂逅)이다. 성서라 한 것은 성서(교리나 신학이나 교회가 아니라)가 그의 기독교 신앙의 원 자료를 뜻하기 때문이다. 여기서 그는 자신과 민족과 인류의 모든 것을 결정하는 지고지선의 길을 발견한다. 그리고 이 성서를 자기가 애인이라고 부르고 싶어 하는 조선에 주어 그 삶의 기초로 삼고자 했다. 성서를 기초로 삼는다 함은, 민족의 미래를 위해서는 과학과 농업과 상공업이나 여러 정치적 이념 등도 필요하겠지만 그것은 덧없는 것이요, 보다 더 근본적으로 파고 들어가 뿌리부터 새롭게 궁극적인 정신적, 영적 가치관 위에 영원한 조선을 세우는 것을 무엇보다 중요한 과제로 삼게 되었다는 뜻이다. 그는 이를 '조선(의) 성서화'라는 말로 표현했다("『성서조선』의 해解", 1935. 4, 전집 1: 21-22).

이렇게 해서 조선과 성서, 이 둘은 결코 떨어질 수 없는 사이로 엮이게 된다. 김교신은 언제나 이 둘에게 최상의 의미를 부여하고자 했다. 둘은 그 어느 것도 버릴 수 없이 소중한 것이요, 늘 한데 어우러져 살아야 할 것이었다. 성서 없는 조선 없고 조선 없는 성서 없다. 이는 각자 독자적 위치에서 그렇다는 말이고, 둘 중 어느 하나가 더 근본적이요, 더 소중하다고 말할 수 있는 성질의 것이 아니었다. 조선에게 가장 필요한 것이 성서라면, 조선 없는 성서 역시 그 의미를 가질 수 없다는 인식이다. 이런 연유로 『성서조선』을 창간하고자 하였으니 이는 그가 사랑하는 성서와 그가 사랑하는 조선, 이 둘을 한데 엮어 낸 말이었다.

> "우리 염두의 전폭(全幅)을 차지하는 것은 '조선'이란 두 자이고 애인에게 보낼 최진(崔珍)의 선물은 성서 한 권뿐이니 둘 중 하나를 버리지 못하여 된 것이 그 이름이었다." ("『성서조선』의 해解", 1935. 4, 전집 1: 20-21)

이렇게 볼 때 자아와 조선과 성서, 이 셋은 김교신의 사상과 삶을 조명하는 근본어적 성격을 가진다 할 것이다. 셋은 서로 연관되어 있으며 어느 하나만 따로 떼어 놓을 수는 없다. 하나를 거론하면 반드시 다른 둘도 거론해야 한다.

따라서 김교신의 교육에 대해서 말하기 위해서는 이 셋 사이에서 말해야 한다. 하지만 출발점이 있다. 그 하나의 출발점은 '자아'이다. 그가 학문의 길에 들어서고 교사 수업을 받은 것은 자아실현 문제 때문이었다. 하지만 민족 없는 자아실현은 그에게 전혀 불가한 것이었다. 민족을 위한 사랑은 그의 학문과 교육을 위한 또 하나의 출발점을 이룬다. 하지만 이 둘, 즉 자아와 민족은 종교라는 기초를 필요로 한다. 이 자아와 민족과 종교라는 세 가지가 만들어 내는 관계망 속에 교육이 위치한다.

김교신의 교육론에서 그것이 종교와 가지는 이 불가분리한 관계 때문에 교육론만을 따로 떼어내어 다루기는 어렵다. 따라서 간략하게나마 기독교 신앙론의 특징을 먼저 살펴본 후 교육론으로 넘어가겠다.[2] 단 그의 신앙론의 기본 틀을 제시한 것은 우치무라로서, 문제를 정당하게 다루려면 양자 간의 비교가 필요하겠지만, 교육에 초점을 맞춘 이 글의 취지와 범위를 벗어나므로 이 문제는 넘어가겠다.

---

2) 신학에서는 지난 십수 년간 보다 심도 있고 다양한 시각에서 쓰인 단행본들을 언급할 수 있다. 양현혜(1994; 2013), 서정민(2002), 백소영(2005), 전인수(2012) 등.

Ⅱ. 기독교 신앙의 성격

1. 무교회주의 기독교

김교신의 기독교는 소위 통속적인 뜻과는 다르다. 그것은 일본 유학 시 우치무라 간조에게서 배운 무교회주의 기독교로서, 교회라는 조직체가 노출하는 무수한 역기능 때문에 이를 떠나, 다만 진정한 기독교, 즉 복음이 증거하는 참 그리스도를 깨달아 그 뜻을 현실생활에서 살아 있는 방식으로 구현하고자 했던 신앙적 시도 혹은 태도 일반을 지칭하는 것이다. 그의 관점과 입장은 무교회 신앙에 처음 입문했던 단계 이후 일정한 논쟁 과정을 거치면서 변화, 안착되어 갔다.

김교신은 우치무라를 통해서 기독교의 진수에 접했을 당시 제도로서의 교회에 대해 매우 비판적인 입장을 취했던 것으로 보이며 1936년 9월과 10월에 쓴 두 개의 글("나의 무교회"와 "나의 기독교")에서 자신의 견해를 밝힐 때까지(전집 2: 248-249, 84-86) 그러한 입장은 대체로 유지되었던 것 같다. 예컨대 1936년 3월에 쓴 글 "무교회 문답"에서는 교회의 헌정, 교권, 조직 등에 대해서 신랄한 비판을 가하고 현대교회를 교회지상주의를 신봉하는 일의 사회단체 정도로 평가 절하한 것을 볼 수 있다(전집 2: 254-255).

그러다가 1936년 가을 경부터는 그런 논조가 바뀐다. 그는 무교회 신앙이란 교회가 정도(正道)에서 이탈할 때 진정한 신앙의 도를 말하기 위해 내세우는 것일 뿐 그 이상은 아무 것도 아니라는 견해를 밝혔다. 무교회는 있어도 좋고 없어도 좋다. 그것은 소위 '교회'와 마찬가지로 아무 생명도 없는 것이요, 애착할 것도 없는 거죽에 불과하다는 것이었다(전집 2: 84). 나아가서 무교회 신앙의 본령은 "소극적으로 대립 항쟁함에 있지 않고 적극적으로 진리를 천명하며 복음에 생활하는 데 있다." 하였다. 여기서 복음을 생활한다는 말은 무교회 신앙에서 말하고자 하는 핵심 중 하나다. 그것은 관념이 아니라 일상적 현실에서 살아 있는 신앙인으로서 당면한 시대적 과제에 구체적으로 임하는 삶의 방식을 뜻한다: "무교회자는 개념에 사는 학자가 아니요, 현실 세계에 생활하는 산 사람인 고로 그 시대 그 사회의 현실에 착안하여 싸운다."("대립항쟁의 대상", 1936. 11, 전집 2: 255-256) 1937년 2월 『성서조선』에서 그는 공개적으로 다음과 같은 입장을 천명하였다. "우리는 교회에 대한 일체의 시비공격을 중지한다."("재출발", 전집 1: 328) 민경배는 이 선언을 성서조선으로서는 획기적 변화를 시도한 것으로 보았다("김교신과 민족기독교", 1974, 전집 별권: 364).

이 대목에서 제도 유무를 둘러싸고 공개적으로 취한 입장과는 별도로 김교신이 진작부터 교회와 스스럼없는 관계를 유지하고 있었음을 짚어 둘 필요가 있겠다. 그 한 가지 흥미로운 사례 중 하나로, 1931년 7월 20일에서 26일 사이, 감리교회의 영향력 있던 목회자 이용도의 초청으로 함께 기도회를 가졌는가 하면 광희문 교회에 가서 설교를 한 것 등을 들 수 있다(전집 5: 54, 138). 이후로도 동네 장로교회의 목회자나 교회들과도 종종 교류를 했다(전집 5: 76-77, 82, 273-274 외 여러 곳). 이러한 태도가 바로 그가 견지하고자 했던 무교회 신앙의 성격을 대변해 준다 할 것이다.

2. 조선산 기독교

김교신이 무교회주의를 통해서 기독교 신앙의 진정성을 추구한다고 했을 때 그 진정성이란 무엇을 뜻하는가? 이 물음에 답하기 위해서는 다음 두 가지 개념을 밝혀야 한다. 하나는 성서요, 다른 하나는 조선 민족이다. 여기에 대해서는 최근 '조선산 기독교'라는 개념을 중심으로 활발한 논의가 이루어져 왔다

조선 민족은 성서로 갱생되어야 한다. 그래야 미래를 기약할 수 있다는 것이 김교신이 확신하는 바였다. 『성서조선』에서는 이 과제를 '조선을 성서화'하는 일로 표현하고 있다("『성서조선』의 해解", 1935. 4, 전집 1: 22). 조선을 '기독교화'하는 일이라 하지 않고 '성서화'하는 일이라 한 데에는 그만한 이유가 있다. 참된 기독교 신앙에 이르기 위해서는 성서가 유일한 근거라고 보았기 때문이다. 단 그 성서란 외국 선교사나 기성교회가 가르쳐 주는 성서가 아니라 조선인 각자 조선인의 혼과 정신으로 직접 읽고 또 함께 연구해야 할 성서를 말한다. 이 관점은 중요하다. 왜냐하면 서구 기독교 신학을 따라 하자면 조선 사람은 그 신학이 만들어 준 틀에 따라 움직일 수밖에 없는 한계를 가지기 때문이다. 이에 비해 성서를 기본으로 삼는다면 우리는 성서를 해석하기 위한 틀을 스스로 만들어 낼 수 있다.

성서와 성서연구가 그러한 것이라면 기독교의 성격 역시 그에 따라 결정될 수

밖에 없다. 김교신은 이를 '조선산 기독교'라 했다("『성서조선』의 간행취지", 1935. 10, 전집 1: 317). 이는 성서는 특정한 지역에 사는 민족이라는 조건을 통해서 비로소 정당하게 해석할 수 있음을 뜻하는 것으로, 여기에는 외래의 것이 아닌 독자적 존재로서의 민족의식이 작용하고 있음이 분명하다. 이 과제를 정당하게 수행하기 위해서는 성서연구와는 별도로 조선 민족을 철저히 연구해야 할 것이라 보았다. 그 뜻은 '조선을 성서로 변화시키는 것'과 '조선이 독자적으로 산출하는 기독교 신앙'이라는 두 가지 개념 사이에서 읽어 낼 수 있는바, 성서와 민족이라는 두 개념을 다룸에 있어 김교신은 양자택일을 하거나 둘 중 어느 한편만을 중심축으로 놓고 다른 한편은 상대화시키는 방식을 취하지 않았다. 민족의 갱생을 위해서는 성서를 최종 근거로 삼은 기독교 복음이 주어져야 하고, 다른 한편 그 기독교는 민족적 조건을 통해서 해석되어야 한다는 것이다. 후자를 부연하자면 기독교는 일정한 지역과 풍토 속에 사는 민족의 문명사적 조건 속에서 해석될 때 비로소 정당성을 갖는다는 뜻이다. 『성서조선』에 게재된 성서 연구는 바로 이 관점에 따라 산출된 결과물이며, 민족 연구(일상생활과 사회문제를 포함한) 역시 그러하다.

그중 특기할 만한 것은 김교신 자신의 "산상수훈연구"(1933년 7월), 함석헌의 "성서적 입장에서 본 조선역사"(1934년 2월부터 1935년 12월까지 15회에 걸쳐 제61호 -제83호에 연재),[3] 심훈이 상록수의 주인공의 전거로 삼은 류달영의 농촌계몽의 선구여성 최용신 소전(1939년 12월) 등이 있다.

전인수는 최근 기독교 신앙과 민족 간의 관계 문제를 둘러싼 그간의 연구들을 비판적으로 검토한 후 "김교신의 조선산 기독교: 그 의미, 구조와 특징"을 내놓았는바, 앞에서 제시한 논지에 관한 좀 더 심도 있는 해석을 대할 수 있다. 그는 상반된 관점, 즉 성서를 통해서 조선을 변화시키는 것과 조선 민족을 통해서 성서를 해석하는 것을 두고 양자를 이전의 관점들처럼 서로 모순되거나 대립되는 개념이 아니라 상호 보완적인 것으로 보고자 했다. 김교신은 조선의 성서화를 위해 기독교의 조선화라는 가치를 버리지 않았고 그 역도 마찬가지라는 것이다. 이 견지에서 그는 일제 말 보수적 기독교인들이 신앙만을 절대 가치로 두거나, 복음과 민족

---

3) 당시 연재된 강연문은 1950년 『성서적 입장에서 본 조선역사』라는 제목으로 성광문화사에서 출간되었다. 1962년 일우사에서 『뜻으로 본 한국역사』라는 바뀐 이름으로 펴낸 이후, 여러 출판사를 거쳐 계속 간행되어 오고 있다. 바뀐 도서명은 함석헌의 사상적 변천 과정을 보여준다.

이라는 가치를 다 같이 중시한 경우, 그 어느 쪽이나 민족을 조선교회로 환치한 경우가 대부분이었음에 비추어, 김교신은 성서적 가치와 민족적 가치 중 어느 하나를 방기하지 않고 둘 모두를 지켜 냈으며, 그 뜻을 『성서조선』을 통해 상징적으로 보여준 예언자였음을 밝히고자 했다(전인수, 2010: 186-187).

이 맥락에서 흥미로운 것은 기독교 신앙과 민족 간의 관계에 대한 김교신의 관점이 근대 덴마크의 신학자이자 교육자인 니콜라이 그룬트비(Nikolaj F. S. Grundtvig, 1783-1872)의 그것과 일정부분 흡사한 성격을 보인다는 점이다. 그룬트비는 기독교 신학자로서 복음의 보편적인 가치를 인식하고 이를 통해 민족의 삶이 갱생되기를 원했다. 하지만 그렇다고 해서 민족의 삶을 단지 진공상태 같이 존재하는 것으로 보지는 않았다. 기독교가 인간과 민족의 삶을 살리기 위해서는 단순히 전자로부터 출발해서는 안 되고 후자를 조건으로 해야 한다는 것이다. "만약 사람들로 하여금 예수 그리스도를 믿도록 설득하려면, 그들이 실제로 살고 있는 장소에서 대면해야 한다."(Grundtvig, 1981: 42) 여기에는 양자가 각각 독자적 위상을 갖기는 하지만 하나가 존재하기 위해서는 다른 하나를 필요로 한다는 식의, 즉 양자를 상호 구별지으면서도 연관짓는 변증법적 사유 형식이 작용하고 있으며, 이는 김교신에게서 나타나는 사유형식과 상통한다. 그 양상은 김교신과 함께 우치무라에게서 수학했던 함석헌(1950, 2014)에게서도 일정부분 확인할 수 있다. 여기에는 추적해 볼 만한 맥락이 있겠으나, 그 자세한 논의는 이 글의 취지상 후속 연구로 돌린다.

3. 유교적 기독교: 유교에 대한 기독교의 관계 설정

김교신의 기독교 신앙의 성격을 밝히려면 또 한 가지 물음, 즉 그가 어떤 이유로 유교에서 기독교로 넘어갔고 이후 유교에 대해 어떤 입장을 가지고 있었는지 하는 물음을 밝혀야 한다.

김교신은 유교 가문에서 철저한 수업을 받고 성장했음에도 기독교로 전향하게 된 이유는 유교와 기독교 간의 질적 차이에 대한 인식 때문이었다. 그 가장 큰 동기는 그가 어릴 적부터 추구해 온 유교적 교훈, 즉 공자가 가르침을 따르자면 60세에 종심소욕불유구(從心所欲不踰矩, 마음이 내키는 대로 해도 거리낌이 없음)의 상태를 어서 속히 이루고자 품은 기대와 희망에 있었다. 하지만 그는 열심을 다해 공자보다 십 년을 앞당겨 이 경지에 도달하고자 했으나 그러면 그럴수록 그 목표가 더 멀어지는 것을 체험하였다. 이러한 절망에 처했을 때 기독교 복음에 접하여 20세라는 젊은 나이에도 하나님의 도우심으로 그러한 경지에 도달할 수 있겠다는 믿음을 가지게 되었다. 이는 유교의 교훈을 기독교를 통해서 달성코자 한 의도를 말해 준다.

그는 도덕률에 있어서 유교와 기독교 간에 현격한 차이를 보았다. – 공자와 예수의 가르침을 비교해 보았을 때 공자의 "견의불위무용야(見義不爲無勇也, 정의를 보고 알면서 실천하지 않음은 용기가 없는 것이다)"와 "의를 보고 행하지 아니함은 죄니라"라는 예수의 가르침이나, 공자의 "이직보원 이덕보덕(以直報怨 以德報德, 원한에는 강직으로 갚고 착한 덕행에는 은덕으로 갚아라)"과 "적을 사랑하며 오른뺨을 치는 자에게 왼뺨을 향하라"라는 예수의 가르침 간에는 질적으로 확연한 차이가 있음 고백하였고 그 절정을 '산상수훈'에서 발견하였다. 그는 이 경지를 교회신자들이 흔히 생각하듯 현세에 도달할 수 있는 것이 아니라 내세에 가서나 바랄 수 있는 것으로 보지 않고 현세에 도달하고자 했다. 그러나 그 즈음 우치무라로부터 산상수훈을 청강하던 때 기독교를 그러한 도덕률의 관점에서 보는 것은 오해요, 정수에 접하지 못한 것이라는 언설에 접하게 되어 돌연 막막한 심경을 가지게 되었고 결국 이도저도 아닌 '진퇴유곡'의 상태에 처하게 되었다. 하지만 그는 다시 성서의 가르침 앞에서 자신을 골똘히 파 들어가고자 했다. 그리하여 마침내 결정적인 대결의 자리에 이르게 되니, 그것은 자신의 내적 분열에 관한 사도 바울의 처절한 고백(로마서–기독교의 핵심을 조직으로 설파하고 있는 대표적 사도 서신–의 중심 사상)과의 만남에 의한 것이다. 그는 인간의 선한 성품에 의거 자신을 수련, 완성해 나가고자 했음에도 불구하고 실상은 그와 정반대로 그저 탐욕에 사로잡혀 있는 대 죄인에 불과하다는 것을 통렬하게 인식하게 된다. '자아의 수련 발전'을 통한 노력은 죄악에 사로잡힌 또 다른 자아 때문에 저지를 당하게 되므로 그는, 그러한 양자 간의 투쟁의 와중에서 내적 괴리의 심연에 떨어지게 되는 것 외에는 다른 도리가 없음을 인정한 끝에, 내적 파산 상태에 도달한 자기 생명을 최종적으로 하나님의 구원의 행위에 맡기게 되었다("입신의 동기", 1928. 11, 전집 2: 126-131). 죄악에 사로잡힌 자아와 선을 사모하는 자아 사이에서 나타나는 '이중인격', 바로 이 내적 갈등상태를 첨예하게 깨닫는 것이야말로 기독교의 핵심을 깨닫는 것이라 함이다("기독교 입문", 1930. 11, 전집 2: 98-102).

그는 기독교에서 죄의 문제를 예리하게 직시케 하고, 그 해결책으로서 죄인을 의롭다고 칭하는 은총의 길을 발견한다. 그리하여 그는 오직 예수를 통해서 오는 구원만을 바라게 된다("유일의 종교", 1930. 7, 전집 2: 83-84; "유일의 구원", 1935. 9, 전집 2: 88). 이 죄를 극복하는 길은 유교에서 말하는 '중용의 도'가 아니라 '극단의 도'를 통해서 온다. 그런 점에서 예수를 소위 4대 성인 중 하나로 보는 것은 핵심을 붙잡지 못한 것이라는 논지를 폈다("예수와 성인", 1930. 2, 전집 2: 37-40). 이런 이유로 그는 사회문제 해결에 치우친 활동 같은 것은 핵심을 비껴간 것으로 평가 절하했다("우리 신앙의 본질", 1938. 5, 전집 2: 331).

기독교 입문 이후 시간이 많이 경과한 후 쓴 글에서 김교신은 기독교가 유교와 또 하나 결정적으로 다른 점으로, 종교의 궁극적 목적은 개인의 윤리와 품성을 닦아 고양시키거나 국가 사회를 이롭게 하는 등의 차원을 넘어서 죽음을 극복하는 길을 제시하는 데 있음을 지적하고 기독교에 그 해답이 있음을 밝혔다. 기독교는 '죽음에 엄정히 직면하게 하고 죽음을 이기는 종교'라는 인식이었다("종교의 목적", 1940. 11, 전집 2: 329-330). 초월성은 유교로부터 기독교를 질적으로 구분시키는 개념으로 이해되었다. 이렇게 죄와 은총, 그리고 죽음을 극복하는 종교라는 인식을 통해서 김교신은 처음에 경험했던 기독교 신앙 이해를 넘어 그와는 질적으로 전혀 다른 새로운 국면에 이르게 되니, 그의 신앙의 길은 두 차례에 걸쳐 질적인 변화와 심화의 과정을 통해 정착되어 간 것이라 할 수 있겠다.

이상에서 볼 때 김교신은 일견 유교와 결별하고 기독교로 전향한 것으로 보인다. 그럼에도 자세히 보면 또 다른 면이 있는데, 그것은 양자 사이에 존재하는 연속성이다. 그 몇 가지를 짚어 보면 다음과 같다: 무엇보다도 유교의 이상을 기독교를 통해서 실현하고자 했다는 점에서 그러하다. 그는 기독교의 가르침을 설파하고자 할 때 종종 논어나 맹자 같은 유교 경전을 즐겨 인용하기도 한다. 같은 방향을 지시하기 때문이라는 이유에서이다. 그에게 동양의 현자들은 구약의 예언자나 세례 요한처럼 예수의 길을 예비했던 이들을 의미했다("제자 된 자의 만족", 1930. 3, 전집 1: 182; "축 졸업", 1933. 4, 전집 1: 74; "한없는 흥미", 1939. 4, 전집 1: 94 외 여러 곳). 하지만 그는 유교에서 일정한 단계에 가면 더 이상 넘어갈 수 없는 한계

에 부딪힌다. 여기서 다시 양자 간의 단절성이 드러난다. 그런가 하면 그는 진정
한 기독교인이 되기 위해서는 인생 전체에 걸쳐 장기간 골똘히 파고들어 가야 할
과제로 보았다. 최소 십 년은 잡아야 하고, 심오한 단계에 이르려면 오십 년도 부
족할 것이라 했다("교육과 종교", 1933. 5, 전집 1: 86-88). 이는 유교에서 불교가 말
하는 돈오돈수론(頓悟頓修論)이나 돈오점수론(頓悟漸修論)과는 달리 점수론(漸修論)
만을 인정하는 입장과 궤를 같이 한다. 그가 어릴 적부터 평생에 걸쳐 쓴 일기의
시발점은 수신에 대한 유교적 가르침을 따른 것이었다. 또 그의 성서연구회는 '서
당식으로' 운영되었던바 이는 조선시대 향촌에서 널리 행해지던 유학의 전형적 공
부법이었다.

이상과 같은 유교적 성격 때문에 김교신의 기독교는 '유교적 기독교'의 한 형
태로 해석할 수 있을 것이다. 김교신이 유교에 대해서 취했던 입장은 불교에도 마
찬가지로 적용되었다("경주에서", 1930, 12, 전집 1; 48-49; "제자된 자의 만족", 1930.
3, 전집 1: 182; "사토오도구지(佐藤得二,), 『불교의 일본적 전개』", 1936. 12; 김정환,
2003: 215 등).[4] 이렇게 볼 때, 기독교 신학에서 기독교가 타종교에 대해서 취하는
입장에 대한 유형론적 해석을 따르자면 김교신은 '포괄주의'에 속한다고 할 수 있
다. 타종교를, 기독교와 같은 방향을 지시하지만 완전한 빛으로 이행해 가는 도중
에 있는 미완의 종교로 보는 입장이다. 타종교를 단순히 배척하는 입장에 서서 보
려는 '배타주의'나, 모든 길은 하나로 통한다는 의미에서 각 종교의 독자적 위치와
가치를 동등하게 인정하려는 '다원주의'와는 구별된다.

이는 우치무라를 비롯하여 일본 무교회주의 계열의 연구가들이 유교나 불교와
전통 종교에 대해 가졌던 입장과 궤를 같이하는 것이라 할 수 있다(류대영, 2019).
한편 김교신과 신앙동지로서 오랫동안 같은 길을 걸어 온 함석헌은 추후 정진 과
정에서 다원주의적 입장을 취하게 되었는바(함석헌, 2014: 18), 양자 간의 차이를
둘러싼 비교 연구는 유의미해 보이나 이 자리에서 더 논하기는 어렵겠다.

이상 기독교 신앙에 대한 간략한 논의에 이어 교육론으로 넘어가 보자.

---

4) 이 문제는 그동안 양현혜(1997), 이정배(2003), 백소영(2005), 전인수(2010), 김정곤(2012), 연
   창호(2017), 류대영(2019) 등에 의해 여러 각도에서 흥미롭게 다루어져 왔다.

Ⅲ. 교육론

김교신은 당시 유력한 민족교육자들처럼 학교를 세우지는 않았지만, 민족의 앞날을 위한 염원을 교육을 통해 구현하고자 했다. 이 점에 있어 그는 수학기를 통해 교육을 바라보는 관점을 형성해 갔으며 이를 통해 하나의 입장을 가지고 임하였던 것으로 보인다. 그의 철학과 방법은 한 시대를 뛰어넘는 것이었으며 오늘에도 여전히 신선하고 때로 도전적인 과제를 제시한다. 그의 교육활동의 핵심은 근대적 고등교육에서 형성된 것이지만 아울러 성장기 때 경험했던 유학 서당 수업을 기반으로 한 것이기도 했다. 이 둘 사이를 오가며 그는 자신의 교육적 길을 독창적으로 전개하였다. 그뿐 아니라 일상적 경험이나 만남에서 배움을 주는 것이 있으면 이를 서슴지 않고 도입하여 현장에 생기를 불어넣었다. 또 하나 중요한 요인이라면 교사로서의 뛰어난 천품이라 할 것이다. 그의 관점과 실천 중에는 오늘날 전통적 가치와 진보적 가치 사이에서 발생하는 논쟁점들과 흡사한 것도 종종 찾아볼 수 있다. 그 성격을 한마디로 말하자면 우리나라 근대교육의 초창기에서 선구적으로 시도되었던 '인간교육'의 한 형태[5]라 할 수 있다.

그 전모는 학교, 사회, 가정이라는 세 현장을 통해서 밝힐 수 있겠지만 지면상 학교교육에 초점을 맞추어 살피고자 한다. 먼저 학교현장을 바라보면서 그가 가졌던 비판적 시각으로부터 이야기를 풀어 보기로 하자.

1. 학교와 학벌사회 비판

김교신은 당시 조선에 도입된 근대적 교육체제인 학교와 또한 교육에 대한 사회의 일반적 경향에 대해서 매우 비판적 견해를 가지고 있었다. 그가 보기에 소위 학교라는 곳은 학문을 즐기는 태도나 인간다운 품성이나 영혼을 위한 교육은 하지 않으며("축 졸업", 1933. 4, 전집 1: 74-75), 그렇다고 지식교육에도 이렇다 할 만한 수준을 갖추지 못한 것으로 평가 절하했다. 이를테면 8세 학령기를 준수하여

---

5) 정호영(2005)은 김교신의 교육을 '인간화교육'으로 해석하되 기독교 신앙을 그 기초로 보고자 했다.

진보된 교육을 한다고는 하나 4-5세에 천자문을 가르치기 시작하는 전통 서당보
다 그 교육력이 열등하고, 학습지진아나 개별지도가 필요한 부분들은 간과한 채
수재 양성에만 힘쓰고, 교사도 너무 자주 바뀌어 누가 누군지 알아볼 수도 없고,
성실하지 않은 교사도 많고, 학교가 할 일을 가정에 떠맡기고 대신 학비만 챙겨
간다는 등으로, 다량생산구조에 적합한 근대교육체제의 한계를 그 이유로 들었다
("학교교육에 대한 불만", 1934. 9, 전집 1: 80-81).

   그는 교직을 신성한 일로 보았는데 이 기준에서 볼 때 교사들은 종종 비열하
고 부패한 모습으로 비추어졌다. 애초에 교사직은 명예로운 직으로 여겨졌지만 갈
수록 변질되는 현상을 목도하였다. 이를테면 기회만 있으면 돈벌이가 잘되는 쪽으
로 전직하려는 풍조에 대해서(일기 1937. 4. 20, 전집 6: 216), 혹은 직원회의에서
후원회 등의 일로 담임교사를 동원하고자 한 행위에 대해서 비분강개하였다(개인
일기 1933. 5. 10, 일보: 154). 그런가 하면 강추위 속에서도 아이들을 교실 밖으로
몰아내고 교사들만 난로 주위에 옹기종기 모여 앉아 있는 보통학교 소식을 접하
고는, 교육학이나 심리학, 혹은 교사로서의 자격 유무를 논하기 전에 몰인정한 이
들이요, 돼지가 가진 정도 못가진 자들이라고 개탄하기도 했다(일기 1936. 1. 30,
전집 6: 17).

   이런 까닭에 그는 '새로운 학교'의 필요성을 절감했으며, 일본의 '삿포로(札幌)
농학교'(일기 1938. 7. 14, 전집 6: 408-409, 우치무라가 다녔던 농업학교로, 미국 농학자
인 윌리엄 스미스 클라크[William S. Clark, 1826-1886]의 깊은 영향하에 운영되었으며
기독교 신앙과 인간교육을 모토로 하였다)나 동경의 '무사시노(武藏野)학원' 같은 보통
학교(일기 1936. 1. 30, 전집 6: 17), 혹은 자신이 성장기에 고향에서 받았던 유교식
서당 교육 등을 그 대안으로 보았다.

   "물통에 넣고 고구마를 씻듯이 하는 다량 생산적 학교 교육은 그 종막(終
   幕)이 닫히고, 이제 재래의 서당과 훈장을 다시 찾아야 할 기운이 성숙하였도
   다. 감사하도다. 인간교육에만은 다량 생산을 불허하는 도다. 영혼은 그처럼
   귀한 것이다." ("학교 교육에 대한 불만", 1934. 9, 전집 1: 81)

   서당 교육은 실제 자신의 경험에 의거, 이를 소위 근대식 학교체제와 비교 평
가한 데 따른 것이다. (후술하려니와) 실제 그는 자신의 방법에 서당 교육적 요소

를 상당부분 반영했다.

학교가 그렇게 수준 이하인데도 부모들이 자기 자식 학교 입학에만 매달리는 현상을 목도하면서 그 세속적 가치관과 탐욕, 그 맹목성을 통렬하게 지적했다. 학교는 '우상'이 되어 버렸고, 학부모들은 '자손 숭배'에 함몰되어 있었다. 그들은 이를 위해 수단과 방법을 가리지 않고, 학비를 조달하기 위해서는 비정상적인 경제활동도 마다치 않는다 하면서, 이는 학벌이 모든 것을 보장하고 그것이 바로 세상의 이치라는 것을 잘 알고 있기 때문임을 지적했다("최대의 우상", 1934. 5, 전집 1: 78-80; "입학시험 광경", 1936. 4, 전집 1: 65-66).

> "단 100명 모집에 응모자 실로 1,400인 … 실내에서 수험하는 어린이들 중에는 긴장한 나머지 번호, 성명을 실기(失記)하는 자도 있으며 혹은 소변을 앉은 자리에서 싼 자도 보이거니와 창외에서 배회하며 정립(停立)한대로 한 시간 두 시간을 기다리는 학부형 중에는 백발이 성성한 조부, 각모(角帽)를 숙여 쓴 형숙(兄叔), 고보 여학생 제목의 누님들, 젖먹이 아기를 업고 섰는 어머니들, 별 수 없는 줄이야 피차 모르는 바는 아니건마는 그래도 교실 쪽만 바라보고 있다. … 무슨 까닭에 이 군중이 이 야단들인고 … 신기루를 잡으려는 1,400명의 천진한 어린이들과 그들의 부형모자(父兄母姉)들과 또한 그들과 차부다(差不多)한 교사 자신을 상급하니, 연민의 정, 증오의 분, 참회의 눈물이 흉중에 교착하지 않을 수 없도다. … 학교마다 정원초과에 곤피(困疲)하니 과연 이것이 옳은 현상인가." ("입학시험 광경", 1936. 4, 전집 1: 65-66)

김교신이 당시 기존 학교나 교사나 유관 기관에 대해서 가지고 있었던 부정적 시각은 생애 마지막 흥남질소비료공장에서 학교라는 틀에 매이지 않고 자유롭게 일할 때 새로 가지게 된 생각을 통해서도 간접적으로 확인할 수 있다. 제자 류달영에게 보낸 편지에서 그는 그곳에서 하는 일을 소위 "교육이라는 이름이 붙은 교육보다는 … 훨씬 교육적이고 생생한 일"로 느꼈으며 … 공장장이나 근로자들도 소위 교육가들이나 관리보다 훨씬 순진하고 피가 통하는 사람들임을 알게 되었다고 쓰고 있다(일기 1944. 12. 28, 전집 7: 374).

2. 교육의 철학과 방법의 기본 특징

1) 교육철학의 기조

김교신이 추구한 교육은 그 근본에 있어 '인간교육'이었다. 그는 이를 삶의 수평적 차원과 수직적 깊이로 나누어 다루었다. 수평적 차원은 현세를 살아가는 능력에 관한 것으로, 지적 능력을 철저히 갖추게 하되 자기 탐구를 통해 자기만의 개성적 삶을 일구어 나가는 것을 모든 것의 출발점으로 삼았다. 구건은 "선생은 언제고 자기를 분명히 알아가는 것이 인생의 근본이라고 하셨다."고 회고하였다(전집 별권: 177). 자기를 '아는 것'이 아니라 '알아가는 것'이라는 표현에 유의할 필요가 있다. 그것은 단번에 이루어지는 것이 아니라 과정 중에 있는 일임을 뜻하기 때문이다. 그런가 하면 자기 탐구는 주체성을 위한 것이기도 했다. 그래서 재삼재사 이렇게 강조했다: "먼저 요구할 것은 '나는 나'라는 것을 인식하라는 것이다." ("나의 무교회", 1936. 9, 전집 2: 248-249)

개성과 주체성과 아울러 그는 종종 창조성에 관해서도 언급했다. 우리는 각자 '창조적 삶'을 살아가야 한다는 것이었다. 최남식은 선생님이 졸업식 날 다른 반 학생들에게 훈화 요청을 받아 간 자리에서 "… 앞으로 어떠한 생활을 하는 것이 보람된 일이며 이를 위해 용감하게 참되게 창조성 있는 생활을 살아 보라고 …" 말씀하셨던 것을 증언해 주었다(전집 별권: 165-166).

아울러 김교신은 체육 활동을 중시하고 이를 교육의 전면부에 배치했고 스스로에게도 이 과제를 부여했다(개인일기 1933. 4. 21, 일보: 148-149).

다음은 수직적 깊이에 관한 문제로 그는 종교교육을 최종적 목표이자 교육의 기초로 보았다. 어떤 전문적인 교과전문지식을 쌓거나 수준 높은 학문에 이를지라도 배우는 이로 하여금 이 수직적 깊이, 즉 종교적 차원으로 나아가게 하지 못한다면 그것은 '미완성이요 실패'라는 것이 김교신의 입장이었다. 학생들의 학령이 높아졌을 때 김교신은 이렇게 말했다.

"생도들이 제3학년으로 진급하여 지력(智力)과 연령(年齡)이 감당할 듯하므로 금학년부터 성서를 배우라고 권설(勸說)하다. … 단지 편편(片片)의 과학적 지식만 전수하고 인간의 기본지식을 가르쳐 주지 않으면 나에게 화가

미칠 듯하므로 간절한 마음으로 권려(勸勵)하다.” (일기 1935. 4. 1, 전집 5: 285)

양정 10년 졸업식 기념품 증정문 중에서는 선생이 가르친 삶의 덕목으로 신의, 우애, 의, 우주를 향한 광대무면한 시선 등이 언급되었는데, 여기서 ‘우주를 향한 광대무변한 시선’이라는 말은 바로 이 문제 의식을 나타낸 것이라 할 수 있다. 그는 당시 조선뿐 아니라 세계 여러 선진국 교육에서도 이 차원이 결여되었음을 지적하고 이런 경향들과 자신의 교육을 차별화시키려 했다(“양정 10년”, 1938. 4, 전집 1: 69-70).

종교교육을 그렇게 전면에 내세웠다면 이는 그 자신의 삶 자체가 그러했음을 뜻한다. 그는 가르침보다는 오직 배움에 천착하려는 자로 자처하되 성서의 교훈을 바탕삼아 그 직을 수행했다. 종종 『성서조선』을 만드는 일이 ‘본업’이요 교사는 ‘부업’이라 했을 정도였다(전집 별권: 212). 하지만 하나는 중요하고 다른 하나는 덜 중요하다는 식었다는 식의 오해는 피해야 한다. 잘 새겨보면 그에게 본업이란 기초를 뜻하며 부업이란 그 기초 위에서 수행해야 하는 불가결한 실천적 과제를 의미했다. 건축으로 비유하자면 신앙은 터를 닦는 것이요, 교육은 그 위에 지은 집이다. 그에게는 성서적 신앙 없이는 교육도 없지만, 교육이라는 실제적 삶의 행위 없이 오로지 신앙의 도리만을 추구하는 것은 불가했던 문제였다는 점에서 그러하다. 그는 스스로 직업적 종교인이나 신학자나 목회자가 아닌, ‘소인(素人)’, 즉 ‘평신도’임을 끊임없이 자처하고자 했는바, 이런 점에서 그에게 이 둘은 하나요, 선후를 가릴 수 없었던 문제였다고 말할 수 있다(“우리는 한 평신도다”, 1934. 1, 전집 2: 190-191).

한 개인을 위한 교육은 반드시 사회공동체적 차원을 요한다. 이는 일제하 민족의 갱생과 독립을 위한, 즉 민족교육이라는 관점에서 관철되었다. 그 골자는 민족정신을 고취하되 개개인마다 ‘실제’ 독립할 수 있는 능력을 기르는 데 있었으니, 이는 당시 물산장려운동이나 무력항쟁을 통한 독립운동 등과는 성격을 전혀 달리하는 것이었다. 그는 진로를 고민하는 학생과 상담하는 자리에서 진로는 개인적 관심사뿐 아니라 인류와 민족도 고려해서 결정해야 한다. 그러니 어려워도 의학 같은 특수 분야가 조선 민족의 앞날에 도움이 될 것이라는 의견을 피력한 적이 있었는데, 민족교육을 위한 관심사를 단적으로 보여주는 사례라 하겠다(전집 별권: 204).

김교신은 지리 박물 교사였다. 그는 일본 유학 당시 애초에는 영어과를 지원하여 공부했으나 1년 후에 지리와 동·식물 연구를 위해 지리 박물과로 전과했는데, 이는 그가 처음 농학에 뜻을 두고 진학한 데서 알 수 있듯이 천성상 이 분야에 가지고 있던 소질의 발로였던 때문이요, 다른 한편 조선 민족에게 필요한 것은 바로 이것이라고 판단했기 때문이었을 것이다. 그런가 하면 니이호리 구니지(新堀邦司)는 이것이 아마도 지리학 연구가이기도 했던 그의 선생 우치무라의 영향 속에서 추동되었을 것으로도 추정하고 있다(니이호리 구니지, 2014: 35-37). 그 수업의 결과는 귀국 후 조선의 국토에 공부와 체험을 바탕으로 민족정신을 고취하고자 했던 그의 가르침에 여실히 반영되었다(전집 별권: 357-358). 당시 지리는 일본지리가 주종을 이루었고 조선 지리는 두서너 시간뿐이었지만 선생은 거의 일 년 내내 조선지리만을 가르쳤다(전집 별권: 130-131). 앞에서 "교육은 자기를 알아가는 일"이라 했거니와 선생은 이렇게 조선의 지리와 역사를 아는 것 역시 "자기를 분명히 알아 가는 일"의 하나로 여겼던 것이다(전집 별권: 189).

김교신 전용의 박물 교실에는 박물학과 관련된 실험도구와는 별도로 성서연구에 관한 사전과 도서 자료, 영자 신문 등이 있었고, 또 벽에는 조선 지도가 걸려 있었다(전집 별권: 185). 지도는 지리 교과를 위한 필수 도구였겠지만 그는 이것을 늘 보기 쉬운 자리에 두고 우리의 조국과 국토에 대한 사랑을 심화시켰을 것이다. 생애 마지막 때 흥남질소비료공장에서 조선노동자들의 생활 관리계를 맡아 복지와 그들의 자녀 교육의 일부를 위해 힘썼을 때, 자기 사무실에 조선 지도를 걸어두었다는 사실이 이 점을 대변해 준다. 그는 늘 내 나라 내 땅의 '흙 맛'을 알아야 함을 역설했다고 한다(전집 별권: 166-168).

그가 민족교육에서 핵심으로 본 것 중 하나는 언어, 즉 모국어였다. 모국어는 한 나라의 국토에서 산출된 역사적 결과인 동시에 하나님의 사랑의 표현으로서, 조선 사람으로서는 반드시 어릴 적부터 잘 습득하고 커서도 전공 여부와 상관없이 잘 구사할 수 있어야 할 것이라고 했다(일기 1937. 3. 6, 전집 6: 194). 그가 여기에 얼마나 중대한 의미를 부여했는지는 조선어와 그 문학을 하나님의 사랑의 표현이라고 한 데에 잘 드러나 있다: "한 민족, 한 나라의 언어와 문학은 하나님의 사랑이 그 백성에게 나타난 기록이다."("한 없는 흥미", 1939. 4, 전집 1: 94)

그는 일상에서 한글과 한문을 섞어 쓰는 우리말 방식, 즉 '한어(漢語)적 국어'

를 사용하는 형편에 대해 문제를 느꼈는데, 이는 『성서조선』을 한글과 한문을 함께 써서 발간해야 했었던 자신의 한계를 있는 그대로 표출한 것이기도 했다. 그럼에도 이 조건하에서 이 잡지에 기고한 글들을 보면 그가 정선되고 수려한 문장을 쓰기 위해 얼마나 정성을 기울였는지 잘 알 수 있다. 이런 뜻에서 그는 조선 사람들이 또 다른 차원의 '평이하고 순수한 우리말'을 잘 다듬어 편하게 사용할 수 있게 되기를 바랐다("성서 개역의 필요와 목표", 1938. 7, 전집 2: 80-81). 이 문제의식은 일제하 일어를 비롯한 외국어가 지배적 힘을 가지게 된 반면 조선어는 사멸의 위기에 내몰렸던 1930년 대 후반 시대적 상황에서 더욱 강하게 표출되었다. 그가 학교현장에서 조선어를 지켜내기 위해 온갖 위험을 무릅썼던 이유이다.

선생은 일본 군인이 배속되어 감독을 하고 있었음에도 출석만은 꼭 우리말로 불렀다. 어느 조회 시간 '네'라고 답하는 학생을 일본 군인이 칼집으로 후려갈기니 학생들이 겁에 질려 '하이'라고 일본말로 고쳐 대답했어도 김교신은 끝끝내 우리말로 출석을 불렀다(일기 1938. 11. 18, 전집 6: 475). 이름은 고유명사니 상관치 말라고 항의한 후 그 다음날부터는 출석을 아예 부르지 않았다고 한다(전집 별권: 164). 중일 전쟁이 한창이어서 군사훈련으로 주위가 시끄러웠던 때였음에도 김교신은 출석은 물론 우리말로 또박또박 일본을 비판하는 내용의 수업을 하기도 했다. 그는 양정을 그만두고 이후 경기중학교로 옮겨간 직후에도 부임 초부터 서슴지 않고 수업에서 우리말을 사용하였다. 조선인도 일본어에 익숙했던 터라 이러한 행보는 바로 눈에 띄는 위험천만한 일이었음에도 그리하였다. 이 일로 그는 이직 6개월 만에 사직을 당하였다(전집 별권: 177, 192, 194).

민족교육이라는 점에서 그가 취한 관점과 입장은 일의관지, 철두철미한 것이었다. 하지만 그것은 배타적 민족주의 교육과는 거리가 멀었다. 김성태가 학생일 때 그와 나눈 대화에서 김교신은 참된 독립이란 "일본의 패망을 통해서가 아니라 우리 자신이 '참 인간'이 됨으로써 비로소 열린다고 하면서, 일본에도 '훌륭한 사람'들이 있다. 그러니 무조건 배척하는 것은 옳지 않다."고 말했음을 상기했다(전집 별권: 211-212). 어쩌면 이것을 두고 타협주의적 태도로 치부할 수도 있겠으나 그것은 곡해요, 사실은 민족 간에 있어서 갖추어야 할 관계에 대한 냉정한 인식과 판단에 의거, 견지하고자 했던 평화주의적 정신의 결과로 보는 것이 옳겠다.

2) 방법

가. 기본 특징

정신적 차원

개성, 주체성, 창조성이 교육의 주요 지향점이었다면 그 구현을 위한 길은 무엇이었는가? 손정균의 증언에 의하면, 김교신은 학생들에게 체계를 세워 원리원칙을 제시하되, 흥미를 갖도록 하고 스스로 탐구하고 정리하여 소화시켜 나가도록 했다(전집 별권: 157). 이는 그가 당시 지배적으로 통용되었던 교과서와 교사중심의 주입식 방법을 벗어나 일찌감치 자기 나름 방법론을 개발하여 활용했음을 뜻한다.

체계를 세워 원리원칙을 제시한 것은 "먼저 대의를 파악한 다음 세부적인 사항을 조사하도록" 했다든지, "대강 요점만을 가르치는 식"의 "요점주의 학습"을 주로 활용했다는 구건의 증언(전집 별권: 179)과도 상통하며, 정곡을 찌르며 간결하게 말하는 방식을 구사했다는 구본술의 증언(전집 별권: 204)과도 일치한다. 정곡을 찌른다 함은 요점만을 단숨에 드러낸다는 뜻이다. 이러한 증언들은 김교신이 오늘날 '요체화(要諦化)'로 지칭되는, 즉 과제의 기본적이며 핵심적인 부분에 초점을 맞추어 하는 교수법에 상응하는 방법에 정통해 있었음을 말해 준다. 음성 표현방식에서도 그러한 의도는 잘 드러나 있었다. 이시하라 호헤이(石原兵永, 전『성서의 말씀』주필)에 따르면, 김교신은 착상이 참신했으며 절제된 언어에 자기만의 생각을 진부하지 않은 신선한 방식으로 일상 친화적, 구체적으로 탁월하게 단숨에 핵심을 드러내는 식으로 말했다고 한다(전집 별권: 97). 그가 학생들을 상대할 때에도 그렇게 했으리라는 것은 충분히 상상할 수 있다. 아울러 그의 화법에는 열정과 신념이 늘 강렬하게 표출되어 있었던 것으로 보인다. 이경종에 따르면 선생님은 한 마디 한 마디에 힘을 주고 억양을 붙여 명확하게 하시는 말씀은 매우 정열적이며, 신념에서 우러나오는 것이어서 누구나 다 선생님의 말씀에 끌리었다고 한다(전집 별권: 170).

이는 김교신이 자기가 가르치는 교과에 있어 철저하고 완숙한 지식을 가지고 있었음을 반증한다. 그렇지 않다면 체계를 세운다든지 요체를 드러낼 수는 없기 때문이다. 그는 어떤 지식 활동에 있어서도 명료한 이치를 궁구하고자 했던 것이다. 구본술은 "자연과학자로서의 모든 사물을 근원까지 꿰뚫어 보려는 안광과 그리고 그릇된 것은 티끌 만한 것도 용서치 않는 기혼이 넘쳐흐르는 용모"에 대해서 알려주고 있다(전집 별권: 203-204). 이런 뜻에서 그는 학생들에게도 지식 습득의 엄밀성을 요구했다. 대충 알아서는 안 되고 정확해야 하고 자신이 있어야 한다는 것이었다. 가짓말은 추호도 용납하지 않았다(전집 별권: 164, 193).

흥미를 갖게 한다 함은 단순히 객관적 자료로서의 교재로부터 출발하는 방식은 가능한 한 배제하고 개성적 내적 활동에 끌리도록 만들어 제시했음을 뜻하며, 스스로 탐구하고 정리 소화한다는 것은 학습은 '자가생산활동'을 주축으로 해야 한다는 것을 뜻한다. 그 뜻은 졸업생을 위한 다음 언설을 통해서 잘 살필 수 있다. 즉, 졸업 후에는 한 가지 전공과 한 가지 기호를 택해야 한다는 것이었다. 전공은 일인(一人) 일사(一事)의 연구로서, 각자 전공은 각각 여러 학문 분야 중 한 가지 소 분야를 택하여 10년이나 20년, 장기간 전심전력 노력하여 그 한 소 분야에서 최고의 실력자가 되도록 일로매진해야 한다. 또 기호를 택한다 함은 전공과 직업의 종류를 막론하고 인문학 분야, 특히 철학과 문학 등의 분야에서 상당한 조예를 쌓음으로 정신 세계를 구축, 병행해 나가는 것을 뜻했다. 이 두 가지 방향을 통해 참된 인간을 기를 수 있다고 보았다("졸업생에게", 1941. 5, 전집 1: 76).

이렇게 가르침뿐 아니라 스스로 하는 방식, 즉 전체적으로 보아 교육에서 교(敎)와 학(學)이 상호 어우러지도록 한 방식은 실은 서당에서 해 온 유학공부법에 상응하는 것이다. 일상에서 학생들과 상대하는 태도에 있어서도 그런 성격이 잘 드러나 있었는데, 윤석중에 따르면 선생은 강직하고 단호했지만 인격적, 대화적, 감성적 태도로 학생들과 관계했으며, 특히 눈물을 흘리는 때도 많았다고 한다. 때로 꾸짖어야 할 때에도 분노나 강압적 태도는 보이지 않았다(전집 별권: 146-148, 201-202). 이런 엄격함에도 불구하고 그는 자주 유머를 써 가면서 수업을 진행했기에 학생들은 자주 폭소를 터뜨렸고 이를 통해 교실 분위기는 늘 역동적이었다고 한다(전집 별권: 196, 별권: 107 참조). 일방적 지시나 훈계가 아니라 인격적 감성적 대화적 관계 맺음, 혹은 엄격함과 유머가 상호 작용하여 만들어 내는 교실의 역동적 분위기 등은 오늘날에서 혁신을 추구하는 교육현장에서 잘 찾아볼 수 있는 특징이기도 하다.

그럼에도 양자의 관계에서 좀 더 중시되었던 것은 '자유로운 관계'였다. 이 점은 집에서 자녀들을 대하는 선생의 태도에서도 확인할 수 있다. 그는 자녀교육의 성패는 가르치는 자의 의도적 은폐성에 달려 있다고 보았다. 부모는 자식에 대하여 '없는 것과 같은 존재자'로 있어야 한다는 것이다. 간섭이나 강압(자기 식대로 기르기 위해 일정한 형에 끼워 맞추는 행동)이 아니라 각자 나름 자유롭게 놓아기르는 태도를 뜻한다. 그는 이 원리를 부모가 되어 그때까지 일곱 자녀를 낳아 기르는 과정에서 깨닫게 되었다고 했다. 없는 것 같지만 실은 있고, 무능한 것처럼 보이지만 실은 전능한 존재와 행동 방식에 관한 인식은 성서적 원리에 근거한 것이다. 하나님이 인간을 기르는 방법 안에는 부모가 자식을 가르치기 위한 '완전한 교육 원리'가 함축되어 있다고 보았다("어버이가 되기까지", 1941. 5, 전집 1: 243- 245). 하지만 이 '없는 것과 같은 존재자'라는 생각을 초창기부터 한 것 같지는 않으며, 그러한 생각에 도달하기까지는 상당한 시간과 경험을 요했을 것이다. 이를테면 이 생각을 일기에 적었던 1941년보다 7년 전에 쓴 일기를 보면 좀 미숙하게 보이는 행동, 즉 체벌을 했다가 크게 뉘우친 기록을 찾아볼 수 있는데(일기 1934. 8. 21, 전집 5: 205; 일기 1936. 7. 8, 전집 6: 67), 흥미로운 변화라 하겠다.

선생이 서당 공부법에서 가져온 것 중에는 암송과 붓글씨도 있었다. 이해와 응용에 초점을 맞추면서 암송은 간과하는 근대식 방법은 오류로 보았다. 수학과 국어와 외국어와 과학과 종교, 이 모든 분야에서 암송을 요하는 부분들이 엄존하고 있기 때문이라는 것이었다. 이해와 응용이 중요하다면 암송도 중요하다. 이 양자를 상호 어울려 작용하게 할 때 교육의 정당한 효과를 기대할 수 있다는 것이 그의 생각이었다. 붓글씨도 마찬가지인데, 연필, 철필이 생긴 후에는 경시되고 있는 이 기예는 연필과 철필로는 기대하기 어려운 인내(忍耐)와 역(力)과 성(誠)의 힘을 기르게 할 수 있으니 반드시 익혀야 할 것이라 했다("회오록", 1936. 7, 전집 1: 85-86). 붓과 연필, 철필 사이에 놓인 변증법은 편리함과 불편함 사이의 변증법을 뜻한다. 이 변증법에 그의 방법의 특징이 있다.

신체적 차원

김교신은 신체 단련의 중요성을 깨닫고 다양한 체육 분야를 섭렵하며 가르쳤는데, 씨름, 농구, 마라톤 등이 그런 것들이었다. 이는 가까이 지내던 사토(左藤) 교수의 자극에 의한 것이기도 했다. 그는 학생 교육에서뿐 아니라 스스로 매일

30분 정도를 내어 운동장에서 운동을 하기로 작정했다(개인 일기 1933. 4. 21, 일보: 148-149). 그의 담임 반 학생들은 체조과 교사가 따로 칭찬을 할 정도로 체육활동에 자발적으로 또한 적극적으로 참여하여 좋은 평가를 받기도 했다(일기 1936. 10. 13, 전집 6: 116). 농구부를 맡아 연습 때면 심판을 보았고, 전교 씨름 대회 리그전에도 출전했다. 전국대표까지 낀 씨름대회에서도 2, 3위를 다투었다(전집 별권: 190). 그중 마라톤 교육에는 더욱 주력하여 전설적인 성과를 거두었다. 양정은 당시 대부분의 민족사학이 그러했듯이 학업뿐 아니라 스포츠를 강조하고 선수 양성에 힘을 기울였는데 그 이유는 일본에 대한 '대항의식' 때문이었다. 양정은 육상경기에 강했고 특히 마라톤에 역점을 두어 우수한 선수들을 많이 배출했다(니이호리 구니지, 2014: 49-50).

일기에 보면, 오전 3시간 수업 후 열린 교외 마라톤 대회에서 김교신은 홍제천 모래밭에서 구파발까지 왕복 7리 반을 병자 등을 제외한 전교 5백 수십명 생도들과 같이 뛰었는데, 결승점까지 온 302명 중 22위로 들어왔다. 이렇게 뛰어 본 것은 7-8년만의 일이었으니 괜찮은 성적이라는 자평이 나온다(일기 1936. 11. 13, 전집 6: 128). 베를린 올림픽의 손기정은 바로 그가 기울인 노력의 결과 중 특별한 것이었다. 손기정은 마라톤에 탁월했던 학생으로, 입학하던 바로 그해 봄 도쿄 요꼬하마 왕복 중등학교 역전경주에서 우승을 한 경력이 있었다. 그는 이러한 그를 세계적인 선수로 길러 내고 싶었다. 그 결과 손기정은 메이지 신궁경기대회와 베를린 올림픽 예선 경기에 출전하여 각각 1위와 2위를 기록하고, 마침내 올림픽 본선에서 27개국 57명의 선수 중에서 우승이라는 역사적 기록을 세우게 된다. 하지만 이 승리는 손기정의 육체적 능력뿐 아니라 정신의 힘을 넘어 손기정을 도우신 하나님의 은총이었음을 술회하였다("손기정 군의 세계 마라톤 제패", 1936. 9, 전집 1: 37-38; 니이호리 구니지, 2014: 81-89).

김교신의 체육 활동은 그 자신 체육교사가 아니었던 만큼 모두 담임교사의 자격으로나 해당 운동부 지도교사로 한 것이었다. 특징이라면 단지 학생들만 하도록 지시하기보다는 학생들과 섞여 같이 했다는 점일 것이다.

신체 단련 방법과 연관지어 한 가지 언급할 만한 것은(다음 2)의 나. '교과수업 사례: 통합교과교수학습론' 부분 참조), 지리 수업에 도입한 답사 활동이다. 즉, 답사는 장거리를 걸을 수 있어야 가능하므로 심신을 함께 닦을 수 있는 과정으로 이를 적극 권유하였다(전집 별권: 178).

이상 기본 특징을 바탕으로 구체적으로 그가 담당했던 지리 박물 교과수업의 구조와 진행방식을 살펴보기로 하자.

나. 교과수업 사례: 통합교과교수학습법

김교신은 지리교과 수업에서 과학 연구의 기본 방법들을 활용했다. 주목할 만한 점 하나가 더 있는데, 그것은 특이하게도 오늘날 '통합교과교수학습법'에 상응하는 방법을 개발하여 활용했다는 사실이다. 자연과학 교과인 지리 수업을 과학뿐아니라 철학, 역사, 윤리와 종교 등 학문 분야를 함께 연계지어 자유자재로 풀어내면서, 학문적 자료에 대한 1차적 경험, 즉 답사를 도입했고, 또 이를 통해 신체운동을 촉진하는가 하면, 나아가서 자연을 통한 미적 체험도 끌어내는 방식이었다(전집 별권: 179, 174-175, 185-186, 210-211). 그 특징을 알기 위한 두 가지 통로가 있었다. 하나는 그의 논문 "조선지리소고"이고 다른 하나는 수업을 받은 학생들의 증언이다. 여기서는 비교, 관찰, 감각활용의 세 가지 방법이 사용되었다.[6]

비교: 한 지역을 다른 지역과 비교한 후 그 결과에 따라 일반화를 시도하는 것이다. 이 과정에서 지역의 개별적 특징에 따라 지역의 다양성이 드러나게 되는데, 이에 따라 면적, 기후, 인구 등을 단위로 각 지역을 서로 비교하고, 그 조건하에서 각 지역들의 문화와 국력의 상이성을 드러내고자 했다. 동일한 조건에서도 양상이 상이한 경우에 대해서는 그곳에 거주하는 사람들의 의지와 결부지어 설명했다(전집 별권: 49-62).

관찰: 두 경로가 있다. 하나는 답사로, 자기 발로 걸어 다니면서 지역 현상을 실증적으로 직접 관찰·조사하는 방법이고, 다른 하나는 간접적인 방법으로 대축적지도 자료가 제시하는 현상을 분석하는 것이다. 보통 한반도의 5만분의 1 지형도를 학생들에게 한 장씩 배부해서 했다(전집 별권: 203). 답사는 '무레사네'('물에산에'라는 뜻)라는 답사 반을 만들어 금요일이나 토요일에 집합 장소를 사전에 공

---

6) 김교신의 "조선지리소고"와 그 교수법적 활용에 대해서는 일찍이 이은숙이 분석하여 그 특징을 드러낸바 있고(이은숙, 1996: 43, 44-46), 이후 임희숙도 이 점에 대해 가치 있는 분석을 제시했다(임희숙, 2005). 김교신의 논문은 본래 조선에서 처음 나온 본격적인 지리학 논문으로, 그 배경에는 우치무라의 "지인론"(1897)이 있었다(우치무라 간조, 2000: 187-296).

지한 후 일요일마다 시행했고 원하는 학생들이 참가하도록 했다(전집 별권: 189-
190). 드물기는 하지만 담임 반에서 참가를 권유한 적도 있었다(전집 별권: 189).
1934년 9월 30일 일기를 보면, 우천 시에도 학생들과 함께 동소문, 식송리, 오현,
번리, 월계리 뒷산, 창동역, 도봉리, 침라정을 답사했고(전집 5권: 219), 1934년 11
월 11일 일기에는 당일 학생 140명과 함께 북한산에 올랐다고 기록하였다(전집 5
권: 237).

  감각활용: 앞의 관찰 부분에서 언급한 간접적 방법인 지도 사용법에서 활용했
는데, "기술된 지표를 엄격하게 분석함으로써 이 자료를 토대로 지리적 현상의 일
반화를 위한 단서를" 찾도록 했다. 이것은 모든 지리교육에 있어서 최초의 단계를
의미했다. 그는 지리책이나 노트 등 일체의 다른 교재나 설명에 앞서 지도 작업을
출발점으로 삼았는데, 보통 한반도의 5만분의 1 지형도를 활용했다. 지형도는 학
생들에게 한 장씩 배부했다. 강이나 개울은 파란 색 물감으로 칠하고, 해발 100미
터 이상은 다갈색으로 하되, 고도의 차이에 따라 농담을 달리하여 고도가 100미
터 높아질수록 진하게 칠하도록 했다. 산봉우리로 갈수록 세심한 주의를 요했는데
면적이 콩알만큼 아주 작아지기 때문이다. 이렇게 하여 지도는 생명의 기운을 띠
게 되어, 개울에서는 물소리가 들리고 산지의 경사의 기울기도 알게 된다. 이렇게
색칠 작업 하나를 통해 등고선의 의미를 깨닫도록 했다(별권: 333-335, 368). 또
칠판과 지리부도를 활용할 경우에는, 처음에는 칠판에 한 나라의 지형을 선으로만
그려 나타내고, 다음에는 주요 도시를 영자로 표시하고, 이어서 기후 특징을 소개
한 후, 마지막으로 주요 지역의 농산물과 공산품 종류와 국내외 유통과정에 대해
설명한다. 이 설명이 끝난 후에야 학생들 각자 지리부도를 펴서 찾아보도록 했다
(전집 별권: 183, 203).

  이런 식으로 김교신은 한반도의 아름다운 산천, 좋은 기후, 특이한 해안선, 한
류와 온류의 교차지대, 바다와 물의 풍부함, 동양의 중심 위치, 대양과 대륙으로
뻗어 나갈 수 있는 가능성 등, 희망적이고 낙관적인 지리적 특징을 제시했다. 그
런데 그의 지리수업의 특이성은 이러한 이해의 차원으로 끝나지 않고, 조선의 학
생들과 조선 사람들이 지리를 통해서 자기가 사는 국토의 특징을 이해할 뿐더러
나아가서는 그 역사와 문화의 성격과 미래적 과제에 대해 인식하도록 했는바, 정
말 중시한 것은 바로 이 점이었다는 것이다. 이는 애당초 그의 지리공부가 민족을

위한 역사의식의 관점에서 점화·추구된 것임을 반영해 준다: "조선의 국토는 산하 그대로 조선의 역사이다. 그리고 조선인의 정신이 이 땅에 깃들어 있다. 조선인의 마음, 조선인의 생활의 자취가 고스란히 이 국토 위에 박혀 있다."(전집 별권: 189)

요는 과학적 자료를 근거로 이를 자연스레 인문학적 성찰과정이나 심미적 감상 혹은 개개 지역의 구체적 생활상에 대한 깊은 공감과 연계지어 다루고, 최종적으로는 역사적 인물들에 대한 탐사를 추구하였던 것이다. 여기서 조선이 위대한 역사와 역사적 인물을 가진 나라임을 깨닫도록 역설했다(전집 별권: 177). 이는 다른 나라 지리와 비교하는 작업에서도 동일하게 적용되었다. 이를테면 인도의 수출품과 수입품을 제시하면서 인도의 수억 인구를 병들게 하는 문화(文化)병과 사치(奢侈)병은 대영제국의 철광석보다 몇 배 더 무서운 것임을 지적했다. 그리하여 다음과 같은 발상이 가능하게 된다: "인도의 산물중의 산물은 오직 간디라."(전집 별권: 183) 또 암기도 시켰는데, 세계 여러 나라 지리를 배경으로 언급할 만한 위인들의 언행을 소개하면서 때로 그와 관련된 역사적 자료 예컨대 제갈량의 출사표나 소동파의 적벽부, 도연명의 귀거래사(歸去來辭) 같은 자료들을 사용했다(전집 별권: 210).

이 방법은 박물시간에도 적용되었다. 구건은 선생님이 수업 시간에 진도와는 상관없는, 자기가 최근 읽은 책을 소개했고, 거미의 암수결합 이야기를 하다 남녀 간의 사랑이야기로 넘어가기도 하고, 이것을 다시 춘향전, 롱펠로(Henry W. Longfellow)의 에반젤린의 사랑의 애가로 이어갔고, 지리 시간이든 박물 시간이든, 대고구려, 세종대왕, 이순신을 가르치는 식의 한마디로 파격적인 수업을 했음을 증언해 주고 있다(전집 별권: 177-178, 185). 이창호는 박물 수업 시간을 통해 과학적 지식을 배운 것도 좋았지만 인생을 보는 눈을 가지게 되었음을 술회하였다(전집 별권: 167).

김교신이 말하고자 했던 것은 한 지역의 지리적 위치와 정치적 운명이 가지는 관계에 대한 역사적, 철학적 해석이라 할 수 있다. 먼저 어떤 지역의 지리적 위치는 그 지역의 정치적, 경제적 성격을 형성하는 근본적 요인으로 설정된다. 위대한 문명을 건설한 나라들은 거기에 걸맞는 지리적 조건을 갖추고 있다는 뜻이다. 그러나 그것은 일정한 조건하에서 그러한데, 흡사한 지역에 사는 민족이 상이한 운명에 처하게 되는 수도 있기 때문이다. 한 민족은 번성하는 반면, 다른 민족은 쇠락하는 경우가 있는데 그 이유는 무엇일까? 그는 그 이유를 사람들의 정신, 즉 그 '소질'과 '담력'에 기인하는 것으로 보았다. 조선은 지리상으로 보아 극동의 중심이지만, 그 소질과 담력을 어떻게 발휘하느냐에 따라 강국으로 뻗어 나갈 수도 있고 반대로 외부의 침략으로 위태로운 지경에 빠질 수도 있다. 불행하게도 조선은 후자의 지경에 처하게 되었다. 그와 흡사한 지리적 조건을 갖춘 고대 그리스나 이탈리아나 덴마크 같은 나라들과 다른 운명에 처하게 된 이유는 그러한 정신적 수준에 이르지 못했기 때문이며 그렇다면 우리는 어떻게 해야 할 것인가 하는 것이었다. 그렇다면 그러한 정신을 갖추기 위해 힘써야 하고 그렇다면 우리도 그렇게 될 수 있을 것이다. 그러한 수준에 도달하기 위한 필수적인 조건을 그는 기독교의 수용으로 보았다. 유럽 대륙 여러 나라들이 현대 세계 문화의 중심을 이루게 된 것은 전적으로 기독교에 기초해 있었기 때문이라는 이유에서였다. 그리고 조선 민족이 현재 받는 고통은 (유대인도 그러했듯이) 하나님의 섭리에 의한 것으로, 만일 조선 민족이 신의 의지를 따른다면 이 시련을 통해서 조선인이 좀 더 높은 상태로 도약할 수 있을 것이라고 생각했다("조선지리소고", 1934. 3, 전집 1: 62-64). 이는 '반도정체론'을 통해 식민 지배의 필연성을 내세운 일본에 맞서 현재의 불운한 상태를 극복하기 위한 논리요, 자명한 요청에 다름 아니었다.

요컨대, 김교신은 지역의 개별적인 지리 현상을 직접적 경로와 간접적 경로를 통해 관찰하고, 각 지역들 간의 비교를 통해 개별적 특징과 공통점 및 다양성을 드러내는 동시에 이를 토대로 일반적 법칙을 추출해 내고, 이를 문명사적 비교를 거쳐 인문학적 성찰에서 윤리·종교적 차원에 이르기까지 인간 삶의 다양한 차원들과 연관지어 해석하고 최종적으로는 문제 전체를 종교에 귀착시키고자 했다. 박물 시간도 그런 방식으로 진행되었다. 따라서 수업의 형태도 달라질 수밖에 없었다. 이는 일반학교의 수업 형태와는 거리가 먼, 상상하기에 쉽지 않은 수업 형태라 할 수 있다. 여러 교사가 함께해야 가능한 이 복잡한 구조를 그는 혼자서 구사했다. 이 독창적 수업 방법은 어릴 적 서당 공부와 일본 교원양성대학에서의 수업을 기반으로 그 스스로 창안해 낸 결과물이라 할 수 있을 것이다.

다. 종교교육 방법

김교신은 종교교육의 중요성을 강조했지만 이것을 교과로 가르치거나 강제한

적은 없었고, 대신 수업 구조에 약간의 변화를 주어 그 의도를 반영하려 했던 것으로 보인다. 어떤 증언에 의하면, 수업을 시작할 때 그는 출석을 부른 후, 바로 교과 수업으로 들어가지 않고 생활에 유익한 덕담이나 시사적인 이야기 혹은 종교에 관한 훈화를 해 주곤 했다. 이야기가 시작이 되면 십여 분이 가기도 하고 어떤 때는 수업시간 전체의 삼분의 이가 그렇게 지나가기도 했다고 한다(전집 별권: 179). 이것은 일종의 '예비시간' 같은 것이었다. "세상에서 가장 존경하는 인물이 누구인가?"라는 질문을 학생 하나하나에게 던져 이야기를 풀어 가는 식이다. 흥미롭게도 학생들은 선생님이 교과로 바로 들어가기보다는 이런 이야기를 해 주기를 은근히 기다렸다고 한다(별권: 174-175, 179). 그렇지 않으면 담임 반 학생들에게 성서를 배우도록 권면을 하거나, 학교 밖 혹은 가정에서 하는 성서연구회에 초대하는 식으로 기회를 제공하기도 했다(일기 1935. 4. 1, 전집 5: 285).

이와는 달리 의미상 동일한 방향의 한 가지 명시적인 방법이 있었다. 자아성찰을 위한 '일기쓰기'가 바로 그것이었다. 그는 학생들에게 종종 일기쓰기를 권장하고 담임 반 학생들에게는 의무 사항으로 부과했다. 이유는 하루를 살고 난 후 자신을 돌아보며 가지게 되는 소감과 일상에서 겪은 중요한 일을 기록하면 자신에 대한 비판적 성찰을 할 수 있고, 글씨쓰기와 작문 연습에도 유익하다는 이유에서였다. 그는 이 과제를 종종 교과수업 시간에 제안했으며, 담임 반 학생들에게는 의무 사항으로 부과했다. 일주일에 한 번씩 검사를 해서 안 쓸 수가 없었다고 한다. 일기를 쓰지 않다가 청소 당번 전날 밤 일주일 치를 한꺼번에 써서 지적을 받는 수도 있었다. 방학 때도 예외를 두지 않았다. 하지만 종종 많은 부담을 느낀 학생들 때문에 의견 충돌이 생겨 문제를 조율하지 않으면 안 되는 상황에 봉착하기도 했다고 한다(전집 별권: 170-172).

이 과제는 선생 자신의 일상적 성찰 행위에 근거한 것이었다. 그는 서당수학을 하던 당시 자기성찰을 위한 유교적 수신(修身)의 가르침에 따라 열 살 때부터 일기를 쓰기 시작했고 그것은 일본 유학 시절을 거쳐 귀국을 한 뒤 교직생활 동안에도 내내 '일지(日誌)' 형식으로 계속되었다("성서城西의 변천", 1931. 2, 전집 1: 323).

분량은 1936년 현재 30여 권에 달하였다고 하나(25년간 지속된 기록 활동), 지금은 공책에 쓴 28권(1932. 1. 1.-1933. 3. 31.)과 29권(1933. 4. 1.-1934. 8. 31.)만이

남아 있다. 이 두 권에는 '날마다 한 걸음'이라는 뜻의 '일보(日步)'라는 이름이 붙여져 있다(일보: 4). 선생이 이 명칭을 언제부터 사용하기 시작했는지는 불분명하지만, 이 말을 어떤 뜻으로 썼는지는 1931년 9월의 김교신의 "주기도의 연구"의 한 대목, 즉 '하루 살림'과 '그날그날 하루하루의 살림'에 관한 언설을 보면 확인할 수 있다: "신자의 생애는 육으로나 영으로나 하루 살림을 원칙으로 한다. 절대 신뢰의 생애는 그날그날 하루하루의 살림이 아닐 수 없는 까닭이다."("부(附): 주기도의 연구", 전집 4: 161) 이때는 우치무라 문하에서 수학을 마친 후(1921-1927) 교사로 일하던 시기로, '일일일생(一日一生)'의 도를 설파했던 우치무라(우치무라 간조, 2004)의 영향을 추론할 수 있다. 이만열은 그럼에도 선생이 자기 방식대로 '종말론적' 의미를 부여하여 하루를 엄중하게 살고자 했던 뜻으로 해석하였다(일보: 4).

일보가 사적인 일기였던 데 비해 또 다른 형식의 일기도 썼는데, 그것은 공개일기로 '성서통신(城西通信)' 혹은 '성조통신(聖朝通信)'이라는 제목으로 『성서조선』에 연재하던 것이었다("성서(城西)의 변천", 1931. 2, 전집 1: 323-325). 여기에는 김교신의 개인사뿐 아니라 성서 읽기, 가정사, 교육, 민족 문제, 『성서조선』 발간 문제 등 다양한 글들이 실렸다.

한 가지 특기할 만한 사실은 1933년을 기점으로 하루가 지날 때마다 날수를 계산하여 적은 것이다. 1933년 4월 18일 일기(전집 5: 121)와 1935년 2월 3일 일기(전집 5: 188)에 의하면 이 계수법은 그의 선배 격인 류영모와 일본에서 박물학을 배웠던 오고카아사 지로(丘淺次郎) 박사의 영향으로 보인다. 선생이 가까이 교분을 가졌던 류영모는 '오늘살이(今日生活)'를 모토로 어제도 없고 내일도 없이 오늘 하루를 영원한 것으로 여기되 그가 현존하는 바로 여기에서 자기의 날을 계수하며 살아가고자 했다(함석헌, 2001: 19-20; 김흥호, 2001: 28). 김교신의 일기 중에는 그에 상응하는 다양한 표현들이 나온다: 1934년 3월 일기 "제12,000일의 감(感)"에서는 "하루는 일생이요, 일생은 하루이다."라고 했는가 하면(전집 1: 347), 1935년 3월 일기 "제12,345일"에서는 "작년 3월호에 제12,000일의 소감을 쓴 후에 벌써 345일을 더 살았다. 단, 그 하루하루를 과연 살았는가?"라 자문해 보고, 또 이어서 "우리는 … 하루의 삶을 의식하고 살며 참으로 살고자 하는 자이다."라 하면서, 생리적 나이에 따라 성쇠(盛衰)하는 삶이 아니라 신앙의 원리에 따라 노쇠할지라도 "속사람이 나날이 새로워지는 삶", "하루의 생명 성장"을 위해 힘써 살아야 함에 대해 성찰하였다(전집 1: 350-352). 그는 이 계수법을 통해서 자신의 '하루 살림'을 보다 정밀하게 심화시켜 나가기 시작한 것으로 보인다(전인수, 2018: 305).

김교신은 원칙을 정하여 일기쓰기를 엄격하게 준수하고자 했으며, 아무리 피곤하고 졸려도 몇 자라도 적었다. 이러한 습관은 자기 심신을 날마다 스스로 준엄하게 다스리지 않으면 결코 해 낼 수 없는 일로, 매우 이례적인 행위요, 놀라움을 주기에 충분하다. 학생들에게 요청한 일기쓰기는 하나님 앞에서의 자아성찰과 자기 자신과의 내적 투쟁, 즉 '자기교육'을 위한 기록으로서의 바로 이 일기쓰기를 배경으로 했던 것이다.

이상 몇 몇 방안들이 활용되기는 했지만 종교적 차원과 동행하고자 했던 김교신 선생의 인격과 삶의 태도 등이 끼친 영향도 십분 고려해야 할 것이다.

3) 근대식 학교교육의 대안: 집에서 시도한 작은 교육공동체

김교신은 교사였지만 근대식 학교체제에 늘 문제를 느꼈고 따라서 이를 넘어서기 위한 길을 찾고자 했다. 하지만 그것은 기존 형태 안에서 이루었어야 했기에 늘 부분적으로 성취되었고, 따라서 이 결핍을 학교와는 구분된 공간, 즉 자기 집에서 하는 교육으로 보완하거나 혹은 아예 자기 집을 새로운 이상의 실현을 위한 터전으로 일구어 내고자 했다.

김교신에게 집은 가족과 개인 생활 및 연구를 위한 사적인 공간이었던 동시에 일정부분 공동성서연구와 도움이 필요한 학생들의 생활과 공부를 위한 공적인 공간이기도 했다. 그는 1928년 3월 처음 양정고보에 부임할 때 학교와 가까운 곳(용강면 고양리 활인동 130번지)에 집을 정하여 어머니를 모시고 아내, 장녀, 차녀와 함께 살았다. 주일 오후에는 성서연구와 기도를 위한 가정 집회를 열었고 원하는 사람들도 참석할 수 있었다. 식구들과 함께 성경을 읽었는데 처음부터 끝까지(창세기부터 요한계시록까지) 배열된 순서에 따라 매일 하루 한 장씩 읽는 식으로 했고, 읽기를 마치면 처음으로 돌아가서 다시 시작했다.

1934년 11월에는 사랑방을 수리하고 방 두 칸을 증설하였다. 평시에는 학생들이 기숙하고 때로는 친구들도 머물 수 있게 하기 위해서였다. 인간교육에는 기계적으로 찍어 내는 식의 대량생산체제보다는 자그마한 사숙(私塾)이 그 최선의 방책이라 생각하고 실행에 옮긴 결과였다. 그는 이곳에서 청소년들과 지적으로 또한 정서적으로 가까운 사귐을 가지면서, 때로는 가르치고 때로는 배우는 동시에, 신앙을 생활로 증언할 수 있는 곳으로 만들어 내고자 했다(일기 1934. 11. 12, 전집 6: 237-238).

그러다가 8년 후 1936년 5월경 경성 외곽에 위치한 정릉리로 거처를 옮기게 된다. 정릉리를 택했던 것은 자연이 아주 좋으면서도 최소한의 문명의 이기도 이용할 수 있는 곳이었기 때문이었다. 그는 어느 하루 가족과 함께 시외로 나가 북한산록의 정릉리 어느 곳을 산책하다가 맑은 물이 흐르는 개천과 주위의 장엄한 산악과 숲의 아름다움에 사로잡혔고, 그곳에서 수천 평의 토지와 과수원이 딸린 집을 하나 찾아냈다(일기 1936. 3. 21, 전집 6권: 32; 니이호리 구니지, 2014: 97-98).

김교신의 집은 늘 가족들로 붐볐다. 어떤 때는 새벽에 출생한 질녀까지 합해 아홉인데 모두 열여덟이나 된 적도 있었다. 나머지 아홉이 학생들이었던 셈이다 (일기 1938. 2. 18, 전집 6: 345). 공덕리에서 시도한 숙(塾) 형태의 생활공동체학교가 본격적으로 확장된 모양새라 할 수 있다(김정환, 1994: 116-117).

그는 밭에서 흙을 만지며 노동하는 것을 즐기면서 가족과 자기 집에 머무는 이들의 일용할 양식을 손수 거두었다. 너른 대지에 감자, 호박, 참깨, 수세미 등 채소를 심고 수십 마리의 가축도 길렀다("농사잡기", 1934. 9, 전집 2: 347-348). 때로는 이웃 농민의 칭찬을 들을 정도로 솜씨 있게 해 냈고(일기 1936. 8. 25, 전집 6: 92), 풍성한 결실의 기쁨도 맛보았다(일기 1936. 8. 31, 전집 6: 98). 가축 사육에도 무척 소질이 있어, 1938년 4월 2일 일기에는, 오류동의 송두용이 돼지새끼 암수 한 쌍과 감자 종자 10관을 보내 주어 수탉 1마리, 암탉 9마리, 병아리 22마리, 개 1마리, 돼지 2마리가 되었고, 그로부터 석 달 가량이 지난 6월 30일 일기에는 개 1마리, 돼지 15마리, 닭 52마리, 이렇게 도합 68마리로 증식되었고, 이튿날에는 산 양 1마리도 더 오게 되었다고 즐거워하는 모습이 그려져 있다(전집 6: 363, 401). 이 일이 주는 유익과 건강상 효능에도 유의했다("농사잡기", 1940. 6, 전집 2: 347).

정원과 산야에 즐겨 나무를 심었는데, 채벌은 할 줄은 알아도 식목은 할 줄 몰라 산야를 황폐하게 만드는 조선 사람들의 풍조를 큰 문제로 여기기도 했다("식목의 심리", 1935. 3, 전집 2: 340-341). 1936년 4월 23일자 일기에 보면, 그는 정원
에 약 20그루를 심었고 그리하여 그가 그해 봄에 심은 나무는 삽목(揷木)과 과일
나무까지 합해 1천 그루에 달했다고 한다(전집 6: 41). 나무를 살리는 기술도 탁월
했다. 울안에 심겼다 추운 날씨 탓으로 죽게 된 감나무 10여 주 중 두어 주를 살
려 냈고 접붙였다 동사한 무궁화를 정성껏 돌보아 살려 냈는가 하면, 손기정 선수
가 베를린에서 갖고 와 양정 학교 교정에 심은 월계수가 죽게 된 것도 끈질기게
가꾸어 살렸다는 기록도 있다(김정환, 1994: 118). 그는 식목에 힘썼을 뿐 아니라
나무를 그 식물학적 속성에 따라 살피고 여기에 철학적, 종교적 성찰도 가했는데,
이를테면, 소나무와 은행나무와 매죽 등 여러 나무의 성질을 세세히 세어 가다 포
플러 나무에서 예수의 삶을 읽어 내려 하기도 했던 것이다("포플러 나무예찬" 1과
2, 1934. 11-12, 전집 2: 356-359).

농사일은 그가 소싯적 농업학교에 진학했었던 것처럼 일찍이 커다란 의미를
부여해 오던 것이기도 했다(전집 별권: 151). 후에는 그의 동지 송두용과 당시 창
조적 생활로 명성을 얻은 김주항의 영향도 컸었던 것 같다. 그는 송두용이 도시를
떠나 오류동 응곡으로 이사하여 농군이 되어 살고자 한 것에 탄복하고 부러움을
표한바 있다(일기 1930. 10. 22, 전집 5: 29-30). 김교신이 김주항을 알게 된 것은
1934년경 춘원 이광수가 농촌사업가인 김주항이라는 분의 '창조적 생활'에 대해
동아일보에 기고한 글을 통해서인데, 거기서 그는 삶을 위한 하나의 의미심장한
표본을 발견한다. 그는 학생들을 데리고 종종 그곳을 방문하여 김주항이 자연석재
를 이용하여 직접 지은 집과 살림법 그리고 농사법이 지닌 창조적 가치에 깊은
감명을 받고, 학생들 각자 자신들의 힘으로 의식주라는 차원에서 창조적으로 살아
가야 할 삶에 대해 역설했다.

이는 또한 자기 자신을 위한 과제이기도 했다. 즉, 그 자신 정릉리에 이주한
뒤부터 본격적으로 농사를 짓고 또 김주항이 잡석과 양회로 지은 주택형태에 따
라 이를 표본삼아 따로 서재도 지었던 것이다. 한 칸 크기의, 미보다는 실용성 위
주로 일광과 공기가 충분할 만큼 큼지막한 창을 여러 개 만들어 붙이고 유리창은
중문으로 하여 소음을 차단하여 집중도를 최대화시킨 형태였다. 서재를 지은 것은
학문과 종교적 연구와 실천을 위한 자기만의 공간이 필요했기 때문이었다. 그는
손으로 하는 일을 좋아하고 재주도 있어서 일부 목수의 도움을 받아 이 집을 손

수 지었다. 서재를 짓고 난 후 감상으로, 누구나 일생에 한 번쯤 손수 이런 식으로 집을 지어 보면 좋을 것이라 할 만큼 건축일이 주는 즐거움에 빠져들었다("성조 소감", 1937. 7, 전집 1: 250–251; 전집 별권: 180–181, 323).

너른 텃밭, 각종 농사일, 울창한 나무 숲, 수많은 가축들, 돌로 된 서재 등을 통해서 정릉리 집은 계속 새로운 면모를 더해 갔다. 이렇게 하여 김교신은 자신의 집을 가족과 학생들이 어울려 살면서 인격적 존중과 상호 교류, 성서적 신앙, 자발적 연구와 공부, 노동을 통한 생산 활동 등을 함께 경험할 수 있는 삶의 보금자리요, 작은 교육공동체로 만들어 내고자 했다. 이런 형태는 경성에서는 분명 낯선 것으로, 농가가 곁들인 어떤 서당식 가정 학교나 혹은 일종의 작은 공동체 학교와 같은, 이를테면 20세기를 전후로 하여 근대기에 영국, 독일과 스위스 등지에서 시작된 '전원학사(Landerziehungsheim)'[7)와 같은 모양새를 갖추어 나가고 있었다. 그 곳은 하나의 대가족공동체를 위한 보금자리였던 동시에 근대식 학교를 넘어서기 위한 하나의 창조적 실험의 자리였다.

이 모든 것은 북한산록이라는 천혜의 자연을 바탕으로 하고 또 그의 품을 배경으로 한 것이었다. 그는 천부적으로 자연의 사람이었다. 이 점에서 그는 아주 특별하였다. 자연은 우선은 그에게 원천적 아름다움을 뜻했지만 아울러 고독하게 영적인 세계에 몰입, 정진할 수 있는 최적의 자리를 뜻하기도 했다. 거기서 그의 심미적 정서는 종교적 정서와 늘 하나로 엮여 불러일으켜졌다("인생 사상沙上의 족적", 1941. 11, 전집 1: 298–299). 침묵은 종종 그러한 미학적 체험에 동반되었고 그것은 동시에 종교적 신비 체험의 성격을 띠고 나타났다: "새벽 남천(南天)에는 화성과 하현달이 나란히 하였고 금성은 아직 지평선 위에 솟을락 말락한데 북한산은 엄숙히 솟았고 우주는 정숙히 침묵하다."(일기 1939. 3. 14, 전집 7: 45 외 여러 곳) 이 침묵은 그에게 우연한 일회적 경험이 아니라 그가 일상에서 즐겨 빠져들고 싶어 했던 일종의 미학적 신비 체험의 상태를 뜻하는 것으로, 정릉 계곡에서 들려오는 새소리나 스님의 목탁소리 종소리 같은 것은 그러한 내적 상태를 정밀하게 강화시키곤 했다(일기 1939. 3. 14, 전집 7: 45; 일기 1940. 8. 19, 전집 7: 275–276; "북

---

7) 도심을 벗어난 자연과 역사적 유적이 풍부한 곳에 세워져 운영되는 일종의 기숙학교로, 아동 개개인의 삶과 그들의 자발성, 창조성, 전체성을 존중하여 교육하기 위한 대안 학교이다. 여기서 교육에 대한 매우 흥미로운 철학적 관점과 교수-학습기법이 새로이 발전되었다.

한산록의 집", 1937. 12, 전집 1: 253). 그리고 이렇게 형성된 종교적 심안을 기점으로 그는 출발했던 지점으로 되돌아가 아름다움의 세계로 빠져들었다(일기 1939. 3. 14, 전집 7: 45 외 여러 곳).

그는 학생들에게도 그와 같은 체험이 주어지기를 기대했다. 구건은 선생이 자신에게 '물에 산에' 모임에 다니면 '호연지기'(浩然之氣)를 기르는 데도 좋을 것이라 하며 적극 권한 것에 대해 언급하고 있는데 같은 말이라 하겠다(전집 별권: 178-179).

이상 살펴본 바와 같이, 신앙과 교육이라는 두 가지 지향성 속에서 살아간 김교신의 하루는 "새벽에 깨어 한 등산, 냉수마찰, 기도, 독서, 집필, 등교, 수업, 총독부 검열행, 인쇄소행, 교정, 잡지배달, 발송, 밭농사" 등의 일들로 새벽부터 늦은 밤 시간까지 빼곡하였다. 하루 수면 시간은 4-5시간 정도. 구건은 이 초인적 삶에 대해 경탄해 마지않으면서 이것을 추동했던 원천적 힘이 과연 무엇일까에 대해 깊이 자문하였다(전집 별권: 189). 불가사의한 삶의 행적이라 아니 할 수 없다. 마지막으로 그의 삶에서 맥을 이루었던 주된 특징을 요약하고 그 귀결점을 오늘을 위한 생산적 단초로 제시해 본다.

결론적 논의

지금까지 김교신 연구는 신학에 집중되어 있었으며, 일제하 민족운동의 범주에서는 당시 정치 입국이나 군사입국, 농업입국, 산업입국 등과는 성격을 명백히 달리하는 종교입국을 위한 시도로 해석되어 온 경향이 짙다. 이 글은 그에게 종교와 더불어 교육이 의미했던 바에 초점을 맞추고자 했다. 그 교육은 명백히 개인뿐 아니라 민족운동을 위한 것이기도 했는바, 김교신의 역사적 위치는 종교입국뿐 아니라 교육입국적 관점을 통해서 조명할 때 정당한 의미를 가질 수 있을 것이다.[8]

그는 특정한 의미에서의 성서적 신앙의 사람으로서 유교 철학과 기독교 신앙을 기반으로 '자기교육'에 철두철미했던 수행자였다. 그의 기독교 신앙이란 독창

---

8) 당시 김교신이 일본에서 수학했거나 교분을 가지고 있었던 우치무라와 당시 그의 유력한 제자들이 가지고 있었던 정치적 관점에 대한 논의는, 이 글의 기본 의도뿐 아니라 글의 양과 범위를 벗어나기도 하여 다루지 않았다. 이 점에 대해서는 최근 박홍규의 매우 논쟁적인 글 "김교신과 우치무라 간조 - 무교회운동의 한일간 교류"(2014)를 거론할 수 있으나, 주의 깊은, 정당한 해석을 요하는 문제로 추후 여러 자리에서 비판적 논의가 이어져 갔으면 한다.

적 의미에서의 무교회적, 성서적 신앙이었다. 이를 그는 '조선산 기독교'라는 개념을 통해 정립하고자 했다. 이 기독교는 유교를 시발점으로 하고 그 연관성 속에서 전개되었기에 유교적 기독교의 성격을 갖는다고 할 수 있다.

기독교 신앙 및 그 사유형식과 실천은 당시 제도 교회를 기반으로 추구되었던 제반 시도들과는 상당히 다른 양태를 띠고 있었으며, 학구적이며 과학적이며 실천적이었다. 전도보다는 성서연구에 천착했고 연구회와 저널을 통한 나눔과 사귐이 주축을 이루었다. 그 학문적 수준과 성과는 매우 이례적인 것이었다.

그는 기독교 신앙을 통해서 민족의 독립을 추구했으나 양자 중 어느 하나도 다른 하나 때문에 훼손하지 않고, 이를테면 기독교에 민족 운동을 종속시키거나, 반대로 민족운동에 기독교를 종속시키는 식으로 하지 않고, 오히려 양자 간 상호 연관 관계를 통해서 그 각각의 의미가 구현되도록 했다. 이는 당시 종교계나 민족운동 영역에서 찾아보기 어려운 매우 특유한 사유요, 실천 활동이라 할 수 있다.

기독교 신앙에 대한 김교신의 관점과 입장은 오늘날 정황에서 볼 때, 그 정신과 삶에서 그 정체성을 상실해 가고, 민족 문제를 기독교적 시각으로만 풀어 보려 하거나, 배타주의적 입장만을 고수하려는 식의 한국 기독교회의 대체적 경향과는 배치되는 논쟁적 위치를 보여준다. 이 길을 위한 그의 신앙적 사유와 실천적 투쟁은 현 상황에서도 여전히 시사적이다.

그러한 신앙을 바탕으로 김교신이 추구했던 교육은 조선의 청소년 각자의 자아 발견과 그 개성적, 창조적 형성을 추구하고 나아가 민족의 삶을 되찾아 그 밝은 미래를 기약하기 위한 것이었다. 이 문제에 있어서 김교신은 당시 통속적 학교교육을 넘어서는 비판적이며 독창적 안목을 가지고 있었다. 그의 학교비판과 학벌사회 비판은 역사적 의의를 지니기에 충분하다. 그의 철학과 실천의 제 양상은 한 마디로 참신하고 역동적인 것이었다. 그는 다양한 연구와 수업을 통해서 이미 있는 것들을 넘어서서 늘 스스로 사유하며 새롭게 도전해 보려 했으며, 그 결과 개개 현장은 생기 있고 역동적인 성격을 띠게 되었다. 그의 시도는 오늘날 우리 사회에서 말하는 대안교육이나 혁신교육과 큰 틀에서 일치하며 그런 점에서 여전히 도전적이다. 그는 기존 학교에서 결핍되어 있었던 것을 자기 집이라는 또 다른 교육공간에서 보완하거나 나아가서는 그 한계를 넘어서기 위해 부분적으로나마 하나의 이상적 교육공동체를 구현해 보고자 했다. 그것은 전원적 서당을 모형으로 한 숙(塾) 형태의 교육공동체였다. 흥미롭게도 이것은 유럽의 '전원학사'와 견주어 볼 만한 양상을 보여준다. 학교교육과 아울러 사회교육이나 가정교육적 주제들도 다루어 볼 수 있겠으나 다음 기회로 돌린다.

그 자체 매우 특이한 형태의 기록 문헌인 일기쓰기는 자아성찰이나 수련이라는 점에서 오늘날 교사교육을 위해 많은 시사점을 보여주며, 오늘날 기능주의적 교육현장과 관련지어 볼 때 깊이 숙고할 만하다. 그것은 또한 '일상'에 대한 최근 문화인류학계의 관심을 위해서도 유의미해 보인다.

김교신은 그 삶과 학문과 가르침에 있어서 교사 '한 사람'의 존재의 힘과 창조적 가능성을 더할 나위 없이 여실하게 보여주며, 그런 점에서 오늘날 교사상에 대한 성찰적 조명을 가능케 하는 하나의 희귀한 역사적 족적이라 할 수 있다.

김교신은 민족의 독립 문제를 종교와 교육이라는 근본적 접근을 통해서 오랫동안 튼실히 준비하여 도달해 가야 할 목표요, 과제로 생각했다(류달영의 증언, 전집 별권: 130). 그가 민족교육을 위해 품었던 의도와 이상은 오늘날에도 여전히 의미심장하다. 독립은 되었지만 한반도는 분단되었고 이 비극적 상태는 여전히 많은 아픔과 갈등을 빚어내고 있다. 이 분단 상태를 해결하지 않고서는 결코 진정한 독립을 말할 수는 없으리라. 이 문제를 위해서는 정치적 차원을 비롯한 여러 차원의 노력도 필요하겠으나 그 무엇보다도 교육적 노력이 가지는 함의는 정당하게 인식할 필요가 있을 것이다. 그럴 경우 그것은 과연 어떤 정신과 어떤 실천, 어떤 철학과 어떤 방법이어야 하는가? 삼일운동 백 주년을 지나며 이 난제 앞에서 김교신을 다시 생각해 본다.

참고문헌

1차 문헌
노평구 편 (2001). 『김교신전집』1-7권, 별권. 서울: 부키.
『성서조선』 제1호(1927.7.) ‒ 제158호(1942.3.). 성서조선사.
김교신선생기념사업회 (2016). 『김교신 일보』. 서울: 홍성사.

2차 문헌
단행본
김교신선생기념사업회 (2017). 『김교신, 한국 사회의 길을 묻다』. 서울: 홍성사.
김흥호·이정배 편 (2002). 『다석 유영모의 동양사상과 신학』. 서울: 솔.
김정환 (1994[1980]). 『김교신. 그 삶과 믿음과 소망』. 서울: 한국신학연구소.
_____ 편 (2003). 『성서조선 명논설집』. 서울: 한국신학연구소.
박재순 (2008). 『다석 유영모』. 서울: 현암사.
박찬규 편 (2011). 『김교신』. 경기도: 익두스.
백소영 (2005). 『우리 사랑이 의롭기 위하여』. 서울: 대한기독교서회.
서정민 (2002). 『겨레사랑 성서사랑 김교신 선생』. 서울: 말씀과 만나.
양현혜 (1994). 『윤치호와 김교신: 근대 조선에 있어서 민족적 아이덴티티와 기독교』. 서울: 한울.
_____ (2013). 『김교신의 철학』. 서울: 이화여자대학교 출판부.
이정배 (2003). 『한국 개신교 전위 토착신학 연구』. 서울: 대한기독교서회.
전인수 (2012). 『김교신 평전. 조선을 성서 위에』. 서울: 삼원서원.
함석헌 (1950). 『聖書的 立場에서 본 朝鮮歷史』. 서울: 성광문화사.
_____ (2018[2003]). 『뜻으로 본 한국역사』. 경기도: 한길사(일우사, 1962).

논문
김선양 (1995). "김교신의 교육사상". 『인문과학연구소논문집』 22, 603-619.
김정곤 (2012), "한국무교회주의의 초석 김교신(金教臣)의 유교적 에토스에 대한 고찰". 『퇴계학논집』 10, 201-238.
김정환 (2002). "김교신". 『한국사시민강좌』 30, 283-295.
길창근 (2003). "김교신의 교육사상에 관한 고찰". 『인문사회과학연구』 12, 117-290.
류대영 (2019). "복음적 유자: 김교신의 유교적‒기독교작 정체성 이해". 『한국기독교와역사』 50, 5-41.
민경배 (1974). "김교신과 민족기독교". 『나라사랑』 17, 47-61.
박홍규 (2014). "김교신과 우치무라 간조 ‒ 무교회운동의 한일간 교류". 『日本思想』 30, 121-146.
백소영 (2003). "김교신의 전적(全的) 기독교". 『기독교사상』 540, 230-249.

_____ (2004). "김교신의 '서당식' 기독교". 『기독교사상』 541, 234-248.

서정민 (2004). "김교신의 생명이해". 『한국기독교와 역사』 20, 177-206.

송순재 (2003). "기독교적 삶의 형성을 위한 일상성(日常性) 문제". 『신학과세계』 48, 59-89.

안수강 (2017). "김교신(金敎臣)의 신학 분석 - 조직신학적 접근". 『한국기독교신학논총』 104, 175-204.

양현혜 (1997). "김교신과 조선의 상대적 중심성". 『한국기독교신학논총』 14, 134-158.

_____ (2013). 『김교신의 철학: 사랑과 여흥』. 서울: 이화여자대학교출판문화원.

_____ (2015). "김교신의 무교회주의와 일상성 속의 증거로서의 신앙". 『기독교사상』 677, 46-53.

연창호 (2017), "김교신의 전통사상 인식 - 유학 이해를 중심으로", 『東洋古典硏究』 68, 237-281.

이은숙 (1996). "김교신의 지리사상과 지리학 방법론-조선지리소고를 중심으로". 『문화역사지리』 8, 37-51.

임희숙 (2005). "김교신의 민족교육과 기독교". 『신학사상』 128, 251-284.

전인수 (2010). "김교신의 조선산 기독교: 그 의미, 구조와 특징". 『한국기독교와 역사』 33, 163-192.

_____ (2013). "김교신, 한국교회의 지침으로 부활하다: 양현혜의 『김교신의 철학: 사랑과 여흥』". 『기독교사상』 653, 116-121.

_____ (2016). "김교신과 성서적 입장에서 본 조선역사". 『이제여기너머』 8, 62-69.

_____ (2018). "김교신의 일기 연구: 삶에 대한 그의 철학과 그 구현 형태". 『신학논단』 92, 289-320.

정호영 (2005). "김교신의 인간화교육 사상". 『교육철학』 27, 297-321.

강연문

박의수 (2016. 11.). "김교신의 교육관과 실천". 김교신선생기념사업회 주관 <김교신 선생 추모 학술대회>.

강선보 (2016. 11.). "만남의 교육가, 김교신". 김교신선생기념사업회 주관 <김교신 선생 추모 학술대회>.

양현혜 (2015. 4.). "한국 사학교육, 김교신에게 길을 묻다". 양정고등학교 주관 <김교신 선생님 서거 70주기 기념포럼>.

외국 문헌

니이호리 구니지(新堀邦司) (2014). 『김교신의 신앙과 저항』 (김정옥 역). 경기도: 익두스.

우치무라 간조(內村監三) (2000). 『내촌감삼 전집』 2 (김유곤 편역). 서울: 크리스챤 서적.

Grundtvig, N. F. S. (1847). Folk-Life and Christianity(1847). Edited and Translated by J. Knudsen (1981). *Selected Writings Nikolaj F. S. Grundtvig*. Copenhagen: Det Danske Selskab.

일제강점기 교육사상가
연구의 현황과 전망

우정길

I. 들어가는 말

2019년은 3·1운동 및 대한민국임시정부수립 100주년을 기념한 해였다. 사회 곳곳에서 이를 기념하여 그 의미를 성찰하는 기회가 마련되었고, 관련 학계의 학술대회도 전례 없이 풍성하게 열리었다. 한국교육철학학회 역시 "일제강점기, 저항과 계몽의 교육사상가들"이라는 주제의 연차학술대회를 개최한 바 있다.[1] 이러한 역사적 계기에 즈음하여 본고에서 필자는 일제강점기 교육사상가에 대한 연구현황을 검토하고 향후 연구의 과제들을 정리해 보고자 한다.

일제강점기[2] 교육 일반에 대한 연구는 많은 축적을 이루어 가고 있지만, 일제강점기에 저항과 계몽의 활동을 이어갔던 인물들을 교육사상가라는 관점에서 심도 있게 다룬 연구들은 당시의 실상에 비해 아직은 충분하지 않다고 볼 수 있다.

---

1) 한국교육철학학회의 홈페이지(https://eduphil.jams.or.kr/po/community/notice/noticeView.kci 2019.03.25)를 통해 공지된 바와 같이, 한국교육철학학회는 2019년 대한민국 정부 산하기관인 "대한민국역사박물관"에서 공모한 "2019년도 대한민국 근현대사 관련 학술대회 지원 사업"(2019.02.22.)에 응모하여 선정된 바 있다. 이 기획문서의 학술 취지 부문(학술대회 개최목적, 필요성, 학술대회 관련 국내외 연구동향, 학술대회 개최에 따른 기대효과 및 활용방안)과 관련된 사항은 "『교육철학』 41(2), 211-221"에 게재된 "부록 - 2019 한국교육철학학회 연차학술대회를 준비하며"를 참조 바람.

2) 2019 한국교육철학학회 연차학술대회(2019.11.16.)의 기조강연에서 박의수는 '일제강점기'라는 용어 대신 '주권상실기'라는 용어를 사용할 것을 제안하였다. '일제강점기'에 비하여 '주권상실기'라는 용어가 보다 주체적인 관점의 표현이라는 이유에서이며, 이는 장기적 관점에서 긍정적으로 고려할 만한 제안이라 판단된다. 본고에서는 학계의 관례 및 박의수의 제안을 함께 고려하여 "일제강점기(주권상실기)"로 표기하고자 한다.

양적으로도 그러하거니와, 그 연구가 몇몇 인물들에 집중되어 있거나 그 결과가 산재(散在)하여 심화된 연구로 이어지지 않은 형국이라 할 수 있다. 이러한 진단을 뒷받침할 만한 몇 가지 지표 또는 연구의 현황을 본고에서는 다음 네 가지 범주로 나누어 검토하고자 한다.

첫째, 교육사학계와 교육철학계의 연구동향 분석 연구들(박의수, 2004; 한용진 외, 2010)을 바탕으로 일제강점기(주권상실기) 교육사상가들에 대한 연구가 어떤 비중으로 이루어져 왔는지를 검토할 것이다. 이들 두 연구는 한국교육학회 교육사·교육철학회의 창립(1964)의 창립 이후부터 연구당해년도에 이르는 긴 기간 동안의 연구동향을 대규모로 분석한 것으로서, 통시적 관점에서 교육사상사 및 교육사상가 연구와 관련된 중요한 시사점을 보이게 될 것이다. 둘째, 한국의 교육사학계와 교육철학계 학술대회의 기획 속에 반영된 일제강점기(주권상실기) 교육사상가들에 대한 관심과 성과를 검토해 보려 한다. 본고에서 다루게 될 학술대회는 세 가지인데, "한국교육학회 교육사연구회"(現, 한국교육사학회)의 1987년 연차학술대회와 1987년과 1992년 두 차례에 걸쳐 이루어진 "한국교육학회 교육철학연구회"(現, 한국교육철학학회)의 연차학술대회가 바로 그것이다.3) 셋째, 교육사상사 분야 개인연구들 속에 나타난 일제강점기(주권상실기) 교육사상가들에 대한 탐구들을 살펴보려 한다. 특히 손인수, 이문원, 김선양, 박상만 등이 보인 학문적 성과는 한국의 교육학계에서 드물게 일제강점기(주권상실기) 교육사상가를 비중 있게 탐구하고 소개한 사례들로서, 일제강점기(주권상실기)를 포함한 현대 한국 교육사상가 연구를 위한 좋은 길라잡이가 될 수 있을 것으로 생각된다. 넷째, 일제강점기(주권상실기) 교육사상가들에 대한 교육철학계의 연구현황을 그간 출판된 단행본과 소논문들을 중심으로 검토하고자 한다. 이 범주에서는 주로 일제강점기(주권상실기) 교육사상가 개개인에 대한 연구들이 어느 정도와 어떤 지형으로 이루어져 있는가에 대한 검토와 소개가 주를 이루게 될 것이다.

---

3) 함께 언급되어야 할 대규모 학술대회로는 "3·1운동 및 대한민국임시정부수립 100주년 기념. 일제강점기 – 저항과 계몽의 교육사상가들"이라는 주제로 개최된 2019 한국교육철학학회 연차학술대회(2019.11.16)가 있다. 이 학술대회에서 발표된 총 14개의 연구결과들은 본 연구의 대상에는 포함되지 않았으며, 이 책 『일제강점기, 저항과 계몽의 교육사상가들』(2020)에 들어 있다.

　지면의 한계상 본고에서 시도하지 못한 것 한 가지는 바로 현재 고등교육기관에서 강의 교재로 사용되고 있는 저서들, 즉 『교육철학』 또는 『교육의 역사와 철학』의 내용 분석이다. 교육학자들이 다음 세대의 교사와 교육학자, 그리고 교육정책입안자 및 교육 관계자들에게 일제강점기(주권상실기) 교육사상가들을 어떤 비중으로 교수하고 있는가에 대한 분석은 위 네 가지 범주의 연구현황 검토와 아울러 중요하게 다루어질 필요가 있을 것이다. 본 연구의 한계이자 향후 연구과제로 남기고, 본론으로 들어가고자 한다.

Ⅱ. 연구의 현황

1. 연구동향 – '일제강점기'와 '교육사상가'의 조합

　"일제강점기(주권상실기), 저항과 계몽의 교육사상가들"이라는 주제와 관련된 연구의 동향을 분석한 두 가지 사례를 제시하고자 한다. 우선 교육철학의 인접분야라 할 수 있는 교육사학계의 연구동향을 참고해 볼 필요가 있다. 가장 방대한 규모의 것으로 한용진 외(2010)의 연구를 들 수 있는데, 이들은 한국의 교육사학계 대표 학술지들인 『한국교육사학』의 창간호(1969)부터 연구시점(2009)까지 그리고 『교육사학연구』의 창간호(1988)부터 연구시점(2009)까지의 논문 499편[4]을 분석하여, 이전 40여 년 동안의 한국 교육사학계가 보인 연구의 동향을 제시한 바 있다. 이 연구에는 몇 가지 분석틀이 제시되고 있는데, 본고의 주제와 관련하여 주목해 볼 부분은 바로 "시기에 따른 분류"와 "내용에 따른 분류"이다. 전자는 시대구분에 관한 것이고, 후자는 "교육사상사"로 명명되는 교육사학의 분야이다. 이 두 틀과 관련된 표를 인용하면서 설명을 이어가려 한다.

---

4) 한용진 외의 분석 대상이 된 논문의 총 편수는 499편이지만, 분석틀마다 제시되는 모수는 다르게 나타난다. 한용진 외는 이에 대해 다음과 같은 해명을 적고 있다. "하나의 논문이라도 2개 이상의 시기를 걸쳐지는 경우, 2개의 값으로 분석하였기 때문이다. … 두 가지 이상의 내용 영역에 겹쳐지는 논문들의 경우도 마찬가지로 …"(한용진 외, 2010: 164ff)

<표1> 시기구분: 연구대상 시기별 (한용진 외, 2010: 164; 발췌·재구성은 필자)

시기	삼국 이전	삼국– 남북국	고려	조선	개화기	일제 강점기	해방 후	통사 성격	해당 없음
편수 (522)	17	7	14	144	87	91	93	37	32
%(100)	3.3	1.3	2.7	27.6	16.7	17.4	17.8	7.1	6.1

<표2> 발표시기별 일제강점기(주권상실기) 연구 분포 (한용진 외, 2010: 171; 발췌·재구성은 필자)

	1979 이전	1980-1984	1985-1989	1990-1994	1995-1999	2000-2004	2005-2009
편수 (91)	2	1	6	12	14	19	37
%(100)	2.1	1.1	6.5	13.1	15.3	20.8	41.1

<표3> 내용분류에 따른 교육사 연구동향 (한용진 외, 2010: 167; 발췌·재구성은 필자)

	교육학사	교육사상사	교육제도사	교육문화사
편수 (641)	136	247	182	76
%(100)	21.2	38.5	28.4	11.9

<표4> 교육사상사 연구의 내용 구성 (한용진 외, 2010: 167; 발췌·재구성은 필자)

	인물	이념(개념)	종교	학설·이론	기타
편수 (247)	144	1	27	66	9
%(100)	58.3	0.4	10.9	26.7	3.7

<표1>에서 확인할 수 있듯이 일제강점기(주권상실기)에 대한 교육사학계의 관심은 결코 낮은 편이 아니다. 아울러 현대로 올수록 일제강점기(주권상실기)에 대한 학문적 관심은 점증하고 있음을 알 수 있다(<표2>). 또한 교육사학과 교육철학의 접점이라 할 수 있는 교육사상사는 교육사학 연구에 있어서 가장 대중적인 접근 방법임이 분명하며, 그중에서도 인물연구는 교육사상사 연구의 58.3%에 육박할 정도로 압도적인 경향을 보이고 있다. 정리해 보자면, 일제강점기(주권상실

기)에 대한 교육사학계의 관심은 결코 낮지 않았으며, 2000년 이후 현대로 올수록 일제강점기(주권상실기)에 대한 학문적 관심은 증가 추세에 있다는 것이다. 아울러 전통적으로 교육사상사적 접근을 선호하였고, 그중에서도 인물탐구는 전체의 과반을 넘을 정도로 대중적인 탐구방법이었다는 사실을 확인할 수 있다.

그러나 교육사상사 분야 인물연구의 대상 중 일제강점기(주권상실기) 교육사상가들의 이름은 비교적 드물게 등장한다. 정약용(10편), 율곡 이이(6편)에 이어 등장하는 30인의 교육사상가 중 일제강점기(주권상실기) 교육사상가로 분류될 만한 인물은 방정환과 최현배로, 두 명이자 두 편에 불과하다. 한용진 외의 연구는 '일제강점기'와 '교육사상사 + 인물' 조합의 결과를 별도로 제시하지 않고 있기에, 이것 이상의 분석은 가능하지 않다. 그것이 일제강점기(주권상실기)와 관련된 역사논의의 개방성과 직결된 정치적 상황과 사회적 분위기에 기인하였든, 사료의 부족이나 혹은 대학의 교육사학·교육철학 강좌의 내용 구성에서 기인하였든, 위와 같은 상반된 경향이 쉽게 설명되기는 어렵다. 어찌되었든, 일제강점기(주권상실기) 연구가 적지 않은 비중을 차지하였었고, 그 관심도 점증하는 추세였으며, 교육사상사의 연구비중도 높았고, 더더욱 인물연구가 중심을 이루는 연구경향 가운데, 유독 일제강점기(주권상실기) 교육사상가들에 대한 탐구가 왜소하였다는 점만은 주목해 볼 만한 대목이다.

보다 직접적인 시사를 제공해 주는 교육철학계의 연구동향 분석도 있다. 바로 박의수에 의해 2004년에 "한국 교육철학의 연구 동향과 과제"라는 제목으로 발표된 연구인데, 이 연구에서 그는 ① 1960년부터 2003년 사이 발표된 석사학위논문 1,588편, ② 1960년에서 1991년 사이 출판된 논문과 저서·역서 1,302편, 그리고 ③ 1991년부터 2003년 사이 『교육철학』 게재논문 236편, 『교육학연구』에 게재된 150편, 그리고 해당기간 박사학위논문 82편 등 총 468편의 논문을 분석하였다. 그 결과의 일부를 소개하면 아래와 같다.

<표5> 연구동향분석 I: 1960~2003 석사학위논문 (박의수, 2004: 7; 발췌·재구성은 필자)

	인물 (사상가)				사상·사조	교과교육	기타
	한국	동양	서양	소계			
편수 (519)	147	24	166	337	91	65	26
	28.3%	4.6%	32.0%	65.0%			
%(100)	64.9				17.6	12.5	5.0

이 연구의 "인물·사상가 – 한국" 부문에 등장하는 인명으로는 안창호(25편), 율곡(21편), 정약용(15편), 퇴계(12편), 유길준(7편), 남궁억(6편), 박은식(5편), 박지원(5편), 이승훈(4편), 유형원(4편), 최한기(4편), 신채호(4편), 조식(3편), 홍대용(3편), 김성수(3편) 등이다. 본고의 주제와 관련하여, 안창호, 남궁억, 박은식, 이승훈, 신채호, 김성수 등에 관한 연구가 적지 않았다는 점은 고무적인 지표라 할 수 있다.

<표6> 연구동향분석 II: 1960~1991 논문 (박의수, 2004[5]: 10; 발췌·재구성은 필자)

	인물 (사상가)				교육 사조	한국 교육 사상·이념	교과 교육	교육 철학 교육 이론	교육 이념 교육 운동	기타
	한국	동양	서양	소계						
편수 (1,302)	125	23	349	497	143	212	78	203	111	58
	9.6%	1.8	26.8%	38.2%						
%(100)	38.2				11.0	16.3	6.0	15.6	8.5	4.4

"인물(사상가) – 한국" 부문에 등장하는 교육사상가로는 이이(20편), 정약용(10편), 이황(8편), 안창호(7편), 박은식(5편), 최한기(4편), 이덕무(4편), 조식(3편), 이익(3편) 등을 들 수 있다.

---

5) 박의수의 연구(2004) 중 "연구동향분석 II"에서 분석의 대상이 된 자료는 오인탁(1991)의 논문 "한국의 현대교육철학의 전개"(『교육철학』 9, 33-99)에 수록된 1720여 편의 논문 중 중복되거나 부적합한 사례를 제외하고 박의수가 선별한 1302편의 논문과 저·역서를 대상으로 한 것이다.

<표7> 연구동향분석 III: 1991-2003 『교육철학』 + 『교육학연구』 + 박사학위논문 (박의수, 2004: 12; 발췌 · 재구성은 필자)

편수 (468)	인물 (사상가)				교육 사조	한국 교육 사상· 이념	교과 교육	교육 철학 교육 이론	교육 이념 교육 운동	기타
	한국	동양	서양	소계	39	43	33	67	98	29
	35	17	107	159						
	7.5%	3.6%	22.9%	34.0%						
%(100)	34.0				8.3	9.2	7.1	14.3	20.9	6.2

"인물(사상가) – 한국" 부문에 등장하는 교육사상가로는 정약용(5편), 이황(4 편), 이이(4편), 최한기(3편), 권근(2편), 성혼(2편) 등이라고 박의수는 보고하고 있으며, 일제강점기(주권상실기) 교육사상가들의 이름은 보이지 않는다.

박의수의 연구 중 본고의 관심사와 관련된 부분을 정리하여 보자면, 한국의 교육철학계 역시 교육사학계와 마찬가지로 사상가 탐구를 선호하고 있으며, 그중 한국의 교육사상가에 대한 연구는 평균 10% 미만에 그친다고 할 수 있다.[6] <표 5>에 나타난 "28.3%"(인물·사상가 – 한국)이라는 수치에 대해서 박의수는 보정적 시각이 필요하다는 견해이다. 그에 따르면, <표5>에서 분석의 대상이 된 자료 가운데 석사학위논문의 65-70%는 교육대학원 논문이라는 것, 이들 연구자 대부분은 국민윤리 혹은 철학 교과를 담당하는 현직 교사들이라는 점, 그리고 상대적으로 한국의 인물에 대한 연구가 많은 것은 지도교수의 관심사가 반영된 것으로 해석될 수도 있지만, 한국의 교육사상가들이 비교적 접근이 용이한 주제라는 사실도 배제할 수 없다는 것이다.(박의수, 2004: 7) 물론 이것이 <표5>의 석사학위논문에서 나타나는 일제강점기(주권상실기) 교육사상가들에 대한 그나마 상대적으로

---

6) 한국 교육철학계의 인물연구·사상가연구에 대한 선호는 박의수의 연구 시점 이후에도 뚜렷하게 포착되는 경향이라는 점 역시 학계에 보고된 바 있다. 2005년에서 2010년 사이 국내외 교육철학계 연구동향을 비교분석한 우정길(2011)의 연구에 따르면, 해당 기간 『교육철학』에 게재된 총 184편의 논문 중 75편(40.7%)이 교육사상가에 관한 것이었다. 참고로, 그중 듀이(J. Dewey)에 관한 연구만 총 18편으로, 전체 교육사상가 연구 중 24%의 비중을 차지하고 있다. 해당기간 한국을 포함한 아시아 관련 연구는 도합 22편에 불과하다는 점도 함께 감안해 볼 필요가 있다.

높은 관심도에 대한 해명은 되지 못한다. 그보다 오히려 주목할 점은, 그것이 일
반대학원의 것이든 교육대학원의 것이든, 석사학위논문에서 적지 않게 포착되는
일제강점기(주권상실기) 교육사상가에 대한 관심이 이후 학술지 게재논문과 박사
학위논문으로 연결되지는 않는다는 사실이다. <표6>과 <표7>의 분석대상이
되었던 자료들, 특히 <표7>의 학술지 논문은 사실상 현대 한국의 교육철학계의
관심사와 현황을 보여주는 중요한 지표이기에, 그 속에 일제강점기(주권상실기) 교
육사상가에 대한 관심 또는 연구의 결과가 어떠하였는지는 해당 주제 연구의 현
황이 어떠한가를 이해하는 상당히 중요한 지표가 된다. 1960-1991년까지의 현황
을 담은 <표6>에 그나마 도합 12회에 걸쳐 등장하였던 안창호와 박은식에 관
한 연구는 1991-2003년의 연구 현황인 <표7>에는 등장하지 않는다. 물론 일제
강점기(주권상실기) 여타 교육사상가의 이름도 보이지 않는다. 박의수의 방대한 연
구 결과만을 놓고 보자면, 일제강점기(주권상실기) 교육사상가들에 대해 한국의 교
육철학계의 관심은 점차 감소해 왔고, 이 주제는, 학술지라는 공유와 소통의 창구
에 한정하여 볼 때, 1990년대 이후에는 학계의 관심에서 점차 사라졌다고 진단할
수 있다.

　한 가지 흥미로운 점은, 일제강점기(주권상실기) 교육사상가에 대한 한국의 교
육사학계와 교육철학계의 공통된 경향이다. 앞서도 언급한 바 있거니와 한국의 교
육사학계와 교육철학계는 공히 인물·사상가 연구에 대해 압도적 선호를 보여 왔
다. 시대별 선호도에 있어서 차이가 있거나 혹은 동양과 서양의 교육사상가에 대
한 편향성을 보이는 것은 사실이지만, 인물·사상가 연구에 대한 일반적 선호의
경향은 두 학계 내 거의 공통된 경향이라 할 수 있다. 그러나 '교육사상가'와 '일
제강점기'가 조합될 경우 두 학계 모두 상당히 소극적인 연구경향을 보였다는 점
은 특별한 주목을 요하는 부분이다. 특히 교육사학계의 경우 1990년대 이후 일제
강점기(주권상실기)에 대한 일반적 관심이 점증하였고, 심지어 2005-2009년 기간
에는 일제강점기(주권상실기)라는 시대가 여타 시대를 제치고 가장 관심도 높은 시
대로 나타남에도 불구하고, 일제강점기(주권상실기) 교육사상사 연구는 일제강점기
(주권상실기)에 대한 일반적 관심의 경향에 역행한 것으로 파악된다. 그런가 하면,
일제강점기(주권상실기) 자체에 대해 소극적인 관심을 보여 온 교육철학계에서도
역시 1990년 이후 일제강점기(주권상실기) 교육사상가 연구가 전혀 주목을 끌지

못한 것으로 파악된다. 그것이 "'서양교육철학은 교육철학계로, 동양교육철학은 교육사학계로'라는 학계 경향"(우정길, 2011: 91)과 관련이 있는 것인지 혹은 여타의 요인들이 작용한 것인지를 규명하기 위해서는 추가적인 연구가 필요할 것이다. 그러나 적어도 한용진 외(2010)와 박의수(2004)의 방대한 연구가 시사하는 바는 분명하다. 이 두 연구가 고찰한 시기에 한정하여 본다면, 일제강점기(주권상실기) 교육사상가들에 대한 연구는 한국의 교육철학계와 교육사학계가 충분한 관심을 기울이지 못했던 연구의 사각지대였다는 사실이다.

2. 한국 교육사학계와 교육철학계의 기획 연구

한국의 교육사학계와 교육철학계가 공히 적극적 관심을 기울이지는 못하였다 하더라도, 일제강점기(주권상실기) 교육사상가 탐구를 위한 학회 차원의 공식적 계기가 몇 차례 있기는 하였다. 우선 "한국교육학회 교육사연구회"(現, 한국교육사학회)의 이름으로 1987년에 출판한 3권의 저서 『교육사상가 평전』(I, II, III)를 들 수 있다. 그중 제Ⅰ권이 "한국편"에 해당되는데, 여기에는 원효와 지눌, 이황과 이이 등을 비롯한 19명의 한국의 교육사상가들이 소개되고 있다. 여기에 일제강점기(주권상실기) 교육사상가 6명이 등장하는데, 이기, 박은식, 이승훈, 안창호, 남궁억, 조소앙 등이 바로 그 이름들이다. 전체 19명 중 이 시기 인물이 6명이나 채택되었다는 데서 당시 『교육사상가 평전』을 기획했던 인사들이 일제강점기(주권상실기)라는 시대를 어떤 관점과 어떤 비중으로 다루고자 하였는지를 엿볼 수 있다. 아울러 이 6명의 인물들이 "교육사상가"로 명명되었다는 사실도 큰 의미가 있다. 그로부터 20여 년이 지난 오늘날에도 여전히 일제강점기(주권상실기) 교육사상가들이 "민족교육운동가"나 "애국계몽운동가"로 분류되고 명명되는 사례가 적지 않다는 점을 감안한다면, 당시 "교육사상가"라는 호칭을 통한 적극적 의미부여는 상당히 선구적인 식견이 반영된 것으로 볼 수 있다. 물론 그렇다고 해서 그들의 교육운동이나 계몽운동의 의미 자체가 폄하되는 것은 결코 아니다. 아울러 어수선하였던 당시의 시대적 상황으로 인하여 자신들의 교육적 사유를 기록으로 충분히 남기지 못한 데서 기인한 사료의 불충분성이 이들을 교육사상가로 명명하는 일을 주저하게 만드는 사유가 되었을 수도 있다. 여하한 사유들에도 불구하고, 당시 『교

육사상가 평전』을 기획하였던 "한국교육학회 교육사연구회 창립 20주년 기념사업
집필위원회"(위원장 한기언)의 위와 같은 결정은 그로부터 30여 년이 지난 2019년,
3·1운동 및 대한민국임시정부수립 100주년을 맞아 "일제강점기, 저항과 계몽의
교육사상가들"이라는 제하에 연차학술대회를 개최하였던 한국교육학회 한국교육
철학학회에게 훌륭한 길라잡이가 되었음은 자명하다.

일제강점기(주권상실기) 교육사상가들에 대한 교육철학계의 관심은 그 이듬해
인 1988년과 1992년 두 차례에 걸쳐 공식적으로 나타나게 된다. 우선 1987년 한
국교육학회 교육철학연구회(現, 한국교육철학학회)는 연차학술대회를 통해 "한국교
육철학의 개척자들"이라는 제목으로 한국교육철학의 과제와 전망을 논할 기회를
가졌다. 그러나 당시 "한국교육철학의 개척자들"의 범주 속에 한국의 교육사상가
는 다섯 명만 들게 되었는데,7) 곧 최현배, 장리욱, 김기석, 임한영, 유형진 등이
다. 이들은 생존연대상 모두 일제강점기(주권상실기)에 살기는 하였으나, 모두가
일제강점기(주권상실기) 동안 가장 활발한 활동을 보인 교육사상가라고는 볼 수 없
다. 오히려 몇몇은 해방 이후 한국의 교육과 교육철학의 발전을 위해 기여한 공이
더 큰 경우도 있다. 이들의 선정 사유에 대해서도 당시 종합 논평을 맡은 한기언
은 다음과 같이 적고 있다.

"애초에 논의가 된 것은, 우리나라에서는 학문적인 면에서의 엄격한 논평
이 그리 활발치 못한데, 이 점을 시정하기 위해서라도 이를테면 최근에 세상
을 떠난 한두 분에 대하여 학술적 논평이 시도되어서 좋지 않겠느냐는 것이
었다. 그 결과 당시 논의된 시점에서의 고인으로는 유형진(1985)과 임한영
(1986)이 거명되었다. … 이렇게 해서 먼저 두 명이 선정된 것인데, 그 후
약간 시기적으로 소급하게 되는 가운데 을유광복 이후 우리나라 교육에 지대
한 영향을 끼친 인물 세 분을 추가하기에 이른 것이다. 따라서 최현배, 장리
욱, 김기석의 경우는 그들의 공적이 공인되고 있다는 전제하에 그 공덕을 기
리는 의미에서의 선정이 외었다는 것이다." (한기언, 1988: 97)

즉, 사실상 방점은 일제강점기(주권상실기)가 아니라 광복 이후 시대에 있었으

---

7) 이들 5인의 한국 교육사상가들 외에도 "한국교육철학의 개척자들" 기획에 포함된 교육사상 또는
교육사상가는 Robert Ulich, W.v. Humboldt 그리고 프랑크푸르트학파의 사회비판이론이 있다.

며, 후반부에 거론된 세 명은 추가로 거명되었다는 것이다. 그럼에도 불구하고 1986년에 기획되고 1987년에 출판된 당시 한국교육학회 교육사연구회의 『교육사상가 평전』에 이어 한국교육학회 교육철학연구회에서도 일제강점기(주권상실기) 교육사상가들에게 관심이 확장되었다는 것은 고무적인 일이라 할 수 있다. 물론 이 두 가지 기획의 중심에 한기언이라는 학자가 있었다는 점 역시 기억될 필요가 있다. 참고로 당시 최현배에 대한 발제는 김정환이, 장리욱에 대한 발제는 박의수가, 그리고 김기석에 대한 발제는 김태영이 한 것으로 기록되어 있다.

이로부터 5년 후, 한국교육학회 교육철학연구회(現, 한국교육철학학회)는 "한국교육사상가 연구"라는 주제로 연차학술대회를 개최하고, 그 성과들을 『교육철학』 특집호로 묶었다. 이 특집호에는 백낙준, 김활란, 오천석, 허현, 이인기에 대한 논고들이 게재되었고, 이에 대한 토론문도 함께 게재되었다. 이러한 기획은 분명 미흡한 감이 없지 않으나, 한국의 교육사상가 탐색 및 교육사상의 체계화를 위해 중요한 계기임이 분명하다.

3. 일제강점기 관련 교육사상사 연구 및 교육사상가 발굴

학회의 관심이 개별 학자의 학문적 관심사와 일치하지 않을 수 있다. 그러나 학회의 학술활동에 적극적으로 의견을 개진하고 조력하였던 학자들의 경우 학회의 궤적이 개인의 학문 여정과 일정부분 교차하거나 평행을 이루기도 한다는 사실을 종종 확인할 수 있다. 그 대표적인 사례는 앞서 언급된 바 있는 한기언이다. 그는 1987년 "한국교육학회 교육사연구회 창립 20주년 기념사업 준비위원회" 위원장으로서 『교육사상가 평전』(I, II, III)의 기획과 출판을 주도하였거니와, 그 이듬해인 1988년 "한국교육학회 교육철학연구회"의 학술기획 "한국교육철학의 개척자들"의 중심에 자리하였다. 물론 이 두 기획물에서 일제강점기(주권상실기) 교육사상가들이 비중 있게 다루어졌음은 앞서 언급한 바 있다.

그런데 "한국교육학회 교육사연구회 창립 20주년 기념사업 준비위원회" 위원 중에는 손인수와 이문원이 있었고, 이들 역시 이 시기를 전후하여 한국의 교육사상가, 특히 일제강점기(주권상실기) 교육사상가 발굴에 상당한 기여를 한 사실을 확인할 수 있다. 우선 손인수의 경우 1990년에 출판한 『한국교육사상가 평전』에

서 단일 저서로는 가장 많은 110여 명의 한국 교육사상가를 발굴하여 그 생애와
활동 및 사상의 단초들을 제시하고 있다. 특히 본고의 관심사인 일제강점기(주권
상실기)에 해당하는 교육사상가만도 37명[8]이 포함되어 있기에, 사실상 일제강점
기(주권상실기) 교육사상가 연구의 성실한 기초자료로 손색이 없다. 일제강점기(주
권상실기) 교육사상가들에 대한 손인수의 이러한 관심은 이미 오래 전에 예고되어
있던 것이기도 하다. 『한국교육사상사』(1964)에서 그는 일제강점기(주권상실기) 제
국주의 교육을 "일본주의 교육사상"이라 명명하고, 이에 대항한 3·1운동의 정신
을 별도로 소개하는가 하면, 『민족과 교육』(1986)에서는 "일제하의 민족교육과 저
항 민족교육운동"(손인수, 1986: 76f)에 대한 의미부여를 지속하였다. 이러한 관심
이 그로 하여금 30명이 훌쩍 넘는 일제강점기(주권상실기) 교육사상가들의 흔적을 발
로 찾아다니게 하였다고 그는 말한다. "이 책 『한국교육사상가 평전』은 저자의 머리
가 아닌 발로써 쓴 것이라도 해도 지나친 말은 아니다."(손인수, 1990: v) 그리고 한
국의 교육사상가들에 대한 자신의 관심을 다음과 같이 일반화하여 표현하였다.

"우리나라 교육사상가의 평전은 아직 정리되어 있지 않은 단계에 있기 때
문에, 이를 쓴다는 것은 생각처럼 쉬운 일이 아니었다. 쉬운 일이 아니기 때
문에 우리들은 블룸(B.S. Bloom)이나 듀이(J. Dewey)의 교육사상은 알아도
이승훈, 안창호, 조동식, 김교신 등의 교육사상은 제대로 이해하고 있지 못하
는 것 같다. 블룸, 듀이를 말하기 전에 이승훈, 김교신을 알아야 하는 것은,
그것이 <나> 자신을 포함하는 한국적 진실이기 때문이다. 따라서 이 책은
우리나라 교육사상가의 교육적 배경, 문학적 흥미, 도덕적 생활, 교우관계, 인
간관계, 교육적 신념, 이념적 관점, 민족적 입장 등 여러 시각에서, 어떤 인격
으로 어떤 교육사상을 우리들에게 유산으로 전하여 주었는가를 살피기 위하
여 내놓은 것이다." (손인수, 1990: iii)

손인수보다 조금 늦은 시기이지만, 이문원도 『한국의 교육사상가』(2002)에서
한국의 교육사상가들에 대한 방대한 소개를 선보였다. 이 저서의 출판시점으로부

---

8) 손인수가 열거하고 있는 37명의 명단은 다음과 같다. "박은식, 박영효, 남궁억, 이승훈, 장지연,
엄주익, 이동휘, 김구, 주시경, 안창호, 오긍선, 최광옥, 신채호, 김홍량, 조만식, 최규동, 안희제,
김원근, 조동식, 조소앙, 김성수, 현상윤, 정운보, 최현배, 백락준, 유억겸, 황신덕, 김법린, 김활
란, 방정환, 유석창, 김교신, 오천석, 함석헌, 박종홍, 홍이섭, 서기원"(손인수, 1990)

터 20여 년 전부터『교원복지신문』에 기고하였던 글들을 저서로 묶었다는 저자의 소개(이문원, 2002: 3)에서 우리는 1980년대 초부터 그가 이 주제에 천착해 왔다는 점을 알 수 있다. 이 저서에서 그는 신라시대 3인, 고려시대 4인, 조선전기 8인, 조선후기 12인, 그리고 현대의 인물로 22인9)을 소개하고 있다. 이 22인은 대부분 일제강점기(주권상실기)의 교육사상가들이기에, 이것을 손인수의『한국교육사상가 평전』(1990)에 등장하는 37명과 포개어 놓고 보면, 일제강점기(주권상실기) 교육사상가들의 이름은 이제 상당 정도 발굴되었다고 평가할 수 있다.

이에 더하여 김선양의『현대한국교육사상사』(1999)도 언급될 가치가 있다. "애국계몽운동과 근대교육활동"이라는 제목의 장으로 시작되는 이 저서에는 "이승훈, 안창호, 남궁억, 김교신, 조동식, 조만식, 최현배" 등 인물들의 애국계몽운동 활동과 교육적 사유가 "교육사상"이라는 이름으로 소개되고 있다. 주지하는 바와 같이 김선양은 이미 1976년의 저서『교육철학』의 제6장 "민족주의와 교육"에서 "안창호의 생애와 교육이념"(1976: 162-171)을 비중 있게 다룬 바 있다. 여기서부터 시작된 일제강점기(주권상실기) 교육사상가들에 대한 관심과 연구가 1980-1990년대에 축적되어 급기야『현대한국교육사상사』(1999)에서 집대성된 것으로 보인다.

그러나 이들 연구보다 시기적으로 훨씬 앞서는 연구가 간과되어서는 안 될 것이다. 박상만의 경우 이미 1956-1959년에 걸쳐『한국교육사』(상·중·하)를 출판한 바 있다. "최현배 선생 감수, 박관수 선생 교열"이라는 글귀가 책제목 위에 새겨진 이 저서의 하권 "여덟째 가름. 근세 이름난 교육가"(1959: 393-454)에는 다섯 명의 일제강점기(주권상실기) 교육사상가가 등장하는데, 그 이름은 안창호, 주시경, 이승훈, 남궁억, 최규동 등이다. 물론 이 저서에서 박상만은 이들 교육사상가들의 생애와 역사적 배경의 소개에 중점을 두었기에 이들 "근세 이름난 교육가"들의 교육사상에 대한 세밀하고 체계적인 논리구조에 대한 탐구결과를 찾아보기는 어렵다. 그러나 해방 후 10여 년이 지난 시점에서, 그것도 한국전쟁으로 인해 그 이전부터 탐구하였던 자료와 원고가 모두 소실되는 바람에, 종전 후 처음부터 새로 시작하여 매듭을 짓게 되었다는 이 책에서 저자가 적고 있는 "여덟째 가름"의 도

---

9) 이문원이 열거하고 있는 22인의 명단은 다음과 같다. "이기, 이상재, 박은식, 남궁억, 이승훈, 장지연, 이동휘, 김구, 안창호, 한용운, 김창숙, 조만식, 최규동, 현채, 조소앙, 김도태, 현상윤, 최현배, 길영희, 김교신, 허헌, 강성갑"

입부는 3·1운동 및 대한민국임시정부수립 100주년을 맞아 "일제강점기, 저항과 계몽의 교육사상가들"이라는 제하의 학술대회를 공유한 한국교육철학학회 후학들에게 시사하는 바가 크다.

> "경술년(庚戌年) 이후 오늘날까지 40유여 년간은 우리 민족은 가까스로 여러가지 고난을 겪어 왔으므로, 여기서 옳은 교육이 행해질 리 없었고, 따라서 위대한 교육자가 나올 리 없었다. 그러나 다행히도 다음에 말할 도산(島山) 안창호(安昌鎬), 한흰샘 주시경(周時經), 남강(南岡) 이승훈(李昇薰), 한서(翰西) 남궁억(南宮檍), 백농(白儂) 최규동(崔奎東) 이 다섯 분 선생이 그러한 수난기에 나타나서, 쓰러진 한민족의 갱생을 확신하고, 거기다가 교육의 이념을 굳게 세운 뒤에, 교육가로써 또는 혁명가로써 죽엄을 무릅쓰고 눈물겨운 활동과 실천으로 정의(正義)를 굳굳이 지켜 모진 형옥(刑獄)도 두려워하지 아니하고, 오로지 청년학도를 마음 속 깊이 이 민족혼을 부어 넣기에 여생을 다 바치어, 오늘의 우리의 국권을 회복할 큰 기틀을 잡아 놓았던 것이다." (박상만, 1959: 391)

이후 박상만은 1971년 『한국역대교육명가열전』이라는 제목의 저서도 출판한 바 있다. 교육사상가 설총과 최충으로부터 시작하고 있는 이 저서에는 총 44명의 한국 교육사상가들의 생애와 사상에 대한 간략한 안내가 들어 있는데, 그중 1959년의 저서에 소개되었던 5인의 일제강점기(주권상실기) 교육사상가들이 다시 등장한다. 그가 자서(自序)라 명명한 아주 간략한 서론에서 그는 다음과 같이 적고 있다.

> "대저 학문하는 태도는 먼저 내 것을 알고, 다음에는 남의 것을 알고, 그 다음에는 내 것과 남의 것을 대조하고 비교하여, 그 좋은 점을 취함으로써 내 것을 일층 갈고 닦고 다듬고 윤내어서, 내 것을 아주 완미(完美)한 것으로 만드는 데 있을 것이다. 서방 교육하는 사람 가운데는 이 태도를 멀리 벗어나서 내 것을 알기 전에 남의 것을 먼저 알기에 힘을 쓰고, 내 것을 말하기 전에 남의 것을 먼저 말하기를 좋아하는 경향이 너무나 짙은 것이 있어, 필자는 언제나 이를 못마땅하게 여겨 온 바다. 이에 그 한 몽(夢)을 여는 뜻에서 우리나라 역대 이름난 교육가들의 거룩한 교육 행적, 가치 있는 교육 학설, 금석같은 교육 훈화 등을 … 모조리 발췌하여 한 권의 책자로 엮어 보았다." (박상만, 1971: 자서自序)

1971년 당시 대구종로국민학교장으로 재직 중이었으며, 자신에 대하여 "하방(遐方)의 한 촌학구(村學究)"(박상만, 1959: 自序)라는 문구와 아울러 "한국교육사연구 30년"이라는 대단히 간략하고 강렬한 이력 두 줄만을 명기한 이 저서의 위와 같은 자서(自序)는 어쩌면 해방 이후 20여 년간의 한국의 교육학계 학풍을 촌평한 것일 수도 있다. 이것은 동시에 오늘날 대한민국의 교육학계 후학들에게 전하는 권학사(勸學辭)로 독해되어도 무방하리라 생각된다.

4. 단행본과 학술지 논문들 – 개별 교육사상가 연구의 현황

앞서도 언급한 바와 같이 한국의 교육사학계나 교육철학계는 공히 일제강점기(주권상실기) 교육사상가 연구에 있어서는 비교적 소극적인 관심을 보여 왔다. 관련 학회 차원의 몇 차례 계기는 있었으나, 아직 연구의 전성기를 맞았다고는 말할 수 없다. 양적으로 보아도 그러하거니와 한국교육사상사 또는 한국교육사상가에 대해 관심을 가진 학자들을 중심으로 연구의 명맥이 이어져 온 정도라고 하여야 할 것이다. 그런 와중에 교육철학계에서 몇몇 심도 있는 논의가 단행본의 형식으로 등장한 것은 고무적인 일이라 할 수 있다. 물론 이러한 단행본들이 탄생하게 된 배경에는 오랜 기간의 탐구와 숙고를 거듭한 연구자들의 관심과 노력이 있었고, 교육철학계 내부의 공유와 논의 역시 일정부분 작용하였다는 점은 명백하다.

우선 가장 눈에 띄는 연구서는 박의수의 저서 『도산 안창호의 생애와 교육사상』(2010)이다. 이 저서에서 박의수는 안창호의 사상에 대해 "도산의 사상은 곧 교육사상이며, 교육사상이 곧 도산사상이라고 보아도 지나치지 않을 것"(박의수, 2010: 76)이라고까지 평하고 있다. 시기적으로는 비교적 늦어 보이는 출판이지만, 실제로 이 저서가 담고 있는 연구의 시작은 1985년으로 거슬러 올라간다. "도산의 인격과 사상"(1985)이라는 제목의 연구를 필두로 2009년 연구 "도산 안창호의 서번트 리더십 연구"에 이르기까지 무려 9편의 논문을 통해 박의수는 도산 안창호의 교육활동과 교육사상을 정리하고 체계적으로 소개하였다. 안창호에 대한 박의수의 이러한 심도 있는 연구는 학부시절 우연히 접하게 된 이광수의 저서 『도산 안창호』에서 시작되었다고 하지만, 평소 "민족교육론"을 강조·강의하였던 김정환의 영향 혹은 그와의 교감과도 관련이 있었을 것으로 보인다.

주지하는 바와 같이 김정환은 이미 1974년 "김교신의 교사로서의 특질분석"이라는 논문을, 그리고 1980년에는 기독교인이자 교사였던 김교신에 대한 평전이라할 만한 단행본 『김교신』10)을 출판한 바 있다. 또한 그는 1986년 도산학회에서발행하는 『도산사상연구』 창간호에 "도산 교육사상의 발전적 계승책"이라는 논문을 발표한 바도 있다. 이어서 그는 최현배의 교육론에 대한 연구(김정환, 1988)와함석헌의 교육론에 대한 연구(김정환, 1991)도 발표하는데, 이렇게만 하여도 이미일제강점기(주권상실기) 교육사상가 4인에 대한 연구들을 선보인 셈이 된다. 김정환이 "교육사상가론" 강좌의 교재로 활용하였던 미간행 강의록(1993)에는 이들 4인에 대한 자신의 연구논문들11)이 실려 있는데, 이 강의록은 1980년대 후반부터1990년대 전반에 활용되었을 것으로 추정된다. 아울러 『교육의 철학과 과제』(1974b)와 『교육철학』(1987)에 바탕을 두고 이를 보완하여 출판하였다는 『교육철학』(1998)의 제6장 "한국교육이념과 과제"에서 김정환은 자신이 연구하고 강의하였던 교육사상가들을 재차 소개하고 있는데, 여기에 박은식, 남궁억, 안창호, 김성수, 최현배, 김교신 등의 교육사상에 대한 간략한 안내가 등장한다. (이 시기를 전후하여 출판된 그의 저서들에서는 함석헌과 이승훈이 추가되었다: 김정환, 1995; 2006) 특징적인 점이라면, 김정환은 이들을 본격적으로 교육사상가로 소개하는 대신 "위대한 교사들"(1995: 271f), "민족교육 선각자들"(1996: 483) 또는 "겨레의 큰 스승들"(2006: 69f) 등으로 부르고 있다는 점이다. 그런가 하면 그는 이들 각각의 교육사상에 "국혼교육론"(박은식), "자주적 국사교육론"(남궁억), "주인의식 각성교육론"(안창호), "언론·산업·교육의 포섭·통합교육론"(김성수), "겨레얼 일깨움의 한글교육론"(최현배), "섭리적 민족사관에 근거한 민족적 자아발견 교육론"(김교신) 등의 이론명을 부여하고, 이 "이론들"을 "민족교육의 6가지 이념 유형"이라고 명명하고 있다. 위와 같은 사실에 기반하여 볼 때, 김정환은 일제강점기(주권상실기) 교육사상가들 각각의 교육론의 체계에 대한 탐구가 중요하다고 생각함과 동시에, 혹은 그보다 더욱, 일제강점기(주권상실기) 교육사상을 큰 틀에서 "민족교육의 이

---

10) 이 저서에 대한 비평: 송순재(1994). 김교신 - 그 삶과 믿음과 소망. 『김교신』(김정환, 한국신학연구소: 1994). 『한국교육연구』 1, 102-105.

11) 김정환(1986). 도산 교육사상의 발전적 계승책. 『도산사상연구』 1, 113-161; 김정환(1988). 최현배의 교육사상. 『교육철학』 6, 91-105; 김정환(1987). 김교신. 『살림』 7, 71-89; 김정환(1991). 함석헌. 『한국의 교육사상가』(下). 서울: 교원복지신보사.

념"으로 묶어 내고자 한 것으로 보인다. 그런 가운데 한 가지 주목할 부분은, 그가 여타 교육사상가들에게는 "선각자·스승"이라는 호칭을 부여하지만, 안창호에 대해서는 주저 없이 교육사상가라는 호칭을 부여한다는 점이다. 그는 안창호를 처음부터 그리고 본질적으로 교육사상가로 인식하였다. "도산의 경우 … 사상은 그대로 교육사상이요, 거꾸로 교육사상은 그의 사상의 전부다."(김정환, 1986: 131) 그리고 이러한 평가에 대해 박의수 역시 동의를 표하고 있다(박의수, 2010: 76). 참고로, 김정환과 박의수는 앞서 언급한 바 있는 교육철학학회의 1988년 기획 "한국교육철학의 개척자들"에서 각각 최현배와 장리욱에 대해 발제한 바 있다(김정환, 1988; 박의수, 1988).

안창호 교육사상 연구와 관련하여 마지막으로 필히 언급되어야 할 연구는 한기언의 논고 "변혁기의 개혁운동과 도산사상"(1993)이다. 도산의 사상을 "일핵사상(一核思想)과 2대강령, 3대조약, 4대정신, 5대공약, 6대사업"으로 체계화하고 이를 하나의 도식으로 시각화한 그의 정리(한기언, 1993: 134)는, 비록 여기서 교육사상이 그 중심에 위치하지는 않지만, 안창호 사상의 체계적 이해를 위한 초석으로 손색이 없다.

안창호에 이어 관련 연구가 비교적 많이 진행된 교육사상가는 최현배이다. 장원동의 저서 『외솔 최현배의 교육사상』(2007)이 가장 최근의 저서이다. 여기서 그는 최현배의 교육사상을 크게 두 갈래, 즉 신교육론과 민족교육론으로 나누고, 전자를 인간교육, 주체성교육, 노작교육이라는 세 요소로, 후자를 도덕교육과 전인교육이라는 두 요소로 구분하여 최현배의 교육사상을 체계화하고 있다(장원동, 2007: 187f). 이 저서는 2007년에 출판되었지만, 장원동의 최현배 연구는 그의 1974년 석사학위논문(장원동, 1974)에서 시작되었고, 이후 "Fichte와 최현배의 교육사상 비교 연구"(장원동, 1995)와 "외솔 최현배의 민족교육사상연구"(장원동, 2003) 등으로 꾸준히 이어졌던 연구의 축적물이라 할 수 있다. 한편 장원동의 석사학위논문이 출판된 1974년에는 장원동이 석사학위를 취득한 대학에서 1968년부터 교수로 재직하였던 홍웅선의 논문 "외솔의 교육사상"(홍웅선, 1974)이 발표된 해이기도 하다. 이후 최현배와의 개인적 인연과 교육적 일화를 담은 글들을 외솔회에서 발행하는 『나라사랑』에 1971년부터 1990년 사이, 동일한 내용이 중복 게재된 사례를 제외하자면, 4차례 발표한 바 있다.[12]

물론 그 스스로 페스탈로치 연구가이기도 하였던 최현배는 이후 국내 페스탈
로치 연구로 명성이 높았던 김정환의 주요 연구주제이기도 하였었거니와, 이에 관
한 연구는 앞서도 언급한 바 있다(김정환, 1988, 1997). 이 논고에서 김정환은 최현
배의 교육사상을 "민족교육론, 구국교육론, 사회교육론, 국어교육론, 페스탈로치
교육사상의 체계화" 등 다섯 가지로 유형화하여 제시하였다. 특징적인 점이라면,
김정환의 경우 최현배의 교육사상뿐 아니라 문화 관련 이론들을 "배달겨레 발전
론, 언어론, 한글운동론, 한글만쓰기 주장, 한글 가로 쓰기론" 등으로도 유형화하
여 제시하였다는 점이다. 이는 교육학자로서 최현배와 국어학자로서 최현배, 그리
고 민족문화운동가로서 최현배를 종합적으로 고찰·제시한 것으로서, 교육철학 분
야 후속 연구들이 참고할 중요한 자료라 할 수 있다. 이와 아울러 김선양의 1997
년 논고 "외솔 최현배의 교육사상"도 간과되어서는 안 된다. 앞서 언급된 그의 저
서 『현대한국교육사상사』(2004)에도 실린 이 논고에서 김선양은 최현배의 교육사
상을 "겨레사상, 얼·말·글의 삼위일체성, 문화의 정초로 남는 언어관, 민중교육
관, 도덕적인 생활의 습관화, 역사의식"이라는 체계로 해설해 내고 있다(김선양,
1999: 209f). 아울러 교육사학자 손인수 역시 외솔 최현배 선생 20주기 추모 논총
에 "외솔 최현배의 민족주의 교육사상"이라는 제하의 논고를 게재한 바 있다(손인
수, 1991).

일제강점기(주권상실기) 교육사상가에 대해 교육사상가적 관점에서 단행본이
출판된 또 다른 사례로는 방정환과 김구를 들 수 있다. 방정환 연구도 안창호 연
구와 비슷한 시기에 그 시작을 알린다. 안경식의 연구로 "소파 방정환의 아동교육
운동과 사상"이라는 제목의 논문이 1987년 발표되었고, 후속 연구들로 채워진 단
행본이 방정환의 사상적 토대라 할 수 있는 동학혁명 100주년 기념해였던 1994
년에 『소파 방정환의 아동교육운동과 사상』(1994/1999)이라는 제목의 단행본으로
출판되었다. 이 저서에서 안경식은 "소파의 아동교육사상, 소파의 유아교육사상"
이라는 용어를 사용하고 있는데, 이러한 용어는 후속 연구들(임재택·조채영, 2000;
명지원, 2010)에도 이어지고 있다. 이보다 한 걸음 더 나아가 방정환을 "교육철학

---

12) 홍웅선(1971). 문교부 시절의 외솔 선생님. 『나라사랑』 1, 167-169; 홍웅선(1975). 외솔 선생
과 나. 『나라사랑』 19, 196-197; 홍웅선(1975). 외솔 선생 일화: 외솔 선생과 철필. 『나라사랑』
20, 246-247; 홍웅선(1994). 외솔과 편수국. 『나라사랑』 89, 278-283.

자"로 명명하여 연구한 사례(김용휘, 2017)도 있다. 교육사상가 김구의 경우, 1993 년 성의정이 "백범 김구의 교육사상"이라는 제목의 논문을 발표한 바 있으며, 이 러한 교육사상가적 관점은 최혜주의 연구 "백범 김구의 신민회 시기의 교육사상 과 교육운동"(2007)으로 이어진다. 이러한 선행연구들을 이어 근래 "백범 김구의 교육실천 및 교육사상에 대한 연구"라는 제목의 박사학위논문(한민석, 2015)이 발 표됨으로써, 교육사상가 김구에 대한 연구는 의미 있는 학문적 결실을 맺기 시작 하였다고 볼 수 있다.

아직까지 단행본이나 박사학위논문으로 이어지지는 못하였으나, 교육사상가라 는 관점이 중심을 이루는 또 한 가지 사례로 박은식에 관한 연구들을 들 수 있다. "박은식의 교육사상"(1978)이라는 제목의 논문에서 오초자는 "교육사상가 박은식" 이라는 관점을 명시적으로 채택하고 있는데, 이러한 관점은 후속 연구들, 즉 "박은 식의 민족주의 교육사상"(김효선, 1985), "박은식의 교육사상 연구"(우남숙, 1996), "백암 박은식의 교육사상과 교육실천"(강명숙, 2011) 등으로 이어져 왔다. 그러나 안창호, 최현배, 방정환, 김구 등의 교육사상가들에 비해 아직은 집대성된 연구물 이 아쉬운 실정이다.

위와 같은 사례들 외에, "대동단결선언문"(1917)과 "대한민국임시헌장"(1919) 의 초안 작성을 주도한 인물로 알려진 조소앙 역시 교육학계가 주목하고 탐구해 야 할 일제강점기(주권상실기) 교육사상가라 할 수 있다. 주지하는 바와 같이 "대 한민국임시헌장"(1919)은 "정치의 균등, 경제의 균등, 교육의 균등"을 의미하는 삼 균주의(三均主義)를 천명하였으며, 이것은 이후 "대한민국임시정부선언"(1931), "대 한민국건국강령"(1941)으로 이어진다. 이렇듯 대한민국임시정부가 표방한 일련의 정치철학·사회철학의·교육철학의 이념적 기저에서 우리는 조소앙이라는 사상가 의 신념과 목소리를 확인할 수 있다. 교육학의 관점에서 주목할 부분은, 교육권의 중요성에 대한 그의 강조가, 강내희의 연구(2010: 204f)에 따르면, 1910년 『대한흥 학보』(제10호)에 게재한 "갑신 이후 열국대세의 변동을 논흠"부터 해방 직후까지 일관되었던 그의 신념이자 정책적 기조였다는 점이다. 그가 1946년 3·1절 기념 식장에서 행한 것으로 잘 알려진 연설에서 우리는 그가 삼균주의에 대하여, 특히 교육의 중요성에 대해 가져왔던 평생의 신념을 확인할 수 있다.

    "우리나라를 독립국으로 하오리다. 우리 동포로 하여금 자유민이 되게 하
오리다. … 우리 민주독립을 성공하리다. 아이마다 대학을 졸업하게 하오리
다. 어른마다 투표하여 정치성 권리를 갖게 하오리다. 사람마다 우유 한 병씩
먹고 집 한 채씩 가지고 살게 하오리다. 우리 조국을 광복하오리다. 만일 그
렇지 못하게 되면 나의 몸을 불에 태워 죽여주시오. 대한독립 만세! 임시정부
만세!"(이문원, 2002: 404 참조)[13]

    아쉽게도 조소앙의 삼균주의는 제헌헌법에 고스란히 반영되지는 못하였으며,
더더욱 그의 교육사상이 한국의 교육학계에서 상당 기간 주목받지 못한 것도 사
실이다. 그러나 오늘에 와서 그의 사상을 재고해 보건대, 이것이 오늘날 우리의
정치와 경제와 교육이 지향하고자 하는 바와 결코 다르지 않으며, 그러므로 현대
한국의 사회와 교육에도 큰 공명을 이룰 한국 교육철학의 지향점으로 손색이 없
겠기에, 그의 교육사상에 대한 적극적인 연구가 필요하리라 판단된다. 1990년대
이후 조소앙에 대한 연구는 사학계와 정치학계를 중심으로 점증하고 있으며, 교육
학계의 경우도 앞서 언급된 강내희(2010)의 연구 외에도 교육사학, 교육법, 교육
정책 분야를 중심으로 드물게나마 연구의 성과들이 보고되고 있지만,[14] 교육철학
계에서도 보다 적극적으로 탐구하고 그 의미를 공유할 필요가 있을 것이다. 아울
러 조소앙의 경우 교육사상을 정치·경제사상과 분리하여 고찰하는 것이 사실상
가능하지 않겠기에, 실제로는 교육학 이외의 분야에서 진행된 연구들에 대해서도
함께 조사하고 탐구할 필요가 있다. 또한 그가 남긴 저술과 논술문이 여타 일제강
점기(주권상실기) 교육사상가들의 그것에 비해 다수라는 점도 연구를 위한 큰 장점

---

13) "이문원, 2002: 404"에 글로 쓰여 있는 조소앙의 연설은 최근 조소앙선생기념사업회에서 디지
    털 복원작업을 거쳐 공개한 그날의 육성 음원과는 약간의 차이가 있다. 위 인용문은 2019년 2
    월 26일 연합뉴스에 소개된, 음성복원된 연설의 해당 부분을 연구자가 녹취한 것이다(https://
    youtu.be/Ffs6le_7zVY 2019년 3월 1일 확인).
14) 김혜경(1990). 대한민국임시정부의 교육정책 연구.『성신사학』 8, 61-89; 정태수(1996). 균등
    교육이론과 국민의 교육권을 법제화한 소앙 조용은.『삼균주의연구논집』 16; 이명화(1999).
    대한민국임시정부의 교육정책과 활동.『역사와 실학』 12, 447-479; 신용하(2001). 조소앙의
    사회사상과 삼균주의.『한국학보』 27(3), 2-39; 박윤옥(2001). 조소앙의 삼균주의에 나타난 교
    육균등 사상의 현대적 의의. 한국교원대학교 교육대학원 석사학위논문. 참고로, 철학계에서도
    다음 연구가 보고된 바 있다. 이상익(2010). 조소앙(趙素昻) 삼균주의(三均主義)의 사상적 토
    대와 이념적 성격.『한국철학논집』 30, 87-121.

으로 작용할 것이다.

또 한 명의 교육사상가 남궁억에 대한 연구는 비교적 이른 시기에 그 시작을 고하였고(김경희, 1972), 상당한 시차를 두고 후속연구인 "남궁억의 여성교육사상에 관한 연구"(송준석, 1994)가 발표되기는 하였으나, 그 인물의 교육사적 중요도에 비해 연구의 양은 미흡한 상황이라 할 수 있다. 이것은 한국교육학회 교육사연구회(1987: 282)와 이문원(2002: 311)이 공히 진단하고 있듯이, 남궁억이 "도도한 교육사상을 구축하거나 논리 정연한 교육이론을 전개한 교육사상가 또는 이론가라기보다는 교육을 몸소 실천하였던 교육자"였던 데서 기인하였을 가능성이 크다. 그러나 그의 저 유명한 "사상과 능력의 상수(相須)", 즉 "사상(思想)이란 자는 사실(事實)의 모(母)라. 사상이 유(有)한 연후에 사실이 급유(及有)하나니 …"(남궁억, 1908)에서 볼 수 있듯이, 남궁억은 사상을 결코 무가치한 것으로 여기지 않았다. 비록 시대와 상황이 그로 하여금 학교들을 세우고 교편에 충실하고 월보(月報)를 발간하는 일에 매진하도록 채근하였기에, 자신의 교육사상을 다듬어 세상에 내어 놓을 수는 없었을 것이지만, 교육실천가 남궁억이 지나간 흔적에는 그의 사상이 모성(母性)처럼 남아 있을 것이다. "한서의 교육사상은 탄탄한 그의 교육실천을 통해 연역될 수 있다."는 이문원(2002: 313)의 제안처럼, 그가 실천한 교육적 "사실"(事實)의 곳곳에는 그의 교육사상이 배어 있을 것이 분명하겠기에, 이를 탐구하여 그 고귀한 교육사상의 원형을 복원하는 일도 가치 있는 시도가 될 것이다.

Ⅲ. 전망과 과제

이상에서 언급된 인물 외에도 일제강점기(주권상실기) 애국계몽 운동가이자 민족교육자로 여러 차례 언급되고 열거된 바 있는 인물들에 대한 연구는 아직은 여러 모로 미흡한 실정이다. "교육사상가·교육실천가보다는 독립운동가·민족주의 사학자로 인식되어 온"(이지중, 2007: 75) 신채호,[15] 씨을 사상과 생명교육론으로

---

15) 이지중(2007). 단재 신채호 교육관 고찰.『교육사상연구』21(2), 73-100; 한관일(2002). 신채호의 교육사상 연구.『청소년과 효문화』28, 163-194; 이상익(2012). 신채호의 민족주의적 역사관과 도덕과 교육. 한국초등도덕교육학회 2012년 하계학술대회 자료집. 260-276; 김호일(1994). 신채호의 애국계몽운동.『한국민족운동사연구』10, 133-151.

교육학계의 지속적 관심과 연구의 대상이 되어온 함석헌,16) 주로 "기독교교육과 민족교육"(한규무, 2008)이라는 범주 속에서 고찰되어 온 이승훈,17) 대한민국임시 정부의 대의원이며 항일여성운동가이자 교육실천가로 근래에 재조명되고 있는 김마리아18) 등 현대 한국의 교육철학계가 주목하고 발굴하여 체계적 탐구를 이어나가야 할 일제강점기(주권상실기) 교육사상가들은 아직도 많다. 본고의 지면상 그리고 필자의 과문(寡聞)으로 인하여 이들에 대한 세세한 소개와 제안을 이어갈 수는 없으나, 기억되고 음미되어야 할 저항과 계몽의 교육사상가들이 대한민국 현대사의 보고(寶庫) 속에서 후학들의 학문적 관심과 성찰을 기다리고 있다는 점만은 분명하다. 단언컨대, 그 양이 많아지고 그 깊이가 깊어지며 그 논리의 체계가 정연해질수록, 한국의 현대 자생적 교육사상의 토대가 더욱 단단해질 것이다.

　이러한 취지에서 비롯된 2019 한국교육철학학회 연차학술대회를 통해 일제강점기(주권상실기)에 민족(民族)의 이름으로 저항하고 민국(民國)의 명분으로 새 시대를 계몽해 내었던 선인들의 사상적 동인(動因)을 교육사상이라는 관점에서 부분적으로나마 발굴하고, 이를 바탕으로 일제강점기(주권상실기) 한국교육철학의 다차원적 지형도에 대한 작은 청사진을 마련할 수 있게 된 것은 고무적인 일이다. 이것은 그동안 저항과 계몽의 '운동'이라는 이름으로 소극적으로 명명되어 온 일련의 교육적 사유를 교육사상의 차원으로 복원시키는 작업임과 동시에 대한민국 교육철학의 자생적 근대화 과정에 대한 성찰의 일환이기 때문이다. 그 다차원적 지형도 또는 청사진 속에는 아래와 같은 교육의 사상적 갈래들이 자리하고 있었으

16) 박영신(2003). 함석헌 씨올사상의 생태유아교육적 함의. 『생태유아교유연구』 2(1), 97-117; 한준상(2011). 함석헌의 씨알배움론. 『배움학연구』 3(1), 17-32; 한송희(2016). 함석헌의 생명교육론 고찰. 고려대학교 석사학위논문; 이수호(2017). 함석헌의 씨알사상에 나타난 교육공공성 탐구. 한국교원대학교 석사학위논문; 박형빈(2018). 세계화 시대 인권으로 보는 함석헌 씨올사상의 실천윤리적 성격과 교육적 함의. 『윤리연구』 118, 171-198.
17) 한규무(2008). 『기독교 민족운동의 영원한 지도자 이승훈』. 서울: 역사공간; 한용진(2008). 한국 근대교육의 선구자(2) – 남강(南崗) 이승훈(李昇薰). 『사학』 122, 54-57; 서재복·김유화·최미나(2008). 남강 이승훈의 민족교육사상연구. 『인문과학연구』 13, 137-158; 김도일(2014). 남강 이승훈의 삶과 교육활동에 대한 기독교교육적 고찰. 『기독교교육논총』 38, 55-84.
18) 김영삼(1985). 『김마리아』. 한국신학연구소; 박용옥(2003). 『김마리아 – 나는 대한의 독립과 결혼하였다』. 서울: 홍성사; 김영란(2012). 『김마리아』. 서울: 북산책; 전병무(2013). 『김마리아』. 서울: 역사공간; 김광자(2017). 『일제강점기 기독교여성지도력 유형 비교 연구 : 김활란과 김마리아를 중심으로』. 숭실대학교 박사학위논문.

며, 이에 대한 확인과 공유의 현황은 아래와 같다.

① **유교교육사상**: 문명전환기 유교교육학 내부의 쇄신과 시대적 대응의 양상 공유 및 해방 이후 시대와의 연속성 확인

② **아동교육사상**: 일제강점기(주권상실기) 동학·천도교로부터 동인이 마련되고 사회주의 사상과의 접목을 통해 배태된 한국적 아동교육사상의 탄생 배경의 구체적 이해 및 현대 한국 아동교육사상으로의 계승을 위한 토대 공유

③ **여성교육사상**: 기독교계와 사회주의계 여성운동의 조우와 나뉨의 역사를 고찰함으로써, 일제강점기(주권상실기) 여성 계몽운동을 통한 민족교육운동의 중요한 한 궤적을 확인

④ **기독교교육사상**: 안창호와 이승훈 그리고 함석헌과 김교신으로 이어지는 기독교 교육사상을 박애주의적 민족교육의 차원에서 조명함으로써, 한국 근현대 민족주의적 기독교교육사상의 중요한 사상적 지류를 확인

⑤ **평화교육사상**: 애국주의와 세계시민주의의 배리적 구조를 만국평화사상이라는 큰 틀에서 승화하였던 사례의 탐구를 통해, 국민과 세계시민이 공유하고 발전시켜 나갈 만한 보편적 평화교육사상의 가능성을 확인

위 주제 영역들과 아울러 지금껏 주목하지 못하였었거니와 2019 한국교육철학학회 연차학술대회에서도 미처 다루지 못하였던, 그러므로 향후 교육철학의 연구자들이 함께 발굴하고 논의해 나아가야 할 주제 영역으로는 군사교육사상과 정치교육사상 그리고 모국어교육사상을 들 수 있다. 첫째, 군사교육사상은 미국 네브라스카 한인소년병학교(1909)로부터 하와이 대조선국민군단(1912), 신흥무관학교(1919) 그리고 지난한 과정을 거쳐 한국광복군(1940)에 이르는 긴 여정 동안 끊임없이 사유되고 실천되었던 군사교육의 동인(動因)들과 그 사상적 토대에 관한 것이다. 2020년 한국광복군 창설 80주년을 계기로라도 이 주제에 관한 연구가 보다 적극적으로 이루어질 필요가 있다. 둘째, 정치교육사상은 19세기 말 - 20세기 전반 한반도에서 이루어진 문명사적 변혁을 거대한 정치교육의 공간으로 이해하고, 이를 21세기 한국사회에 연동하여 유의미한 역사교육·평화교육·인권교육·세계시민교육의 계기로 삼는 정치교육의 기획들에 관한 것이다. 이에 더하여 2019

년 연차학술대회에서는 별도로 소개되지 않았으나, 해방 이후 간헐적으로나마 연구의 대상이 되어 왔던 모국어교육사상 역시 언제라도 기억하고 성찰해 나가야 할 한국 교육철학의 중요한 주제영역이라 할 수 있다.

마지막으로 언급할 것은 일제강점기(주권상실기) 연구의 어려움에 관한 것이다. 연구자들이 이구동성으로 호소하는 가장 큰 난제는 사료의 부족이다. 시대적 상황이 빚어낸 교육실천의 긴급성 및 이로 인한 교육철학적 사유의 체계적 기록의 미흡이라는 비대칭성, 해방 이후 불행한 역사로 인한 기록의 소실들, 그리고 분단 상황이 야기한 교육현장 발굴과 기록 보존의 어려움, 그 이후 심화된 이념적 오해와 갈등으로 인한 역사교육의 왜곡과 편향 등은 오늘날 일제강점기(주권상실기) 사료의 적극적 발굴과 교육학적 탐구를 더디게 한 큰 장벽으로 작용하여 왔다. 모쪼록 가능한 길을 열어 가면서 지속적으로 관련 사료를 발굴하고 수집하는 것이 한국 교육철학사의 중요한 시대 연구를 위한 우선적 과제임을 인식하고, 이를 위해 공동의 노력을 기울여 나갈 필요가 있을 것이다.

거듭 강조하고 싶은 것은 일제강점기(주권상실기) 혹은 이보다 앞선 19세기 후반부터 일제강점기(주권상실기)에 이르는 역사적 공간은 서양과 동양이, 새로운 종교와 다양한 사상들이, 왕정과 입헌군주정과 민주공화정이, 전쟁과 의병운동과 정치혁명이, 제국주의와 민족자결주의가, 사회진화론과 만민평등사상이, 사회주의와 자유민주주의가 때로 교차하고 경쟁하며 또 때로 뒤엉켜 흘러가던 시대였다는 점이다. 시절이 그토록 복잡다단하였던 만큼, 그 시대 교육의 사상 역시 '애국계몽운동'이나 '민족교육'이라는 표현으로는 충분히 담아내기 어려운 다차원성과 복합성을 지녔고, 그러므로 그에 대한 연구 역시 보다 입체적으로 이루어질 필요가 있다. 본고에서 열거한 선행연구들과 2019 한국교육철학학회의 탐구들은 그 작은 단면에 불과하며, 향후 그 너비와 깊이를 더하여 갈 필요가 있다. 관련 사료와 연구들을 한데 모아서 보완하고, 이를 바탕으로 한층 더 심도 있는 연구를 진행하여, 3·1운동 및 대한민국임시정부수립을 기념하는 미래의 희년(稀年)에는 한국교육철학의 더 풍성한 지형도가 마련되기를 기대한다.

참고문헌

강내희(2010). 임시정부가 꿈꾼 교육, 문화 정책과 그 굴절. 『사회와 역사』 88, 195-227.

강명숙(2011). 백암 박은식의 교육사상과 교육 실천. 『사학』 128, 82-85.

김경희(1972). 한서 남궁억의 교육사상: 민족주의교육을 중심으로. 고려대학교 교육대학원 석사학위논문.

김광자(2017). 일제강점기 기독교여성지도력 유형 비교 연구: 김활란과 김마리아를 중심으로. 숭실대학교 박사학위논문.

김도일(2014). 남강 이승훈의 삶과 교육활동에 대한 기독교교육적 고찰. 『기독교교육논총』 38, 55-84

김선양(1976). 『교육철학』. 서울: 교문사.

김선양(1997). 외솔 최현배의 교육사상. 『한국교육사학』 19, 239-249.

김선양(2004). 『현대한국교육사상사』. 서울: 한국학술정보.

김영삼(1985). 『김마리아』. 한국신학연구소.

김영란(2012). 『김마리아』. 서울: 북산책.

김용휘(2017). 방정환의 교육철학과 동학사상 -무위이화의 생명원리와 모심의 영성을 중심으로. 『한국사상사학』 57, 61-89.

김정환(1974a). 김교신의 교사로서의 특질 분석. 『나라사랑』 17, 33-46; 김정환 저·우정길 편(2021). 『김정환의 민족과 종교와 교육』(p.41-58). 서울: 박영스토리.

김정환(1974b). 『교육의 철학과 과제』. 서울: 박영사.

김정환(1980). 『김교신』. 서울: 한국신학연구소.

김정환(1986). 도산 교육사상의 발전적 계승책. 『도산사상연구』 1, 113-161; 김정환 저·우정길 편(2021). 『김정환의 민족과 종교와 교육』(p.97-134). 서울: 박영스토리.

김정환(1987). 김교신. 『살림』 7, 71-89; 김정환 저·우정길 편(2021). 『김정환의 민족과 종교와 교육』(p.173-194). 서울: 박영스토리.

김정환(1987). 『교육철학』. 서울: 박영사.

김정환(1988). 최현배의 교육사상 연구. 『교육철학』 6, 91-105; 김정환 저·우정길 편(2021). 『김정환의 민족과 종교와 교육』(p.137-170). 서울: 박영스토리.

김정환(1991). 함석헌. 『한국의 교육사상가』(下). 서울: 교원복지신보사; 김정환 저·우정길 편(2021). 『김정환의 민족과 종교와 교육』(p.197-205). 서울: 박영스토리.

김정환(1993). 『교육사상가론』(강의록). 미간행.

김정환(1995). 『인간화 교육 어떻게 할 것인가』. 서울: 내일을여는책.

김정환(1996). 민족교육의 이념과 당면 과제. 고려대학교 교육사·철학연구회. 『인간주의 교육사상』(pp. 478-502). 서울: 내일을여는책.

김정환(1997). 외솔 교육사상 분석. 『동방학지』 95, 17-33; 김정환 저·우정길 편(2021). 『김정환의 민족과 종교와 교육』(p.217-232). 서울: 박영스토리.

김정환(2006). 『한국교육이야기 백가지』. 서울: 박영사.

김정환·강선보(1998). 『교육철학』. 서울: 박영사.

김정환 저·우정길 편(2021). 『김정환의 민족과 종교와 교육』. 서울: 박영스토리.

김혜경(1990). 대한민국임시정부의 교육정책 연구. 『성신사학』 8, 61-89.

김호일(1994). 신채호의 애국계몽운동. 『한국민족운동사연구』 10, 133-151.

김효선(1985). 박은식의 민족주의 교육사상. 『한국교육학회 학술대회논문집』, 13-19.

남궁억(1908). 사상과 능력의 상수(相須). 『대한협회회보』 2.

명지원(2010). 방정환의 아동교육사상에 대한 연구. 『열린유아교육연구』 15(1), 85-110.

박상만(1959). 『한국교육사』(하). 서울: 대한교육연합회 중앙교육연구소.

박상만(1971). 『한국역대교육명가열전』. 서울: 한국자유교육협회.

박영신(2003). 함석헌 씨올사상의 생태유아교육적 함의. 『생태유아교유연구』 2(1), 97-117.

박용옥(2003). 『김마리아 - 나는 대한의 독립과 결혼하였다』. 서울: 홍성사.

박윤옥(2001). 조소앙의 삼균주의에 나타난 교육균등 사상의 현대적 의의. 한국교원대학교 교육대학원 석사학위논문.

박의수(1985). 도산의 인격과 사상. 『도산의 힘과 철학』(pp.15-34). 서울: 홍사단출판부.

박의수(1988). 장리욱의 생애와 교육사상. 『교육철학』 6, 22-39.

박의수(2004). 한국 교육철학의 연구 동향과 과제. 『교육철학』 31, 1-22.

박의수(2009). 도산 안창호의 서번트 리더십 연구. 『교육문제연구』 33, 1-27.

박의수(2010). 『도산 안창호의 생애와 교육사상』. 서울: 학지사.

박형빈(2018). 세계화 시대 인권으로 보는 함석헌 씨올사상의 실천윤리적 성격과 교육적 함의. 『윤리연구』 118, 171-198.

서재복·김유화·최미나(2008). 남강 이승훈의 민족교육사상연구. 『인문과학연구』 13, 137-158.

성의정(1993). 백범 김구의 교육사상. 『명지전문대학논문집』 17, 109-128.

손인수(1964). 『한국교육사사상사』. 서울: 재동문화사.

손인수(1986). 『민족과 교육』. 서울: 박영사.

손인수(1990). 『한국교육사상가평전』(II). 서울: 문음사.

손인수(1991). 외솔 최현배의 민족주의 교육사상. 『동방학지』 72, 719-732.

송준석(1994). 남궁억의 여성교육사상에 관한 연구. 『교육연구』 2, 73-86.

신용하(2001). 조소앙의 사회사상과 삼균주의. 『한국학보』 27(3), 2-39.

안경식(1987). 소파 방정환의 아동교육운동과 사상에 대한 연구. 『신인간』, 449-452, 5-9.

안경식(1994/1999). 『소파 방정환의 아동교육운동과 사상』. 서울: 학지사.

오초자(1978). 박은식의 교육사상. 『이화사학연구』 10, 17-31.

우남숙(1996). 박은식의 교육사상 연구. 『역사와 사회』 17(2), 141-167.

우정길(2011). 학회지를 통해 본 교육철학 연구 동향. 『교육철학연구』 33(2), 79-100.

이명화(1999). 대한민국임시정부의 교육정책과 활동. 『역사와 실학』 12, 447-479.

이문원(2002). 『한국의 교육사상가』. 서울: 문음사.

이상익(2010). 조소앙(趙素昻) 삼균주의(三均主義)의 사상적 토대와 이념적 성격. 『한국철학논집』 30, 87-121.

이상익(2012). 신채호의 민족주의적 역사관과 도덕과 교육. 한국초등도덕교육학회 2012년 하계학술대회 자료집. 260-276.

이수호(2017). 함석헌의 씨알사상에 나타난 교육공공성 탐구. 한국교원대학교 석사학위논문.

이지중(2007). 단재 신채호 교육관 고찰. 『교육사상연구』 21(2), 73-100.

임재택·조채영(2000). 『(소파 방정환의) 유아교육사상』. 서울: 양서원.

장원동(1974). 『외솔의 교육사상』. 연세대학교 교육대학원 석사학위논문.

장원동(1995). Fichte와 최현배의 교육사상 비교연구. 『나라사랑』 91, 340-357.

장원동(2003). 외솔 최현배의 민족교육사상연구. 『倫理硏究』 53, 77-99.

장원동(2007). 『외솔 최현배의 교육사상』. 서울: 상조사.

전병무(2013). 『김마리아』. 서울: 역사공간.

정태수(1996). 균등교육이론과 국민의 교육권을 법제화한 소앙 조용은. 『삼균주의연구논집』 16.

최혜주(2007). 백범 김구의 신민회 시기의 교육사상과 교육운동. 『백범과 민족운동 연구』 5, 75-100.

한국교육학회 교육사연구회(編)(1987). 『교육사상가평전』(I. 한국편). 서울: 교학연구사.

한규무(2008). 『기독교 민족운동의 영원한 지도자 이승훈』. 서울: 역사공간.

한기언(1993). 변혁기의 개혁운동과 도산사상. 『도산학연구』 2, 127-164.

한기언(1988). 한국교육철학의 개척자들 – 새로운 한국교육철학좌표설정의 과제와 전망. 『교육철학』 6, 97-110.

한민석(2015). 백범 김구의 교육실천 및 교육사상에 대한 연구. 중앙대학교 박사학위논문.

한송희(2016). 함석헌의 생명교육론 고찰. 고려대학교 석사학위논문.

한용진(2008). 한국 근대교육의 선구자(2) – 남강(南崗) 이승훈(李昇薰). 『사학』 122, 54-57.

한용진 외(2010). 학회지 분석을 통한 한국의 교육사 연구 동향. 『교육사학연구』 20(2), 155-179.

한준상(2011). 함석헌의 씨알배움론. 『배움학연구』 3(1), 17-32.

한관일(2002). 신채호의 교육사상 연구. 『청소년과 효문화』 28, 163-194.

홍웅선(1971). 문교부 시절의 외솔 선생님. 『나라사랑』 1, 167-169.

홍웅선(1974). 외솔의 교육사상. 『나라사랑』 14, 161-183.

홍웅선(1975). 외솔 선생과 나. 『나라사랑』 19, 196-197.

홍웅선(1975). 외솔 선생 일화: 외솔 선생과 철필. 『나라사랑』 20, 246-247.

홍웅선(1994). 외솔과 편수국. 『나라사랑』 89, 278-283.

출 처

이 책에 실린 글들은 2019 한국교육철학학회 연차학술대회에서 발표되었거나 혹은 관련 학술지에 게재된 논문들이며, 각 저자들이 이 책의 취지에 맞게 부분적으로 수정·보완한 것임을 일러둔다. 이 책의 목차에 따른 각 논문의 출처는 다음과 같다.

박의수(2019). 일제강점기, 저항과 계몽의 교육사상 – 도산 안창호를 중심으로. 『한국교육철학학회 2019연차학술대회 자료집』, 3-23.

김기승(2019). 조소앙의 삼균주의와 교육사상. 『한국교육철학학회 2019연차학술대회 자료집』, 25-45.

황금중(2019). 박은식의 교육문명 전환의 철학과 실천. 『한국교육철학학회 2019연차학술대회 자료집』, 55-84; 황금중(2020). 한국근대기 박은식의 교육문명 전환의 철학과 실천. 『교육철학연구』 42(1), 129-162.

이우진(2019). 단재 신채호의 민족주의 교육사상. 애국계몽 활동시기(1905-1910)를 중심으로 – 성인(聖人)에서 영웅(英雄)으로. 『한국교육철학학회 2019연차학술대회 자료집』, 85-107; 신채호의 민족에 대한 상상과 영웅 양성 – <독사신론>과 영웅론을 중심으로. 『퇴계학논집』 25, 467-511.

유재봉(2019). 김창숙의 교육사상: 민족주의, 민주주의, 유교교육 운동을 중심으로. 『한국교육철학학회 2019연차학술대회 자료집』, 143-161; 심산 김창숙의 교육사상 – 민족주의, 민주주의, 유교교육 운동을 중심으로. 『교육철학연구』 41(4), 201-27.

김윤경(2019). 정인보의 교육사상과 민족교육. 『한국교육철학학회 2019연차학술대회 자료집』, 163-185; 김윤경(2020). 정인보의 교육사상과 민족교육. 『교육철학연구』 42(1), 1-27.

한현정(2019). 양한나(1893-1976)의 저항과 계몽사상 – 弱肉強食 시대의 약자관. 『한국교육철학학회 2019연차학술대회 자료집』, 247-257.

김정인(2019). 근우회 여성운동가들의 교육계몽론. 『한국교육철학학회 2019연차학술대회 자료집』, 259-274; 근우회 여성운동가들의 교육계몽론. 『교육철학연구』 41(4), 67-86.

정혜정(2019). 천도교 신문화운동과 방정환의 교육사상 − 1920년대 천도교의 사회주의 수용을 중심으로.『한국교육철학학회 2019연차학술대회 자료집』, 121-136.

정경화(2019). 안중근의 동양평화론과 시민교육.『한국교육철학학회 2019연차학술대회 자료집』, 191-215; 안중근의 동양평화론과 시민교육.『교육철학연구』41(4), 319-348.

고원석(2019). 이승훈의 얼과 삶에 대한 기독교교육학적 함의.『한국교육철학학회 2019연차학술대회 자료집』, 217-239; 이승훈의 삶에 대한 기독교교육학적 함의.『교육철학연구』41(4), 1-26.

박재순(2019). 함석헌의 '인간'교육사상.『한국교육철학학회 2019연차학술대회 자료집』, 281-308.

송순재(2019). 민족의 교사 김교신의 생애와 사상.『한국교육철학학회 2019연차학술대회 자료집』, 309-336.

우정길(2019). 일제강점기 한국 교육사상가에 대한 연구현황 고찰.『교육철학연구』41(2), 81-103.

인명색인

사항색인

저자약력(가나다 순)

고원석 (高元錫)

독일 Rhein. Friedrich—Wilhelms—Univ. Bonn(Dr. theol.). (現)장로회신학대학교 교수

<저서> *Von semiotischen Bühnen und religiöser Vergewisserung*(2020, 공저). 『현대 기독교교육방법론』(2018). 『성경읽기 프로젝트: 몸으로 영으로』(2019, 공저). 『기독교교육개론』(2013, 공저). 『종교교육론』(2013, 공저)

<역서> 『비블리오드라마로의 초대』(2016). 『어린이와 함께 배우는 신앙의 세계』(2016, 공역). 『성서, 어떻게 가르칠 것인가?』(2010, 공역)

<주요논문> 기호학과 기독교교육(2019). 아비투어의 과거와 현재: 독일 아비투어 제도에 대한 역사적 고찰(2018). Gerechtigkeit als Zeichenprozess(2018). 교육의 관점에서 바라본 루터의 삶과 신학(2017). 기독교교육의 새로운 패러다임: 비블리오드라마(2016). 잉고 발더만의 성서교수학(2014) 외 다수

김기승 (金基承)

고려대학교 대학원 문학박사. (現)순천향대학교 향설나눔대학 교수

<저서> 『한국근현대 사회사상사 연구』(1994). 『조소앙이 꿈꾼 세계』(2003). 『21세기에도 우리문화가 살아남을 수 있을까』(2003, 공저). 『제국의 황혼』(2011, 공저). 『고불 맹사성의 생애와 사상』(2014). 『아산의 독립운동사』(2014, 공저). 『대한민국임시정부의 이론가 조소앙』(2015). 『유림 독립운동의 상징 심산 김창숙』(2017) 등

<주요논문> 신채호의 독립운동과 역사인식의 변화(2010). 4월혁명과 한국의 민족주의(2010). 심산 김창숙의 사상적 변화와 민족운동(2012). 한국독립당의 정치노선과 통일(2012). 도산 안창호의 대공주의와 조소앙의 삼균주의 비교 연구(2015). 언론에 나타난 신간회 해체 논쟁의 전개과정(2018). 20세기 초 독립운동가들의 사회진화론 극복과 평화사상 형성(2019). 조소앙과 '적자보' 연구(2020) 외 다수

김윤경 (金潤璄)

성균관대학교 박사(한국유가철학). (現)조선대학교 연구교수

<저서> 『청소년을 위한 한국철학사』(2007). 『생각이 크는 인문학(공부편)』(2013). 『(초등학교) 더불어 나누는 철학』(2015, 공저)

<주요논문> 하곡 철학의 조선성리학적 기반(2013). 정인보 '조선얼'의 정체성(2016). 19세기 조선 성리학계의 양명학 비판양상(2017). 근대기 현실인식과 개혁에 관한 불교와 하곡학의 교섭(2017). 조선후기 주자학과 양명학의 知行논변과 그 함의(2018). 근대전환기 實心實學의 다층적 함의(2019) 외 다수

김정인 (金正仁)

서울대학교 인문대 국사학과 대학원(문학박사). (現)춘천교육대학교 사회과교육과 교수

<저서> 『천도교근대민족운동연구』(2009). 『민주주의를 향한 역사』(2015). 『19세기 인민의 탄생』(2015, 공저). 『한국근대사』2(2016, 공저). 『역사전쟁, 과거를 해석하는 싸움』(2016). 『독립을 꿈꾸는 민주주의』(2017). 『대학과 권력』(2018). 『오늘과 마주한 3.1운동』(2019). 『너와 나의 5.18』(2019, 공저)

<주요논문> 한국 민주주의 기원의 재구성(2018). 일제시기 국민과 시민 개념의 식민성과 반식민성(2018). 3.1운동, 죽음과 희생의 민족서사(2018). 3.1운동과 임시정부 법통성 인식의 정치성과 학문성(2018). 역사소비시대, 대중역사에서 시민역사로(2019). 젠더 관점에서 본 3.1운동의 재현(2019) 외 다수

박의수 (朴義洙)

고려대학교 대학원 졸업(교육학 박사). 강남대학교 명예교수

<저서> 『도산 안창호의 생애와 교육사상』(2010). 『교육의 역사와 철학』(1993, 공저). 『민족교육의 사상사적 조망』(1994, 공저). 『인간주의 교육사상』(1996, 공저). 『21세기 문화 창조와 율곡학』(2001, 공저). 『도산 안창호의 리더십』(2004, 공저). 『좋은 교육』(2007, 공저). 『인성교육』(2008, 공저) 외 다수

<역서> 『교육의 잠식』(1996, 공역). 『루돌프 슈타이너의 교육론』(1997, 공역)

<주요 논문> 선비상에 관한 교육 사상사적 고찰(1982). 민족주의와 국민교육제도(1986). 율곡 교육사상의 인식론적 연구(1991). 뉴질랜드 교육개혁의 추진과정과 한국 교육개혁에 주는 시사점(2006) 외 다수

박재순 (朴在淳)

한신대학교 신학박사. (現)씨올사상연구소 소장

<저서> 『한국 생명신학의 모색』(2000). 『다석 유영모: 동서사상을 아우른 창조적 생명철학자』(2008). 『씨올사상』(2010). 『함석헌의 철학과 사상』(2012). 『유영모 함석헌의 생각 365』(2012). 『다석 유영모의 철학과 사상』(2013). 『민중신학에서 씨올사상으로』(2013). 『모름의 인식론과 살림의 신학』(2014). 『삼일운동의 정신과 철학』(2015). 『에기애타: 안창호의 삶과 사상』(2020)

<공저> 『한국생명사상의 뿌리』(2001). 『이용도 김재준 함석헌 탄신 백주년 특집논문집』(2001). 『민족의 큰 사상가 함석헌』(2001). 『함석헌 사상을 찾아서』(2001). 『씨알·생명·평화: 함석헌의 철학과 사상』(2007). 『생각하는 백성이라야 산다: 유영모·함석헌의 철학과 사상』(2010). 『모색: 씨알철학과 공공철학의 대화』(2010). 『참 사람됨의 인성교육』(2015). 『한국인의 평화사상』(2018)

송순재 (宋舜宰)

독일 Eberhard – Karls – Univ. Tübingen(Dr. rer.soc.). (前)감리교신학대학교 교수. (前)서울시교육연수원장. (現)한국인문사회과학회 회장.

<저서> 『유럽의 아름다운 학교와 교육개혁운동』(2000). 『상상력으로 교육에 말 걸기』(2011). 『혁신학교: 한국교육의 미래를 열다』(2017, 편저). 『코르착 읽기』(2017)

<역서> 『꿈의 학교, 헬레네랑에』(2012). 『덴마크 자유교육의 선구자 크리스튼 콜』(2019, 공역)

<주요논문> 유학공부론(儒學工夫論)의 심미적 – 예술적 성격(2004). 한국에서 '대안교육'의 전개 과정, 성격과 주요 문제(2006). 아동·청소년 폭력예방을 위한 전체적 – 예방적 대응 방안 모색(2015). 게슈탈트 교육학의 한 시도로서의 알버트 회퍼(A. Höfer)의 통합적 성서교수학에 대한 일 연구(2016) 외 다수

우정길 (禹貞吉)

독일 Justus – Liebig – Univ. Giessen(Dr. Phil.). (現)경희대학교 교육대학원 교수

<저서> Lehren und Lernen mit Bildern(2008, 공저). Lernen und Kultur(2010, 공저). 『포스트휴머니즘과 인간의 교육』(2019). 『비판적 실천을 위한 교육학』(2019. 공저). Confucian Perspectives on Learning and Self – Transformation(2020. 공저). 『한나 아렌트와 교육의 지평』(2020, 공저)

<역서> 『마틴 부버의 교육강연집』(2010)

<주요논문> Teaching the unknowable Other: humanism of the Other by E. Levinas and pedagogy of responsivity(2014). Niklas Luhmann의 체계이론과 교육적 관계에 대한 소고(2015). Revisiting Orbis Sensualium Pictus: An Iconographical Reading in Light of the Pampaedia of J.A. Comenius(2016) 외 다수

유재봉 (兪在奉)

영국 런던대학교(UCL Institute of Education)(Ph.D). (現)성균관대학교 교육학과 교수

<저서> 『종교교육론』(2013, 공저). Balancing Freedom, Autonomy and Accountability in Education 4(2012, 공저) 등

<역서> 『교육연구의 철학』(2015, 공역). 『다문화시대 대화와 소통의 교육철학』(2010, 공역)

<주요논문> 비교교육학과 교육철학: 비교교육철학을 지향하며(2018). 학교 인성교육의 문제점과 방향(2016). 영국의 종교교육: 학교에서의 종교교육의 가능성 탐색(2013). 학교폭력의 현상과 그 대책에 대한 철학적 검토(2012). Hirst's Social Practice Views of Education(2001) 외 다수

이우진 (李偶賑)

한국학중앙연구원 한국학대학원(박사). (現)공주교육대학교 교육학과 교수

<저서> 『사라진 스승: 다시 교사의 길을 묻다』(2018, 공저). *Korean Education: Educational Thought, Systems and Content*(2018, 공저) 등

<역서> 『프레이리와 교육』(2014, 공역). 『동아시아 양명학의 전개』(2016)

<주요논문> 신유학의 아동교육(1-2)(2015-2016). 关于王阳明《五经臆说》的研究(2015). 왕양명의 사회교육사상: 남감향약을 중심으로(2015). 태주학파 왕간의 친서민적 교육사상(2015), 黃宗羲学案之韩国的展开: 河谦镇之《东儒学案》(2017), 오시오 츄사이(大塩中斎)의 歸太虛 工夫論 연구(2018), 오시오 츄사이의 洗心洞 강학 연구(2018) 외 다수

정경화 (鄭京和)

미국 Columbia University, Teachers College(Ph.D.) (現)숙명여자대학교, 부산대학교, 부산교육대학교 강사

<저서> *Teaching, Learning, and Schooling in Film*(2015, 공저)

<주요논문> 아리스토텔레스의 '자연적 덕'과 '성품적 덕' 개념을 통해 본 '선한 이'의 도덕적 지각(2015). 니체의 두 가지 도덕과 현대의 학교교육: 학교의 사회화 기관으로서의 재구조화(2019) 외 다수

정혜정 (丁惠貞)

동국대학교 교육학 박사. (現)원광대학교 동북아시아인문사회연구소 HK연구교수

<저서> 『몸-마음의 현상과 영성적 전환』(2016). 『백년의 변혁』(2019, 공저)

<역서> 『동학문명론의 주체적 근대성』(2019)

<주요논문> 3.1운동과 국가문명의 '교(敎)': 천도교(동학)를 중심으로(2018). 일제하 식민지 여성해방운동과 동아시아(2019). 한국 근대 서구 국가사상 수용에서의 정치체제 유형과 자연권(2019). 일제하 '학술강습소'의 문화운동과 샘골학원(2019) 외 다수

한현정 (韓炫精)

일본 東京大學대학원(철학박사). (現)창신대학교 교수

<저서> 『일본의 재난방지 안전안심교육』(2017, 공저). 『해외의 영유아교육』(2018, 공저)

<역서> 『教育の哲学』(2006, 공역)

<주요논문> 植民地朝鮮の児童雑誌研究 ―『オリニ』読者欄を中心に(2013). Adventure Stories and Geographical Imagination in Japanese and Korean Children's Magazines, 1925－1945 (2015). 일본 초등교과서에 나타난 지진재해 관련서술의 변천(2017). 세계인식 형성에 있어서 교과서의 삽화의 역할(2017) 외 다수

황금중 (黃金重)

연세대학교 교육학 박사. 한국교육사학회장 역임. (現)연세대 교육학과 교수

<저서> 『학學이란 무엇인가』(2014). 『교육과 성리학』(2017, 공저). 『연희전문학교의 학문과 동아시아 대학』(2016, 공저). 『한국 문화전통과 배려의 윤리』(2015, 공저). 『유교적 공공성과 타자』(2014, 공저). 『역사 속의 교육공간 그 철학적 조망』(2011, 공저) 외

<역서> 『대학공의·대학강의·소학지언·심경밀험』(2016, 공역)

<주요논문> 마음챙김(mindfulness) 기반 교육(2019). 퇴계 성리학에서 敬의 의미와 실천법(2018). 성(性)·리(理)의 세계관과 공부론(2016). 주희(朱熹)와 듀이(J. Dewey)의 만남(2014). Educational modes of thinking in Neo－Confucianism(2013) 외 다수

일제강점기, 저항과 계몽의 교육사상가들

초판발행   2020년 5월 15일
중판발행   2024년 1월 31일

지은이   한국교육철학학회
펴낸이   노   현

편 집   윤혜경
기획/마케팅   이선경
표지디자인   조아라
제 작   우인도 · 고철민

펴낸곳   ㈜ 피와이메이트
             서울특별시 금천구 가산디지털2로 53 한라시그마밸리 210호(가산동)
             등록 2014. 2. 12. 제2018-000080호
전 화   02)733-6771
f a x   02)736-4818
e-mail   pys@pybook.co.kr
homepage   www.pybook.co.kr
ISBN   979-11-6519-054-5   93370

copyright©한국교육철학학회, 2020, Printed in Korea

* 파본은 구입하신 곳에서 교환해 드립니다. 본서의 무단복제행위를 금합니다.
* 저자와 협의하여 인지첩부를 생략합니다.

정 가   26,000원

피와이메이트는 박영사와 함께하는 브랜드입니다.